文旌财经网校
www.wenjingacc.com

2020年全国会计专业技术资格考试

过关斩将® 系列1

经济法基础

一本通关（上册）

文旌会计考试研究中心 主编

上海交通大学出版社
SHANGHAI JIAO TONG UNIVERSITY PRESS

内容提要

本书共分为五部分，主要包括备考指导、考点精讲、机考题库、专项突破和考场初体验。其中，第一部分主要讲述的是考试情况、考试特点及本书结构；第二部分是本书的核心部分，主要讲述了与会计工作密切相关的一些法律制度，共分为八章，具体为总论，会计法律制度，支付结算法律制度，增值税、消费税法律制度，企业所得税、个人所得税法律制度，其他税收法律制度，税收征收管理法律制度和劳动合同与社会保险法律制度；后三部分为练习题，从不同维度精选好题，可分阶段练习以巩固所学知识。

本书既可作为备考初级会计职称考试的辅导用书，也可作为初级会计考试培训机构的培训用书。

图书在版编目（CIP）数据

经济法基础一本通关 / 文旌会计考试研究中心主编
. -- 上海 : 上海交通大学出版社, 2019
ISBN 978-7-313-22332-6

Ⅰ. ①经… Ⅱ. ①文… Ⅲ. ①经济法－中国－资格考试－自学参考资料 Ⅳ. ①D922.29

中国版本图书馆 CIP 数据核字(2019)第 244662 号

经济法基础一本通关（上册）

JINGJIFA JICHU YIBEN TONGGUAN (SHANGCE)

主　　编：文旌会计考试研究中心

出版发行：上海交通大学出版社　　地　　址：上海市番禺路 951 号

邮政编码：200030　　电　　话：021-64071208

印　　制：北京同文印刷有限责任公司　　经　　销：全国新华书店

开　　本：787mm×1092mm　1/16　　总 印 张：33.25　　总 字 数：849 千字

版　　次：2019 年 11 月第 1 版　　印　　次：2019 年 12 月第 2 次印刷

书　　号：ISBN 978-7-313-22332-6/D

总 定 价：88.00 元（全二册）

致敬奋战在考证路上的你！

知乎有这样一条热门帖子：

——为什么大多数人宁愿吃生活的苦，也不愿吃学习的苦？

——因为学习的苦需要主动去吃，而生活的苦，你躺着不动，它就来了。

当你打开这本书，主动去吃学习的苦，未来生活的苦也许会少吃很多。

每一位考证的人都是怀揣目标学习的。有的人想给自己多一个职业选择，有的人想多一个技能证、升值加薪，还有的人只是喜欢学习知识的过程。不论你出于什么目标，每一位考证的人都是值得尊敬的，因为你们都是很努力的很上进的，考证虽苦，但生活更苦，想想自己的现状，或许就有动力继续复习了。

社会发展是多元化的，人与人之间的竞争也是多元化的，但应牢记一点：证书是职场竞争力中的一部分，考证是一种知上进求上进的行为与态度，正视这件事，才能正视自己。

在“过关斩将”系列1开始策划的时候，我们十几位编委会成员反复思考：“初级学员需要一本什么样的书”。正如你考证的初衷是为了做好一件事，亦或多一块职场的敲门砖等，如此纯粹，我们写这套书的目的也很真诚，只是为了带你通过初级考试。

基于初级学员中的大多数人都是非财会专业背景，“过关斩将”系列1在设计体例时也是以零基础学员为基点。我们不想让你拿到手看到的是一套市面上随处可见的、枯燥生硬的教材，因此我们竭尽所能融合专业知识和生活中的实际案例将晦涩的知识翻译成大白话。在此基础上，我们分析近10年真题的命题趋势，将历年考试的考点抽取出来，作为本套书核心部分——第2部分考点精讲的编写轴线，以此展开专业知识的讲解。此外，对于历年出题的“坑”，我们逐一提炼出来作为独立的板块，以便提醒你在学习过程中要学会“埋坑”。诸如此类，许多的模块设计相信你在学习的过程中都会感受到我们编写这套书的真诚。

正如五月天阿信曾说，“再与梦想劈头相见时，不再疑惑，迎面向前”。

人生证途，文旌财经陪每一位考证人过关斩将，愿能圆你们的梦！❤

向奋战在考证路上的你致敬，愿你永远年轻。

——文旌会计考试研究中心

目录

总目录

上册

第一部分　备考指导

第二部分　考点精讲

第一章　总论

第二章　会计法律制度

第三章　支付结算法律制度

第四章　增值税、消费税法律制度

第五章　企业所得税、个人所得税法律制度

下册

第二部分　考点精讲

第六章　其他税收法律制度

第七章　税收征收管理法律制度

第八章　劳动合同与社会保险法律制度

第三部分　机考题库

第四部分　专项突破

第五部分　考场初体验

上册目录

第一部分　备考指导

01　知考试，明方向/3
02　知结构，明考情/3
03　知特点，懂方法/4
04　知本书，高效学/5

第二部分　考点精讲

第一章　总论/9
本章考情分析/9
本章脉络图/9
教材主要变化/9
本章考点精讲/10
第一节　法律基础/10
第二节　经济纠纷的解决途径/19
第三节　法律责任/41
第二章　会计法律制度/43
本章考情分析/43
本章脉络图/43
教材主要变化/43
本章考点精讲/44
第一节　会计法律制度概述/44
第二节　会计核算与监督/45
第三节　会计机构和会计人员/63
第四节　会计职业道德/69
第五节　违反会计法律制度的法律责任/70
第三章　支付结算法律制度/73
本章考情分析/73
本章脉络图/73
教材主要变化/73
本章考点精讲/74
第一节　支付结算概述/74
第二节　银行结算账户/77
第三节　票据/90
第四节　银行卡/119
第五节　网上支付/124
第六节　结算方式和其他支付工具/126
第七节　结算纪律与法律责任/133
第四章　增值税、消费税法律制度/135
本章考情分析/135
本章脉络图/135
教材主要变化/135
本章考点精讲/136
第一节　税收法律制度概述/136
第二节　增值税法律制度/139
第三节　消费税法律制度/172
第五章　企业所得税、个人所得税法律制度/189
本章考情分析/189
本章脉络图/189
教材主要变化/189
本章考点精讲/190
第一节　企业所得税法律制度/190
第二节　个人所得税法律制度/222

第一部分 备考指导

文注

路虽远，行者将至！出发！

01 知考试，明方向

备考任何一门考试，第一步都是了解基本考试信息。初级会计资格考试的主要信息如下。

报名时间

2019年11月1日至30日。各省级考试管理机构在上述时间段内，自行确定本地区具体的报名时间。

考试科目

两个科目：经济法基础和初级会计实务。

在一个考试年度内通过全部科目的考试，即可获得初级会计资格证书。

报名条件

① 具备国家教育部门认可的高中毕业（含高中、中专、职高和技校）及以上学历。

② 无严重违反财经纪律的行为等。

考试形式及考试时长

考试科目	考试形式	考试时长	注意事项
初级会计实务	机考	2小时	两个科目连续考试，中间无休息时间
经济法基础		1.5小时	

题型题量及分值

按照往年考试情况，预测经济法基础科目考试题型题量及分值如下：

题型	题量	分值/题	总分
单项选择题	24小题	1.5分	36分
多项选择题	15小题	2分	30分
判断题	10小题	1分	10分
不定项选择题	12小题	2分	24分
合计	61小题	—	100分

考试时间

2020年5月9日开始进行，具体考试时间以准考证为准。

考试成绩公布

通常为5月底前下发考试成绩，可通过“全国会计资格评价网”（http://kzp.mof.gov.cn）查询成绩。

更多考试资讯

为方便考生了解更多考试信息，文旌财经网校（https://www.wenjingacc.com）综合收集全国及各地的考试政策并第一时间在网页上反馈，供考生查看。

02 知结构，明考情

经济法基础科目主要是介绍与会计工作密切相关的一些法律制度，根据最新考试大纲，共分为八章，具体内容及历年考情、考试题型如下（图中的分值、题型以最近 3 年真题为依据）。

经济法基础

内容	章名	分值	题型
法律基础知识	第1章	5分	单选、多选、判断
会计法律制度	第2章	9分	单选、多选、判断、不定项
支付结算法律制度	第3章	15分	单选、多选、判断、不定项
税收法律制度	第4章	21分	单选、多选、判断、不定项
税收法律制度	第5章	21分	单选、多选、判断、不定项
税收法律制度	第6章	10分	单选、多选、判断
税收法律制度	第7章	6分	单选、多选、判断
劳动合同与社会保险法律制度	第8章	13分	单选、多选、判断、不定项

03 知特点，懂方法

“知己知彼，方能百战百胜”，要想通过经济法基础考试，就得先了解其出题特点，掌握其规律，然后有针对性地复习。经济法基础科目考试出题特点及应对方法如下。

❖ 单选：4选1，选对得分，选错不得分也不扣分。即使不会，也有25%蒙对的可能。

❖ 多选：4选多，选对得分，多选、少选、错选、不选均不得分。会一点和完全不会是一样的结果。

❖ 判断：实行“倒扣分”制，选对得1分，选错扣0.5分，本类题最低为零分。选择需谨慎，如果不会，不选比“瞎选”可能更为合适。

❖ 不定项：可能单选，也可能多选。选对得满分，少选得相应分值，多选、错选、不选均不得分，也不扣分。宁可少选也别多选。

❖ 第一类：直接考查教材原文。只要掌握了教材原文的内容，便可得分。

❖ 第二类：考查对考点的理解和运用。不但要知道教材原文是什么，还要深入透彻地理解其含义，能够多角度、多层次地进行变换。

❖ 特点一：考点细致，覆盖面大。2019年度初级会计资格考试分14个批次，假如每个批次1套卷，共14套卷。考试题目数量之多，考点覆盖面之大，可想而知。考试时会对同一考点“变花样”地从不同维度进行考查。

❖ 特点二：恒重点与非重点较为明确。虽然考题数量多，考点覆盖面大，但各考点的地位是明确的，恒重点一直是年年出题，非重点也一直未变成过重点。为了提高考生学习效率，本书根据历年真题考查频率，对每个考点地位做了星级标注。对不重要或考查概率较低的考点未进行讲解，仅以习题的方式在第三部分做了补充。

❖ 特点三：教材新增考点和易错易混考点备受青睐。教材新增考点和易错易混考点通常属于考试热点，考试出题概率较大，考生可以在本书第三部分进行专项突破演练。

❖ 特点四：历年考试真题的原题年年有。在考试时通常都会看到几个以前年度考查过的真题原题。考试真题对考生而言是最好的复习资料，但随着每年教材内容的变化（考点删除了或者变化了），很多历年真题都失去了价值，本书录入的真题均已根据最新考试大纲进行了筛选、改编，学员可以放心使用。

04 知本书，高效学

本辅导用书一共包括五个部分，适用于备考全阶段。不同的备考阶段可使用对应的部分。在使用本书时，应先了解一下本书的模块设计要点，以便达到使用本书高效备考的目的。

预备阶段

第一部分 备考指导

通过本部分可以了解关于报考的一些基本信息、考点结构、考试特点及本书的模块设计和使用方法。

基础阶段

第二部分 考点精讲

- 本章考情分析：根据历年考情，了解本章所占地位，合理分配学习时间。
- 本章脉络图：系统了解本章核心内容结构，让学习能够"先见树林，再见树木"。
- 教材主要变化：了解本年教材和上年教材变化的地方，学习相应知识时应重点掌握。
- 本章考点精讲
  - 图表归纳：大篇幅的文字会降低知识的识记速度，将知识用图表条理化，更好吸收和理解。
  - 小旌笔记：看看小旌在学习中如何把专业术语或晦涩知识变身大白话。
  - 敲黑板：重要的事情说三遍，敲黑板的内容一般是历年考试出题的"坑"，一定要牢记！
  - 真题&拓展演练：真题年年变，出题点基本不会变，一定要做会真题、做会真题的变形题！
  - 小旌解题：跟着小旌学解题思路，建立自己的做题思维，争取会做一道题，还会做一类题！
  - 易错易混点：针对长得像的考点，带你从本质上区分清楚！

第三部分 机考题库

本部分可以配合第二部分考点的学习进行逐章同步练习，学到哪儿，练到哪儿。通过练题对本章所学考点内容进行强化吸收。

强化阶段

第四部分 专项突破

- 教材变化专项演练：每年教材变化的地方，都是当年出题概率极高的考点，将其归纳为专项，重点演练，强化巩固。
- 易错易混点突破演练：易混淆易出错的地方多练习，清楚容易踩坑的地方，同样的地方不再错。
- 不定项选择题专项演练：将历年不定项选择题归类，梳理命题点，然后根据不同命题点的出题角度逐个攻克。

冲刺阶段

第五部分 考场初体验

在考前3天左右，采用标准考试时长1.5小时计时，在相对安静无干扰的环境中，完整练习这套考题，初体验考题真实考试难度和评估自我做题速度。针对出错的地方，再回到第二部分的对应考点，好好理解一下相应考点知识；针对做对但做题时有疑惑的地方，认真理解其解析的内容。

上述四个备考阶段中，后三个阶段是核心，需要带着明确的学习目标。

→基础阶段：吃透考点，学会做、能做对一般难度的题目。

→强化阶段：能做对较难的题目。（如果这一阶段做题过程中感觉对某些考点内容掌握不透彻，可以再回到第二部分学习相应内容）

→冲刺阶段：通过前两个阶段的扎实学习，争取这套卷能打 60 分以上，并能查缺补漏，明了自己学习知识的死角，及时强化。

最后，想对你说

人生中，学习的路还长，这也许是你考的第一个证，也许是第 N 个证。不过都没关系，保持学习的状态，你会遇到越来越好的自己！

人生证途，文旌陪你过关斩将！

第二部分 考点精讲

文旌

过关斩将攻考点，初级证书终属吾！

第一章 总 论

本章考情分析

本章地位	预估分值	考试题型	建议学习时长
★	5 分	单选题、多选题、判断题	5 小时

本章脉络图

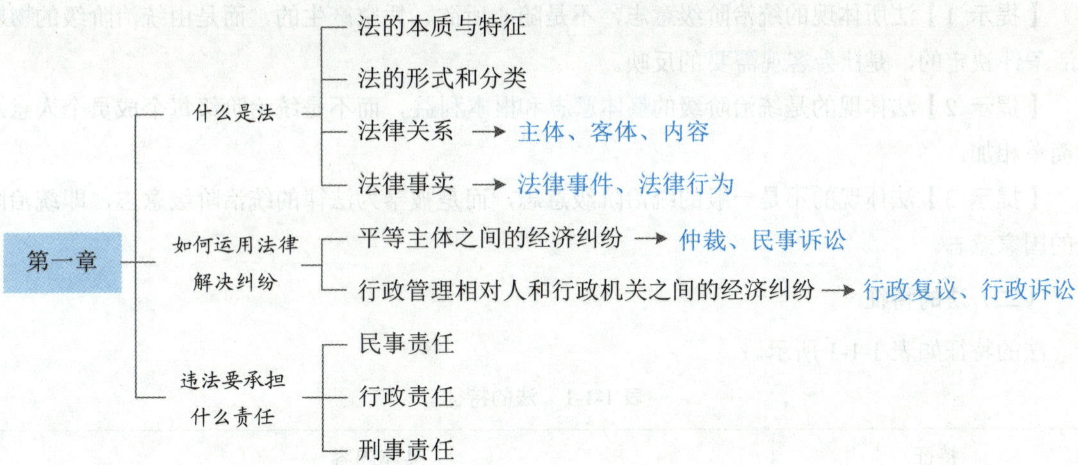

教材主要变化

本章无实质性变化，仅对法律关系客体的种类和民事诉讼适用案件类型做了细微调整。

本章考点精讲

第一节　法律基础

什么是法？

法是由国家制定或认可，以权利义务为主要内容，由国家强制力保证实施的社会行为规范及相应的规范性文件的总称。

考点1　法的本质与特征（★）

（一）法的本质

法是统治阶级的国家意志的体现。

【提示 1】法所体现的统治阶级意志，不是随心所欲、凭空产生的，而是由统治阶级的物质生活条件决定的，是社会客观需要的反映。

【提示 2】法体现的是统治阶级的整体意志和根本利益，而不是统治阶级每个成员个人意志的简单相加。

【提示 3】法体现的不是一般的统治阶级意志，而是被奉为法律的统治阶级意志，即统治阶级的国家意志。

（二）法的特征

法的特征如表 1-1-1 所示。

表 1-1-1　法的特征

特征	具体内容
国家意志性	法是经过国家制定或认可才得以形成的规范
国家强制性	法凭借国家强制力的保证而获得普遍遵行的效力（即法是由国家强制力保障实施的）
规范性	法是确定人们在社会关系中的权利和义务的行为规范，具有概括性和利益导向性
明确公开性和普遍约束性	法是明确而普遍适用的规范，具有明确公开性和普遍约束性

考查角度　法的本质与特征。

【例题 1 · 多选 2014】下列各项中，属于法的特征的有（　　）。

A. 国家意志性　　B. 强制性　　C. 规范性　　D. 明确公开性和普遍约束性

【答案】ABCD

【例题 2 • 判断 2015】法凭借国家强制力的保证而获得普遍遵行的效力。 （ ）

【答案】√

【例题 3 • 多选 2009】下列关于法的本质与特征的表述中，正确的有（ ）。

A. 法由统治阶级的物质生活条件所决定　　B. 法体现的是统治阶级的整体意志和根本利益

C. 法是由国家制定或认可的行为规范　　D. 法由国家强制力保障其实施

【答案】ABCD

考点 2 法的形式和分类（★★★）

（一）法的形式

1. 我国法的主要形式

我国法的主要形式及其内容如表 1-1-2 所示。

表 1-1-2 我国法的主要形式

<table>
<tr><th colspan="2">形式</th><th>制定机关</th><th>举例</th><th>巧记关键字</th><th>备注</th></tr>
<tr><td colspan="2">宪法</td><td>全国人民代表大会</td><td>《中华人民共和国宪法》</td><td>—</td><td>国家的根本大法，具有最高的法律效力</td></tr>
<tr><td colspan="2">法律</td><td>全国人民代表大会及其常务委员会</td><td>《中华人民共和国民事诉讼法》《中华人民共和国会计法》</td><td>《××法》</td><td>法律效力和地位仅次于宪法，是制定其他规范性文件的依据</td></tr>
<tr><td colspan="2">行政法规</td><td>国务院</td><td>《企业财务会计报告条例》</td><td>《××条例》</td><td>—</td></tr>
<tr><td colspan="2">地方性法规、自治条例和单行条例</td><td>地方人民代表大会及其常务委员会</td><td>北京市人大常委会发布的《北京市城乡规划条例》</td><td>《××省（市或经济特区等）××条例》</td><td>—</td></tr>
<tr><td colspan="2">特别行政区的法</td><td>全国人民代表大会和特别行政区</td><td>《中华人民共和国香港特别行政区基本法》</td><td>《××特别行政区××》</td><td>仅在该特别行政区内有效</td></tr>
<tr><td rowspan="2">规章</td><td>部门规章</td><td>国务院各部、委员会、中国人民银行、审计署和具有行政管理职能的直属机构</td><td>财政部发布的《金融企业国有资产转让管理办法》
中国人民银行发布的《支付结算办法》</td><td rowspan="2">《××办法》</td><td>—</td></tr>
<tr><td>地方政府规章</td><td>有地方立法权的地方人民政府</td><td>上海市人民政府发布的《上海市旅馆业管理办法》</td><td>—</td></tr>
<tr><td colspan="2">国际条约</td><td>—</td><td>《国际民用航空公约》</td><td>《国际××》</td><td>属于我国法律的形式之一，但属于国际法而不是国内法</td></tr>
</table>

敲黑板

在我国，法的形式不包括人民法院所作的判决书。

考查角度 法的形式及其制定机关。

【例题·单选 2017】下列规范性文件中，属于行政法规的是（　）。

A. 国务院发布的《企业财务会计报告条例》

B. 全国人民代表大会通过的《中华人民共和国民事诉讼法》

C. 中国人民银行发布的《支付结算办法》

D. 全国人民代表大会常务委员会通过的《中华人民共和国会计法》

【解析】根据关键字或制定机关进行判断，选项 B、D 属于法律，选项 C 属于部门规章。

【答案】A

【拓展 1·单选 2012】下列法的形式中，由全国人民代表大会及其常务委员会经一定立法程序制定颁布的规范性文件是（　）。

A. 宪法　　B. 行政法规

C. 法律　　D. 行政规章

【答案】C

【拓展 2·判断 2019】人民法院所作的判决书，也是法的形式之一。（　）

【答案】×

2. 法律效力等级及其适用规则

（1）不同形式的规范性法律文件之间是有效力等级和位阶划分的，具体内容如图 1-1-1 所示。

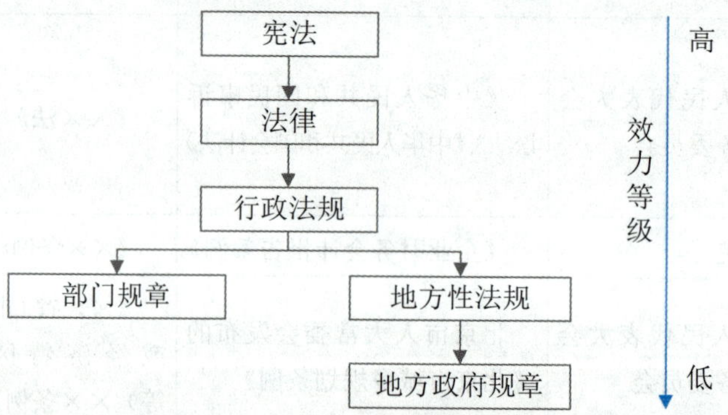

图 1-1-1　法律效力等级

（2）不同形式的规范性法律文件，出现规定不一致时，按照下列原则处理：

① 上位法优于下位法。即下位法（效力等级低的法）与上位法（效力等级高的法）冲突时，以上位法为据，不再适用下位法。

② 特别法优于一般法。即同一机关制定的法律、行政法规、地方性法规、自治条例和单行条例、规章，特别规定与一般规定不一致的，适用特别规定。

③ 新法优于旧法。即同一机关制定的法律、行政法规、地方性法规、自治条例和单行条例、规章，新的规定与旧的规定不一致的，适用新的规定。

④ 新的一般规定与旧的特别规定不一致时，按图 1-1-2 所示处理。

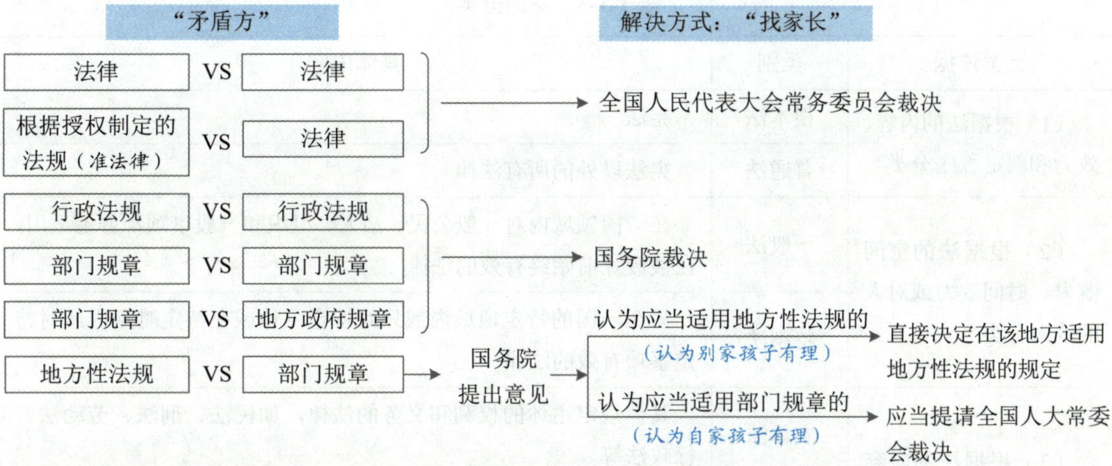

图 1-1-2 新的一般规定与旧的特别规定不一致时的适用原则

【提示】国务院对地方性法规没有撤销的监督处理权，故国务院认定应当适用部门规章（即不应当适用地方性法规）的，只能提请有权撤销地方性法规的全国人大常委会裁决。

小旌笔记

同一机关制定的：特别法优于一般法，新法优于旧法；不同机关制定的："找家长"。

考查角度 法的效力等级、适用原则的具体应用。

【例题 1 • 单选 2017】下列法的形式中，效力等级最低的是（ ）。

A. 宪法　　B. 地方性法规

C. 行政法规　　D. 法律

【答案】B

【例题 2 • 多选 2017】下列关于规范性法律文件适用原则的表述中，正确的有（ ）。

A. 行政法规之间对同一事项的新的一般规定与旧的特别规定不一致，不能确定如何适用时，由国务院裁决

B. 根据授权制定的法规与法律不一致，不能确定如何适用时，由全国人民代表大会常务委员会裁决

C. 部门规章与地方政府规章之间对同一事项的规定不一致时，由国务院裁决

D. 法律之间对同一事项的新的一般规定与旧的特别规定不一致，不能确定如何适用时，由全国人民代表大会常务委员会裁决

【答案】ABCD

（二）法的分类

根据不同的标准，可以对法作不同的分类，具体内容如表 1-1-3 所示。

表 1-1-3　法的分类

分类依据	类别	具体内容
（1）根据法的内容、效力和制定程序分类	根本法	宪法
	普通法	宪法以外的所有法律
（2）根据法的空间效力、时间效力或对人的效力分类	一般法	在一国领域内对一般公民、法人、组织和一般事项都普遍适用，在被废除前始终有效的法律
	特别法	只在一国的特定地域内或只对特定主体或在特定时期内或对特定事项有效的法律
（3）根据法的内容分类	实体法	具体规定主体的权利和义务的法律，如民法、刑法、劳动法、行政法等
	程序法	是为了保障实体权利和义务的实现而制定的关于程序方面的法律，如刑事诉讼法、民事诉讼法、行政诉讼法等
（4）根据法的主体、调整对象和渊源分类	国际法	调整对象主要是国家间的相互关系
	国内法	调整对象是一国内部的社会关系
（5）根据法运用的目的分类	公法	以保护公共利益为目的的法律，如宪法、行政法、刑法、诉讼法
	私法	以保护私人利益为目的的法律，如民法、商法
（6）根据法的创制方式和发布形式分类	成文法	具有条文形式的规范性文件
	不成文法	不具有条文形式的习惯，如习惯法

考查角度　法的具体分类。

【例题·单选 2008】下列对法所作的分类中，以法的空间效力、时间效力或对人的效力进行分类的是（　　）。

A. 成文法和不成文法　　B. 根本法和普通法

C. 一般法和特别法　　D. 实体法和程序法

【答案】C

考点 3　法律关系（★★★）

法律关系是指被法律规范所调整的权利与义务关系，由法律关系的主体（谁）、法律关系的客体（对什么）和法律关系的内容（享有什么权利，承担什么义务）三个要素构成。

（一）法律关系的主体

法律关系主体是指参加法律关系，依法享有权利和承担义务的当事人。

1. 主体的种类

主体的种类如图 1-1-3 所示。

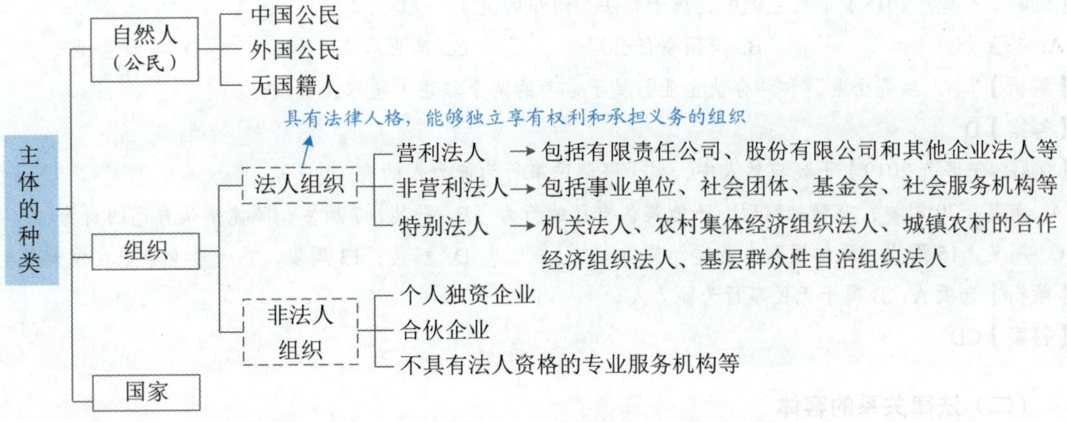

图 1-1-3 主体的种类

2. 主体的资格

法律关系的主体资格包括权利能力（能够成为法律关系主体的法律资格）和行为能力（能够通过自己的行为实际取得权利和履行义务的能力）两个方面。具体内容如图 1-1-4 所示。

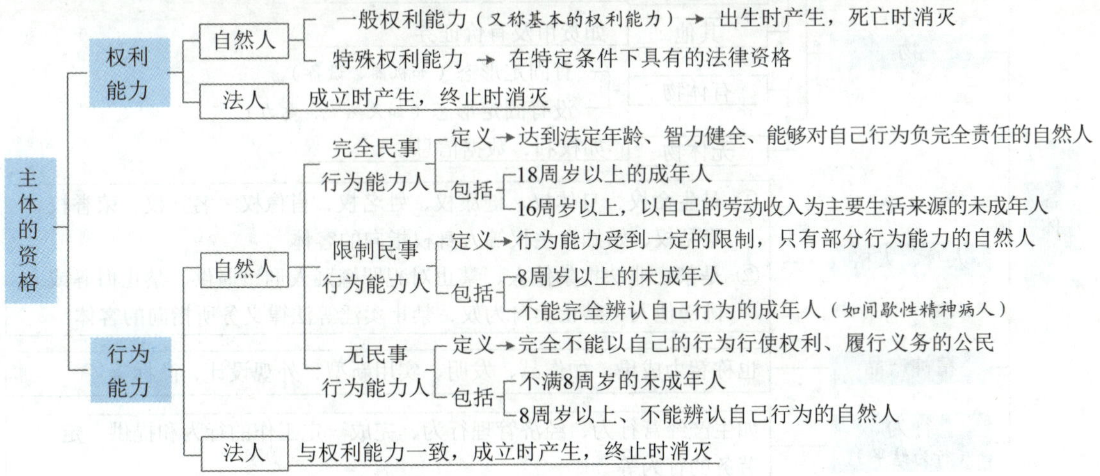

图 1-1-4 主体的资格

考查角度 法律关系的三要素、非法人组织包括的内容、辨析自然人的民事行为能力。

【例题 1 • 多选 2015】下列各项中，属于法律关系构成要素的有（　　）。

A. 主体　　B. 内容　　C. 客体　　D. 法律事件

【答案】ABC

【例题 2 • 多选 2018】下列各项中，能够成为法律关系主体的有（　　）。

A. 甲市财政局　　B. 大学生张某

C. 乙农民专业合作社　　D. 智能机器人阿尔法

【解析】选项 D 属于商品（人造物），可以成为法律关系的客体，不能成为法律关系的主体。

【答案】ABC

【例题 3 · 单选 2018】下列主体中，属于非法人组织的是（　　）。

A. 基金会　　B. 有限责任公司　　C. 事业单位　　D. 合伙企业

【解析】“个人独资企业”和“合伙企业”属于常考的两个非法人组织，重点记。

【答案】D

【例题 4 · 多选 2019】下列自然人中，属于限制民事行为能力人的有（　　）。

A. 范某，20 周岁，有精神障碍，不能辨认自己的行为　　B. 孙某，7 周岁，不能辨认自己的行为

C. 周某，15 周岁，系体操队专业运动员　　D. 杨某，13 周岁，系大学少年班在校大学生

【解析】选项 A、B 属于无民事行为能力人。

【答案】CD

（二）法律关系的客体

法律关系的客体是指法律关系主体的权利和义务所指向的对象。主要包括物、人身人格、精神产品和行为四大类，具体内容如图 1-1-5 所示。

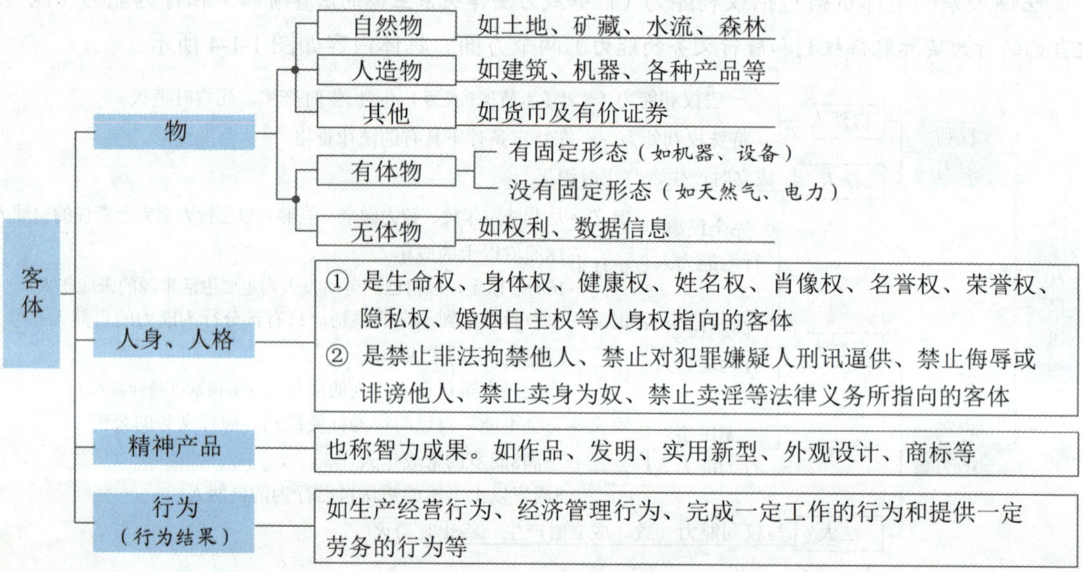

图 1-1-5　法律关系的客体

【提示】人的整体只能是法律关系的主体，不能作为法律关系的客体。当人的头发、血液、骨髓、精子和其他器官从身体中分离出去，成为与身体相分的外部之物时，在某些情况下也可视为法律上的“物”，成为法律关系的客体。

考查角度　辨析法律关系的客体。

【例题 1 · 多选 2018】下列各项中，属于法律关系客体的有（　　）。

A. 有价证券　　B. 库存商品　　C. 提供劳务行为　　D. 智力成果

【答案】ABCD

【例题 2·多选 2017 改编】精神产品可以成为法律关系的客体，下列各项中，属于精神产品的有（　　）。

A. 著作　　B. 商标　　C. 发明　　D. 外观设计

【答案】ABCD

【例题 3·单选 2017】甲企业和正大电脑专卖店签订了一份购买 50 台电脑的合同，该买卖合同中，50 台电脑属于（　　）。

A. 法律关系的主体　　B. 法律关系的内容　　C. 法律关系的事实　　D. 法律关系的客体

【解析】法律关系客体是指法律关系主体的权利和义务所指向的对象。

【答案】D

（三）法律关系的内容

法律关系的内容是指法律关系主体所享有的权利和承担的义务。

考查角度　法律关系内容的定义。

【例题·判断 2015】法律关系的内容是指法律关系主体的权利和义务所指向的对象。（　　）

【答案】×

考点 4　法律事实（★★★）

任何法律关系的发生、变更和消灭，都要有法律事实的存在。法律事实是法律关系发生、变更和消灭的直接原因。

法律事实是指由法律规范所确定的，能够产生法律后果（即能够直接引起法律关系发生、变更或者消灭）的情况。包括法律事件和法律行为两类，具体内容如图 1-1-6 所示。

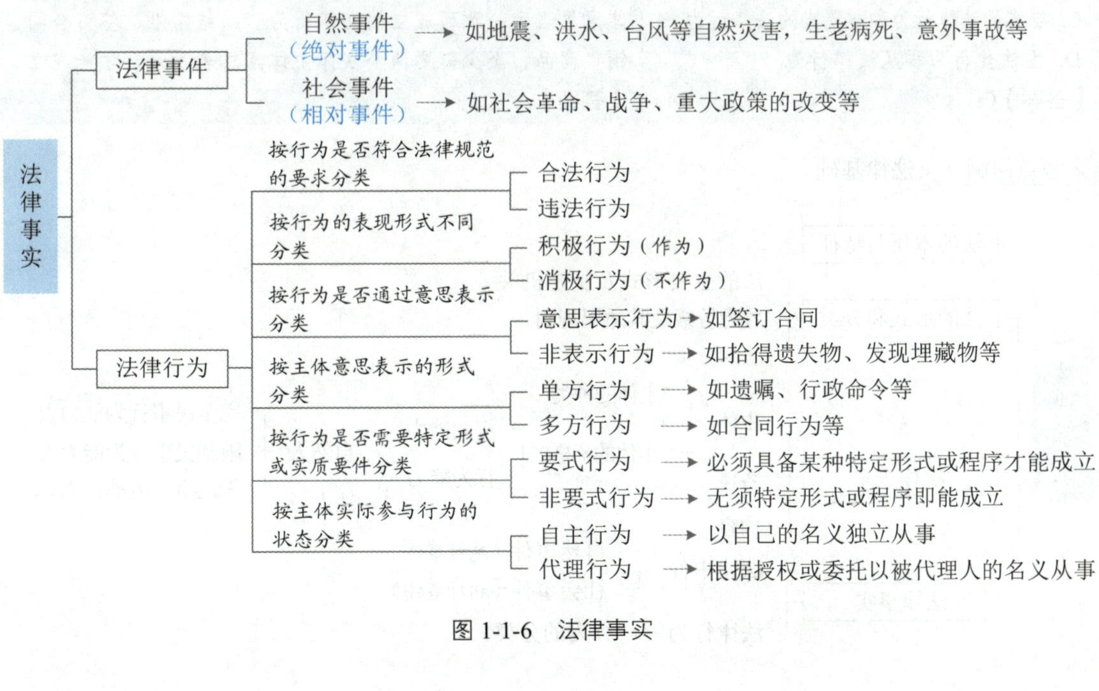

图 1-1-6　法律事实

小旌笔记

法律事件属于一种客观情况，不以当事人的主观意志为转移，如地震，并不是小旌想让它发生就能发生，不想发生就不发生的。法律行为，是人们有意识的活动，以法律关系主体的意志为转移，如签订买卖合同，小旌可以签也可以不签，全凭小旌的主观意志决定。

考查角度 辨析法律事件与法律行为、辨析自然事件与社会事件、法律行为的分类。

【例题1·多选2019】下列各项属于法律行为的有（　）。

A. 税务登记　B. 签发发票
C. 爆发战争　D. 收养孤儿

【答案】ABD

【例题2·单选2019】下列各项中，属于法律事实中的相对事件的是（　）。

A. 地震　B. 爆发战争
C. 纵火　D. 行政命令

【解析】选项A属于自然事件（绝对事件）；选项C、D属于法律行为。

【答案】B

【例题3·单选2015】根据行为是否需要特定形式或实质要件，法律行为可以分为（　）。

A. 单方的法律行为和多方的法律行为
B. 有偿的法律行为和无偿的法律行为
C. 要式的法律行为和非要式的法律行为
D. 主法律行为和从法律行为

【答案】C

【拓展1·单选2015】下列会直接影响法律关系发生、变更、消灭的是（　）。

A. 法律事实　B. 客体　C. 主体　D. 行为

【答案】A

【拓展2·单选2016】甲公司与乙公司签订租赁合同，约定甲公司承租乙公司一台挖掘机，租期1个月，租金1万元。引起该租赁法律关系发生的法律事实是（　）。

A. 租赁的挖掘机　B. 甲公司和乙公司
C. 1万元租金　D. 签订租赁合同的行为

【解析】"租赁的挖掘机"和"1万元租金"属于法律关系的客体；"甲公司和乙公司"属于法律关系的主体；"签订租赁合同的行为"属于法律事实。

【答案】D

【拓展3·单选2015】下列法律行为属于单方行为的是（　）。

A. 立遗嘱　B. 缔结婚姻　C. 签订合同　D. 销售商品

【解析】单方行为是指由法律主体一方的意思表示即可成立的法律行为；多方行为是指由两个或两个以上的多方法律主体意思表示一致而成立的法律行为。缔结婚姻、签订合同、销售商品，至少需要两个法律主体意思表示一致才能成立。

【答案】A

考点回顾 法律基础。

- 法律基础
  - 法的本质与特征
  - 法的形式和分类
    - 法的主要形式及制定机关
    - 效力等级及其适用规则
    - 法的分类
  - 法律关系
    - 主体
      - 主体的种类
      - 主体的资格
        - 权利能力
        - 行为能力
          - 自然人
            - 完全民事行为能力人
            - 限制民事行为能力人
            - 无民事行为能力人
          - 法人
    - 客体
    - 内容
  - 法律事实
    - 法律事件
      - 自然事件（绝对事件）
      - 社会事件（相对事件）
    - 法律行为 → 行为的分类

第二节 经济纠纷的解决途径

在我国，解决经济纠纷的途径主要有仲裁、民事诉讼、行政复议和行政诉讼。具体内容如表 1-2-1 所示。

表 1-2-1 经济纠纷的解决途径

经济纠纷类别		解决途径
横向关系经济纠纷	平等民事主体之间的纠纷（“民”与“民”之间的纠纷）	仲裁（找独立第三方作裁判）
		民事诉讼（向人民法院起诉）
纵向关系经济纠纷	行政管理相对人和行政机关之间的纠纷（“民”与“行政机关”之间的纠纷）	行政复议（找行政机关审查，通常是上级审下级）
		行政诉讼（向人民法院起诉）

考查角度 经济纠纷的解决途径。

【例题·判断 2015】民事诉讼和仲裁都是适用于横向关系经济纠纷的解决方式。（ ）

【答案】√

考点 1 仲裁（★★★）

仲裁是指由经济纠纷的各方当事人共同选定仲裁机构（中立第三者），对纠纷依法定程序作出具有约束力的裁决的活动。

（一）仲裁的适用范围

平等主体的公民、法人和其他组织之间发生合同纠纷和其他财产权益纠纷，可以仲裁。

（1）下列纠纷不能提请仲裁：

① 婚姻、收养、监护、扶养、继承纠纷。

② 依法应当由行政机关处理的行政争议。

（2）下列仲裁不适用《仲裁法》，不属于《仲裁法》所规定的仲裁范围，而由其他法律予以调整：

① 劳动争议的仲裁。（适用《劳动争议调解仲裁法》）

② 农业集体经济组织内部的农业承包合同纠纷的仲裁。（适用《农村土地承包经营纠纷调解仲裁法》）

【提示】本章介绍的仲裁，仅指适用《仲裁法》的仲裁。

考查角度 辨析仲裁的适用范围。

【例题·多选 2019】下列各项纠纷，可以提请仲裁的有（ ）。

A. 合同纠纷　　B. 财产权益纠纷　　C. 关于继承的纠纷　　D. 关于收养的纠纷

【答案】AB

（二）仲裁的基本原则

仲裁的基本原则及其内容如表 1-2-2 所示。

表 1-2-2 仲裁的基本原则

基本原则	具体内容
（1）自愿原则	采用仲裁方式，应当双方自愿，达成仲裁协议。没有仲裁协议，一方申请仲裁的，仲裁委员会不予受理
（2）依据事实和法律，公平合理地解决纠纷的原则	—
（3）独立仲裁原则	仲裁机关不依附于任何机关而独立存在，仲裁依法独立进行，不受任何行政机关、社会团体和个人的干涉
（4）一裁终局原则	仲裁裁决为终局裁决。裁决作出后，当事人不能再就同一纠纷申请仲裁或向人民法院起诉

考查角度 对仲裁基本原则的理解。

【例题 1・判断 2015】当事人对裁决不服时，仲裁裁决作出后，当事人可以就同一纠纷再申请仲裁。（ ）

【答案】×

【例题 2・判断 2013】买卖合同当事人发生纠纷，没有仲裁协议，一方申请仲裁的，仲裁委员会应予受理。（ ）

【解析】有效的仲裁协议是仲裁的前提，没有仲裁协议，一方申请仲裁的，仲裁委员会不予受理。

【答案】×

【拓展・单选 2015】甲公司长期拖欠乙公司货款，双方发生纠纷，期间一直未约定纠纷的解决方式，为解决纠纷，乙公司可采取的法律途径是（ ）。

A. 提请仲裁　　B. 提起民事诉讼

C. 申请行政复议　　D. 提起行政诉讼

【解析】首先，甲公司和乙公司属于平等的法律主体，属于“民”与“民”的纠纷，排除选项 C、D；其次，“一直未约定纠纷解决方式”说明当事人之间不存在仲裁协议，排除选项 A。

【答案】B

（三）仲裁协议

仲裁协议是指双方当事人自愿把他们之间可能发生或者已经发生的经济纠纷提交仲裁机构裁决的书面约定。仲裁协议应当以书面形式订立，口头达成仲裁的意思表示无效。

小旌笔记

① 仲裁协议可以是在合同中订立的仲裁条款，也可以是单独订立的仲裁协议书；② 仲裁协议可以是在发生纠纷前订立，也可以是在发生纠纷后订立；③ 仲裁协议只能以书面形式订立，不能口头。

1. 仲裁协议的内容

仲裁协议应当具有下列内容：

（1）请求仲裁的意思表示。（如“因履行本合同发生的一切争议，由××仲裁委员会仲裁”）

（2）仲裁事项。

（3）选定的仲裁委员会。

【提示】仲裁协议对仲裁事项或仲裁委员会没有约定或约定不明确的，当事人可以补充协议；达不成补充协议的，仲裁协议无效。

2. 仲裁协议的效力

（1）仲裁协议一经依法成立，即具有法律约束力。

（2）仲裁协议独立存在，合同的变更、解除、终止或者无效，不影响仲裁协议的效力。（不管合同怎么变，都可能产生纠纷，故解决纠纷的仲裁协议是有效的）

（3）平等主体的当事人之间发生的经济纠纷，按图 1-2-1 所示处理。

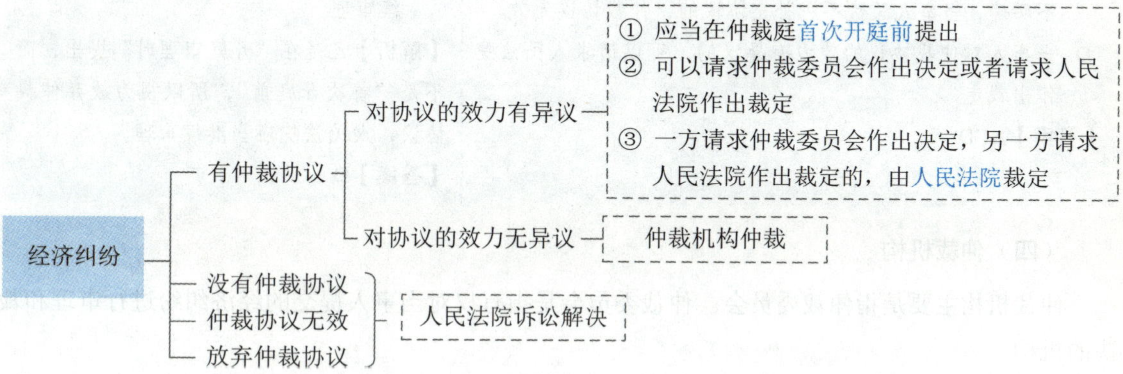

图 1-2-1　平等主体当事人之间发生经济纠纷的处理

（4）当事人达成仲裁协议，又向法院起诉的，按图 1-2-2 所示处理。

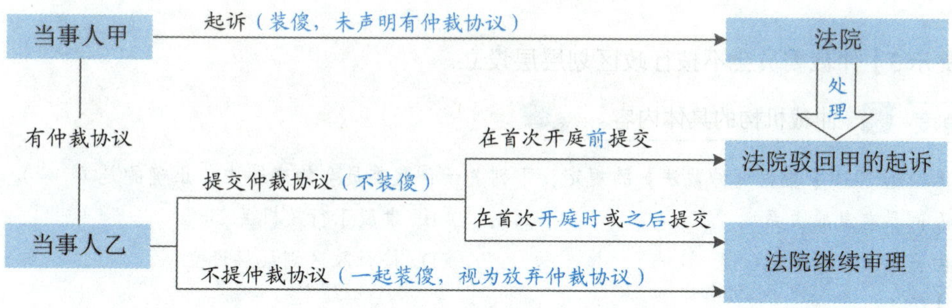

图 1-2-2　当事人达成仲裁协议后向法院起诉的处理

考查角度　仲裁协议的含义、具体内容及协议效力。

【例题 1 • 多选 2018】根据《仲裁法》的规定，下列各项中，属于仲裁协议应当具备的内容有（　　）。

A. 仲裁事项　　B. 请求仲裁的意思表示

C. 选定的仲裁员　　D. 选定的仲裁委员会

【答案】ABD

【拓展 1 • 判断 2017、2010】对于平等民事主体当事人之间发生的经济纠纷而言，有效的仲裁协议可排除法院的管辖权。（　　）

【答案】√

【例题 2·判断 2019】仲裁协议既能在纠纷发生前订立，也能在纠纷发生后订立。（　　）

【答案】√

【例题 3·多选 2017】根据《仲裁法》的规定，下列关于仲裁协议效力的表述中，正确的有（　　）。

A. 合同的变更、解除、终止或者无效，不影响仲裁协议的效力

B. 当事人口头达成的仲裁协议有效

C. 仲裁协议对仲裁事项或者仲裁委员会没有约定或者约定不明确，当事人又达不成补充协议的，仲裁协议无效

D. 当事人对仲裁协议的效力有异议的，可以请求人民法院作出裁定

【答案】ACD

【拓展 2·单选 2009】甲、乙因买卖货物发生合同纠纷，甲向法院提起诉讼。开庭审理时，乙提出双方签有仲裁协议，应通过仲裁方式解决。对该案件的下列处理方式中，符合法律规定的是（　　）。

A. 仲裁协议有效，法院驳回甲的起诉

B. 仲裁协议无效，法院继续审理

C. 由甲、乙协商确定纠纷的解决方式

D. 视为甲、乙已放弃仲裁协议，法院继续审理

【解析】乙是在“开庭审理时”提出，而不是“首次开庭前”，所以视为放弃仲裁协议，人民法院应当继续审理。

【答案】D

（四）仲裁机构

仲裁机构主要是指仲裁委员会。仲裁委员会是指有权对当事人提交的经济纠纷进行审理和裁决的机构。

【提示 1】仲裁委员会属于民间性的组织，不是国家的行政机关或司法机关，对经济纠纷案件没有强制管辖权（以当事人自愿为原则）。

【提示 2】仲裁委员会独立于行政机关，与行政机关没有隶属关系。仲裁委员会之间也没有隶属关系。

【提示 3】仲裁委员会不按行政区划层层设立。

考查角度　仲裁机构的具体内容。

【例题·单选 2018】根据《仲裁法》的规定，下列关于仲裁委员会的表述中，正确的是（　　）。

A. 相互间具有隶属关系

B. 隶属于行政机关

C. 可由当事人自主选定

D. 按行政区划层层设立

【答案】C

（五）仲裁裁决

仲裁裁决的流程和具体内容如图 1-2-3 所示。

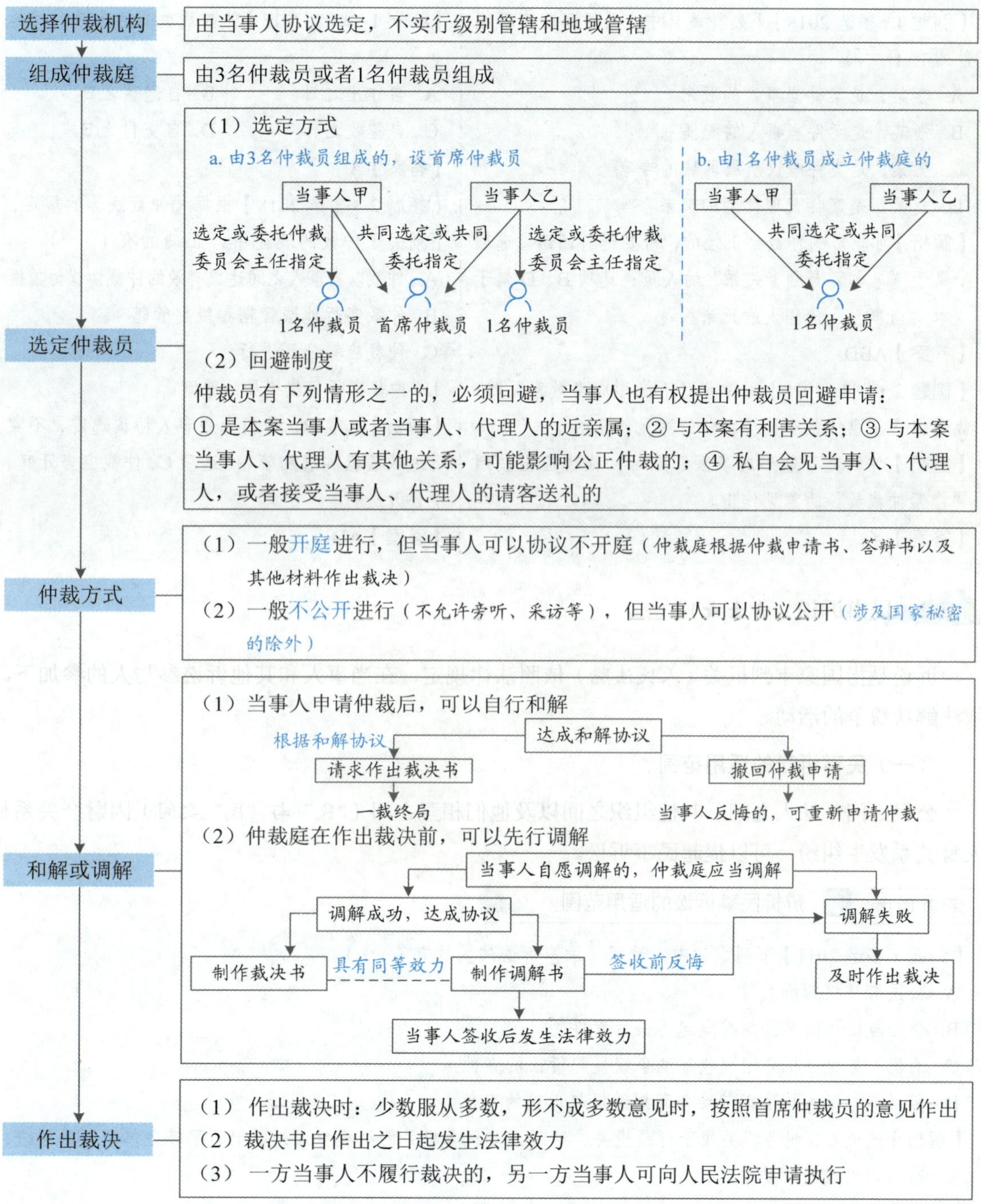

图 1-2-3　仲裁裁决的流程和具体内容

考查角度 仲裁裁决的具体内容。

【例题1·多选2018】下列仲裁员中，必须回避审理案件的有（　　）。

A. 李某，是案件当事人的股东

B. 张某，是案件当事人的配偶

C. 王某，是案件争议所属区域的专家

D. 赵某，是案件代理律师的父亲

【解析】可能影响仲裁公正性的，需要进行回避。选项A属于“与本案有利害关系”的人员；选项B、D属于“本案当事人、代理人的近亲属”。

【答案】ABD

【例题2·判断2018】当仲裁庭不能形成多数意见时，裁决应当按照仲裁委员会主任的意见作出。（　　）

【解析】仲裁庭不能形成多数意见时，裁决应当按照“首席仲裁员”的意见作出。

【答案】×

【拓展1·单选2013】仲裁裁决书的生效时间是（　　）。

A. 自作出之日　　B. 自送达之日

C. 自签收之日　　D. 自交付之日

【答案】A

【拓展2·多选2018】根据《仲裁法》的规定，下列关于仲裁的表述中，正确的有（　　）。

A. 仲裁以当事人之间达成有效的仲裁协议为前提

B. 仲裁实行地域管辖和级别管辖

C. 仲裁应当公开进行

D. 仲裁实行一裁终局的原则

【解析】选项B，仲裁由当事人协议选定，不实行地域管辖和级别管辖。选项C，仲裁应当开庭、不公开进行。

【答案】AD

考点2 民事诉讼（★★★）

诉讼是指国家审判机关（人民法院）依照法律规定，在当事人和其他诉讼参与人的参加下，依法解决纷争的活动。

（一）民事诉讼的适用范围

公民之间、法人之间、其他组织之间以及他们相互之间（“民”与“民”之间）因财产关系和人身关系发生纠纷，可以提起民事诉讼。

考查角度 辨析民事诉讼的适用范围。

【例题·多选2011】下列案件中，适用《民事诉讼法》的有（　　）。

A. 公民名誉权纠纷案件

B. 企业与银行因票据纠纷提起诉讼的案件

C. 纳税人与税务机关因税收征纳争议提起诉讼的案件

D. 劳动者与用人单位因劳动合同纠纷提起诉讼的案件

【解析】选项C，税务机关属于行政机关，纳税人与税务机关的纳税争议，属于不平等主体之间的纠纷，适用行政诉讼或行政复议。

【答案】ABD

（二）审判制度

审判制度及主要内容如表1-2-3所示。

表 1-2-3　审判制度及主要内容

审判制度	主要内容
合议制度	是指由 3 名以上（须是单数）审判人员组成审判组织（合议庭），代表法院行使审判权，对案件进行审理并作出裁判的制度（合议制度是相对于独任制度而言的，独任制度是指由一名审判员独立地对案件进行审理和裁判的制度） （1）不适用合议制度的案件（即适用独任制度）：适用简易程序、特别程序（选民资格案件及重大、疑难的案件除外）、督促程序、公示催告程序审理的第一审民事案件 （2）适用合议制度的案件：选民资格案件或重大、疑难的案件，其他第一审民事案件，第二审民事案件
回避制度	（1）回避对象：审判人员、书记员、翻译人员、鉴定人、勘验人（不包括证人） （2）回避情形（与仲裁回避制度相同）： ① 回避对象是案件的当事人或者当事人、诉讼代理人的近亲属的 ② 回避对象与案件有利害关系的 ③ 回避对象与案件当事人、诉讼代理人有其他关系，可能影响对案件公正审理的 ④ 回避对象接受当事人、诉讼代理人请客送礼或者违反规定会见当事人、诉讼代理人的 （3）申请回避方式：当事人有权用口头或者书面方式申请他们回避
公开审判制度	（1）涉及国家秘密、个人隐私等，不公开审理 （2）离婚案件、涉及商业秘密的，当事人可以申请不公开审理 （3）其他案件，应当公开审理 【提示】不论案件是否公开审理，一律公开宣告判决（审判结果公开）
两审终审制度	是指一个诉讼案件经过两级法院审判后即终结的制度 （1）我国法院分为四级：最高人民法院、高级人民法院、中级人民法院、基层人民法院。一个案件经第一审法院审判后，当事人如果不服，有权在法定期限内向上一级法院提起上诉，由该上一级法院进行第二审。二审法院的判决、裁定是终审的判决、裁定，不得上诉 （2）最高人民法院所作的一审判决、裁定，为终审判决、裁定（没有上级法院可上诉） （3）如果发现终审裁判有错误，可以通过审判监督程序予以纠正 【提示】适用特别程序、督促程序、公示催告程序和简易程序中的小额诉讼程序审理的案件，实行一审终审

考查角度　公开审判制度和两审终审制度的具体内容。

【例题 1 · 判断 2018】审理民事案件，除涉及商业秘密的以外，应当公开进行。（　）

【解析】审理民事案件，除涉及国家秘密、个人隐私等以外，应当公开进行；涉及商业秘密的，当事人“可以申请”不公开审理。

【答案】×

【例题 2 · 判断 2014】审理民事案件，不论案件是否公开审理，一律公开宣告判决。（　）

【答案】√

【例题3·判断2018】对终审民事判决，当事人不得上诉。（　　）

【答案】√

【例题4·单选2015】甲、乙公司因技术转让合同的履行产生纠纷，甲公司向某人民法院提起诉讼，法院受理该案件。已知该案件涉及商业秘密，下列关于该案件是否公开审理的表述中，正确的是（　　）。

A. 该案件应当公开审理　　B. 该案件不应当公开审理

C. 由双方当事人协商后决定是否公开审理　　D. 当事人申请不公开审理的，可以不公开审理

【解析】涉及商业秘密的，当事人可以申请不公开审理。选项A"应当"和选项B"不应当"的说法过于绝对，错误；根据一方当事人的申请即可决定不公开审理，不需要双方当事人协商，选项C错误。

【答案】D

（三）民事诉讼管辖

诉讼管辖是指各级法院之间以及不同地区的同级法院之间，受理第一审民事案件、经济纠纷案件的职权范围和具体分工。（归谁管）

1. 级别管辖

级别管辖是根据案件性质、案情繁简、影响范围，来确定上、下级法院受理第一审案件的分工和权限。大多数民事案件归基层人民法院管辖。

2. 地域管辖

地域管辖又分为一般地域管辖、特殊地域管辖和专属管辖等。具体内容如表1-2-4所示。

表1-2-4　地域管辖的内容

类型	具体内容
一般地域管辖（也称普通管辖）	按照当事人所在地与法院辖区的隶属关系来确定案件管辖法院。通常实行"原告就被告"原则，即由被告住所地人民法院管辖 【提示1】住所地与经常居住地不一致的，由经常居住地人民法院管辖 【提示2】下列案件由"原告住所地"人民法院管辖： ① 对不在中国领域内居住的人提起的有关身份关系的民事诉讼 ② 对下落不明或者宣告失踪的人提起的有关身份关系的民事诉讼 ③ 对被采取强制性教育措施或者被监禁的人（被限制自由的人）提起的民事诉讼
特殊地域管辖（也称特别管辖）	是以诉讼标的所在地、法律事实所在地为标准确定管辖法院。主要有10种： ① 因合同纠纷提起的诉讼，由合同履行地或者被告住所地人民法院管辖 ② 因保险合同纠纷提起的诉讼，由保险标的物所在地或者被告住所地人民法院管辖 ③ 因票据纠纷提起的诉讼，由票据支付地或者被告住所地人民法院管辖 ④ 因公司设立、确认股东资格、分配利润、解散等纠纷提起的诉讼，由公司住所地人民法院管辖 ⑤ 因侵权行为提起的诉讼，由侵权行为地（包括侵权行为实施地、侵权结果发生地）或者被告住所地人民法院管辖

（续表）

类型	具体内容
特殊地域管辖（也称特别管辖）	【提示1】信息网络侵权行为实施地包括实施被诉侵权行为的计算机设备所在地；侵权结果地包括被侵权人住所地 【提示2】因产品、服务质量不合格造成他人财产、人身损害提起的诉讼，产品制造地、产品销售地、服务提供地、侵权行为地和被告住所地人民法院均有管辖权 ⑥ 因铁路、公路、水上、航空运输和联合运输合同纠纷提起的诉讼，由运输始发地、目的地或者被告住所地人民法院管辖 ⑦ 因铁路、公路、水上和航空事故请求损害赔偿提起的诉讼，由事故发生地或者车辆、船舶最先到达地、航空器最先降落地或者被告住所地人民法院管辖 ⑧ 因船舶碰撞或者其他海事损害事故请求损害赔偿提起的诉讼，由碰撞发生地、碰撞船舶最先到达地、加害船舶被扣留地或者被告住所地人民法院管辖 ⑨ 因海难救助费用提起的诉讼，由救助地或者被救助船舶最先到达地人民法院管辖 ⑩ 因共同海损提起的诉讼，由船舶最先到达地、共同海损理算地（即审核计算地）或者航程终止地的人民法院管辖 【提示】④、⑨、⑩不含被告住所地
专属管辖	是指法律强制规定某类案件必须由特定的人民法院管辖，其他人民法院无权管辖，当事人也不得协议变更的管辖。主要有三类： ① 因不动产纠纷提起的诉讼，由不动产所在地人民法院管辖 ② 因港口作业中发生纠纷提起的诉讼，由港口所在地人民法院管辖 ③ 因继承遗产纠纷提起的诉讼，由被继承人死亡时住所地或者主要遗产所在地人民法院管辖

【提示】两个以上法院都有管辖权（共同管辖）的诉讼，原告可以向其中一个法院起诉（选择管辖）；原告向两个以上有管辖权的法院起诉的，由最先立案的法院管辖。

3. 协议管辖

协议管辖又称合意管辖或者约定管辖，是指在不违反级别管辖和专属管辖的前提下，双方当事人在合同纠纷或者其他财产权益纠纷发生之前或发生之后，以协议的方式选择解决他们之间纠纷的管辖人民法院。

考查角度　各类纠纷适用的管辖法院。

【例题1·单选2019】根据民事诉讼法律制度的规定，下列法院中，对因港口作业纠纷提起的诉讼享有管辖权的是（　　）。

A. 原告与被告协议选择的人民法院　　B. 港口所在地人民法院

C. 被告住所地人民法院　　D. 原告住所地人民法院

【答案】B

【例题 2 · 判断 2013】如果两个以上的法院对某一民事诉讼案件均有管辖权，原告可以向其中一个法院起诉；原告向两个以上有管辖权的法院起诉的，由最先立案的法院管辖。（　）

【答案】√

【例题 3 · 多选 2010】甲企业得知竞争对手乙企业在M地的营销策略将会进行重大调整，于是到乙企业设在N地的分部窃取乙企业内部机密文件，随之采取相应对策，给乙企业在M地的营销造成重大损失，乙企业经过调查掌握了甲企业的侵权证据，拟向法院提起诉讼，其可以选择提起诉讼的法院有（　）。

A. 甲住所地法院　B. 乙住所地法院　C. M 地法院　D. N 地法院

【解析】乙企业属于原告，甲企业属于被告，N 地属于侵权行为实施地，M 地属于侵权结果发生地。

【答案】ACD

【例题 4 · 判断 2019】民事诉讼中，被告住所地与经常居住地不一致的，由被告住所地人民法院管辖。（　）

【解析】住所地与经常居住地不一致的，由经常居住地人民法院管辖。

【答案】×

（四）诉讼时效

诉讼时效是指权利人在法定期间内不行使权利（如未及时起诉）而失去诉讼保护的制度。

小旌笔记

诉讼时效制度主要是为了促进权利人及时行使权利。时间长久，证据湮灭、证人离世等会造成法律保护困难。

1. 诉讼时效期间

诉讼时效期间是指权利人请求法院或仲裁机关保护其民事权利的法定期间。除法律另有规定外，诉讼时效期间为3年，自权利人知道或者应当知道权利受到损害（如知道自己被打伤）以及义务人（知道被谁打）之日起计算。但是自权利受到损害之日起超过20年的，人民法院不予保护；有特殊情况的，人民法院可以根据权利人的申请决定延长。示例如图1-2-4所示。

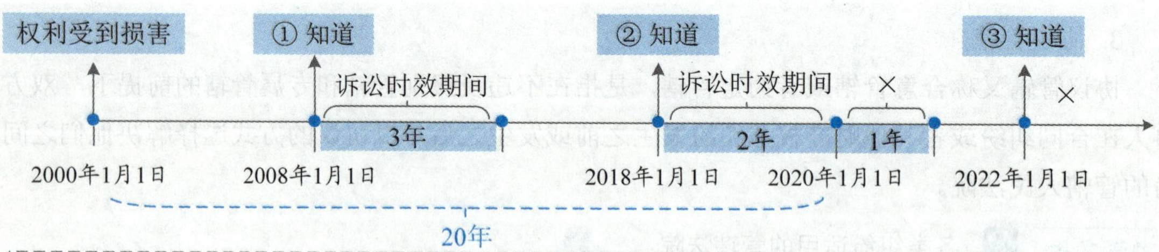

① 2008年1月1日知道，诉讼时效期间为2008年1月1日至2011年1月1日
② 2018年1月1日知道，诉讼时效期间为2018年1月1日至2020年1月1日（超过20年的部分无效）
③ 2022年1月1日知道，超过了20年，诉讼时效已经失效

图 1-2-4　诉讼时效期间示例

【提示 1】诉讼时效期间届满，权利人丧失的是胜诉权，即丧失依诉讼程序强制义务人履行义务的权利。（注意丧失的是胜诉权，而非“实体权”，如别人欠你钱，这个债权债务关系不会消灭，

你只是没法告他了）

【提示 2】诉讼时效期间届满的，义务人可以提出不履行义务的抗辩。（你去告他，他可以向法院提出已经超过了诉讼时效期间进行抗辩，法院会因此判你败诉）

【提示 3】诉讼时效期间届满后，义务人同意履行的，不得以诉讼时效期间届满为由抗辩（同意后又反悔的，不能再拿诉讼时效期间届满作借口）；义务人已自愿履行的，不得请求返还（自己履行后不能反悔）。

【提示 4】人民法院不得主动适用诉讼时效的规定。（义务人如果不提诉讼时效届满的事，法院会继续审理案件，法院不会主动提诉讼时效的事）

2. 不适用诉讼时效的情形

下列请求权不适用诉讼时效的规定：

（1）请求停止侵害、排除妨碍、消除危险。

（2）不动产物权和登记的动产物权的权利人请求返还财产。

（3）请求支付抚养费、赡养费或者扶养费。

（4）依法不适用诉讼时效的其他请求权。

3. 诉讼时效的中止和中断

诉讼时效的中止是指在诉讼时效期间的最后 6 个月内，因特定情形而暂停计算诉讼时效期间，待中止的原因消除后继续计算；诉讼时效的中断是指发生特定情形后，原来计算的诉讼时效期间归零，重新计算。具体内容如表 1-2-5 所示。

表 1-2-5 诉讼时效的中止和中断

项目	中止	中断
发生时间	诉讼时效期间的最后 6 个月内	诉讼时效期间内任何时段
适用情形	（1）不可抗力（如发生地震，没办法去起诉） （2）无民事行为能力人或者限制民事行为能力人没有法定代理人，或者法定代理人死亡、丧失民事行为能力、丧失代理权 （3）继承开始后未确定继承人或者遗产管理人 （4）权利人被义务人或者其他人控制 （5）其他导致权利人不能行使请求权的障碍	（1）权利人向义务人提出履行请求 （2）义务人同意履行义务 （3）权利人提起诉讼或者申请仲裁 （4）与提起诉讼或者申请仲裁具有同等效力的其他情形
效果	暂停计算，待原因消除后继续计算	归零，重新计算

小旌笔记

中止主要是针对因客观原因权利人无法行使权利的情形；中断主要是针对权利人行使了权利或义务人认可了义务的情形。

考查角度 诉讼时效期间的年限、辨析诉讼时效的中止和中断。

【例题 1·单选 2018】2017 年 11 月甲公司与乙公司之间发生租赁合同纠纷，甲公司请求其民事权利的诉讼时效期间不得超过一定期限，该期限为（　　）。

A. 1 年　　B. 2 年

C. 3 年　　D. 4 年

【答案】C

【例题 2·多选 2018】根据民事法律制度的规定，在诉讼时效期间最后 6 个月内，造成权利人不能行使请求权的下列情形中，可以导致诉讼时效中止的有（　　）。

A. 限制民事行为能力人的法定代理人丧失民事行为能力

B. 继承开始后未确定继承人或者遗产管理人

C. 不可抗力

D. 无民事行为能力人没有法定代理人

【答案】ABCD

【拓展 1·多选 2014】根据民事诉讼法律制度的规定，下列各项中，可导致诉讼时效中断的情形有（　　）。

A. 义务人同意履行义务

B. 权利人向义务人提出履行请求

C. 权利人提起诉讼

D. 因不可抗力致使权利人不能行使请求权

【答案】ABC

【拓展 2·多选 2015】根据《民法总则》的规定，下列关于诉讼时效期间的表述中，正确的有（　　）。

A. 诉讼时效期间从权利人知道或者应当知道权利受到损害以及义务人之日起计算

B. 诉讼时效期间可发生中止或者中断

C. 诉讼时效期间届满，权利人丧失胜诉权

D. 身体受到伤害要求赔偿的，诉讼时效期间为 1 年

【答案】ABC

（五）判决和执行

1. 调解

调解的具体内容如表 1-2-6 所示。

表 1-2-6　调解

分类	适用案件
应当调解	离婚案件（但不能久调不决）
不得调解	（1）适用特别程序、督促程序、公示催告程序的案件 （2）婚姻等身份关系确认案件 （3）其他根据案件性质不能调解的案件
当事人自愿	其他案件

【提示】除特别情况外，调解达成协议，人民法院应当制作调解书。调解书经双方当事人签收后，即具有法律效力。

2. 判决

当事人不服地方人民法院第一审判决的，有权在判决书送达之日起 15 日内向上一级法院提起上诉。

3. 执行

（1）发生法律效力的民事判决、裁定，当事人必须履行。一方拒绝履行的，对方当事人可以向人民法院申请执行，也可以由审判员移送执行员执行。

（2）调解书和其他应当由人民法院执行的法律文书，当事人必须履行。一方拒绝履行的，对方当事人可以向人民法院申请执行。

考查角度 上诉的时间、一方拒绝履行民事调解书的处理。

【例题 1 • 单选 2013】根据民事诉讼法律制度的规定，当事人不服人民法院第一审判决的，有权在判决书送达之日起一定期间内向上一级人民法院提起上诉。该期间是（　　）。

A. 5 日　　B. 10 日　　C. 15 日　　D. 30 日

【答案】C

【例题 2 • 判断 2018】当事人一方拒绝履行生效民事调解书的，对方当事人可以向人民法院申请执行。（　　）

【答案】√

易错易混点 仲裁与民事诉讼（见表 1-2-7）。

表 1-2-7　仲裁与民事诉讼

项目		仲裁	民事诉讼
前提条件		有仲裁协议	（1）没有仲裁协议 （2）仲裁协议无效 （3）放弃仲裁协议
适用范围	劳动争议纠纷	×（不适用《仲裁法》）	√
	农业承包合同纠纷	×（不适用《仲裁法》）	√
	婚姻、收养、监护、扶养、继承纠纷	×	√
	行政争议纠纷	×	×
	其他民事纠纷	√	√
管辖		当事人协议选定，不适用级别管辖和地域管辖	实行级别管辖和地域管辖
是否公开		原则上不公开进行，特殊可以公开	原则上公开审理，特殊不公开
制度		一裁终局	两审终审

考点3 行政复议（★★★）

（一）行政复议范围

公民、法人或者其他组织认为行政机关的下列具体行政行为侵犯其合法权益的，可以申请行政复议（了解即可）：

（1）对行政机关作出的警告、罚款、没收违法所得、没收非法财物、责令停产停业、暂扣或者吊销许可证、暂扣或者吊销执照、行政拘留等行政处罚决定不服的。

（2）对行政机关作出的限制人身自由或者查封、扣押、冻结财产等行政强制措施决定不服的。

（3）对行政机关作出的有关许可证、执照、资质证、资格证等证书变更、中止、撤销的决定不服的。

（4）对行政机关作出的关于确认土地、矿藏、水流、森林、山岭、草原、荒地、滩涂、海域等自然资源的所有权或者使用权的决定不服的。

（5）认为行政机关侵犯其合法的经营自主权的。

（6）认为行政机关变更或者废止农业承包合同，侵犯其合法权益的。

（7）认为行政机关违法集资、征收财物、摊派费用或者违法要求履行其他义务的。

（8）认为符合法定条件，申请行政机关颁发许可证、执照、资质证、资格证等证书，或者申请行政机关审批、登记有关事项，行政机关没有依法办理的。

（9）申请行政机关履行保护人身权利、财产权利、受教育权利的法定职责，行政机关没有依法履行的。

（10）申请行政机关依法发放抚恤金、社会保险金或者最低生活保障费，行政机关没有依法发放的。

（11）认为行政机关的其他具体行政行为侵犯其合法权益的。

【提示】公民、法人或者其他组织认为行政机关的具体行政行为所依据的下列规定（指具有普遍约束力的决定、命令等规范性文件，不包括规章）不合法，在对具体行政行为申请行政复议时，可以一并向行政复议机关提出对该规定的审查申请：① 国务院部门的规定；② 县级以上地方各级人民政府及其工作部门的规定；③ 乡、镇人民政府的规定。（注意，这里不包括全国人民代表大会及其常委会制定的法律和国务院制定的行政法规）

敲黑板

不能申请行政复议的事项：

① 不服行政机关作出的行政处分或者其他人事处理决定时，可以依法提出申诉（既不能申请行政复议，也不能提起行政诉讼）。（内部行政行为）

② 不服行政机关对民事纠纷作出的调解或者其他处理，可以依法申请仲裁或者向人民法院提起民事诉讼，但不能提起行政复议。（非行使行政管理职权的行为）

小旌笔记

行政复议受案范围，可按表 1-2-8 记忆。

表 1-2-8 行政复议的受案范围

"不服"的对象		能否申请行政复议
① 具体行政行为		√
② 抽象行政行为（对行政依据不服）	法律、法规、规章	×
	决定、命令等规范性文件	可以申请附带审查
③ 内部行政行为		×
④ 非行使行政管理职权的行为		×

考查角度 辨析行政复议范围。

【例题·多选 2019】下列争议中，属于人民法院行政诉讼受理范围的有（　　）。

A. 韩某对所任职的行政机关人事任命的决定不服引起的争议

B. 孙某对税务机关作出的阻止其出境的决定不服引起的争议

C. 林某对公安机关作出的对其行政拘留的处罚决定不服引起的争议

D. 刘某对环境保护管理部门作出的对其罚款的决定不服引起的争议

【答案】BCD

【拓展·单选 2017】下列各项中，属于行政复议范围的是（　　）。

A. 赵某对市场监督管理局暂扣其营业执照的决定不服而引起的纠纷

B. 王某对税务局将其调职到其他单位的决定不服而引起的纠纷

C. 张某对交通局解除劳动合同的决定不服而引起的纠纷

D. 李某对环保局给予其撤职处分决定不服而引起的纠纷

【答案】A

（二）行政复议申请和受理

行政复议申请和受理的主要内容如表 1-2-9 所示。

表 1-2-9 行政复议申请和受理

项目	具体内容
申请时限	自知道该具体行政行为之日起 60 日内提出，但法律另有规定的除外
申请方式	可以书面申请，也可以口头申请
申请费用	行政复议机关受理行政复议申请，不得向申请人收取任何费用
行政复议期间具体行政行为的处理	行政复议期间具体行政行为不停止执行。但有下列情形之一的，可以停止执行： （1）被申请人认为需要停止执行的 （2）行政复议机关认为需要停止执行的 （3）申请人申请停止执行，行政复议机关认为其要求合理，决定停止执行的（如果题目表述为"申请人认为需要停止执行的"，不能选。必须是"申请人申请+行政复议机关决定"） （4）法律规定停止执行的

【提示】公民、法人或者其他组织向人民法院提起行政诉讼，人民法院已经依法受理的，不得申请行政复议。

考查角度 行政复议申请和受理的具体内容。

【例题 1 • 判断 2013】申请人申请行政复议，应当采用书面申请。（ ）

【解析】可以书面申请，也可以口头申请。

【答案】×

【例题 2 • 判断 2018】行政复议机关受理行政复议申请，不得向申请人收取任何费用。（ ）

【答案】√

【拓展 1 • 判断 2019】行政复议期间具体行政行为一律停止执行。（ ）

【答案】×

【拓展 2 • 判断 2017】公民、法人或者其他组织向人民法院提起行政诉讼，人民法院已经受理的，不得申请行政复议。（ ）

【答案】√

（三）行政复议参加人和行政复议机关

1. 行政复议参加人

行政复议参加人包括申请人、被申请人和第三人（指与具体行政行为有利害关系的其他公民、法人或其他组织）。

2. 行政复议机关（找谁复议）

行政复议机关的确定如表 1-2-10 所示。

表 1-2-10　行政复议机关的确定

“不服”的情形	行政复议机关	辨析要点
（1）对县级以上地方各级人民政府工作部门的具体行政行为不服	① 该部门的本级人民政府 ② 上一级主管部门	申请人“二选一”
（2）对海关、金融、国税、外汇管理等实行垂直领导的行政机关和国家安全机关的具体行政行为不服	上一级主管部门	找上级
（3）对地方各级人民政府的具体行政行为不服	上一级人民政府	找上级
（4）对省、自治区人民政府依法设立的派出机关所属的县级地方人民政府的具体行政行为不服	“该派出机关”（上一级领导）	—
（5）对国务院部门或者省、自治区、直辖市人民政府的具体行政行为不服	作出该具体行政行为的国务院部门或者省、自治区、直辖市人民政府 【提示】对行政复议决定还不服的，可以向人民法院提起行政诉讼，也可以向国务院申请裁决（国务院裁决为最终裁决）	自己反省

考查角度 行政复议参加人、行政复议机关的确定。

【例题1·单选2013】根据行政复议法律制度的规定，下列各项中，不属于行政复议参加人的是（　　）。

A. 申请人　　B. 被申请人

C. 第三人　　D. 行政复议机关

【答案】D

【例题2·判断2018】对省级地方人民政府工作部门的具体行政行为不服的，向省级地方人民政府申请行政复议。（　　）

【解析】对县级以上地方各级人民政府工作部门不服的，由申请人选择向该部门的本级人民政府或上一级主管部门申请行政复议。

【答案】×

【拓展·单选2015】N市M县市场监督管理局对甲企业作出罚款，甲企业对此不服，可以向（　　）申请行政复议。

A. M县人民法院

B. M县人民政府

C. M县市场监督管理局

D. N市人民政府

【解析】"市场监督管理局"属于政府工作部门，申请人可以向该部门的本级人民政府（M县人民政府）申请行政复议，也可以向上一级主管部门（N市市场监督管理局）申请行政复议。

【答案】B

（四）行政复议审查和决定

1. 行政复议的审查方式

行政复议原则上采取书面审查（根据书面材料查清案件事实并作出行政复议决定）的方法，但是申请人提出要求或者行政复议机关负责法制工作的机构认为有必要时，可以向有关组织和人员调查情况，听取申请人、被申请人和第三人的意见。

2. 举证责任

行政复议的举证责任，由被申请人（行政机关）承担。

3. 行政复议决定的类型

行政复议决定的类型及适用情形如表1-2-11所示。

表1-2-11　行政复议决定的类型及适用情形

类型	适用情形
决定维持	认定事实清楚，证据确凿，适用依据正确，程序合法，内容适当的（没错的）
决定在一定期限内履行	被申请人不履行法定职责的（不作为）
决定撤销、变更或者确认该具体行政行为违法	① 主要事实不清、证据不足的；② 适用依据错误的；③ 违反法定程序的；④ 超越或者滥用职权的；⑤ 具体行政行为明显不当的（存在问题）

【提示1】决定撤销或者确认该具体行政行为违法的，可以责令被申请人在一定期限内重新作出具体行政行为。

【提示2】被申请人不按照规定提出书面答复，提交当初作出具体行政行为的证据、依据和其他有关材料的，视为该具体行政行为没有证据、依据，决定撤销该具体行政行为。

【提示3】行政复议机关责令被申请人重新作出具体行政行为的，被申请人不得以同一事实和理由作出与原具体行政行为相同或者基本相同的具体行政行为。

4. 作出决定的时限

行政复议机关应当自受理申请之日起60日内作出行政复议决定，法律另有规定的除外。情况复杂，不能在规定期限内作出行政复议决定的，经行政复议机关负责人批准，可以适当延长，并告知申请人和被申请人；但延长期限最多不得超过30日。

5. 决定的生效

行政复议机关作出行政复议决定，应当制作行政复议决定书，并加盖印章。行政复议决定书一经送达，即发生法律效力。

考查角度 行政复议的举证责任、行政复议决定的类型、行政复议决定书生效时间。

【例题1·判断2016】行政复议的举证责任，由申请人承担。（ ）

【答案】×

【例题2·多选2017】根据行政复议法律制度的规定，被申请人的下列具体行政行为中，行政复议机关决定撤销、变更或者确认该具体行政行为违法的有（ ）。

A. 被申请人的具体行政行为超越职权的

B. 被申请人的具体行政行为证据不足的

C. 被申请人的具体行政行为明显不当的

D. 被申请人的具体行政行为适用依据错误的

【答案】ABCD

【例题3·判断2013】行政复议决定书一经作出即生效。（ ）

【答案】×

考点4 行政诉讼（★★★）

（一）行政诉讼的适用范围

公民、法人或者其他组织认为行政机关和行政机关工作人员的行政行为侵犯其合法权益，有权向人民法院提起行政诉讼。

公民、法人或者其他组织认为行政行为所依据的国务院部门和地方人民政府及其部门制定的规范性文件（不含规章）不合法，在对行政行为提起诉讼时，可以一并请求对该规范性文件进行审查。

敲黑板

法院不受理公民、法人或者其他组织对下列事项提起的诉讼：

（1）国防、外交等国家行为。

（2）行政法规、规章或者行政机关制定、发布的具有普遍约束力的决定、命令。（抽象行政行为）

（3）行政机关对行政机关工作人员的奖惩、任免等决定。（内部行政行为）

（4）法律规定由行政机关最终裁决的具体行政行为。

考查角度 辨析行政诉讼的适用范围。

【例题·单选 2018】当事人对行政机关作出的下列决定不服提起行政诉讼，人民法院不予受理的是（ ）。

A. 税务机关对甲公司作出税收强制执行的决定

B. 公安机关交通管理部门对李某作出罚款 2 000 元的决定

C. 公安机关对张某作出行政拘留 15 日的决定

D. 财政部门对其工作人员孙某作出记过的决定

【解析】选项 D 属于内部行政行为，不能申请行政复议，也不能提起行政诉讼，可依照有关法律、行政法规的规定提出申诉。

【答案】D

（二）行政诉讼管辖

1. 级别管辖

（1）基层人民法院管辖第一审行政案件。

（2）中级人民法院管辖下列第一审行政案件：

① 对国务院部门或者县级以上地方人民政府所作的行政行为提起诉讼的案件。

② 海关处理的案件。

③ 本辖区内重大、复杂的案件。

④ 其他法律规定由中级人民法院管辖的案件。

2. 地域管辖

地域管辖的主要内容如表 1-2-12 所示。

表 1-2-12 地域管辖

诉讼情形		管辖法院
一般情形	未经复议的案件	最初作出行政行为的行政机关所在地人民法院
	经复议的案件	（1）最初作出行政行为的行政机关所在地人民法院 （2）复议机关所在地人民法院
对限制人身自由的行政强制措施（如强制隔离戒毒）不服提起的诉讼		（1）被告所在地人民法院 （2）原告所在地人民法院
因不动产提起的行政诉讼		不动产所在地人民法院

【提示】经最高人民法院批准，高级人民法院可以根据审判工作的实际情况，确定若干人民法院跨行政区域管辖行政案件。

考查角度 中级人民法院管辖范围、行政诉讼的地域管辖。

【例题1·单选2014】根据《行政诉讼法》的规定，海关处理的第一审行政案件由（　）人民法院审理。

A. 中级　B. 基层　C. 高级　D. 最高级

【答案】A

【例题2·多选2016】根据行政诉讼法律制度的规定，下列关于行政诉讼地域管辖的表述中，正确的有（　）。

A. 经过行政复议的行政诉讼案件，可由行政复议机关所在地人民法院管辖

B. 因不动产提起的行政诉讼案件，由不动产所在地人民法院管辖

C. 对限制人身自由的行政强制措施不服提起的行政诉讼案件，由被告所在地或者原告所在地人民法院管辖

D. 对责令停产停业的行政处罚不服直接提起行政诉讼的案件，由作出该行政行为的行政机关所在地人民法院管辖

【答案】ABCD

（三）起诉和受理

小旌笔记

按照是否必须经过行政复议，可将诉讼案件分为两类：一是先议后诉的案件，即必须先向复议机关申请行政复议，对行政复议决定不服再向人民法院提起行政诉讼；二是可议可诉的案件，即可以先向行政机关申请复议，对复议决定不服的，再向人民法院提起诉讼，也可以直接向人民法院提起诉讼。

1. 起诉期限

起诉期限的具体内容如表1-2-13所示。

表1-2-13　起诉期限

类型	具体内容
先议后诉的案件	（1）法定行政复议期限（自知道之日起60日）内，不得向人民法院提起行政诉讼 （2）行政复议机关决定不予受理或者受理后超过行政复议期限不作答复的，自收到不予受理决定书之日起或者行政复议期满之日起15日内向人民法院提起行政诉讼
可议可诉的案件	直接向人民法院提起诉讼的，自知道或者应当知道作出行政行为之日起6个月内提出，法律另有规定的除外

【提示】因不动产提起诉讼的案件自行政行为作出之日起超过20年，其他案件自行政行为作出之日起超过5年提起诉讼的，人民法院不予受理。

2. 起诉形式

起诉应当向人民法院递交起诉状（书面申请），书写起诉状有困难的，可以口头起诉。

3. 人民法院受理

人民法院接到起诉状时的处理如图 1-2-5 所示。

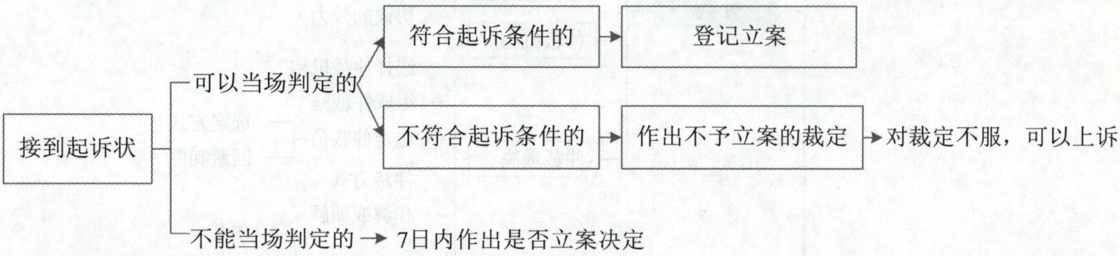

图 1-2-5 人民法院接到起诉状时的处理

（四）审理和判决

1. 调解

人民法院审理行政案件，不适用调解，但下列特殊案件除外：

（1）行政赔偿、补偿案件。

（2）行政机关行使法律、法规规定的自由裁量权的案件。（如法律规定可以处 5 000～10 000 元的罚款，具体金额由行政机关根据情况确定，行政机关在确定具体处罚金额时就属于行使自由裁量权）

2. 判决

（1）当事人不服人民法院第一审判决的，有权在判决书送达之日起 15 日内向上一级人民法院提起上诉。

（2）当事人不服人民法院第一审裁定的，有权在裁定书送达之日起 10 日内向上一级人民法院提起上诉。

（3）逾期不提起上诉的，人民法院的第一审判决或者裁定发生法律效力。

考查角度 可以调解的行政诉讼案件。

【例题·判断 2017】人民法院审理行政赔偿案件，可以对双方当事人进行调解。（ ）

【答案】√

考点回顾 经济纠纷的解决途径。

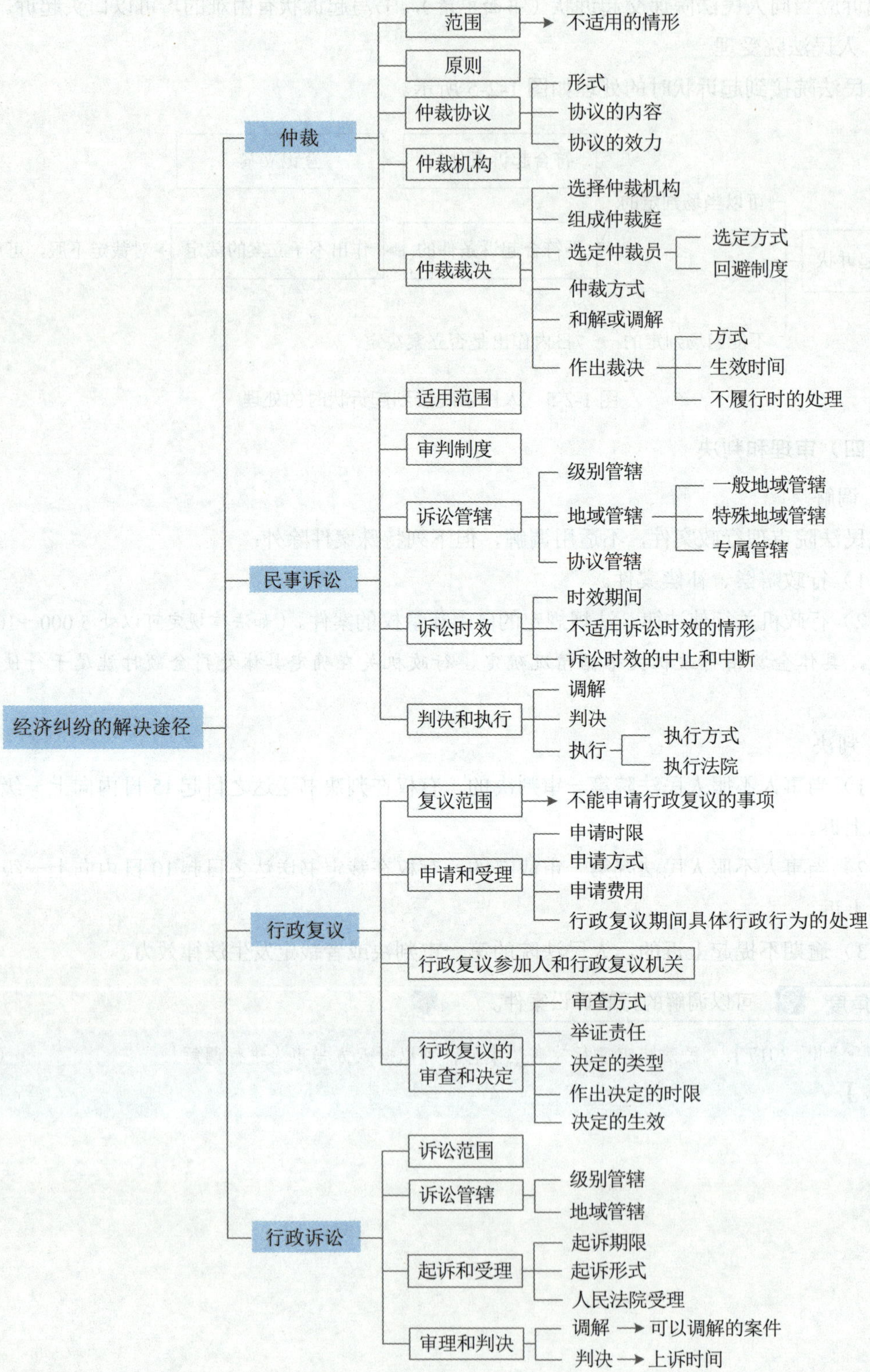

第三节 法律责任

考点 法律责任的种类（★★）

根据我国法律的有关规定，可以将法律责任分为民事责任、行政责任和刑事责任三种。具体内容如表 1-3-1 所示。

表 1-3-1 法律责任的种类

类型		具体内容
（1）民事责任		主要有 11 种，可以单独适用，也可以合并适用： ① 停止侵害；② 排除妨碍；③ 消除危险；④ 返还财产；⑤ 恢复原状；⑥ 修理、重作、更换；⑦ 继续履行；⑧ 赔偿损失；⑨ 支付违约金；⑩ 消除影响、恢复名誉；⑪ 赔礼道歉
（2）行政责任	行政处罚	针对行政相对人的制裁措施，7 种： ① 警告；② 罚款；③ 没收违法所得、没收非法财物；④ 责令停产停业；⑤ 暂扣或吊销许可证、执照；⑥ 行政拘留；⑦ 法律、行政法规规定的其他行政处罚
	行政处分	针对国家机关工作人员或执法人员所实施的内部制裁措施，6 种： ① 警告；② 记过；③ 记大过；④ 降级；⑤ 撤职；⑥ 开除
（3）刑事责任	主刑	对犯罪分子适用的主要刑罚方法，5 种： ① 管制：期限为 3 个月以上 2 年以下 ② 拘役：期限为 1 个月以上 6 个月以下 ③ 有期徒刑：期限为 6 个月以上 15 年以下 ④ 无期徒刑 ⑤ 死刑：包括死刑立即执行和死刑缓期 2 年执行
	附加刑	补充、辅助主刑适用的刑罚方法，4 种： ① 罚金；② 剥夺政治权利；③ 没收财产；④ 驱逐出境

小旌笔记

民事责任的主要目的是救济（补偿）受害者，而行政责任和刑事责任主要是惩罚违法、犯罪者。刑事责任是法律责任中最严厉的责任形式。

考查角度 辨析三种法律责任、辨析行政处罚与行政处分、辨析主刑与附加刑。

【例题 1 • 单选 2019】下列各项法律责任中，属于民事责任的是（ ）。

A. 罚款　　B. 罚金　　C. 赔偿损失　　D. 没收财产

【答案】C

【例题 2 · 单选 2019】下列法律责任形式中，属于行政处罚的是（　　）。

A. 记过　　B. 罚款　　C. 开除　　D. 降级

【答案】B

【例题 3 · 多选 2019】下列刑事责任形式中，属于主刑的有（　　）。

A. 驱逐出境　　B. 拘役　　C. 无期徒刑　　D. 罚金

【答案】BC

第二章　会计法律制度

本章考情分析

本章地位	预估分值	考试题型	建议学习时长
★★	9 分	单选题、多选题、判断题、不定项选择题	8 小时

本章脉络图

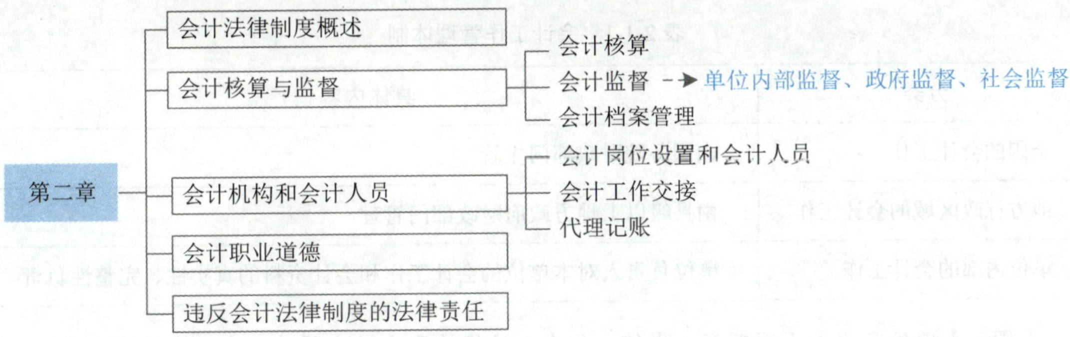

教材主要变化

（1）对“会计核算”内容进行了较大调整，新增了“原始凭证的内容”“记账凭证的内容”“启用会计账簿的基本要求”“账簿记录发生错误的更正方法”，调整了“登记会计账簿的基本要求”等内容。

（2）对“会计人员”“会计工作交接”内容进行了重新编写。

本章考点精讲

第一节 会计法律制度概述

会计法律制度相关概念

会计法律制度是指国家权力机关和行政机关制定的关于会计工作的法律、法规、规章和规范性文件的总称。

会计制度是指关于会计核算、会计监督、会计机构和会计人员以及会计工作管理的制度，由国务院财政部门制定并公布。《会计法》规定，国家实行统一的会计制度。

考点 会计工作管理体制（★）

会计工作管理体制的主要内容如表2-1-1所示。

表2-1-1 会计工作管理体制

分类	具体内容
全国的会计工作	由国务院财政部门主管
地方行政区域的会计工作	由县级以上地方政府财政部门管理
单位内部的会计工作	单位负责人对本单位的会计工作和会计资料的真实性、完整性负责

【提示】单位负责人不得授意、指使、强令会计机构和会计人员违法办理会计事项。

考查角度：会计工作由谁管理或负责。

【例题1·单选2018】根据会计法律制度的规定，下列人员中，对本单位的会计工作和会计资料的真实性、完整性负责的是（　　）。

A. 总会计师　　B. 单位负责人

C. 会计核算人员　　D. 单位审计人员

【答案】B

【例题2·判断2018】县级以上地方各级人民政府财政部门管理本行政区域内的会计工作。（　　）

【答案】√

【拓展·多选】某企业负责人张某指使本单位财务负责人李某采取弄虚作假的手段虚增利润1亿元，造成极坏的社会影响。事发后张某以自己不懂会计为由，主张责任应当由李某承担。下列说法中正确的有（　　）。

A. 张某应对该事件负责

B. 李某对该事件负全责

C. 张某不得授意、指使、强令会计人员违法办理会计事项

D. 李某对本单位的会计工作和会计资料的真实性、完整性负责

【答案】AC

第二节 会计核算与监督

考点1 会计核算（★★★）

（一）会计核算基本要求

会计核算的基本要求如表 2-2-1 所示。

表 2-2-1 会计核算的基本要求

基本要求	具体内容
（1）依法建账	各单位不得违反规定私设会计账簿进行登记核算
（2）根据实际发生的经济业务进行会计核算	会计核算以实际发生的经济业务为依据，体现了会计核算的真实性和客观性要求
（3）保证会计资料的真实和完整	会计资料的真实性和完整性是会计资料最基本的质量要求，是会计工作的生命。任何单位和个人不得伪造和变造会计凭证、会计账簿及其他会计资料，不得提供虚假的财务会计报告
（4）正确采用会计处理方法	各单位采用的会计处理方法前后各期应当一致，不得随意变更；确有必要变更的，应当按照国家统一的会计制度的规定变更，并将变更的原因、情况及影响在财务会计报告中说明（可变更，但不能随意变更）
（5）正确使用会计记录文字	① 会计记录的文字应当使用中文 ② 在民族自治地方，会计记录可以同时使用当地通用的一种民族文字（汉字+民族文字） ③ 在中国境内的外商投资企业、外国企业和其他外国组织的会计记录可以同时使用一种外国文字（中文+外文）
（6）使用电子计算机进行会计核算必须符合法律规定	使用的会计软件、生成的会计凭证、会计账簿、财务会计报告和其他会计资料，必须符合国家统一的会计制度的规定

易错易混点 伪造会计资料与变造会计资料（见图 2-2-1）。

伪造会计资料 无中生有

以虚假的经济业务为前提编制会计凭证和会计账簿，旨在以假充真（如会计人员伪造销售合同、收款单等凭证虚增收入）

变造会计资料 歪曲事实

用涂改、挖补等手段来改变会计凭证和会计账簿的真实内容，以歪曲事实真相（如把发票金额100元涂改为1 000元）

二者都是故意为之

图 2-2-1 伪造会计资料与变造会计资料

【提示】会计人员因过失、错误更正等更改会计资料的，不属于伪造、变造会计资料。

考查角度 辨析伪造会计资料的手段、使用电子计算机进行会计核算的要求。

【例题1·单选2018】根据会计法律制度的规定，下列行为中属于伪造会计资料的是（ ）。

A. 用挖补的手段改变会计凭证和会计账簿的真实内容

B. 由于过失导致会计凭证与会计账簿记录不一致

C. 以虚假的经济业务编制会计凭证和会计账簿

D. 用涂改的手段改变会计凭证和会计账簿的真实内容

【解析】选项A、D属于变造会计资料，可根据关键字"涂改、挖补"进行判断；选项B，非故意行为不属于伪造、变造会计资料。

【答案】C

【例题2·多选2018】根据会计法律制度的规定，使用电子计算机进行会计核算的，应当符合国家统一的会计制度规定的有（ ）。

A. 计算机操作系统

B. 会计软件

C. 计算机生成的会计资料

D. 计算机生成的会计账簿的登记和更正

【答案】BCD

（二）会计核算的内容

会计核算的主要内容如表2-2-2所示。

表2-2-2 会计核算的主要内容

分类	具体内容
（1）款项和有价证券的收付	包括货币资金的收入、转存、付出、结存，有价证券的购入、无偿取得、有偿转让、抵债、对外投资、捐赠、减值等
（2）财物的收发、增减和使用	包括存货、固定资产、无形资产等购入、出售、转让、抵债、捐赠、减值等
（3）债权债务的发生和结算	包括债务重组、债权人变更、债务的偿还等
（4）资本、基金的增减	包括实收资本（股本）、资本公积、盈余公积、基金等的增减变动
（5）收入、支出、费用、成本的计算	包括固定资产盘盈、处置固定资产净收益、出售无形资产收益、罚款收益、销售费用、管理费用、财务费用、税金及附加、债务重组损失等的确认与结转
（6）财务成果的计算和处理	包括年终结转本年利润，所得税的计提、缴纳等
（7）需要办理会计手续、进行会计核算的其他事项	—

小旌笔记

这部分内容不用记忆，待学完《初级会计实务》科目后，再看本部分内容，自然而然就掌握了。

考查角度 会计核算的内容。

【例题·多选 2019、2018】根据会计法律制度的规定，下列各项中，属于会计核算内容的有（ ）。

A. 资本、基金的增减

B. 财务成果的计算和处理

C. 款项和有价证券的收付

D. 债权债务的发生和结算

【答案】ABCD

【拓展·单选】根据会计法律制度的规定，下列各项中，不属于会计核算内容的是（ ）。

A. 支付购货款　　B. 发放工资

C. 购买股票　　D. 签订销售合同

【解析】签订销售合同不属于会计行为；执行合同时（如发货、开具发票、收到货款等）才需要进行会计核算。

【答案】D

（三）会计年度

我国是以公历年度为会计年度，即以每年公历的 1 月 1 日起至 12 月 31 日止为一个会计年度。每个会计年度还可按照公历日期具体划分为半年度、季度、月度。

考查角度 会计年度的划分。

【例题·判断 2018】会计核算以公历每年 7 月 1 日起至次年 6 月 30 日止为一个会计年度。（ ）

【答案】×

（四）记账本位币

我国会计核算以人民币为记账本位币。业务收支以人民币以外的货币为主的单位，可以选定其中一种货币作为记账本位币，但是编报的财务会计报告应当折算为人民币（方便境内财务报告使用者阅读和使用）。

考查角度 记账本位币的使用要求。

【例题·判断 2018】业务收支以人民币以外的货币为主的单位，可以选择其中一种外币编制财务会计报告。（ ）

【答案】×

（五）会计凭证

会计凭证按其来源和用途，分为原始凭证和记账凭证两种。

1. 原始凭证

原始凭证，又称单据，是指在经济业务发生时，由业务经办人员直接取得或者填制，用以表明某项经济业务已经发生或完成情况并明确有关经济责任的一种原始凭据（如发票）。原始凭证是会计核算的原始依据，来源于实际发生的经济业务事项，其主要内容如表 2-2-3 所示。

表 2-2-3 原始凭证的主要内容

分类	内容
种类	原始凭证种类很多，既有来自单位外部的，也有单位自制的；既有国家统一印制的具有固定格式的发票，也有由发生经济业务事项双方认可并自行填制的凭据等
必备内容	原始凭证的内容必须具备：① 凭证的名称；② 填制凭证的日期；③ 填制凭证单位名称或者填制人姓名；④ 经办人员的签名或者盖章；⑤ 接受凭证单位名称；⑥ 经济业务内容；⑦ 数量、单价和金额
基本要求	（1）原始凭证记载的各项内容均不得涂改（涂改≠更正） （2）会计机构、会计人员必须按规定对原始凭证进行审核，对不真实、不合法的原始凭证有权不予接受，并向单位负责人报告 （3）对记载不准确、不完整的原始凭证应予以退回，并要求按照规定更正、补充
错误更正	（1）金额有错误的：应当由出具单位重开，不得在原始凭证上更正 （2）其他内容错误的：应当由出具单位重开或者更正，更正处应当加盖出具单位印章

小旌笔记

涂改：直接替换或覆盖原有内容，原有的内容不可见了；更正：在错误处更正，但原有内容仍可以看见。

2. 记账凭证

记账凭证，亦称传票，是指对经济业务事项按其性质加以归类，确定会计分录，并据以登记会计账簿的凭证。它具有分类归纳原始凭证和满足登记会计账簿需要的作用，其主要内容如表 2-2-4 所示。

表 2-2-4 记账凭证的主要内容

分类	内容
必备内容	记账凭证的内容必须具备：① 填制凭证的日期；② 凭证编号；③ 经济业务摘要；④ 会计科目；⑤ 金额；⑥ 所附原始凭证张数；⑦ 填制凭证人员、稽核人员、记账人员、会计机构负责人（会计主管人员）签名或者盖章。收款和付款记账凭证还应当由出纳人员签名或者盖章
基本要求	（1）记账凭证应当根据审核后的原始凭证及有关资料编制 （2）填制记账凭证时，应当对记账凭证进行连续编号。一笔经济业务需要填制两张以上记账凭证的，可以采用分数编号法编号（如 1/2，2/2） （3）记账凭证可以根据每一张原始凭证填制，或者根据若干张同类原始凭证汇总填制，也可以根据原始凭证汇总表填制。但不得将不同内容和类别的原始凭证汇总填制在一张记账凭证上 （4）除部分转账业务以及结账、更正错误外，记账凭证必须附有原始凭证并注明所附原始凭证的张数（结账只是金额的合计和结清，不涉及具体业务，所以无原始凭证；更正错账时，原始凭证附在原来错误的凭证上了） （5）一张原始凭证所列支出需要几个单位共同负担的，应当将其他单位负担的部分，开给对方原始凭证分割单，进行结算

（续表）

<table>
<tr><th>分类</th><th colspan="3">内容</th></tr>
<tr><td rowspan="3">错误更正</td><td colspan="2">未记账</td><td>重新填制</td></tr>
<tr><td rowspan="2">已记账</td><td>当年的错误</td><td>可以用红字填写一张与原内容相同的记账凭证，在摘要栏注明“注销某月某日某号凭证”字样，同时再用蓝字重新填制一张正确的记账凭证，注明“订正某月某日某号凭证”字样。如果会计科目没有错误，只是金额错误，也可以将正确数字与错误数字之间的差额，另编一张调整的记账凭证，调增金额用蓝字，调减金额用红字</td></tr>
<tr><td>以前年度的错误</td><td>用蓝字填制一张更正的记账凭证</td></tr>
</table>

考查角度 会计凭证的分类，填制原始凭证和记账凭证的基本要求。

【例题 1·判断 2018】会计凭证按其来源和用途，分为原始凭证和记账凭证。（ ）

【答案】√

【例题 2·单选 2018】下列关于原始凭证的表述中，正确的是（ ）。

A. 原始凭证必须来源于单位外部

B. 除日期外，原始凭证记载的内容不得涂改

C. 对不真实的原始凭证，会计人员有权拒绝接受

D. 原始凭证金额有错误的，应当由出具单位更正并加盖印章

【解析】选项 A，原始凭证种类很多，既有来自单位外部的，也有单位自制的；选项 B，原始凭证记载的各项内容均不得涂改；选项 D，原始凭证金额有错误的，应当由出具单位重开，不得在原始凭证上更正。

【答案】C

【拓展·单选 2018】甲公司出纳刘某在为员工孙某办理业务时，发现采购发票上所注单价、数量与总金额不符，经查是销货单位填写单价错误，刘某采取的下列措施符合会计法律制度规定的是（ ）。

A. 由孙某写出说明，并加盖公司公章后入账

B. 将发票退给孙某，由销货单位重新开具发票后入账

C. 按总金额入账

D. 将单价更正后入账

【解析】原始凭证金额有错误的，应当由出具单位重开，不得在原始凭证上更正。

【答案】B

（六）会计账簿

1. 会计账簿的种类

会计账簿的种类如表 2-2-5 所示。

表 2-2-5 会计账簿的种类

项目	具体内容
总账 （也称总分类账）	（1）总账是根据会计科目开设的账簿，用于分类登记单位的全部经济业务事项，提供资产、负债、所有者权益、费用、成本、收入等总括核算的资料 （2）一般有订本账和活页账两种

（续表）

项目	具体内容
明细账（也称明细分类账）	（1）明细账是根据总账科目所属明细科目设置的，用于分类登记某一类经济业务事项，提供有关明细核算资料 （2）通常使用活页账
日记账	（1）是一种特殊的序时明细账，是按照经济业务事项发生的时间先后顺序，逐日逐笔地进行登记的账簿 （2）包括银行存款日记账和现金日记账 （3）银行存款日记账和现金日记账必须采用订本式账簿 （4）不得用银行对账单或者其他方法代替日记账
其他辅助账簿（也称备查账簿）	为备忘备查而设置的账簿，如租借设备、物资的辅助登记或有关应收、应付款项的备查簿，以及担保、抵押备查簿等

2. 启用会计账簿的基本要求

（1）启用会计账簿时，应当在账簿封面上写明单位名称和账簿名称，并在账簿扉页上附启用表。

（2）启用订本式账簿应当从第一页到最后一页顺序编定页数，不得跳页、缺号。

（3）使用活页式账簿应当按照账户顺序编号，并须定期装订成册。装订后再按实际使用的账页顺序编定页码。另加目录，记明每个账户的名称和页次。

3. 登记会计账簿的基本要求

（1）登记会计账簿时，应当将会计凭证日期、编号、业务内容摘要、金额和其他有关资料逐项记入账内，做到数字准确、摘要清楚、登记及时、字迹工整。

（2）登记完毕后，要在记账凭证上签名或者盖章，并注明已经登账的符号，表示已经记账。

（3）账簿中书写的文字和数字上面要留有适当空格，不要写满格；一般应占格距的二分之一。

（4）登记账簿要用蓝黑墨水或碳素墨水书写，不得使用圆珠笔（银行的复写账簿除外）或者铅笔书写。

敲黑板

下列情况可以使用红墨水记账：① 按照红字冲账的记账凭证，冲销错误记录；② 在不设借贷等栏的多栏式账页中，登记减少数；③ 在三栏式账户的余额栏前，如未印明余额方向的，在余额栏内登记负数余额；④ 根据国家规定可以用红字登记的其他会计记录。

（5）各种账簿按页次顺序连续登记，不得跳行、隔页。

（6）现金日记账和银行存款日记账必须逐日结出余额。

（7）实行会计电算化的单位，用计算机打印的会计账簿必须连续编号，经审核无误后装订成册，并由记账人员和会计机构负责人、会计主管人员签字或者盖章。

4. 账簿记录发生错误的更正方法

账簿记录发生错误，不准涂改、挖补、刮擦或者用药水消除字迹，不准重新抄写，必须按照下列方法进行更正：

（1）登记账簿时发生错误，应当将错误的文字或者数字划红线注销，但必须使原有字迹仍可辨认；然后在划线上方填写正确的文字或者数字，并由记账人员在更正处盖章。

（2）数字错误：应当全部划红线更正，不得只更正其中的错误数字；文字错误：可只划去错误的部分。

（3）由于记账凭证错误而使账簿记录发生错误，应当按更正的记账凭证登记账簿。

5. 结账

（1）各单位应当按照规定定期结账。结账前，必须将本期内所发生的各项经济业务全部登记入账。结账时，应当结出每个账户的期末余额。

（2）年度终了结账时，所有总账账户都应当结出全年发生额和年末余额。

考查角度 会计账簿的种类、登记会计账簿的基本要求。

【例题 1 · 多选 2018】根据会计法律制度的规定，下列各项中属于会计账簿类型的有（　　）。

A. 备查账簿　　B. 日记账　　C. 明细账　　D. 总账

【答案】ABCD

【例题 2 · 单选 2019】按照经济业务事项发生的时间先后顺序，逐日逐笔地进行登记的账簿是（　　）。

A. 总账　　B. 明细账　　C. 日记账　　D. 辅助账

【答案】C

【例题 3 · 判断 2019】会计账簿应当按照连续编号的页码顺序登记。（　　）

【答案】√

（七）财务会计报告

财务会计报告，也称财务报告，是指单位对外提供的、反映单位某一特定日期财务状况（资产负债表）和某一会计期间经营成果（利润表）、现金流量（现金流量表）等会计信息的文件。

1. 企业财务会计报告的构成和分类

企业财务会计报告的构成和分类如图 2-2-2 所示。

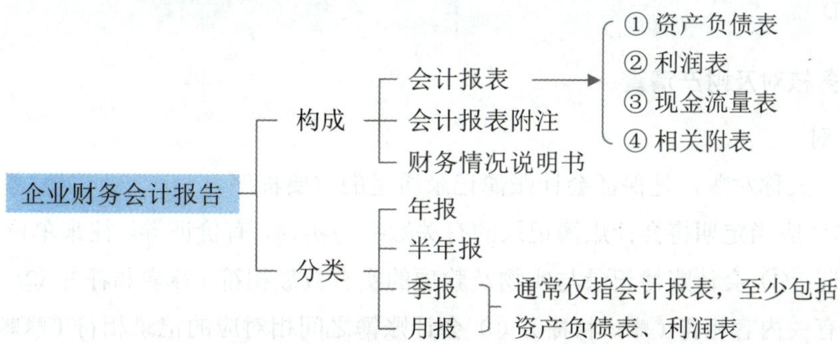

图 2-2-2　企业财务会计报告的构成和分类

考查角度 企业财务会计报告的构成、会计报表的内容。

【例题·单选 2019】根据会计法律制度的规定，下列各项中，不属于企业财务会计报告组成部分的是（　）。

A. 会计报表　B. 会计报表附注

C. 财务情况说明书　D. 审计报告

【解析】审计报告是第三方独立机构对财务报表出具的鉴证报告，不属于财务会计报告的组成部分。

【答案】D

【拓展·多选 2019】根据会计法律制度的规定，下列各项中，属于会计报表的有（　）。

A. 利润表　B. 资产负债表

C. 审计报告　D. 现金流量表

【答案】ABD

2. 企业财务会计报告的对外提供

（1）企业对外提供的财务会计报告应当由单位领导人、总会计师、会计机构负责人、会计主管人员签名或者盖章（一师三人）。

（2）国有企业、国有控股的或者占主导地位的企业，应当至少每年一次向本企业的职工代表大会（并非面向社会公众）公布财务会计报告，并重点说明下列事项：① 反映与职工利益密切相关的信息（如工资、福利政策、利润分配等）；② 内部审计发现的问题及纠正情况；③ 注册会计师审计的情况；④ 国家审计机关发现的问题及纠正情况；⑤ 重大的投资、融资和资产处置决策及其原因的说明；⑥ 需要说明的其他重要事项。

（3）接受企业财务会计报告的组织或者个人，在企业财务会计报告未正式对外披露前，应当对其内容保密。

考查角度 财务会计报告对外提供的具体规定。

【例题·多选 2019】根据会计法律制度的规定，下列人员中，应当在财务会计报告上签名并盖章的人有（　）。

A. 企业负责人

B. 企业会计机构负责人

C. 企业主管会计负责人

D. 企业总会计师

【答案】ABCD

【拓展 1·判断 2018】接受企业财务会计报告的组织或者个人，在企业财务会计报告未正式对外披露前，应当对其内容保密。（　）

【答案】√

【拓展 2·判断 2018】国有企业应当至少每两年一次向本企业的职工代表大会公布财务会计报告。（　）

【答案】×

（八）账务核对及财产清查

1. 账务核对

账务核对，又称对账，是保证会计账簿记录质量的重要程序。

（1）各单位应当定期将会计账簿记录的有关数字与实物、有价证券、往来单位或个人等进行相互核对，保证：① 会计账簿记录与实物及款项的实有数额相符（账实相符）；② 会计账簿记录与会计凭证的有关内容相符（账证相符）；③ 会计账簿之间相对应的记录相符（账账相符）；④ 会计账簿记录与会计报表的有关内容相符（账表相符）。

（2）对账工作每年至少进行一次。

2. 财产清查

财产清查是会计核算工作的一项重要程序，目的是保证财务会计报告反映的会计信息真实、完整。

（1）在编制年度财务会计报告之前，必须进行财产清查。

（2）财产清查可以是定期或不定期、全面或部分地对各项财产物资进行清查。

考查角度 账务核对的具体内容。

【例题·单选 2018】根据会计法律制度的规定，下列关于账务核对的表述中，不正确的是（　　）。

A. 保证会计账簿记录与实物及款项的实有数额相符　　B. 保证会计账簿记录与年度财务预算相符

C. 保证会计账簿之间相对应的记录相符　　D. 保证会计账簿记录与会计凭证的有关内容相符

【解析】按照常识来判断，预算和实际存在差异是正常的，这不属于账务核对的范畴，选项B错误。

【答案】B

考点2 会计监督（★★★）

会计监督的分类如图 2-2-3 所示。

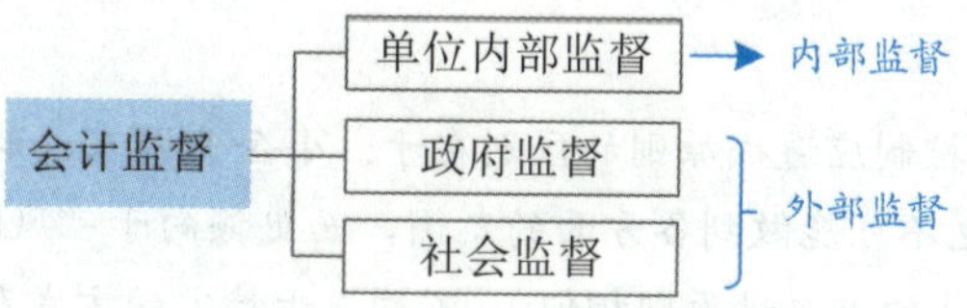

图 2-2-3　会计监督的分类

（一）单位内部监督

1. 单位内部会计监督

单位内部会计监督的主体、对象和要求如表 2-2-6 所示。

表 2-2-6　单位内部会计监督的主体、对象和要求

项目	具体内容
监督主体	单位的会计机构、会计人员
监督对象	单位的经济活动（是否合法、合理、有效）
监督制度的要求	（1）记账人员与经济业务事项和会计事项的审批人员、经办人员、财务保管人员的职责权限应当明确，并相互分离、相互制约 （2）重大对外投资、资产处置、资金调度和其他重要经济业务事项的决策和执行的相互监督、相互制约程序应当明确 （3）财产清查的范围、期限和组织程序应当明确 （4）对会计资料定期进行内部审计的办法和程序应当明确

考查角度 单位内部会计监督的监督主体。

【例题·多选 2019】下列各项中，属于甲公司内部会计监督主体的有（　　）。

A. 甲公司纪检部门　B. 甲公司债权人　C. 甲公司会计机构　D. 甲公司会计人员

【解析】企业内部监督方式有多种，会计监督只是其中的一种，会计监督主体只限于会计机构和会计人员。选项 A 属于企业内部监督体系中其他监督方式的监督主体；选项 B 属于企业外部监督的监督主体。

【答案】CD

2. 单位内部控制制度

（1）内部控制的原则如表 2-2-7 所示。

表 2-2-7　内部控制的原则

一般单位	小企业
① 全面性原则 ② 制衡性原则 ③ 重要性原则 ④ 适应性原则 ⑤ 成本效益原则	① 风险导向原则 ② 实质重于形式原则 ③ 适应性原则 ④ 成本效益原则

小旌笔记

小企业与一般企业内部控制应遵循原则的区别在于：小企业因人、财、物等方面的限制，不可能做到面面俱到（全面性）、也不可能做到各方面的制衡，而更倾向于“风险在哪里，就重点关注哪里”（风险导向原则，与一般企业的重要性原则相似），不拘泥于特定的方式和手段，只要能够对经济活动的风险进行有效防范和管控即可（实质重于形式）。

（2）内部控制措施如表 2-2-8 所示。

表 2-2-8　内部控制措施

企业	行政事业单位
① 不相容职务分离控制 ② 授权审批控制 ③ 会计系统控制 ④ 财产保护控制 ⑤ 预算控制 ⑥ 运营分析控制 ⑦ 绩效考评控制	① 不相容岗位相互分离 ② 内部授权审批控制 ③ 会计控制 ④ 财产保护控制 ⑤ 预算控制 ⑥ 归口管理（根据实际情况，按照权责对等的原则，采取成立联合工作小组并确定牵头部门或牵头人员等方式，对有关经济活动实行统一管理） ⑦ 单据控制 ⑧ 信息内部公开

敲黑板

不相容职务主要包括：① 授权批准与业务经办；② 业务经办与会计记录；③ 会计记录与财产保管；④ 业务经办与稽核检查；⑤ 授权批准与监督检查等。

考查角度 小企业内部控制原则、企业内部控制措施、企业不相容职务的内容。

【例题 1·多选 2018】根据会计法律制度的规定，下列各项中，属于小企业建立与实施内部控制应遵循的原则有（ ）。

A. 风险导向原则　　B. 实质重于形式原则

C. 成本效益原则　　D. 适应性原则

【答案】ABCD

【例题 2·多选 2019】下列各项中属于企业内部控制措施的有（ ）。

A. 运营分析控制　　B. 财产保护控制

C. 授权审批控制　　D. 绩效考评控制

【答案】ABCD

【拓展·单选 2018】根据会计法律制度的规定，企业不相容职务应当相互分离。下列各项中，不属于不相容职务的是（ ）。

A. 授权批准与业务经办

B. 业务经办与会计记录

C. 现金日记账与出纳

D. 业务经办与稽核检查

【解析】出纳基本的职责就是负责现金的收付和银行结算业务，并登记相应的现金日记账和银行存款日记账，所以“现金日记账与出纳”不属于不相容职务。

【答案】C

（二）政府监督

政府监督的主体如图 2-2-4 所示。

- 监督主体
  - 财政部门
    - ① 国务院财政部门
    - ② 省级以上人民政府财政部门派出机构
    - ③ 县级以上人民政府财政部门
  - 其他部门—审计、税务、人民银行、证券监管、保险监管等部门

图 2-2-4　政府监督主体

【提示】依法对有关单位的会计资料实施监督检查的部门及其工作人员对在监督检查中知悉的国家秘密和商业秘密负有保密义务。

考查角度 政府监督的监督主体、判断是否属于政府监督。

【例题 1·多选 2018】下列各项中，有权依法对有关单位的会计资料实施监督检查的部门有（ ）。

A. 财政部门　　B. 税务部门　　C. 商业银行　　D. 证券监管

【解析】商业银行不属于行政机构，无权对企业和单位实施监督检查。

【答案】ABD

【例题 2·单选 2018】根据会计法律制度的规定，下列行为中，属于会计工作政府监督的是（ ）。

A. 个人检举会计违法行为　　B. 会计师事务所对单位经济活动进行审计

C. 单位内部审计机构审核本单位会计账簿　　D. 财政部门对各单位的会计工作进行监督检查

【解析】选项 A、B 属于社会监督；选项 C 属于单位内部监督下的非会计监督。

【答案】D

（三）社会监督

1. 概念

会计工作的社会监督，主要是指由注册会计师及其所在的会计师事务所等中介机构接受委托，依法对单位的经济活动进行审计，出具审计报告，发表审计意见的一种监督制度。

任何单位和个人对违反《会计法》和国家统一的会计制度规定的行为，有权检举，这也属于会计工作社会监督的范畴。

考查角度 判断是否属于社会监督。

【例题·单选 2019】对甲公司实施的下列会计监督中，属于社会监督的是（　　）。

A. 财政局对甲公司开展年度会计信息质量检查

B. 会计师事务所对甲公司进行年度财务会计报告审计

C. 甲公司的审计部门对本公司会计账簿进行监督检查

D. 税务局对甲公司开展企业所得税专项税务稽查

【解析】选项 A、D 属于政府监督；选项 C 属于公司内部监督下的非会计监督。

【答案】B

2. 注册会计师审计

小旌笔记

注册会计师审计工作流程如图 2-2-5 所示。

接受委托 → 开展审计工作 → 形成审计意见 → 出具审计报告

图 2-2-5　注册会计师审计工作流程

（1）审计意见类型及其适用情形如表 2-2-9 所示。

表 2-2-9　审计意见类型及其适用情形

<table>
<tr><th colspan="2">审计意见类型</th><th>适用情形</th></tr>
<tr><td colspan="2">无保留意见</td><td>注册会计师认为财务报表在所有重大方面按照适用的财务报告编制基础编制并实现公允反映时，发表无保留意见（真实、公允、合法、合规）</td></tr>
<tr><td rowspan="2">非无保留意见</td><td>保留意见</td><td>① 注册会计师在获取充分、适当的审计证据后，认为错报（指财务会计报表存在失真、错误等情况）单独或汇总起来对财务报表影响重大，但不具有广泛性时，发表保留意见
② 注册会计师无法获取充分、适当的审计证据以作为形成审计意见的基础，但认为未发现的错报（如存在）对财务报表可能产生的影响重大，但不具有广泛性时，发表保留意见</td></tr>
<tr><td>否定意见</td><td>注册会计师在获取充分、适当的审计证据后，如果认为错报单独或汇总起来对财务报表的影响重大且具有广泛性，发表否定意见</td></tr>
</table>

（续表）

审计意见类型		适用情形
非无保留意见	无法表示意见	① 注册会计师如果无法获取充分、适当的审计证据以作为形成审计意见的基础，但认为未发现的错报（如存在）对财务报表可能产生的影响重大且具有广泛性，注册会计师应当发表无法表示意见 ② 在极其特殊的情况下，可能存在多个不确定事项，尽管注册会计师对每个单独的不确定事项获取了充分、适当的审计证据，但由于不确定事项之间可能存在相互影响，以及可能对财务报表产生累积影响，注册会计师不可能对财务报表形成审计意见。在这种情况下，注册会计师应当发表无法表示意见

小旌笔记

对于三种非无保留意见，一看审计证据获取情况，二看错报影响。采用关键字的方法记忆，具体内容如表 2-2-10 所示。

表 2-2-10　三种非无保留意见的关键字

意见类型 / 错报性质 / 获取证据的情况	错报的影响	
	重大但不广泛	重大且广泛
获取充分、适当的审计证据	保留意见	否定意见
无法获取充分、适当的审计证据	保留意见	无法表示意见

考查角度　辨析审计意见类型。

【例题·单选 2019 改编】根据会计法律制度的规定，注册会计师已经获取被审计单位充分、适当的审计证据作为形成审计意见的基础，如果认为错报单独或汇总起来对财务报表可能产生的影响重大且具有广泛性时，应发表的审计意见是（　　）。

A. 保留意见　　B. 无法表示意见

C. 否定意见　　D. 无保留意见

【答案】C

（2）审计报告。

审计报告是注册会计师根据审计准则的规定，在执行审计工作的基础上，对被审计单位财务报表发表审计意见的书面文件。审计报告分为标准审计报告和非标准审计报告，具体内容如表 2-2-11 所示。

表 2-2-11 审计报告

审计报告的种类	具体内容
标准审计报告	① 不含说明事项段、强调事项段、其他事项段或其他任何修饰性用语的无保留意见的审计报告 ② 包含其他报告责任段、但不含有强调事项段或其他事项段的无保留意见的审计报告也被视为标准审计报告
非标准审计报告	① 带强调事项段或其他事项段的无保留意见的审计报告 ② 非无保留意见的审计报告

小旌笔记

标准审计报告都是无保留审计意见，非标准审计报告既有无保留审计意见，也有非无保留审计意见。

考点 3 会计档案管理（★★★）

会计档案是指单位在进行会计核算等过程中接收或形成的，记录和反映单位经济业务事项的，具有保存价值的文字、图表等各种形式的会计资料，包括通过计算机等电子设备形成、传输和存储的电子会计档案。

小旌笔记

简而言之会计档案就是会计资料，包括纸质形式和电子形式。

敲黑板

各单位的预算、计划、制度等文件材料属于文书档案，不属于会计档案。

考查角度 判断是否属于会计档案。

【例题·多选 2018】根据会计法律制度的规定，单位下列资料中，应当按照会计档案归档的有（　　）。

A. 固定资产卡片　　B. 纳税申报表　　C. 年度预算方案　　D. 年度财务工作计划

【解析】采用排除法，会计档案不包括“预算”“计划”“制度”等文件材料。

【答案】AB

（一）会计档案的归档、移交和利用

1. 会计档案的归档要求

（1）满足特定条件时，单位内部形成的属于归档范围的会计资料和从外部接收的附有电子签名的电子会计资料，可仅以电子形式保存，形成电子会计档案。

（2）单位的会计机构或会计人员所属机构按照归档范围和归档要求，负责定期将应归档的会计资料整理立卷，编制会计档案保管清册。

（3）当年形成的会计档案，在会计年度终了后，可由单位会计管理机构临时保管 1 年，再移交单位档案管理机构保管。因工作需要确需推迟移交的，应经单位档案管理机构同意，且单位会

计管理机构临时保管会计档案最长不超过3年。临时保管期间，出纳人员不得兼管会计档案。

考查角度　会计档案的归档要求。

【例题·判断2018】当年形成的会计档案，在年度终了之后，可由单位会计管理机构临时保管3年，再移交单位档案管理机构保管。（　）

【答案】×

2. 会计档案的移交

单位会计管理机构在办理移交时，应当编制会计档案移交清册，并按照表2-2-12所示的规定办理移交手续。

表2-2-12　会计档案移交规定

档案类型	移交规定
纸质档案	移交时应当保持原卷的封装
一般电子档案	应当将电子会计档案及其元数据一并移交，且文件格式应当符合有关规定
特殊格式的电子档案	除满足一般电子档案的移交要求外，应当与其读取平台一并移交

【提示】单位档案管理机构接收电子会计档案时，应当对电子会计档案的准确性、完整性、可用性（能否顺利读取、导入导出等）、安全性进行检测，符合要求的才能接收。

3. 会计档案的利用

（1）单位应当严格按照相关制度利用会计档案，在进行会计档案查阅、复制、借出时履行登记手续，严禁篡改和损坏。

（2）会计档案一般不得对外借出。确因工作需要且根据国家有关规定必须借出的，应当严格按照规定办理手续。借用单位应妥善保管和利用借入的会计档案，确保借入会计档案的安全完整，并在规定时间内归还。

考查角度　会计档案移交规定的具体内容。

【例题1·多选2019】单位档案管理机构在接收电子会计档案时，应当对电子档案进行检测，下列各项中，属于检测范围的有（　）。

A. 可用性　　B. 安全性　　C. 准确性　　D. 完整性

【答案】ABCD

【例题2·不定项2018节选】关于单位移交会计档案的下列表述中，正确的是（　）。

A. 纸质会计档案移交时应当拆封整理重新封装

B. 接收电子会计档案时，应当对其准确性、完整性、可用性、安全性进行检测

C. 电子会计档案移交时应当将电子会计档案及其元数据一并移交

D. 应当编制会计档案移交清册

【解析】选项A，纸质会计档案移交时应当保持原卷的封装。

【答案】BCD

（二）会计档案的保管期限

会计档案的保管期限是从会计年度终了后的第一天算起，分为永久和定期两类，具体内容如图 2-2-6 所示。

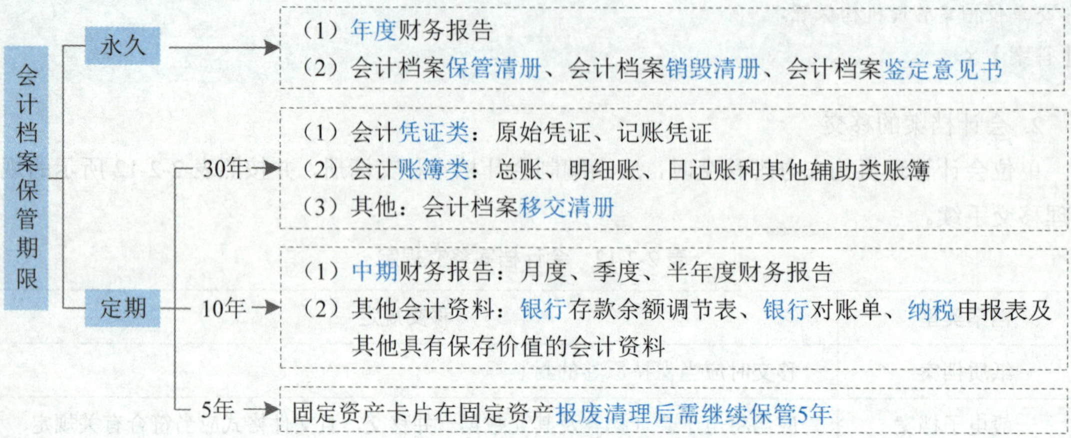

图 2-2-6　会计档案的保管期限

小旗笔记

保管期限可以这样记："年度""档案（不含移交）"是永久；"证""账""移交"30 年；"中期""银行""纳税"要 10 年；"卡片"单独需 5 年。

考查角度　辨析会计档案的保管期限。

【例题·多选 2019】根据会计法律制度的规定，企业和其他组织的下列会计档案中，应永久保管的有（　）。

A. 半年度财务报告　B. 纳税申报表

C. 年度财务报告　D. 会计档案销毁清册

【答案】CD

【拓展·单选 2019】根据会计法律制度的要求，下列各项会计档案需要定期保管的是（　）。

A. 原始凭证　B. 会计档案鉴定意见书

C. 会计档案保管清册　D. 年度财务报告

【答案】A

（三）会计档案的鉴定和销毁

会计档案鉴定和销毁的工作流程如图 2-2-7 所示。

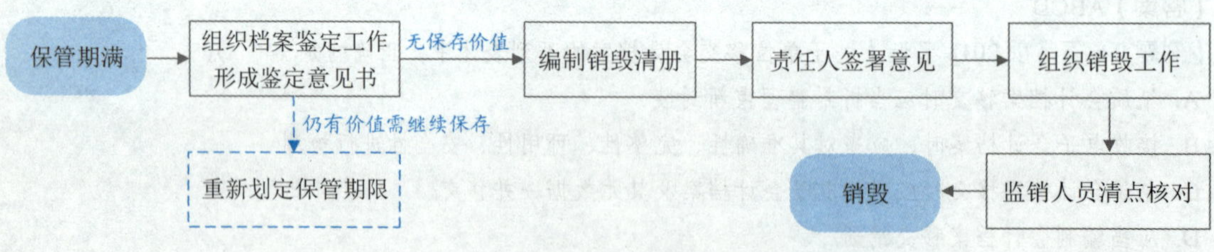

图 2-2-7　会计档案鉴定和销毁的工作流程

1. 会计档案的鉴定

鉴定工作应当由单位档案管理机构牵头，组织单位会计、审计、纪检监察等机构或人员共同进行。

2. 会计档案的销毁

（1）编制档案销毁清册。单位档案管理机构负责组织会计档案销毁工作，编制会计档案销毁清册，列明拟销毁会计档案的名称、卷号、册数、起止年度、档案编号、应保管期限、已保管期限和销毁时间等内容（明确销毁的范围和具体内容）。

（2）责任人签署意见。单位负责人、档案管理机构负责人、会计管理机构负责人、档案管理机构经办人、会计管理机构经办人在会计档案销毁清册上签署意见（三个负责人和两个经办人）。

（3）监销与销毁。单位档案管理机构负责组织会计档案管理销毁工作，并与会计机构共同派员监销。电子会计档案的销毁应由单位档案管理机构、会计管理机构和信息系统管理机构（三个机构）共同派员监销。

监销人在会计档案销毁前应当按照会计档案销毁清册所列内容进行清点核对（确定销毁清册里记录信息和实际销毁的资料是否一致），在会计档案销毁后，监销人员应当在会计档案销毁清册上签名或盖章。

3. 不得销毁的会计档案

保管期满但未结清的债权债务原始凭证（如未收回借款的借款合同、借款单等）和涉及其他未了事项的会计凭证（如诉讼期间需要作为举证材料的文件）不得销毁。

【提示】不得销毁的会计档案应当单独抽出立卷（纸质）或单独转存（电子），并应当在会计档案鉴定意见书、会计档案销毁清册和会计档案保管清册中列明。

考查角度 会计档案鉴定工作的牵头部门、监销人员的签章要求。

【例题1·单选2019】会计档案的鉴定工作应由（　　）牵头组织进行。

A. 单位档案管理机构　　B. 单位会计管理机构　　C. 单位审计机构　　D. 单位纪检监察机构

【解析】鉴定工作由档案管理机构牵头，而会计、审计、纪检监察等机构只是参与鉴定。

【答案】A

【例题2·判断2018】会计档案销毁之后，监销人应该在销毁清册上签名和盖章。（　　）

【解析】在会计档案销毁之后，监销人应当在会计档案销毁清册上签名“或”盖章。

【答案】×

（四）特殊情况下的会计档案处置

1. 单位分立

单位分立情况下，原单位存续的，其会计档案由存续方统一保管，其他方可以查阅、复制与其业务相关的会计档案；原单位解散的，经各方协商后由其中一方代管或按照国家档案管理的有关规定处置，各方可以查阅、复制与其业务相关的会计档案。

单位因业务移交其他单位办理所涉及的会计档案，应当由原单位保管，承接业务单位可以查阅、复制与其业务相关的会计档案。对其中未结清的会计事项所涉及的会计凭证，应当单独抽出由承接业务单位保存，并按照规定办理交接手续。

2. 单位合并

单位合并情况下，原各单位仍存续的，其会计档案由原各单位保管；原各单位解散或者一方存续其他方解散的，由合并后的单位统一保管。

考查角度　单位合并情况下的会计档案保管。

【例题·判断 2018】单位合并后一方存续其他方解散的，各单位的会计档案应由存续方统一保管。（　　）

【答案】√

考点回顾　会计核算与监督。

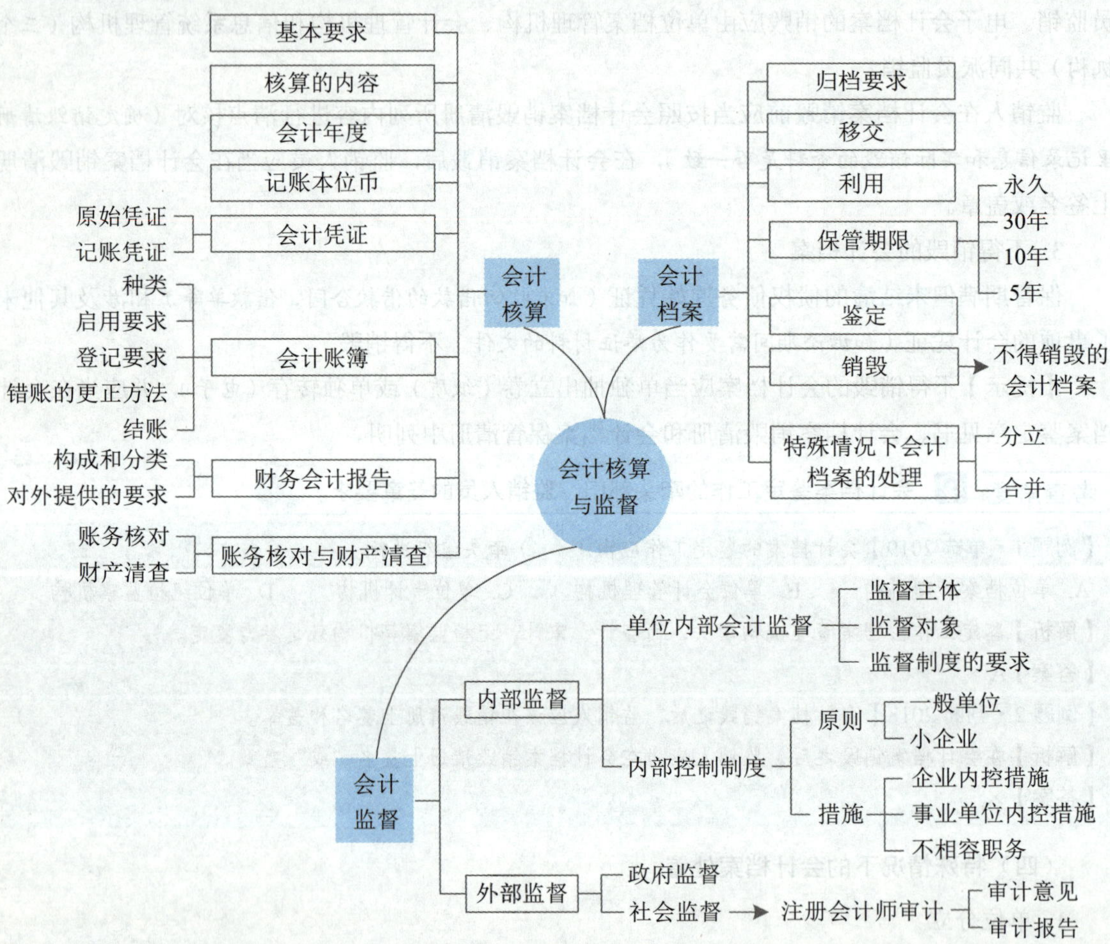

第三节 会计机构和会计人员

什么是会计机构？

会计机构是指各单位办理会计事务的职能部门。根据《会计法》的规定，各单位应当根据会计业务的需要，设置会计机构，或者在有关机构中设置会计人员并指定会计主管人员；不具备设置条件的，应当委托代理记账业务的中介机构代理记账。

企业常设的会计机构有“财务部”“财务科”“财务处”，常见的代理记账机构有“会计师事务所”“代理记账公司”等。

考点1 会计岗位设置和会计人员（★★★）

（一）会计岗位的设置要求

会计工作岗位一般可分为会计机构负责人或者会计主管人员、出纳、财产物资核算、工资核算、成本费用核算、财务成果核算、资金核算、往来结算、总账报表、稽核、档案管理等。

会计工作岗位，可以一人一岗、一人多岗或者一岗多人。会计人员的工作岗位应当有计划地进行轮换。

敲黑板

（1）档案管理机构的人员管理会计档案不属于会计岗位。

（2）出纳人员不得兼任稽核、会计档案保管和收入、支出、费用、债权债务账目的登记工作。（不相容职务分离）

考查角度 出纳人员不得兼任的工作。

【例题·多选2019】下列各项工作中，出纳人员不得兼任的有（ ）。

A. 会计档案保管 B. 稽核

C. 收入、费用账目的登记工作 D. 债权、债务账目的登记工作

【答案】ABCD

（二）会计人员的任用

会计人员任职资格和回避制度的有关内容如表2-3-1所示。

表2-3-1 会计人员任职资格和回避制度

项目		具体内容
任职资格	一般要求	（1）会计人员应当具备从事会计工作所需要的专业能力，遵守职业道德（基本要求） （2）会计机构负责人（会计主管人员）应当具备会计师（中级职称）以上专业技术职务资格或者具有从事会计工作3年以上的经历（两个条件，满足其一即可）

（续表）

<table>
<tr><th colspan="2">项目</th><th>具体内容</th></tr>
<tr><td rowspan="3">任职资格</td><td rowspan="3">禁入规定</td><td>（1）因有提供虚假财务会计报告，做假账，隐匿或者故意销毁会计凭证、会计账簿、财务会计报告，贪污，挪用公款，职务侵占等与会计职务有关的违法行为被依法追究刑事责任的人员，不得再从事会计工作</td></tr>
<tr><td>（2）因伪造、变造会计凭证、会计账簿，编制虚假财务会计报告，隐匿或者故意销毁依法应当保存的会计凭证、会计账簿、财务会计报告，尚不构成犯罪的，5 年内不得从事会计工作</td></tr>
<tr><td>（3）会计人员具有违反国家统一的会计制度的一般违法行为，情节严重的，5 年内不得从事会计工作</td></tr>
<tr><td colspan="2">回避制度</td><td>国家机关、国有企业、事业单位任用会计人员应当实行回避制度（私营企业不需要）：
（1）单位领导人的直系亲属不得担任本单位的会计机构负责人、会计主管人员
（2）会计机构负责人、会计主管人员的直系亲属不得在本单位会计机构中担任出纳工作</td></tr>
</table>

敲黑板

需要回避的直系亲属包括夫妻关系、直系血亲关系（父母、子女、祖父母等）、三代以内旁系血亲（兄弟姐妹、堂兄堂弟等）以及配偶亲（配偶的父母和兄弟姐妹等）关系。

考查角度 会计人员的任职资格。

【例题 1 · 多选 2019】担任单位会计机构负责人（会计主管人员），应当具备的条件有（　　）。

A. 会计师以上专业技术职务资格

B. 从事会计工作 3 年以上经历

C. 会计员以上专业技术职务资格

D. 从事会计工作 5 年以上经历

【答案】AB

【例题 2 · 单选 2018】对因会计违法行为触犯刑律被追究刑事责任的会计人员（　　）不得从事会计工作。

A. 终身　　B. 5 年内

C. 10 年内　　D. 15 年内

【答案】A

【拓展 1 · 单选 2019】下列人员中，可以担任企业会计机构负责人的是（　　）。

A. 取得中级会计专业技术资格并从事会计工作 1 年 6 个月的张某

B. 中专毕业并从事会计工作 2 年 6 个月的刘某

C. 研究生毕业并从事会计工作 1 年的李某

D. 取得初级会计专业技术资格并从事会计工作 2 年的王某

【解析】会计机构负责人应当具备会计师以上专业技术职务资格“或者”具有从事会计工作 3 年以上的经历。

【答案】A

【拓展 2 · 判断 2019】因故意销毁会计凭证被依法追究刑事责任的会计人员，不得再从事会计工作。（　　）

【答案】√

（三）总会计师

1. 总会计师的职责

（1）总会计师是主管本单位会计工作的行政领导，是单位行政领导成员，协助单位主要行政领导人工作，直接对单位主要行政领导人负责。

（2）凡设置总会计师的单位，在单位行政领导中，不设与总会计师职权重叠的副职。

（3）总会计师组织领导本单位的财务管理、成本管理、预算管理、会计核算和会计监督等方面的工作，参与本单位重要经济问题的分析和决策。

小旌笔记

单位负责人、总会计师、会计机构负责人、会计主管人员的职责范围，如图 2-3-1 所示。

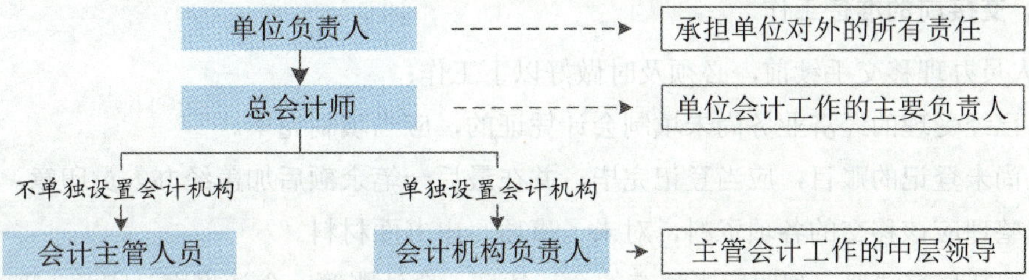

图 2-3-1 单位负责人、总会计师、会计机构负责人、会计主管人员的职责范围

2. 总会计师的设置要求

（1）国有的和国有资产占控股地位或者主导地位的大、中型企业必须设置总会计师；事业单位和业务主管部门根据需要，经批准可以设置总会计师；其他单位可根据业务需要，自行决定是否设置总会计师。

（2）总会计师由具有会计师以上专业技术资格的人员担任。

考查角度 总会计师的职责、必须设置总会计师的企业。

【例题 1 • 单选 2019】根据会计法律制度的规定，下列企业中，必须设置总会计师的是（ ）。

A. 个人独资企业　　B. 国有大中型企业

C. 普通合伙企业　　D. 外商独资企业

【答案】B

【例题 2 • 多选 2018】根据会计法律制度的规定，下列关于总会计师地位的表述中，正确的有（ ）。

A. 是单位内部审计机构负责人　　B. 是单位会计机构负责人

C. 是单位会计工作的主要负责人　　D. 是单位行政领导成员

【答案】CD

【拓展 • 判断 2018】国有企业、事业单位、股份制企业必须设置总会计师。（ ）

【答案】×

考点 2 会计工作交接（★★）

（一）交接责任

（1）会计人员工作调动或者因故离职，必须将本人所经管的会计工作全部移交给接替人员。没有办清交接手续的，不得调动或者离职。

（2）移交人员对所移交的会计凭证、会计账簿、会计报表和其他有关资料的合法性、真实性承担法律责任。

（3）移交人员因病或者其他特殊原因不能亲自办理移交的，经单位领导人批准，可由移交人员委托他人办理移交，但委托人应当承担对所移交的会计凭证、会计账簿、会计报表和其他有关资料的合法性、真实性的法律责任。

（4）单位撤销时，必须留有必要的会计人员，会同有关人员办理清理工作，编制决算。

（二）交接前的准备工作

会计人员办理移交手续前，必须及时做好以下工作：

（1）已经受理的经济业务尚未填制会计凭证的，应当填制完毕。

（2）尚未登记的账目，应当登记完毕，并在最后一笔余额后加盖经办人员印章。

（3）整理应该移交的各项资料，对未了事项写出书面材料。

（4）编制移交清册，列明应当移交的会计凭证、会计账簿、会计报表、印章、现金、有价证券、支票簿、发票、文件、其他会计资料和物品等内容；实行会计电算化的单位，从事该项工作的移交人员还应当在移交清册中列明会计软件及密码、会计软件数据磁盘（磁带等）及有关资料、实物等内容。

（三）交接要求

（1）移交人员在办理移交时，要按移交清册逐项移交；接替人员要逐项核对点收。

① 库存现金、有价证券必须与会计账簿记录保持一致。不一致时，移交人员必须限期查清。

② 会计凭证、会计账簿、会计报表和其他会计资料必须完整无缺。如有短缺，必须查清原因，并在移交清册中注明，由移交人员负责。

③ 银行存款账户余额要与银行对账单核对，如不一致，应当编制银行存款余额调节表调节相符，各种财产物资和债权债务的明细账户余额要与总账有关账户余额核对相符；必要时，要抽查个别账户的余额，与实物核对相符，或者与往来单位、个人核对清楚。

④ 移交人员经管的票据、印章和其他实物等，必须交接清楚；移交人员从事会计电算化工作的，要对有关电子数据在实际操作状态下进行交接。

⑤ 会计机构负责人（会计主管人员）移交时，还必须将全部财务会计工作、重大财务收支和会计人员的情况等，向接替人员详细介绍。对需要移交的遗留问题，应当写出书面材料。

（2）交接完毕后，交接双方和监交人要在移交清册上签名或者盖章。

（3）移交清册一般应当填制一式三份，交接双方各执一份，存档一份。

（4）接替人员应当继续使用移交的会计账簿，不得自行另立新账，以保持会计记录的连续性。

（四）监交制度

（1）一般会计人员办理交接手续，由会计机构负责人（会计主管人员）监交。

（2）会计机构负责人（会计主管人员）办理交接手续，由单位负责人监交，必要时主管单位可以派人会同监交。

考查角度 办理交接手续时的监交人员。

【例题·单选 2018】根据会计法律制度的规定，负责监交一般会计人员办理会计工作交接手续的是（ ）。

A. 单位人事部门工作人员
B. 单位负责人
C. 单位会计机构负责人或会计主管人员
D. 单位审计部门工作人员

【答案】C

考点3 代理记账（★）

（一）代理记账机构的审批

会计师事务所及其分所可以依法从事代理记账业务。除会计师事务所以外的机构（如代理记账公司、税务师事务所）从事代理记账业务，应当经县级以上人民政府财政部门批准，领取代理记账许可证书。

（二）代理记账的业务范围

代理记账机构可以接受委托办理下列业务：

（1）根据委托人提供的原始凭证和其他资料，按照国家统一的会计制度进行会计核算，包括审核原始凭证、填制记账凭证、登记会计账簿、编制财务会计报告等。

（2）对外提供财务会计报告。（以委托单位的名义）

（3）向税务机关提供税务资料。

（4）委托人委托的其他会计业务。

敲黑板

代理记账机构为委托人编制的财务会计报告，经代理记账机构负责人和委托方负责人签名并盖章后对外提供。

考查角度 代理记账机构的业务范围。

【例题·判断 2019】代理记账机构可以接受委托人的委托向税务机关提供税务资料。（ ）

【答案】√

（三）委托人、代理记账机构及其从业人员各自的义务

1. 委托合同

委托人委托代理记账机构代理记账，应当在相互协商的基础上，订立书面委托合同。

考查角度 委托合同的订立形式。

【例题·判断 2018】委托人委托代理记账机构代理记账，可以订立口头委托合同。（ ）

【答案】×

2. 委托双方的义务

委托双方的义务如表 2-3-2 所示。

表 2-3-2　委托双方的义务

项目	应当履行的义务
委托方	（1）对本单位发生的经济业务事项，应当填制或者取得符合规定的原始凭证 （2）应当配备专人（如出纳）负责日常货币收支和保管 （3）及时向代理记账机构提供真实、完整的原始凭证和其他相关资料 （4）对于代理记账机构退回的，要求按照规定进行更正、补充的原始凭证，应当及时予以更正、补充
代理记账机构及其从业人员	（1）遵守有关规定，按照委托合同办理代理记账业务 （2）对在执行业务中知悉的商业秘密予以保密 （3）对委托人要求其作出不当的会计处理，提供不实的会计资料，以及其他不符合规定的行为，予以拒绝 （4）对委托人提出的有关会计处理相关问题予以解释

考查角度　代理记账机构及其从业人员应当履行的义务。

【例题·多选 2018】根据会计法律制度的规定，下列关于代理记账机构及其从业人员义务表述中，正确的有（　　）。

A. 对执行代理记账业务中知悉的商业秘密予以保密　　B. 拒绝委托人提供不实会计资料的要求

C. 对委托人提出的有关会计处理相关问题予以解释　　D. 拒绝委托人作出不当会计处理的要求

【答案】ABCD

考点回顾　会计机构和会计人员。

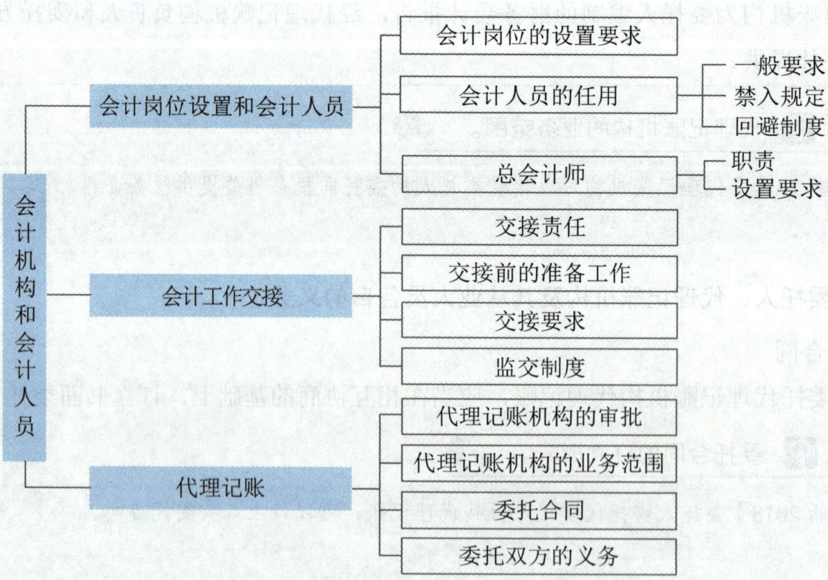

第四节 会计职业道德

考点 会计职业道德（★★）

（一）会计职业道德的主要内容

会计职业道德的主要内容如图 2-4-1 所示。

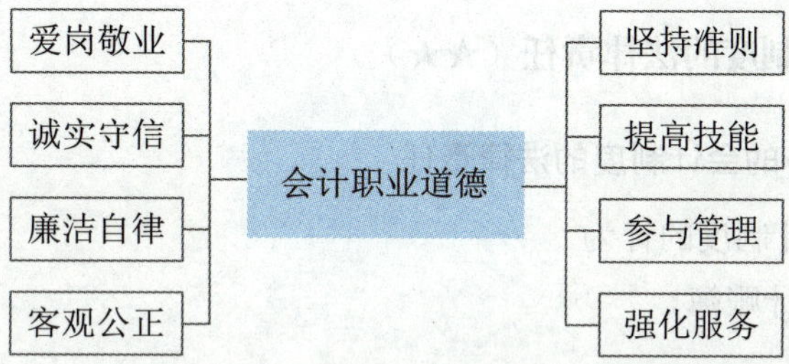

图 2-4-1 会计职业道德的主要内容

考查角度 会计职业道德的内容。

【例题·多选 2018】根据会计法律制度的规定，下列各项中，属于会计职业道德内容的有（ ）。

A. 提高技能　　B. 强化服务　　C. 廉洁自律　　D. 参与管理

【答案】ABCD

（二）会计职业道德与会计法律制度的联系与区别

会计职业道德是对会计法律制度的重要补充，会计法律制度是对会计职业道德的最低要求。两者的区别如表 2-4-1 所示。

表 2-4-1 会计职业道德与会计法律制度的区别

区别	会计职业道德	会计法律制度
性质不同	依靠会计从业人员的自觉性，具有很强的自律性	通过国家强制力保障实施，具有很强的他律性
作用范围不同	不仅调整会计人员的外在行为，还调整会计人员内在的精神世界（具有较强的主观性）	侧重于调整会计人员的外在行为和结果的合法化，具有较强的客观性
表现形式不同	既有成文的规范，也有不成文的规范	是具体的、明确的，已正式形成文字的成文规定
实施保障机制不同	主要依靠道德教育、社会舆论、传统习俗和道德评价来实现	依靠国家强制力保证其贯彻执行
评价标准不同	以道德评价为标准	以法律规定为评价标准

考查角度 会计职业道德与会计法律制度的联系。

【例题·判断 2018】会计法律是会计职业道德的最高要求。（ ）

【解析】会计法律制度是对会计职业道德的最低要求。

【答案】×

第五节 违反会计法律制度的法律责任

考点 违反会计法律制度的法律责任（★★）

（一）违反国家统一的会计制度的法律责任

1. 违反国家统一会计制度的行为

（1）不依法设置会计账簿。

（2）私设会计账簿。

（3）未按照规定填制、取得原始凭证或者填制、取得的原始凭证不符合规定。

（4）以未经审核的会计凭证为依据登记会计账簿或者登记会计账簿不符合规定。

（5）随意变更会计处理方法。

（6）向不同的会计资料使用者提供的财务会计报告编制依据不一致。

（7）未按照规定使用会计记录文字或者记账本位币。

（8）未按照规定保管会计资料，致使会计资料毁损、灭失。

（9）未按照规定建立并实施单位内部会计监督制度或者拒绝依法实施监督或者不如实提供有关会计资料及有关情况。

（10）任用会计人员不符合《会计法》规定。

2. 法律责任

违反国家统一会计制度的法律责任如图 2-5-1 所示。

法律责任
- 责令改正 → 由县级以上人民政府财政部门责令限期改正
- 罚款
  - 单位 → 3 000元以上5万元以下
  - 直接责任人 → 2 000元以上2万元以下
- 行政处分 → 属于国家工作人员的，还应由其所在单位或有关单位给予行政处分
- 禁业限制 → 违反制度的会计人员，情节严重的，5年内不得从事会计工作
- 刑事责任 → 构成犯罪的，依法追究刑事责任

图 2-5-1 违反国家统一会计制度的法律责任

（二）伪造、变造会计凭证、会计账簿，编制虚假财务会计报告的法律责任

伪造、变造会计凭证、会计账簿，编制虚假财务会计报告的法律责任如图 2-5-2 所示。

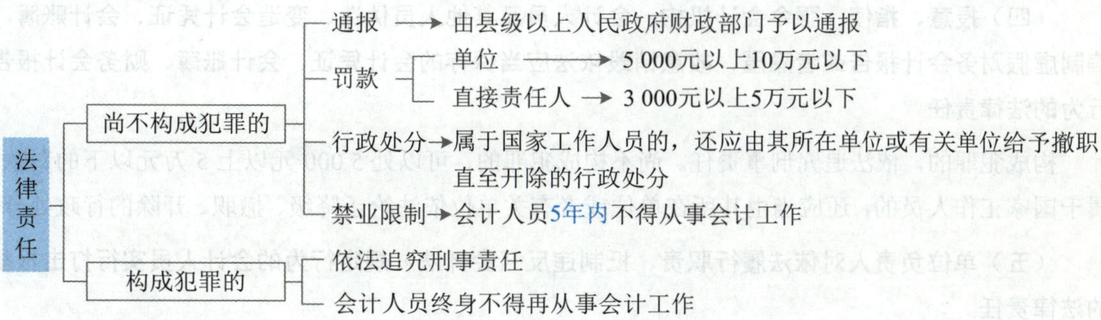

图 2-5-2　伪造、变造会计凭证、会计账簿，编制虚假财务会计报告的法律责任

考查角度　编制虚假财务会计报告的法律责任。

【例题 • 不定项 2018 节选】关于会计机构负责人采取虚增营业收入等方法调整财务会计报告行为的性质及法律后果的下列表述中，正确的是（　　）。

A. 可对会计机构负责人处以行政拘留

B. 该行为属于编制虚假财务会计报告

C. 可对会计机构负责人处以罚款

D. 会计机构负责人 5 年之内不得从事会计工作

【答案】BCD

（三）隐匿或者故意销毁依法应当保存的会计凭证、会计账簿、财务会计报告的法律责任

隐匿或者故意销毁依法应当保存的会计凭证、会计账簿、财务会计报告的法律责任如图 2-5-3 所示。

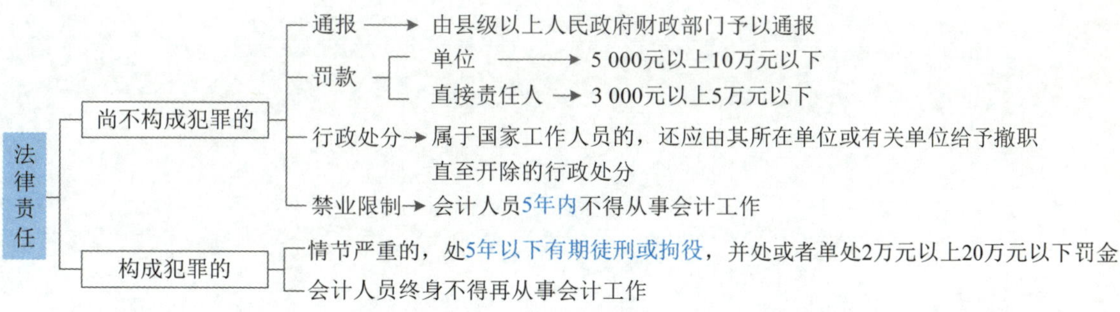

图 2-5-3　隐匿或者故意销毁依法应当保存的会计凭证、会计账簿、财务会计报告的法律责任

考查角度　不构成犯罪时违法会计人员的禁业年限。

【例题 • 单选 2018】根据会计法律制度的规定，会计人员故意隐匿会计账簿，尚不构成犯罪的，一定期限内不得从事会计工作。该期限为（　　）。

A. 5 年　　B. 2 年　　C. 3 年　　D. 1 年

【答案】A

（四）授意、指使、强令会计机构、会计人员及其他人员伪造、变造会计凭证、会计账簿，编制虚假财务会计报告或者隐匿、故意销毁依法应当保存的会计凭证、会计账簿、财务会计报告行为的法律责任

构成犯罪的，依法追究刑事责任。尚不构成犯罪的，可以处5 000元以上5万元以下的罚款；属于国家工作人员的，还应当由其所在单位或者有关单位依法给予降级、撤职、开除的行政处分。

（五）单位负责人对依法履行职责、抵制违反《会计法》规定行为的会计人员实行打击报复的法律责任

公司、企业、事业单位、机关、团体的领导人，对依法履行职责、抵制违反《会计法》行为的会计人员实行打击报复，情节恶劣的，处3年以下有期徒刑或者拘役。尚不构成犯罪的，由其所在单位或者有关单位依法给予行政处分。对受打击报复的会计人员，应当恢复其名誉和原有职务、级别。

第三章 支付结算法律制度

本章考情分析

本章地位	预估分值	考试题型	建议学习时长
★★★	15 分	单选题、多选题、判断题、不定项	15 小时

本章脉络图

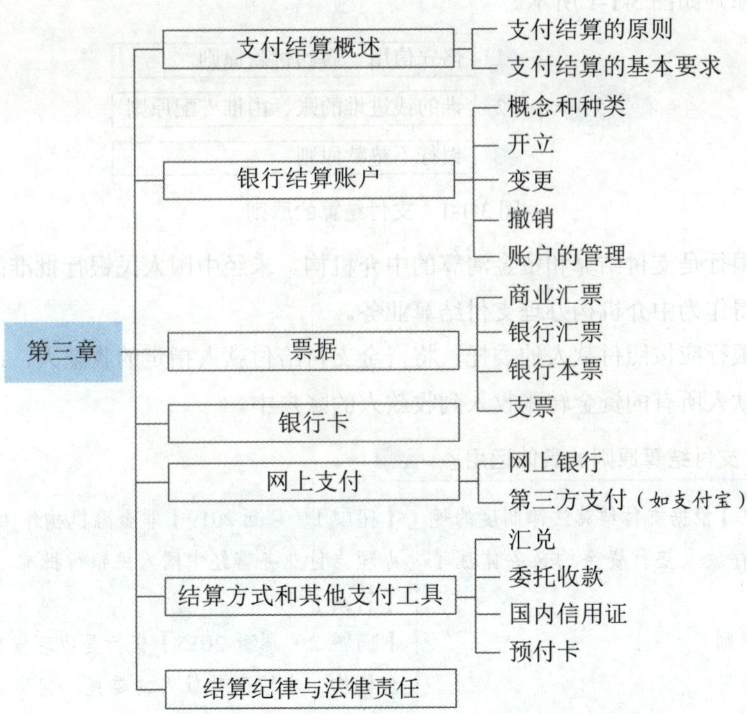

教材主要变化

（1）新增：2019 年年底前，完成取消企业银行账户许可，开立基本存款账户、临时存款账户取消核准制，实行备案制的内容。

（2）删除：托收承付的内容。

本章考点精讲

第一节　支付结算概述

支付结算的概念

支付结算是指单位、个人在社会经济活动中使用票据、银行卡和汇兑、托收承付、委托收款等结算方式进行货币给付及其资金清算的行为，其主要功能是完成资金从一方当事人向另一方当事人的转移。

考点1　支付结算的原则（★★★）

支付结算的原则如图3-1-1所示。

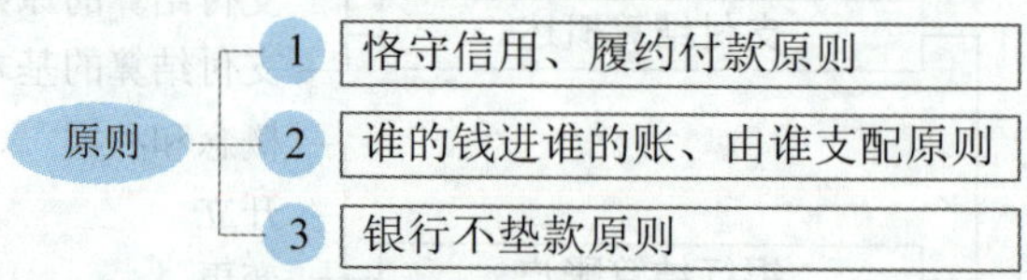

图3-1-1　支付结算的原则

【提示1】银行是支付结算和资金清算的中介机构。未经中国人民银行批准的非银行金融机构和其他单位不得作为中介机构办理支付结算业务。

【提示2】银行应按照付款人的委托，将资金支付给付款人指定的收款人，或者按照收款人的委托，将归收款人所有的资金转账收入到收款人的账户中。

考查角度　支付结算原则的具体运用。

【例题·单选2019】根据支付结算法律制度的规定，银行没有为存款人垫付资金的义务体现了（　）的原则。

A. 银行不垫款原则

B. 恪守信用原则

C. 履约付款原则

D. 谁的钱进谁的账，由谁支配原则

【答案】A

【拓展1·判断2019】非金融机构作为支付中介机构，办理支付业务需经中国人民银行批准。（　）

【答案】√

【拓展2·判断2015】银行是办理支付结算业务的中介机构，应按照付款人的委托，将资金支付给付款人指定的收款人，或者按照收款人的委托，将归收款人所有的资金转账收入到收款人的账户中。（　）

【答案】√

考点2　支付结算的基本要求（★★★）

（一）票据和结算凭证的签章

票据和结算凭证上的签章为签名、盖章或者签名加盖章。

（1）单位：应为单位的盖章加其法定代表人或其授权代理人的签名或盖章。

（2）个人：应为该个人本人的签名或盖章。

（二）不得伪造、变造票据和结算凭证

票据和结算凭证的伪造和变造如表 3-1-1 所示。

表 3-1-1 票据和结算凭证的伪造和变造

项目	具体内容	备注
伪造	是指无权限人假冒他人或者虚构他人名义签章的行为，例如伪造出票签章、背书签章、承兑签章和保证签章	① 都属于无权限人进行的修改 ② 区别点主要看是否属于对“签章”的修改
变造	是指无权更改票据内容的人，对票据上签章以外的记载事项加以改变的行为	

小旌笔记

第二章的伪造和变造，是针对“会计资料”的伪造和变造，这里是针对“票据和结算凭证”的伪造和变造，所以两者的含义不同。

（三）填写各种票据和结算凭证应当规范

填写票据和结算凭证的规范要求如表 3-1-2 所示。

表 3-1-2 填写票据和结算凭证的规范要求

项目	具体要求
收款人名称	单位和银行的名称应当记载全称或者规范化简称，规范化简称应当具有排他性，与全称在实质上具有同一性
出票日期	必须使用中文大写 （1）关于月的填写：月为“壹”（1 月）、“贰”（2 月）、“壹拾”（10 月），应当在前面加“零”，如零壹月（防止被加字篡改） （2）关于日的填写： ① 壹至玖（1—9 日）、壹拾（10 日）、贰拾（20 日）、叁拾（30 日），前面加“零”，如零叁拾日 ② 拾壹至拾玖（11—19 日），前面加“壹”，如壹拾壹日
金额	以中文大写和阿拉伯数码同时记载，二者必须一致，二者不一致的票据无效，二者不一致的结算凭证银行不予受理

小旌笔记

（1）阿拉伯数码与对应的中文大写如表 3-1-3 所示。

表 3-1-3　阿拉伯数码与中文大写对照表

项目	具体内容									
阿拉伯数码	1	2	3	4	5	6	7	8	9	10
中文大写	壹	贰	叁	肆	伍	陆	柒	捌	玖	拾

（2）全部月份和日期的正确填写示例如表 3-1-4 所示。

表 3-1-4　月份与日期的正确填写示例

项目	具体内容									
月份	零壹月	零贰月	叁月	肆月	伍月	陆月	柒月	捌月	玖月	零壹拾月
	拾壹月	拾贰月	—	—	—	—	—	—	—	—
日期	零壹日	零贰日	零叁日	零肆日	零伍日	零陆日	零柒日	零捌日	零玖日	零壹拾日
	壹拾壹日	壹拾贰日	壹拾叁日	壹拾肆日	壹拾伍日	壹拾陆日	壹拾柒日	壹拾捌日	壹拾玖日	零贰拾日
	贰拾壹日	贰拾贰日	贰拾叁日	贰拾肆日	贰拾伍日	贰拾陆日	贰拾柒日	贰拾捌日	贰拾玖日	零叁拾日
	叁拾壹日	—	—	—	—	—	—	—	—	—

（四）票据和结算凭证的更改规范

（1）禁止更改的事项：出票金额、出票日期、收款人名称（简记为“金日收”）。若更改，票据无效，结算凭证银行不予受理。

（2）可以更改的事项：除上述三项以外的其他记载事项。原记载人可以更改，更改时应当由原记载人在更改处签章证明。

考查角度　辨析票据伪造和变造、辨析禁止更改事项与可以更改事项、出票日期的正确填写规则、收款人名称与金额的具体要求。

【例题 1·多选 2016、2014】根据支付结算法律制度的规定，下列各项中，属于变造票据的行为有（　　）。

A. 原记载人更改付款人名称并在更改处签章证明

B. 剪接票据非法改变票据记载事项

C. 涂改出票金额

D. 假冒他人在票据上背书签章

【解析】盯住两点：① 是否为“无权限人”修改；② 被修改的是否为“签章”。选项 A 属于有权限修改人的修改，属于票据的正常更改；选项 D 属于伪造。

【答案】BC

【拓展 1·判断 2018】在填写票据出票日期时，“10 月 20 日”应写成“壹拾月零贰拾日”。（　　）

【解析】如果只写“壹拾月”，很容易被变造为“壹拾壹月”或者“壹拾贰月”，应当在其前加“零”。正确的写法为“零壹拾月零贰拾日”。

【答案】×

【例题 2 · 单选 2018】2017 年 8 月 18 日，甲公司向乙公司签发一张金额为 10 万元，用途为服务费的转账支票，发现填写有误，该支票记载的下列事项中，可以更改的是（　　）。

A. 用途　　B. 收款人名称

C. 出票金额　　D. 出票日期

【解析】记住禁止修改事项的关键字“金日收”，可以更改的事项用排除法记忆。

【答案】A

【例题 3 · 判断 2018】票据上的签章是签名、盖章或者签名加盖章。（　　）

【答案】√

【例题 4 · 判断 2018】办理支付结算时，单位和银行的名称应当记载全称或者规范化简称。（　　）

【答案】√

【拓展 2 · 多选 2018】根据支付结算法律制度的规定，下列关于支付结算基本要求的表述中，正确的有（　　）。

A. 票据和结算凭证上的签章和其他记载事项应当真实，不得伪造、变造

B. 票据上的出票金额、出票日期、收款人名称不得更改

C. 票据和结算凭证金额以中文大写和阿拉伯数码同时记载，二者必须一致

D. 票据的出票日期必须使用中文大写和阿拉伯数码同时记载，二者必须一致

【答案】ABC

第二节　银行结算账户

考点 1　银行结算账户的概念和种类（★）

银行结算账户是指银行为存款人开立的办理资金收付结算的活期存款账户。银行结算账户的分类如图 3-2-1 所示。

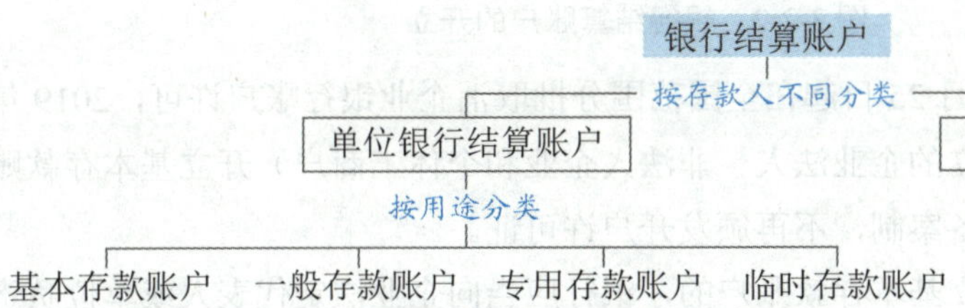

图 3-2-1　银行结算账户的分类

敲黑板

个体工商户凭营业执照以字号或经营者姓名开立的银行结算账户纳入单位银行结算账户管理。

考查角度　银行结算账户的分类、个体工商户银行结算账户的归属。

【例题 1 · 判断 2019】银行结算账户分为活期存款账户和定期存款账户两类。（　　）

【解析】银行结算账户是“活期存款账户”。

【答案】×

【例题 2 · 判断 2018】个体工商户凭营业执照以字号或经营者姓名开立的银行结算账户纳入单位银行结算账户管理。（ ）

【答案】√

考点 2 银行结算账户开立、变更和撤销（★★）

（一）银行结算账户的开立

银行结算账户开立的主要内容如图 3-2-2 所示。

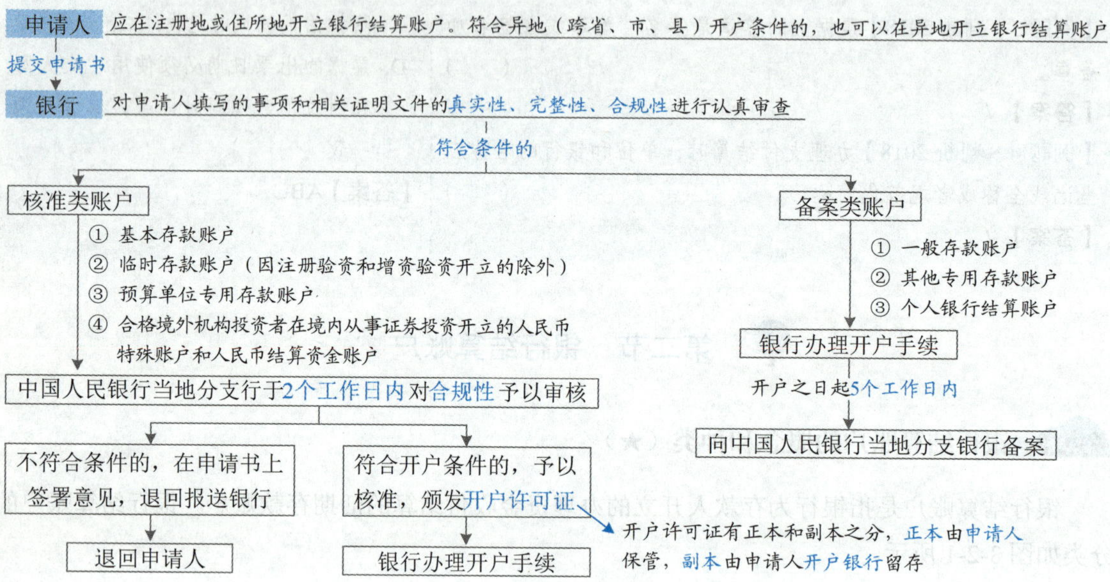

图 3-2-2 银行结算账户的开立

【提示 1】自 2019 年 2 月 25 日起在全国范围分批取消企业银行账户许可，2019 年底前实现完全取消。企业（在境内设立的企业法人、非法人企业和个体工商户）开立基本存款账户、临时存款账户取消核准制，实行备案制，不再颁发开户许可证。

【提示 2】企业申请开立基本存款账户的，银行应当向企业法定代表人或单位负责人核实企业开户意愿。核实开户意愿可采取面对面、视频等方式，具体方式由银行根据客户风险程度选择。

【提示 3】对存在法定代表人或者单位负责人对单位经营规模及业务背景等情况不清楚、注册地和经营地均在异地等情况的单位，银行应当与其法定代表人或者单位负责人面签银行结算账户管理协议。

考查角度 辨析核准类账户与备案类账户、对相关日期的考查、开户许可证的保管。

【例题 1 · 单选 2019】存款人开立的下列银行结算账户中，需经中国人民银行当地分支机构核准的是（ ）。

A. 丙财政局开立的预算单位专用存款账户

B. 乙公司开立的专用存款账户

C. 甲公司开立的一般存款账户

D. 刘某开立的个人银行结算账户

【答案】A

【例题 2·单选 2018】根据相关规定，中国人民银行当地分支行应于规定时间内对开户银行报送的核准类账户的开户资料的合规性予以审核，符合开户条件的，予以核准，颁发基本存款账户开户许可证。该规定时间为（　　）。

A. 10 个工作日　　B. 2 个工作日　　C. 5 个工作日　　D. 1 个工作日

【答案】B

（二）银行结算账户的变更

根据账户管理的要求，存款人变更账户名称、单位的法定代表人或者主要负责人、地址等其他开户资料后，应于5个工作日内向开户银行办理变更手续。属于变更开户许可证记载事项的，存款人办理变更手续时，应交回开户许可证，由中国人民银行当地分支行换发新的开户许可证。

考查角度　办理变更手续的时间。

【例题·单选 2015】根据支付结算法律制度的规定，存款人更改名称，但不更改开户银行及账号的，应于一定期限向其开户银行提出银行结算账户更改申请，该期限为（　　）。

A. 3 日内　　B. 3 个工作日内　　C. 5 个工作日内　　D. 5 日内

【答案】C

（三）银行结算账户的撤销

1. 撤销的情形

存款人应向开户银行提出撤销银行结算账户申请的情形，如图 3-2-3 所示。

撤销银行结算账户的情形

- ① 被撤并、解散、宣告破产或关闭的
- ② 注销、被吊销营业执照的
  - （①②）应于5个工作日内主动申请撤销，超过规定期限未主动办理撤销手续的，银行有权停止其账户的对外支付
- ③ 因迁址需要变更开户银行的
- ④ 其他原因需要撤销银行结算账户的
  - （③④）撤销基本存款账户后需重新开立的，应在撤销后10日内重新申请

图 3-2-3　银行结算账户的撤销情形

敲黑板

存款人尚未清偿其开户银行债务的，不得申请撤销该银行结算账户。

【提示】对按规定应撤销而未办理销户手续的单位银行结算账户，银行通知该单位银行结算账户的存款人自发出通知之日起 30 日内到开户银行办理销户手续，逾期视同自愿销户，未划转款项列入久悬未取专户管理。（强制销户）

2. 撤销时应注意的事项

撤销时应注意的事项如表 3-2-1 所示。

表 3-2-1　撤销时应注意的事项

项目	具体内容
时间	银行在收到存款人撤销银行结算账户的申请后，对于符合销户条件的，应在2个工作日内办理撤销手续
要求	存款人撤销银行结算账户，必须与开户银行核对银行结算账户存款余额，交回各种重要空白票据、结算凭证和开户许可证，银行核对无误后方可办理销户手续 企业因转户原因撤销基本存款账户的，银行应打印“已开立银行结算账户清单”并交付企业
顺序	撤销银行结算账户时，应当先撤销一般存款账户、专用存款账户、临时存款账户，将账户资金转入基本存款账户后，方可办理基本存款账户的撤销

考查角度　撤销银行结算账户的情形、撤销银行结算账户的顺序。

【例题 1·多选 2016】根据支付结算法律制度的规定，下列情形中，存款人应向开户银行提出撤销银行结算账户申请的有（　　）。

A. 存款人被宣告破产的　　B. 存款人因迁址需要变更开户银行的

C. 存款人被吊销营业执照的　　D. 存款人被撤销合并的

【答案】ABCD

【例题 2·单选 2018】根据支付结算法律制度的规定，下列关于银行结算账户管理的表述中，正确的是（　　）。

A. 撤销基本存款账户，应交回各种重要空白票据

B. 撤销基本存款账户，可以保留未使用的空白支票

C. 单位的地址发生变更，不需要通知开户银行

D. 撤销单位银行结算账户应先撤销基本存款账户，再撤销其他类别账户

【答案】A

考点 3　各类银行结算账户的开立和使用（★★）

（一）基本存款账户

基本存款账户是存款人因办理日常转账结算和现金收付需要开立的银行结算账户。其主要内容如表 3-2-2 所示。

表 3-2-2　基本存款账户

项目	具体内容
存款人	下列存款人，可以申请开立基本存款账户： （1）企业法人、非法人企业、社会团体、民办非企业组织、个体工商户 （2）机关、事业单位、团级（含）以上军队、武警部队及分散执勤的支（分）队 （3）外国驻华机构 （4）异地常设机构、单位设立的独立核算的附属机构（包括食堂、招待所、幼儿园） （5）居民委员会、村民委员会、社区委员会 （6）其他组织，如业主委员会、村民小组等组织 【提示】不包括临时机构。临时机构办理的是临时存款账户

（续表）

项目	具体内容
开户证明文件	一般经营性单位需要提供的开户证明文件： （1）法定代表人或单位负责人直接办理：营业执照正本+法定代表人或单位负责人身份证件 （2）授权他人办理：营业执照正本+法定代表人或单位负责人身份证件+授权书+被授权人的身份证件
基本存款账户的使用	（1）基本存款账户是存款人的主办账户，一个单位只能开立一个基本存款账户 （2）存款人日常经营活动的资金收付及其工资、奖金和现金的支取，应通过基本存款账户办理

考查角度 基本存款账户的存款人及使用规定。

【例题1·多选2018】下列存款人中，可以申请开立基本存款账户的有（ ）。

A. 甲公司 B. 丙会计师事务所 C. 乙大学 D. 丁个体工商户

【答案】ABCD

【例题2·单选2017】根据支付结算法律制度的规定，关于基本存款账户的下列表述中，不正确的是（ ）。

A. 基本存款账户是存款人的主办账户

B. 一个单位只能开立一个基本存款账户

C. 基本存款账户可以办理现金支取业务

D. 单位设立的独立核算的附属机构不得开立基本存款账户

【解析】单位设立的独立核算的附属机构，可以申请开立基本存款账户。

【答案】D

（二）一般存款账户

一般存款账户是存款人因借款或其他结算需要，在基本存款账户开户银行以外的银行营业机构开立的银行结算账户。主要内容如表3-2-3所示。

表3-2-3 一般存款账户

项目	具体内容
开户证明文件	（1）开立基本存款账户规定的证明文件 （2）基本存款账户开户许可证或企业基本存款账户编号（申请“一般户”前，先办理“基本户”） （3）因向银行借款需要，应出具借款合同；因其他结算需要，应出具有关证明
一般存款账户的使用	一般存款账户用于办理存款人借款转存、借款归还和其他结算的资金收付。一般存款账户可以办理现金缴存，但不得办理现金支取（“一般户”只存不取）

考查角度 基本存款账户和一般存款账户的开户顺序、一般存款账户的使用规定。

【例题 1·单选 2014、2013】根据支付结算法律制度的规定，下列各项中，属于存款人在开立一般存款账户之前必须开立的账户是（　　）。

A. 基本存款账户　B. 单位银行卡账户　C. 专用存款账户　D. 临时存款账户

【答案】A

【例题 2·单选 2015】根据支付结算法律制度的规定，关于一般存款账户表述正确的是（　　）。

A. 须经中国人民银行核准

B. 可以支取现金

C. 可以办理借款转存和借款归还

D. 可以和基本存款账户的同一银行办理开户

【解析】选项 A，一般存款账户实行备案制，无须经中国人民银行核准；选项 B，一般存款账户只存不取；选项 D，为防止商业犯罪，一般存款账户在基本存款账户开户银行以外的银行营业机构开立。

【答案】C

（三）专用存款账户

专用存款账户是存款人按照法律、行政法规和规章，对其特定用途资金进行专项管理和使用而开立的银行结算账户。

1. 开户证明文件

存款人申请开立专用存款账户，应向银行出具：

（1）开立基本存款账户规定的证明文件。

（2）基本存款账户开户许可证或企业基本存款账户编号。（申请“专用户”前，先办理“基本户”）

（3）其他相关证明文件。

2. 专用存款账户的适用范围和使用规范

专用存款账户的适用范围和使用规范如表 3-2-4 所示。

表 3-2-4　专用存款账户的适用范围和使用规范

专用存款账户的适用范围	专用存款账户的使用规范
（1）单位银行卡备用金	单位银行卡账户资金（备用金）必须由基本存款账户转账存入，不得办理现金收付业务（不存不取）
（2）证券交易结算资金 （3）期货交易保证金 （4）信托基金	不得支取现金
（5）基本建设资金 （6）更新改造资金 （7）政策性房地产开发资金	需要支取现金的，应在开户时报中国人民银行当地分支行批准（可以支取现金）
（8）粮、棉、油收购资金 （9）住房基金、社会保障基金 （10）党、团、工会经费等	支取现金应按照国家现金管理的规定办理（可以支取现金）

（续表）

专用存款账户的适用范围	专用存款账户的使用规范
（11）收入汇缴资金和业务支出资金	是指基本存款账户存款人附属的非独立核算单位或派出机构发生的收入和支出的资金 ① 收入汇缴账户除向其基本存款账户或者预算外资金财政专用存款账户划缴款项外，只收不付，不得支取现金 ② 业务支出账户除从其基本存款账户拨入款项外，只付不收，其现金支取必须按照国家现金管理的规定办理
（12）其他需要专项管理和使用的资金	

考查角度 专用存款账户的定义、不能支取现金的专用存款账户。

【例题 1 · 单选 2014】根据支付结算法律制度的规定，下列各项中属于存款人按照法律、行政法规和规章，对其特定用途资金进行专项管理和使用而开立的银行结算账户是（　　）。

A. 基本存款账户　　B. 一般存款账户　　C. 专用存款账户　　D. 临时存款账户

【答案】C

【例题 2 · 单选 2018】根据支付结算法律制度的规定，下列专用存款账户中，不能支取现金的是（　　）。

A. 证券交易结算资金专用存款账户　　B. 社会保障基金专用存款账户

C. 住房基金专用存款账户　　D. 工会经费专用存款账户

【解析】金融类（证券交易结算资金、期货交易保证金、信托基金）、单位银行卡备用金和收入汇缴资金的专用存款账户不得办理现金支取。

【答案】A

（四）预算单位零余额账户

1. 预算单位零余额账户的开立

预算单位使用财政性资金，应当按照规定的程序和要求，向财政部门提出设立零余额账户的申请，财政部门同意预算单位开设零余额账户后通知代理银行。具体流程如图 3-2-4 所示。

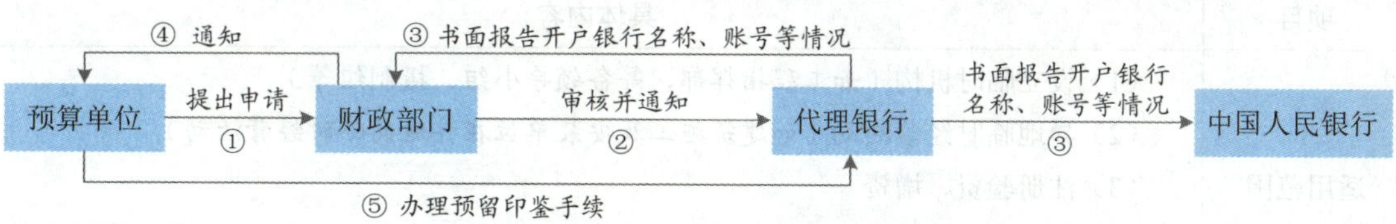

图 3-2-4　预算单位零余额账户的开立流程

2. 预算单位零余额账户的使用

（1）一个基层预算单位开设一个零余额账户。

（2）预算单位零余额账户用于财政授权支付，可以办理转账、提取现金等结算业务。可以向本单位按账户管理规定保留的相应账户划拨工会经费、住房公积金及提租补贴，以及财政部门批准的特殊款项；不得违反规定向本单位其他账户和上级主管单位及所属下级单位账户划拨资金。

3. 预算单位零余额账户的管理

财政部门为实行财政国库集中支付的预算单位在商业银行开设的零余额账户按基本存款账户或专用存款账户管理。预算单位未开立基本存款账户或原基本存款账户按在国库集中支付改革后已按照财政部门的要求撤销的，经同级财政部门批准，预算单位零余额账户作为基本存款账户管理。除上述情况外，作为专用存款账户管理。

考查角度 预算单位零余额账户的开立、使用和管理的具体规定。

【例题 1 · 单选 2015】根据支付结算法律制度的规定，预算单位应向（ ）申请开立零余额账户。

A. 中国人民银行 B. 财政部门 C. 上级主管部门 D. 社保部门

【答案】B

【例题 2 · 多选 2015】根据支付结算法律制度的规定，下列关于预算单位零余额账户的使用，表述正确的有（ ）。

A. 从零余额账户提取现金

B. 向本单位按账户管理规定保留的相应账户划拨工会经费、住房公积金及提租补贴

C. 通过零余额账户向下级单位划拨资金，为下级单位购买设备

D. 通过零余额账户向本单位基本账户划转资金，用于本单位日常零星支出

【答案】AB

【例题 3 · 单选 2019】未在银行开立账户的 W 市退役军人事务局经批准在 P 银行开立了预算单位零余额账户。下列账户种类中，该零余额账户应按（ ）管理。

A. 基本存款账户 B. 一般存款账户 C. 临时存款账户 D. 专用存款账户

【答案】A

（五）临时存款账户

临时存款账户是存款人因临时需要并在规定期限内使用而开立的银行结算账户。其适用范围和使用规范如表 3-2-5 所示。

表 3-2-5 临时存款账户的适用范围和使用规范

项目	具体内容
适用范围	（1）设立临时机构（如工程指挥部、筹备领导小组、摄制组等） （2）异地临时经营活动（如建筑施工及安装单位在异地的临时经营活动） （3）注册验资、增资 （4）军队、武警单位承担基本建设或异地执行作战、演习、抢险救灾、应对突发事件等临时任务
使用规范	（1）用于办理临时机构以及存款人临时经营活动发生的资金收付 （2）有效期最长不得超过 2 年 （3）临时存款账户支取现金应按照国家现金管理的规定办理（可以支取现金） （4）注册验资的临时存款账户在验资期间只收不付

考查角度 临时存款账户的适用范围及最长有效期。

【例题 1 • 单选 2016】某电影制作企业临时到外地拍摄，其在外地设立的摄制组可以开立的账户是（　　）。

A. 基本存款账户　　B. 一般存款账户　　C. 专用存款账户　　D. 临时存款账户

【答案】D

【例题 2 • 单选 2019、2015、2014】根据支付结算法律制度的规定，临时存款账户的有效期最长不得超过一定期限，该期限为（　　）。

A. 1 年　　B. 10 年　　C. 5 年　　D. 2 年

【答案】D

（六）异地银行结算账户

异地银行结算账户是存款人在其注册地或者住所地行政区域之外（跨省、市、县）开立的银行结算账户。其适用范围如下：

（1）营业执照注册地与经营地不在同一行政区域（跨省、市、县）需要开立基本存款账户的。（异地“基本户”）

（2）办理异地借款和其他结算需要开立一般存款账户的。（异地“一般户”）

（3）存款人因附属的非独立核算单位或派出机构发生的收入汇缴或业务支出需要开立专用存款账户的。（异地“专用户”）

（4）异地临时经营活动需要开立临时存款账户的。（异地“临时户”）

（5）自然人根据需要在异地开立个人银行结算账户的。（异地“个人户”）

（七）个人银行结算账户

个人银行结算账户是指存款人因投资、消费、结算等需要而凭个人身份证件以自然人姓名开立的银行结算账户。

1. 个人银行账户的分类及功能

个人银行账户分为Ⅰ类银行账户、Ⅱ类银行账户、Ⅲ类银行账户，具体功能如表 3-2-6 所示。

表 3-2-6　个人银行账户的分类及功能

功能＼类型	Ⅰ类户	Ⅱ类户	Ⅲ类户
存款	√	√	×
购买投资理财产品等金融产品	√	√	×
转账	√	（1）限额向非绑定账户转出资金 （2）非绑定账户资金限额转入	（1）限额向非绑定账户转出资金 （2）非绑定账户资金限额转入

（续表）

功能＼类型	Ⅰ类户	Ⅱ类户	Ⅲ类户
消费和缴费支付	√	限额消费和缴费支付	限额消费和缴费支付
支取现金	√	限额存取现金	×
限额	—	（1）非绑定账户转入资金、存入现金日累计限额合计为 1 万元、年累计限额合计为 20 万元 （2）消费和缴费、向非绑定账户转出资金、取出现金日累计限额合计为 1 万元、年累计限额合计为 20 万元 【提示】银行可以向Ⅱ类户发放本银行贷款资金并通过Ⅱ类户还款，发放贷款和贷款资金归还，不受转账限额规定	任一时点账户余额不得超过 2 000 元

小旌笔记

Ⅰ类户功能全，无限制；Ⅱ类户功能全，但部分功能限金额；Ⅲ类户限功能、限金额。

考查角度 各类个人银行结算账户的功能。

【例题 1 • 单选 2017】根据支付结算法律制度的规定，下列关于个人银行结算账户使用的表述，错误的是（　　）。

A. 银行可以通过Ⅱ类银行账户为存款人提供购买投资理财产品服务

B. 银行可以通过Ⅲ类银行账户为存款人提供限制金额的消费和缴费支付服务

C. 银行可以通过Ⅱ类银行账户为存款人提供单笔无限额的存取现金服务

D. 银行可以通过Ⅰ类银行账户为存款人提供购买投资理财产品服务

【答案】C

【例题 2 • 判断 2017】个人可以通过开立的Ⅰ类银行账户存取现金。（　　）

【答案】√

2. 开户方式

个人银行结算账户的开户方式如表 3-2-7 所示。

表 3-2-7 个人银行结算账户的开户方式

开户方式		Ⅰ类户	Ⅱ类户	Ⅲ类户
（1）柜面开户		√	√	√
（2）自助机具开户	银行工作人员现场核验申请人身份信息	√	√	√
	银行工作人员未现场核验申请人身份信息	×	√	√
（3）电子渠道开户（手机银行、网上银行）		×	√	√

小旌笔记

Ⅰ类户是功能最全的账户，开户相对较严，必须经银行工作人员现场核验身份信息，方可开立。

【提示 1】个人开立Ⅱ、Ⅲ类户，可以绑定Ⅰ类户或者信用卡账户进行身份验证，不得绑定非银行支付机构开立的支付账户进行身份验证。在银行柜面开立的，则无须绑定Ⅰ类户或者信用卡账户进行身份验证。

【提示 2】开户申请人开立个人银行账户或者办理其他个人银行账户业务，原则上应当由开户申请人本人亲自办理；符合条件的，可以由他人代理办理。

【提示 3】存款人开立代发工资、教育、社会保障（如社保、医保、军保）、公共管理（如公共事业、拆迁、捐助、助农扶农）等特殊用途个人银行账户时，可由所在单位代理办理。

【提示 4】单位代理开立的个人银行账户，在被代理人持本人有效身份证件到开户银行办理身份确认、密码设（重）置等激活手续前，该银行账户只收不付。

考查角度 可通过电子渠道开立的个人银行结算账户有哪些、可由单位代理开户的情形。

【例题 1 • 单选 2017】甲拟通过电子渠道申请开立两个个人银行存款账户，根据规定，下列选项中，甲可以成功开立的是（ ）。

A. Ⅰ类银行账户和Ⅱ类银行账户　　B. Ⅰ类银行账户和Ⅲ类银行账户

C. Ⅱ类银行账户和Ⅲ类银行账户　　D. 两个均为Ⅰ类银行账户

【答案】C

【例题 2 • 判断 2019】新入学大学生开立用于缴纳学费的个人银行结算账户，可由所在大学代理办理。（ ）

【答案】√

3. 开户证明文件

根据个人银行账户实名制的要求，存款人申请开立个人银行结算账户时，应向银行出具本人有效身份证件（如身份证、户口簿、中国护照等），银行通过有效身份证件仍无法准确判断开户申请人身份的，应要求其出具辅助身份证明材料（如机动车驾驶证、社保卡、军官证、户籍证明、工作证、完税证明等）。

考查角度 辨析有效身份证件与辅助身份证明材料。

【例题·单选 2018】根据个人银行结算账户实名制的要求，下列人员出具的身份证件中，不属于在境内银行申请开立个人银行账户的有效身份证件是（　　）。

A. 20 周岁的吴某出具的机动车驾驶证

B. 定居美国的周某出具的中国护照

C. 25 周岁的王某出具的居民身份证

D. 15 周岁的学生赵某出具的户口簿

【答案】A

4. 账户的使用

个人银行结算账户用于办理个人转账收付和现金存取。下列款项可以转入个人银行结算账户：

（1）工资、奖金收入。

（2）稿费、演出费等劳务收入。

（3）债券、期货、信托等投资的本金和收益。

（4）个人债权或产权转让收益。

（5）个人贷款转存。

（6）证券交易结算资金和期货交易保证金。

（7）继承、赠与款项。

（8）保险理赔、保费退还等款项。

（9）纳税退还。

（10）农、副、矿产品销售收入。

（11）其他合法款项。

【提示 1】单位从其银行结算账户支付给个人银行结算账户的款项，每笔超过 5 万元的，应向其开户银行提供付款依据。付款单位若在用途栏或备注栏注明事由，可不再另行出具付款依据，但付款单位应对支付款项事由的真实性、合法性负责。

【提示 2】从单位银行结算账户支付给个人银行结算账户的款项应纳税的，税收代扣单位付款时应向其开户银行提供完税证明。

考查角度 辨析可以转入个人银行结算账户的资金。

【例题·多选 2013】根据支付结算法律制度的规定，下列款项中，可以转入个人银行结算账户的有（　　）。

A. 工资、奖金收入

B. 继承、赠与款项

C. 农、副、矿产品销售收入

D. 个人贷款转存

【答案】ABCD

考点 4　银行结算账户的管理（★★）

银行结算账户管理的主要内容如表 3-2-8 所示。

表 3-2-8 银行结算账户的管理

项目	具体内容
实名制管理	（1）存款人应以实名开立银行结算账户 （2）存款人不得出租、出借银行结算账户，不得利用银行结算账户套取银行信用或进行洗钱活动
变更事项的管理	存款人申请临时存款账户展期，变更、撤销单位银行结算账户，补（换）发开户许可证时，可由法定代表人或单位负责人直接办理，也可授权他人办理
预留银行签章的管理	（1）单位遗失预留公章或财务专用章的，应向开户银行出具书面申请、开户许可证、营业执照等相关证明文件 （2）更换预留公章或财务专用章时，应向开户银行出具书面申请、原预留公章或财务专用章等相关证明文件；无法提供原预留公章或财务专用章的，应向开户银行出具原印鉴卡片、开户许可证、营业执照正本、司法部门的证明等相关证明文件 （3）单位存款人申请变更预留公章或财务专用章，可由法定代表人或单位负责人直接办理，也可授权他人办理 （4）个人遗失或更换预留个人印章或更换签字人时，应向开户银行出具经签名确认的书面申请，以及原预留印章或签字人的个人身份证件
对账管理	存款人收到对账单或对账信息后，应及时核对账务并在规定期限内向银行发出对账回单或确认信息

考查角度 银行结算账户管理的具体内容。

【例题 1 • 单选 2017】根据支付结算法律制度的规定，关于银行结算账户管理的下列表述中，不正确的是（ ）。

A. 存款人可以出借银行结算账户

B. 存款人不得出租银行结算账户

C. 存款人应当以实名开立银行结算账户

D. 存款人不得利用银行结算账户洗钱

【答案】A

【例题 2 • 多选 2017】根据支付结算法律制度的规定，关于单位存款人申请变更预留银行的单位财务专用章的下列表述中，正确的有（ ）。

A. 需提供原预留的单位财务专用章

B. 需提供单位书面申请

C. 需重新开立单位存款账户

D. 可由法定代表人直接办理，也可授权他人办理

【答案】ABD

考点回顾 银行结算账户。

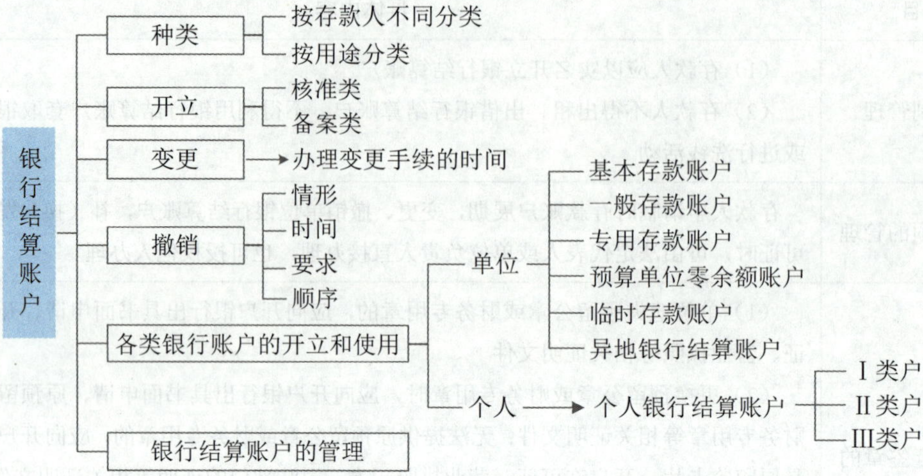

第三节 票 据

考点1 票据的概述（★★）

（一）票据的含义和种类

票据是指由出票人签发的、约定自己或者委托付款人在见票时或指定的日期向收款人或持票人无条件支付一定金额的有价证券。票据的种类如图3-3-1所示。

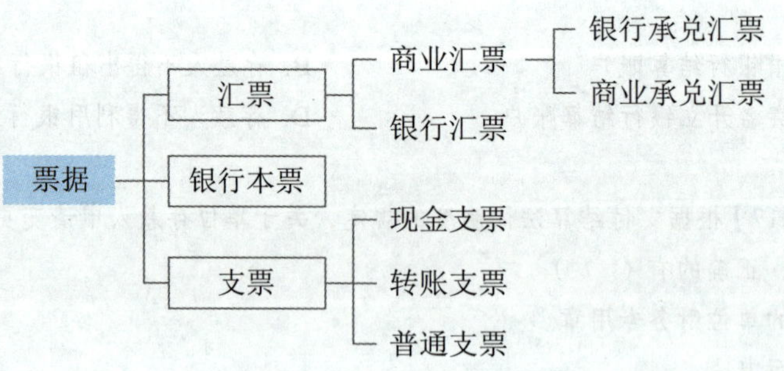

图3-3-1 票据的种类

（二）票据的当事人

票据当事人是指在票据法律关系中，享有票据权利、承担票据义务的主体。票据当事人分为基本当事人和非基本当事人，具体内容如图3-3-2所示。

- 票据当事人
  - 基本当事人
    - 出票人→是指依法定方式签发票据并将票据交付给收款人的人
    - 付款人→是指由出票人委托付款或自行承担付款责任的人（可能是出票人，也可能不是）
    - 收款人→是指票据正面记载的到期后有权收取票据所载金额的人
  - 非基本当事人
    - 承兑人→是指接受汇票出票人的付款委托，同意承担支付票款义务的人
    - 背书人与被背书人
      - 背书人是指在转让票据时，在票据背面或粘单上签字或盖章，并将该票据交付给受让人的票据收款人或持有人（转让方）
      - 被背书人是指被记名受让票据或接受票据转让的人（受让方）
    - 保证人→是指为票据债务提供担保的人，由票据债务人以外的第三人担当

图 3-3-2 票据当事人

小旌笔记

基本当事人是在票据作成、交付之时就存在的当事人，而非基本当事人是在票据作成、交付之后再加入票据关系的当事人。

考查角度 辨析票据基本当事人与非基本当事人。

【例题·多选 2009】下列各项中，属于票据基本当事人的有（ ）。

A. 出票人　　B. 收款人　　C. 付款人　　D. 保证人

【答案】ABC

（三）票据的特征

票据的特征如表 3-3-1 所示。

表 3-3-1 票据的特征

特征		解释
完全有价证券	设权证券	票据权利的产生必须通过作成票据，即必须通过“票据行为——出票”来创设
	提示证券	票据权利的享有必须以占有票据为前提，为了证明占有的事实以行使票据权利，必须提示票据
	交付证券	票据权利的转让必须交付票据
	缴回证券	票据权利实现之后，应将票据缴回付款人
文义证券		一切票据权利义务必须严格依照票据记载的文义而定
无因证券		票据如果符合规定的条件，票据权利就成立，持票人不必证明取得票据的原因，仅以票据文义请求履行票据权利
金钱债权证券		票据上体现的权利性质是财产权（即请求支付一定的金钱）
要式证券		票据的制作、形式、文义都有规定的格式和要求，必须符合《票据法》的规定
流通证券		票据可以流通转让，转让时无须通知债务人，通过背书行为直接转让

考查角度 票据特征包括的内容。

【例题·多选 2015】下列选项中，体现票据“完全有价证券”特征的有（　　）。

A. 交付证券　　B. 提示证券　　C. 设权证券　　D. 缴回证券

【答案】ABCD

（四）票据的功能

票据的功能如表 3-3-2 所示。

表 3-3-2　票据的功能

功能	具体内容
支付功能	即票据可以充当支付工具，代替现金使用
汇兑功能	即票据可以代替货币在不同地方之间运送，方便异地之间的支付
信用功能	即票据当事人可以凭借自己的信誉，将未来才能获得的金钱作为现在的金钱来使用
结算功能	即债务抵销功能。简单的结算是互有债务的双方当事人各签发一张本票，待两张本票都到到期日可以相互抵销债务。若有差额，由一方以现金支付
融资功能	即融通资金或调度资金。票据的融资功能是通过票据的贴现、转贴现和再贴现实现的

小旌笔记

票据的贴现、转贴现和再贴现的关系如图 3-3-3 所示。

企业 —贴现→ A银行 —转贴现→ B银行 —再贴现→ 央行

图 3-3-3　票据的贴现、转贴现和再贴现

考查角度 票据融资功能的含义。

【例题·单选 2015】根据支付结算法律制度的规定，企业以未到期的汇票向银行申请贴现，体现了票据的（　　）功能。

A. 支付功能　　B. 汇兑功能　　C. 融资功能　　D. 结算功能

【答案】C

考点 2　票据权利与责任（★★★）

（一）票据的权利

1. 票据权利的概念和分类

票据权利是指票据持票人向票据债务人请求支付票据金额的权利，包括付款请求权和追索权。付款请求权和追索权的主要内容如表 3-3-3 所示。

表 3-3-3 付款请求权和追索权

项目	付款请求权	追索权
向谁行使权利	是指持票人向汇票的承兑人、本票的出票人、支票的付款人出示票据要求付款的权利	是指票据当事人行使付款请求权遭到拒绝或有其他法定原因存在时，向其前手请求偿还票据金额及其他法定费用的权利
顺序	第一顺序权利	第二顺序权利
行使权利的当事人	票据记载的收款人或最后的被背书人	除票据记载的收款人和最后被背书人外，还可能是代为清偿票据债务的保证人、背书人[比付款请求权多了个“宝（保证人）贝（背书人）”]

考查角度 付款请求权的含义、行使追索权的当事人。

【例题 1·单选 2011】甲公司持有一张商业汇票，到期委托开户银行向承兑人收取票款。甲公司行使的票据权利是（ ）。

A. 付款请求权 B. 利益返还请求权 C. 票据追索权 D. 票据返还请求权

【答案】A

【例题 2·多选 2008】根据支付结算法律制度的规定，下列人员中，行使付款请求权时，对持票人负有付款义务的有（ ）。

A. 汇票的承兑人 B. 银行本票的出票人 C. 支票的付款人 D. 汇票的背书人

【解析】付款请求权是指持票人向汇票的承兑人、本票的出票人、支票的付款人出示票据要求付款的权利。

【答案】ABC

【例题 3·判断 2010】代为清偿票据债务的保证人和背书人不是行使票据追索权的当事人。（ ）

【答案】×

2. 票据权利的取得

票据权利取得的主要内容如表 3-3-4 所示。

表 3-3-4 票据权利的取得

项目	具体内容
基本规定	（1）存在真实的交易关系和债权债务关系，同时必须给付对价 （2）因税收、继承、赠与可以依法无偿取得票据的，不受给付对价的限制，但所享有的票据权利不得优于其前手的权利
享有票据权利的情形	（1）依法接受出票人签发的票据 （2）依法接受背书转让的票据 （3）因税收、继承、赠与可以依法无偿取得的票据
不享有票据权利的情形	（1）以欺诈、偷盗或者胁迫等手段取得票据的，或者明知有上述情形，出于恶意取得票据的 （2）持票人因重大过失取得不符合《票据法》规定的票据的

考查角度 不享有票据权利的情形。

【例题·多选 2018】根据《票据法》的规定，票据持有人有下列（ ）情形，不得享有票据权利。

A. 以欺诈、偷盗、胁迫等手段取得票据的

B. 明知前手欺诈、偷盗、胁迫等手段取得票据而出于恶意取得票据的

C. 因重大过失取得不符合《票据法》规定的票据的

D. 自合法取得票据的前手处因赠与取得票据的

【答案】ABC

【拓展·单选 2013】张某因采购货物签发一张票据给王某，胡某从王某处窃取该票据，陈某明知胡某系窃取所得但仍受让该票据，并将其赠与不知情的黄某，下列取得票据的当事人中，享有票据权利的是（ ）。

A. 王某　　B. 胡某

C. 陈某　　D. 黄某

【解析】胡某系偷盗取得，不享有票据权利；陈某属于知情的恶意取得，不享有票据权利；黄某属于因赠与无偿取得票据，其所享有的票据权利不得优于前手（陈某）的权利，陈某不享有票据权利，故黄某也不享有票据权利。

【答案】A

3. 票据权利的行使与保全

（1）票据权利的行使是指持票人请求票据的付款人支付票据金额的行为（例如行使付款请求权以获得票款，行使追索权以请求清偿法定的金额和费用）。

（2）票据权利的保全是指持票人为了防止票据权利的丧失而采取的措施（例如按照规定期限提示承兑，要求承兑人或付款人提供拒绝承兑或拒绝付款的证明以保全追索权等）。

（3）票据权利行使和保全的方法通常包括按期提示和依法证明两种。按期提示包括提示承兑或提示付款；依法证明是持票人为了证明自己曾经依法行使票据权利而遭拒绝或者根本无法行使票据权利而以法律规定的时间和方式取得相关的证据（提供证据证明自己曾经做过某事，但遭到了拒绝）。

4. 票据权利丧失补救

票据丧失（如遗失、被盗）后，票据债权人需要采取补救措施，以防止造成正当票据权利人经济上的损失。补救形式包括挂失止付、公示催告和普通诉讼三种。

（1）挂失止付。挂失止付的具体内容如表 3-3-5 所示。

表 3-3-5　挂失止付

项目	具体内容
含义	挂失止付是指失票人将丧失票据的情况通知付款人或代理付款人，由接受通知的付款人或代理付款人审查后暂停支付的一种方式（告诉付款人别付款）
适用范围	只有确定付款人或代理付款人的票据丧失时才可进行挂失止付，具体包括：① 已承兑的商业汇票；② 支票；③ 填明“现金”字样和代理付款人的银行汇票；④ 填明“现金”字样的银行本票

（续表）

项目			具体内容
程序	申请		失票人填写挂失止付通知书并签章
	受理	尚未付款	① 付款人或代理人应立即停止支付 ② 自收到挂失止付通知书之日起 12 日内没有收到人民法院的止付通知书的，自第 13 日起，不再承担止付责任，持票人提示付款即依法向持票人付款
		已付款	在收到挂失止付通知书之前，已经向持票人付款的，不再承担责任。但是，付款人或者代理付款人以恶意或者重大过失付款的除外

敲黑板

挂失止付并不是票据丧失后采取的必经措施，而只是一种暂时的预防措施，最终要通过申请公示催告或提起普通诉讼来补救票据权利。

（2）公示催告。公示催告的具体内容如表 3-3-6 所示。

表 3-3-6　公示催告

项目			具体内容
含义			公示催告是指在票据丧失后由失票人向票据支付地人民法院提出申请，请求人民法院以公告方式通知不确定的利害关系人限期申报权利，逾期未申报者，则权利失效，而法院通过除权判决宣告所丧失的票据无效的制度或程序
程序	申请	申请主体	必须是可以背书转让票据的最后持票人
		申请时间	① 采取挂失止付的，应当在通知挂失止付后的 3 日内提出申请 ② 未采取挂失止付的，可以在票据丧失后直接提出申请
		申请方式	失票人填写公示催告申请书
	受理		① 人民法院决定受理公示催告申请，应当同时通知付款人及代理付款人停止支付，并自立案之日起 3 日内发出公告，催促利害关系人申报权利 ② 付款人或者代理付款人收到人民法院发出的止付通知，应当立即停止支付，直至公示催告程序终结
	公告		① 公示催告的期间，国内票据自公告发布之日起 60 日，涉外票据可根据具体情况适当延长，但最长不得超过 90 日 ② 在公示催告期间，转让票据权利的行为无效，以公示催告的票据质押、贴现，因质押、贴现而接受该票据的持票人主张票据权利的，人民法院不予支持，但公示催告期间届满以后人民法院作出除权判决以前取得该票据的除外

（续表）

项目		具体内容
程序	判决	① 利害关系人应当在公示催告期间向人民法院申报。人民法院收到利害关系人的申报后，应当裁定终结公示催告程序，并通知申请人和支付人 ② 没有人申报的，人民法院应当根据申请人的申请，作出除权判决，宣告票据无效。判决应当公告，并通知支付人。自判决公告之日起，申请人有权向支付人请求支付 ③ 利害关系人因正当理由不能在除权判决前向人民法院申报的，自知道或者应当知道判决公告之日起 1 年内，可以向作出判决的人民法院起诉

【提示】如果与票据上的权利有利害关系的人是明确的，无须公示催告，可按一般的票据纠纷向法院提起诉讼。

（3）普通诉讼。

普通诉讼是指失票人为原告，以承兑人或出票人为被告，请求法院判决其向失票人付款的诉讼活动。

考查角度　票据权利丧失补救的方式及具体内容。

【例题 1 · 多选 2016、2008】根据票据法律制度的规定，下列各项中，属于票据丧失后可以采取的补救措施有（　　）。

A. 挂失止付　　B. 公示催告

C. 普通诉讼　　D. 仲裁

【答案】ABC

【例题 2 · 多选 2015、2014、2010】根据支付结算法律制度的规定，下列选项所述票据丢失后，可以挂失止付的有（　　）。

A. 未承兑的商业汇票

B. 转账支票

C. 现金支票

D. 填明“现金”字样的银行本票

【答案】BCD

【例题 3 · 单选 2014】根据支付结算法律制度的规定，下列各项中，受理失票人公示催告申请的人民法院是（　　）。

A. 票据收款地法院　　B. 票据支付地法院

C. 失票人所在地法院　　D. 出票人所在地法院

【答案】B

【拓展 · 单选 2015】下列选项关于票据权利丧失补救的表述中，不正确的是（　　）。

A. 可以申请挂失止付的票据包括已承兑的商业汇票、支票、填明“现金”字样和代理付款人的银行汇票以及填明“现金”字样的银行本票四种

B. 付款人或者代理付款人自收到挂失止付通知之日起 12 日内没有收到人民法院的止付通知书的，自第 13 日起，不再承担止付责任，持票人提示付款即依法向持票人付款

C. 失票人应当在通知挂失止付后的 3 日内依法向票据支付地的人民法院申请公示催告，不能不通知挂失止付而直接申请公示催告

D. 在公示催告期间，转让票据权利的行为无效，以公示催告的票据质押、贴现而接受该票据的持票人主张票据权利的，人民法院不予支持，但公示催告期间届满以后人民法院作出除权判决以前取得该票据的除外

【答案】C

5. 票据权利时效

票据权利时效是指票据权利在时效期间内不行使，即引起票据权利丧失。票据权利时效有 2 年、6 个月、3 个月三种，具体内容如表 3-3-7 所示。

表 3-3-7 票据权利时效

票据权利时效	适用情形
2 年	对票据出票人和承兑人的权利： （1）见票即付的汇票、本票：自出票日起 2 年 （2）其他：自票据到期日起 2 年
6 个月	（1）对支票出票人的权利：自出票日起 6 个月（支票属于短期支付工具，其权利的行使以迅速为宜，故规定较短的时效） （2）对前手的追索权：自被拒绝承兑或者被拒绝付款之日起 6 个月
3 个月	对前手的再追索权（被追索人清偿后继续对其前手进行追索，二次追索），自清偿日或者被提起诉讼之日起 3 个月

敲黑板

如果持票人因超过票据权利时效或者因票据记载事项欠缺而丧失票据权利的，其仍享有民事权利，可以请求出票人或者承兑人返还其与未支付的票据款金额相当的利益。（票据权利丧失后，票据相当于是一张废纸，但经济业务和债务事实仍然存在，持票人可以别的方式要求出票人或承兑人支付款项）

考查角度 银行汇票和商业汇票的票据权利时效、支票权利时效、追索权权利时效。

【例题·多选 2019】根据支付结算法律制度的规定，下列关于票据权利时效的表述中，正确的有（ ）。

A. 持票人对银行汇票出票人的权利自出票日起 1 年

B. 持票人对商业汇票承兑人的权利自票据到期日起 1 年

C. 持票人对支票出票人的权利自出票日起 6 个月

D. 持票人对前手的追索权，自被拒绝承兑或者拒绝付款之日起 6 个月

【答案】CD

【拓展·单选 2017】甲公司将一张商业承兑汇票背书转让给乙公司，乙公司于汇票到期日 2017 年 5 月 10 日向付款人请求付款时遭到拒绝，乙公司向甲公司行使追索权的最后日期为（ ）。

A. 2017 年 8 月 10 日　　B. 2017 年 11 月 10 日

C. 2017 年 10 月 10 日　　D. 2017 年 6 月 10 日

【解析】甲公司不是出票人或承兑人，是乙公司的前手。持票人对前手的追索权，自被拒绝承兑或被拒绝付款之日起 6 个月。

【答案】B

（二）票据的责任

票据责任是指票据债务人向持票人支付票据金额的义务。票据债务人承担票据义务一般有四种情况：一是汇票承兑人因承兑而应承担付款义务；二是本票出票人因出票而承担自己付款的义务；三是支票付款人在与出票人有资金关系时承担付款义务；四是汇票、本票、支票的背书人，

汇票、支票的出票人、保证人，在票据不获承兑或不获付款时的付款清偿义务。

（1）提示付款。持票人应按规定期限提示付款。持票人未按照规定期限提示付款的，在作出说明后，承兑人或者付款人仍应当继续对持票人承担付款责任。

（2）付款人付款。持票人依照规定提示付款的，付款人必须在当日足额付款。付款人及其代理付款人付款时，应当审查票据背书的连续，并审查提示付款人合法身份证明或者有效证件。

（3）拒绝付款。如果存在背书不连续等合理事由，票据债务人可以对票据债权人拒绝履行义务，这就是所谓的票据“抗辩”。票据债务人可以对不履行约定义务的与自己有直接债权债务关系的持票人进行抗辩。但不得以自己与出票人或者与持票人的前手之间的抗辩事由，对抗持票人。

（4）获得付款。持票人获得付款的，应当在票据上签收，并将票据交付给付款人。

（5）票据责任解除。付款人依法足额付款后，全体票据债务人的责任解除。

考查角度　票据债务人承担票据义务的情况。

【例题·多选 2017】下列主体中，应当向持票人承担票据责任的有（　　）。

A. 空头支票出票人的开户行 Q 银行

B. 不获承兑的汇票出票人乙公司

C. 签发银行本票的 P 银行

D. 对汇票予以承兑的甲公司

【解析】出票人签发空头支票的，付款人（Q 银行）不承担票据责任。

【答案】BCD

考点 3　票据行为（★★★）

票据行为是指票据当事人以发生票据债务为目的、以在票据上签名或盖章为权利义务成立要件的法律行为。票据行为包括出票、承兑、背书和保证。

考查角度　票据行为包括的内容。

【例题·多选 2017、2014】根据支付结算法律制度的规定，下列各项中，属于票据行为的有（　　）。

A. 出票　　B. 背书　　C. 承兑　　D. 付款

【答案】ABC

（一）出票

出票是指出票人签发票据并将其交付给收款人的票据行为（包括作成票据和交付票据两个行为，两者缺一不可）。

1. 出票的基本要求

出票人必须与付款人具有真实的委托付款关系，并且具有支付票据金额的可靠资金来源，不得签发无对价的票据用以骗取银行或者其他票据当事人的资金。

2. 票据的记载事项

票据的记载事项是指依法在票据上记载的票据相关内容，一般分为必须记载事项、相对记载事项、任意记载事项和记载不产生票据法上效力的事项。具体内容如表 3-3-8 所示。

表 3-3-8 票据的记载事项

记载事项分类	效力	示例
必须记载事项	也称必要记载事项，如不记载，票据行为即为无效的事项（没有不行）	出票日期
相对记载事项	如果未记载，由法律另作相应规定予以明确，并不影响票据的效力（没有以法律规定为准）	背书日期、承兑日期、保证日期、被保证人名称
任意记载事项	不强制当事人必须记载而允许当事人自行选择，不记载不影响票据效力，记载则产生票据效力（没有不算，有了好使）	出票人在汇票上记载“不得转让”字样
记载不产生票据法上效力的事项	是指除了必须记载事项、相对记载事项、任意记载事项外，票据上还可以记载其他一些事项，但这些事项不具有票据效力，银行不负审查责任（有了也没用）	—

3. 出票的效力

出票人签发票据后即承担该票据承兑或付款的责任。

考查角度 辨析票据的记载事项类型。

【例题·单选 2016、2013】根据支付结算法律制度的规定，下列票据日期中，属于票据必须记载事项的是（ ）。

A. 出票日期　　B. 背书日期　　C. 承兑日期　　D. 保证日期

【答案】A

（二）背书

背书是在票据背面或者粘单上记载有关事项并签章的行为。其主要内容如表 3-3-9 所示。

表 3-3-9 背书

<table>
<tr><th>项目</th><th colspan="3">具体内容</th></tr>
<tr><td rowspan="3">背书的种类</td><td>转让背书</td><td colspan="2">是指以转让票据权利为目的的背书</td></tr>
<tr><td rowspan="2">非转让背书</td><td>委托收款背书</td><td>是背书人委托被背书人行使票据权利的背书（如委托银行收款）。被背书人有权代背书人行使被委托的票据权利，但是，被背书人不得再以背书转让票据权利</td></tr>
<tr><td>质押背书</td><td>是以担保债务而在票据上设定质权为目的的背书。被背书人依法实现其质权时，可以行使票据权利</td></tr>
</table>

（续表）

<table>
<tr><th>项目</th><th colspan="2">具体内容</th></tr>
<tr><td>背书记载事项</td><td colspan="2">（1）背书由背书人签章并记载背书日期。背书未记载日期的，视为在票据到期日前背书
（2）背书人未记载被背书人名称即将票据交付他人的，持票人在票据被背书人栏内记载自己的名称与背书人记载具有同等法律效力
（3）委托收款背书应记载“委托收款”字样，被背书人和背书人签章
（4）质押背书应记载“质押”字样，质权人和出质人签章
（5）票据凭证不能满足背书人记载事项的需要，可以加附粘单，粘附于票据凭证上。粘单上的第一记载人（即粘单上第一手背书的背书人），应当在票据和粘单的粘接处签章</td></tr>
<tr><td>背书效力</td><td colspan="2">（1）背书人以背书转让票据后，即承担保证其后手所持票据承兑和付款的责任（即后手可以向其行使追索权）
（2）以背书转让的票据，背书应当连续（即转让票据的背书人与受让票据的被背书人在票据上的签章依次前后衔接，见图 3-3-4），票据的第一背书人为票据“收款人”，最后的持票人为“最后背书的被背书人”，中间的背书人为前手背书的被背书人
（3）持票人以背书的连续，证明其票据权利，如果存在背书不连续等合理事由，票据债务人可以对票据债权人拒绝履行义务（如甲出票给乙，乙丢失票据被丙捡到，丙背书给丁，丁持票找甲要钱时，甲可以背书不连续作为理由拒绝付款）</td></tr>
<tr><td rowspan="4">背书特别规定</td><td>条件背书</td><td>背书时负有条件的，所附条件不具有票据上的效力</td></tr>
<tr><td>部分背书</td><td>部分背书（将票据金额的一部分转让或者将票据金额分别转让两人以上）属于无效背书</td></tr>
<tr><td>限制背书</td><td>（1）票据上记载“不得转让”字样的，票据不得背书转让
（2）背书人在票据上记载“不得转让”字样，其后手再背书转让的，原背书人对后手的被背书人不承担保证责任</td></tr>
<tr><td>期后背书</td><td>票据被拒绝承兑、被拒绝付款或者超过付款提示期限的，不得背书转让；背书转让的，背书人应当承担票据责任</td></tr>
</table>

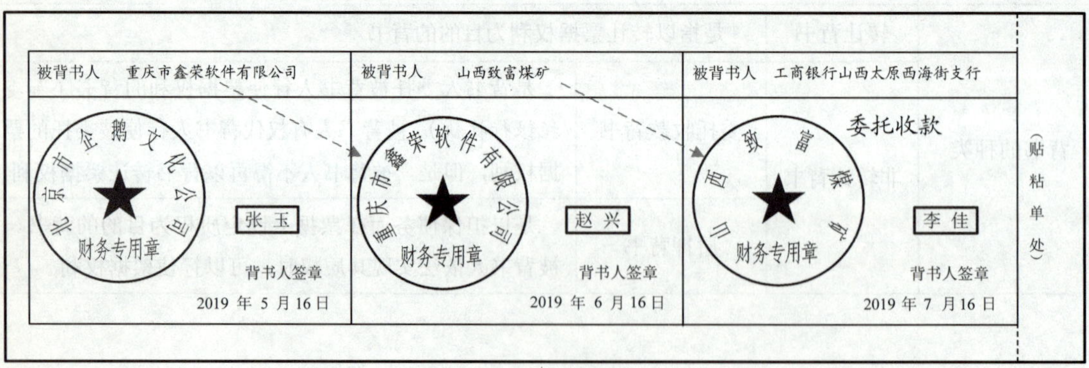

图 3-3-4　背书

考查角度 背书的种类、记载事项、效力、特别规定。

【例题 1 · 单选 2019、2017】根据支付结算法律制度的规定，关于票据背书效力的下列表述中，不正确的是（　）。

A. 背书人在票据上记载“不得转让”字样，其后手再背书转让的，原背书人对后手的被背书人不承担保证责任

B. 背书附有条件的，所附条件不具有票据上的效力

C. 背书人背书转让票据后，即承担保证其后手所得票据承兑和付款的责任

D. 背书未记载日期的，属于无效背书

【解析】背书未记载日期的，视为在票据到期日前背书。

【答案】D

【例题 2 · 判断 2018】背书人未记载被背书人名称即将票据交付他人的，持票人在票据被背书人栏内记载自己的名称与背书人记载具有同等法律效力。（　）

【答案】√

【拓展 1 · 多选 2010】甲公司将一张银行承兑汇票转让给乙公司，乙公司以质押背书方式向 W 银行取得贷款。贷款到期，乙公司偿还贷款，收回汇票并转让给丙公司。票据到期后，丙公司作成委托收款背书，委托开户银行提示付款。根据票据法律制度的规定，下列背书中，属于非转让背书的有（　）。

A. 甲公司背书给乙公司　　B. 乙公司质押背书给 W 银行

C. 乙公司背书给丙公司　　D. 丙公司委托收款背书

【答案】BD

【拓展 2 · 多选 2018】根据支付结算法律制度的规定，下列关于票据背书表述中，正确的有（　）。

A. 背书连续的，最后持票人是最后背书的被背书人

B. 以背书转让的票据，持票人以背书的衔接证明其票据连续

C. 背书连续的，中间的背书人为前手背书的被背书人

D. 背书连续的，第一个背书人是票据的收款人

【答案】ABCD

（三）承兑

承兑是指汇票付款人承诺在汇票到期日支付汇票金额并签章的行为，仅适用于商业汇票。承兑的具体内容在“考点 5　商业汇票”中进行讲解。

（四）保证

保证是指票据债务人以外的人，为担保特定债务人履行票据债务而在票据上记载有关事项并签章的行为。主要内容如表 3-3-10 所示。

表 3-3-10　保证

项目	具体内容
保证人	（1）无效保证：国家机关、以公益为目的的事业单位、社会团体、企业法人的分支机构（无书面授权）和职能部门作为票据保证人的，票据保证无效 （2）有效保证：① 经国务院批准为使用外国政府或国际经济组织贷款进行转贷，国家机关提供的票据保证；② 企业法人的分支机构在法人书面授权范围内提供的票据保证

（续表）

项目	具体内容
记载事项	（1）保证人必须在票据或者粘单上记载下列事项：① 表明“保证”的字样；② 保证人名称和住所；③ 被保证人的名称；④ 保证日期；⑤ 保证人签章 （2）保证人在票据或者粘单上未记载“被保证人名称”的，已承兑的票据，承兑人为被保证人；未承兑的票据，出票人为被保证人 （3）保证人在票据或者粘单上未记载“保证日期”的，出票日期为保证日期 【提示】被保证人名称、保证日期属于相对记载事项
责任的承担	（1）被保证的票据，保证人应当与被保证人对持票人承担连带责任（找谁要钱都行，找谁都可以要全款） （2）票据到期后得不到付款的，持票人有权向保证人请求付款，保证人应当足额付款 （3）保证人为两人以上的，保证人之间承担连带责任
保证效力	（1）保证不得附条件，附条件的，不影响对票据的保证责任（保证依然有效） （2）保证人清偿票据债务后，可以行使持票人对被保证人及其前手的追索权

考查角度　未记载被保证人名称的处理、保证效力与责任的承担。

【例题 1 • 多选 2018】下列关于保证人在票据或者粘单上未记载“被保证人名称”的说法正确的有（　　）。

A. 已承兑的票据，承兑人为被保证人
B. 已承兑的票据，出票人为被保证人
C. 未承兑的票据，出票人为被保证人
D. 未承兑的票据，该保证无效

【答案】AC

【例题 2 • 多选 2015】根据支付结算法律制度的规定，票据或粘单未记载下列事项，保证人仍需承担保证责任的有（　　）。

A. 保证人签章
B. 保证日期
C. 被保证人名称
D. “保证”字样

【解析】未记载“保证日期”的，出票日期为保证日期；未记载“被保证人名称”的，已承兑的票据，承兑人为被保证人；未承兑的票据，出票人为被保证人。

【答案】BC

【例题 3 • 多选 2014】根据支付结算法律制度的规定，下列关于票据保证责任的表述中，正确的有（　　）。

A. 保证人与被保证人对持票人承担连带责任
B. 保证附有条件的，影响对票据的保证责任
C. 票据到期后得不到付款的，持票人向保证人请求付款，保证人应当足额付款
D. 保证人为两人以上的，保证人之间承担连带责任

【答案】ACD

考点4 票据追索（★★★）

（一）票据追索适用的情形

票据追索适用于到期后追索和到期前追索两种情形，具体内容如表3-3-11所示。

表3-3-11 票据追索适用的情形

类别	具体内容
到期后追索	是指票据到期被拒绝付款，持票人对背书人、出票人以及票据的其他债务人行使的追索
到期前追索	是指票据到期日前，持票人对下列情形之一行使的追索： （1）汇票被拒绝承兑的 （2）承兑人或者付款人死亡、逃匿的 （3）承兑人或者付款人被依法宣告破产的或者因违法被责令终止业务活动的

（二）被追索人的确定

票据的出票人、背书人、承兑人和保证人对持票人承担连带责任。持票人可以不按照票据债务人的先后顺序，对其中任何一人、数人或者全体行使追索权。（例如，甲出票给乙，乙背书给丙，丙背书给丁。丁持票据找甲付款时被甲拒绝，丁可以直接向乙、丙或乙和丙同时行使追索权）

持票人对票据债务人中的一人或者数人已经进行追索的，对其他票据债务人仍可以行使追索权。（例如，丁向乙行使追索权，100万元的票款要回80万元，剩余的20万元丁可以继续向丙进行追索）

（三）追索的内容

行使追索权时，可以请求被追索人支付的金额和费用如表3-3-12所示。

表3-3-12 追索的内容

类别	追索的内容
首次追索（持票人的追索）	（1）被拒绝付款的票据金额 （2）票据金额自到期日或者提示付款日起至清偿日止，按照中国人民银行规定利率计算的利息 （3）取得有关拒绝证明和发出通知书的费用
被追索人的再追索	（1）已代为清偿的全部金额 （2）代偿金额自清偿日起至再追索清偿日止，按照中国人民银行规定的利率计算的利息 （3）发出通知书的费用

（四）追索权的行使

1. 获得有关证明

持票人行使追索权时，应当提供相关证明（包括拒绝承兑或拒绝付款的证明）。持票人不能出示相关证明的，将丧失对其前手的追索权。但是，承兑人或者付款人仍应当对持票人承担责任。

2. 行使追索

（1）持票人应当自收到被拒绝承兑或者被拒绝付款的有关证明之日起 3 日内，将被拒绝事由书面通知其前手；其前手应当自收到通知之日起 3 日内书面通知其再前手。持票人也可以同时向各票据债务人发出书面通知。

（2）未按照规定期限（3 日内）发出追索通知的，持票人仍可以行使追索权。因延期通知给其前手或者出票人造成损失的，由没有按照规定期限通知的票据当事人，承担该损失的赔偿责任，但所赔偿的金额以汇票金额为限。

（五）追索的效力

被追索人代为清偿债务后，其责任解除，与持票人享有同一权利。（例如，丁向丙行使追索权，丙清偿票款后，丙具有持票人的权利，可以向其前手甲、乙进行追索）

考查角度 票据追索的具体内容。

【例题 1·单选 2018、2017】根据支付结算法律制度的规定，关于票据追索权行使的下列表述中，正确的是（　　）。

A. 持票人不得在票据到期前追索

B. 持票人应当向票据的出票人、背书人、承兑人和保证人同时追索

C. 持票人在行使追索权时，应当提供被拒绝承兑或拒绝付款的有关证明

D. 持票人应当按照票据的承兑人、背书人、保证人和出票人的顺序行使追索权

【答案】C

【例题 2·多选 2017、2016】根据支付结算法律制度的规定，下列各项中，票据持票人行使追索权时，可以请求被追索人支付的金额和费用有（　　）。

A. 因汇票资金到位不及时，给持票人造成的税收滞纳金损失

B. 取得有关拒绝证明和发出通知书的费用

C. 票据金额自到期日或提示付款日起至清偿日止，按规定的利率计算的利息

D. 被拒绝付款的票据金额

【答案】BCD

【拓展·多选 2017】根据支付结算法律制度的规定，关于票据追索权行使的下列表述中，正确的有（　　）。

A. 持票人收到拒绝证明后，应当将被拒绝事由通知其前手

B. 汇票被拒绝承兑的，持票人可以行使追索权

C. 持票人可以对出票人、背书人、承兑人和保证人中的任何一人、数人或全体行使追索权

D. 持票人不能出示拒绝证明或退票理由书的，丧失对全部票据债务人的追索权

【解析】选项 D，丧失的只是对其“前手”的追索权，承兑人或付款人仍应当对持票人承担责任。

【答案】ABC

考点 5　商业汇票（★★★）

商业汇票是指出票人（在银行开立存款账户的法人及其他组织）签发的，委托付款人（即承兑人）在指定日期无条件支付确定金额给收款人或者持票人的票据。

（一）商业汇票的种类

商业汇票的种类如图 3-3-5 所示。

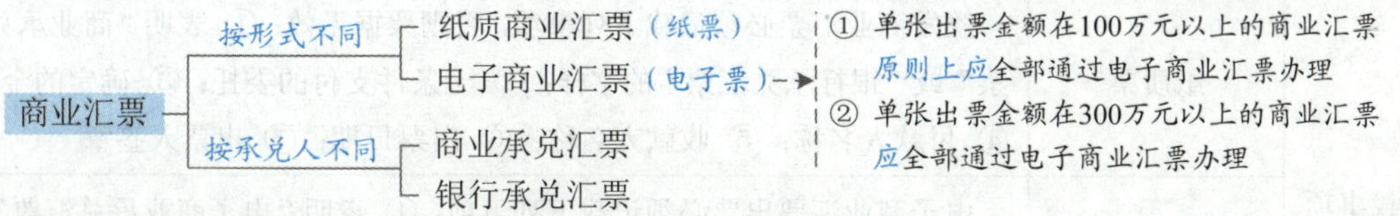

图 3-3-5　商业汇票的种类

（二）商业汇票的适用范围和承兑人

在银行开立存款账户的法人及其他组织之间的结算，才能使用商业汇票（不适用于个人）。商业汇票的付款人为承兑人。承兑人的内容如表 3-3-13 所示。

表 3-3-13　商业汇票的承兑人

种类		承兑人
纸票	商业承兑汇票	银行以外的付款人
	银行承兑汇票	银行
电子票	商业承兑汇票	金融机构以外的法人或其他组织
	银行承兑汇票	银行业金融机构、财务公司

考查角度　电子商业汇票的强制使用要求、商业汇票的付款人。

【例题 1·判断 2015】单张出票金额在 300 万元以上的银行承兑汇票，出票人可根据实际需求，自由选择纸质汇票或电子汇票。（　）

【解析】单张出票金额在 300 万元以上的商业汇票应全部通过电子商业汇票办理。

【答案】×

【例题 2·单选 2015】下列各项中，付款人不是银行的是（　）。

A. 支票　B. 商业承兑汇票　C. 银行汇票　D. 银行本票

【解析】选项 B，商业承兑汇票由银行以外的付款人承兑，承兑人为付款人。

【答案】B

（三）商业汇票的出票

商业汇票出票的主要内容如表 3-3-14 所示。

表 3-3-14　商业汇票的出票

项目		具体内容
出票人	商业承兑汇票	（1）出票人为在银行开立存款账户的法人以及其他组织 （2）可以由付款人签发并承兑，也可以由收款人签发交由付款人承兑
	银行承兑汇票	（1）出票人必须是在承兑银行开立存款账户的法人以及其他组织 （2）应由在承兑银行开立存款账户的存款人签发
记载事项	纸质票	签发商业汇票必须记载下列事项，否则票据无效：① 表明“商业承兑汇票”或“银行承兑汇票”的字样；② 无条件支付的委托；③ 确定的金额；④ 付款人名称；⑤ 收款人名称；⑥ 出票日期；⑦ 出票人签章
	电子票	电子商业汇票出票必须记载下列事项：① 表明“电子商业承兑汇票”或“电子银行承兑汇票”的字样；② 无条件支付的委托；③ 确定的金额；④ 出票人名称；⑤ 付款人名称；⑥ 收款人名称；⑦ 出票日期；⑧ 票据到期日；⑨ 出票人签章
付款期限	纸质票	最长不得超过 6 个月
	电子票	自出票日至到期日不超过 1 年

考查角度　商业汇票的出票人、出票必须记载事项、最长付款期限。

【例题 1 · 多选 2018】根据支付结算法律制度的规定，下列关于商业汇票出票的表述中，正确的有（　　）。

A. 商业承兑汇票可以由收款人签发

B. 签发银行承兑汇票必须记载付款人名称

C. 银行承兑汇票应当由承兑银行签发

D. 商业承兑汇票可以由付款人签发

【答案】ABD

【例题 2 · 单选 2018、2017】根据支付结算法律制度的规定，电子承兑汇票付款期限自出票日至到期日不得超过一定期限，该期限为（　　）。

A. 6 个月　　B. 1 年　　C. 3 个月　　D. 2 年

【答案】B

【拓展 · 单选 2016】根据支付结算法律制度的规定，下列事项中，属于汇票任意记载事项的是（　　）。

A. 保证人在汇票上记载“保证”字样

B. 背书人在汇票上记载被背书人名称

C. 出票人在汇票上记载“不得转让”字样

D. 承兑人在汇票上签章

【解析】选项 A、B、D 属于票据必须记载事项。

【答案】C

（四）商业汇票的承兑

商业汇票可以在出票时向付款人提示承兑后使用，也可以在出票后先使用再向付款人提示承兑。承兑的主要内容如表 3-3-15 所示。

表 3-3-15 商业汇票的承兑

项目	具体内容
提示承兑	是指持票人向付款人出示汇票，并要求付款人承诺付款的行为 （1）商业汇票的付款期限有定日付款、出票后定期付款、见票后定期付款三种形式。定日付款或者出票后定期付款的汇票，持票人应当在汇票到期日前提示承兑；见票后定期付款的汇票，持票人应当自出票日起 1 个月内向付款人提示承兑 （2）汇票未按照规定期限提示承兑的，持票人丧失对其前手的追索权
受理承兑	（1）付款人对向其提示承兑的汇票，应当自收到提示承兑的汇票之日起 3 日内承兑或拒绝承兑 （2）付款人拒绝承兑的，必须出具拒绝承兑的证明
记载承兑事项	（1）付款人承兑汇票的，应当在汇票正面记载“承兑”字样和承兑日期并签章 （2）见票后定期付款的汇票，应当在承兑时记载“付款日期” （3）汇票上未记载承兑日期的，应当以收到提示承兑的汇票之日起 3 日内的最后一日为承兑日期
承兑效力	（1）承兑不得附有条件，承兑附有条件的，视为拒绝承兑 （2）付款人承兑汇票后，应当承担到期付款的责任
承兑手续费	银行承兑汇票的承兑银行，应按票面金额向出票人收取万分之五的手续费

易错易混点 出票、背书、保证、承兑未记载日期的法律后果（见表 3-3-16）。

表 3-3-16 出票、背书、保证、承兑未记载日期的法律后果

票据行为	法律后果
出票	未记载日期的，票据无效
背书	未记载日期的，视为在票据到期日前背书
保证	未记载日期的，出票日期为保证日期
承兑	未记载日期的，以收到提示承兑的汇票之日起 3 日内的最后一日为承兑日期

考查角度 需要承兑的票据、提示承兑的期限、承兑的效力。

【例题 1 • 单选 2015】根据支付结算法律制度的规定，持票人取得的下列票据中，须向付款人提示承兑的是（ ）。

A. 丙公司取得的由 P 银行签发的一张银行本票
B. 戊公司向 Q 银行申请签发的一张银行汇票
C. 乙公司收到的由甲公司签发的一张支票
D. 丁公司收到的一张见票后定期付款的商业汇票

【解析】承兑仅适用于商业汇票（未到期的远期票据）；选项 A、B、C 属于见票即付的即期票据，无须提示承兑。

【答案】D

【例题 2·多选 2008】下列关于商业汇票提示承兑期限的表述中，符合法律规定的有（　　）。

A. 商业汇票的提示承兑期限，为自汇票到期日起 10 日内

B. 定日付款的商业汇票，持票人应该在汇票到期日前提示承兑

C. 出票后定期付款的商业汇票，提示承兑期限为自出票日起 1 个月内

D. 见票后定期付款的商业汇票，持票人应该自出票日起 1 个月内提示承兑

【解析】能确定到期日的汇票（定日付款、出票后定期付款的汇票），在到期日前提示承兑；不能确定到期日的汇票（见票后定期付款的汇票），自出票日起 1 个月内提示承兑。

【答案】BD

【例题 3·判断 2019】付款人承兑汇票可以附有条件。（　　）

【答案】×

（五）商业汇票的贴现

贴现是指票据持票人在票据未到期前为获得现金向银行贴付一定利息而发生的票据转让行为。贴现的主要内容如表 3-3-17 所示。

表 3-3-17　商业汇票的贴现

<table>
<tr><th>项目</th><th colspan="3">具体内容</th></tr>
<tr><td>贴现条件</td><td colspan="3">商业汇票的持票人向银行办理贴现必须具备下列条件：
（1）票据未到期
（2）票据未记载“不得转让”事项
（3）在银行开立存款账户的企业法人以及其他组织
（4）与出票人或者直接前手之间具有真实的商品交易关系</td></tr>
<tr><td rowspan="3">贴现利息的计算</td><td rowspan="2">贴现利息</td><td>同城或电子票</td><td>贴现利息=票面金额×日贴现率×贴现日至汇票到期前 1 日的天数（算头不算尾）</td></tr>
<tr><td>异地纸票</td><td>贴现利息=票面金额×日贴现率×（贴现日至汇票到期前 1 日的天数+3 天）</td></tr>
<tr><td>实付贴现金额</td><td colspan="2">实付贴现金额=票面金额−贴现利息</td></tr>
<tr><td>贴现的收款</td><td colspan="3">（1）贴现到期，贴现银行应向付款人收取票款。不获付款的，贴现银行应向其前手追索票款
（2）贴现银行追索票款时可从申请人的存款账户直接收取票款</td></tr>
</table>

小旌笔记

只有商业汇票涉及承兑和贴现，其他票据均不涉及。

考查角度　可以办理贴现的票据类型、办理贴现应具备的条件、贴现息的计算。

【例题 1·单选 2018】根据支付结算法律制度的规定，下列票据中，可以办理贴现的是（　　）。

A. 银行承兑汇票　　B. 银行汇票　　C. 转账支票　　D. 银行本票

【答案】A

【例题 2 · 单选 2018】根据支付结算法律制度的规定，下列关于电子银行承兑汇票持票人向银行申请办理贴现条件的表述中，不正确的是（　　）。

A. 持票人与出票人或者直接前手之间具有真实的商品交易关系

B. 票据必须未到期

C. 必须向银行提供合同与发票

D. 票据上必须未记载“不得转让”事项

【答案】C

【例题 3 · 多选 2012】关于商业汇票贴现的下列表述中，正确的有（　　）。

A. 贴现是一种非票据转让行为

B. 贴现申请人与出票人或直接前手之间具有真实的商品交易关系

C. 贴现申请人是在银行开立存款账户的企业法人以及其他组织

D. 贴现到期不获付款的，贴现银行可从贴现申请人的存款账户直接收取票款

【答案】BCD

【例题 4 · 单选 2008】甲公司向乙企业购买一批原材料，开出一张票面金额为 30 万元的银行承兑汇票。出票日期为 2 月 10 日，到期日为 5 月 10 日。4 月 6 日，乙企业持此汇票及有关发票和原材料发运单据复印件向银行办理了贴现。已知同期银行年贴现率为 3.6%，一年按 360 天计算，贴现银行与承兑银行在同一城市。根据票据法律制度的有关规定，银行实付乙企业贴现金额为（　　）元。

A. 301 680　　B. 298 980　　C. 298 950　　D. 298 320

【解析】见下面“小旌解题”。

【答案】B

小旌解题

贴现银行与承兑银行在同一城市，则：贴现利息=票面金额×日贴现率×贴现日至汇票到期前 1 日的天数。

本题中，贴现日是 4 月 6 日，汇票到期前 1 日是 5 月 9 日，一共 34 天（4 月份 25 天，5 月份 9 天）。题目中给出的贴现率 3.6%为年贴现率，需要除以 360 天换算为日贴现率。代入公式：

贴现利息=300 000×3.6%÷360×34=1 020 元。

银行实付乙企业贴现金额=票面金额−贴现利息=300 000−1 020=298 980 元。

（六）商业汇票的到期处理

商业汇票到期处理的主要内容如表 3-3-18 所示。

表 3-3-18　商业汇票的到期处理

项目	具体内容
提示付款	（1）商业汇票的提示付款期限，自汇票到期日起 10 日，持票人应在提示付款期内向付款人提示付款 （2）持票人超过提示付款期限提示付款的，持票人开户银行不予受理，但在作出说明后，出票人、承兑人或付款人仍应当继续对持票人承担付款责任

（续表）

<table>
<tr><th>项目</th><th colspan="2">具体内容</th></tr>
<tr><td>承兑人对提示付款的应答</td><td colspan="2">（1）持票人在提示付款期内提示付款的，承兑人应当在提示付款当日进行应答或者委托其开户行进行应答
（2）承兑人存在合法抗辩事由拒绝付款的，应当在提示付款当日出具或者委托其开户行出具拒绝付款证明
（3）承兑人或者承兑人开户行在提示付款当日未作出应答的，视为拒绝付款</td></tr>
<tr><td rowspan="2">承兑人付款</td><td>商业承兑汇票</td><td>（1）商业承兑汇票承兑人在提示付款当日同意付款的，承兑人账户余额足够支付票款的，承兑人开户行应当代承兑人作出同意付款应答，并于提示付款日向持票人付款
（2）承兑人账户余额不足以支付票款的，则视同承兑人拒绝付款，承兑人开户行应当于提示付款日代承兑人作出拒付应答并说明理由，同时通知持票人（承兑人账户余额不足的，视同承兑人拒绝付款）</td></tr>
<tr><td>银行承兑汇票</td><td>银行承兑汇票的出票人应于汇票到期前将票款足额交存其开户银行，银行承兑汇票的出票人于汇票到期日未能足额交存票款时，承兑银行付款后，对出票人尚未支付的汇票金额按照每天万分之五计收利息（出票人未足额交存票款的，承兑银行仍应向持票人付款）</td></tr>
</table>

考查角度 承兑人对提示付款的应答、银行承兑汇票的付款要求。

【例题 1·单选 2019】根据支付结算法律制度的规定，下列关于银行承兑汇票通过票据市场基础设施提示付款的表述中，不正确的是（　　）。

A. 承兑人于到期前进行付款确认的，应于提示付款日划付资金给持票人

B. 持票人在提示付款期限内提示付款的，承兑人应在提示付款日应答

C. 承兑人存在合法抗辩事由拒绝付款的，须在提示付款日出具拒绝付款证明

D. 承兑人在持票人提示付款后未在规定时间内应答的，视为同意付款

【答案】D

【例题 2·单选 2018】2017 年 12 月 13 日，乙公司持一张汇票向承兑银行 P 银行提示付款，该汇票出票人为甲公司，金额为 100 万元，到期日为 2017 年 12 月 12 日。已知 12 月 13 日，甲公司账户余额为 10 万元。后又于 12 月 18 日存入 100 万元。P 银行拟对该汇票采取的下列处理方式中，正确的是（　　）。

A. 于 12 月 18 日向乙公司付款 100 万元

B. 于 12 月 13 日拒绝付款，退回汇票

C. 于 12 月 13 日向乙公司付款 100 万元

D. 于 12 月 13 日向乙公司付款 10 万元

【解析】银行承兑汇票的出票人（甲）于汇票到期日未能足额交存票款时，承兑银行（P 银行）仍应向持票人（乙）无条件付款，同时对出票人（甲）尚未支付的汇票金额按照每天万分之五计收利息。

【答案】C

考点6 银行汇票（★★★）

银行汇票是出票银行签发的，由其在见票时按照实际结算金额无条件支付给收款人或者持票人的票据（见票即付）。出票银行既是出票人，又是付款人。银行汇票的业务流程如图3-3-6所示。

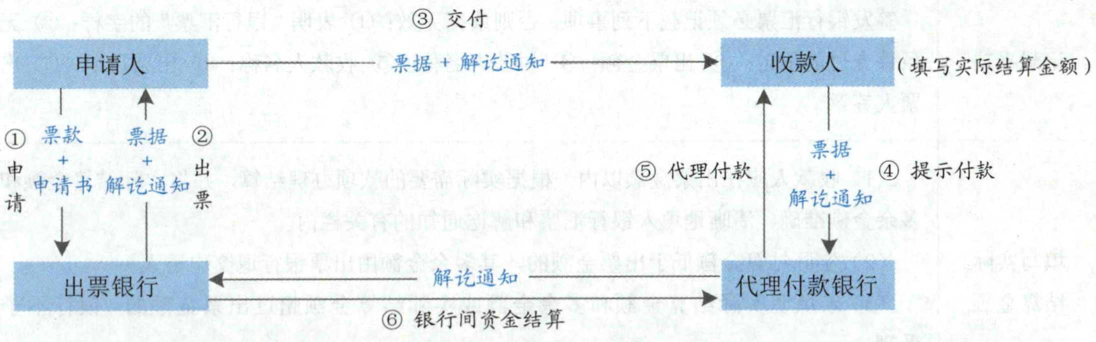

图3-3-6 银行汇票的业务流程

（一）银行汇票的种类、用途及适用范围

银行汇票的种类、用途及适用范围如表3-3-19所示。

表3-3-19 银行汇票的种类、用途及适用范围

种类	用途		适用范围	
	转账	支取现金	申请人	收款人
现金银行汇票	√	√	个人	个人
转账银行汇票	√	×	单位或个人	单位或个人

考查角度 现金银行汇票的用途及适用范围。

【例题·单选2018】下列款项结算中，可以使用现金银行汇票的是（ ）。

A. 赵某向张某支付购房款20万元

B. 丙公司向刘某支付劳务费15万元

C. 孙某向戊公司支付装修款15万元

D. 甲公司向乙公司支付材料款20万元

【解析】签发现金银行汇票，申请人和收款人必须均为个人。

【答案】A

（二）银行汇票的其他规定

银行汇票的其他规定如表3-3-20所示。

表 3-3-20　银行汇票的其他规定

项目	具体内容
出票	申请人使用银行汇票，应向出票银行填写“银行汇票申请书”。出票银行受理银行汇票申请书，收妥款项后签发银行汇票，并将银行汇票和解讫通知一并交给申请人
记载事项	签发银行汇票必须记载下列事项，否则票据无效：① 表明“银行汇票”的字样；② 无条件支付的承诺；③ 出票金额；④ 付款人名称；⑤ 收款人名称；⑥ 出票日期；⑦ 出票人签章
填写实际结算金额	（1）收款人应在出票金额以内，根据实际需要的款项办理结算，并将实际结算金额和多余金额准确、清晰地填入银行汇票和解讫通知的有关栏内 （2）实际结算金额低于出票金额的，其多余金额由出票银行退交申请人 （3）未填明实际结算金额和多余金额或实际结算金额超过出票金额的，银行不予受理 （4）实际结算金额一经填写不得更改，更改实际结算金额的银行汇票无效
背书	（1）银行汇票的背书转让以不超过出票金额的实际结算金额为准 （2）未填写实际结算金额或实际结算金额超过出票金额的银行汇票不得背书转让
提示付款	（1）银行汇票的提示付款期限自出票日起 1 个月。持票人超过付款期限提示付款的，代理付款人不予受理 （2）持票人向银行提示付款时，须同时提交银行汇票和解讫通知，缺少任何一联，银行不予受理 （3）持票人超过期限向代理付款银行提示付款却不获付款的，须在票据权利时效内向出票银行作出说明，并提供本人身份证件或单位证明，持银行汇票和解讫通知向出票银行请求付款
退票和丧失	（1）申请人因银行汇票超过付款提示期限或其他原因要求退款时，应将银行汇票和解讫通知同时提交到出票银行。申请人缺少解讫通知要求退款的，出票银行应于银行汇票提示付款期满 1 个月后办理 （2）出票银行对于转账银行汇票的退款，只能转入原申请人账户；对于符合规定填明“现金”字样银行汇票的退款，才能退付现金 （3）银行汇票丧失，失票人可以凭人民法院出具的其享有票据权利的证明，向出票银行请求付款或退款

考查角度 银行汇票的必须记载事项、填写实际结算金额的规定、提示付款期限和退票期限。

【例题 1·多选 2013】签发银行汇票时必须记载的事项包括（ ）。

A. 出票日期 B. 出票银行签章

C. 收款人名称 D. 出票金额

【答案】ABCD

【例题 2·单选 2016】根据支付结算法律制度的规定，下列关于银行汇票使用的表述中，正确的是（ ）。

A. 银行汇票不能用于个人款项结算

B. 银行汇票不能支取现金

C. 银行汇票的提示付款期限为自出票日起 1 个月

D. 银行汇票必须按出票金额付款

【解析】选项 A，单位和个人各种款项结算，均可使用银行汇票；选项 B，银行汇票可以用于转账，填明“现金”字样的银行汇票也可用于支取现金；选项 D，银行汇票按不超过出票金额的实际结算金额办理结算。

【答案】C

【拓展 1·判断 2014】申请人缺少解讫通知要求退款的，出票银行应于银行汇票提示付款期满 1 个月后办理。 （ ）

【答案】√

【拓展 2·单选 2016】关于银行汇票出票金额和实际结算金额，下列表述正确的是（ ）。

A. 如果出票金额低于实际结算金额，银行应按出票金额办理结算

B. 如果出票金额高于实际结算金额，银行应按出票金额办理结算

C. 如果出票金额低于实际结算金额，银行应按实际结算金额办理结算

D. 如果出票金额高于实际结算金额，银行应按实际结算金额办理结算

【解析】实际结算金额超过出票金额的，银行不予受理，排除选项 A、C；选项 B，银行应按实际结算金额办理结算，其多余金额由出票银行退交申请人。

【答案】D

考点 7 银行本票（★★★）

本票是指出票人（银行）签发的，承诺自己在见票时无条件支付确定的金额给收款人或者持票人的票据（见票即付）。在我国本票仅限于银行本票，即银行出票、银行付款（出票人和付款人均是银行）。银行本票的业务流程如图 3-3-7 所示。

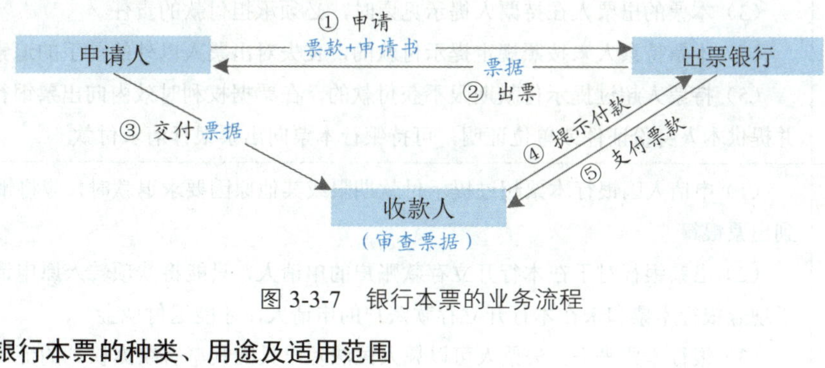

图 3-3-7 银行本票的业务流程

（一）银行本票的种类、用途及适用范围

银行本票的种类、用途及适用范围如表 3-3-21 所示。

表 3-3-21　银行本票的种类、用途及适用范围

<table>
<tr><th rowspan="2">种类</th><th colspan="2">用途</th><th colspan="2">适用范围</th></tr>
<tr><th>转账</th><th>支取现金</th><th>申请人</th><th>收款人</th></tr>
<tr><td>现金银行本票</td><td>√</td><td>√</td><td>个人</td><td>个人</td></tr>
<tr><td>转账银行本票</td><td>√</td><td>×</td><td>单位或个人</td><td>单位或个人</td></tr>
</table>

敲黑板

银行本票适用于单位和个人在同一票据交换区域的各种款项支付。

（二）银行本票的其他规定

银行本票的其他规定如表 3-3-22 所示。

表 3-3-22　银行本票的其他规定

项目	具体内容
记载事项	签发银行本票必须记载下列事项，否则票据无效：① 表明“银行本票”的字样；② 无条件支付的承诺；③ 确定的金额；④ 收款人名称；⑤ 出票日期；⑥ 出票人签章（注意不包括付款人名称）
交付	申请人应将银行本票交付给本票上记明的收款人。收款人受理银行本票时，应审查下列事项：① 收款人是否确为本单位或本人；② 银行本票是否在提示付款期限内；③ 必须记载的事项是否齐全；④ 出票人签章是否符合规定，大小写出票金额是否一致；⑤ 出票金额、出票日期、收款人名称是否更改，更改的其他记载事项是否由原记载人签章证明
付款	（1）银行本票见票即付 （2）银行本票的提示付款期限自出票日起最长不得超过 2 个月 （3）本票的出票人在持票人提示见票时，必须承担付款的责任 （4）本票持票人未按照规定提示付款的，丧失对出票人以外的前手的追索权 （5）持票人超过提示付款期限不获付款的，在票据权利时效内向出票银行作出说明，并提供本人身份证件或单位证明，可持银行本票向出票银行请求付款
退票和丧失	（1）申请人因银行本票超过提示付款期限或其他原因要求退款时，应将银行本票提交到出票银行 （2）出票银行对于在本行开立存款账户的申请人，只能将款项转入原申请人账户；对于现金银行本票和未在本行开立存款账户的申请人，才能退付现金 （3）银行本票丧失，失票人可以凭人民法院出具的其享有票据权利的证明，向出票银行请求付款或退款

考查角度 银行本票的具体内容。

【例题1·判断2015】银行本票的出票人和付款人均为银行。（ ）

【答案】√

【例题2·多选2016】根据支付结算法律制度的规定，下列各项中，属于银行本票必须记载事项的有（ ）。

A. 出票人签章　　B. 出票日期

C. 收款人名称　　D. 确定的金额

【答案】ABCD

【例题3·单选2019】根据支付结算法律制度的规定，下列关于银行本票的表述中，正确的是（ ）。

A. 银行本票一律不得用于支取现金

B. 银行本票见票即付

C. 超过提示付款期限，持票人向出票银行提示付款的，出票银行不受理

D. 银行本票一律不得背书转让

【答案】B

【拓展1·多选2018】甲公司向P银行申请签发一张银行本票交付乙公司。下列票据事项中，乙公司在收票时应当审查的有（ ）。

A. 大小写金额是否一致

B. 出票金额是否更改

C. 银行本票是否在提示付款期限内

D. 收款人是否为乙公司

【答案】ABCD

【拓展2·判断2015】甲公司向开户银行P银行申请签发的本票超过提示付款期限后，甲公司申请退款，P银行只能将款项转入甲公司的账户，不能退付现金。（ ）

【答案】√

考点8 支票（★★★）

支票是指出票人签发的、委托办理支票存款业务的银行在见票时无条件支付确定的金额给收款人或者持票人的票据（见票即付）。

（一）支票的基本当事人、种类和适用范围

1. 基本当事人

支票的基本当事人包括出票人（即存款人）、付款人（出票人的开户银行）和收款人。

2. 支票的种类

支票分为现金支票、转账支票和普通支票三种。其用途如表3-3-23所示。

表3-3-23 支票的用途

种类	用途	
	转账	支取现金
现金支票	×	√
转账支票	√	×
普通支票	√	√

敲黑板

在普通支票左上角划两条平行线的，为划线支票，划线支票只能用于转账，不得支取现金。

3. 适用范围

单位和个人在同一票据交换区域的各种款项结算，均可以使用支票。全国支票影像系统支持全国使用。

考查角度 支票的种类及用途。

【例题 1 • 多选 2013】根据支付结算法律制度的规定，支票可以分为（　　）。

A. 现金支票　　B. 转账支票　　C. 普通支票　　D. 划线支票

【解析】选项 D，划线支票属于普通支票的一种特殊形式。

【答案】ABC

【例题 2 • 判断 2014】普通支票既可以转账，又可以取现。（　　）

【答案】√

（二）支票的出票

1. 支票的记载事项

支票记载事项的主要内容如表 3-3-24 所示。

表 3-3-24　支票的记载事项

项目	具体内容
必须记载事项	签发支票必须记载下列事项，否则票据无效：① 表明“支票”的字样；② 无条件支付的“委托”；③ 确定的金额；④ 付款人名称；⑤ 出票日期；⑥ 出票人签章
相对记载事项	① 付款地：支票上未记载付款地的，付款人的营业场所为付款地；② 出票地：支票上未记载出票地的，出票人的营业场所、住所或者经常居住地为出票地

敲黑板

（1）支票的金额、收款人名称，可以由出票人授权补记，未补记前不得背书转让和提示付款。

（2）出票人可以在支票上记载自己为收款人。

2. 签发支票的注意事项

（1）支票的出票人签发支票的金额不得超过其付款时（非出票时）在付款人处实有的金额；超过实有金额的，为空头支票。禁止签发空头支票。

（2）支票的出票人不得签发与其预留银行签章不符的支票。

3. 签发空头支票、印章与预留印鉴不符支票，未构成犯罪行为的法律责任

单位或个人签发空头支票或者签发与其预留的签章不符、使用支付密码但支付密码错误的支票，不以骗取财物为目的的：

（1）由中国人民银行处以票面金额 5%但不低于 1 000 元的罚款。

（2）持票人有权要求出票人赔偿支票金额2%的赔偿金。

（3）屡次签发空头支票的，银行有权停止为其办理支票或全部支付结算业务。

考查角度 判断支票出票人是否可以给自己出票、支票的授权补记项目。

【例题1·多选2018、2015】根据支付结算法律制度的规定，下列支票记载事项中，可以授权补记的有（ ）。

A. 支票金额

B. 付款人名称

C. 出票日期

D. 收款人名称

【答案】AD

【例题2·多选2019】根据支付结算法律制度的规定，下列关于支票出票的表述中，正确的有（ ）。

A. 出票人签发的支票金额不得超过其付款时在付款人处实有的存款金额

B. 出票人不得签发与其预留银行签章不符的支票

C. 支票上未记载付款行名称的，支票无效

D. 出票人不得在支票上记载自己为收款人

【答案】ABC

【拓展1·多选2013】根据支付结算法律制度的规定，下列各项中，属于无效票据的有（ ）。

A. 出票时未记载收款人的支票

B. 中文大写金额与阿拉伯数码不一致的本票

C. 企业自行印制并签发的商业汇票

D. 出票后更改收款人名称的银行汇票

【解析】选项B、D，所有票据上的出票金额、出票日期、收款人名称均不得更改，若更改，票据无效；金额以中文大写和阿拉伯数码同时记载，二者必须一致，二者不一致的票据无效。选项C，单位、个人和银行办理支付结算，必须使用按中国人民银行统一规定印制的票据凭证和结算凭证，企业自行印制的票据无效。

【答案】BCD

【拓展2·单选2016、2013】甲公司向乙公司签发金额为200 000元的支票，用于支付货款，乙公司按期提示付款时被告知甲公司在付款人处实有的存款金额仅为100 000元，乙公司有权要求甲公司支付的赔偿金是（ ）。

A. 100 000×5%=5 000元　B. 100 000×2%=2 000元

C. 200 000×5%=10 000元　D. 200 000×2%=4 000元

【答案】D

（三）支票付款

支票付款的主要内容如表3-3-25所示。

表3-3-25 支票付款

项目	具体内容
提示付款	（1）支票的提示付款期限自出票日起10日 （2）持票人可以委托开户银行收款或直接向付款人提示付款；用于支取现金的支票仅限于收款人向付款人提示付款（注意这里不是持票人，即现金支票不能背书） （3）支票持票人超过提示付款期限提示付款的，付款人可以不予付款，付款人不予付款的，出票人仍应对持票人承担票据责任
付款	（1）出票人必须按照签发的支票金额承担保证向该持票人付款的责任（出票人在付款人处的存款不足以支付支票金额时，付款人不承担保证付款的责任） （2）出票人在付款人处的存款足以支付支票金额时，付款人应当在见票当日足额付款

考查角度 支票提示付款的具体内容。

【例题·单选 2019】根据支付结算法律制度的规定，下列各项关于支票提示付款说法正确的是（　　）。

A. 转账支票提示付款日期为出票日起 1 个月

B. 出票人记载自己为收款人，提示付款不予受理

C. 支票未记载收款人名称，可以提示付款

D. 现金支票仅限于收款人向付款人提示付款

【解析】选项 A，支票的提示付款期限自出票日起 10 日；选项 B，出票人可以在支票上记载自己为收款人，提示付款应当受理；选项 C，支票的收款人名称，可以由出票人授权补记，未补记前不得提示付款。

【答案】D

易错易混点 各类票据的提示付款期限（见表 3-3-26）。

表 3-3-26　各类票据的提示付款期限

<table>
<tr><th>票据种类</th><th>提示付款期限</th><th>计算起点</th></tr>
<tr><td>商业汇票</td><td>自票据到期日起 10 日</td><td>票据到期日</td></tr>
<tr><td>银行汇票</td><td>自出票日起 1 个月</td><td rowspan="3">出票日</td></tr>
<tr><td>银行本票</td><td>自出票日起最长不得超过 2 个月</td></tr>
<tr><td>支票</td><td>自出票日起 10 日</td></tr>
</table>

考点回顾 票据。

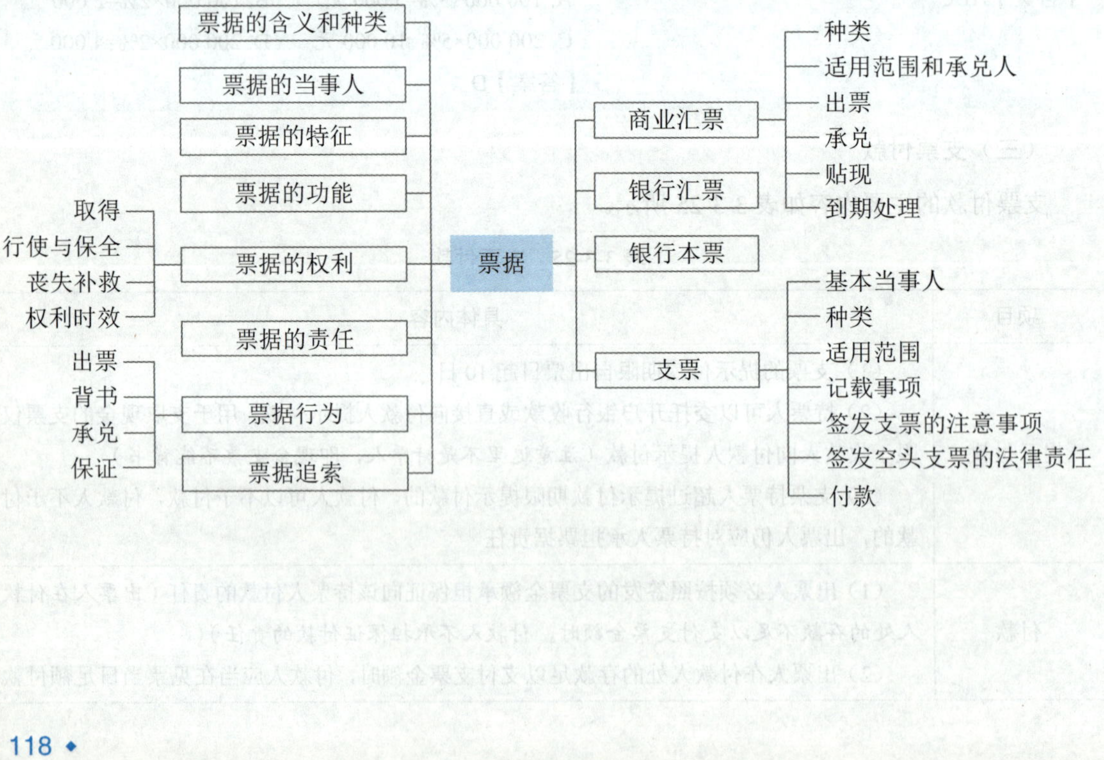

第四节 银行卡

考点1 银行卡的分类（★）

按不同的标准可对银行卡做不同的分类，具体内容如图 3-4-1 所示。

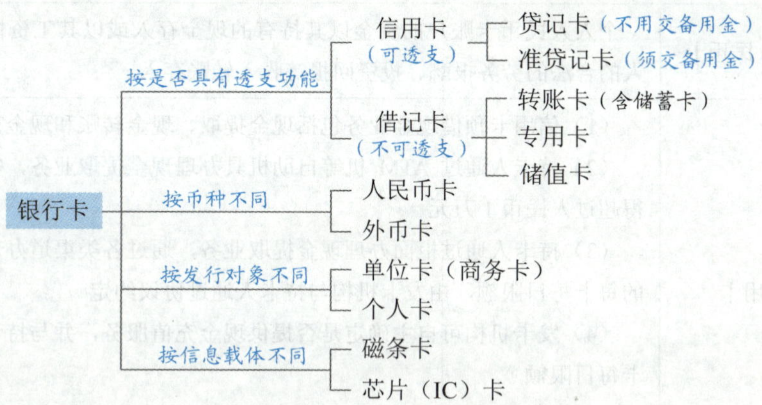

图 3-4-1 银行卡的分类

【提示】联名（认同）卡是商业银行与营利性机构或非营利性机构合作发行的银行卡附属产品，其所依附的银行卡品种必须是经批准的品种。（比如招商银行与爱奇艺推出的联名信用卡）

考查角度 银行卡的分类。

【例题·单选 2019、2016、2011】根据支付结算法律制度的规定，下列关于银行卡分类的表述中，不正确的是（　　）。

A. 按是否具有透支功能分为信用卡和贷记卡
B. 按发行对象分为单位卡和个人卡
C. 按币种分为人民币卡和外币卡
D. 按信息载体分为磁条卡和芯片卡

【答案】A

考点2 银行卡账户和交易（★★★）

银行卡账户和交易的主要规定如表 3-4-1 所示。

表 3-4-1 银行卡账户和交易

项目		具体内容
申领	单位	凡在中国境内金融机构开立基本存款账户的单位，应当凭中国人民银行核发的开户许可证或企业基本存款账户编号申领单位卡
	个人	个人申领银行卡（储值卡除外），应当向发卡银行提供本人有效身份证件，经发卡银行审查合格后，为其开立记名账户

（续表）

项目	具体内容	
交易	单位人民币卡	（1）单位人民币卡账户的资金一律从其基本存款账户转账存入，不得存取现金，不得将销货收入存入单位卡账户 （2）单位人民币卡可办理商品交易和劳务供应款项的结算，但不得透支
	个人人民币卡	个人人民币卡账户的资金以其持有的现金存入或以其工资性款项、属于个人的合法的劳务报酬、投资回报等收入转账存入
	信用卡	（1）信用卡预借现金业务包括现金提取、现金转账和现金充值 （2）持卡人通过 ATM 机等自助机具办理现金提取业务，每卡每日累计不得超过人民币 1 万元 （3）持卡人通过柜面办理现金提取业务，通过各类渠道办理现金转账业务的每卡每日限额，由发卡机构与持卡人通过协议约定 （4）发卡机构可自主确定是否提供现金充值服务，并与持卡人协议约定每卡每日限额 （5）发卡机构不得将持卡人信用卡预借现金额度内资金划转至其他信用卡，以及非持卡人的银行结算账户或支付账户
	借记卡	发卡银行应当对借记卡持卡人在 ATM 机等自助机具取款设定交易上限，每卡每日累计提款不得超过 2 万元人民币
	储值卡	储值卡的面值或卡内币值不得超过 1 000 元人民币
	贷记卡	贷记卡持卡人非现金交易可享受免息还款期和最低还款额待遇，具体的条件和标准，由发卡机构自主确定
追偿		发卡银行通过下列途径追偿透支款项和诈骗款项： （1）扣减持卡人保证金、依法处理抵押物和质物 （2）向保证人追索透支款项 （3）通过司法机关的诉讼程序进行追偿
注销		（1）持卡人在还清全部交易款项、透支本息和有关费用后，可申请办理销户 （2）发卡行受理注销之日起 45 日后，被注销信用卡账户方能清户

考查角度　银行卡账户和交易的相关规定。

【例题 1 · 单选 2016】甲公司在本地 P 银行开立基本存款账户，申请单位银行卡的凭据是（　　）。

A. 法人授权委托书　B. 营业执照　C. 资信证明　D. 开户许可证

【答案】D

【例题 2 · 多选 2015】根据支付结算法律制度的规定，下列资金中，可以转入个人人民币卡账户的有（　　）。

A. 个人合法的劳务报酬　B. 工资性款项　C. 个人合法的投资回报　D. 单位的款项

【答案】ABC

【例题3·多选2010】根据支付结算法律制度的规定，下列各项中，属于发卡银行追偿透支款项和诈骗款项的途径的有（ ）。

A. 冻结持卡人账户
B. 通过司法机关诉讼程序进行追偿
C. 依法处理抵押物和质物
D. 向保证人追索透支款项

【答案】BCD

【例题4·多选2018】根据支付结算法律制度的规定，下列关于银行卡交易的表述中，正确的有（ ）。

A. 信用卡持卡人不得通过银行柜面办理现金提取业务
B. 信用卡持卡人通过ATM办理现金提取业务有限额控制
C. 借记卡持卡人在ATM机上取款无限额控制
D. 储值卡的面值具有上限

【答案】BD

【例题5·单选2018】甲公司在某开户银行开立了一个单位人民币卡账户，甲公司拟通过该账户办理的下列业务中，正确的是（ ）。

A. 存入销售收入8万元
B. 从一般存款账户转存银行借款50万元
C. 从基本存款账户转存10万元
D. 缴存现金6万元

【解析】单位人民币卡账户的资金一律从其基本存款账户转账存入，不得存取现金，不得将销货收入存入单位卡账户。

【答案】C

【例题6·单选2015】张某3月1日向银行申请了一张贷记卡，6月1日取现2 000元，对张某的上述做法，说法正确的是（ ）。

A. 张某取现2 000元符合法律规定
B. 张某取现2 000元可享受免息还款期
C. 张某申请贷记卡需要向银行交存一定金额的备用金
D. 张某取现2 000元可享受最低还款额

【解析】选项B、D，贷记卡持卡人“非现金交易”可享受免息还款期和最低还款额待遇，“现金交易”不享受；选项C，贷记卡不用交备用金。

【答案】A

考点3 银行卡计息与收费（★★★）

（1）发卡银行对准贷记卡及借记卡（不含储值卡）账户内的存款，按照中国人民银行规定的同期同档次存款利率及计息办法计付利息。

（2）对信用卡透支利率实行上限（日利率万分之五）和下限（日利率万分之五的0.7倍）管理。

（3）信用卡透支的计结息方式，以及对信用卡溢缴款（应还100元，实还110元，溢缴10元）是否计付利息及其利率标准，由发卡机构自主确定。

（4）发卡机构应在信用卡协议中以显著方式提示信用卡利率标准和计结息方式、免息还款期和最低还款额待遇的条件和标准，以及向持卡人收取违约金的详细情形和收取标准等与持卡人有重大利害关系的事项，确保持卡人充分知悉并确认接受。

（5）发卡机构调整信用卡利率的，应至少提前45个自然日按照约定方式通知持卡人。

（6）发卡机构对向持卡人收取的违约金和年费、取现手续费、货币兑换费等服务费用不得计收利息。

考查角度　银行卡计息与收费的具体规定。

【例题·单选2017】根据支付结算法律制度的规定，关于信用卡透支利率及利息管理的下列表述中，不正确的是（　）。

A. 透支的计结息方式由发卡机构自主确定

B. 透支利率实行下限管理

C. 透支的利率标准由发卡机构与申请人协商确定

D. 透支利率实行上限管理

【答案】C

【拓展·多选2017】徐女士在P银行申请一张信用卡，关于该信用卡计息和收费的下列表述中，符合法律规定的有（　）。

A. 若徐女士欠缴信用卡年费，P银行可对该欠费计收利息

B. P银行应在信用卡协议中以显著方式提示信用卡利率标准和计结息方式，并经徐女士确认接受

C. P银行确定的信用卡透支利率可为日利率万分之五

D. 若P银行要调整信用卡利率，应至少提前45个自然日按照约定方式通知徐女士

【答案】BCD

考点4　银行卡收单（★）

（一）银行卡收单业务概念

银行卡收单业务是指收单机构与特约商户签订银行卡受理协议，在特约商户按约定受理银行卡并与持卡人达成交易后，为特约商户提供交易资金结算服务的行为。

小旌笔记

通俗地讲就是持卡人在签约商户处刷卡消费，收单机构将持卡人刷卡消费的资金在规定周期内结算给商户，并从中扣取一定比例的手续费，业务流程如图3-4-2所示。

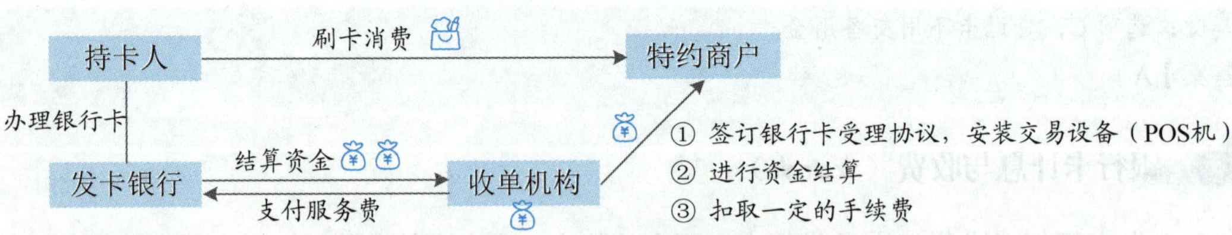

图3-4-2　银行卡收单业务流程

【提示1】银行卡收单机构，包括从事银行卡收单业务的银行业金融机构（银行），获得银行卡收单业务许可、为实体特约商户提供银行卡受理并完成资金结算服务的支付机构（如快钱、拉卡拉），以及获得网络支付业务许可、为网络特约商户提供银行卡受理并完成资金结算服务的支付机构（如支付宝、财付通）。

【提示2】特约商户是指与收单机构签订银行卡受理协议、按约定受理银行卡并委托收单机构为其完成交易资金结算的企事业单位、个体工商户或其他组织，以及按照国家市场监督管理机

构有关规定，开展网络商品交易等经营活动的自然人（如淘宝个人卖家）。

考查角度 特约商户的含义。

【例题·判断 2019】特约商户是指与收单机构签订银行卡受理协议、按约定受理银行卡并委托收单机构为其完成交易资金结算的企事业单位、个体工商户或其他组织，以及按照国家工商管理机关有关规定，开展网络商品交易等经营活动的企业法人。（ ）

【答案】×

（二）银行卡收单业务管理规定

银行卡收单业务管理规定的主要内容如表 3-4-2 所示。

表 3-4-2 银行卡收单业务管理规定

项目	具体内容
特约商户管理	（1）对特约商户实行实名制管理 （2）特约商户使用单位银行结算账户作为收单银行结算账户的，收单机构应当审核其合法拥有该账户的证明文件 （3）特约商户的收单银行结算账户应当为其同名单位银行结算账户，或其指定的、与其存在合法资金管理关系的单位银行结算账户；特约商户为个体工商户或自然人的，可使用其同名个人银行结算账户作为收单银行结算账户 （4）收单机构应当对实体特约商户收单业务进行本地化经营和管理，不得跨省域（自治区、直辖市）开展收单业务
业务与风险管理	（1）建立特约商户检查制度、资金结算风险管理制度、收单交易风险监测系统以及特约商户收单银行结算账户设置和变更审核制度等（建立和完善各项措施） （2）建立对实体特约商户、网络特约商户分别进行风险评级制度，对于风险等级较高的特约商户，收单机构应当对其开通的受理卡种和交易类型进行限制，并采取强化交易监测、设置交易限额、延迟结算、增加检查频率、建立特约商户风险准备金等措施（风险级别越高，措施就越多、越严，有区别地执行具体措施） （3）应按协议约定及时将交易资金结算到特约商户的收单银行结算账户，资金结算时限最迟不得超过持卡人确认可直接向特约商户付款的支付指令生效日后 30 个自然日，因涉嫌违法违规等风险交易需延迟结算的除外 （4）发现特约商户发生疑似银行卡套现、洗钱、欺诈、移机、留存或泄露持卡人账户信息等风险事件，应当对特约商户采取延迟资金结算、暂停银行卡交易或收回受理终端（关闭网络支付接口）等措施，并承担因未采取措施导致的风险损失责任

考查角度 特约商户管理和业务与风险管理的具体内容。

【例题 1·多选 2018】根据支付结算法律制度的规定，下列关于银行卡收单机构对特约商户管理的表述中，正确的有（　）。

A. 特约商户是单位的，其收单银行结算账户可以使用个人银行结算账户

B. 对特约商户实行实名制管理

C. 对实体特约商户与网络特约商户分别进行风险评级

D. 对实体特约商户收单业务实行本地化经营，不得跨省域开展收单业务

【答案】BCD

【例题 2·多选 2019】下列各项中，属于收单机构业务与风险管理措施的有（　）。

A. 建立资金结算风险管理制度

B. 建立特约商户检查制度

C. 建立对特约商户风险评级制度

D. 建立特约商户收单银行变更审核制度

【答案】ABCD

（三）结算收费

（1）收单机构向商户收取的收单服务费由收单机构与商户协商确定具体费率。

（2）发卡机构向收单机构收取的发卡行服务费不区分商户类别，实行政府指导价、上限管理。

（3）对非营利性的医疗机构、教育机构、社会福利机构、养老机构、慈善机构刷卡交易，实行发卡行服务费、网络服务费全额减免。

第五节　网上支付

什么是网上支付

网上支付是电子支付的一种形式，它是指电子交易的当事人（包括消费者、厂商和金融机构）使用电子支付手段通过网络进行的货币或资金的流转。主要方式有网上银行和第三方支付。

考点　网上银行和第三方支付（★）

（一）网上银行

1. 网上银行的分类

按照不同的标准，网上银行可以分为不同的类型，具体内容如图 3-5-1 所示。

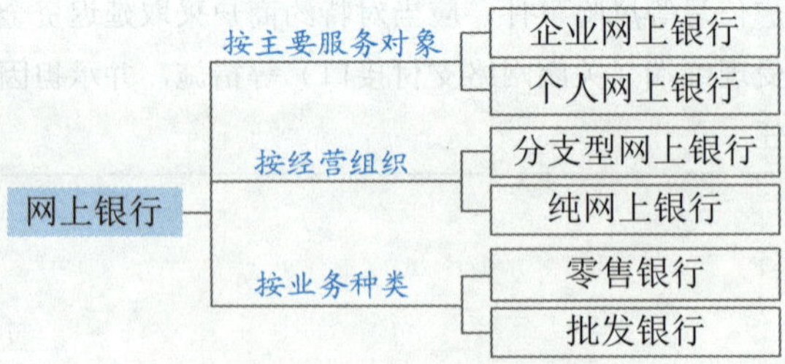

图 3-5-1　网上银行的分类

2. 网上银行的主要功能

网上银行的主要功能如图 3-5-2 所示。

- 网上银行的主要功能
  - 企业网上银行子系统
    - ① 账户信息查询
    - ② 支付指令
    - ③ B2B（Business to Business）网上支付
    - ④ 批量支付
  - 个人网上银行子系统
    - ① 账户信息查询
    - ② 人民币转账业务
    - ③ 银证转账业务
    - ④ 外汇买卖业务
    - ⑤ 账户管理业务
    - ⑥ B2C（Business to Customer）网上支付

图 3-5-2 网上银行的主要功能

考查角度 个人网上银行子系统的主要功能。

【例题·单选 2018】根据支付结算法律制度的规定，下列关于个人网上银行业务的表述中，不正确的是（ ）。

A. B2B 网上支付　　B. 查询银行卡的人民币余额

C. 查询信用卡网上支付记录　　D. 网上购物电子支付

【解析】B2B 指的是企业与企业之间进行的电子商务活动，属于企业网上银行子系统的功能；B2C 是企业与消费者之间进行的在线式零售商业活动，属于个人网上银行子系统的功能。

【答案】A

（二）第三方支付

1. 第三方支付的开户要求

非银行支付机构为个人开立支付账户的，同一个人在同一家支付机构只能开立一个Ⅲ类账户。

2. 第三方支付的种类

第三方支付的种类如表 3-5-1 所示。

表 3-5-1 第三方支付的种类

种类	具体内容
线上支付	是指通过互联网实现的用户和商户、商户和商户之间在线货币支付、资金清算、查询统计等过程（如网上购物使用支付宝付款，就属于线上支付）
线下支付	是指通过非互联网线上的方式对购买商品或服务所产生的费用进行的资金支付行为，包括 POS 机刷卡支付、拉卡拉等自助终端支付、电话支付、手机近端支付、电视支付等（如在饭店吃饭，通过向商家出示支付宝付款码的方式结账，就属于线下支付）

3. 第三方支付的行业分类

目前第三方支付机构主要有两类模式，具体内容如表 3-5-2 所示。

表 3-5-2　第三方支付的行业分类

模式	典型代表	是否具有担保功能
金融型支付企业	银联商务、快钱、易宝支付、汇付天下、拉卡拉等	无
互联网支付企业	支付宝、财付通等	有

考查角度　辨析线上支付与线下支付、支付宝支付的性质。

【例题 1 · 单选 2019】根据支付结算法律制度的规定，下列属于线上支付的是（　　）。

A. 网上银行支付　　B. 固定电话支付

C. 电视支付　　D. POS 机刷卡支付

【答案】A

【例题 2 · 单选 2016】消费者在超市购物，消费总金额 500 元，通过支付宝扫码方式使用中信银行信用卡结账。根据支付结算法律制度的规定，下列说法正确的是（　　）。

A. 支付宝属于银行卡清算机构

B. 支付宝属于第三方支付机构

C. 支付宝属于网上银行

D. 消费者应支付收单结算手续费 1.9 元

【答案】B

【拓展 · 单选 2016】根据支付结算法律制度的规定，下列情形中，属于线上支付的有（　　）。

A. 吴某在超市购物，使用公交一卡通支付购物款

B. 周某在商场购物，通过 POS 机刷卡支付购物款

C. 董某在机场购物，使用手机近端支付购物款

D. 郑某网上购物，通过支付宝支付货款

【答案】D

第六节　结算方式和其他支付工具

考点 1　汇兑（★★★）

汇兑是汇款人委托银行将其款项支付给收款人的结算方式。汇兑分为信汇（纸质的）、电汇（电子的）两种。单位和个人各种款项的结算，均可使用汇兑结算方式。汇兑的业务流程如图 3-6-1 所示。

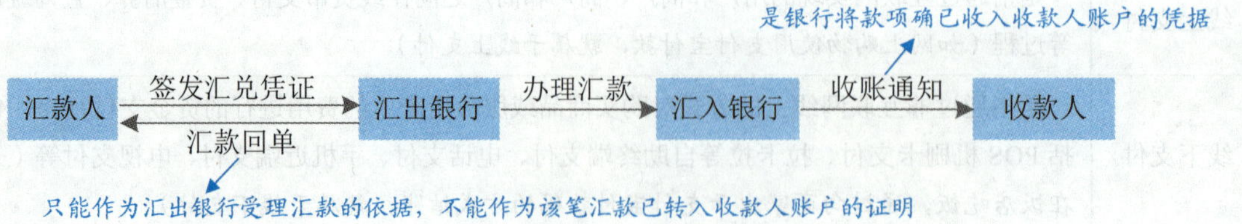

图 3-6-1　汇兑的业务流程

【提示 1】签发汇兑凭证必须记载下列事项：① 表明“信汇”或“电汇”的字样；② 无条件支付的委托；③ 确定的金额；④ 收款人名称；⑤ 汇款人名称；⑥ 汇入地点、汇入行名称；⑦ 汇出地点、汇出行名称；⑧ 委托日期；⑨ 汇款人签章。

【提示 2】汇兑凭证记载的汇款人、收款人在银行开立存款账户的，必须记载其账号。

【提示 3】汇款人对汇出银行尚未汇出的款项可以申请撤销。

考查角度　汇兑凭证必须记载的事项、汇兑的适用范围、汇款回单和收账通知的功能、汇兑可撤销的情形。

【例题 1 • 多选 2019】根据支付结算法律制度的规定，下列事项中，签发汇兑凭证必须记载的有（　　）。

A. 确定的金额　　B. 收款人名称

C. 委托日期　　D. 汇款人签章

【答案】ABCD

【例题 2 • 多选 2012 改编】关于汇兑的下列表述中，符合法律制度规定的有（　　）。

A. 单位和个人均可使用汇兑

B. 汇兑凭证记载的汇款人、收款人在银行开立存款账户的，必须记载其账号

C. 汇兑以收账通知为汇出银行受理汇款的依据

D. 汇兑以汇款回单为银行将款项确已收入收款人账户的凭据

【解析】收账通知是银行将款项确已收入收款人账户的凭据；汇款回单只能作为汇出银行受理汇款的依据，不能作为该笔汇款已转入收款人账户的证明。

【答案】AB

【例题 3 • 单选 2018】5 月 20 日，甲报社以汇兑方式向李某支付稿费 2 000 元。下列情形中，甲报社可以申请撤销汇款的是（　　）。

A. 银行已经汇出但李某尚未领取　　B. 银行尚未汇出

C. 银行已向李某发出收账通知　　D. 李某拒绝领取

【答案】B

考点 2　委托收款（★★★）

委托收款是收款人委托银行向付款人收取款项的结算方式。主要内容如表 3-6-1 所示。

表 3-6-1　委托收款

项目	具体内容
适用范围	（1）单位和个人凭已承兑的商业汇票、债券、存单等付款人债务证明办理款项的结算，均可以使用委托收款结算方式 （2）在同城、异地均可使用

（续表）

<table>
<tr><th>项目</th><th colspan="2">具体内容</th></tr>
<tr><td rowspan="3">程序</td><td>（1）签发委托收款凭证</td><td>签发委托收款凭证必须记载下列事项：① 表明“委托收款”的字样；② 确定的金额；③ 付款人名称；④ 收款人名称；⑤ 委托收款凭据名称及附寄单证张数；⑥ 委托日期；⑦ 收款人签章
【提示 1】以银行以外的单位为付款人的，必须记载付款人开户银行名称
【提示 2】以银行以外的单位或在银行开立存款账户的个人为收款人的，必须记载收款人开户银行名称
【提示 3】以未在银行开立存款账户的个人为收款人的，必须记载被委托银行名称
【提示 4】欠缺上述记载的，银行不予受理</td></tr>
<tr><td>（2）委托</td><td>收款人办理委托收款应向银行提交委托收款凭证和有关的债务证明</td></tr>
<tr><td>（3）付款</td><td>① 以银行为付款人的，银行应当在当日将款项主动支付给收款人
② 以单位为付款人的，银行应及时通知付款人，付款人应于接到通知的当日书面通知银行付款。付款人未在接到通知的次日起 3 日内通知银行付款的，视同付款人同意付款，银行应于付款人接到通知日的次日起第 4 日上午开始营业时，将款项划给收款人
【提示 1】银行在办理划款时，付款人存款账户不足支付的，应通过被委托银行向收款人发出未付款项通知书
【提示 2】付款人拒绝付款的，应在 3 日内出具拒绝证明</td></tr>
</table>

考查角度 委托收款的适用范围、付款的具体规定。

【例题 1 · 多选 2018】根据支付结算法律制度的规定，下列债务证明中，办理款项结算可以使用委托收款结算方式的有（　　）。

A. 已承兑的商业汇票　　B. 支票

C. 到期的债券　　D. 到期的存单

【解析】单位和个人凭已承兑的商业汇票、债券、存单等付款人债务证明办理款项的结算，均可以使用委托收款结算方式。支票也属于付款人债务证明。

【答案】ABCD

【例题 2 · 判断 2016】委托收款以单位为付款人的，银行收到委托收款凭证及债务说明，审查无误后应于当日将款项主动支付给收款人。（　　）

【解析】以单位为付款人的，银行应及时通知付款人（而非直接主动支付给收款人）。付款人应于接到通知的当日书面通知银行付款。

【答案】×

【拓展 · 多选 2017】根据支付结算法律制度的规定，关于委托收款结算方式的下列表述中，正确的有（　　）。

A. 银行在为单位办理划款时，付款人存款账户不足支付的，应通知付款人交足存款

B. 单位凭已承兑的商业汇票办理款项结算，可以使用委托收款结算方式

C. 以银行以外的单位为付款人的，委托收款凭证必须记载付款人开户银行名称

D. 委托收款仅限于异地使用

【答案】BC

考点 3 国内信用证（★）

国内信用证是指银行依照申请人的申请开立的、对相符交单（相符的单据）予以付款的承诺。

小旌笔记

信用证的业务流程如图 3-6-2 所示。

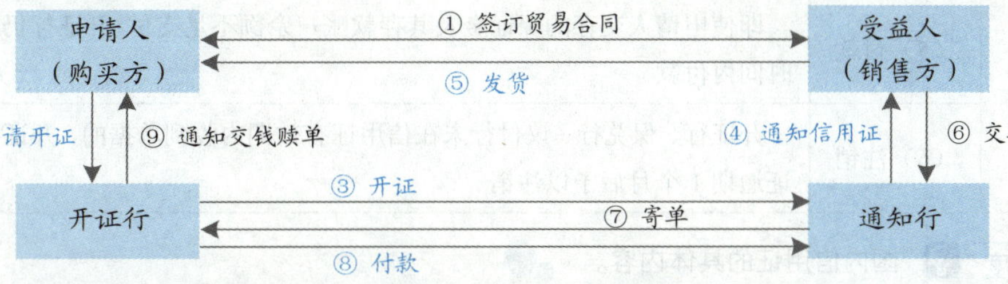

图 3-6-2 信用证的业务流程

国内信用证的主要内容如表 3-6-2 所示。

表 3-6-2 国内信用证

项目		具体内容
适用范围		适用于银行为国内企事业单位之间货物和服务贸易提供的结算服务（不适用个人）
性质		（1）以人民币计价、不可撤销的跟单信用证 （2）只限于转账结算，不得支取现金 （3）只能使用中文开立 （4）可修改、可保兑（类似承兑）、可议付（类似贴现）、可转让（只能转让一次）
分类		按付款期限分为即期信用证和远期信用证 （1）即期信用证：开证行应在收到相符单据次日起 5 个营业日内付款 （2）远期信用证：包括单据日后定期付款、见单后定期付款、固定日付款等方式 【提示】信用证付款期限最长不超过 1 年
程序	（1）开证	① 开证申请人（一般为购买方）申请办理开证业务时，应当填具开证申请书且提交其与受益人（接受信用证的人，一般为销售方）签订的贸易合同 ② 开证行可要求申请人交存一定数额的保证金，并可根据申请人资信情况要求其提供抵押、质押、保证等合法有效的担保 ③ 开立信用证可以采用信开（纸质的，由开证行加盖业务用章寄送通知行）和电开（电子的，由开证行以数据电文发送通知行）方式
	（2）通知	① 通知行可由开证申请人指定，如开证申请人没有指定，开证行有权指定通知行 ② 通知行同意通知的，应于收到信用证次日起 3 个营业日内通知受益人
	（3）转让	可转让信用证只能转让一次

（续表）

项目		具体内容
程序	（4）议付	① 信用证未明示可议付，任何银行不得办理议付 ② 信用证明示可议付，如开证行仅指定一家议付行，未被指定为议付行的银行不得办理议付，被指定的议付行可自行决定是否办理议付
	（5）付款	即使申请人交存的保证金及其存款账户余额不足支付，开证行仍应在规定的时间内付款
	（6）注销	开证行、保兑行、议付行未在信用证有效期内收到单据的，开证行可在信用证逾期1个月后予以注销

考查角度　国内信用证的具体内容。

【例题1·单选2013】根据支付结算法律制度的规定，关于国内信用证的下列表述中，正确的是（　　）。

A. 可用于支取现金　　B. 开证申请人可以是个人

C. 付款期限最长不超过9个月　　D. 国内信用证为不可撤销的跟单信用证

【解析】选项A，信用证只限于转账结算，不得支取现金；选项B，信用证结算适用于银行为国内企事业单位之间货物和服务贸易提供的结算服务，不适用于个人；选项C，信用证付款期限最长不超过1年。

【答案】D

【例题2·判断2018、2014】信用证申请人交存的保证金和其存款账户余额不足支付的，开证行仍应在规定的付款时间内进行付款。（　　）

【答案】√

考点4　预付卡（★★）

预付卡是指发卡机构以特定载体和形式发行的、可在发卡机构之外购买商品或服务的预付价值（如某超市的购物卡）。预付卡按是否记载持卡人身份信息分为记名预付卡和不记名预付卡。预付卡的主要内容如表3-6-3所示。

表3-6-3　预付卡

项目	具体内容
（1）预付卡的限额	① 预付卡以人民币计价，不具有透支功能 ② 单张记名预付卡资金限额不得超过5 000元；单张不记名预付卡资金限额不得超过1 000元
（2）预付卡的期限	① 记名预付卡可挂失、可赎回，不得设置有效期；不记名预付卡不挂失、不可赎回，另有规定的除外 ② 不记名预付卡有效期不得低于3年，超过有效期尚有资金余额的，可通过延期、激活、换卡等方式继续使用

（续表）

项目	具体内容
（3）预付卡的办理	① 个人或单位购买记名预付卡或一次性购买不记名预付卡 1 万元以上的，应当使用实名并向发卡机构提供有效身份证件。发卡机构应当登记身份基本信息，并留存有效身份证件的复印件或影印件 ② 使用实名购买预付卡的，发卡机构应当登记购卡人姓名或单位名称、单位经办人姓名、有效身份证件名称和号码、联系方式、购卡数量、购卡日期、购卡总金额、预付卡卡号及金额等信息 ③ 单位一次购卡 5 000 元以上、个人一次购卡 5 万元以上的，应当通过转账等非现金结算方式购买，不得使用现金 ④ 购卡人不得使用信用卡购买预付卡
（4）预付卡的充值	① 预付卡只能通过现金或银行转账方式进行充值，不得使用信用卡为预付卡充值 ② 一次性充值金额 5 000 元以上的，不得使用现金 ③ 单张预付卡同日累计现金充值在 200 元以下的，可通过自助充值终端、销售合作机构代理等方式充值
（5）预付卡的使用	① 预付卡在发卡机构拓展、签约的特约商户中使用，不得用于或变相用于提取现金，不得用于购买、交换非本发卡机构发行的预付卡、单一行业卡及其他商业预付卡或向其充值 ② 预付卡内资金不得向银行账户或向非本发卡机构开立的网络支付账户转移
（6）预付卡的赎回	① 记名预付卡可在购卡 3 个月后办理赎回 ② 单位购买的记名预付卡，只能由单位办理赎回

小旌笔记

记名预付卡与不记名预付卡的对比如表 3-6-4 所示。

表 3-6-4 记名预付卡与不记名预付卡

项目	记名预付卡	不记名预付卡
限额	单张卡资金限额不得超过 5 000 元	单张卡资金限额不得超过 1 000 元
挂失	可挂失	不挂失
赎回	可在购卡 3 个月后办理赎回	不可赎回
有效期	不得设置有效期	有效期不得低于 3 年
办理	购买记名预付卡应当使用实名并向发卡机构提供有效身份证件	一次性购买不记名预付卡 1 万元以上的，应当使用实名并向发卡机构提供有效身份证件

考查角度　预付卡的限额、期限、办理、充值和使用的具体内容。

【例题 1 · 单选 2018】根据支付结算法律制度的规定，下列关于预付卡的表述中，正确的是（　）。

A. 购卡人不得使用信用卡购买预付卡

B. 单张记名预付卡的资金限额不得超过 1 000 元

C. 不记名预付卡的有效期最长为 2 年

D. 预付卡具有透支功能

【答案】A

【例题 2 · 多选 2014】根据支付结算法律制度的规定，下列关于预付卡使用的表述中，正确的有（　）。

A. 记名预付卡可挂失，可赎回

B. 有资金余额但超过有效期的预付卡可通过延期、激活、换卡等方式继续使用

C. 记名预付卡不得设置有效期

D. 不记名预付卡有效期可设置为 2 年

【答案】ABC

【拓展 · 单选 2019】下列在支付机构一次性购买预付卡的情形中，符合法律规定的是（　）。

A. 李某未出示有效身份证件购买不记名预付卡 5 000 元

B. 孙某使用现金购买记名预付卡 60 000 元

C. 陈某使用 POS 机刷信用卡购买记名预付卡 30 000 元

D. 赵某借用王某的身份证购买不记名预付卡 20 000 元

【解析】个人一次性购卡 5 万元以上的，不得使用现金，选项 B 错误；购卡人不得使用信用卡购买预付卡，选项 C 错误；一次性购买不记名预付卡 1 万元以上的，应当使用实名并向发卡机构提供有效身份证件，不能借用他人身份证购买，选项 D 错误。

【答案】A

考点回顾　结算方式和其他支付工具。

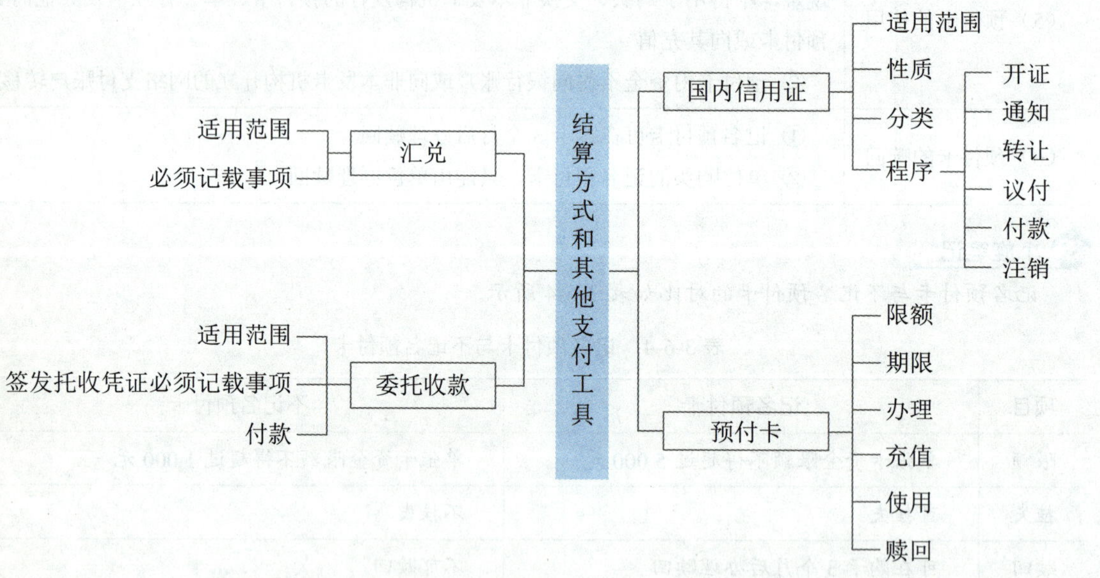

第七节 结算纪律与法律责任

考点1 结算纪律（★★）

结算纪律是银行、单位和个人办理支付结算业务所应遵守的基本规定。具体内容如表 3-7-1 所示。

表 3-7-1 结算纪律

分类	具体内容
单位和个人	（1）不准签发没有资金保证的票据或远期支票，套取银行信用 （2）不准签发、取得和转让没有真实交易和债权债务的票据，套取银行和他人资金 （3）不准无理拒绝付款，任意占用他人资金 （4）不准违反规定开立和使用账户
银行	（1）不准以任何理由压票、任意退票、截留挪用客户和他行资金 （2）不准无理拒绝支付应由银行支付的票据款项 （3）不准受理无理拒付、不扣少扣滞纳金 （4）不准违章签发、承兑、贴现票据，套取银行资金 （5）不准签发空头银行汇票、银行本票和办理空头汇款 （6）不准在支付结算制度之外规定附加条件，影响汇路畅通 （7）不准违反规定为单位和个人开立账户 （8）不准拒绝受理、代理他行正常结算业务

考查角度 结算纪律的具体内容。

【例题·单选 2017、2016】根据支付结算法律制度的规定，下列关于结算纪律的表述中，正确的是（　　）。

A. 银行办理支付结算，不得以任何理由压票

B. 单位和个人办理支付结算，不得以任何理由拒绝付款

C. 银行办理支付结算，可以在支付结算制度之外附加条件

D. 单位和个人办理支付结算，可以签发无资金保证的票据

【解析】选项 B，单位和个人办理支付结算，不得无理由拒绝付款，合理的理由可以拒绝付款。

【答案】A

考点2 违反支付结算法律制度的法律责任（★★）

违反支付结算法律制度的法律责任的主要内容如表 3-7-2 所示。

表 3-7-2　违反支付结算法律制度的法律责任

分类	具体内容
无理拒付，占用他人资金行为	商业承兑汇票的付款人对见票即付或者到期的票据，故意压票、退票、拖延支付的，按规定处以压票、拖延支付期间每日票据金额万分之七的罚款
妨害信用卡管理行为	有下列情形之一，妨害信用卡管理的，应负刑事责任： （1）明知是伪造的信用卡而持有、运输的，或者明知是伪造的空白信用卡而持有、运输，数量较大的 （2）非法持有他人信用卡，数量较大的 （3）使用虚假的身份证明骗领信用卡的 （4）出售、购买、为他人提供伪造的信用卡或者以虚假的身份证明骗领信用卡的 （5）窃取、收买或者非法提供他人信用卡信息资料的
信用卡诈骗活动	行为人从事下列信用卡诈骗活动，达到一定金额的，需要承担刑事责任： （1）使用伪造的信用卡，或者使用以虚假的身份证明骗领的信用卡的 （2）使用作废的信用卡的 （3）冒用他人信用卡的 （4）恶意透支信用卡的

考查角度　需要承担刑事责任的信用卡诈骗活动。

【例题·多选 2018】根据支付结算法律制度的规定，行为人从事下列银行信用卡诈骗活动，达到一定金额需要承担刑事责任的有（　　）。

A. 使用伪造的信用卡　　B. 使用作废的信用卡

C. 冒用他人信用卡　　D. 恶意透支信用卡

【答案】ABCD

第四章　增值税、消费税法律制度

本章考情分析

本章地位	预估分值	考试题型	建议学习时长
★★★	21分	单选题、多选题、判断题、不定项	18小时

本章脉络图

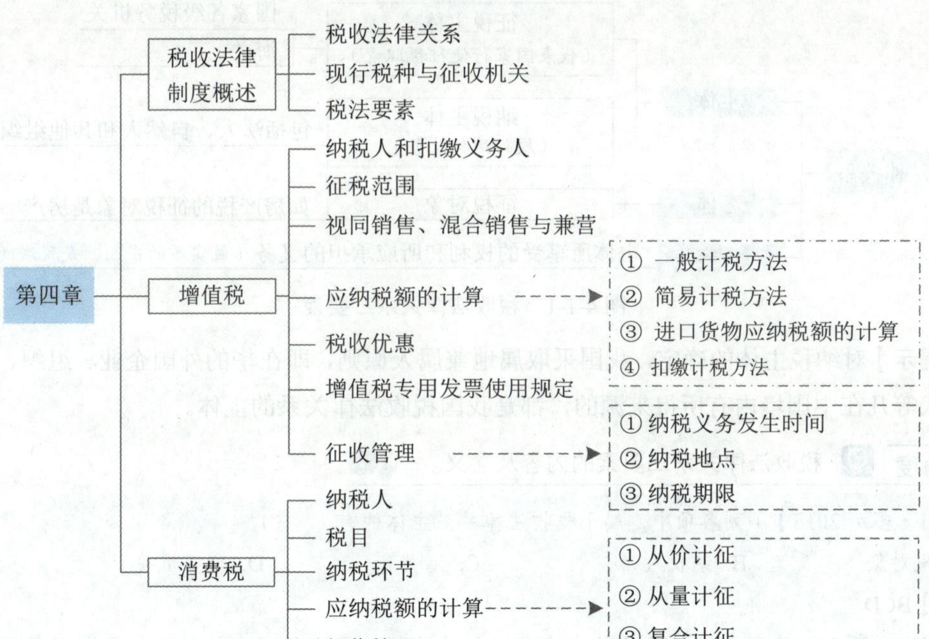

教材主要变化

（1）新增“购进农产品可抵扣进项税额”“国内旅客运输服务可抵扣进项税额”的规定。

（2）对增值税税率进行了调整，原16%税率调整为13%，原10%税率调整为9%。

（3）删除了不动产或不动产在建工程的进项税额分2年抵扣的规定。

本章考点精讲

第一节　税收法律制度概述

考点 1　税收法律关系（★）

（一）税收的特征

与其他财政收入形式相比，税收具有强制性、无偿性和固定性的特征。

（二）税收法律关系三要素

税收法律关系体现为国家征税与纳税人纳税的利益分配关系。与其他法律关系一样也是由主体、客体和内容三个要素构成，具体内容如图 4-1-1 所示。

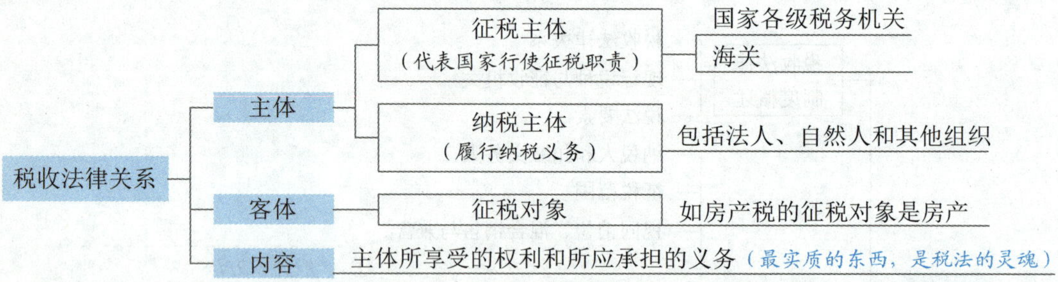

图 4-1-1　税收法律关系三要素

【提示】对纳税主体的确定，我国采取属地兼属人原则，即在华的外国企业、组织、外籍人、无国籍人等凡在中国境内有所得来源的，都是我国税收法律关系的主体。

考查角度　税收法律关系三要素的内容及含义。

【例题 1 · 多选 2015】下列各项中，属于税收法律关系主体的有（　　）。

A. 征税对象　　B. 纳税人　　C. 海关　　D. 税务机关

【答案】BCD

【例题 2 · 判断 2015】税收法律关系的内容是指税收法律关系主体双方的权利和义务所共同指向的对象。（　　）

【解析】主体双方的权利和义务所共同指向的对象（即征税对象）为税收法律关系的客体。

【答案】×

考点 2　现行税种与征收机关（★）

目前我国税收征收管理机关有税务机关和海关，它们具体负责征收管理的税种如表 4-1-1 所示。

表 4-1-1　现行税种与征收机关

征收机关	负责征收与管理的税种
海关	① 关税；② 船舶吨税；③ 委托代征的进口环节增值税、消费税
税务机关	除海关征收之外的其他税种、社会保险费等

考查角度　辨析海关与税务机关负责征收和管理的税种。

【例题·多选 2019】下列税种中，由税务局负责征收和管理的有（　　）。

A. 企业所得税

B. 关税

C. 资源税

D. 土地增值税

【解析】采用排除法记忆，记住海关负责征收和管理的三类，其余由税务机关负责。

【答案】ACD

【拓展·单选 2017】根据税收征收管理法律制度的规定，下列税款中，由海关代征的是（　　）。

A. 在境内未设立机构、场所的非居民企业来源于境内的股息所得应缴纳的企业所得税

B. 提供研发服务，但在境内未设有经营机构的企业应缴纳的增值税

C. 进口货物的企业在进口环节应缴纳的增值税

D. 从境外取得所得的居民应缴纳的个人所得税

【解析】不用关注前面"修饰性"的表述，主要看是哪个税种。对于增值税和消费税，需要看是否属于进口环节，若是，则属于海关负责征收管理，若不是，则属于税务机关负责征收管理。

【答案】C

考点 3　税法要素（★）

税法要素是指各单行税法共同具有的基本要素。一般包括纳税人、征税对象、税目、税率、计税依据、纳税环节、纳税期限、纳税地点、税收优惠、法律责任等，具体内容如表 4-1-2 所示。

表 4-1-2　税法要素

税法要素	要点
纳税人	是指依法直接负有纳税义务的法人、自然人和其他组织 【提示】与纳税人相联系的另一个概念是"扣缴义务人"。扣缴义务人是税法规定的，在其经营活动中负有代扣税款并向国库缴纳义务的单位。比如在个人所得税中，取得工资的员工属于纳税人，发放工资的企业属于扣缴义务人
征税对象	又称课税对象，即对什么征税，是区别不同税种的重要标志
税目	是税法中具体规定应当征税的项目，是征税对象的具体化
税率	（1）是指应征税额与计税金额（或数量单位）之间的比例，是计算税额的尺度 （2）税率的种类有三种（见图 4-1-2）
计税依据	是指计算应纳税额的依据或标准。一般有两种： （1）从价计征：以计税金额为计税依据 （2）从量计征：以征税对象的重量、体积、数量等为计税依据

（续表）

税法要素	要点
纳税环节	主要是指税法规定的征税对象在从生产到消费的流转过程（生产、批发、零售等）中应当缴纳税款的环节
纳税期限	是指纳税人的纳税义务发生后应依法缴纳税款的期限。包括纳税义务发生时间、纳税期限和缴库期限
纳税地点	具体申报缴纳税收的地方
税收优惠	是指国家对某些纳税人和征税对象给予鼓励和照顾的一种特殊规定。主要包括以下内容： （1）减税。是指对应征税款减少征收部分税款，如减征 50% （2）免税。是指对按规定应征收的税款给予免除 （3）起征点。也称"征税起点"，是指对征税对象开始征税的数额界限。征税对象的数额没有达到规定起征点的不征税；达到或超过起征点的，就其全部数额征税 （4）免征额。是指对征税对象总额中免予征税的数额。即对纳税对象中的一部分给予减免，只就减除后的剩余部分计征税款
法律责任	是指对违反国家税法规定的行为人采取的处罚措施。税法中的法律责任包括行政责任和刑事责任

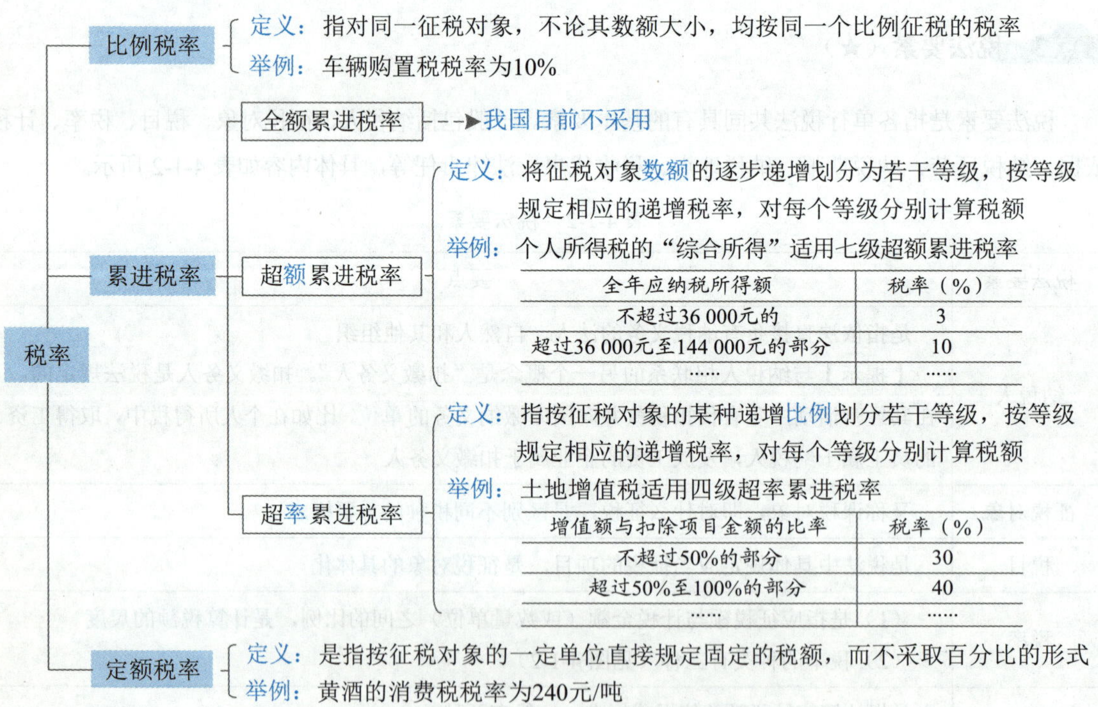

图 4-1-2　税率的种类

易错易混点 起征点与免征额（见表4-1-3）。

表4-1-3 起征点与免征额

情形	起征点	免征额
未达到时	不征税	免税
达到时	全部数额征税	只对超过的部分征税

考查角度 税法要素的具体规定。

【例题1·多选2018】下列各项中，属于税法要素的有（ ）。

A. 税率 B. 征税对象 C. 纳税人 D. 税收优惠

【答案】ABCD

【例题2·多选2018】我国现行的税率主要有（ ）。

A. 比例税率 B. 比率税率 C. 定额税率 D. 累进税率

【答案】ACD

【拓展·单选2019】区别不同税种的重要标志是（ ）。

A. 纳税环节 B. 税目

C. 税率 D. 征税对象

【答案】D

第二节 增值税法律制度

什么是增值税？

增值税是我国现阶段税收收入规模最大的税种。它是以商品（包括有形货物、无形资产、不动产）和劳务在流转（进口、生产、批发、零售等）过程中产生的**增值额**作为征税对象而征收的一种税。

增值税一般计税方法的示例如下。（已知：布料、服装的增值税税率为13%；销项税额=销售额×增值税税率）

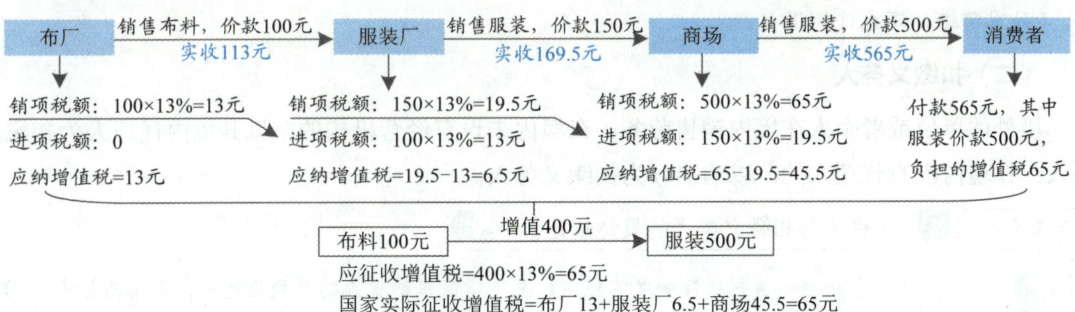

考点1 增值税纳税人和扣缴义务人（★★）

（一）纳税人

1. 定义

增值税纳税人是指在中国境内销售货物、劳务、服务、无形资产、不动产以及进口货物的单位和个人（销售方、进口方）。

【提示 1】在税法中，所说的“个人”包括个体工商户和其他个人（自然人）。

【提示 2】单位以承包、承租、挂靠方式经营的，承包人、承租人、挂靠人（以下统称承包人）以发包人、出租人、被挂靠人（以下统称发包人）名义对外经营并由发包人承担相关法律责任的，以该发包人为纳税人。否则，以承包人为纳税人。（“以发包人的名义+发包人担责”，由发包人纳税；其他情况下，由承包人纳税）

【提示 3】资管产品（如证券等公司帮客户管理的资产）运营过程中发生的增值税应税行为，以资管产品管理人为增值税纳税人。

2. 分类

根据纳税人的经营规模以及会计核算健全程度的不同，增值税纳税人可划分为小规模纳税人和一般纳税人，具体划分标准如图 4-2-1 所示。

- 增值税纳税人
  - 小规模纳税人
    - ① 年应税销售额≤500万元
    - ② 年应税销售额超过500万元的“其他个人”（自然人）
  - 一般纳税人
    - ① 年应税销售额>500万元（不包括其他个人）
    - ② 年应税销售额≤500万元，但会计核算健全，能够提供准确税务资料的

图 4-2-1　增值税纳税人

【提示 1】年应税销售额是指纳税人在连续不超过 12 个月或四个季度的经营期内累计应征增值税销售额，包括纳税申报销售额（纳税人自己申报的销售额）、稽查查补销售额（税务机关发现的要补税的销售额）、纳税评估调整销售额（税务机关在进行纳税评估时调整的销售额）。

【提示 2】下列纳税人不办理一般纳税人登记：① 按照政策规定，选择按照小规模纳税人纳税的；② 年应税销售额超过规定标准的其他个人。

【提示 3】纳税人登记为一般纳税人后，不得转为小规模纳税人，国家税务总局另有规定的除外。（只准前进，不允许倒退）

（二）扣缴义务人

境外的单位或者个人在境内销售劳务，在境内未设有经营机构的，以其境内代理人为扣缴义务人；在境内没有代理人的，以购买方为扣缴义务人。

考查角度　纳税人与扣缴义务人的具体规定。

【例题 1·单选 2018】根据增值税法律制度的规定，关于增值税纳税人的下列表述中，正确的是（　　）。

A. 转让无形资产，以无形资产受让方为纳税人

B. 提供建筑安装服务，以建筑安装服务接收方为纳税人

C. 资管产品运营过程中发生的增值税应税行为，以资管产品管理人为纳税人

D. 单位以承包、承租、挂靠方式经营的，一律以承包人为纳税人

【解析】增值税以“销售方”“进口方”为纳税人。“受让方”和“接收方”属于“购买方”，选项 A、B 错误。承包、承租、挂靠方式经营的，如果是“以发包人的名义+发包人担责”，以发包人为纳税人，选项 D 的说法过于绝对，表述错误。

【答案】C

【例题 2 · 判断 2019】境外的单位或者个人在境内销售劳务，在境内未设有经营机构也没有境内代理人的，以购买方为增值税扣缴义务人。（　）

【答案】√

【例题 3 · 判断 2018】除个体工商户以外的其他个人不属于增值税一般纳税人。（　）

【答案】√

【例题 4 · 判断 2016】年应税销售额超过规定标准的其他个人不办理增值税一般纳税人资格登记。（　）

【解析】年应税销售额超过规定标准的其他个人，属于小规模纳税人，不办理增值税一般纳税人资格登记。

【答案】√

考点 2　增值税征税范围（★★★）

增值税的征税范围包括在中国境内销售货物、劳务、服务、无形资产、不动产以及进口货物。具体内容如图 4-2-2 所示。

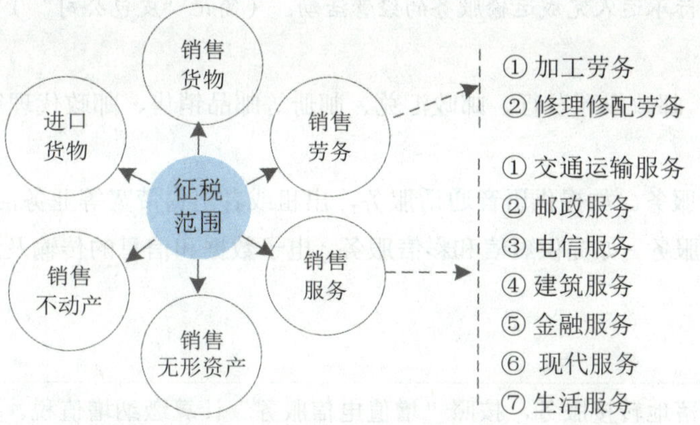

图 4-2-2　增值税征税范围

（一）销售货物、进口货物与销售劳务

销售货物、进口货物与销售劳务的内容如表 4-2-1 所示。

表 4-2-1　销售货物、进口货物与销售劳务

税目		具体内容
销售货物		是指销售或进口有形动产，包括电力、热力、气体在内
进口货物		
销售劳务	加工劳务	是指受托加工货物，即委托方提供原料及主要材料，受托方按照委托方的要求，制造货物并收取加工费的业务
	修理修配劳务	是指受托对损伤和丧失功能的货物进行修复，使其恢复原状和功能的业务

（二）销售服务

1. 交通运输服务

交通运输服务包括陆路运输服务、水路运输服务、航空运输服务和管道运输服务。

敲黑板

（1）出租车公司向使用本公司自有出租车的出租车司机收取的管理费，按陆路运输服务缴纳增值税。

（2）水路运输的程租（按路程租赁）、期租（按期限租赁）业务，属于水路运输服务；航空运输的湿租（飞行员+飞机）业务，属于航空运输服务。

（3）无运输工具承运业务，按交通运输服务缴纳增值税。

小旌笔记

无运输工具承运业务是指经营者以承运人身份与托运人签订运输服务合同，收取运费并承担承运人责任，然后委托实际承运人完成运输服务的经营活动。（简记“皮包公司”）

2. 邮政服务

包括邮票发行、邮政报刊发行、邮政汇兑、邮册等邮品销售、邮政代理等业务活动。

3. 电信服务

（1）基础电信服务。如提供语音通话服务，出租或者出售带宽等业务活动。

（2）增值电信服务。如提供短信和彩信服务、电子数据和信息的传输及应用服务、互联网接入服务等业务活动。

敲黑板

卫星电视信号落地转接服务，按照“增值电信服务”计算缴纳增值税。

4. 建筑服务

包括工程服务、安装服务、修缮服务、装饰服务和其他建筑服务。

【提示1】其他建筑服务，包括钻井（打井）、拆除建筑物或者构筑物、平整土地、园林绿化、疏浚（不包括航道疏浚，航道疏浚属于物流辅助服务）、建筑物平移、搭脚手架、爆破、矿山穿孔、表面附着物（包括岩层、土层、沙层等）剥离和清理等工程作业。

【提示2】固定电话、有线电视、宽带、水、电、燃气、暖气等经营者向用户收取的安装费、初装费、开户费、扩容费以及类似收费，按照安装服务缴纳增值税。

小旌笔记

对货物（有形动产）的修补，属于修理修配劳务；对不动产（建筑物、构筑物）的修补，属于建筑服务中的修缮服务。

5. 金融服务

包括贷款服务、直接收费金融服务、保险服务和金融商品转让。具体内容如表4-2-2所示。

表 4-2-2　金融服务

税目	具体内容
（1）贷款服务（赚取利息）	包括金融商品持有期间（含到期）利息（保本收益、报酬、资金占用费、补偿金等）收入、信用卡透支利息收入、买入返售金融商品利息收入、融资融券收取的利息收入，以及融资性售后回租（以融资为目的，把资产卖出再租回来）、押汇、罚息、票据贴现、转贷等业务取得的利息及利息性质的收入
（2）直接收费金融服务（赚取手续费）	包括提供货币兑换、账户管理、电子银行、信用卡、信用证、财务担保、资产管理、信托管理、基金管理、金融交易场所（平台）管理、资金结算、资金清算、金融支付等服务
（3）保险服务	包括人身保险服务和财产保险服务
（4）金融商品转让（赚取差价）	是指转让外汇、有价证券、非货物期货和其他金融商品（包括基金、信托、理财产品等）所有权的业务活动

【提示】以货币资金投资收取的固定利润或者保底利润，按照贷款服务缴纳增值税。

6. 现代服务

是指围绕制造业、文化产业、现代物流产业等提供技术性、知识性服务的业务活动。具体内容如表 4-2-3 所示。

表 4-2-3　现代服务

税目	内容
（1）研发和技术服务	包括研发服务、合同能源管理服务、工程勘察勘探服务、专业技术服务
（2）信息技术服务	包括软件服务、电路设计及测试服务、信息系统服务、业务流程管理服务和信息系统增值服务
（3）文化创意服务	包括设计服务、知识产权服务、广告服务和会议展览服务
（4）物流辅助服务	包括航空服务、港口码头服务、货运客运场站服务、打捞救助服务、装卸搬运服务、仓储服务和收派服务
（5）租赁服务	包括有形动产和不动产（不包括无形资产）的融资租赁服务、经营租赁服务
（6）鉴证咨询服务	包括认证服务、鉴证服务和咨询服务（含翻译服务和市场调查服务）
（7）广播影视服务	包括广播影视节目（作品）的制作服务、发行服务和播映（含放映）服务
（8）商务辅助服务	包括企业管理服务、经纪代理服务、人力资源服务、安全保护服务
（9）其他现代服务	除上述以外的现代服务

敲黑板

（1）将建筑物、构筑物等不动产或者飞机、车辆等有形动产的广告位出租给其他单位或者个人用于发布广告，按照经营租赁服务缴纳增值税。

（2）车辆停放服务、道路通行服务（如过路费、过桥费、过闸费）等按照不动产经营租赁服务缴纳增值税。

7. 生活服务

包括文化体育服务、教育医疗服务、旅游娱乐服务、餐饮住宿服务、居民日常服务和其他生活服务。

【提示】居民日常服务，包括市容市政管理、家政、婚庆、养老、殡葬、照料和护理、救助救济、美容美发、按摩、桑拿、氧吧、足疗、沐浴、洗染、摄影扩印等服务。

（三）销售无形资产

是指转让无形资产所有权或者使用权的业务活动。包括技术（专利技术和非专利技术）、商标、著作权、商誉、自然资源使用权和其他权益性无形资产。

【提示 1】自然资源使用权，包括土地使用权、海域使用权、探矿权、采矿权、取水权和其他自然资源使用权。

【提示 2】其他权益性无形资产，包括基础设施资产经营权（如高速公路经营权）、公共事业特许权、配额、经营权（包括特许经营权、连锁经营权、其他经营权）、经销权、分销权、代理权、会员权、席位权、网络游戏虚拟道具、域名、名称权、肖像权、冠名权、转会费等。

（四）销售不动产

是指转让不动产所有权的业务活动。不动产包括建筑物（如住宅、办公楼）、构筑物（如道路、桥梁、隧道、水坝）等。

【提示】转让建筑物有限产权或者永久使用权的，转让在建的建筑物或者构筑物所有权的，以及在转让建筑物或者构筑物时一并转让其所占土地的使用权的，按照销售不动产缴纳增值税。

易错易混点　增值税征税范围易混项目（见表 4-2-4）。

表 4-2-4　增值税征税范围易混项目

业务	适用税目	辨析要点
修补有形动产	修理修配劳务	看对象
修补不动产	建筑服务	
融资性售后回租	金融服务——贷款服务	带租不是租
程租、期租、湿租	交通运输服务	
融资租赁	现代服务——租赁服务	是真租
工程勘察勘探服务	研发和技术服务	看着像建筑但属于技术
单独转让土地使用权	转让无形资产	看是否被捆绑
与地上建筑物、构筑物一并转让的土地使用权	销售不动产	

考查角度 判断属于增值税征税范围的哪一类。

【例题 1·多选 2019】根据增值税法律制度的规定，下列各项中，应按照“金融服务”税目计算缴纳增值税的有（ ）。

A. 转让外汇 B. 融资性售后回租

C. 货币兑换服务 D. 财产保险服务

【答案】ABCD

【例题 2·多选 2019】根据增值税法律制度的规定，下列各项中，应按照“交通运输服务”税目计缴增值税的有（ ）。

A. 道路通行服务 B. 程租业务

C. 湿租业务 D. 期租业务

【解析】选项 A 属于现代服务中的租赁服务。

【答案】BCD

【拓展 1·单选 2017】下列各项中，应按照“销售服务——生活服务”税目计缴增值税的是（ ）。

A. 文化创意服务 B. 车辆停放服务

C. 广播影视服务 D. 旅游娱乐服务

【解析】选项 A、C 属于“现代服务”；选项 B 属于不动产经营租赁服务。

【答案】D

【拓展 2·单选 2017】下列行为中，不属于销售无形资产的是（ ）。

A. 转让专利权 B. 转让建筑永久使用权

C. 转让网络虚拟道具 D. 转让采矿权

【答案】B

（五）“在中国境内销售”的含义

“在中国境内销售”的含义如表 4-2-5 所示。

表 4-2-5 “在中国境内销售”的含义

项目	在中国境内销售的含义
货物	销售货物的起运地（开始运输的地方）或者所在地在境内
劳务	提供的劳务发生地在境内
不动产	所销售或者租赁的不动产在境内
自然资源使用权	所销售自然资源使用权的自然资源在境内
其他服务或其他无形资产	销售方或者购买方在境内

【提示】下列情形不属于在境内销售服务或者无形资产：

（1）境外单位或者个人向境内单位或者个人销售完全在境外发生的服务；

（2）境外单位或者个人向境内单位或者个人销售完全在境外使用的无形资产；

（3）境外单位或者个人向境内单位或者个人出租完全在境外使用的有形动产；

（4）财政部和国家税务总局规定的其他情形。

小旌笔记

不属于在境内销售服务或者无形资产，具有两个特征：一是销售方是境外单位；二是服务或无形资产完全在境外发生或使用。

考查角度 判断销售行为是否属于“在中国境内销售”。

【例题·单选 2019】根据增值税法律制度的规定，下列各项中，属于在境内销售服务、无形资产或者不动产的是（　　）。

A. 境外丙公司将其境外的办公大楼出售给中国境内企业

B. 境外乙公司将其境外房屋出租给中国留学生

C. 境外甲公司为中国游客提供从境外 M 地到境外 N 地的运输服务

D. 境外丁公司将其在中国境内使用的经销权转让给中国境内企业

【解析】选项 A，办公大楼属于不动产，找不动产所在地，办公大楼位于境外，所以不属于“在境内销售不动产”。选项 B，房屋属于不动产，出租的是境外房屋，所以不属于“在境内销售服务”。选项 C 属于境外单位向境内单位或个人销售完全在境外发生的服务，不属于“在境内销售服务”。选项 D 属于境外单位向境内单位销售“在境内使用”的无形资产，属于“在境内销售无形资产”。

【答案】D

（六）不征收增值税项目

不征收增值税的项目如表 4-2-6 所示。

表 4-2-6　不征收增值税项目

分类	具体内容
单位内部行为	（1）单位或者个体工商户聘用的员工为本单位或者雇主提供加工、修理修配劳务 （2）单位或者个体工商户聘用的员工为本单位或者雇主提供取得工资的服务 （3）单位或者个体工商户为聘用的员工提供服务
非营利性行为	（1）行政单位收取的同时满足以下条件的政府性基金或者行政事业性收费（了解即可）： ① 由国务院或者财政部批准设立的政府性基金，由国务院或者省级人民政府及其财政、价格主管部门批准设立的行政事业性收费 ② 收取时开具省级以上（含省级）财政部门监（印）制的财政票据 ③ 所收款项全额上缴财政 （2）房地产主管部门或者其指定机构、公积金管理中心、开发企业以及物业管理单位代收的住宅专项维修资金 （3）根据国家指令无偿提供的铁路运输服务、航空运输服务，用于公益事业的
企业全部或部分产权整体转让	在资产重组过程中，通过合并、分立、出售、置换等方式，将全部或者部分实物资产以及与其相关联的债权、负债和劳动力一并转让给其他单位和个人，其中涉及的货物、不动产、土地使用权等转让行为
其他	（1）存款利息 （2）被保险人获得的保险赔付

考查角度 判断是否征收增值税。

【例题·多选 2018】根据增值税法律制度的规定，下列各项中，属于不征收增值税项目的有（ ）。

A. 存款人取得的存款利息
B. 物业管理单位代收的住宅专项维修资金
C. 被保险人获得的保险赔付
D. 电力公司销售电力

【答案】ABC

考点3 视同销售、混合销售与兼营（★★★）

（一）视同销售

1. 视同销售货物

单位或者个体工商户的下列行为，视同销售货物，征收增值税：

（1）将货物交付其他单位或者个人代销（委托方，见图 4-2-3）。

（2）销售代销货物（受托方，见图 4-2-3）。

图 4-2-3

（3）设有两个以上机构并实行统一核算的纳税人，将货物从一个机构移送至其他机构用于销售的，但相关机构设在同一县（市）的除外（见图 4-2-4）。

图 4-2-4

（4）将自产、委托加工或者购进的货物用于下列用途的（见表 4-2-7）。

表 4-2-7 自产、委托加工或者购进货物的视同销售

用途 / 货物来源	企业内部		企业外部		
	用于非应税项目（不交增值税项目）	用于集体福利或者个人消费（含交际应酬）	投资	分配给股东或者投资者	无偿赠送其他单位或者个人
自产、委托加工货物	√	√	√	√	√
外购货物	×	×	√	√	√

（注：√表示视同销售；×表示不视同销售。）

2. 视同销售服务、无形资产或者不动产

单位或者个人的下列情形视同销售服务、无形资产或不动产，征收增值税：

（1）单位或者个体工商户（不含其他个人）向其他单位或者个人无偿提供服务的，但用于公益事业或者以社会公众为对象的除外。

（2）单位或者个人（包括个体工商户和其他个人）向其他单位或者个人无偿转让无形资产或者不动产的，但用于公益事业或者以社会公众为对象的除外。

小旌笔记

自然人提供服务，不便于监管，故其他个人无偿提供服务未列入视同销售范围；而无形资产和不动产，可以监管到，所以属于视同销售范围。

考查角度 判断是否属于视同销售。

【例题·单选 2019】根据增值税法律制度的规定，下列行为中，属于视同销售货物行为的是（　　）。

A. 丁服装厂将外购的面料用于生产服装

B. 丙玩具厂将自产的玩具无偿赠送给福利院

C. 乙超市将外购的洗衣粉作为集体福利发给员工

D. 甲商贸公司将外购的矿泉水用于交际应酬

【解析】选项 A 属于外购材料生产货物，不视同销售；选项 B 属于自产货物无偿赠送其他单位，视同销售；选项 C 属于外购货物用于集体福利，不视同销售；选项 D 属于外购货物用于个人消费，不视同销售。

【答案】B

【拓展·多选 2018】根据增值税法律制度的规定，企业发生的下列行为中，属于视同销售货物行为的有（　　）。

A. 将服装交付他人代销

B. 将自产服装用于职工福利

C. 将购进服装无偿赠送给某小学

D. 销售代销服装

【答案】ABCD

（二）混合销售与兼营

混合销售与兼营的内容如表 4-2-8 所示。

表 4-2-8　混合销售与兼营

项目	混合销售	兼营
含义	同一项销售行为既涉及货物又涉及服务（只能是“货物+服务”）	经营范围多样化，如既销售货物又销售不动产
税务处理	按主营业务交税，即：从事货物的生产、批发或者零售的纳税人（以销售货物为主营业务）的混合销售行为，按照销售货物缴纳增值税；其他纳税人的混合销售行为，按照销售服务缴纳增值税	分别核算，分别计税；未分别核算，从高计税

（续表）

项目	混合销售	兼营
举例	某空调零售店销售空调并负责安装，空调价格 2 000 元，安装费 200 元。分析如下： ① 销售空调和销售安装服务是同时发生的，针对的客户是相同的，属于同一项销售行为，涉及的是“空调货物+安装服务” ② 空调零售店是以销售货物为主营业务的，故销售空调的 2 000 元和安装费 200 元均按销售货物计算缴纳增值税	某商场既销售货物，又提供餐饮服务 ① 分别核算：某月取得销售货物收入 20 万元，餐饮收入 10 万元 分析：销售货物和提供餐饮服务并不一定同时发生，针对的客户也并不完全相同。销售货物的收入 20 万元按照销售货物缴纳增值税，餐饮收入 10 万元按照销售生活服务缴纳增值税 ② 未分别核算：某月取得销售货物收入和餐饮收入共计 30 万元。已知销售货物适用 13%的增值税税率，生活服务适用 6%的增值税税率 分析：货物收入和餐饮收入未分别核算，从高计税。30 万元的收入统一按销售货物适用 13%的税率计算缴纳增值税

【特例】纳税人销售活动板房、机器设备、钢结构件等自产货物的同时提供建筑、安装服务，不属于混合销售，应分别核算货物和建筑服务的销售额，分别计算缴纳增值税。（性质上属于混合销售，但按照兼营进行税务处理）

考点 4　增值税应纳税额的计算（★★★）

增值税应纳税额的计算公式如表 4-2-9 所示。

表 4-2-9　增值税应纳税额的计算公式

分类	应纳税额的计算	适用范围
销售	一般计税方法：应纳税额=当期销项税额−当期进项税额	一般纳税人
	简易计税方法：应纳税额=销售额×征收率	小规模纳税人、一般纳税人的部分业务
进口	应纳税额=组成计税价格×税率	一般纳税人和小规模纳税人进口货物
扣缴税额	应扣缴税额=购买方支付的价款÷（1＋税率）×税率	境外单位或者个人在境内发生应税销售行为，在境内未设有营业机构的

（一）一般计税方法

一般计税方法的计算公式如图 4-2-5 所示。

应纳税额 = 当期销项税额 − 当期进项税额

应纳税额：正数 → 应纳税额；负数 → 留抵税额

当期销项税额：销售额×税率 或 $\frac{含税销售额}{1+税率}$×税率

当期进项税额 → 购进时负担的满足抵扣条件的增值税

图 4-2-5 一般计税方法的计算公式

小旌笔记

计算出的应纳税额为正数，表示纳税人当期应向国家缴纳的增值税税额；计算出的应纳税额为负数，表示留抵税额（留着以后抵扣的税额），即可以结转到下期，从下期的销项税额中继续抵扣。

1. 销项税额

销项税额是指纳税人发生应税销售行为，按照销售额（也称不含税销售额）和适用税率计算并向购买方收取的增值税税款，其计算公式为：

销项税额=销售额×税率

或，销项税额=含增值税销售额÷（1+税率）×税率

小旌笔记

增值税的纳税人是销售方，但税款是由购买方负担的，即销售方从购买方收的钱由两部分构成，一部分是商品的价款，一部分是购买方负担的增值税。在一般计税方法中，我们把向购买方收取的由购买方负担的增值税称为“销项税额”。

销售额与含增值税销售额的关系，推导如下：

实际收到的金额 = 商品价款 + 增值税

↓

含增值税销售额 = 销售额 + 销项税额

含增值税销售额 = 销售额 + 销售额×税率

（合并）

含增值税销售额 = 销售额×（1+税率）

（移项）

含增值税销售额÷（1+税率） = 销售额

（1）税率。

目前我国增值税税率为 13%、9%、6%和零税率四种，具体内容如图 4-2-6 所示。

增值税税率

- **13%** → 基本税率，除适用9%、6%和零税率以外均适用13%
- **9%**
  - （1）交通运输服务　（5）不动产租赁服务
  - （2）邮政服务　（6）销售不动产
  - （3）基础电信服务　（7）转让土地使用权
  - （4）建筑服务　（8）部分货物 →
    - ① 粮食等农产品、食用植物油、食用盐
    - ② 自来水、暖气、冷气、热水、煤气、石油液化气、天然气、沼气、居民用煤炭制品（①②：基本生活用品）
    - ③ 图书、报纸、杂志、音像制品、电子出版物（文化用品）
    - ④ 饲料、化肥、农药、农机、农膜（农用品）
    - ⑤ 国务院规定的其他货物
  - 简记“交邮基建，不会动”
- **6%**
  - （1）转让无形资产（不含土地使用权）
  - （2）生活服务
  - （3）现代服务（不含租赁服务）
  - （4）金融服务
  - （5）增值电信服务
  - 简记“无生活，现金增值”
- **零税率**
  - （1）出口货物（国务院另有规定的除外）
  - （2）国际运输服务
  - （3）航天运输服务
  - （4）向境外单位提供的完全在境外消费的特定服务 →
    - ① 研发服务
    - ② 合同能源管理服务
    - ③ 设计服务
    - ④ 广播影视节目（作品）的制作和发行服务
    - ⑤ 软件服务
    - ⑥ 电路设计及测试服务
    - ⑦ 信息系统服务
    - ⑧ 业务流程管理服务
    - ⑨ 离岸服务外包业务
    - ⑩ 转让技术等

图 4-2-6　增值税税率

考查角度 辨析适用的税率。

【例题·多选 2016 改编】根据增值税法律制度的规定，一般纳税人销售的下列货物中，适用 9%增值税税率的有（　　）。

A. 图书　　B. 粮食

C. 电力　　D. 暖气

【答案】ABCD

【拓展·单选 2016 改编】根据增值税法律制度的规定，下列各项服务中，增值税税率为 13%的是（　　）。

A. 邮政服务　　B. 交通运输业服务

C. 有形动产租赁服务　　D. 增值电信服务

【答案】C

小旌笔记

本考点只在 2016 年和 2013 年考查过，考查概率较低，简单了解即可。考查增值税应纳税额的计算时，题目中一般都会直接给出增值税税率。

（2）销售额。

① 销售额的概念。

销售额是指纳税人发生应税销售行为向购买方收取的全部价款和价外费用，但不包括收取的销项税额。具体内容如表 4-2-10 所示。

表 4-2-10　销售额的内容

属于销售额	不属于销售额
① 价款 ② 价外费用：包括价外向购买方收取的手续费、补贴、基金、集资费、返还利润、奖励费、违约金、滞纳金、延期付款利息、赔偿金、代收款项、代垫款项、包装费、包装物租金、储备费、优质费、运输装卸费以及其他各种性质的价外收费	① 销项税额 ② 受托加工应征消费税的消费品所代收代缴的消费税（第三节会讲解） ③ 符合条件的代为收取的政府性基金或者行政事业性收费 ④ 销售货物的同时代办保险等而向购买方收取的保险费，以及向购买方收取的代购买方缴纳的车辆购置税、车辆牌照费 ⑤ 以委托方名义开具发票代委托方收取的款项（如物业公司代收的水费，以自来水公司的名义开具发票）

【提示】价外费用一般都是含增值税的金额，在计算销项税额时需要先除以（1+税率）（进行价税分离，换算为不含税销售额），然后再乘以税率。即销项税额=价外费用÷（1+税率）×税率。

考查角度　销售额的内容、销项税额的计算。

【例题 1·多选 2017】根据增值税法律制度的规定，纳税人销售货物向购买方收取的下列款项中，属于价外费用的有（　　）。

A. 延期付款利息　B. 赔偿金　C. 手续费　D. 包装物租金

【答案】ABCD

【例题 2·单选 2018】某增值税一般纳税人提供咨询服务，取得含税收入 318 万元，取得奖金 5.3 万元，咨询服务的增值税税率为 6%，该业务应计算的销项税额是（　　）。

A.（318+5.3）÷（1+6%）×6%=18.3 万元

B. 318÷（1+6%）×6%=18 万元

C.［318÷（1+6%）+5.3］×6%=18.318 万元

D. 318×6%=19.08 万元

【解析】取得的奖金 5.3 万元属于价外费用，为含增值税金额。销项税额=含增值税销售额÷（1+税率）×税率=（318+5.3）÷（1+6%）×6%=18.3 万元。

【答案】A

【拓展·单选 2019】根据增值税法律制度的规定，下列各项中，应并入销售额计算销项税额的是（　　）。

A. 以委托方名义开具发票代委托方收取的款项

B. 销售货物向购买方收取的价款之外的手续费

C. 受托加工应征消费税的消费品所代收代缴的消费税

D. 销售货物的同时代办保险而向购买方收取的保险费

【答案】B

② 特殊销售方式下销售额的确定。

特殊销售方式下销售额的确定如表 4-2-11 所示。

表 4-2-11　特殊销售方式下销售额的确定

销售方式		销售额的确定
折扣方式销售（如打八折）	销售额和折扣额在同一张发票上分别注明	按折扣后的销售额征收增值税
	将折扣额另开发票	不得从销售额中减除折扣额

（续表）

销售方式		销售额的确定
以旧换新	金银首饰的以旧换新	按销售方实际收取的不含增值税的全部价款征收增值税（即差价，可以扣除旧首饰的收购价格）
	其他商品的以旧换新	按新货物的同期销售价格确定销售额，不得扣减旧货物的收购价格
直销	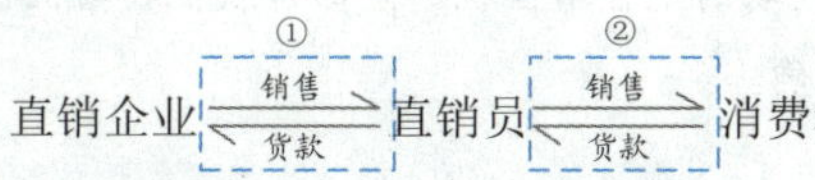	① 直销企业的销售额：向直销员收取的全部价款和价外费用 ② 直销员的销售额：向消费者收取的全部价款和价外费用
	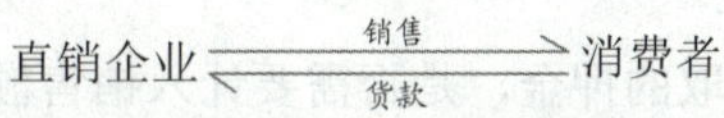	直销企业的销售额：向消费者收取的全部价款和价外费用
还本销售（如销售货物的同时约定，3年后把全部或部分货款退还给购货方）		不得从销售额中减除还本支出
以物易物		换出的货物：按销售货物处理 换入的货物：按购进货物处理

考查角度 特殊销售方式下销项税额的计算。

【例题 1 • 单选 2018、2016 改编】甲公司为增值税一般纳税人，2019 年 10 月采取折扣方式销售货物一批，该批货物不含税销售额 90 000 元，折扣额 9 000 元，销售额和折扣额在同一张发票上分别注明。已知增值税税率为 13%。甲公司当月该笔业务增值税销项税额的下列计算列式中，正确的是（　　）。

A.（90 000−9 000）÷（1+13%）×13%=9 318.58 元　　B. 90 000×13%=11 700 元

C. 90 000÷（1+13%）×13%=10 353.98 元　　D.（90 000−9 000）×13%=10 530 元

【解析】折扣方式销售，销售额和折扣额在同一张发票上分别注明的，按折扣后的销售额征收增值税。题目中给出的是不含税销售额，直接用“折扣后销售额×税率”的公式。

【答案】D

【例题 2 • 单选 2018 改编】甲公司为一般纳税人，2019 年 6 月销售新型冰箱 50 台，每台含税价格 5 800 元；采取以旧换新方式销售同型号冰箱 20 台，收回的旧冰箱每台作价 232 元，实际每台收取款项 5 568 元。计算甲公司当月增值税销项税额的下列算式中，正确的是（　　）。

A. [50×5 800+20×（5 568−232）] ×13%=51 573.6 元

B.（50×5 800+20×5 568）÷（1+13%）×13%=46 174.16 元

C.（50+20）×5 800÷（1+13%）×13%=46 707.96 元

D.（50×5 800+20×5 568）×13%=52 176.8 元

【解析】本题共有两项业务：① 正常销售 50 台新冰箱，每台“含税价格”5 800 元，销项税额=含税销售额÷（1+税率）×税率=50×5 800÷（1+13%）×13%；② 采取以旧换新方式销售 20 台新冰箱，以旧换新方式销售非金银首饰的，按新货物的同期销售价格确定销售额，销项税额= 20×5 800÷（1+13%）×13%。故选项 C 正确。

【答案】C

【例题 3 • 单选 2015 改编】甲首饰店是增值税一般纳税人。2019 年 11 月采取以旧换新方式销售一批金项链。该批金项链含增值税售价为 139 200 元，换回的旧项链作价 127 600 元，甲首饰店实际收取差价款 11 600 元。已知增值税税率为 13%。甲首饰店当月该笔业务增值税销项税额的下列计算中，正确的是（　　）。

A. 139 200÷（1+13%）×13%=16 014.16 元

B. 127 600÷（1+13%）×13%=14 679.65 元

C. 139 200×13%=18 096 元

D. 11 600÷（1+13%）×13%=1 334.51 元

【解析】金银首饰以旧换新业务，按销售方实际收取的不含增值税的全部价款征收增值税；“实际收取的”差价款 11 600 元为含增值税销售额，故选项 D 正确。

【答案】D

③ 包装物押金。

纳税人为销售货物而出租、出借包装物收取的押金，是否需要计入销售额征收增值税，根据图 4-2-7 进行判断。

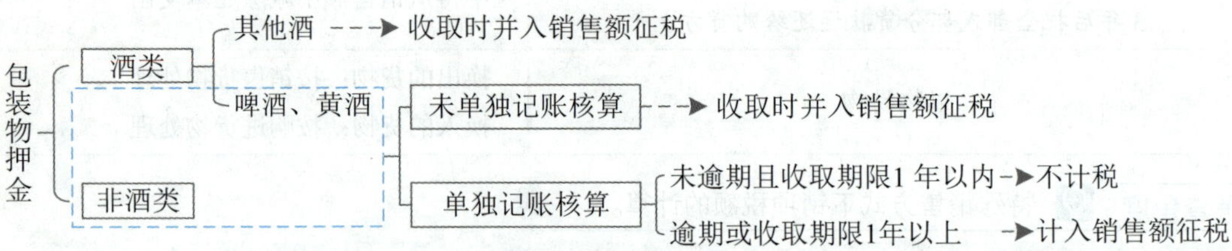

图 4-2-7　包装物押金

【提示 1】在计算增值税时，包装物押金一般属于含增值税金额。

【提示 2】包装费和包装物租金属于价外费用，在收取时计入销售额征收增值税。

小旌笔记

在计算增值税时，下列项目通常为含增值税金额：① 零售价；② 价税合计金额；③ 价外费用；④ 包装物押金。

考查角度　包装物押金应纳增值税销项税额的计算。

【例题 • 单选 2019 改编】甲企业为增值税一般纳税人，2019 年 8 月销售空调取得含增值税价款 626.4 万元，另收取包装物押金 5.8 万元，约定 3 个月内返还；当月确认逾期不予退还的包装物押金为 11.6 万元。已知增值税税率为 13%。计算甲企业当月上述业务增值税销项税额的下列算式中，正确的是（　　）。

A.（626.4+5.8+11.6）×13%=83.69 万元

B.（626.4+11.6）÷（1+13%）×13%=73.40 万元

C.（626.4+5.8+11.6）÷（1+13%）×13%=74.07 万元

D.（626.4+11.6）×13%=82.94 万元

【解析】销售空调收取的包装物押金 5.8 万元，属于单独记账核算，未逾期且收取期限在 1 年以内，收取时不计税；当月确认逾期不予退还的包装物押金 11.6 万元，需要计入销售额征收增值税。

【答案】B

④ 以差额为销售额的特殊规定。

部分业务在计算销售额时允许扣除一定的项目，按照差额计算销售额。具体内容如表 4-2-12 所示。

表 4-2-12 以差额为销售额的特殊规定

业务	销售额的确定
金融商品转让	销售额=卖出价-买入价
经纪代理服务	销售额=全部价款和价外费用-向委托方收取并代为支付的政府性基金或者行政事业性收费
航空运输企业	销售额=全部价款和价外费用-代收的机场建设费-代售其他航空运输企业客票而代收转付的价款
一般纳税人提供客运场站服务	销售额=全部价款和价外费用-支付给承运方的运费
旅游服务	可以选择差额或全额，选择差额计税的： 销售额=全部价款和价外费用-向旅游服务购买方收取并支付给其他单位或者个人的住宿费、餐饮费、交通费、签证费、门票费和支付给其他接团旅游企业的旅游费用
纳税人提供建筑服务适用简易计税方法的	销售额=全部价款和价外费用-支付的分包款
房地产开发企业中的一般纳税人销售其开发的房地产项目（选择简易计税方法的房地产老项目除外）	销售额=全部价款和价外费用-向政府部门支付的土地价款

【提示 1】金融商品转让出现的正负差，按盈亏相抵后的余额为销售额（即不同金融商品的正负差可以相抵）。例如：某金融企业以一个季度为一期缴纳增值税。第一季度转让股票卖出价 100 万元，买入价 120 万元；转让债券卖出价 50 万元，买入价 10 万元。上述价格均为不含增值税金额。转让股票销售额=100-120=-20 万元，转让债券销售额=50-10=40 万元。计算增值税时，该金融企业按照 20 万元（-20+40）作为销售额。

若相抵后出现负差，可结转下一纳税期相抵，但年末时仍出现负差的，不得转入下一个会计年度。（可以跨期相抵，但不能跨年）

【提示 2】金融商品转让，不得开具增值税专用发票。

⑤ 视同销售货物的销售额的确定。

纳税人发生视同销售行为而无销售额的，税务机关有权按照图 4-2-8 的顺序核定其销售额。

第一　看自己　　纳税人最近时期同类货物的平均销售价格

↓

第二　看别人　　其他纳税人最近时期同类货物的平均销售价格

↓

第三　组价（考试重点）　　组成计税价格＝成本＋利润＋消费税税额（利润：成本×成本利润率）

＝成本×（1＋成本利润率）＋消费税税额

图 4-2-8　视同销售货物的销售额的确定

【提示 1】对部分商品在特定的环节会征收消费税（第三节介绍），商品征收消费税的，在计算组成计税价格时，包括消费税的金额；商品不征收消费税的，消费税看成 0，则组成计税价格=成本+利润。

【提示 2】纳税人发生应税行为，价格明显偏低又无正当理由的，税务机关按照上述方法核定其销售额。

考查角度　组价公式的运用。

【例题·单选 2018 改编】甲服装厂为增值税一般纳税人，2019 年 10 月将自产的 100 件新型羽绒服作为福利发给本厂职工，该新型羽绒服生产成本为单件 1 170 元，增值税税率为 13%，成本利润率为 10%。计算甲服装厂当月该笔业务增值税销项税额的下列算式中，正确的是（　　）。

A. 100×1 170×13%=15 210 元

B. 100×1 170×（1+10%）×13%=16 731 元

C. 100×1 170×（1+10%）÷（1+13%）×13%=14 806.19 元

D. 100×1 170÷（1+13%）×13%=13 460.18 元

【解析】① 将自产的羽绒服作为福利发给本厂职工，应视同销售；② 题目中只给了成本、成本利润率和增值税税率，没有给纳税人自己和其他纳税人同类羽绒服的价格，所以按组价计算销售额；③ 组成计税价格=100 件×单件成本 1 170 元/件×（1+成本利润率 10%），增值税销项税额=组成计税价格×增值税税率=100×1 170×（1+10%）×13%=16 731 元。

【答案】B

2. 进项税额

进项税额是指纳税人购进货物、劳务、服务、无形资产或者不动产，支付或者负担的增值税额。（购买方的“进项税额”=销售方的“销项税额”）

（1）准予从销项税额中抵扣的进项税额。

准予从销项税额中抵扣的进项税额如表 4-2-13 所示。

表 4-2-13　准予从销项税额中抵扣的进项税额

情形	准予抵扣的进项税额
一般购进业务	① 从销售方取得的增值税专用发票（含税控机动车销售统一发票）上注明的增值税额 ② 从海关取得的海关进口增值税专用缴款书上注明的增值税额 ③ 从税务机关或者扣缴义务人取得的代扣代缴税款的完税凭证上注明的增值税额

（续表）

情形	准予抵扣的进项税额
购进国内旅客运输服务	纳税人未取得增值税专用发票的，暂按照以下规定确定进项税额： ① 取得增值税电子普通发票的，为发票上注明的税额 ② 取得注明旅客身份信息的航空运输电子客票行程单的：准予抵扣的进项税额=（票价+燃油附加费）÷（1+9%）×9% ③ 取得注明旅客身份信息的铁路车票的：准予抵扣的进项税额=票面金额÷（1+9%）×9% ④ 取得注明旅客身份信息的公路、水路等其他客票的：准予抵扣的进项税额=票面金额÷（1+3%）×3%
购进农产品	① 取得一般纳税人开具的增值税专用发票或者海关进口增值税专用缴款书的：准予抵扣的进项税额=增值税专用发票或者专用缴款书上注明的增值税额 ② 从小规模纳税人取得增值税专用发票的：准予抵扣的进项税额=增值税专用发票上注明的金额×9%（扣除率） ③ 取得农产品销售发票或者收购发票的： a. 购进用于生产或者委托加工 13%税率货物的农产品：准予抵扣的进项税额=农产品买价×10%（扣除率） b. 购进其他农产品：准予抵扣的进项税额=农产品买价×9%（扣除率）

敲黑板

除另有规定外，取得增值税普通发票的，不得抵扣进项税额。

（2）不得从销项税额中抵扣的进项税额。

① 用于简易计税方法计税项目（简易计税方法是直接用销售额乘以一个较低的征收率计算增值税，不抵扣进项税额）、免征增值税项目（免税，所以不用抵扣进项税额）、集体福利或者个人消费（将外购货物用于集体福利和个人消费，不视同销售，不征收增值税，所以也不抵扣进项税额）的购进货物、劳务、服务、无形资产和不动产。

小旌笔记

外购货物用于投资、分配、赠送，属于视同销售；外购货物用于非应税项目、集体福利或者个人消费，属于不得抵扣进项税额。

【提示】既用于上述不允许抵扣项目又同时用于抵扣项目的固定资产、不动产、无形资产（不包括其他权益性无形资产），其进项税额准予全部抵扣。

② “非正常损失”的购进货物，以及相关的劳务和交通运输服务。

【提示】非正常损失是指因管理不善造成被盗、丢失、霉烂变质，以及因违反法律法规造成货物或者不动产被依法没收、销毁、拆除的情形。

③ “非正常损失”的在产品、产成品所耗用的购进货物（不包括固定资产）、劳务和交通运输服务。

④ “非正常损失”的不动产，以及该不动产所耗用的购进货物、设计服务和建筑服务。

⑤ “非正常损失”的不动产在建工程所耗用的购进货物、设计服务和建筑服务。

⑥ 购进的贷款服务、餐饮服务、居民日常服务和娱乐服务（大部分都是用于居民的日常生活，而不是生产经营，所以不允许抵扣）。

【提示】注意不包括旅客运输服务，自 2019 年 4 月 1 日起，纳税人购进旅客运输服务，符合规定的，可以抵扣进项税额。

⑦ 纳税人接受贷款服务向贷款方支付的与该笔贷款直接相关的投融资顾问费、手续费、咨询费等费用（与贷款服务相关），其进项税额不得从销项税额中抵扣。

⑧ 财政部和国家税务总局规定的其他情形。

小旌笔记

进项税额会导致增值税额的减少，故在确定准予抵扣的进项税额时要求比较严格，必须要同时满足两个条件：一是取得符合国家规定的扣税凭证；二是“用途”符合规定。

【提示】适用一般计税方法的纳税人兼营简易计税方法计税项目、免征增值税项目而无法划分不得抵扣的进项税额，按照下列公式计算不得抵扣的进项税额：

不得抵扣的进项税额=当期无法划分的全部进项税额×（当期简易计税方法计税项目销售额+免税项目销售额）÷当期全部销售额

考查角度　判断是否属于准予抵扣的进项税额。

【例题 1·多选 2019】根据增值税法律制度的规定，增值税一般纳税人购进的下列服务，不得抵扣进项税额的有（　　）。

A. 娱乐服务　　B. 居民日常服务

C. 餐饮服务　　D. 贷款服务

【答案】ABCD

【例题 2·不定项 2017 节选】甲建筑公司为增值税一般纳税人，2016 年 7 月购进工程所用材料取得增值税专用发票注明税额 170 000 元，购进施工现场修建临时建筑物所用材料取得增值税专用发票注明税额 8 500 元，购进工程设计服务取得增值税专用发票注明税额 600 元，购进办公用品取得增值税普通发票注明税额 180 元。

要求：根据上述资料，不考虑其他因素，分析回答下列小题。

甲建筑公司当月下列增值税进项税额中，准予从销项税额中抵扣的是（　　）。

A. 购进工程所用材料税额 170 000 元

B. 购进办公用品税额 180 元

C. 购进工程设计服务税额 600 元

D. 购进施工现场修建临时建筑物所用材料税额 8 500 元

【解析】除另有规定外，取得增值税普通发票的，不得抵扣进项税额。

【答案】ACD

【拓展·不定项 2016 节选】甲制药厂为增值税一般纳税人，主要生产和销售降压药、降糖药及免税药。2015 年 3 月有关经济业务如下：

（1）购进降压药原料，取得的增值税专用发票上注明的税额为 85 万元；支付其运输费取得的增值税专用发票上注明的税额为 1.32 万元。

（2）购进免税药原料，取得的增值税专用发票上注明的税额为 51 万元；支付其运输费取得的增值税专用发票上注明的税额为 0.88 万元。

要求：根据上述资料，分析回答下列小题。

甲制药厂下列增值税进项税额中，准予抵扣的是（　　）。

A. 购进免税药原料运输费的进项税额 0.88 万元

B. 购进降压药原料运输费的进项税额 1.32 万元

C. 购进降压药原料的进项税额 85 万元

D. 购进免税药原料的进项税额 51 万元

【解析】用于免征增值税项目的购进货物及运输费用，进项税额不得抵扣。

【答案】BC

3. 进项税额转出

（1）已抵扣进项税额的购进货物、劳务和服务，如果事后改变用途，用于集体福利或者个人消费、发生非正常损失等，应当将该项购进货物、劳务和服务的进项税额从当期的进项税额中扣减；无法确定该项进项税额的，按当期外购项目的实际成本计算应扣减的进项税额。

（2）已抵扣进项税额的固定资产或者无形资产，事后发生不得从销项税额中抵扣情形的，按下列公式计算不得抵扣的进项税额：

不得抵扣的进项税额=固定资产或者无形资产净值×税率

【提示】固定资产或者无形资产净值是指纳税人根据财务会计制度计提折旧或摊销后的余额。

（3）已抵扣进项税额的不动产，发生非正常损失，或者改变用途，专用于简易计税方法项目、免征增值税项目、集体福利或者个人消费的，按照下列公式计算不得抵扣的进项税额，并从当期进项税额中扣减：

不得抵扣的进项税额=已抵扣进项税额×不动产净值率

不动产净值率=（不动产净值÷不动产原值）×100%

（4）纳税人适用一般计税方法的，因销售折让、中止或者退回而退还给购买方的增值税额，应当从当期的销项税额中扣减；因销售折让、中止或者退回而收回的增值税额，应当从当期的进项税额中扣减。

考查角度　进项税额转出的计算。

【例题·不定项 2016 节选改编】甲公司为增值税一般纳税人，主要从事建筑、装修材料的生产和销售业务，2019 年 10 月，仓库因保管不善丢失一批上月购进的零配件，该批配件账面成本 10.53 万元，其中含运输成本 0.23 万元，购进零配件和支付运输费的进项税额均已于上月抵扣。已知：货物增值税税率为 13%，提供交通运输业服务增值税税率为 9%。

要求：根据上述资料，不考虑其他因素，分析回答下列小题。

甲公司当月丢失零配件增值税进项税额转出的下列计算列式中，正确的是（　　）。

A. 10.53÷（1+13%）×13%=1.21 万元

B. 10.53÷（1+13%）×13%+0.23×9%=1.232 1 万元

C.（10.53−0.23）×13%+0.23×9%=1.359 7 万元

D.（10.53−0.23）×13%=1.339 万元

【解析】扣减或转出的进项税额=实际成本×增值税税率，零配件的增值税税率与运输服务的增值税税率不同，应分别计算。

【答案】C

4. 当期准予抵扣的进项税额的计算

当期准予抵扣的进项税额=当期进项税额−进项税额转出+上期结转的留抵税额

考查角度　准予抵扣的进项税额的计算。

【例题·不定项 2019 节选改编】甲酒店为增值税一般纳税人，主要从事餐饮、住宿等服务。2019 年 12 月有关经营情况如下：购进客房用品，取得增值税专用发票，注明税额 9 120 元；向农户购进自产农产品用于餐饮服务，取得农产品收购发票注明买价 29 700 元；购进用于销售的各类商品，取得增值税专用发票注明税额 6 080 元。上期留抵税额 3 200 元。

已知：农产品扣除率为 9%，取得的扣税凭证已通过税务机关认证。

要求：根据上述资料，不考虑其他因素，分析回答下列小题。

计算甲酒店当月准予抵扣进项税额的下列算式中，正确的是（　　）。

A. 9 120+29 700÷（1+9%）×9%+6 080+3 200=20 852.29 元

B. 6 080+3 200=9 280 元

C. 9 120+29 700×9%+6 080+3 200=21 073 元

D. 9 120+29 700×9%+6 080=17 873 元

【解析】① 购进客房用品和用于销售的各类商品，取得了增值税专用发票，准予抵扣进项税额。② 购进农产品用于餐饮服务，取得农产品收购发票，可以按照发票上注明的买价和扣除率计算准予抵扣的进项税额。③ 准予抵扣的进项税额=9 120+29 700×9%+6 080+3 200=21 073 元。

【答案】C

5. 特殊情形

有下列情形之一者，应当按照销售额和增值税税率计算应纳税额，不得抵扣进项税额，也不得使用增值税专用发票（带有惩罚性的管理措施）：

（1）一般纳税人会计核算不健全，或者不能够提供准确税务资料的。

（2）应当办理一般纳税人资格登记而未办理的。

（二）简易计税方法

简易计税方法是指直接按照销售额和征收率计算应纳增值税税额，不抵扣进项税额的一种方法。其计算公式为：

当期应纳税额=不含税销售额×征收率

或，当期应纳税额=含税销售额÷（1+征收率）×征收率

1. 适用范围

（1）小规模纳税人发生应税销售行为（不包括进口行为），采用简易计税方法。

（2）一般纳税人发生的部分应税销售行为，采用简易计税方法，主要包括的内容如表 4-2-14 所示。

表 4-2-14　一般纳税人适用简易计税方法的情形

分类	具体内容
可以选择一般计税方法或简易计税方法	① 一般纳税人销售自产的下列货物，可以选择按照简易办法依照 3%征收率计算缴纳增值税： a. 县级及县级以下小型水力发电单位生产的电力 b. 建筑用和生产建筑材料所用的砂、土、石料 c. 以自己采掘的砂、土、石料或其他矿物连续生产的砖、瓦、石灰（不含黏土实心砖、瓦） d. 用微生物、微生物代谢产物、动物毒素、人或动物的血液或组织制成的生物制品 e. 自来水 f. 商品混凝土（仅限于以水泥为原料生产的水泥混凝土） ② 一般纳税人发生下列行为，可以选择适用简易计税方法计税： a. 公共交通运输服务，包括轮客渡、公交客运、地铁、城市轻轨、出租车、长途客运、班车 b. 电影放映服务、仓储服务、装卸搬运服务、收派服务和文化体育服务 c. 财政部和国家税务总局规定的其他应税行为 【提示】一般纳税人选择简易计税方法计算缴纳增值税后，36 个月内不得变更
只能按简易计税方法	一般纳税人销售货物属于下列情形之一的，暂按简易办法依照 3%征收率计算缴纳增值税： ① 寄售商店代销寄售物品（包括居民个人寄售的物品在内） ② 典当业销售死当物品

考查角度　一般纳税人适用简易计税方法的情形、选择简易计税方法后不得变更的时限。

【例题 1·多选 2019】根据增值税法律制度的规定，下列各项中，符合条件的一般纳税人，可以选择简易计税方法的有（　　）。

A. 装卸搬运服务　　B. 公共交通运输服务

C. 文化体育服务　　D. 电影放映服务

【答案】ABCD

【例题 2·多选 2018】根据增值税法律制度的规定，一般纳税人销售下列货物中，可以选择按照简易计税方法计算增值税的有（　　）。

A. 自来水公司销售自产的自来水　　B. 县级以下小型水力发电站生产的电力

C. 食品厂销售的食用植物油　　D. 煤气公司销售的煤气

【答案】AB

2. 销售额与征收率

（1）销售额的确定与一般计税方法相同。

【提示】纳税人适用简易计税方法计税的，因销售折让、中止或者退回而退还给购买方的销售额，应当从当期销售额中扣减。

（2）征收率的类型及适用情形如表 4-2-15 所示。

表 4-2-15　征收率的类型及适用情形

征收率	适用情形
3%（多数情况）	除另有规定外，均适用 3%的征收率
5%（个别情况）	① 小规模纳税人转让其取得的不动产 ② 一般纳税人转让其 2016 年 4 月 30 日前取得的不动产，选择简易计税方法计税的 ③ 小规模纳税人出租其取得的不动产（不含个人出租住房，个人出租住房按照 5%征收率减按 1.5%征收） ④ 一般纳税人出租其 2016 年 4 月 30 日前取得的不动产，选择简易计税方法计税的 ⑤ 房地产开发企业（一般纳税人）销售自行开发的房地产老项目 ⑥ 房地产开发企业（小规模纳税人）销售自行开发的房地产项目 ⑦ 提供劳务派遣服务选择差额纳税的
按照 3%征收率减按 2%征收（税收优惠） 【提示】应纳税额=含税销售额÷（1+3%）×2%	① 销售旧货 ② 销售自己使用过的属于不得抵扣且未抵扣进项税额的固定资产

小旌笔记

不得抵扣且未抵扣进项税额的固定资产是指在取得固定资产时，国家规定不得抵扣进项税额且纳税人没有实际抵扣进项税额的固定资产。主要包括：

（1）小规模纳税人的固定资产。小规模纳税人按简易计税方法缴纳增值税，不抵扣进项税额，所以销售自己使用过的固定资产，均属于不得抵扣且未抵扣进项税额的固定资产。

（2）一般纳税人 2008 年 12 月 31 日以前购入的固定资产。2008 年 12 月 31 日以前，纳税人购入固定资产，无论是否用于生产经营，均不允许抵扣进项税额，所以纳税人销售 2008 年 12 月 31 日之前购入的固定资产，属于销售自己使用过的不得抵扣且未抵扣进项税额的固定资产。

【提示】征收率的内容不需要记忆，考试时一般会直接给出，只要会运用公式计算即可。

易错易混点　销售旧货与销售自己使用过的物品。

所称旧货是指进入二次流通的具有部分使用价值的货物，但不包括自己使用过的物品。比如二手车行，收购二手车以后，再对外销售，这属于销售旧货。它强调的是买旧卖旧，自己不用。而销售自己使用过的物品，强调的是自己用过。比如把自己使用了 3 年的小汽车卖掉，这属于销售自己使用过的物品。

销售旧货与销售自己使用过的物品增值税处理如表 4-2-16 所示。

表 4-2-16　销售旧货与销售自己使用过的物品增值税处理

<table>
<tr><th colspan="2">项目</th><th>一般纳税人</th><th>小规模纳税人</th></tr>
<tr><td colspan="2">销售旧货</td><td colspan="2">应纳增值税=含税销售额÷（1+3%）×2%</td></tr>
<tr><td rowspan="2">销售自己使用过的物品</td><td>固定资产</td><td>（1）不得抵扣且未抵扣进项税额的固定资产：应纳增值税=含税销售额÷（1+3%）×2%
（2）允许抵扣进项税额的固定资产：销项税额=含税销售额÷（1+税率）×税率</td><td>应纳增值税=含税销售额÷（1+3%）×2%</td></tr>
<tr><td>非固定资产</td><td>销项税额=含税销售额÷（1+税率）×税率</td><td>应纳增值税=含税销售额÷（1+征收率）×征收率</td></tr>
</table>

考查角度　简易计税方法下应纳税额的计算。

【例题 1 · 单选 2019】某企业为增值税小规模纳税人，2018 年 8 月购入原材料取得的增值税专用发票注明价款 10 000 元，增值税税额 1 600 元。当月销售产品开具的增值税普通发票注明含税价款为 123 600 元，适用的征收率为 3%。不考虑其他因素，该企业 2018 年 8 月应缴纳的增值税税额为（　　）元。

A. 3 600　　B. 3 708　　C. 2 000　　D. 2 108

【解析】小规模纳税人适用简易计税方法。应纳增值税=含增值税销售额÷（1+征收率）×征收率=123 600÷（1+3%）×3%=3 600 元。

【答案】A

【例题 2 · 单选 2015】甲设计公司为增值税小规模纳税人，2014 年 6 月提供设计服务取得含增值税价款 206 000 元；因服务中止，退还给客户含增值税价款 10 300 元。已知小规模纳税人增值税征收率为 3%，甲设计公司当月应缴纳增值税税额的下列计算中，正确的是（　）。

A. 206 000÷（1+3%）×3%=6 000 元　　B. 206 000×3%=6 180 元

C.（206 000−10 300）÷（1+3%）×3%=5 700 元　　D.（206 000−10 300）×3%=5 871 元

【解析】因销售折让、中止或者退回而退还给购买方的销售额，应当从当期销售额中扣减。因此，甲设计公司应缴纳的增值税=（206 000−10 300）÷（1+3%）× 3%=5 700 元。

【答案】C

【例题 3 · 不定项 2019 节选】甲商业银行为增值税一般纳税人，2018 年第二季度经营情况如下：

销售自己使用过的一批办公设备，取得含增值税销售额 10.506 万元，该批办公设备 2013 年购入，按固定资产核算。

已知：销售自己使用过的固定资产，按照简易办法依照 3%征收率减按 2%征收增值税。

要求：根据上述资料，不考虑其他因素，分析回答下列小题。

计算甲商业银行销售自己使用过的办公设备应缴纳增值税税额的下列算式中，正确的是（　　）。

A. 10.506÷（1+3%）×2%=0.204 万元　　B. 10.506÷（1+2%）×2%=0.206 万元

C. 10.506÷（1+2%）×3%=0.309 万元　　D. 10.506÷（1+3%）×3%=0.306 万元

【答案】A

易错易混点 小规模纳税人和一般纳税人对比（见表 4-2-17）。

表 4-2-17 小规模纳税人和一般纳税人

项目	一般纳税人	小规模纳税人
划分标准	（1）年应税销售额＞500 万元（不含其他个人） （2）年应税销售额≤500 万元，但会计核算健全，能够提供准确税务资料	（1）年应税销售额≤500 万元 （2）年应税销售额超过 500 万元的“其他个人”
计税方法	一般：一般计税法 特殊：简易计税法	简易计税法
可否抵扣进项税额	一般计税法：可以抵扣	不可以抵扣

（三）进口货物应纳税额的计算

纳税人进口货物，无论是一般纳税人还是小规模纳税人，均应按照组成计税价格和规定的税率（小规模纳税人也按照税率计算，不使用征收率）计算应纳税额，不允许抵扣发生在境外的任何税金。其计算公式为：

应纳增值税=组成计税价格×税率

组成计税价格的计算分以下两种情况：

（1）进口货物不征收消费税的：

组成计税价格=关税完税价格+关税

【提示】公式中所称“关税完税价格”是指海关核定的计算关税的计税价格。关税=关税完税价格×关税税率（相关内容会在第六章第八节中讲解）。

（2）进口货物征收消费税的：

组成计税价格=关税完税价格+关税+消费税

【提示 1】哪些货物征收消费税，以及消费税的计算，会在本章第三节中进行讲解。

【提示 2】一般纳税人在进口环节缴纳的增值税，符合抵扣条件的（取得海关进口增值税专用缴款书+用途符合规定），可以作为进项税额抵扣。

考查角度 进口货物应纳增值税税额的计算。

【例题·单选 2019 改编】甲公司为增值税一般纳税人，2019 年 9 月进口货物一批，海关审定的关税完税价格为 116 万元。已知增值税税率为 13%，关税税率为 10%。计算甲公司当月该笔业务应缴纳增值税税额的下列算式中，正确的是（　　）。

A. 116×（1+10%）÷（1+13%）×13%=14.68 万元

B. 116÷（1+13%）×13%=13.35 万元

C. 116×（1+10%）×13%=16.59 万元

D. 116×13%=15.08 万元

【解析】题目中未说明该货物属于应税消费品，不考虑消费税。组成计税价格=关税完税价格+关税=116+116×10%=116×（1+10%）。应纳增值税=组成计税价格×增值税税率=116×（1+10%）×13%=16.59 万元。

【答案】C

（四）扣缴计税方法

境外单位或者个人在境内发生应税销售行为，在境内未设有经营机构的，扣缴义务人按照下列公式计算应扣缴税额：

应扣缴税额=购买方支付的价款÷（1+税率）×税率

考点5 增值税税收优惠（★★）

（一）免税项目

免征增值税的优惠项目比较多，为了方便记忆，对其作了简单分类，主要内容如表4-2-18所示。

表4-2-18 增值税免税项目的主要内容

分类	主要内容
农业和技术	（1）农业生产者销售的自产农产品 （2）农业机耕、排灌、病虫害防治、植物保护、农牧保险以及相关技术培训业务，家禽、牲畜、水生动物的配种和疾病防治 （3）将土地使用权转让给农业生产者用于农业生产 （4）纳税人提供技术转让、技术开发和与之相关的技术咨询、技术服务
教育和医疗	（1）直接用于科学研究、科学试验和教学的进口仪器、设备 （2）托儿所、幼儿园提供的保育和教育服务 （3）从事学历教育的学校（不包括职业培训机构）提供的教育服务 （4）医疗机构提供的医疗服务
文化和生活	（1）古旧图书 （2）纪念馆、博物馆、文化馆、文物保护单位管理机构、美术馆、展览馆、书画院、图书馆在自己的场所提供文化体育服务取得的第一道门票收入 （3）寺院、宫观、清真寺和教堂举办文化、宗教活动的门票收入 （4）婚姻介绍服务 （5）养老机构提供的养老服务 （6）提供社区养老、抚育、家政等服务取得的收入 （7）殡葬服务 （8）避孕药品和用具 （9）福利彩票、体育彩票的发行收入
个人	（1）其他个人销售的自己使用过的物品 （2）个人转让著作权 （3）个人销售自建自用住房 （4）个人销售以下外购住房： ① 北京市、上海市、广州市和深圳市：≥2年普通住房 ② 其他城市：≥2年“普通+非普通（如别墅）”住房

（续表）

分类	主要内容
弱势群体	（1）由残疾人的组织直接进口供残疾人专用的物品 （2）残疾人福利机构提供的育养服务 （3）残疾人员本人为社会提供的服务 （4）学生勤工俭学提供的服务 （5）家政服务企业由员工制家政服务员提供家政服务取得的收入
其他	（1）外国政府、国际组织无偿援助的进口物资和设备 （2）军队空余房产租赁收入 （3）金融同业往来利息收入

考查角度 判断是否免征增值税。

【例题·单选 2018、2017】根据增值税法律制度的规定，下列各项中，不属于免税项目的是（　　）。

A. 养老机构提供的养老服务

B. 装修公司提供的装饰服务

C. 婚介所提供的婚姻介绍服务

D. 托儿所提供的保育服务

【答案】B

【拓展 1·多选 2019】根据增值税法律制度的规定，下列各项中，免征增值税的有（　　）。

A. 婚姻介绍所提供婚姻介绍服务

B. 医疗机构提供医疗服务

C. 电信公司提供语音通话服务

D. 科研机构进口直接用于科学研究的仪器

【答案】ABD

【拓展 2·判断 2019】个人销售自建自用住房，应缴纳增值税。（　　）

【答案】×

易错易混点 个人销售住房的增值税税务处理（见表 4-2-19）。

表 4-2-19　个人销售住房的增值税税务处理

<table>
<tr><th colspan="4">分类</th><th>增值税税务处理</th></tr>
<tr><td rowspan="6">个人销售</td><td colspan="3">自建自用住房</td><td>免税</td></tr>
<tr><td rowspan="5">外购住房</td><td rowspan="3">北上广、深</td><td><2 年</td><td>全额：全部价款和价外费用÷（1+5%）×5%</td></tr>
<tr><td>≥2 年，非普通</td><td>差额：（全部价款和价外费用−购买价款）÷（1+5%）×5%</td></tr>
<tr><td>≥2 年，普通</td><td>免税</td></tr>
<tr><td rowspan="2">其他城市</td><td><2 年</td><td>全额：全部价款和价外费用÷（1+5%）×5%</td></tr>
<tr><td>≥2 年</td><td>免税</td></tr>
</table>

（二）跨境行为的免税优惠

境内的单位和个人销售的下列服务和无形资产免征增值税（见表 4-2-20），但财政部和国家税务总局规定适用增值税零税率的除外。

表 4-2-20 跨境行为的免税优惠

分类	具体内容
地点在境外的	（1）工程项目在境外的建筑服务、工程监理服务 （2）工程、矿产资源在境外的工程勘察勘探服务 （3）会议展览地点在境外的会议展览服务 （4）存储地点在境外的仓储服务 （5）标的物在境外使用的有形动产租赁服务 （6）在境外提供的广播影视节目（作品）的播映服务 （7）在境外提供的文化体育服务、教育医疗服务、旅游服务
为出口货物提供的	为出口货物提供的邮政服务、收派服务、保险服务
向境外单位提供、完全在境外消费的	向境外单位提供的完全在境外消费的下列服务和无形资产： （1）电信服务 （2）知识产权服务 （3）物流辅助服务（仓储服务、收派服务除外） （4）鉴证咨询服务 （5）专业技术服务 （6）商务辅助服务 （7）广告投放地在境外的广告服务 （8）无形资产
其他	以无运输工具承运方式提供的国际运输服务

（三）其他规定

（1）纳税人发生应税销售行为的销售额未达到增值税起征点的，免征增值税；达到起征点的，全额计算缴纳增值税。增值税起征点的适用范围限于个人，且不适用于登记为一般纳税人的个体工商户。

（2）纳税人兼营免税、减税项目的，应当分别核算免税、减税项目的销售额；未分别核算销售额的，不得免税、减税。

（3）纳税人发生应税行为适用免税规定的，可以选择放弃免税。纳税人放弃免税后，36 个月内不得再申请免税。

（4）纳税人发生应税销售行为同时适用免税和零税率规定的，纳税人可以选择适用免税或者零税率。

考查角度 增值税起征点的适用范围及具体规定、放弃免税后的再申请期限。

【例题 1·判断 2016】增值税纳税人销售额未达到起征点的，免征增值税。 （ ）

【答案】√

【例题 2 • 判断 2018】增值税起征点的适用范围限于个人，且不适用于登记为一般纳税人的个体工商户。（　　）

【答案】√

【例题 3 • 单选 2017】根据增值税法律制度的规定，纳税人销售货物或者应税劳务适用免税规定的，可以放弃免税，但放弃免税后，一定期限内不得再申请免税，该期限为（　　）。

A. 42 个月　　B. 36 个月　　C. 60 个月　　D. 48 个月

【答案】B

考点 6　增值税专用发票使用规定（★★）

（一）增值税专用发票的基本联次及用途

增值税专用发票的基本联次为 3 联，具体内容如图 4-2-9 所示。

增值税专用发票的基本联次

- 发票联：作为购买方核算采购成本和增值税进项税额的记账凭证
- 抵扣联：作为购买方报送税务机关认证和留存备查的扣税凭证
- 记账联：作为销售方核算销售收入和增值税销项税额的记账凭证

图 4-2-9　增值税专用发票的基本联次及用途

考查角度　增值税专用发票基本联次各自的用途。

【例题 • 单选 2018、2016】根据增值税法律制度的规定，下列关于增值税专用发票记账联用途的表述中正确的是（　　）。

A. 作为购买方报送税务机关认证和留存备查的扣税凭证

B. 作为销售方核算销售收入和增值税销项税额的记账凭证

C. 作为购买方核算采购成本的记账凭证

D. 作为购买方核算增值税进项税额的记账凭证

【答案】B

（二）增值税专用发票的领购

增值税一般纳税人有下列情形之一的，不得领购开具专用发票：

（1）会计核算不健全，不能向税务机关准确提供增值税销项税额、进项税额、应纳税额数据及其他有关增值税税务资料的。（能力不够）

（2）有《税收征管法》规定的税收违法行为，拒不接受税务机关处理的。（有错不改）

（3）有下列行为之一，经税务机关责令限期改正而仍未改正的（有错不改）：

① 虚开增值税专用发票；

② 私自印制专用发票；

③ 向税务机关以外的单位和个人购买专用发票；

④ 借用他人专用发票；

⑤ 未按规定开具专用发票；

⑥ 未按规定保管专用发票和专用设备；

⑦ 未按规定申请办理防伪税控系统变更发行；

⑧ 未按规定接受税务机关检查。

考查角度 不得领购开具专用发票的情形。

【例题·判断 2017】会计核算不健全，不能向税务机关准确提供增值税销项税额、进项税额以及应纳税额数据的增值税一般纳税人，不得领购开具增值税专用发票。（ ）

【答案】√

（三）增值税专用发票的使用管理

1. 增值税专用发票开票限额

增值税专用发票实行最高开票限额管理。最高开票限额由一般纳税人申请，区县税务机关依法审批。

2. 增值税专用发票开具范围

属于下列情形之一的，不得开具增值税专用发票：

（1）商业企业一般纳税人零售的烟、酒、食品、服装、鞋帽（不含劳保用品）、化妆品等消费品。（购买目的通常是用于个人消费，不允许抵扣进项税额，故不得开具专用发票；而劳保用品通常是生产经营的必需品，所以排除）

（2）应税销售行为的购买方为消费者个人的。（消费者个人不抵扣进项税额，故无须开专用发票）

（3）发生应税销售行为适用免税规定的。（销售方免税，购买方不抵扣进项税额，故无须开专用发票）

（4）金融商品转让。

考查角度 不得开具增值税专用发票的情形。

【例题·多选 2019】商业企业一般纳税人零售的下列商品中，不得开具增值税专用发票的有（ ）。

A. 红酒

B. 食品

C. 化妆品

D. 劳保鞋

【答案】ABC

【拓展·单选 2018】根据增值税法律制度的规定，一般纳税人发生的下列业务中，允许开具增值税专用发票的是（ ）。

A. 房地产开发企业向消费者个人销售房屋

B. 百货公司向小规模纳税人零售食品

C. 超市向消费者个人销售红酒

D. 住宿业小规模纳税人向一般纳税人提供住宿服务

【解析】选项 A、C，购买方为消费者个人，不得开具增值税专用发票；选项 B 属于商业企业零售食品，不得开具增值税专用发票。

【答案】D

考点 7 增值税征收管理（★★）

（一）纳税义务发生时间

增值税纳税义务发生时间如表 4-2-21 所示。

表 4-2-21　增值税纳税义务发生时间

分类		纳税义务发生时间	备注
（1）采取直接收款方式销售货物		不论货物是否发出，均为收到销售款或取得索取销售款凭据的当天	
（2）采取托收承付和委托银行收款方式销售货物		发出货物并办妥托收手续的当天	
（3）采取赊销和分期收款方式销售货物		书面合同约定的收款日期当天，无书面合同的或者书面合同没有约定收款日期的，为货物发出的当天	
（4）采取预收款方式销售	生产工期超过12个月的大型机械设备、船舶、飞机等货物	收到预收款或书面合同约定的收款日期的当天	
	其他货物	货物发出的当天	先开具发票的，为开具发票的当天
	租赁服务	收到预收款的当天	
（5）转让金融商品		金融商品所有权转移的当天	
（6）委托其他纳税人代销货物		① 收到代销单位的代销清单的当天 ② 收到全部或者部分货款的当天 ③ 发出代销货物满180天的当天 ④ 开具发票的当天 哪个早按哪个	
（7）视同销售	货物	货物移送的当天	
	应税劳务、服务、无形资产或者不动产	应税劳务、服务、无形资产转让完成的当天或者不动产权属变更的当天	
（8）进口货物		报关进口的当天	

考查角度　判断纳税义务的发生时间。

【例题·单选 2018】根据增值税法律制度的规定，下列关于增值税纳税义务发生时间的表述中，不正确的是（　　）。

A. 进口货物，为报关进口的当天

B. 提供租赁服务采取预收款方式的，为收到预收款的当天

C. 采取托收承付和委托银行收款方式销售货物，为收到银行款项的当天

D. 从事金融商品转让的，为金融商品所有权转移的当天

【答案】C

【拓展·单选 2019】2018 年 9 月 5 日，甲公司与乙超市签订一份房屋租赁合同，10 月 25 日收到乙超市预付的一年房租，11 月 1 日将房屋交付乙超市使用，11 月 5 日向乙超市开具了发票。甲公司该笔业务的增值税纳税义务发生时间是（　　）。

A. 10 月 25 日　　B. 11 月 5 日

C. 9 月 5 日　　D. 11 月 1 日

【答案】A

（二）纳税地点

增值税纳税地点如表 4-2-22 所示。

表 4-2-22 增值税纳税地点

分类		纳税地点
固定业户		机构所在地
非固定业户		销售地或者劳务发生地 【提示】未向销售地或者劳务发生地申报纳税的，由其机构所在地或者居住地的税务机关补征税款
其他个人	提供建筑服务	建筑服务发生地
	销售或者租赁不动产	不动产所在地
	转让自然资源使用权	自然资源所在地
进口货物		报关地海关
扣缴义务人扣缴的税款		扣缴义务人机构所在地或居住地

【提示 1】除进口货物是向海关申报纳税外，其余均向税务机关申报纳税。

【提示 2】固定业户到外县（市）销售货物或者劳务，应当向其机构所在地的税务机关报告外出经营事项，并向其机构所在地的税务机关申报纳税；未报告的，应当向销售地或者劳务发生地的税务机关申报纳税；未向销售地或者劳务发生地的税务机关申报纳税的，由其机构所在地的税务机关补征税款。

考查角度 判断增值税的纳税地点。

【例题·多选 2018】根据增值税法律制度的规定，下列关于固定业户纳税人纳税地点的表述中，不正确的有（ ）。

A. 销售商标使用权，应当向商标使用权购买方所在地税务机关申报纳税

B. 销售采矿权，应当向矿产所在地税务机关申报纳税

C. 销售设计服务，应当向设计服务发生地税务机关申报纳税

D. 销售广告服务，应当向机构所在地税务机关申报纳税

【解析】固定业务应当向其“机构所在地”税务机关申报纳税。

【答案】ABC

（三）纳税期限

（1）增值税的纳税期限分别为 1 日、3 日、5 日、10 日、15 日、1 个月或者 1 个季度。以 1 个季度为纳税期限的适用于：① 小规模纳税人；② 银行；③ 财务公司；④ 信托投资公司；⑤ 信用社等。

（2）纳税人进口货物，应当自海关填发进口增值税专用缴款书之日起 15 日内缴纳税款。

考点回顾 增值税。

- 增值税
  - 纳税人
    - 小规模纳税人
    - 一般纳税人
  - 扣缴义务人
  - 征税范围
    - 进口货物
    - 销售货物
    - 销售劳务
    - 销售服务
      - 交通运输服务
      - 邮政服务
      - 电信服务
      - 建筑服务
      - 金融服务
      - 现代服务
      - 生活服务
    - 销售无形资产
    - 销售不动产
  - 不征收增值税项目
    - 单位内部行为
    - 非营利性行为
    - 企业全部或部分产权整体转让
    - 其他
  - 视同销售
  - 混合销售与兼营
  - 应纳税额的计算
    - 一般计税方法：应纳税额=销项税额-进项税额
    - 简易计税方法：应纳税额=销售额×征收率
    - 进口货物应纳税额的计算：应纳税额=组成计税价格×税率
  - 税收优惠
    - 免税项目
    - 跨境行为的免税优惠
    - 其他规定
  - 专用发票使用规定
    - 基本联次及用途
    - 专用发票的领用
    - 开具范围
  - 征收管理
    - 纳税义务发生时间
    - 纳税地点
    - 纳税期限

第三节 消费税法律制度

什么是消费税？

消费税是对特定的某些消费品和消费行为征收的一种税。

考点1 消费税的纳税人、税目与纳税环节（★★）

（一）消费税纳税人

在中国境内生产、委托加工、进口15类消费品（不含金银首饰、铂金首饰、钻石及钻石饰品），批发销售卷烟，零售金、银、铂、钻首饰和超豪华小汽车的单位和个人，为消费税纳税人。

（二）消费税税目

消费税税目共有 15 个，具体内容如表 4-3-1 所示。

表 4-3-1　消费税税目

税目	包括	不包括
（1）烟	① 卷烟；② 雪茄烟；③ 烟丝	烟叶（烟的原材料）
（2）酒	① 白酒（仅指粮食白酒和薯类白酒）；② 黄酒；③ 啤酒；④ 其他酒（如果木酒、土甜酒、葡萄酒、药酒、汽酒等） 【提示 1】对饮食业、商业、娱乐业举办的啤酒屋（啤酒坊）利用啤酒生产设备生产的啤酒，应当征收消费税 【提示 2】以黄酒为酒基生产的配制或泡制酒，按“其他酒”征收消费税	酒精、调味料酒（不能喝）
（3）高档化妆品	① 高档美容、修饰类化妆品；② 高档护肤类化妆品；③ 成套化妆品	舞台、戏剧、影视演员化妆用的上妆油、卸妆油、油彩（表演用品，绝非爱美）
（4）贵重首饰及珠宝玉石	① 金银首饰、铂金首饰、钻石及钻石饰品；② 其他贵重首饰和珠宝玉石（如珍珠、玉石、玻璃仿制品等） 【提示】对宝石坯（经采掘、打磨、初级加工的珠宝玉石半成品）应按规定征收消费税	—
（5）鞭炮、焰火	各种鞭炮、焰火（包括炮竹类、礼花弹类等）	体育上用的发令纸、鞭炮药引线（体育用品，不是用来玩耍的）
（6）成品油	① 汽油；② 柴油；③ 石脑油；④ 溶剂油；⑤ 航空煤油；⑥ 润滑油；⑦ 燃料油（包括催化料、焦化料）	—
（7）摩托车	气缸容量≥250 毫升的摩托车	—
（8）小汽车	① 乘用车；② 中轻型商用客车；③ 超豪华小汽车（不含增值税零售价格为 130 万元/辆及以上的乘用车和中轻型商用客车） 【提示】对购进乘用车和中轻型商用客车整车改装生产的汽车，应征收消费税	电动汽车（新能源汽车，特殊照顾），沙滩车、雪地车、卡丁车、高尔夫车（不能开去上班），以及企业购进货车或厢式货车改装生产的商务车、卫星通讯车等专用汽车
（9）高尔夫球及球具	① 高尔夫球；② 高尔夫球杆及其杆头、杆身和握把；③ 高尔夫球包（袋）	高尔夫车（不是球具）

（续表）

税目	包括	不包括
（10）高档手表	每只销售价格（不含增值税）≥10 000 元的各类手表	—
（11）游艇	主要指机动艇	无动力艇、帆艇
（12）木制一次性筷子	包括各种规格的木制一次性筷子和未经打磨、倒角的木制一次性筷子	竹制筷子
（13）实木地板	包括各类规格的实木地板、实木指接地板、实木复合地板及用于装饰墙壁、天棚的侧端面为榫、槽的实木装饰板以及未经涂饰的素板	—
（14）电池	原电池、蓄电池、燃料电池、铅蓄电池、太阳能电池和其他电池 【提示】对无汞原电池、金属氢化物镍蓄电池、锂原电池、锂离子蓄电池、太阳能电池、燃料电池和全钒液流电池，免征消费税	—
（15）涂料	—	—

小旌笔记

关于 15 类消费品的名称，我们可以参考下列方法（见图 4-3-1）记忆：这个世界除了男人就是女人，他们每天都在开车、消耗资源，污染环境。

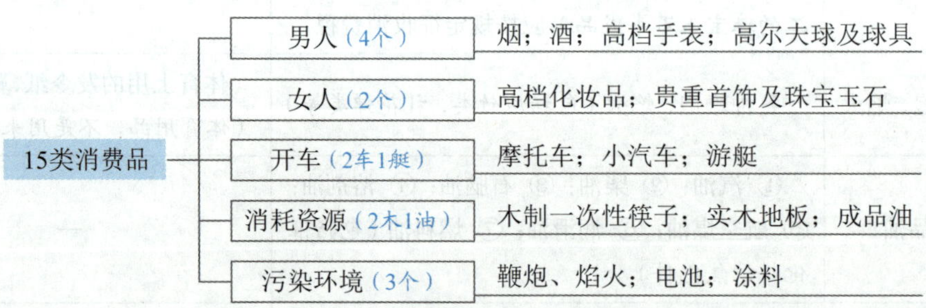

图 4-3-1　消费税税目的记忆方法

考查角度　消费税税目及征税范围。

【例题 1·多选 2019】根据消费税法律制度的规定，下列各项中，属于消费税征税范围的有（　　）。

A. 私人飞机　　B. 高档手表

C. 珠宝玉石　　D. 游艇

【答案】BCD

【拓展 1·多选 2017】根据消费税法律制度的规定，下列各项中，应按照“高档化妆品”税目计缴消费税的有（　　）。

A. 高档护肤类化妆品　　B. 成套化妆品

C. 高档修饰类化妆品　　D. 高档美容类化妆品

【答案】ABCD

【例题2·多选2019】根据消费税法律制度的规定，下列各项中，属于消费税征税范围的有（　　）。

A. 黄酒　B. 调味料酒　C. 啤酒　D. 白酒

【答案】ACD

【拓展2·判断2015】企业加工生产的宝石坯不属于消费税征税范围。（　　）

【答案】×

（三）纳税环节

消费税的纳税环节包括生产应税消费品、委托加工应税消费品、进口应税消费品、零售应税消费品和批发销售卷烟。具体内容及适用税目如表4-3-2所示。

表4-3-2　消费税的纳税环节及适用税目

<table>
<tr><th>纳税环节</th><th>具体内容</th><th>适用税目</th></tr>
<tr><td>生产应税消费品
（生产环节）</td><td>（1）纳税人生产的应税消费品，于纳税人销售时缴纳消费税
（2）纳税人自产自用的应税消费品，用于连续生产应税消费品的（如将自产烟丝用于生产卷烟），不纳税；用于其他方面的（如用于生产非应税消费品、职工福利、广告、样品等），于移送使用时纳税</td><td rowspan="3">除金银首饰、铂金首饰、钻石及钻石饰品以外的其他消费品（含小汽车和卷烟）</td></tr>
<tr><td>委托加工应税消费品
（委托加工环节）</td><td>委托加工的应税消费品是指由委托方提供原料和主要材料，受托方只收取加工费和代垫部分辅助材料加工的应税消费品
委托非个人加工的应税消费品，由受托方在向委托方交货时代收代缴消费税；委托个人加工的应税消费品，由委托方收回后缴纳消费税</td></tr>
<tr><td>进口应税消费品
（进口环节）</td><td>单位和个人进口应税消费品，于报关进口时缴纳消费税。进口环节缴纳的消费税由海关代征</td></tr>
<tr><td>零售应税消费品
（零售环节）</td><td>零售环节是指面对最终消费者的销售环节。下列业务视同零售业，在零售环节缴纳消费税：
（1）为经营单位以外的单位和个人加工金银首饰。加工包括带料加工、翻新改制、以旧换新等业务，不包括修理和清洗
（2）经营单位将金银首饰用于馈赠、赞助、集资、广告样品、职工福利、奖励等方面
（3）未经中国人民银行总行批准，经营金银首饰批发业务的单位将金银首饰销售给经营单位</td><td>（1）金银首饰、铂金首饰、钻石及钻石饰品（只在零售环节征税）
（2）超豪华小汽车（加征一次）</td></tr>
<tr><td>批发销售卷烟
（批发环节）</td><td>烟草批发企业将卷烟销售给其他烟草批发企业的，不缴纳消费税；销售给非烟草批发企业（如零售企业），缴纳消费税</td><td>卷烟（加征一次）</td></tr>
</table>

易错易混点 消费税与增值税征税范围的对比。

（1）从范围上看，消费税是在普遍征收增值税的基础上，对15类消费品又额外征收的一种税（见图4-3-2）。

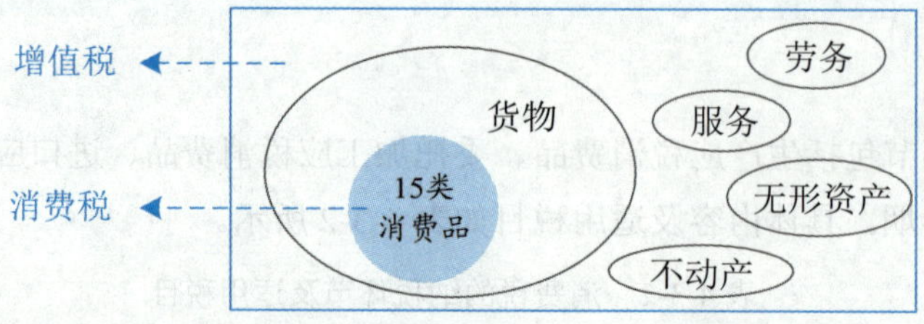

图4-3-2 增值税与消费税征税范围

（2）从环节上看，增值税是每流转一个环节，征收一次税；消费税是除卷烟和超豪华小汽车双环节征税外，其余消费品均是单一环节征税。

易错易混点 与卷烟相关的增值税、消费税纳税环节（见图4-3-3）。

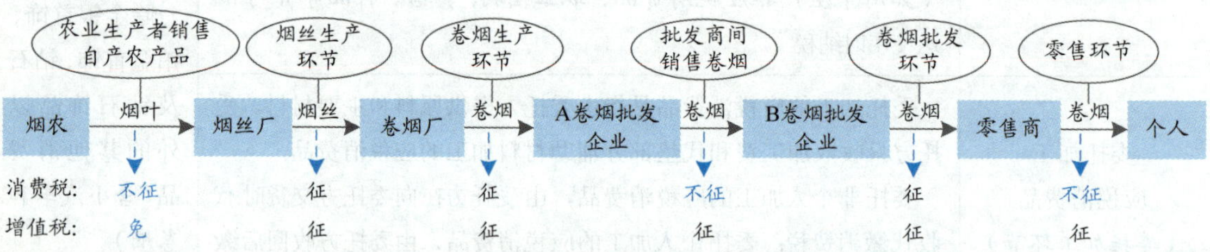

图4-3-3 与卷烟相关的增值税、消费税纳税环节

考查角度 判断是否属于消费税纳税人、是否征收消费税。

【例题1·多选2019】下列属于消费税纳税人的有（ ）。

A. 委托加工白酒的超市

B. 进口白酒的贸易商

C. 销售白酒的商场

D. 生产白酒的厂商

【解析】商场销售白酒，属于白酒的零售环节，不征收消费税。

【答案】ABD

【例题2·单选2019】根据消费税法律制度的规定，下列应税消费品中，在零售环节加征消费税的是（ ）。

A. 高档化妆品 B. 鞭炮、焰火

C. 超豪华小汽车 D. 成品油

【答案】C

【拓展1·多选2019】根据消费税法律制度的规定，下列情形中，属于消费税征税范围的有（ ）。

A. 丙烟草批发企业将卷烟销售给其他烟草批发企业

B. 乙汽车贸易公司进口小汽车

C. 甲服装厂生产销售服装

D. 丁商场零售金银首饰

【答案】BD

【拓展2·判断2017】酒厂将自产的5箱普通白酒移送到厂工会用于奖励先进员工，在移送使用环节不缴纳消费税。（ ）

【答案】×

考点 2 消费税应纳税额的计算（★★★）

消费税应纳税额的计算分为从价计征、从量计征和从价从量复合计征三种方法，具体内容如表 4-3-3 所示。

表 4-3-3 消费税计税方法与适用税目

计税方法	应纳税额的计算	适用税目
从价计征（按价格）	应纳消费税=销售额或组成计税价格×比例税率	除适用从量计征、复合计征以外的其他消费品
从量计征（按数量）	应纳消费税=销售数量×定额税率	啤酒、黄酒、成品油
复合计征（既按价格又按数量）	应纳消费税=销售额或组成计税价格×比例税率+销售数量×定额税率	卷烟、白酒

小旌笔记

消费税的税率（见表 4-3-4）考试时题目中一般会直接给出，重点掌握哪些消费品适用从量计征，哪些适用复合计征。

表 4-3-4 消费税税率

<table>
<tr><th colspan="3">税目</th><th colspan="2">税率</th></tr>
<tr><td rowspan="3">烟</td><td>卷烟</td><td>① 甲类卷烟（生产、委托加工、进口环节）
② 乙类卷烟（生产、委托加工、进口环节）
③ 批发环节</td><td>① 56%加 0.003 元/支
② 36%加 0.003 元/支
③ 11%加 0.005 元/支</td><td>复合税率</td></tr>
<tr><td colspan="2">雪茄烟</td><td>36%</td><td rowspan="2">比例税率</td></tr>
<tr><td colspan="2">烟丝</td><td>30%</td></tr>
<tr><td rowspan="4">酒</td><td colspan="2">白酒</td><td>20%加 0.5 元/500 克（或者 500 毫升）</td><td>复合税率</td></tr>
<tr><td colspan="2">黄酒</td><td>240 元/吨</td><td rowspan="2">定额税率</td></tr>
<tr><td>啤酒</td><td>① 甲类啤酒
② 乙类啤酒</td><td>① 250 元/吨
② 220 元/吨</td></tr>
<tr><td colspan="2">其他酒</td><td>10%</td><td rowspan="5">比例税率</td></tr>
<tr><td colspan="3">高档化妆品</td><td>15%</td></tr>
<tr><td rowspan="2">贵重首饰及珠宝玉石</td><td colspan="2">金银首饰、铂金首饰、钻石及钻石饰品</td><td>5%</td></tr>
<tr><td colspan="2">其他贵重首饰和珠宝玉石</td><td>10%</td></tr>
<tr><td colspan="3">鞭炮、焰火</td><td>15%</td></tr>
<tr><td colspan="3">成品油</td><td>1.20 元/升或 1.52 元/升</td><td>定额税率</td></tr>
<tr><td colspan="3">摩托车</td><td>3%或 10%</td><td>比例税率</td></tr>
</table>

（续表）

税目		税率	
小汽车	乘用车	1%～40%	比例税率
	中轻型商用客车	5%	
	超豪华小汽车（零售环节）	10%	
高尔夫球及球具		10%	比例税率
高档手表		20%	
游艇		10%	
木制一次性筷子		5%	
实木地板		5%	
电池		4%	
涂料		4%	

考查角度 辨析各消费品适用的计税方法。

【例题·多选 2018】根据消费税法律制度的规定，下列消费品中，实行从量定额与从价定率相结合的复合计征办法征收消费税的有（　　）。

A. 卷烟　　B. 黄酒

C. 白酒　　D. 小汽车

【答案】AC

【拓展·多选 2017】根据消费税法律制度的规定，下列应税消费品中，实行从量定额计征消费税的有（　　）。

A. 电池　B. 涂料　C. 柴油　D. 黄酒

【解析】柴油属于成品油。

【答案】CD

（一）销售额与销售数量的确定

1. 销售额的确定

销售额是指纳税人销售应税消费品向购买方收取的全部价款和价外费用，不包括应向购买方收取的增值税税款。销售额=含增值税的销售额÷（1+增值税税率或征收率）

【提示】消费税销售额的确定与增值税基本相同。价外费用与包装物押金的内容按增值税的规定掌握即可。

小旌笔记

消费税属于价内税，包括在销售额之内；增值税属于价外税，不包括在销售额之内。消费税、增值税与销售额的关系如图 4-3-4 所示。

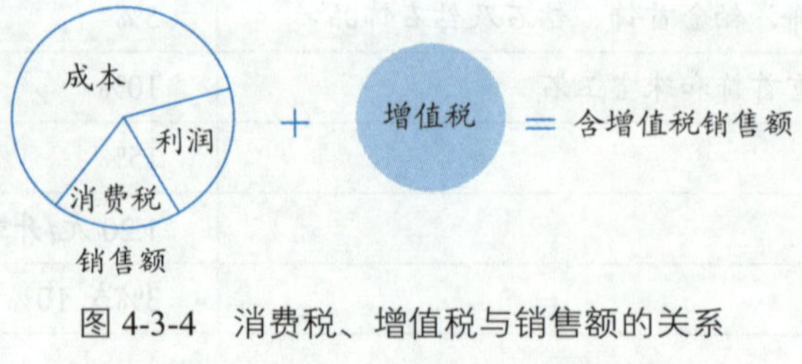

图 4-3-4　消费税、增值税与销售额的关系

敲黑板

特殊销售额的确定：

（1）白酒生产企业向商业销售单位收取的品牌使用费，不论企业采取何种方式或以何种名义收取价款，均应并入白酒的销售额中缴纳消费税。（属于价外费用）

（2）纳税人用于换取生产资料和消费资料、抵偿债务和投资入股等方面的应税消费品（简记“换、抵、投”），应当以纳税人同类应税消费品的最高销售价格作为计税依据计算消费税（按平均销售价格计算增值税）；用于其他方面的，按“平均销售价格”计税。

（3）应税消费品与其他产品组成成套消费品销售的，应按销售额全额征收。

（4）带料加工的金银首饰，应按受托方销售同类金银首饰的销售价格确定计税依据征收消费税；没有同类金银首饰销售价格的，按组成计税价格计税。

2. 销售数量的确定

销售数量是指纳税人生产、加工和进口应税消费品的数量。具体规定为：

（1）销售应税消费品的，为应税消费品的销售数量；

（2）自产自用应税消费品的，为应税消费品的移送使用数量；

（3）委托加工应税消费品的，为纳税人收回的应税消费品数量；

（4）进口应税消费品的，为海关核定的应税消费品进口征税数量。

敲黑板

纳税人通过自设非独立核算门市部销售的自产应税消费品，应当按照门市部对外销售额或者销售数量征收消费税。

考查角度　销售额和销售数量的确定、应纳消费税税额的计算。

【例题 1·多选 2016】甲酒厂主要从事白酒生产销售业务。该酒厂销售白酒收取的下列款项中，应并入销售额缴纳消费税的有（　　）。

A. 向 X 公司收取的包装物租金

B. 向 Y 公司收取的品牌使用费

C. 向 Z 公司收取的储备费

D. 向 W 公司收取的产品优质费

【答案】ABCD

【例题 2·多选 2019】根据消费税法律制度的规定，下列行为中，应当以纳税人同类应税消费品的最高销售价格作为计税依据的有（　　）。

A. 将自产应税消费品用于对外捐赠

B. 将自产应税消费品用于投资入股

C. 将自产应税消费品用于换取生产资料

D. 将自产应税消费品用于抵偿债务

【解析】记关键字“换、抵、投”。

【答案】BCD

【拓展 1·判断 2015】根据消费税法律制度的规定，金银首饰与其他产品组成成套消费品销售的，按销售全额征收消费税。（　　）

【答案】√

【拓展 2·单选 2018】2017 年 12 月甲啤酒厂生产 150 吨啤酒，销售 100 吨，取得不含增值税销售额 30 万元、增值税税额 5.1 万元。甲啤酒厂当月销售啤酒消费税计税依据为（　　）。

A. 100 吨　　B. 35.1 万元

C. 30 万元　　D. 150 吨

【解析】啤酒适用从量计征消费税的方法，计税依据为啤酒的销售数量。

【答案】A

【思路拓展】已知该啤酒适用的消费税税率为 250 元/吨，甲啤酒厂当月销售啤酒应缴纳消费税=100 吨×250 元/吨=25 000 元。

【例题 3 · 单选 2016 改编】2019 年 8 月，甲酒厂销售自产红酒，取得含增值税价款 46.8 万元，另收取包装物押金 2.34 万元、手续费 1.17 万元。已知红酒增值税税率为 13%，消费税税率为 10%。甲酒厂该笔业务应缴纳消费税税额的下列计算列式中，正确的是（　）。

A.（46.8+1.17）÷（1+13%）×10%=4.25 万元

B. 46.8÷（1+13%）×10%=4.14 万元

C.（46.8+2.34+1.17）÷（1+13%）×10%=4.45 万元

D.（46.8+2.34）÷（1+13%）×10%=4.35 万元

【解析】① 消费税的销售额与增值税规定相同。② 销售啤酒、黄酒以外的其他酒类产品收取的包装物押金，收取时应作为价外费用并入销售额，征收消费税；1.17 万元的手续费也属于价外费用；价外费用均为含增值税收入。③ 应纳消费税=（46.8+2.34+1.17）÷（1+13%）×10%=4.45 万元。

【答案】C

【拓展 3 · 单选 2019 改编】甲卷烟厂为增值税一般纳税人，2019 年 10 月销售 M 型卷烟 1 000 标准条，取得含增值税销售额 92 800 元。已知卷烟增值税税率为 13%，消费税比例税率为 56%，定额税率为 0.003 元/支，每标准条 200 支卷烟。计算甲卷烟厂当月销售 M 型卷烟应缴纳消费税税额的下列算式中，正确的是（　）。

A. 92 800÷（1+13%）×56%=45 989.38 元

B. 92 800÷（1+13%）×56%+1 000×200×0.003=46 589.38 元

C. 92 800×56%+1 000×200×0.003=52 568 元

D.（92 800+1 000×200×0.003）×56%=52 304 元

【解析】卷烟适用复合计征消费税的方法。应纳消费税=销售额×比例税率+销售数量×定额税率。题目中给的销售额 92 800 元为含增值税的销售额，计算时需要除以（1+增值税税率）。用题目中给出的数据套公式即可。

【答案】B

（二）组成计税价格的确定

1. 自产自用应税消费品

纳税人自产自用的应税消费品，在计征消费税时，先按照纳税人生产的同类消费品的销售价格（“换、抵、投”用最高销售价格，其他用平均价格）计算纳税；没有同类消费品销售价格的，按照组成计税价格计算纳税。组价公式如表 4-3-5 所示。

表 4-3-5　自产自用应税消费品的组价公式

计税方法	组成计税价格	应纳税额的计算
从价计征	组成计税价格=（成本+利润）÷（1−比例税率）	应纳消费税=组成计税价格×比例税率
复合计征	组成计税价格=（成本+利润+自产自用数量×定额税率）÷（1−比例税率） 或，组成计税价格=（成本+利润+从量消费税）÷（1−比例税率）	应纳消费税=组成计税价格×比例税率+自产自用数量×定额税率

【提示】利润=成本×（1+成本利润率），成本利润率考试时题目中会直接给出。

小旌笔记

组成计税价格公式的推导过程如图 4-3-5 所示。

（1）从价计征

组成计税价格 ＝ 成本 ＋ 利润 ＋ 消费税

组成计税价格 ＝ 成本 ＋ 利润 ＋ 组成计税价格 × 消费税税率

移项

组成计税价格 ×（1 － 消费税税率）＝ 成本 ＋ 利润

移项

组成计税价格 ＝（成本＋利润）÷（1－消费税税率）

（2）复合计征

组成计税价格 ＝ 成本 ＋ 利润 ＋ 消费税

组成计税价格 ＝ 成本 ＋ 利润 ＋ 从价消费税 ＋ 从量消费税

组成计税价格＝成本＋利润＋组成计税价格×比例税率＋自产自用数量×定额税率

移项

组成计税价格 － 组成计税价格×比例税率＝成本＋利润 ＋自产自用数量×定额税率

合并

组成计税价格 ×（1 － 比例税率）＝成本＋利润 ＋自产自用数量×定额税率

组成计税价格 ＝（成本＋利润 ＋自产自用数量×定额税率）÷（1 － 比例税率）

图 4-3-5　组成计税价格公式的推导过程

考查角度　按组成计税价格计算缴纳消费税。

【例题 1 · 单选 2019】2018 年 8 月甲化妆品厂将一批自产的新型高档化妆品作为福利发放给员工，该批高档化妆品生产成本 34 000 元，无同类高档化妆品销售价格。已知高档化妆品消费税税率为 15%，成本利润率为 5%。计算甲化妆品厂当月该笔业务应缴纳消费税税额的下列算式中，正确的是（　　）。

A. 34 000×15%=5 100 元　　B. 34 000×（1+5%）÷（1−15%）×15%=6 300 元

C. 34 000×（1+5%）×15%=5 355 元　　D. 34 000÷（1−15%）×15%=6 000 元

【解析】① 将自产的应税消费品用于职工福利，于移送使用时纳税。② 计税时先看同类价，没有同类价的按组成计税价格。③ 组成计税价格=成本×（1+成本利润率）÷（1−比例税率）=34 000×（1+5%）÷（1−15%）。④ 应纳消费税=组成计税价格×比例税率=34 000×（1+5%）÷（1−15%）×15%=6 300 元。

【答案】B

【例题 2 · 单选 2019】某酒厂 2018 年 5 月研发生产一种新型粮食白酒 800 公斤，成本为 20 万元，作为礼品赠送品尝，没有同类商品售价。已知粮食白酒的成本利润率 10%，粮食白酒消费税税率为 20% 加 0.5 元/斤，则该批白酒应纳消费税金额为（　　）万元。

A. 4.80　　B. 5.60　　C. 8.20　　D. 4.78

【解析】见下面“小旌解题”。

【答案】B

小旌解题

白酒适用复合计税方法，在按组价计算白酒的消费税时，按以下步骤计算：

① 计算从量计征的消费税。注意题目中给出的白酒的消费税定额税率为“0.5 元/斤”，而自用的白酒数量为“800 公斤”，1 公斤=2 斤。

从量计征的消费税=自产自用数量×定额税率=800×2×0.5=800 元

② 计算组成计税价格。注意题目中给出的成本金额 20 万元的单位是“万元”，而计算出的从量计征的消费税 800 元的单位是元，不能直接相加，800 元=0.08 万元。

组成计税价格=（成本+利润+从量计征的消费税）÷（1−比例税率）=（20+20×10%+0.08）÷（1−20%）=27.6 万元

③ 计算从价计征的消费税。

从价计征的消费税=组成计税价格×比例税率=27.6×20%=5.52 万元

④ 计算白酒应纳的消费税。

应纳消费税=从价计征的消费税+从量计征的消费税= 5.52+0.08=5.6 万元。

【提示】直接按组价公式计算。组成计税价格=（20+20×10%+0.5÷10 000×800×2）÷（1−20%）=27.6 万元，该批白酒应缴纳的消费税=27.6×20%+0.5÷10 000×800×2=5.6 万元。（直接用公式计算很容易忽略单位换算的问题，故建议按照上面分步计算的方法掌握）

敲黑板

常见的单位换算

1 吨=1 000 公斤=2 000 斤

1 斤=500 克，1 千克=2×500 克

1 吨=1 000 千克=1 000×2×500 克

2. 委托加工应税消费品

委托加工的应税消费品，按照受托方的同类消费品的销售价格计算纳税，没有同类消费品销售价格的，按照组成计税价格计算纳税。组价公式如表 4-3-6 所示。

表 4-3-6　委托加工应税消费品的组价公式

计税方法	组成计税价格	应纳税额的计算
从价计征	组成计税价格=（材料成本+加工费）÷（1−比例税率）	应纳消费税=组成计税价格×比例税率
复合计征	组成计税价格=（材料成本+加工费+委托加工数量×定额税率）÷（1−比例税率） 或，组成计税价格=（材料成本+加工费+从量消费税）÷（1−比例税率）	应纳消费税=组成计税价格×比例税率+委托加工数量×定额税率

【提示】材料成本是指委托方所提供加工材料的实际成本；加工费是指受托方加工应税消费品向委托方所收取的全部费用（包括代垫辅助材料的实际成本），不包括增值税税款。

小旌笔记

可以把“材料成本+加工费”看作是“成本+利润”，公式推导与自产自用应税消费品相同。

考查角度　按组成计税价格计算受托方应代收代缴的消费税。

【例题·单选 2017 改编】甲卷烟厂为增值税一般纳税人，受托加工一批烟丝，委托方提供的烟叶成本 49 140 元，甲卷烟厂收取含增值税加工费 2 457 元。已知增值税税率为 13%，消费税税率为 30%，无同类烟丝销售价格，计算甲卷烟厂该笔业务应代收代缴消费税税额的下列算式中，正确的是（　　）。

A. ［49 140+2 457÷（1+13%）］÷（1−30%）×30%=21 991.86 元

B.（49 140+2 457）÷（1−30%）×30%=22 113 元

C. 49 140÷（1−30%）×30%=21 060 元

D. ［(49 140+2 457）÷（1+13%）］÷（1−30%）×30%=19 569.03 元

【解析】① 先看是否有“受托方”同类消费品的销售价格，没有的按组成计税价格计算。② 注意题目中给出的加工费 2 457 元是“含增值税”的金额，要除以（1+增值税税率）换算成不含增值税的金额。③ 应纳消费税=组成计税价格×税率=［49 140+2 457÷（1+13%）］÷（1−30%）×30%=21 991.86 元。

【答案】A

3. 进口应税消费品

纳税人进口应税消费品，按照组成计税价格和规定的税率计算应纳税额。组价公式如表 4-3-7 所示。

表 4-3-7　进口应税消费品的组价公式

计税方法	组成计税价格	应纳税额的计算
从价计征	组成计税价格=（关税完税价格+关税）÷（1−比例税率）	应纳消费税=组成计税价格×比例税率
复合计征	组成计税价格=（关税完税价格+关税+进口数量×定额税率）÷（1−比例税率） 或，组成计税价格=（关税完税价格+关税+从量消费税）÷（1−比例税率）	应纳消费税=组成计税价格×比例税率+进口数量×定额税率

【提示】公式中所称“关税完税价格”是指海关核定的计算关税的计税价格。关税=关税完税价格×关税税率（相关内容会在第六章第八节中讲解）。

考查角度　进口应税消费品应纳消费税的计算。

【例题·单选 2019】某汽酒进口公司 2018 年 10 月进口一批汽酒，已知该批汽酒的关税完税价格 10 800 元，消费税税率 10%，关税税率 14%。该批汽酒进口环节应缴纳消费税税额的下列计算中正确的是（　　）。

A. 10 800×10%=1 080 元

B. 10 800×（1+14%）×10%=1 231.2 元

C. 10 800×14%×10%=151.2 元

D. 10 800×（1+14%）÷（1−10%）×10%=1 368 元

【解析】关税=关税完税价格×关税税率=10 800×14%，组成计税价格=（关税完税价格+关税）÷（1−比例税率）=（10 800+10 800×14%）÷（1−10%），应纳消费税=组成计税价格×消费税税率=（10 800+10 800×14%）÷（1−10%）×10%=1 368 元。

【答案】D

易错易混点　消费税组价与增值税组价（见表 4-3-8）。

表 4-3-8　消费税组价与增值税组价

<table>
<tr><th colspan="2">项目</th><th>消费税组价</th><th>增值税组价</th></tr>
<tr><td rowspan="3">缴纳消费税的项目</td><td>从价计税</td><td colspan="2">组成计税价格=（成本+利润）÷（1−消费税税率）
或，组成计税价格=成本×（1+成本利润率）÷（1−消费税税率）</td></tr>
<tr><td>从量计税</td><td>不用组价</td><td>组成计税价格=成本+利润+消费税
或：组成计税价格=成本×（1+成本利润率）+消费税</td></tr>
<tr><td>复合计税</td><td colspan="2">组成计税价格=（成本+利润+从量消费税）÷（1−消费税比例税率）
或，组成计税价格=［成本×（1+成本利润率）+数量×消费税定额税率］÷（1−消费税比例税率）</td></tr>
<tr><td colspan="2">不缴纳消费税的项目</td><td>—</td><td>组成计税价格=成本+利润
或，组成计税价格=成本×（1+成本利润率）</td></tr>
</table>

（三）已纳消费税的扣除

由于某些应税消费品是用外购或委托加工收回的已缴纳消费税的应税消费品连续生产出来的，为避免重复征税，在对这些连续生产出来的应税消费品计算征税时，税法规定准予按当期生产领用数量计算扣除外购或委托加工的应税消费品已纳的消费税税款。

1. 准予抵扣的情形

（1）外购或委托加工收回的已税烟丝生产的卷烟。

【提示】在计算卷烟批发环节应纳的消费税时不得扣除已含的生产环节的消费税税款。

（2）外购或委托加工收回的已税高档化妆品为原料生产的高档化妆品。

（3）外购或委托加工收回的已税珠宝玉石为原料生产的贵重首饰及珠宝玉石。

【提示】纳税人用外购或者委托加工收回的已税珠宝玉石（10%的税率）为原料生产的在零售环节征收消费税的金银首饰（5%的税率），在计税时一律不得扣除外购或者委托加工收回的珠宝玉石已纳的消费税税款（如果抵扣，可能会造成在零售环节不但不用交税，还可能退税的情况，故不允许抵扣）。

（4）外购或委托加工收回的已税鞭炮、焰火为原料生产的鞭炮、焰火。

（5）外购或委托加工收回的已税杆头、杆身和握把为原料生产的高尔夫球杆。

（6）外购或委托加工收回的已税木制一次性筷子为原料生产的木制一次性筷子。

（7）外购或委托加工收回的已税实木地板为原料生产的实木地板。

（8）外购或委托加工收回的已税石脑油、润滑油、燃料油为原料生产的成品油。

（9）外购或委托加工收回的已税汽油、柴油为原料生产的汽油、柴油。

敲黑板

（1）允许抵扣的项目不包括酒、摩托车、小汽车、高档手表、游艇、电池、涂料。

（2）允许抵扣的项目仅限于同一税目中应税消费品的连续加工，不能跨税目抵扣。

（3）不允许跨环节抵扣，即批发环节的消费税不能抵扣生产环节已纳的消费税；零售环节的消费税不能抵扣生产环节已纳的消费税。

2. 准予抵扣的已纳消费税税款的计算

应按当期生产领用数量计算准予扣除的已纳消费税税款。即：准予抵扣的已纳消费税税款=生产领用部分的已纳消费税税款

对于生产领用部分已纳消费税税款的计算，有两种方法：

第一种：生产领用部分已纳消费税税款=（期初库存买价+当期购进买价−期末库存买价）×消费税税率

第二种：生产领用部分已纳消费税税款=购买或委托加工收回消费品的全部消费税×生产领用比例

【提示】允许扣除已纳税款的应税消费品只限于从工业企业购进的应税消费品和进口环节已缴纳消费税的应税消费品，对从境内商业企业购进应税消费品的已纳税款一律不得扣除。

考查角度　判断是否属于准予抵扣已纳消费税的情形、准予抵扣已纳消费税税款的计算。

【例题1·单选2019】根据消费税法律制度的规定，下列各项中，可以按当期生产领用数量计算准予扣除外购的应税消费品已纳消费税税款的是（　　）。

A. 外购已税白酒生产的药酒

B. 外购已税烟丝生产的卷烟

C. 外购已税翡翠生产加工的金银翡翠首饰

D. 外购已税钻石生产的高档手表

【答案】B

【例题2·单选2018】甲企业为增值税一般纳税人，2017年12月初库存烟丝不含增值税买价5万元，本月外购烟丝不含税买价40万元，月末库存烟丝不含税买价10万元，领用的烟丝全部用于连续生产卷烟，下列计算甲企业本月准予扣除的外购烟丝已缴纳的消费税的列式中正确的是（　　）。

A.（5+40）×30%=13.5万元　　B. 40×30%=12万元

C.（5+40−10）×30%=10.5万元　　D.（40−10）×30%=9万元

【解析】当期准予抵扣的消费税=（期初库存买价+当期购进买价−期末库存买价）×消费税税率=（5+40−10）×30%=10.5万元。

【答案】C

【例题 3 · 单选 2019】甲化妆品生产企业 2017 年 7 月从另一化妆品生产企业购进高档保湿精华一批，取得增值税专用发票上注明价款为 100 万元；当月领用其中的 40%用于生产高档保湿粉底液并全部销售，取得不含增值税销售收入 500 万元。已知高档化妆品适用消费税税率为 15%。有关甲化妆品生产企业上述业务应当缴纳的消费税，下列算式中正确的是（　　）。

A. 500×15%=75 万元

B. 500×15%−100×15%×60%=66 万元

C. 500×15%−100×15%=60 万元

D. 500×15%−100×15%×40%=69 万元

【解析】① 外购已税高档化妆品为原料生产的高档化妆品，准予抵扣已纳的消费税。准予抵扣的消费税=购买消费品的全部消费税×生产领用比例=100×15%×40%。② 销售高档保湿粉底液应纳的消费税=500×15%。③ 甲化妆品生产企业应当缴纳的消费税=500×15%−100×15%×40%=69 万元。

【答案】D

考点 3　消费税征收管理（★★）

（一）纳税义务发生时间

消费税纳税义务发生时间的内容如表 4-3-9 所示。

表 4-3-9　消费税纳税义务发生时间

分类	纳税义务发生时间
（1）采取赊销和分期收款结算方式的	书面合同约定的收款日期的当天；书面合同没有约定收款日期或者无书面合同的，为发出应税消费品的当天
（2）采取预收货款结算方式的	发出应税消费品的当天
（3）采取托收承付、委托银行收款结算方式的	发出应税消费品并办妥托收手续的当天
（4）采取其他结算方式销售应税消费品的	收讫销售款或者取得索取销售款凭据的当天
（5）自产自用应税消费品的	移送使用的当天
（6）委托加工应税消费品的	纳税人提货的当天
（7）进口应税消费品的	报关进口的当天

考查角度　纳税义务发生时间的具体规定。

【例题 · 单选 2019】根据消费税法律制度的规定，下列关于消费税纳税义务发生时间的表述中，正确的是（　　）。

A. 采取托收承付方式的，为合同约定的收款日期的当天

B. 委托加工应税消费品的，为纳税人提货的当天

C. 采取分期收款结算方式的，为收讫销售款的当天

D. 采取预收货款结算方式的，为收到预收款的当天

【答案】B

（二）纳税地点和纳税期限

纳税地点和纳税期限的主要内容如表 4-3-10 所示。

表 4-3-10 纳税地点和纳税期限

<table>
<tr><th>项目</th><th colspan="2">具体内容</th></tr>
<tr><td rowspan="7">纳税地点</td><td>销售应税消费品</td><td rowspan="2">除国务院财政、税务主管部门另有规定外，应当向纳税人机构所在地或者居住地的税务机关申报纳税</td></tr>
<tr><td>自产自用应税消费品</td></tr>
<tr><td>委托加工应税消费品</td><td>（1）受托方为个人的：由委托方向其机构所在地税务机关申报纳税
（2）受托方为非个人的：由受托方向机构所在地或者居住地的税务机关解缴消费税税款</td></tr>
<tr><td>进口应税消费品</td><td>由进口人或者其代理人向报关地海关申报纳税</td></tr>
<tr><td>到外县（市）销售或者委托外县（市）代销自产应税消费品</td><td>于应税消费品销售后，向机构所在地或者居住地税务机关申报纳税</td></tr>
<tr><td>总机构与分支机构不在同一县（市）的</td><td>（1）分别向各自机构所在地的税务机关申报纳税
（2）不在同一县（市），但在同一省（自治区、直辖市）范围内，经省（自治区、直辖市）财政厅（局）、税务局审批同意，可以由总机构汇总向总机构所在地的税务机关申报缴纳消费税</td></tr>
<tr><td>纳税期限</td><td colspan="2">纳税人进口应税消费品，应当自海关填发海关进口消费税专用缴款书之日起 15 日内缴纳税款</td></tr>
</table>

考查角度 纳税地点的具体规定。

【例题·单选 2016】根据消费税法律制度的规定，下列关于消费税纳税地点的表述中，正确的是（ ）。

A. 纳税人销售的应税消费品，除另有规定外，应当向纳税人机构所在地或居住地的主管税务机关申报纳税

B. 纳税人总机构与分支机构不在同一省的，由总机构汇总向总机构所在地的主管税务机关申报纳税

C. 进口的应税消费品，由进口人或者其代理人向机构所在地的主管税务机关申报纳税

D. 委托加工的应税消费品，受托方为个人的，由受托方向居住地的主管税务机关申报纳税

【答案】A

考点回顾 消费税。

- 消费税
  - 纳税人
  - 税目 → 15类消费品
  - 纳税环节
    - 生产环节
    - 委托加工环节
    - 进口环节
    - 卷烟批发环节
    - 金银钻首饰和超豪华小汽车零售环节
  - 应纳税额的计算
    - 计税方法
      - 从价计征
      - 从量计征
      - 从价从量复合计征
    - 销售额与销售数量
    - 组成计税价格
      - 自产自用
      - 委托加工
      - 进口
    - 已纳消费税的扣除
  - 征收管理
    - 纳税义务发生时间
    - 纳税地点
    - 纳税期限

第五章　企业所得税、个人所得税法律制度

本章考情分析

本章地位	预估分值	考试题型	建议学习时长
★★★	21 分	单选题、多选题、判断题、不定项	18 小时

本章脉络图

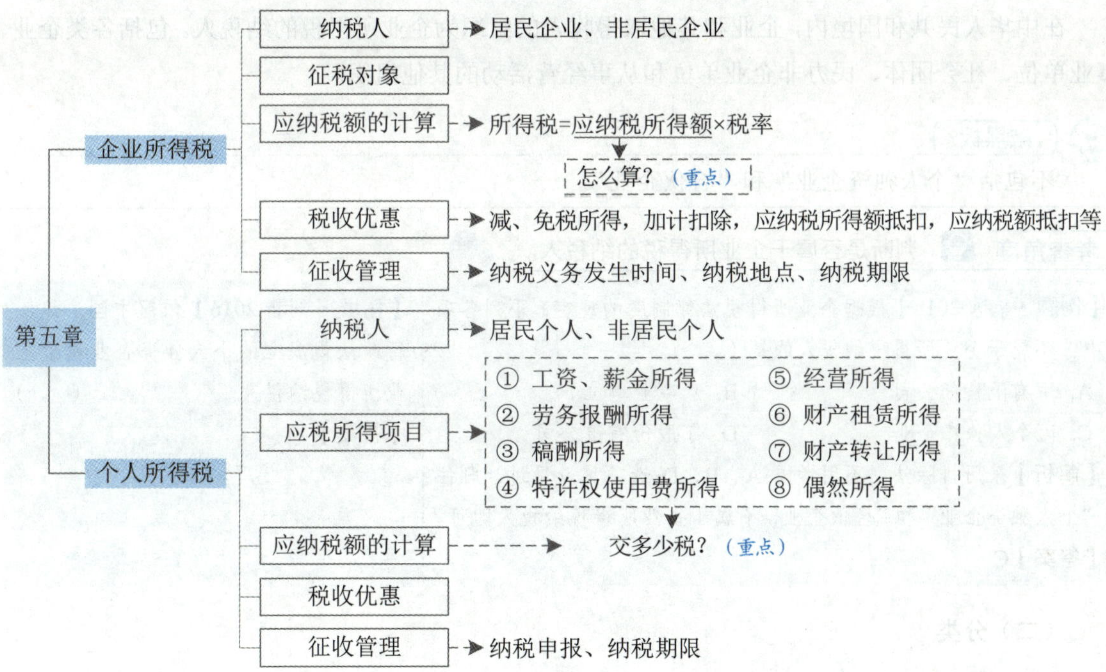

教材主要变化

本章“企业所得税”内容变化不大，“个人所得税”内容变化较大。主要变化如下：

（1）新增：① 用于目标脱贫地区的扶贫捐赠支出税前全额扣除的规定；② 党组织工作经费税前扣除的规定；③ 提供养老、托育、家政等服务减计收入的规定；④ 债券利息减免企业所得税的规定；⑤ 偶然所得的具体项目；⑥ 居民个人取得工资、薪金所得，劳务报酬所得，稿酬所得，特许权使用费所得预扣预缴个人所得税的计算；⑦ 非居民个人工资、薪金所得，劳务报酬所

得，稿酬所得，特许权使用费所得应纳个人所得税的计算；⑧ 全年一次性奖金应纳税额的计算。

（2）调整：① 企业所得税小型微利企业的税收优惠；② 个人所得税纳税义务和所得来源的确定；③ 个人所得税专项附加扣除；④ 个人所得税的纳税申报。

（3）删除：外籍个人取得免税探亲费的具体标准。

本章考点精讲

第一节 企业所得税法律制度

考点1 企业所得税纳税人（★★）

（一）范围

在中华人民共和国境内，企业和其他取得收入的组织为企业所得税的纳税人。包括各类企业、事业单位、社会团体、民办非企业单位和从事经营活动的其他组织。

敲黑板

不包括“个人独资企业”和“合伙企业”。

考查角度　判断是否属于企业所得税的纳税人。

【例题·单选 2018】根据企业所得税法律制度的规定，下列各项中，不属于企业所得税纳税人的是（　　）。

A. 甲有限责任公司　　B. 乙事业单位

C. 丙个人独资企业　　D. 丁股份有限公司

【解析】采用排除法，不用考虑 A、B、D 选项见没见过，盯住“个人独资企业”和“合伙企业”不属于企业所得税纳税人即可。

【答案】C

【拓展·判断 2016】依照中国法律、行政法规成立的个人独资企业属于企业所得税纳税人。（　　）

【答案】×

（二）分类

企业所得税纳税人分为居民企业和非居民企业。

1. 居民企业

居民企业是指依照中国法律、法规在中国境内成立的企业，或者依照外国（地区）法律成立但实际管理机构在中国境内的企业（如在英国注册成立，但实际管理机构在中国北京的企业）。

2. 非居民企业

非居民企业是指按照外国（地区）法律成立且实际管理机构不在中国境内，但在中国境内设立机构、场所的（如在英国注册成立且实际管理机构也在英国，但在中国设立了办事处的企业），或者在中国境内未设立机构、场所但有来源于中国境内所得的企业（如在英国注册成立且实际管理机构也在英国的企业，虽没有在中国设立机构、场所，但有向中国企业销售货物取得收入的行为）。

非居民企业委托营业代理人在中国境内从事生产经营活动的，包括委托单位或者个人经常代其签订合同，或者储存、交付货物等，该营业代理人视为非居民企业在中国境内设立的机构、场所。（有代理人也算有机构、场所）

小旌笔记

判断居民企业与非居民企业时，一看注册地，二看实际管理机构所在地。

考查角度 辨析居民企业与非居民企业。

【例题·单选 2015】根据企业所得税法律制度的规定，下列各项中，属于非居民企业的是（　）。

A. 依照外国法律成立，实际管理机构在境内的甲公司

B. 依照中国法律成立，在境外设立机构、场所的乙公司

C. 依照外国法律成立且实际管理机构在境外，但在境内设立机构、场所的丙公司

D. 依照中国法律成立，实际管理机构在境内的丁公司

【解析】本题要求选择“非居民企业”，先把在“中国成立”的B、D选项排除。对于在“外国成立”的，看实际管理机构是否在中国，实际管理机构在中国的，属于居民企业；实际管理机构不在中国的，属于非居民企业。

【答案】C

考点2 企业所得税征税对象（★★★）

（一）居民企业

居民企业应当就来源于中国“境内、境外”的所得缴纳企业所得税。

（二）非居民企业

在中国境内设立机构、场所的，就其所设机构、场所取得的来源于中国境内的所得，以及发生在中国境外但与其所设机构、场所有实际联系的所得，缴纳企业所得税。

在中国境内未设立机构、场所的，或虽设立机构、场所但取得的所得与其所设机构、场所没有实际联系的，应当就其来源于中国境内的所得缴纳企业所得税。

小旌笔记

征税对象的内容可参考图 5-1-1 记忆。

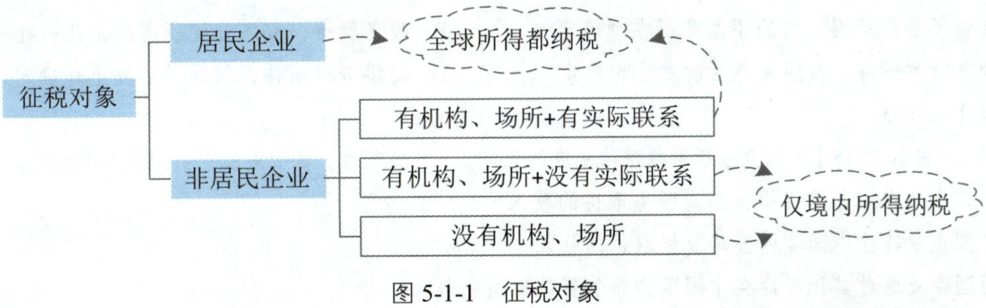

图 5-1-1 征税对象

考查角度 对居民企业与非居民企业哪些所得纳税。

【例题1·判断2018】居民企业无需就其来源于中国境外的所得缴纳企业所得税。（ ）

【答案】×

【例题2·判断2018】在中国境内设立机构、场所的非居民企业取得的发生在中国境外但与其所设机构、场所有实际联系的所得无需缴纳企业所得税。（ ）

【答案】×

【例题3·判断2013】居民企业就其来源于中国境内、境外的全部所得缴纳企业所得税，非居民企业仅就来源于中国境内的所得缴纳企业所得税。（ ）

【答案】×

（三）来源于中国境内、境外所得的确定原则

在判断所得属于境内或境外时，按照表5-1-1所示的原则确定。

表5-1-1 来源于中国境内、境外所得的确定原则

<table>
<tr><th colspan="2">所得类型</th><th>所得来源地的确定</th></tr>
<tr><td colspan="2">销售货物所得</td><td>按照交易活动发生地确定（正常交易“发生地”）</td></tr>
<tr><td colspan="2">提供劳务所得</td><td>按照劳务发生地确定（正常交易“发生地”）</td></tr>
<tr><td rowspan="3">转让财产所得</td><td>不动产转让所得</td><td>按照不动产所在地确定（不会跑，盯“不动产”）</td></tr>
<tr><td>动产转让所得</td><td>按照转让动产的企业或者机构、场所所在地确定（会跑，盯谁卖的）</td></tr>
<tr><td>权益性投资资产转让所得（炒股）</td><td>按照被投资企业所在地确定（买卖方太多，盯谁被卖了）</td></tr>
<tr><td colspan="2">股息、红利等权益性投资所得</td><td>按照分配所得的企业所在地确定（盯谁分的）</td></tr>
<tr><td colspan="2">利息所得</td><td rowspan="3">按照负担、支付所得的企业或者机构、场所所在地，或者负担、支付所得的个人的住所地确定（谁负担，找谁）</td></tr>
<tr><td colspan="2">租金所得</td></tr>
<tr><td colspan="2">特许权使用费所得</td></tr>
</table>

考查角度 辨析各项所得的来源地。

【例题1·多选2018】根据企业所得税法律制度的规定，下列关于来源于中国境内、境外所得确定原则的表述中，正确的有（ ）。

A. 转让不动产所得，按照不动产所在地确定
B. 股息所得，按照分配所得的企业所在地确定
C. 销售货物所得，按照交易活动发生地确定
D. 提供劳动所得，按照劳务发生地确定

【答案】ABCD

【例题2·多选2018】根据企业所得税法律制度的规定，下列各项中，属于来源于中国境内所得的有（ ）。

A. 甲国企业在中国境内提供咨询服务取得的收入
B. 乙国企业转让中国境内公司股权取得的收入
C. 丙国企业通过其代理商在中国境内销售货物取得的收入

D. 丁国企业在中国境外为中国公司技术人员提供培训服务取得的收入

【解析】解答本类型题目时，我们不用管它加了多少修饰语，只要抓准关键字即可。选项 A，“提供咨询服务”属于提供劳务，找“发生地”，在中国境内提供的，属于来源于中国境内的所得；选项 B，“转让股权”属于权益性投资资产转让所得，盯谁被卖了，转让的是“中国境内公司”的股权，所以属于来源于中国境内的所得；选项 C，“销售货物”找“发生地”，在中国境内销售的，属于来源于中国境内的所得；选项 D，“提供培训服务”属于提供劳务，找“发生地”，在中国境外提供的，属于来源于境外的所得。

【答案】ABC

考点 3 企业所得税税率（★）

企业所得税实行比例税率，目前共有两档基本税率和两档优惠税率。具体税率如图 5-1-2 所示。

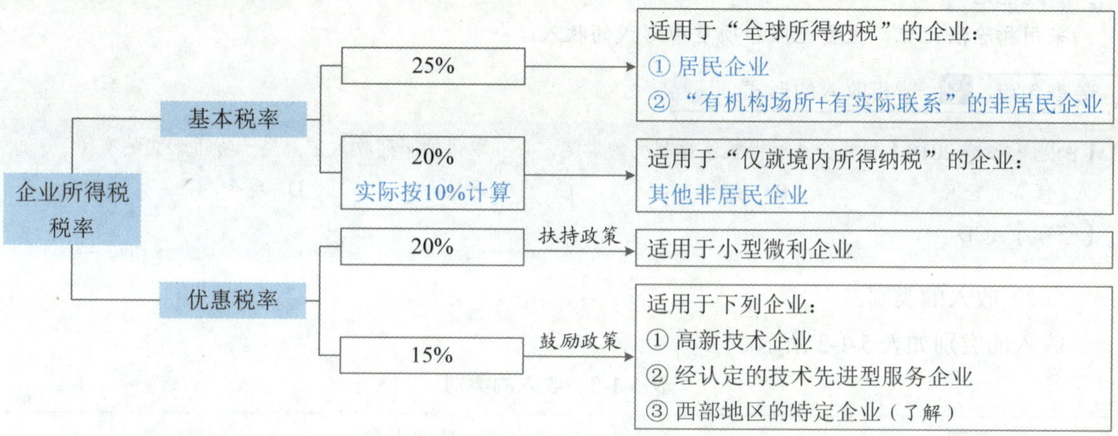

图 5-1-2 税率

考查角度 各类企业适用的企业所得税税率。

【例题·判断 2016】在中国境内设立机构、场所且取得的所得与其所设机构、场所有实际联系的非居民企业，适用的企业所得税税率为 20%。（ ）

【解析】“有机构、场所+有实际联系”的非居民企业，适用 25%的税率。

【答案】×

考点 4 企业所得税应纳税所得额的计算（★★★）

应纳税所得额是计算企业所得税的计税依据，其计算方法有直接计算法和间接计算法两种。间接计算法的内容，教材中没有介绍，但近几年考试中会涉及，且所占比重越来越大，故本书对其作了具体讲解。

（一）直接计算法

应纳税所得额=收入总额−不征税收入−免税收入−各项扣除−以前年度亏损

1. 收入总额

企业收入总额是指以货币形式和非货币形式从各种来源取得的各种收入。

（1）收入的形式。

收入的形式如表 5-1-2 所示。

表 5-1-2　收入的形式

形式	具体内容
货币形式	现金、存款、应收账款、应收票据、准备持有至到期的债券投资、债务豁免等
非货币形式	固定资产、生物资产、无形资产、股权投资、存货、不准备持有至到期的债券投资、劳务以及有关权益等

小旌笔记

采用排除法记忆，主要记住 6 项货币形式的收入。

考查角度　辨析收入的形式。

【例题·多选 2019】根据企业所得税法律制度的规定，企业取得的下列收入中，属于货币形式的有（　　）。

A. 债务的豁免　　B. 存货　　C. 应收账款　　D. 现金

【答案】ACD

（2）收入的类别。

收入的类别如表 5-1-3 所示。

表 5-1-3　收入的类别

类别	具体内容
① 销售货物收入	销售商品、产品、原材料、包装物、低值易耗品以及其他存货取得的收入
② 提供劳务收入	从事各种劳务服务活动取得的收入
③ 转让财产收入	转让固定资产、生物资产、无形资产、股权、债权等财产取得的收入
④ 股息、红利等权益性投资收益	因权益性投资从被投资方取得的收入
⑤ 利息收入	存款利息、贷款利息、债券利息、欠款利息等收入
⑥ 租金收入	提供固定资产、包装物或者其他有形资产的使用权取得的收入
⑦ 特许权使用费收入	提供专利权、非专利技术、商标权、著作权以及其他特许权的使用权取得的收入
⑧ 接受捐赠收入	接受其他企业、组织或个人无偿给予的货币性资产、非货币性资产
⑨ 其他收入	企业资产溢余收入、逾期未退包装物押金收入、确实无法偿付的应付款项、已作坏账损失处理后又收回的应收款项、债务重组收入、补贴收入、违约金收入、汇兑收益等

考查角度　收入总额的范围、某类收入的具体内容。

【例题1·多选2018】根据企业所得税法律制度的规定，下列各项中，在计算企业所得税应纳税所得额时，应计入收入总额的有（　　）。

A. 企业资产溢余收入

B. 逾期未退包装物押金收入

C. 确实无法偿付的应付款项

D. 汇兑收益

【答案】ABCD

【例题2·多选2019】根据企业所得税法律制度的规定，下列属于转让财产收入的有（　　）。

A. 转让专利权收入　　B. 转让固定资产收入

C. 转让无形资产收入　　D. 销售货物收入

【答案】ABC

【拓展·单选 2015】根据企业所得税法律制度的规定，下列各项中，属于特许权使用费收入的是（　　）。

A. 提供生产设备使用权取得的收入

B. 提供运输工具使用权取得的收入

C. 提供房屋使用权取得的收入

D. 提供商标权的使用权取得的收入

【解析】本题考核的是“租金收入”与“特许权使用费”的辨析。提供“有形资产”的使用权收入，属于租金收入；提供“无形资产”的使用权收入，属于“特许权使用费收入”。

【答案】D

（3）收入的确认时间。

收入的确认时间如表5-1-4所示。

表5-1-4　收入的确认时间

<table>
<tr><th colspan="3">收入类别</th><th>确认时间</th></tr>
<tr><td rowspan="7">①销售货物收入</td><td colspan="2">托收承付方式</td><td>在办妥托收手续时确认收入</td></tr>
<tr><td colspan="2">预收款方式</td><td>在发出商品时确认收入</td></tr>
<tr><td rowspan="2">需要安装和检验的</td><td>一般情况</td><td>在购买方接受商品以及安装和检验完毕时确认收入</td></tr>
<tr><td>安装程序简单</td><td>可在发出商品时确认收入</td></tr>
<tr><td colspan="2">支付手续费方式委托代销</td><td>在收到代销清单时确认收入</td></tr>
<tr><td colspan="2">分期收款方式</td><td>按照合同约定的收款日期确认收入的实现</td></tr>
<tr><td colspan="2">产品分成方式</td><td>按照企业分得产品的日期确认收入的实现
【提示】收入额按照产品的公允价值确定</td></tr>
<tr><td colspan="3">②股息、红利等权益性投资收益</td><td>按照被投资方作出利润分配决定的日期确认收入的实现</td></tr>
<tr><td colspan="3">③利息收入</td><td>按照合同约定的债务人应付利息的日期确认收入的实现</td></tr>
<tr><td colspan="2" rowspan="2">④租金收入</td><td>一般情况</td><td>按照合同约定的承租人应付租金的日期确认收入的实现</td></tr>
<tr><td>跨年度且租金提前一次性支付的</td><td>出租人可在租赁期内，分期均匀计入相关年度收入</td></tr>
<tr><td colspan="3">⑤特许权使用费收入</td><td>按照合同约定的特许权使用人应付特许权使用费的日期确认收入</td></tr>
<tr><td colspan="3">⑥接受捐赠收入</td><td>按照实际收到捐赠资产的日期确认收入的实现</td></tr>
</table>

【相关链接】在增值税中，委托其他纳税人代销货物，增值税纳税义务发生时间为收到代销单位的代销清单或者收到全部或部分货款的当天；未收到代销清单及货款的，为发出代销货物满180天的当天。

考查角度 各项收入的确认时间。

【例题·单选 2018】根据企业所得税法律制度的规定，关于确认收入实现时间的下列表述中，正确的是（　）。

A. 接受捐赠收入，按照合同约定的捐赠日期确认收入的实现

B. 利息收入，按照合同约定的债务人应付利息的日期确认收入的实现

C. 租金收入，按照出租人实际收到租金的日期确认收入的实现

D. 权益性投资收益，按照投资方实际收到利润的日期确认收入的实现

【答案】B

【拓展1·单选 2018】2017年9月1日，甲公司与乙公司签订一项销售合同，采用预收款方式销售一批商品，并于9月10日收到全部价款。甲公司9月20日发出商品，乙公司9月21日收到该批商品，甲公司根据企业所得税法律制度的规定，关于销售收入确认时间的表述正确的是（　）。

A. 9月10日确认销售收入　B. 9月20日确认销售收入

C. 9月21日确认销售收入　D. 9月1日确认销售收入

【解析】本题属于采取预收款方式销售商品，在发出商品时（9月20日）确认收入。

【答案】B

【拓展2·判断 2019】计算企业所得税收入总额时，以分期收款方式销售货物，以发货日期来确认收入。（　）

【答案】×

（4）收入的确认金额。

收入的确认金额如表5-1-5所示。

表5-1-5　收入的确认金额

销售类型		收入确认原则
① 售后回购	符合收入确认条件	销售的商品：按售价确认收入 回购的商品：按购进商品处理
	不符合收入确认条件（如融资）	收到的款项：确认为负债 回购价格大于原售价的差额：在回购期间确认为利息费用
② 以旧换新		销售的商品：按销售商品收入确认条件确认收入（同类新商品价格） 回收的商品：作为购进商品处理
③ 商业折扣（如打八折）		按折扣后的金额确认收入
④ 现金折扣（如10天内付款，给予2%的折扣）		按折扣前的金额确认收入 【提示】现金折扣在实际发生时作为财务费用扣除
⑤ 销售退回或销售折让		发生当期冲减当期销售商品收入
⑥ 提供劳务		按完工进度确认收入
⑦ 买一赠一		不属于捐赠，应将总的销售金额按各项商品的公允价值的比例来分摊确认各项商品的销售收入

【相关链接】在增值税中，以旧换新业务需要区分情况处理。金银首饰以旧换新业务，按销售方实际收取的不含增值税的全部价款（差价）征收增值税；其他商品的以旧换新业务，按新货物的同期销售价格确定增值税销售额，不得扣减旧货物的收购价格。

考查角度 各项收入金额的确认。

【例题·单选 2018】根据企业所得税法律制度的规定，下列关于企业销售货物收入确认的表述中，正确的是（ ）。

A. 企业已经确认销售收入的售出商品发生销售折让，不得冲减当期销售商品收入

B. 销售商品以旧换新的，应当以扣除回收商品价值后的余额确定销售商品收入金额

C. 销售商品涉及现金折扣的，应当以扣除现金折扣后的金额确定销售商品收入金额

D. 销售商品采用支付手续费方式委托代销的，在收到代销清单时确认收入

【答案】D

【拓展·单选 2018 改编】2019 年 9 月甲电子公司销售一批产品，含增值税价格 46.8 万元。由于购买数量多，甲电子公司给予购买方 9 折优惠。已知增值税税率为 13%，甲电子公司在计算企业所得税应纳税所得额时，应确认的产品销售收入为（ ）万元。

A. 42.12　　B. 41.42

C. 46.8　　D. 37.27

【解析】“9 折优惠”属于商业折扣，按折扣后的金额确定收入；应确认的产品销售收入=46.8÷（1+13%）×90%=37.27 万元。

【答案】D

（5）视同销售。

企业发生非货币性资产交换，以及将货物、财产、劳务用于捐赠、偿债、赞助、集资、广告、样品、职工福利或者利润分配等用途的，应当视同销售货物、转让财产或提供劳务，但另有规定的除外。

考查角度 判断是否属于视同销售的情形。

【例题·多选 2018】根据企业所得税法律制度的规定，下列各项中，属于视同销售货物的有（ ）。

A. 将外购货物用于赞助　B. 将外购货物用于偿债　C. 将外购货物用于捐赠　D. 将外购货物用于广告

【答案】ABCD

2. 不征税收入和免税收入

不征税收入和免税收入的主要内容如表 5-1-6 所示。

表 5-1-6 不征税收入和免税收入

收入类型	具体内容
不征税收入	（1）财政拨款（重点记） （2）依法收取并纳入财政管理的行政事业性收费、政府性基金 （3）企业取得的，由国务院财政、税务主管部门规定专项用途并经国务院批准的财政性资金 （4）县级以上人民政府将国有资产无偿划入企业，指定专门用途并按规定进行管理的 （5）全国社会保障基金理事会及基本养老保险基金投资管理机构在国务院批准的投资范围内，运用养老基金投资取得的归属于养老基金的投资收益 （6）全国社会保障基金取得的直接股权投资收益、股权投资基金收益

（续表）

收入类型	具体内容
免税收入	（1）国债利息收入（重点记） （2）居民企业直接投资于其他居民企业取得的股息、红利等权益性投资收益 （3）在中国境内设立机构、场所的非居民企业从居民企业取得与该机构、场所有实际联系的股息、红利等权益性投资收益 【提示】（2）和（3）中的股息、红利等权益性投资收益，不包括连续持有居民企业公开发行并上市流通的股票不足12个月取得的投资收益 小旌笔记 （2）和（3）可以概括理解为：① 这里的免税仅适用于“全球所得纳税”的企业，不包括“仅境内所得纳税”的企业；② 从未上市的居民企业取得的股息、红利等权益性投资收益，不考虑时间长短，直接免税；③ 对于持有居民企业公开发行并上市流通的股票取得的投资收益，12个月以内的，交税，12个月以上的，免税 （4）符合条件的非营利组织的收入 【提示】不包括非营利组织从事营利性活动取得的收入

考查角度　辨析不征税收入与免税收入。

【例题·单选 2018】根据企业所得税法律制度的规定，下列各项中，属于不征税收入的是（　　）。

A. 国债利息收入

B. 违约金收入

C. 股息收入

D. 财政拨款

【解析】选项A属于免税收入；选项B、C属于应税收入。

【答案】D

【拓展·单选 2018】根据企业所得税法律制度的规定，下列各项中，属于免税收入的是（　　）。

A. 财政拨款收入

B. 转让企业债券取得的收入

C. 企业购买国债取得的利息收入

D. 县级以上人民政府将国有资产无偿划入企业并指定专门用途并按规定进行管理的

【解析】选项A、D属于不征税收入；选项B属于应税收入。

【答案】C

【思路拓展】若题目改为“计入企业所得税收入总额的有哪些”，正确答案为ABCD，收入总额包括不征税收入和免税收入。

3. 税前扣除项目

小旌笔记

企业实际发生的支出，包括成本、费用、税金、损失和其他支出，在计算应纳税所得额时有的项目可据实扣除，有的按标准扣除，有的不得扣除。重点关注不得扣除的项目。

（1）税金。

税金的税前扣除规定如表5-1-7所示。

表 5-1-7 税金的税前扣除规定

可以扣除的税金	不得扣除的税金
消费税、资源税、土地增值税、关税、城市维护建设税、教育费附加、房产税、车船税、城镇土地使用税、印花税等	增值税、企业所得税

小旌笔记

不得扣除的增值税是指企业实际缴纳的增值税和允许抵扣的增值税。不允许抵扣的增值税，计入相关产品成本中，按照产品成本的规定在企业所得税前扣除。

考查角度 辨析可以扣除与不得扣除的税金。

【例题·多选 2018】根据企业所得税法律制度的规定，企业缴纳的下列税金中，准予在企业所得税税前扣除的有（　　）。

A. 允许抵扣的增值税　　B. 消费税　　C. 土地增值税　　D. 印花税

【解析】采用排除法，记住不得扣除的税金是"增值税"和"企业所得税"。

【答案】BCD

（2）工资、薪金及"三项经费"、党组织工作经费。

工资、薪金及"三项经费"、党组织工作经费的税前扣除规定如表 5-1-8 所示。

表 5-1-8 工资、薪金及"三项经费"、党组织工作经费的税前扣除规定

项目		扣除标准	超过标准部分的处理
工资、薪金支出		合理的，准予扣除	—
"三项经费"	职工福利费	不超过"工资薪金总额×14%"	不得结转以后年度扣除
	工会经费	不超过"工资薪金总额×2%"	不得结转以后年度扣除
	职工教育经费	不超过"工资薪金总额×8%"	超过部分，准予在以后纳税年度结转扣除
党组织工作经费		不超过"工资薪金总额×1%"	不得结转以后年度扣除

考查角度 "三项经费"扣除规定的运用。

【例题·单选 2013 改编】甲企业 2018 年实发工资总额为 100 万元，发生职工福利费 18 万元，职工教育经费 1.5 万元。已知，职工福利费支出不超过实发工资总额 14%的部分、职工教育经费不超过实发工资总额 8%的部分，准予在计算企业所得税应纳税所得额时扣除。甲企业计算 2018 年企业所得税应纳税所得额时，准予扣除的职工福利费和职工教育经费合计金额的下列计算中正确的是（　　）。

A. 100×14%+1.5=15.5 万元　　B. 100×14%+100×8%=22 万元

C. 18+1.5=19.5 万元　　D. 18+100×8%=26 万元

【解析】① 职工福利费扣除限额=100×14%=14 万元，实际发生额 18 万元超过了扣除限额，只能按限额 14 万元扣除；② 职工教育经费扣除限额=100×8%=8 万元，实际发生额 1.5 万元未超过扣除限额，可

以直接扣除；③ 准予扣除的职工福利费和职工教育经费合计金额=14+1.5=15.5 万元。

【答案】A

（3）保险费。

保险费的税前扣除规定如表 5-1-9 所示。

表 5-1-9　保险费的税前扣除规定

扣除类型	具体内容
全额扣除	① 企业为职工缴纳的“四险一金”（基本养老保险费、基本医疗保险费、失业保险费、工伤保险费和住房公积金） ② 职工因公出差乘坐交通工具发生的人身意外保险费 ③ 为特殊工种职工支付的人身安全保险费 ④ 企业参加财产保险，按规定缴纳的保险费 ⑤ 企业参加雇主责任险、公众责任险等责任保险，按规定缴纳的保险费
限额扣除	① 补充养老保险费：不超过工资总额的 5% ② 补充医疗保险费：不超过工资总额的 5%
不得扣除	企业为投资者或职工支付的商业保险费

考查角度　判断各类保险费是否可以在税前扣除。

【例题·多选 2018】根据企业所得税法律制度的规定，企业依照国务院有关主管部门或省级人民政府规定范围和标准为职工缴纳的下列费用中，在计算企业所得税应纳税所得额时准予扣除的有（　　）。

A. 基本医疗保险费　　B. 基本养老保险费

C. 工伤保险费　　D. 住房公积金

【答案】ABCD

【拓展·判断 2019】企业职工因公出差乘坐交通工具发生的人身意外保险费支出，准予企业在计算企业所得税应纳税所得额时扣除。（　　）

【答案】√

（4）利息费用。

利息费用的税前扣除规定如表 5-1-10 所示。

表 5-1-10　利息费用的税前扣除规定

扣除类型	具体内容
全额扣除	① 非金融企业向金融企业（如银行）借款的利息支出 ② 金融企业的各项存款利息支出 ③ 金融企业同业拆借利息支出 ④ 企业经批准发行债券的利息支出

（续表）

扣除类型	具体内容
限额扣除	不超过按照金融企业同期同类贷款利率计算的数额的部分可据实扣除，超过部分不许扣除： ① 非金融企业向非金融企业借款的利息支出 ② 企业向除股东或其他与企业有关联关系的自然人以外的内部职工或其他人员（即没有关联关系的人员）借款的利息支出
不得扣除	企业投资者在规定期限内未缴足其应缴资本额的，该企业对外借款所发生的利息，相当于投资者实缴资本额与在规定期限内应缴资本额的差额应计付的利息（股东应缴未缴的资金，借款利息应该由股东负责，不能让企业负担）

小旌笔记

重点记住：企业向金融企业的借款利息，可以据实扣除；企业向非金融企业的借款利息，不超过按照向金融企业借款计算的利息部分，可以扣除，超过部分，不得扣除。

考查角度 限额扣除利息的计算。

【例题·单选 2015】2014 年 5 月甲公司向非关联企业乙公司借款 100 万元用于生产经营，期限为半年，双方约定年利率为 10%。已知甲、乙公司都是非金融企业，金融企业同期同类贷款年利率为 7.8%。甲公司在计算当年企业所得税应纳税所得额时，准予扣除的利息费用为（ ）。

A. 7.8 万元　　B. 10 万元　　C. 3.9 万元　　D. 5 万元

【解析】本题属于非金融企业向非金融企业借款，限额扣除利息的情形。注意题目中的陷阱“借款期限为半年”，实际发生利息费用支出=100×10%÷12×6=5 万元，按金融企业同期同类贷款利率计算的数额=100×7.8%÷12×6=3.9 万元，实际利息 5 万元超过了限额 3.9 万元，按照限额 3.9 万元扣除。

【答案】C

（5）捐赠。

捐赠分为直接捐赠和公益性捐赠。直接捐赠是指企业直接对受赠人的捐赠；公益性捐赠是指企业通过公益性社会组织或县级以上（含县级）人民政府及其组成部门和直属机构，用于慈善活动、公益事业的捐赠。捐赠的税前扣除规定如表 5-1-11 所示。

表 5-1-11 捐赠的税前扣除规定

捐赠类型	扣除规定
直接捐赠	不得扣除
公益性捐赠	① 用于目标脱贫地区的扶贫捐赠支出，准予据实扣除 ② 其他公益性捐赠支出，在年度利润总额 12%以内的部分，准予扣除；超过年度利润总额 12%的部分，准予结转以后三年内在计算应纳税所得额时扣除

考查角度　捐赠税前扣除金额的计算。

【例题·单选 2016】甲公司 2015 年度实现利润总额 30 万元，直接向受灾地区群众捐款 6 万元，通过公益性社会团体向灾区捐款 4 万元。已知公益性捐赠支出不超过年度利润总额的 12%的部分，准予在计算应纳税所得额时扣除。甲公司在计算 2015 年度企业所得税应纳税所得额时，准予扣除的捐赠额为（　　）。

A. 6 万元　　B. 10 万元

C. 3.6 万元　　D. 4 万元

【解析】① 直接向受灾地区群众捐款 6 万元属于直接捐赠，不得扣除；② 通过公益性社会团体向灾区捐款 4 万元属于限额扣除，扣除限额=30×12%=3.6 万元，实际捐赠额 4 万元超过了限额，按限额 3.6 万元扣除。

【答案】C

【拓展·单选 2019】2018 年甲企业实现利润总额 600 万元，发生公益性捐赠支出 62 万元。上年度未在税前扣除完的符合条件的公益性捐赠支出 12 万元。已知公益性捐赠支出在年度利润总额 12%以内的部分，准予扣除。计算甲企业 2018 年度企业所得税应纳税所得额时，准予扣除的公益性捐赠支出是（　　）。

A. 84 万元　　B. 72 万元

C. 60 万元　　D. 74 万元

【解析】扣除限额=600×12%=72 万元；待扣除捐赠支出=本年 62+上年 12=74 万元，超过了扣除限额，按照限额在税前扣除。超过限额的 2 万元，继续结转 2019 年度扣除。

【答案】B

（6）业务招待费。

① 企业发生的与生产经营活动有关的业务招待费支出，按照发生额的 60%扣除，但最高不得超过当年销售（营业）收入的 5‰（见图 5-1-3）。

图 5-1-3　业务招待费的税前扣除规定

② 企业在筹建期间，发生的与筹办活动有关的业务招待费支出，可按实际发生额的 60%在税前扣除（筹建期间没有收入，只用一个标准）。

小旌笔记

从会计的角度，销售（营业）收入包括主营业务收入和其他业务收入，不包括投资收益、资产处置损益、营业外收入等。从税法的角度，销售（营业）收入，包括销售货物收入、提供劳务收入、租金收入和特许权使用费收入，不包括转让财产收入，股息、红利等权益性投资收益，利息收入，接受捐赠收入和其他收入。考试中常见的销售（营业）收入包括与不包括项目如表 5-1-12 所示。

表 5-1-12　销售（营业）收入

包括的项目	不包括的项目
销售货物收入 提供劳务收入 出租××收入 提供××使用权收入	国债利息、存款利息收入、股息收入 转让固定资产、土地使用权、股权收入 存货盘盈、接受捐赠收入 违约金收入

考查角度 业务招待费税前扣除金额的计算。

【例题 1 • 单选 2018】2017 年甲公司取得销售（营业）收入 2 000 万元，发生与生产经营活动有关的业务招待费支出 12 万元。已知业务招待费支出按照发生额的 60%扣除，但最高不得超过当年销售（营业）收入的 5‰。甲公司在计算 2017 年度企业所得税应纳税所得额时，准予扣除的业务招待费金额为（ ）万元。

A. 12　　B. 7.2　　C. 10　　D. 4.8

【解析】实际发生额的 60%=12×60%=7.2 万元，销售（营业）收入的 5‰=2 000×5‰=10 万元，按照孰低原则扣除 7.2 万元。

【答案】B

【例题 2 • 不定项 2017 节选】甲电子设备公司为居民企业，主要从事电子设备的制造业务。2016 年有关经营情况如下：

（1）销售货物收入 2 000 万元，提供技术服务收入 500 万元，转让股权收入 3 000 万元。经税务机关核准上年已作损失处理后又收回的其他应收款 15 万元。

……

（3）与生产经营有关的业务招待费支出 50 万元。

要求计算：甲电子设备公司在计算 2016 年度企业所得税应纳税所得额时，准予扣除的业务招待费支出是（ ）万元。

A. 27.575　　B. 30　　C. 12.5　　D. 25

【解析】解答本题的关键是确定“销售（营业）收入”的金额。销售（营业）收入不包括转让股权收入（转让财产收入）和已作损失处理后又收回的其他应收款（其他收入）。实际发生额的 60%=50×60%=30 万元，销售（营业）收入的 5‰=（2 000+500）×5‰=12.5 万元，按照孰低原则扣除 12.5 万元。

【答案】C

（7）广告费和业务宣传费。

广告费和业务宣传费的税前扣除规定如表 5-1-13 所示。

表 5-1-13　广告费和业务宣传费的税前扣除规定

企业类型	扣除规定
① 烟草企业	不得扣除（吸烟有害健康，禁止广告）
② 化妆品制造或销售企业 ③ 医药制造企业 ④ 饮料制造（不含酒类）企业	限额扣除：不超过销售（营业）收入 30%的部分，准予扣除；超过部分可以结转以后年度扣除（没有时间限制）（广告效应明显，广告成本比较大）
其他企业	限额扣除：不超过销售（营业）收入 15%的部分，准予扣除；超过部分可以结转以后年度扣除

企业在筹建期间，发生的广告费和业务宣传费，可按实际发生额计入企业筹办费，并按有关规定在税前扣除。（没有收入，无法计算限额，据实扣除）

考查角度 广告费税前扣除金额的计算。

【例题·单选 2014】2013 年度，甲企业实现销售收入 3 000 万元，当年发生广告费 400 万元，上年度结转未扣除广告费 60 万元。已知广告费不超过当年销售收入 15%的部分，准予扣除。甲企业在计算 2013 年度企业所得税应纳税所得额时，准予扣除的广告费金额为（　　）。

A. 340 万元　　B. 510 万元

C. 450 万元　　D. 460 万元

【解析】扣除限额=3 000×15%=450 万元，待扣除广告费=上年度结转未扣除广告费 60+本年发生广告费 400=460 万元，超过扣除限额，按限额 450 万元扣除。超过的 10 万元，结转以后年度扣除。

【答案】C

【拓展·多选】根据企业所得税法律制度的规定，下列企业发生的广告费和业务宣传费支出，不超过当年销售（营业）收入 30%的部分，准予扣除；超过部分，准予在以后纳税年度结转扣除的有（　　）。

A. 医药制造企业

B. 酒类制造企业

C. 烟草企业

D. 化妆品制造企业

【答案】AD

（8）手续费及佣金支出。

① 除委托个人代理外，企业以现金等非转账方式支付的手续费及佣金不得在税前扣除。

② 企业为发行权益性证券支付给有关证券承销机构的手续费及佣金不得在税前扣除。

③ 企业不得将手续费及佣金支出计入回扣、业务提成、返利、进场费等费用。

（9）损失。

企业在生产经营活动中发生的固定资产和存货的盘亏、毁损、报废损失，转让财产损失，坏账损失，自然灾害等不可抗力因素造成的损失以及其他损失，可以按规定在企业所得税前扣除。

可以扣除的损失=损失金额+不得抵扣的增值税-责任人赔偿-保险赔款

【相关链接】因管理不善造成货物被盗、丢失、霉烂变质的，其增值税进项税额不得抵扣，已经抵扣的，应作进项税额转出处理。

考查角度 税前扣除损失金额的计算。

【例题·不定项 2018 节选】甲公司为居民企业，由于管理不善被盗库存商品一批，经税务机关审核，该批存货的成本为 40 万元，增值税进项税额为 6.4 万元；取得保险公司赔款 12 万元，责任人赔偿 2 万元。关于甲公司在计算 2018 年度企业所得税应纳税所得额时，准予扣除被盗商品的损失金额，下列算式正确的是（　　）。

A. 40+6.4−12−2=32.4 万元　　B. 40+6.4−12=34.4 万元

C. 40−12−2=26 万元　　D. 40+6.4=46.4 万元

【解析】可以扣除的损失金额=损失金额 40+不得抵扣的增值税 6.4−保险赔款 12−责任人赔偿 2=32.4 万元。

【答案】A

（10）其他支出。

其他准予在税前扣除和不得扣除的项目如表 5-1-14 所示。

表 5-1-14 其他支出的税前扣除规定

准予扣除项目	不得扣除项目（重点记）
① 合理的不需要资本化的借款费用	① 向投资者支付的股息、红利等权益性投资收益款项
② 汇兑损失（已经计入有关资产成本以及与向所有者进行利润分配相关的部分除外）	② 税收滞纳金
	③ 罚金、罚款和被没收财物的损失
③ 按规定提取的用于环境保护、生态恢复等方面的专项资金	④ 赞助支出（与生产经营活动无关的各种非广告性质支出）
④ 租赁费	⑤ 未经核定的准备金支出
⑤ 合理的劳动保护支出	⑥ 企业之间支付的管理费
⑥ 转让各类固定资产发生的费用	⑦ 企业内营业机构之间支付的租金、特许权使用费
⑦ 总机构分摊的费用	⑧ 非银行企业内营业机构之间支付的利息
⑧ 会员费、合理的会议费、差旅费、违约金、诉讼费用	⑨ 企业的不征税收入用于支出所形成的费用或财产，不得扣除或者计算对应的折旧、摊销扣除

小旌笔记

经济性质的损失（如违约金、银行罚息），可以在税前扣除。国家给予的惩罚性质的损失（如税收滞纳金、罚金、罚款和被没收财物的损失），不得在税前扣除。

考查角度 辨析准予扣除项目与不得扣除项目。

【例题·多选 2019】根据企业所得税法律制度的规定，下列各项中，在计算企业所得税应纳税所得额时，不得扣除的有（　　）。

A. 罚金　　B. 诉讼费用

C. 罚款　　D. 税收滞纳金

【答案】ACD

【拓展·多选 2018】根据企业所得税法律制度的规定，下列各项中，在计算企业所得税应纳税所得额时不能税前扣除的项目有（　　）。

A. 向投资者支付的股息、红利

B. 企业之间支付的管理费

C. 企业所得税税款

D. 税收滞纳金

【答案】ABCD

敲黑板

准予结转以后纳税年度扣除的项目：

① 职工教育经费；② 公益性捐赠（三年内）；③ 广告费和业务宣传费。

考查角度 判断哪些项目准予结转以后纳税年度扣除。

【例题·多选 2014】根据企业所得税法律制度的规定，下列各项费用，超过税法规定的扣除标准后，准予在以后纳税年度结转扣除的有（　　）。

A. 职工教育经费　　B. 广告费　　C. 业务宣传费　　D. 业务招待费

【答案】ABC

4. 亏损弥补

亏损是指企业每一纳税年度的收入总额减除不征税收入、免税收入和各项扣除后小于零的数额，即税法上的亏损，而非会计口径的亏损。

（1）企业某一纳税年度发生的亏损可以用下一年度的所得弥补，下一年的所得不足以弥补的，可以逐年递延弥补，但最长不得超过 5 年，示例如图 5-1-4。

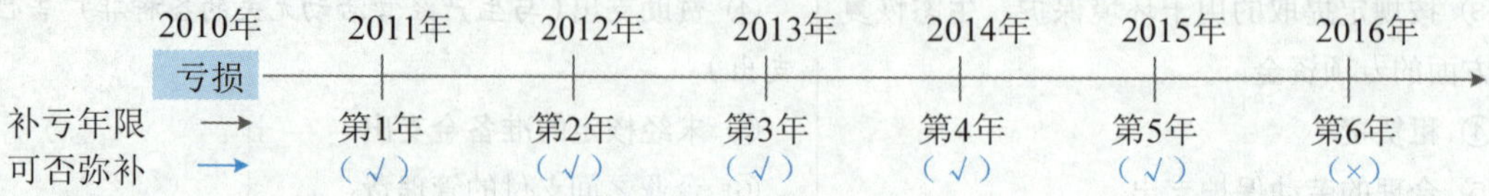

图 5-1-4 亏损弥补示例

（2）自 2018 年 1 月 1 日起，当年具备高新技术企业或科技型中小企业资格的企业，其具备资格年度之前 5 个年度发生的尚未弥补完的亏损，准予结转以后年度弥补，最长结转年限为 10 年。

小旌笔记

计算亏损的弥补年限时，从亏损的下一年度开始，连续计算，不间断。即不论期间是亏损还是盈利，都要计算在内。

（3）境外营业机构的亏损不得抵减境内营业机构的盈利。

小旌笔记

境外的亏损，用境外的所得弥补，不能用境内的所得弥补。但境内的亏损，可以用境外的所得弥补。

考查角度 税前弥补亏损金额的计算。

【例题·单选 2018】甲居民企业 2013 年设立，2013—2017 年未弥补亏损前的所得情况如下：

年份	未弥补亏损前的所得
2013 年	-20 万元
2014 年	100 万元
2015 年	-220 万元
2016 年	180 万元
2017 年	200 万元

假设无其他纳税调整项目，甲居民企业 2017 年度企业所得税应纳税所得额为（　　）万元。

A. 200　　B. 160　　C. 210　　D. 260

【解析】2013 年 20 万元的亏损在 2014 年弥补。2015 年的 220 万元亏损，2016 年弥补 180 万元，2017 年弥补 40 万元。弥补亏损后，2017 年年度企业所得税应纳税所得额=200−40=160 万元。

【答案】B

【拓展·多选 2016 改编】2013 年度甲公司会计利润为-60 万元，经纳税调整后应纳税所得额为-50 万元。关于甲公司弥补亏损的下列表述中，正确的是（　　）。

A. 2014 至 2018 年度的税前所得可以弥补的 2013 年度亏损额为 50 万元

B. 2014 至 2018 年度的税前所得可以弥补的 2013 年度亏损额为 60 万元

C. 如果2014年度税前所得弥补2013年度亏损后，应纳税所得额大于零，应缴纳企业所得税

D. 如果 2014 年度税前所得不足以弥补 2013 年度亏损，可以逐年延续弥补亏损，但最长不得超过 5 年

【答案】ACD

（二）间接计算法

间接计算法是指在企业会计“利润总额”的基础上，进行一系列调整从而计算出应纳税所得额的一种方法。具体内容如图 5-1-5 所示。

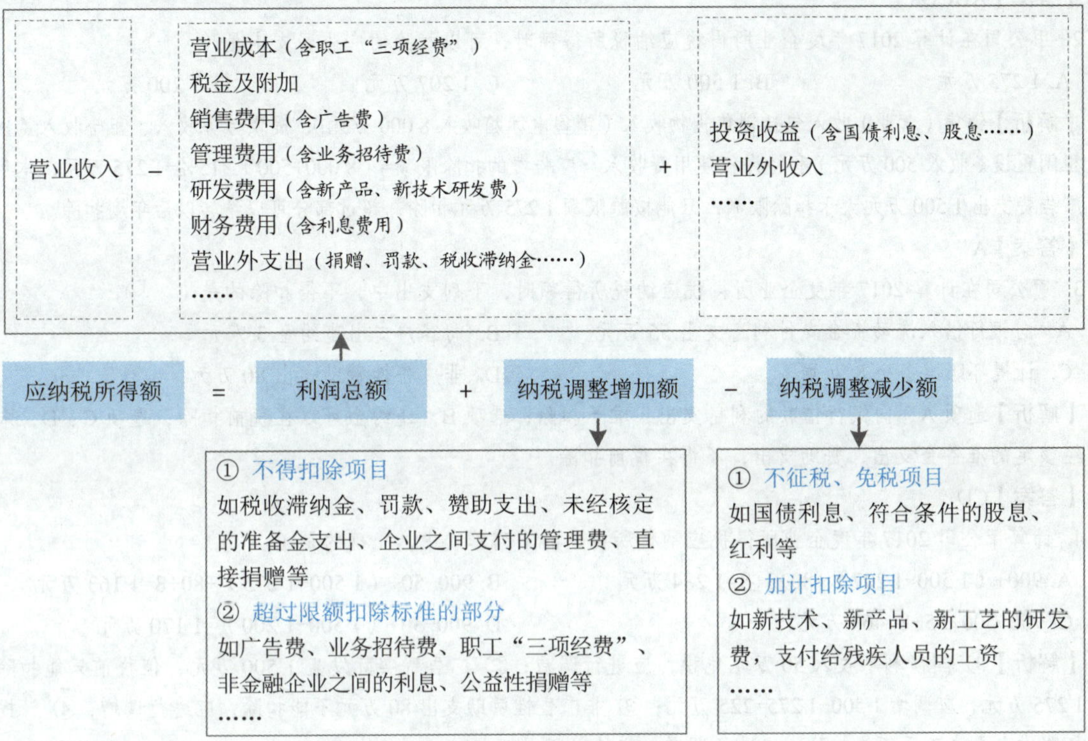

图 5-1-5　间接计算法

小旌笔记

利润总额的公式不用记，考试时题目中一般会直接给出利润总额的数据。从公式中我们可以看出，利润总额是用各项收入扣除各项支出后计算得出的。在利润总额的基础上，减去免税、加计扣除的部分，加上不得扣除的部分，就可以计算出应纳税所得额的金额。

考查角度　间接计算法的具体应用。

【例题·不定项 2018】甲公司为居民企业，主要从事电冰箱的生产和销售业务。2017 年有关经营情况如下：

（1）销售电冰箱收入 8 000 万元；出租闲置设备收入 500 万元；国债利息收入 50 万元；理财产品收益 30 万元。

（2）符合条件的广告费支出 1 500 万元。

（3）向银行借入流动资金支付利息 55 万元；非广告性赞助支出 80 万元；向客户支付违约金 3 万元；计提坏账准备金 8 万元。

（4）全年利润总额为 900 万元。

已知：广告费和业务宣传费支出，不超过当年销售（营业）收入 15%的部分，准予扣除。

要求：根据上述资料，不考虑其他因素，分析回答下列小题。

1. 甲公司下列收入中，应计入2017年度企业所得税收入总额的是（　　）。

A. 出租闲置设备收入500万元　　B. 国债利息收入50万元

C. 销售电冰箱收入8 000万元　　D. 理财产品收益30万元

【答案】ABCD

2. 甲公司在计算2017年度企业所得税应纳税所得额时，可以扣除的广告费支出是（　　）。

A. 1 275万元　　B. 1 500万元　　C. 1 207万元　　D. 1 200万元

【解析】销售（营业）收入包括销售货物收入（销售电冰箱收入8 000万元）、提供劳务收入、租金收入（出租闲置设备收入500万元）和特许权使用费收入。广告费的扣除限额=（8 000+500）×15%=1 275万元，本年广告费支出1 500万元大于扣除限额，只能按照限额1 275万元扣除，超过部分可以结转以后年度扣除。

【答案】A

3. 甲公司在计算2017年度企业所得税应纳税所得额时，下列支出中，不得扣除的是（　　）。

A. 向银行借入流动资金支付利息支出55万元　　B. 向客户支出违约金3万元

C. 计提坏账准备金8万元　　D. 非广告性赞助支出80万元

【解析】选项A，向银行借款的利息支出，准予扣除；选项B，违约金可以在税前扣除；选项C、D，未经核定的准备金支出、赞助支出，不得在税前扣除。

【答案】CD

4. 计算甲公司2017年度企业所得税应纳税所得额的下列算式中，正确的是（　　）。

A. 900+（1 500−1 207）+80+3+8=1 284万元　　B. 900−50+（1 500−1 275）+80+8=1 163万元

C. 900−500+55+8=463万元　　D. 900−30+（1 500−1 200）=1 170万元

【解析】① 国债利息收入50万元免税，应进行调减；② 广告费实际发生1 500万元，但税前只能扣除1 275万元，应调增1 500−1 275=225万元；③ 非广告性赞助支出80万元不能扣除，应进行调增；④ 计提坏账准备金8万元不能扣除，应进行调增。应纳税所得额=900−50+（1 500−1 275）+80+8=1 163万元。

【答案】B

考点5　资产的税务处理（★★★）

（一）固定资产

1. 不得计算折旧扣除的固定资产

在计算应纳税所得额时，企业按照规定计算的固定资产折旧，准予扣除。但下列固定资产不得计算折旧扣除：

（1）房屋、建筑物以外未投入使用的固定资产。（对于房屋、建筑物，不管是否投入使用，都可以计提折旧扣除）

（2）以经营租赁方式租入的固定资产。（在税前扣除的是租金）

（3）以融资租赁方式租出的固定资产。（实质上是承租方的固定资产，由承租方提折旧）

（4）已足额提取折旧仍继续使用的固定资产。（已经提完了，不能重复计提）

（5）与经营活动无关的固定资产。

（6）单独估价作为固定资产入账的土地。

小旌笔记

土地属于国家所有，企业没有所有权，所以不能作为固定资产入账。但以前我国曾对部分公有制企业作出过规定，根据土地的评估价值将其作为企业固定资产入账，根据这一规定，企业曾在固定资产账面上确认了一批土地的价值。对于这部分土地，不能计提折旧，原因在于土地不同于其他固定资产，不存在损耗问题，所以无需计提折旧。

敲黑板

容易混淆的可以计提折旧的固定资产：

（1）未投入使用的房屋、建筑物；

（2）以经营租赁方式租出的固定资产；

（3）以融资租赁方式租入的固定资产。

考查角度　不得计算折旧扣除的固定资产范围。

【例题·多选 2019】根据企业所得税法律制度的规定，下列固定资产中，在计算企业所得税应纳税所得额时不得计算折旧扣除的有（　　）。

A. 已足额提取折旧仍继续使用的固定资产　　B. 未投入使用的房屋

C. 以融资租赁方式租出的固定资产　　D. 与经营活动无关的固定资产

【答案】ACD

2. 固定资产的计税基础（计税成本）

固定资产计税基础的内容如表 5-1-15 所示。

表 5-1-15　固定资产的计税基础

取得方式		计税基础
（1）外购的固定资产		以购买价款和支付的相关税费（如不得抵扣的增值税）以及直接归属于使该资产达到预定用途发生的其他支出（如运输费、安装费）为计税基础
（2）自行建造的固定资产		以竣工结算前发生的支出为计税基础
（3）融资租入的固定资产	租赁合同约定付款总额的	以租赁合同约定的付款总额和承租人在签订租赁合同过程中发生的相关费用为计税基础（有约定按约定）
	租赁合同未约定付款总额的	以该资产的公允价值和承租人在签订租赁合同过程中发生的相关费用为计税基础（没约定按公允）
（4）盘盈的固定资产		以同类固定资产的重置完全价值（重新购买或建造该固定资产所需花费的金额）为计税基础
（5）通过捐赠、投资、非货币性资产交换、债务重组等方式取得的固定资产		以该资产的公允价值和支付的相关税费为计税基础
（6）改建的固定资产		除法定的支出外，以改建过程中发生的改建支出增加计税基础

考查角度 各类固定资产的计税基础及具体应用。

【例题·多选 2019】根据企业所得税法律制度的规定，下列关于固定资产计税基础确定的表述中，正确的有（　　）。

A. 自行建造的固定资产，以竣工结算前发生的支出为计税基础

B. 外购的固定资产，以购买价款和支付的相关税费以及直接归属于使该资产达到预定用途发生的其他支出为计税基础

C. 通过捐赠方式取得的固定资产，以该资产的公允价值和支付的相关税费为计税基础

D. 盘盈的固定资产，以同类固定资产的重置完全价值为计税基础

【答案】ABCD

【拓展·单选 2017】甲企业为增值税小规模纳税人，2016 年 11 月购入一台生产用机器设备，取得普通发票 60 万元，税额为 10.2 万元，支付安装费，取得普通发票价款 2 万元，税额 0.22 万元。计算甲企业所得税计税基础的下列算式正确的是（　　）。

A. 60+2=62 万元

B. 60+10.2=70.2 万元

C. 60+10.2+2+0.22=72.42 万元

D. 60+10.2+2=72.2 万元

【解析】增值税小规模纳税人不抵扣进项税额，相关增值税应计入设备的计税基础。

【答案】C

3. 折旧方法

（1）固定资产按照直线法计算的折旧，准予扣除。

（2）企业应当自固定资产投入使用月份的次月起计算折旧；停止使用的固定资产，应当自停止使用月份次月起停止计算折旧。（次月起、次月止）

（3）固定资产的预计净残值一经确定，不得变更。

考查角度 固定资产计算折旧的起止时间。

【例题·多选 2018】根据企业所得税法律制度的规定，下列固定资产折旧的处理中，不正确的有（　　）。

A. 甲企业 2017 年 3 月 5 日购进一台起重机，2017 年 4 月 5 日投入使用，应当自 2017 年 4 月起计算折旧

B. 丙企业 2017 年 4 月 1 日以融资租赁方式租出一架小型喷气式飞机，之后继续对该飞机计提折旧

C. 乙企业因生产经营调整，于 2017 年 10 月 1 日停止使用一批设备，应当自 2017 年 11 月起停止计算折旧

D. 丁企业 2017 年 9 月以经营租赁方式租入一辆大型巴士，在计算企业所得税时，对该巴士计提折旧

【解析】选项 A，3 月购入，4 月投入使用，应当自“投入使用”的次月（5 月）开始计算折旧；选项 B，以“融资租赁”方式“租出”的固定资产，不得计提折旧；选项 C，“停止使用”的固定资产，次月（11 月）起停止计算折旧；选项 D，以“经营租赁”方式“租入”的固定资产，不得计算折旧扣除。

【答案】ABD

4. 最低折旧年限

固定资产的最低折旧年限如表 5-1-16 所示。

表 5-1-16　固定资产的最低折旧年限

类型	最低折旧年限
房屋、建筑物	20 年
飞机、火车、轮船、机器、机械和其他生产设备	10 年
与生产经营活动有关的器具、工具、家具等	5 年
飞机、火车、轮船以外的运输工具	4 年
电子设备	3 年

（二）生产性生物资产

生产性生物资产的主要内容如表 5-1-17 所示。

表 5-1-17　生产性生物资产

项目	具体内容
范围	生产性生物资产，包括经济林（如苹果树）、薪炭林（如用来提供柴炭燃料的乔木）、产畜（如产奶的奶牛）和役畜（如用来耕地的牛）等
最低折旧年限	（1）林木类：10 年 （2）畜类：3 年
计税基础和折旧方法	与固定资产相同

考查角度　生产性生物资产的范围和计税基础。

【例题 1 · 多选 2018、2015】根据企业所得税法律制度的规定，下列各项属于生产性生物资产的有（　　）。

A. 薪炭林　　B. 产畜　　C. 役畜　　D. 经济林

【答案】ABCD

【例题 2 · 判断 2014】外购的生产性生物资产，以购买价款和支付的相关税费为企业所得税的计税基础。（　　）

【答案】√

（三）无形资产

无形资产的主要内容如表 5-1-18 所示。

表 5-1-18　无形资产

项目	具体内容
范围	无形资产，包括专利权、商标权、著作权、土地使用权、非专利技术、商誉等（在《企业所得税法》中，商誉属于无形资产，但不进行摊销）

（续表）

项目	具体内容
不得计算摊销费用扣除的无形资产	（1）自行开发的支出已在计算应纳税所得额时扣除的无形资产（已经扣过了，不能重复扣） （2）自创商誉 （3）与经营活动无关的无形资产
计税基础	（1）外购的无形资产，以购买价款和支付的相关税费以及直接归属于使该资产达到预定用途发生的其他支出为计税基础 （2）自行开发的无形资产，以开发过程中该资产符合资本化条件后至达到预定用途前发生的支出为计税基础 （3）通过捐赠、投资、非货币性资产交换、债务重组等方式取得的无形资产，以该资产的公允价值和支付的相关税费为计税基础
摊销方法及年限	（1）无形资产按照直线法计算的摊销费用，准予扣除 （2）无形资产的摊销年限不得低于10年。但作为投资或者受让的无形资产，有关法律规定或者合同约定了使用年限的，可以按照规定或者约定的使用年限分期摊销 （3）外购商誉支出，在企业整体转让或者清算时，准予扣除

考查角度　无形资产的计税基础。

【例题·多选2018】根据企业所得税法律制度的规定，下列无形资产中，应当以该资产的公允价值和支付的相关税费为计税基础的有（　　）。

A. 接受捐赠取得的无形资产　　B. 通过债务重组取得的无形资产

C. 自行开发的无形资产　　D. 接受投资取得的无形资产

【答案】ABD

（四）长期待摊费用

长期待摊费用包括的内容及摊销年限如表5-1-19所示。

表5-1-19　长期待摊费用的内容及摊销年限

长期待摊费用的内容	摊销年限
（1）已足额提取折旧的固定资产的改建支出	按照固定资产预计尚可使用年限分期摊销
（2）租入固定资产的改建支出	按照合同约定的剩余租赁期限分期摊销
（3）固定资产的大修理支出	按照固定资产尚可使用年限分期摊销
（4）其他长期待摊费用	自支出发生月份的次月起，分期摊销，摊销年限不得低于3年

考查角度 判断是否属于长期待摊费用。

【例题·多选 2017】根据企业所得税法律制度的规定，下列选项中，属于长期待摊费用的有（ ）。

A. 购入固定资产的支出

B. 固定资产的大修理支出

C. 租入固定资产的改建支出

D. 已足额提取折旧的固定资产的改建支出

【答案】BCD

（五）投资资产

企业对外投资期间，投资资产的成本在计算应纳税所得额时不得扣除。企业在转让或者处置投资资产时，投资资产的成本，准予扣除。

例 2017 年购买股票支出 10 万元，2019 年卖出，取得收入 18 万元。购买股票支出的 10 万元，在 2017 年和 2018 年持有股票期间不能扣除，在 2019 年卖出股票时可以扣除。2019 年卖出股票时确认：转让股票收入 18 万元，成本 10 万元。

考查角度 投资资产的税前扣除规定。

【例题·判断 2019】企业对外投资期间，投资资产的成本在计算企业所得税应纳税所得额时不得扣除。（ ）

【答案】√

考点 6 企业所得税应纳税额的计算（★★★）

（一）“全球所得”纳税的企业

【提示】“全球所得”纳税的企业是指居民企业和“有机构、场所+有实际联系”的非居民企业。

1. 计算公式

应纳税额=应纳税所得额×税率−减免税额−抵免税额

小旌笔记

减免税额是指减征或免征的税额；抵免税额是指可以从应纳税额中抵免的部分（如在境外缴纳的所得税额）。

考查角度 计算公式的运用、结合应纳税所得额的内容考查应纳税额的计算。

【例题 1·单选 2016】甲公司 2015 年应纳税所得额为 1 000 万元，减免税额为 10 万元，抵免税额为 20 万元。已知甲公司适用的所得税税率为 25%，则下列甲公司 2015 年度企业所得税应纳税额的计算中，正确的是（ ）。

A. 1 000×25%−20=230 万元

B. 1 000×25%−10−20=220 万元

C. 1 000×25%−10=240 万元

D. 1 000×25%=250 万元

【答案】B

【例题2·单选2017】甲公司2016年实现会计利润总额300万元，预缴企业所得税税额60万元，在“营业外支出”账目中列支了通过公益性社会团体向灾区的捐款38万元。已知企业所得税税率为25%，公益性捐赠支出不超过年度利润总额 12%的部分，准予在计算企业所得税应纳税所得额时扣除。计算甲公司当年应补缴企业所得税税额的下列算式中，正确的是（　　）。

A.（300+38）×25%−60=24.5万元　　B. 300×25%−60=15万元

C.（300+300×12%）×25%−60=24万元　　D.［300+（38−300×12%）］×25%−60=15.5万元

【解析】① 公益性捐赠税前扣除限额=300×12%=36万元，实际捐款38万元超过了限额，只能在税前扣除36万元。② 在计算利润总额时，是按照实际金额38万元扣除的，但按照税法规定只能在税前扣除36万元，因此要在利润总额300万元的基础上调增2万元，即“300+2”或“300+（38−300×12%）”，选项D正确。

【答案】D

2. 境外所得税额抵免

企业取得的下列所得已在境外缴纳的所得税税额，可以从其当期应纳税额中抵免，抵免限额为该项所得依照规定计算的应纳税额；超过抵免限额的部分，可以在以后5个年度内，用每年抵免限额抵免当年应抵税额后的余额进行抵补：

（1）居民企业来源于中国境外的应税所得；

（2）非居民企业在中国境内设立机构、场所，取得发生在中国境外但与该机构、场所有实际联系的应税所得。

小旌笔记

“全球所得”纳税的企业，从境外取得的所得，在境外需要缴纳所得税，在境外实际缴纳的这部分税款，可以从应纳税额中扣减，但是有限额，不能超过境外所得在我国应缴的税款。

例 某居民企业，2019年度应纳税所得额如下：

项目	境内	境外
应纳税所得额	200万元	100万元
需要在我国交所得税	200×25%=50万元	100×25%=25万元

（1）境外所得税额抵免的限额=100×25%=25万元。

（2）假如境外所得在境外实际缴纳所得税10万元，10万元＜25万元，可以全部抵免。该居民企业2019年在我国应缴纳企业所得税=（200+100）×25%−10=65万元。

（3）假如境外所得在境外实际缴纳所得税30万元，30万元＞25万元，只能抵免25万元。该居民企业2019年在我国应缴纳企业所得税=（200+100）×25%−25=50万元。

考查角度　境外所得税额抵免的运用。

【例题·单选2018】甲公司为居民企业，2017年度境内应纳税所得额1 000万元，来源于M国的应纳税所得额300万元，已在M国缴纳企业所得税税额为60万元。已知甲公司适用的所得税税率为25%。计算甲公司 2017 年度应缴纳企业所得税税额的下列算式中，正确的是（　　）。

A. 1 000×25%=250 万元　　B.（1 000+300）×25%=325 万元

C.（1 000+300）×25%−60=265 万元　　D. 1 000×25%−60=190 万元

【解析】来源于 M 国所得的抵免限额=300×25%=75 万元，在 M 国已缴纳税额 60 万元没有超过限额，可以全部抵免。甲公司 2017 年度应缴纳企业所得税税额=（1 000+300）×25%−60=265 万元。

【答案】C

（二）仅“境内所得”纳税的企业

【提示】仅“境内所得”纳税的企业是指在中国境内未设立机构、场所的，或者虽设立机构、场所但取得的所得与其所设机构、场所没有实际联系的非居民企业。

应纳税额=应纳税所得额×税率

1. 应纳税所得额

（1）股息、红利等权益性投资收益和利息、租金、特许权使用费所得，以收入全额为应纳税所得额。

（2）转让财产所得，以收入全额减除财产净值（财产的税法成本）后的余额为应纳税所得额。

小旌笔记

转让财产所得，财产的成本一般比较高，所以按“余额”计算应纳税所得额。而股息、红利等权益性投资收益和利息、租金、特许权使用费所得，一般没有成本或者成本较低，所以按“收入全额”计算应纳税所得额。

考查角度　辨析以“收入全额”或“余额”为应纳税所得额的项目及具体应用。

【例题·单选 2018】根据企业所得税法律制度的规定，在中国境内未设立机构、场所的非居民企业取得的来源于中国境内的下列所得中，以收入金额减除财产净值后的余额为应纳税所得额的是（　　）。

A. 转让财产所得

B. 特许权使用费所得

C. 股息所得

D. 租金所得

【答案】A

【拓展·单选 2018】境外某公司在中国境内未设立机构、场所，2017 年取得境内甲公司支付的股息 500 万元，发生相关支出 1 万元，取得境内乙公司支付的特许权使用费 350 万元，发生相关支出 2 万元。2017 年度该境外公司在我国的应纳税所得额是（　　）万元。

A. 348　　B. 499　　C. 847　　D. 850

【解析】“境外”某公司在中国境内“未设立”机构、场所，该公司为“仅就境内所得纳税的企业”，其在中国境内取得的股息、红利等权益性投资收益和利息、租金、特许权使用费所得，以收入全额为应纳税所得额。所以，应纳税所得额=500+350=850 万元。

【答案】D

2. 税率

非居民企业在中国境内未设立机构、场所的，或者虽设立机构、场所但取得的所得与其所设机构、场所没有实际联系的，应当就其来源于中国境内的所得缴纳企业所得税，适用税率为 20%，但实际计算时，减按 10%的税率征收。

小旌笔记

名义税率 20%，实际按 10%的税率计征。考试时题目一般会直接给出税率。

考点 7 企业所得税税收优惠（★★）

（一）减、免税所得

1. 免征与减半征收的所得

免征与减半征收的所得如表 5-1-20 所示。

表 5-1-20 免征与减半征收的所得

免征	减半征收
（1）蔬菜、谷物、薯类、油料、豆类、棉花、麻类、糖料、水果、坚果的种植 （2）农作物新品种的选育 （3）中药材的种植 （4）林木的培育和种植 （5）牲畜、家禽的饲养 （6）林产品的采集 （7）灌溉、农产品初加工、兽医、农技推广、农机作业和维修等农、林、牧、渔服务业项目 （8）远洋捕捞	（1）花卉、茶以及其他饮料作物和香料的种植 （2）海水养殖、内陆养殖

小旌笔记

维持基本生活的“农、林、牧、渔、药等”，免税；提高生活品质的“花卉、茶、饮料、香料”减半征收。野生的“远洋捕捞”免税；自己养的“海水养殖”“内陆养殖”减半征收。

考查角度 辨析免征与减半征收的项目。

【例题·单选 2019】根据企业所得税法律制度的规定，企业从事下列项目的所得，减半征收企业所得税的是（ ）。

A. 蔬菜种植　　B. 中药材种植

C. 谷物种植　　D. 花卉种植

【答案】D

【拓展·判断 2017】企业从事海水养殖项目的所得，免征企业所得税。（ ）

【解析】企业从事海水养殖项目的所得，减半征收企业所得税。

【答案】×

2. 技术转让所得

一个纳税年度内，居民企业技术转让所得不超过 500 万元的部分，免征企业所得税；超过 500 万元的部分，减半征收企业所得税。其计算公式为：

技术转让所得=技术转让收入-技术转让成本-相关税费

例 甲居民企业，税率 25%，技术转让收入 1 000 万元，技术转让成本及相关税费 200 万元。则：技术转让所得=1 000-200=800 万元，应缴纳企业所得税=（800-500）×50%×25%=37.5 万元。

（二）不同类型企业税收优惠

1. 小型微利企业

自 2019 年 1 月 1 日至 2021 年 12 月 31 日，对小型微利企业年应纳税所得额不超过 100 万元的部分，减按 25%计入应纳税所得额，按 20%的税率缴纳企业所得税；对年应纳税所得额超过 100 万元但不超过 300 万元的部分，减按 50%计入应纳税所得额，按 20%的税率缴纳企业所得税。

【提示 1】小型微利企业是指从事国家非限制和禁止行业，且同时符合年度应纳税所得额不超过 300 万元、从业人数不超过 300 人、资产总额不超过 5 000 万元三个条件的企业。

【提示 2】小型微利企业无论按查账征收方式还是按核定征收方式缴纳企业所得税，均可享受优惠政策。

例 甲居民企业属于小型微利企业，2019 年度应纳税所得额为 250 万元。则：甲居民企业应纳税所得额=100×25%+(250−100)×50%=100 万元，甲居民企业应缴纳企业所得税=100×20%=20 万元。

2. 高新技术企业和技术先进型服务企业

（1）国家需要重点扶持的高新技术企业，减按 15%的税率征收企业所得税。

（2）自 2018 年 1 月 1 日起，对经认定的技术先进型服务企业，减按 15%的税率征收企业所得税。

3. 经营性文化事业单位

2019 年 1 月 1 日至 2023 年 12 月 31 日，经营性文化事业单位转制为企业，自转制注册之日起五年内免征企业所得税。2018 年 12 月 31 日之前已完成转制的企业，自 2019 年 1 月 1 日起可继续免征五年企业所得税。

经营性文化事业单位是指从事新闻出版、广播影视和文化艺术的事业单位。

（三）加计扣除

企业发生的研究开发费用和安置残疾人员及国家鼓励安置的其他就业人员所支付的工资，可以在计算应纳税所得额时加计扣除。具体内容如表 5-1-21 所示。

表 5-1-21 加计扣除

项目	具体内容
研究开发费用	（1）企业为开发新技术、新产品、新工艺发生的研究开发费用，未形成无形资产计入当期损益的，在按照规定据实扣除的基础上，在 2018 年 1 月 1 日至 2020 年 12 月 31 日期间，再按照实际发生额的 75%在税前加计扣除；形成无形资产的，在上述期间按照无形资产成本的 175%在税前摊销（多扣 75%） （2）不适用税前加计扣除的行业：① 烟草制造业；② 住宿和餐饮业；③ 批发和零售业；④ 房地产业；⑤ 租赁和商务服务业；⑥ 娱乐业；⑦ 财政部和国家税务总局规定的其他行业
残疾人工资	企业安置残疾人员的，在按照支付给残疾职工工资据实扣除的基础上，按照支付给残疾职工工资的 100%加计扣除（工资 100 元，可在税前扣 200 元）

考查角度 加计扣除包括的项目、不适用加计扣除的行业、扣除规定的具体运用。

【例题1·多选2018】根据企业所得税法律制度的规定，下列支出中，可以在计算企业所得税应纳税所得额时加计扣除的有（　　）。

A. 研究开发费用　　B. 购置环保用设备所支付的价款

C. 广告费和业务宣传费　　D. 安置残疾人员所支付的工资

【解析】选项B，企业购置并实际使用规定的环境保护、节能节水、安全生产等专用设备的，该专用设备的投资额的10%可以从企业当年的应纳税额中抵免（参考后面"应纳税额"抵扣的内容）；选项C，不超过当年销售（营业）收入15%的部分，准予扣除，超过部分，准予在以后纳税年度结转扣除。

【答案】AD

【例题2·多选2019】根据企业所得税法律制度的规定，下列行业中，不适用研究开发费用税前加计扣除政策的有（　　）。

A. 住宿和餐饮业　　B. 批发和零售业

C. 租赁和商务服务业　　D. 烟草制造业

【答案】ABCD

【拓展·不定项2014节选改编】甲公司为居民企业，2019年发生新技术研究开发费用30万元，已计入管理费用。甲公司在计算2019年度企业所得税应纳税所得额时，准予扣除的新技术研究开发费用总额的下列计算中，正确的是（　　）。

A. 30×75%=22.5万元

B. 30×（1+50%）=45万元

C. 30×（1+75%）=52.5万元

D. 30×（1+100%）=60万元

【解析】在据实扣除30万元的基础上，再按照30万元的75%加计扣除。因此，准予扣除的研发费用=30+30×75%=52.5万元。

【答案】C

（四）应纳税所得额抵扣

创业投资企业采取股权投资方式投资未上市的中小高新技术企业或种子期、初创期科技型企业2年以上（满24个月）的，按照其投资额的70%在股权持有满2年的当年抵扣该创业投资企业的应纳税所得额；当年不足抵扣的，可以在以后纳税年度结转抵扣。

考查角度 应纳税所得额抵扣规定的具体运用。

【例题·单选2017】甲企业为创业投资企业，2014年2月采取股权投资方式向乙公司（未上市的中小高新技术企业）投资300万元，至2016年12月31日仍持有该股权。甲企业2016年在未享受股权投资应纳税所得额抵扣的税收优惠政策前的企业所得税应纳税所得额为2 000万元。已知企业所得税税率为25%，甲企业享受股权投资应纳税所得额抵扣的税收优惠政策。计算甲企业2016年度应缴纳企业所得税税额的下列算式中，正确的是（　　）。

A.（2 000−300）×25%=425万元　　B.（2 000−300×70%）×25%=447.5万元

C. 2 000×70%×25%=350万元　　D.（2 000×70%−300）×25%=275万元

【解析】2014年2月投资，2016年2月时满2年，投资额300万元的70%可以从2016年应纳税所得额中扣减。甲企业2016年度应缴纳企业所得税税额=（2 000−300×70%）×25%=447.5万元。

【答案】B

（五）加速折旧和设备、器具一次性税前扣除

1. 加速折旧

（1）可以采取缩短折旧年限或者采取加速折旧的方法的固定资产，包括：

① 由于技术进步，产品更新换代较快的固定资产；

② 常年处于强震动、高腐蚀状态的固定资产；

③ 制造业企业 2019 年 1 月 1 日以后购进的固定资产。

（2）采取缩短折旧年限方法的，最低折旧年限不得低于税法规定折旧年限的 60%；采取加速折旧方法的，可以采取双倍余额递减法或者年数总和法。

2. 设备、器具一次性税前扣除

企业在 2018 年 1 月 1 日至 2020 年 12 月 31 日期间新购进（包括自行建造）的设备、器具，单位价值不超过 500 万元的，允许一次性计入当期成本费用在计算应纳税所得额时扣除，不再分年度计算折旧。

考查角度　采取缩短折旧年限方法的最低折旧年限。

【例题·单选 2019】根据企业所得税法律制度的规定，符合条件的企业可以采取缩短折旧年限的方式计提固定资产折旧，但最低折旧年限不得低于税法规定折旧年限的一定比例，该比例为（　　）。

A. 30%　　B. 40%　　C. 50%　　D. 60%

【答案】D

（六）减计收入

（1）企业以《资源综合利用企业所得税优惠目录》规定的资源作为主要原材料，生产国家非限制和禁止并符合国家和行业相关标准的产品取得的收入，减按 90%计入收入总额。

（2）自 2019 年 6 月 1 日起至 2025 年 12 月 31 日，社区提供养老、托育、家政等服务的机构，提供社区养老、托育、家政服务取得的收入，在计算应纳税所得额时，减按 90%计入收入总额。

考查角度　减计收入的具体优惠。

【例题·判断 2015】企业以《资源综合利用企业所得税优惠目录》规定的资源作为主要原材料，生产国家非限制和禁止并符合国家和行业相关标准的产品取得的收入，免征企业所得税。（　　）

【答案】×

（七）应纳税额抵扣

企业购置并实际使用规定的环境保护、节能节水、安全生产等专用设备的，该专用设备的投资额的 10%可以从企业当年的应纳税额中抵免；当年不足抵免的，可以在以后 5 个纳税年度结转抵免。

考查角度 应纳税额抵扣的内容及运用。

【例题·多选 2015】下列关于企业所得税相关税收优惠的说法中，正确的有（　　）。

A. 创业投资企业采取股权投资方式投资于未上市的中小高新技术企业 2 年以上的，可按其投资额的 10%在股权持有满 2 年的当年抵扣该创业投资企业的应纳税额

B. 创业投资企业采取股权投资方式投资于未上市的中小高新技术企业 2 年以上的，可按其投资额的 70%在股权持有满 2 年的当年抵扣该创业投资企业的应纳税所得额

C. 企业购置并实际使用规定的环境保护、节能节水、安全生产等专用设备的，该专用设备的投资额的 10%可以从企业当年的应纳税额中抵免

D. 企业购置并实际使用规定的环境保护、节能节水、安全生产等专用设备的，该专用设备的投资额的 70%可以从企业当年的应纳税所得额中抵免

【答案】BC

【拓展·单选】甲公司 2019 年应纳税所得额为 100 万元，当年购置《环境保护专用设备企业所得税优惠目录》规定的环境保护专用设备一台，投资额 60 万元，当年即投入使用。已知企业所得税税率为 25%。甲公司 2019 年度企业所得税应纳税额为（　　）万元。

A. 25　　B. 10

C. 19　　D. 14.5

【解析】应纳税额=100×25%−60×10%=19 万元。

【答案】C

（八）债券利息减免税

（1）对企业取得的 2012 年及以后年度发行的地方政府债券利息收入，免征企业所得税。

（2）自 2018 年 11 月 7 日起至 2021 年 11 月 6 日止，对境外机构投资境内债券市场取得的债券利息收入暂免征收企业所得税。

（3）对企业投资者持有 2019—2023 年发行的铁路债券取得的利息收入，减半征收企业所得税。

考点 8 企业所得税征收管理（★）

（一）纳税地点

企业所得税纳税地点的主要内容如表 5-1-22 所示。

表 5-1-22 纳税地点

类型		纳税地点
居民企业	依照中国法律、法规成立的	登记注册地
	依照外国法律、法规成立，但实际管理机构在境内的	实际管理机构所在地
非居民企业	有机构、有实际联系的	机构、场所所在地
	未设机构、场所或有机构、场所但没有实际联系的	扣缴义务人所在地（税款由支付方代扣代缴，所以按扣缴义务人所在地确定）

【提示】居民企业在中国境内设立不具有法人资格的营业机构的，应当汇总计算并缴纳企业所得税。除国务院另有规定外，企业之间不得合并缴纳企业所得税。

（二）纳税期限

（1）企业所得税按年计征，分月或者分季预缴，年终汇算清缴，多退少补。纳税年度自公历1月1日起至12月31日止。

（2）企业在一个纳税年度中间开业，或者终止经营活动，使该纳税年度的实际经营期不足12个月的，应当以其实际经营期为1个纳税年度。

（3）企业依法清算时，应当以清算期间作为1个纳税年度。

（4）企业应当自年度终了之日起5个月内，向税务机关报送年度企业所得税纳税申报表，并汇算清缴，结清应缴应退税款。

（5）企业在年度中间终止经营活动的，应当自实际经营终止之日起60日内，向税务机关办理当期企业所得税汇算清缴。

考查角度 纳税期限的具体规定。

【例题1·单选2018】根据企业所得税法律制度的规定，企业应当自纳税年度终了之日起一定期限内，向税务机关报送年度企业所得税申报表，并结清应缴应退税款。该期限为（　）。

A. 3个月　　B. 5个月

C. 6个月　　D. 4个月

【答案】B

【例题2·判断2017】企业在年度中间终止经营活动的，应当自实际经营终止之日起60日内，向税务机关办理当期企业所得税汇算清缴。（　）

【答案】√

【拓展·多选2016】根据企业所得税法律制度的规定，下列关于企业所得税纳税期限的表述中，正确的有（　）。

A. 企业所得税按年计征，分月或者分季预缴，年终汇算清缴，多退少补

B. 企业在一个纳税年度中间开业，使该纳税年度的实际经营不足12个月的，应当以其实际经营期为1个纳税年度

C. 企业依法清算时，应当以清算期作为1个纳税年度

D. 企业在纳税年度中间终止经营活动的，应当自实际经营终止之日起60日内，向税务机关办理当期企业所得税汇算清缴

【答案】ABCD

考点回顾 企业所得税。

- 企业所得税
  - 纳税人
    - 居民企业
    - 非居民企业
  - 征税对象 → 来源于中国境内、境外所得的确定原则
  - 税率
  - 应纳税所得额的计算
    - 直接计算法 → 应纳税所得额=收入总额−不征税收入−免税收入−各项扣除−以前年度亏损
    - 间接计算法 → 应纳税所得额=利润总额+纳税调整增加额−纳税调整减少额
  - 资产的税务处理
    - 固定资产
    - 生产性生物资产
    - 无形资产
    - 长期待摊费用
    - 投资资产
  - 应纳税额的计算
    - “全球所得”纳税企业
    - 仅“境内所得”纳税企业
  - 税收优惠
    - 免征与减半征收的所得
    - 不同类型企业税收优惠
    - 加计扣除
    - 应纳税所得额抵扣
    - 加速折旧和设备、器具一次性税前扣除
    - 减计收入
    - 应纳税额抵扣
    - 债券利息减免税
  - 征收管理
    - 纳税地点
    - 纳税期限

第二节 个人所得税法律制度

考点1 纳税人和所得来源的确定（★★）

（一）纳税人

个人所得税的纳税人，包括中国公民、个体工商户、个人独资企业投资者、合伙企业自然人合伙人、在中国有所得的外籍人员（包括无国籍人员）和香港、澳门、台湾同胞。

依据住所和居住时间两个标准，个人所得税的纳税人区分为居民个人和非居民个人，具体内容如表5-2-1所示。

表 5-2-1　个人所得税纳税人

纳税人	具体规定
居民个人	在中国境内有住所，或者无住所而一个纳税年度（公历1月1日起至12月31日止）在中国境内居住累计满183天的个人
非居民个人	在中国境内无住所又不居住，或者无住所而一个纳税年度内在中国境内居住累计不满183天的个人

小旌笔记

判定居民身份主要看两个标准：（1）住所；（2）境内居住天数。在境内有住所，居民个人；无住所：居住天数≥183天，居民个人；居住天数＜183天，非居民个人。

考查角度　判断是否属于个人所得税纳税人、辨析居民个人与非居民个人。

【例题1·单选2018】根据个人所得税法律制度的规定，下列各项中，不属于个人所得税纳税人的是(　　)。

A. 合伙企业中的自然人合伙人

B. 一人有限责任公司

C. 个体工商户

D. 个人独资企业的投资者个人

【解析】一人有限责任“公司”属于企业所得税纳税人，不缴纳个人所得税。

【答案】B

【例题2·判断2018改编】在中国境内无住所的约翰2019年3月1日来中国工作，2019年12月31日离境，约翰为2019年度中国个人所得税的非居民个人。(　　)

【解析】约翰2019年度在中国境内居住累计满183天，2019年度属于居民个人。

【答案】×

【拓展·单选2017改编】根据个人所得税法律制度的规定，在中国境内无住所但取得所得的下列外籍个人中，不属于居民个人的是(　　)。

A. 怀特，2019年3月1日入境，12月31日离境，期间三次临时离境，每次20天

B. 汤姆，2019年9月1日入境，次年3月1日离境

C. 海南维，2019年6月1日入境，12月31日离境

D. 麦克，2019年6月1日入境，12月31日离境，期间临时离境25天

【解析】这其实是一个小学数学题，只要能查明白累计是否超过183天就可以得出答案。选项A、C、D，2019年度在中国境内居住累计满183天，2019年度属于居民个人。

【答案】B

（二）纳税义务

1. 居民个人——全球所得纳税

居民个人负有无限纳税义务，其取得的应纳税所得，无论是来源于中国境内还是中国境外任何地方，都要在中国缴纳个人所得税。

在中国境内无住所的个人，在中国境内居住满183天的年度连续不满六年的，其来源于中国境外的所得，经向主管税务机关备案，其来源于中国境外且由境外单位或者个人支付的所得，免予缴纳个人所得税。

【提示】在计算“六年”时，如果任一年度中有一次离境超过30天的，重新起算。

2. 非居民个人——仅境内所得纳税

非居民个人承担有限纳税义务，仅就其来源于中国境内的所得，向中国缴纳个人所得税。

在中国境内无住所，但是在一个纳税年度中在中国境内居住累计不超过90日的个人，其来源于中国境内的所得，由境外雇主支付并且不由该雇主在中国境内的机构、场所负担的部分，免予缴纳个人所得税。

小旌笔记

居民个人与非居民个人的纳税义务如表5-2-2所示。

表5-2-2　居民个人与非居民个人的纳税义务

<table>
<tr><th colspan="3" rowspan="3">纳税人</th><th colspan="4">纳税义务</th></tr>
<tr><th colspan="2">境内所得</th><th colspan="2">境外所得</th></tr>
<tr><th>境内支付</th><th>境外支付</th><th>境内支付</th><th>境外支付</th></tr>
<tr><td rowspan="3">非居民个人</td><td colspan="2">无住所又不居住</td><td>√</td><td>免</td><td>不征</td><td>不征</td></tr>
<tr><td rowspan="2">无住所，居住不满183天</td><td>不超过90天</td><td>√</td><td>免</td><td>不征</td><td>不征</td></tr>
<tr><td>大于90天，小于183天</td><td>√</td><td>√</td><td>不征</td><td>不征</td></tr>
<tr><td rowspan="3">居民个人</td><td rowspan="2">无住所，居住满183天</td><td>连续居住不满六年</td><td>√</td><td>√</td><td>√</td><td>免</td></tr>
<tr><td>连续居住满六年</td><td>√</td><td>√</td><td>√</td><td>√</td></tr>
<tr><td colspan="2">有住所</td><td>√</td><td>√</td><td>√</td><td>√</td></tr>
</table>

考查角度　居民个人的纳税义务。

【例题·判断2015】中国居民张某，在境外工作，只就来源于中国境外的所得征收个人所得税。（　）

【答案】×

（三）所得来源的确定

下列所得，不论支付地点是否在中国境内，均为来源于中国境内的所得：

（1）因任职、受雇、履约等在中国境内提供劳务取得的所得。

（2）将财产出租给承租人在中国境内使用而取得的所得。

（3）许可各种特许权在中国境内使用而取得的所得。

（4）转让中国境内的不动产等财产或者在中国境内转让其他财产取得的所得。

（5）从中国境内企业、事业单位、其他组织以及居民个人取得的利息、股息、红利所得。

考查角度　判断是否属于来源于中国境内的所得。

【例题·多选2017】根据个人所得税法律制度的规定，下列个人所得中，不论支付地点是否在境内，均为来源于中国境内所得的有（　）。

A. 转让境内房产取得的所得　　B. 许可专利权在境内使用取得的所得

C. 因任职在境内提供劳务取得的所得　　D. 将财产出租给承租人在境内使用取得的所得

【答案】ABCD

考点 2　个人所得税应税所得项目（★★★）

个人所得税应税所得项目如图 5-2-1 所示。

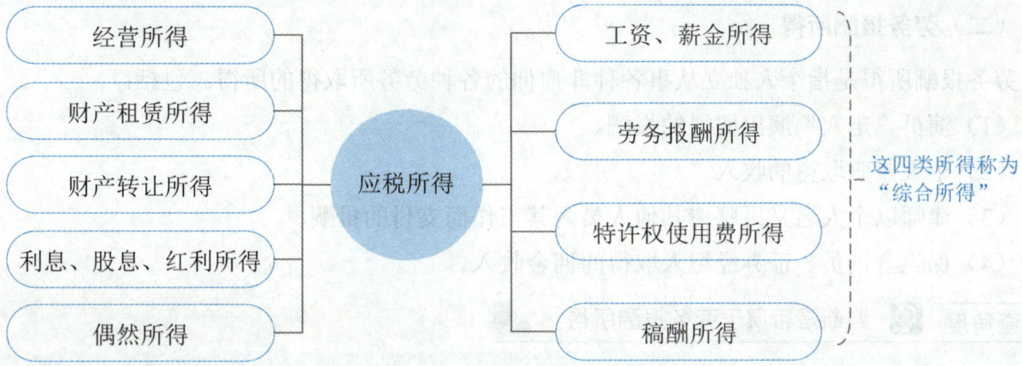

图 5-2-1　个人所得税应税所得项目

（一）工资、薪金所得

工资、薪金所得是指个人因任职或者受雇取得的工资、薪金、奖金、年终加薪、劳动分红、津贴、补贴以及与任职或者受雇有关的其他所得。包括：

（1）退休人员再任职取得的收入。

（2）离退休人员从原任职单位取得的各类补贴、奖金、实物等。

（3）兼职律师从律师事务所取得的工资、薪金性质的所得（从两处取得工资、薪金）。

（4）出租汽车经营单位对出租车驾驶员采取单车承包或承租方式运营，出租车驾驶员从事客货营运取得的收入。

敲黑板

下列项目不属于工资、薪金，不征收个人所得税：

（1）独生子女补贴；

（2）执行公务员工资制度未纳入基本工资总额的补贴、津贴差额和家属成员的副食品补贴；

（3）托儿补助费；

（4）差旅费津贴、误餐补助。

考查角度　综合所得的范围、判断是否属于工资、薪金所得。

【例题 1·单选 2019】根据个人所得税法律制度的规定，在中国境内有住所的居民取得的下列所得中，属于综合所得的是（　　）。

A. 经营所得　　B. 劳务报酬所得

C. 利息、股息、红利所得　　D. 财产租赁所得

【答案】B

【例题2·单选2018】根据个人所得税法律制度的规定，下列各项中，应缴纳个人所得税的是（　　）。

A. 年终加薪　　B. 托儿补助费　　C. 差旅费津贴　　D. 误餐补助

【答案】A

（二）劳务报酬所得

劳务报酬所得是指个人独立从事各种非雇佣的各种劳务所取得的所得。包括：

（1）演员"走穴"演出取得的报酬。

（2）个人兼职取得的收入。

（3）律师以个人名义再聘请其他人员为其工作而支付的报酬。

（4）保险营销员、证券经纪人取得的佣金收入。

考查角度　判断是否属于劳务报酬所得。

【例题·多选2018】根据个人所得税法律制度的规定，个人取得的下列收入中，应按照"劳务报酬所得"税目计缴个人所得税的有（　　）。

A. 某职员取得的本单位优秀员工奖金　　B. 某高校教师从任职学校领取的工资

C. 某工程师从非雇佣企业取得的咨询收入　　D. 某经济学家从非雇佣企业取得的讲学收入

【解析】选项A、B，属于雇佣关系的为工资、薪金所得；选项C、D，属于非雇佣关系的为劳务报酬所得。

【答案】CD

（三）稿酬所得

稿酬所得是指个人因其作品以图书、报刊形式出版、发表而取得的所得。包括作者去世后，财产继承人取得的遗作稿酬。

敲黑板

不以图书、报刊形式出版、发表的翻译、审稿、书画，属于劳务报酬所得，不属于稿酬所得。

考查角度　判断是否属于稿酬所得。

【例题·单选2015】大学教授张某取得的下列收入中，应按"稿酬所得"税目计缴个人所得税的是（　　）。

A. 出版书画作品收入　　B. 作品参展收入

C. 学术报告收入　　D. 审稿收入

【解析】抓关键字"出版、发表"，选项A正确；选项B、C、D属于"劳务报酬所得"项目。

【答案】A

（四）特许权使用费所得

特许权使用费所得是指个人提供专利权、商标权、著作权、非专利技术以及其他特许权的使用权取得的所得。包括：

（1）作者将自己的文字作品手稿原件或复印件公开拍卖取得的所得。

（2）个人取得专利赔偿所得。

（3）剧本作者从电影、电视剧的制作单位取得的剧本使用费所得（不再区分剧本的使用方是否为其任职单位，统一按“特许权使用费所得”项目计征个人所得税）。

考查角度　判断是否属于特许权使用费所得。

【例题·单选 2011】作家马某 2010 年 12 月从某电视剧制作中心取得剧本使用费 50 000 元。关于马某该项收入计缴个人所得税的下列表述中，正确的是（　　）。

A. 应按“稿酬所得”计缴个人所得税

B. 应按“工资、薪金所得”计缴个人所得税

C. 应按“劳务报酬所得”计缴个人所得税

D. 应按“特许权使用费所得”计缴个人所得税

【解析】编剧从电视剧的制作单位取得的剧本使用费，不区分剧本的使用方是否为其任职单位，统一按“特许权使用费所得”项目征收个人所得税。

【答案】D

【拓展·多选 2018 改编】根据个人所得税法律制度的规定，下列各项中，应按照“特许权使用费所得”税目计缴个人所得税的有（　　）。

A. 作家公开拍卖自己的小说手稿原件取得的收入

B. 个人取得专利赔偿收入

C. 专利权人许可他人使用自己的专利取得的收入

D. 商标权人许可他人使用商标取得的收入

【答案】ABCD

（五）经营所得

经营所得包括：

（1）个体工商户从事生产、经营活动取得的所得，个人独资企业投资人、合伙企业的个人合伙人来源于境内注册的个人独资企业、合伙企业生产、经营的所得。

（2）个人依法从事办学、医疗、咨询以及其他有偿服务活动取得的所得。

（3）个人对企业、事业单位承包、承租、转包、转租取得的所得。

（4）个人从事其他生产、经营活动取得的所得。

【提示 1】出租车属于个人所有，但挂靠出租汽车经营单位或企事业单位，驾驶员向挂靠单位缴纳管理费的，或出租汽车经营单位将出租车所有权转移给驾驶员的，出租车驾驶员从事客货运营取得的收入，比照“经营所得”项目征税。

【提示 2】从事个体出租车运营的出租车驾驶员取得的收入，按“经营所得”项目征税。

易错易混点　出租车驾驶员取得各类收入适用的税目，按图 5-2-2 进行掌握。

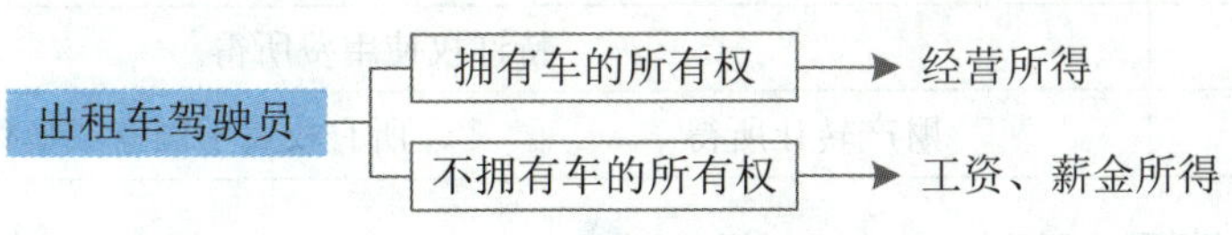

图 5-2-2　出租车驾驶员取得各类收入适用的税目

（六）财产租赁所得

财产租赁所得是指个人出租不动产、机器设备、车船以及其他财产取得的所得。包括个人取得的房屋转租收入。

考查角度 判断是否属于财产租赁所得。

【例题·判断 2014】个人转租收入，应按"其他所得"缴纳个人所得税。（　） 【答案】×	【拓展·多选】下列收入中，按照"财产租赁所得"税目缴纳个人所得税的有（　）。 A. 提供房屋使用权取得的所得　B. 提供运输工具使用权取得的所得 C. 提供生产设备使用权取得的所得　D. 提供商标权使用权取得的所得 【解析】转让"有形资产"使用权，属于"财产租赁所得"项目；转让"无形资产（除土地使用权外）"的"使用权"与"所有权"，属于"特许权使用费所得"项目。 【答案】ABC

（七）财产转让所得

财产转让所得是指个人转让有价证券、股权、合伙企业中的财产份额、不动产、机器设备、车船以及其他财产取得的所得。

下列项目属于财产转让所得：

（1）个人发生非货币性资产交换，以及将财产用于捐赠、偿债、赞助、投资等用途的视同销售所得。

（2）个人转让限售股取得的所得。

（3）个人通过招标、竞拍或者其他方式购置债权后，通过相关司法或行政程序主张债权而取得的所得。

（4）个人通过网络收购玩家的虚拟货币，加价后向他人出售取得的所得。

（5）个人转让新三板挂牌公司原始股取得的所得。

易错易混点 与转让资产相关的特许权使用费所得、财产租赁所得与财产转让所得（见表 5-2-3）。

表 5-2-3　与转让资产相关的特许权使用费所得、财产租赁所得与财产转让所得

税目 类型 资产	使用权	所有权
有形资产	财产租赁所得	财产转让所得
无形资产	特许权使用费所得	
土地使用权	财产转让所得	所有权属于国家或集体所有，不能转让

考查角度 判断是否属于财产转让所得。

【例题·多选 2014】下列各项中，应按"财产转让所得"税目计征个人所得税的有（　）。 A. 转让剧本使用权　B. 转让设备 C. 转让股票　D. 转让非专利技术 【答案】BC	【拓展·判断 2017】个人通过网络收购玩家的虚拟货币，加价后向他人出售取得的收入，不征收个人所得税。（　） 【答案】×

（八）利息、股息、红利所得

是指个人拥有债权、股权而取得的利息、股息、红利所得。

【提示】集体所有制企业在改制为股份合作制企业时，可以将有关资产量化给职工个人，对职工个人以股份形式取得的企业量化资产按图 5-2-3 所示进行处理。

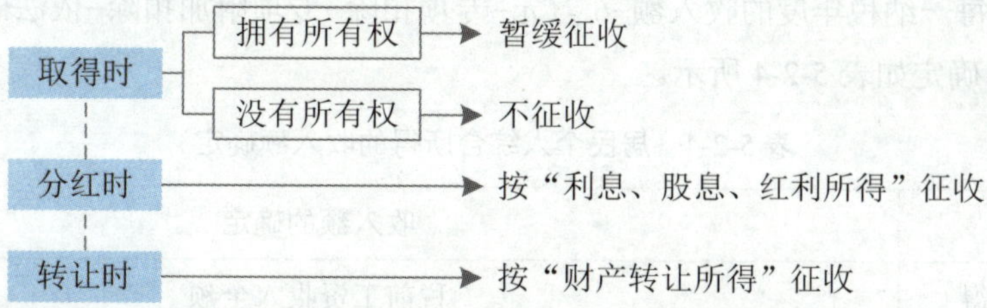

图 5-2-3　职工个人以股份形式取得的企业量化资产的处理

考查角度　职工个人以股份形式取得的企业量化资产的处理。

【例题·判断 2016、2013】集体所有制企业职工个人在企业改制过程中，以股份形式取得的仅作为分红依据，不拥有所有权的企业量化资产，应按“利息、股息、红利所得”计缴个人所得税。（　）

【答案】×

（九）偶然所得

偶然所得是指个人得奖、中奖、中彩以及其他偶然性质的所得。包括：

（1）企业对累积消费达到一定额度的顾客，给予额外抽奖机会，个人的获奖所得。

（2）个人取得单张有奖发票超过 800 元的奖金所得。

（3）个人为单位或他人提供担保获得的收入。

（4）房屋产权所有人将房屋产权无偿赠与他人的，受赠人因无偿受赠房屋取得的受赠收入。

（5）企业在业务宣传、广告等活动中，随机向本单位以外的个人赠送礼品（包括网络红包），以及企业在年会、座谈会、庆典以及其他活动中向本单位以外的个人赠送礼品，个人取得的礼品收入。但企业赠送的具有价格折扣或折让性质的消费券、代金券、抵用券、优惠券等礼品除外。

考点 3　个人所得税应纳税所得额的确定和应纳税额的计算（★★★）

（一）工资、薪金所得，劳务报酬所得，稿酬所得，特许权使用费所得

居民个人取得工资、薪金所得，劳务报酬所得，稿酬所得和特许权使用费所得（以下称综合所得），按纳税年度合并计算个人所得税，按月或按次预缴税款，年终汇算清缴；非居民个人取得这四项所得，不合并计算，按月或者按次“分项”计算个人所得税，不办理汇算清缴。

小旌笔记

非居民个人在我国取得的综合所得项目不能体现其整体负担能力，也难以采用汇算清缴的方式来汇总计算综合所得的个人所得税，所以非居民个人在我国取得的这四项所得，按月或者按次分项计算个人所得税，不办理汇算清缴。

1. 居民个人

（1）应纳税所得额。

居民个人的综合所得，按年计征，以每一纳税年度的收入额减除费用6万元以及专项扣除、专项附加扣除和依法确定的其他扣除后的余额，为应纳税所得额。

应纳税所得额=每一纳税年度的收入额−6万元−专项扣除−专项附加扣除−依法确定的其他扣除

① 收入额的确定如表5-2-4所示。

表5-2-4　居民个人综合所得的收入额确定

<table>
<tr><th>项目</th><th colspan="2">收入额的确定</th></tr>
<tr><td>工资、薪金所得</td><td colspan="2">税前工资收入全额</td></tr>
<tr><td>劳务报酬所得</td><td>劳务报酬收入×（1−20%）</td><td rowspan="3">劳务报酬所得、稿酬所得、特许权使用费所得以收入减除20%的费用后的余额为收入额。稿酬所得的收入额减按70%计算</td></tr>
<tr><td>稿酬所得</td><td>稿酬收入×（1−20%）×70%</td></tr>
<tr><td>特许权使用费所得</td><td>特许权使用费收入×（1−20%）</td></tr>
<tr><td colspan="3">收入额=税前工资收入+劳务报酬收入×（1−20%）+稿酬收入×（1−20%）×70%+特许权使用费收入×（1−20%）</td></tr>
</table>

② 专项扣除，包括居民个人按规定缴纳的基本养老保险、基本医疗保险、失业保险等社会保险费和住房公积金等。

【提示】企事业单位和个人超过规定的比例和标准缴付的基本养老保险费、基本医疗保险费、失业保险费和住房公积金，应将超过部分并入个人当期的工资、薪金收入，计征个人所得税。

③ 专项附加扣除（6项）如表5-2-5所示。

表5-2-5　专项附加扣除

<table>
<tr><th>项目</th><th colspan="2">扣除规定</th></tr>
<tr><td>子女教育</td><td>年满3岁至博士研究生：每个子女每月1 000元</td><td>父母可以选择由其中一方按扣除标准的100%扣除，也可以选择由双方分别按扣除标准的50%扣除，具体扣除方式在一个纳税年度内不能变更</td></tr>
<tr><td rowspan="2">继续教育</td><td>学历教育：教育期间每月400元</td><td rowspan="2">a. 同一学历（学位）继续教育的扣除期限不能超过48个月
b. 个人接受本科及以下学历（学位）继续教育，符合扣除条件的，可以选择由其父母按子女教育扣除，也可以选择由本人按继续教育扣除，但不得同时扣除</td></tr>
<tr><td>职业资格继续教育：取得证书当年3 600元</td></tr>
<tr><td>大病医疗</td><td>扣除医保报销后个人负担累计超过15 000元的部分，办理年度汇算清缴时，在80 000元限额内据实扣除</td><td>a. 纳税人发生的医药费用支出可以选择由本人或者其配偶扣除
b. 未成年子女发生的医药费用支出可以选择由其父母一方扣除</td></tr>
</table>

（续表）

项目	扣除规定	
住房贷款利息	每月 1 000 元	a. 扣除期限最长不超过 240 个月 b. 纳税人只能享受一次首套住房贷款的利息扣除。夫妻双方婚前分别购买住房发生的首套住房贷款，其贷款利息支出，婚后可以选择其中一套住房，由购买方按扣除标准的 100%扣除，也可以由夫妻双方对各自购买的住房分别按扣除标准的 50%扣除，具体扣除方式在一个纳税年度内不能变更
住房租金	“大”城市：每月 1 500 元 “中”城市：每月 1 100 元 “小”城市：每月 800 元	a. 住房租金支出由签订租赁住房合同的承租人扣除 b. 夫妻双方主要工作城市相同的，只能由一方扣除住房租金支出 c. 纳税人及其配偶在一个纳税年度内不能同时分别享受住房贷款利息和住房租金专项附加扣除
赡养老人	独生子女：每月 2 000 元 非独生子女：每人分摊的额度不能超过每月 1 000 元	被赡养人是指年满 60 岁的父母，以及子女均已去世的年满 60 岁的祖父母、外祖父母

（注：“大”城市是指直辖市、省会城市、计划单列市以及国务院确定的其他城市；“中”城市是指市辖区户籍人口超过 100 万的其他城市；“小”城市是指市辖区户籍人口不超过 100 万的其他城市。）

④ 其他扣除，包括个人缴付符合国家规定的企业年金、职业年金，个人购买符合国家规定的商业健康保险、税收递延型商业养老保险的支出，以及国务院规定可以扣除的其他项目。

【提示】专项扣除、专项附加扣除和依法确定的其他扣除，以居民个人一个纳税年度的应纳税所得额为限额；一个纳税年度扣除不完的，不结转以后年度扣除。

（2）税率。

居民个人的综合所得适用 3%～45%的七级超额累进税率，具体内容如表 5-2-6 所示。

表 5-2-6　个人所得税税率表（居民个人综合所得适用）

级数	全年应纳税所得额	税率（%）	速算扣除数（元）
1	不超过 36 000 元的部分	3	0
2	超过 36 000 元至 144 000 元的部分	10	2 520
3	超过 144 000 元至 300 000 元的部分	20	16 920
4	超过 300 000 元至 420 000 元的部分	25	31 920
5	超过 420 000 元至 660 000 元的部分	30	52 920
6	超过 660 000 元至 960 000 元的部分	35	85 920
7	超过 960 000 元的部分	45	181 920

（注：本表所称全年应纳税所得额是指依照法律规定，居民个人取得综合所得以每一纳税年度收入额减除费用 6 万元以及专项扣除、专项附加扣除和依法确定的其他扣除后的余额。）

小旌笔记

综合所得的税率表（包括居民个人和非居民个人）不用记忆，考试时一般会直接给出。只要知道综合所得适用七级超额累进税率，并且会使用给出的税率表即可。本书后续习题中涉及相关的税率表，不再单独给出，练习时可参考本表或者教材中的税率表。

（3）应纳税额的计算。

应纳税额=应纳税所得额×税率−速算扣除数

=（每一纳税年度的收入额−6万元−专项扣除−专项附加扣除−依法确定的其他扣除）×税率−速算扣除数

例 居民个人李某为独生子女，2019年交完社保和住房公积金后共取得税前工资、薪金收入20万元，劳务报酬2万元，稿酬1万元。李某有两个小孩，一个就读小学三年级，一个就读大学四年级，由其100%扣除子女教育专项附加，李某父母均已年过60岁。

（1）李某2019年收入额=工资、薪金收入200 000+劳务报酬收入20 000×（1−20%）+稿酬收入10 000×（1−20%）×70%=221 600元

（2）全年减除费用6万元。

（3）专项附加扣除：

① 子女教育专项附加扣除=每月1 000元×12个月×2个子女=24 000元

② 赡养老人专项附加扣除=每月2 000元×12个月=24 000元

专项附加扣除=24 000+24 000=48 000元

（4）李某2019年综合所得应纳税所得额=221 600−60 000−48 000=113 600元

（5）找税率和速算扣除数：全年应纳税所得额113 600元，适用税率10%、速算扣除数2 520元。

（6）应纳税额=应纳税所得额×税率−速算扣除数=113 600×10%−2 520=8 840元。

考查角度 专项附加扣除包括的项目、综合所得应纳税额的计算。

【例题1·多选2019】根据个人所得税法律制度的规定，下列各项中，属于专项附加扣除的有（　　）。

A. 子女教育　　B. 继续教育　　C. 赡养老人　　D. 子女抚养

【答案】ABC

【例题2·不定项2019节选】假设陈某2019年其他收入及相关情况如下：

（1）工资、薪金所得190 000元，专项扣除40 000元。

（2）劳务报酬所得8 000元，稿酬所得5 000元。

已知：综合所得，每一纳税年度减除费用60 000元；劳务报酬所得、稿酬所得以收入减除20%的费用后的余额为收入额；稿酬所得的收入额减按70%计算。

个人所得税税率表（节选）（综合所得适用）

级数	全年应纳税所得额	税率（%）	速算扣除数（元）
1	不超过36 000元（含本数）的部分	3	0
2	超过36 000元至144 000元的部分	10	2 520

要求：计算陈某 2019 年综合所得应缴纳个人所得税税额的下列算式中，正确的是（ ）。

A. [（190 000+8 000×（1−20%）+5 000×（1−20%）×70%−60 000−40 000] ×10%−2 520=7 400 元

B.（190 000−60 000−40 000）×10%−2 520+8 000×（1−20%）×3%+5 000×70%×3%=6 777 元

C.（190 000−60 000−40 000）×10%−2 520+8 000×（1−20%）×3%+5 000×（1−20%）×70%×3%=6 756 元

D.（190 000+8 000+5 000×70%−60 000−40 000）×10%−2 520=7 630 元

【解析】应纳税额=（每一纳税年度收入额−费用 6 万元−专项扣除−专项附加扣除−依法确定的其他扣除）×税率−速算扣除数=[190 000+8 000×（1−20%）+5 000×（1−20%）×70%−60 000−40 000] ×10%−2 520=7 400 元。

【答案】A

（4）每月或每次预缴个人所得税的计算。

① 工资、薪金所得预缴个人所得税的计算。

对于居民个人取得的工资、薪金所得，扣缴义务人应当按照累计预扣法计算预扣税款，并按月办理扣缴申报。

具体计算公式如下：

本期应预扣预缴税额=（累计预扣预缴应纳税所得额×预扣率−速算扣除数）−累计减免税额−累计已预扣预缴税额

累计预扣预缴应纳税所得额=累计收入−累计免税收入−累计减除费用−累计专项扣除−累计专项附加扣除−累计依法确定的其他扣除

其中：累计减除费用，按照 5 000 元/月乘以纳税人当年截至本月在本单位的任职受雇月份数计算。

【提示】预扣预缴税额余额为负值时，暂不退税。纳税年度终了后余额仍为负值时，由纳税人通过办理综合所得年度汇算清缴，税款多退少补。

例 居民个人李某为独生子女，每月交完社保和住房公积金后取得税前工资、薪金收入 30 000 元。李某有两个小孩，一个就读小学三年级，一个就读大学四年级，由其 100%扣除子女教育专项附加，李某父母均已年过 60 岁。

（1）1 月李某取得工资应预扣预缴的个人所得税额：

1 月累计预扣预缴应纳税所得额=30 000−5 000×1−1 000×2−2 000=21 000 元

查找税率表，适用税率 3%，速算扣除数 0。

1 月应预扣预缴税额=21 000×3%=630 元

（2）2 月李某取得工资应预扣预缴的个人所得税额：

2 月累计预扣预缴应纳税所得额=30 000×2−5 000×2−1 000×2×2−2 000×2=42 000 元

查找税率表，适用税率 10%，速算扣除数 2 520 元。

2 月应预扣预缴税额=42 000×10%−2 520−630=1 050 元

（3）3 月李某取得工资应预扣预缴的个人所得税额：

3 月累计预扣预缴应纳税所得额=30 000×3−5 000×3−1 000×2×3−2 000×3=63 000 元

查找税率表，适用税率 10%，速算扣除数 2 520 元。

3 月应预扣预缴税额=63 000×10%−2 520−630−1 050=2 100 元

……

② 劳务报酬所得预缴个人所得税的计算。

劳务报酬所得预缴个人所得税计算的有关规定如表 5-2-7 所示。

表 5-2-7　劳务报酬所得预缴个人所得税计算的有关规定

项目	具体规定
预扣预缴应纳税所得额的计算	a. 每次收入不超过 4 000 元的 预扣预缴应纳税所得额=每次收入额−800 元 b. 每次收入 4 000 元以上的 预扣预缴应纳税所得额=每次收入额×（1−20%）
预扣预缴税额的计算	预扣预缴税额=预扣预缴应纳税所得额×预扣率−速算扣除数

预扣预缴劳务报酬所得的个人所得税税款时，适用表 5-2-8 的预扣率。

表 5-2-8　个人所得税预扣率表（居民个人劳务报酬所得预扣预缴适用）

级数	预扣预缴应纳税所得额	预扣率（%）	速算扣除数（元）
1	不超过 20 000 元的部分	20	0
2	超过 20 000 元至 50 000 元的部分	30	2 000
3	超过 50 000 元的部分	40	7 000

例 李某受邀讲学取得收入 5 000 元。预扣预缴个人所得税的计算如下:

预扣预缴应纳税所得额=5 000×（1−20%）=4 000 元

适用预扣率 20%，速算扣除数 0

预扣预缴税额=4 000×20%=800 元。

③ 稿酬所得预缴个人所得税的计算。

稿酬所得预缴个人所得税计算的有关规定如表 5-2-9 所示。

表 5-2-9　稿酬所得预缴个人所得税计算的有关规定

项目	具体规定
预扣预缴应纳税所得额的计算	a. 每次收入不超过 4 000 元的 预扣预缴应纳税所得额=（每次收入额−800 元）×70% b. 每次收入 4 000 元以上的 预扣预缴应纳税所得额=每次收入额×（1−20%）×70%
预扣预缴税额的计算	预扣预缴税额=预扣预缴应纳税所得额×20%（预扣率）

例 李某出版一部小说，取得稿酬 10 000 元。预扣预缴个人所得税的计算如下：

预扣预缴应纳税所得额=10 000×（1−20%）×70%=5 600 元

预扣预缴税额=5 600×20%=1 120 元。

④ 特许权使用费所得预缴个人所得税的计算。

特许权使用费所得预缴个人所得税计算的有关规定如表 5-2-10 所示。

表 5-2-10 特许权使用费所得预缴个人所得税计算的有关规定

项目	具体规定
预扣预缴应纳税所得额的计算	a. 每次收入不超过 4 000 元的 预扣预缴应纳税所得额=每次收入额−800 元 b. 每次收入 4 000 元以上的 预扣预缴应纳税所得额=每次收入额×（1−20%）
预扣预缴税额的计算	预扣预缴税额=预扣预缴应纳税所得额×20%（预扣率）

例 李某转让一项专利权，取得转让收入 150 000 元。预扣预缴个人所得税的计算如下：

预扣预缴应纳税所得额=150 000×（1−20%）=120 000 元。

预扣预缴税额=120 000×20%=24 000 元。

⑤ 关于“每次收入”的确定。

劳务报酬所得、稿酬所得、特许权使用费所得，属于一次性收入的，以取得该项收入为一次；属于同一项目连续性收入的，以一个月内取得的收入为一次。

例 1 设计师李某利用业余时间为境内某公司提供室内设计服务，共用了 3 个月时间，第一个月取得报酬 2 000 元，第二个月取得报酬 5 000 元，第三个月取得报酬 8 000 元。李某属于提供一次设计服务，属于一次性收入，应以取得的全部收入作为一次收入，即 2 000+ 5 000+8 000= 15 000 元。

例 2 李某利用业余时间为某境内餐厅提供驻唱服务，每周一次，每次 500 元。李某提供的驻唱服务，属于同一项目连续性收入，以一个月内取得的收入为一次，即 500×4=2 000 元。

考查角度 预缴个人所得税的计算。

【例题 1·单选 2018 改编】2019 年 8 月张某在杂志上发表一篇文章，取得稿酬 2 000 元。已知预扣预缴稿酬所得个人所得税时，预扣率为 20%，每次收入不超过 4 000 元的减除费用 800 元。计算张某发表文章应预缴个人所得税税额的下列算式中，正确的是（ ）。

A. 2 000×70%×20%=280 元　　B.（2 000−800）×20%=240 元

C.（2 000−800）×70%×20%=168 元　　D. 2 000×20%=400 元

【解析】预扣预缴应纳税所得额=（每次收入额−800 元）×70%=（2 000−800）×70%=840 元；预扣预缴税额=预扣预缴应纳税所得额×20%=840×20%=168 元。

【答案】C

【例题 2·单选 2017 改编】2019 年 6 月王某应邀为甲公司员工进行法规培训，取得所得 30 000 元。已知预扣预缴劳务报酬所得个人所得税时，预扣率为 30%，速算扣除数 2 000 元；每次收入 4 000 元以上的，减除 20%的费用。计算王某当月培训所得应预缴个人所得税税额的下列算式中，正确的是（ ）。

A.［30 000×（1−20%）−2 000］×30%=6 600 元

B. 30 000×30%−2 000=7 000 元

C. 30 000×（1−20%）×30%−2 000=5 200 元

D.（30 000−2 000）×30%=8 400 元

【解析】预扣预缴应纳税所得额=30 000×（1−20%）=24 000 元；预扣预缴税额=24 000×30%−2 000=5 200 元。

【答案】C

（5）全年一次性奖金的征税规定。

① 在 2021 年 12 月 31 日前，居民个人取得全年一次性奖金，可以选择并入当年综合所得计算纳税，也可以选择不并入当年综合所得，单独纳税；自 2022 年 1 月 1 日起，居民个人取得全年一次性奖金，应并入当年综合所得计算缴纳个人所得税。

② 选择不并入当年综合所得的，以全年一次性奖金收入除以 12 个月得到的数额，按照按月换算后的综合所得税率表（见表 5-2-11），确定适用税率和速算扣除数，单独计算纳税。计算公式为：

应纳税额=全年一次性奖金收入×适用税率−速算扣除数

表 5-2-11　按月换算后的综合所得税率表

级数	每月（次）应纳税所得额	税率（%）	速算扣除数（元）
1	不超过 3 000 元的	3	0
2	超过 3 000 元至 12 000 元的部分	10	210
3	超过 12 000 元至 25 000 元的部分	20	1 410
4	超过 25 000 元至 35 000 元的部分	25	2 660
5	超过 35 000 元至 55 000 元的部分	30	4 410
6	超过 55 000 元至 80 000 元的部分	35	7 160
7	超过 80 000 元的部分	45	15 160

例 李某 2019 年取得全年一次性奖金收入 30 000 元。应纳个人所得税的计算如下：

第一步，确定税率和速算扣除数。30 000÷12=2 500 元，适用税率 3%。

第二步，计算应纳税额。应纳税额=30 000×3%=900 元。

2. 非居民个人

（1）应纳税所得额。

非居民个人四项所得应纳税所得额的确定如表 5-2-12 所示。

表 5-2-12　非居民个人四项所得应纳税所得额的确定

所得项目	每月（次）应纳税所得额	计税规则
工资、薪金所得	每月收入额-5 000	按月
劳务报酬所得	劳务报酬收入×（1-20%）	按次
稿酬所得	稿酬收入×（1-20%）×70%	
特许权使用费所得	特许权使用费收入×（1-20%）	

小旌笔记

居民个人，按月（次）预缴，年终汇算清缴；非居民个人，“分项”按月（次）计算缴纳。

（2）税率。

非居民个人的四项所得适用税率表与表 5-2-11“按月换算后的综合所得税率表”相同。

（3）应纳税额的计算。

应纳税额=每月（次）应纳税所得额×税率-速算扣除数

例 某非居民个人，2019 年 2 月从境内任职单位取得工资收入 10 400 元，利用业余时间兼职取得劳务报酬 5 000 元。

该非居民个人当月工资、薪金所得应纳税所得额=10 400-5 000=5 400 元，每月应纳税所得额 5 400 元适用的税率为 10%、速算扣除数为 210 元。当月工资、薪金所得应纳个人所得税=5 400×10%-210=330 元。

该非居民个人劳务报酬所得应纳税所得额=5 000×（1-20%）=4 000 元，每次应纳税所得额 4 000 元适用的税率为 10%、速算扣除数为 210 元。劳务报酬所得应纳税额=4 000×10%-210=190 元。

考查角度　非居民个人取得四项所得应纳税额的计算。

【例题·单选 2017 改编】2019 年 6 月非居民个人约翰应邀为境内甲公司员工进行培训，取得所得 30 000 元。已知每月（次）应纳税所得额超过 12 000 元至 25 000 元的部分，适用税率为 20%，速算扣除数 1 410 元。约翰当月培训所得应在我国缴纳个人所得税税额的下列算式中，正确的是（　　）。

A. [30 000×（1-20%）-1 410]×20%=4 518 元

B. 30 000×20%-1 410=4 590 元

C. 30 000×（1-20%）×20%-1 410=3 390 元

D.（30 000-1 410）×20%=5 718 元

【解析】劳务报酬所得以收入减除 20%的费用后的余额为收入额。应纳税额=30 000×（1-20%）×20%-1 410=3 390 元。

【答案】C

【拓展·单选 2015 改编】2019 年 5 月非居民个人约翰向境内某公司转让一项专利权，取得转让收入 20 000 元，专利开发支出 10 000 元。已知每月（次）应纳税所得额超过 3 000 元至 12 000 元的部分，适用税率为 10%，速算扣除数 210 元；每月（次）应纳税所得额超过 12 000 元至 25 000 元的部分，适用税率为 20%，速算扣除数 1 410 元。约翰当月该笔收入应在我国缴纳个人所得税税额的下列算式中，正确的是（　　）。

A.（20 000-10 000）×（1-20%）×10%-210=590 元

B.（20 000-10 000）×10%-210=790 元

C. [20 000×（1-20%）-10 000]×10%-210=390 元

D. 20 000×（1-20%）×20%-1 410=1 790 元

【解析】特许权使用费所得，以收入减除 20%的费用后的余额为收入额。应纳税额=20 000×（1-20%）×20%-1 410=1 790 元。

【答案】D

（二）经营所得

1. 应纳税所得额

经营所得按年计征，以每一纳税年度的收入总额减除成本、费用以及损失后的余额，为应纳税所得额。

小旌笔记

“经营所得”应纳税所得额的计算与企业所得税应纳税所得额的计算类似，大部分规定基本相同。

个体工商户主要扣除项目如表 5-2-13 所示。

表 5-2-13 个体工商户主要扣除项目

项目		扣除规定
工资、薪金	从业人员（职工）	实际支付且合理的准予扣除
	业主（老板）	不得扣除
保险费	“四险一金”	业主（老板）和从业人员（职工）均可扣除
	补充养老保险、补充医疗保险	从业人员（职工）：分别不超过工资总额 5% 业主（老板）：以当地上年度社会平均工资的 3 倍为计算基数，分别不超过该计算基数的 5%
	其他保险	（1）为特殊工种从业人员支付的人身安全保险费，可以扣除 （2）为业主本人（老板）和从业人员（员工）支付的商业保险费，不得扣除
利息支出		（1）向金融企业借款的利息支出，准予扣除 （2）向非金融企业和个人借款的利息支出，不超过按照金融企业同期同类贷款利率计算的数额的部分，准予扣除
广告费和业务宣传费		不超过销售（营业）收入的 15%
业务招待费		按照实际发生额的 60%扣除，但最高不得超过当年销售（营业）收入的 5‰
捐赠		（1）直接捐赠：不得扣除 （2）一般公益性捐赠：不超过应纳税所得额 30% （3）特殊公益性捐赠：全额扣除
其他准予扣除的项目		（1）个体工商户按规定缴纳的摊位费、行政性收费、协会会费、财产保险费、合理的劳动保护支出等，准予扣除 （2）对于生产经营与个人、家庭生活混用难以分清的费用，其 40%视为与生产经营有关的费用，准予扣除
不得扣除的项目		个人所得税税款，税收滞纳金，罚金、罚款和被没收财物的损失，不符合扣除规定的捐赠支出，赞助支出，用于个人和家庭的支出，个体工商户代其从业人员或者他人负担的税款，计提的各种准备金等

【提示】取得经营所得的个人，没有综合所得的，计算其每一纳税年度的应纳税所得额时，应当减除费用 6 万元、专项扣除、专项附加扣除以及依法确定的其他扣除。专项附加扣除在办理汇算清缴时减除。

考查角度　经营所得扣除项目的具体规定。

【例题 1・多选 2018】根据个人所得税法律制度的规定，个体工商户的下列支出中，在计算个人所得税应纳税所得额时，不得扣除的有（　　）。

A. 业主的工资、薪金支出

B. 个人所得税税款

C. 在生产经营活动中因自然灾害造成的损失

D. 税收滞纳金

【答案】ABD

【例题 2・单选 2017】个体工商户张某 2016 年度取得营业收入 200 万元，当年发生业务宣传费 25 万元，上年度结转未扣除的业务宣传费 15 万元。已知业务宣传费不超过当年营业收入 15%的部分，准予扣除。个体工商户张某在计算当年个人所得税应纳税所得额时，允许扣除的业务宣传费金额为（　　）。

A. 30 万元　　B. 25 万元　　C. 40 万元　　D. 15 万元

【解析】2016 年待扣除的业务宣传费=25+15=40 万元，扣除限额=销售（营业）收入×15%=200×15%=30 万元，40 万元超过了 30 万元，只能扣除 30 万元。

【答案】A

【拓展・单选 2019】在计算个人所得税时，个体工商户不得税前扣除的项目为（　　）。

A. 实际合理支出的员工工资

B. 代他人负担的税款

C. 特殊工种从业人员的人身保险费

D. 合理的劳动保护支出

【答案】B

2. 税率

经营所得适用 5%～35%的五级超额累进税率，具体内容如表 5-2-14 所示。

表 5-2-14　个人所得税税率表（经营所得适用）

级数	全年应纳税所得额	税率（%）	速算扣除数（元）
1	不超过 30 000 元的部分	5	0
2	超过 30 000 元至 90 000 元的部分	10	1 500
3	超过 90 000 元至 300 000 元的部分	20	10 500
4	超过 300 000 元至 500 000 元的部分	30	40 500
5	超过 500 000 元的部分	35	65 500

小旌笔记

经营所得的税率表不用记忆，考试时一般会直接给出，只要知道经营所得适用五级超额累进税率，并且会使用给出的税率表即可。本书后续习题中涉及相关的税率，不再单独列出，练习时可参考本表或者教材中的税率表。

3. 应纳税额的计算

应纳税额=应纳税所得额×税率−速算扣除数

（三）财产租赁所得

1. 应纳税所得额

财产租赁所得按次计征，以“1 个月”内取得的收入为一次。每次收入不超过 4 000 元的，减除费用 800 元；4 000 元以上的，减除 20%的费用，其余额为应纳税所得额。

小旌笔记

租金 3 000 元，应纳税所得额=3 000−800=2 200 元；租金 5 000 元，应纳税所得额=5 000×（1−20%）=4 000 元。

敲黑板

财产租赁所得采用的是**定额**（800 元）**和定率**（20%）**相结合**的费用扣除方式。

【提示】在计算每次收入时：

（1）由纳税人负担的租赁财产实际开支的修缮费用，可以扣除，但每月（次）不得超过 800 元，超过的部分准予结转以后扣除。

（2）个人转租房屋的，其向房屋出租方支付的含增值税的租金（租金及增值税），准予扣除。

（3）个人出租房屋的个人所得税应税收入不含增值税，计算房屋出租所得可扣除的税费不包括本次出租缴纳的增值税。

2. 税率

财产租赁所得适用 20%的比例税率。

敲黑板

个人出租**住房**取得的所得暂减按 **10%**的税率征收个人所得税。

3. 应纳税额的计算

（1）每次（月）收入不足 4 000 元的：

应纳税额=［每次（月）收入额−财产租赁过程中缴纳的税费−由纳税人负担的租赁财产实际开支的修缮费用（800 元为限）−800 元］×税率

（2）每次（月）收入在 4 000 元以上的：

应纳税额=［每次（月）收入额−财产租赁过程中缴纳的税费−由纳税人负担的租赁财产实际开支的修缮费用（800 元为限）］×（1−20%）×税率

考查角度 费用扣除办法、个人出租住房适用的税率、应纳税额的计算。

【例题1·单选2015改编】根据个人所得税法律制度的规定，下列各项中，采取定额和定率相结合的扣除办法计算个人所得税应纳税所得额的是（　　）。

A. 财产转让所得　　B. 工资、薪金所得

C. 利息、股息、红利所得　　D. 财产租赁所得

【解析】选项A，财产转让所得，可以扣除财产原值和合理费用；选项B，工资、薪金所得每年扣除6万元或每月减除5 000元；选项C，不得扣除任何费用；选项D，每次收入不超过4 000元的，减除费用800元（定额）；4 000元以上的，减除20%的费用（定率）。

【答案】D

【例题2·单选2017】根据个人所得税法律制度的规定，下列各项中，暂减按10%税率征收个人所得税的是（　　）。

A. 周某出租机动车取得的所得　　B. 夏某出租住房取得的所得

C. 林某出租商铺取得的所得　　D. 刘某出租电子设备取得的所得

【答案】B

【例题3·单选2019】2019年1月张某出租一套住房，取得当月租金收入3 800元，财产租赁过程中缴纳的税费152元，发生修缮费600元。已知个人出租住房暂减按10%的税率征收个人所得税，财产租赁所得，每次收入不超过4 000元的，减除费用800元。计算张某当月租金收入应缴纳个人所得税税额的下列算式中，正确的是（　　）。

A.（3 800−152−600−800）×10%=224.8元

B.（3 800−800）×10%=300元

C.（3 800−152−600）×10%=304.8元

D. 3 800×10%=380元

【解析】房屋租赁过程中缴纳的税费152元，可以扣除；支付的房屋修缮费，每月扣除额不得超过800元，600元可以在本月一次扣除。应纳税额=［每次（月）收入额−财产租赁过程中缴纳的税费−由纳税人负担的租赁财产实际开支的修缮费用（800元为限）−800］×10%=（3 800−152−600−800）×10%=224.8元

【答案】A

【拓展·单选2018】2017年9月王某出租自有住房取得租金收入6 000元，房屋租赁过程中缴纳的税费240元，支付该房屋的修缮费1 000元，已知个人出租住房取得的所得暂减按10%的税率征收个人所得税，每次收入4 000元以上的，减除20%的费用。计算王某当月出租住房应缴纳个人所得税税额的下列算式中正确的是（　　）。

A.（6 000−240−800）×10%=496元

B.（6 000−240−1 000）×10%=476元

C.（6000−240−1000）×（1−20%）×10%=380.8元

D.（6 000−240−800）×（1−20%）×10%=396.8元

【解析】房屋修缮费1 000元，超过了800元，本月只能扣除800元，剩余的200元在下月扣除。应纳税额=（6 000−240−800）×（1−20%）×10%=396.8元。

【答案】D

【思路拓展】2017年10月王某租金收入和租赁过程中缴纳的税费不变。10月份王某应缴纳个人所得税=（6 000−240−200修缮费）×（1−20%）×10%=444.8元。

（四）财产转让所得

1. 应纳税所得额

以转让财产的收入额减除财产原值和合理费用后的余额为应纳税所得额。

2. 税率

财产转让所得适用20%的比例税率。

3. 应纳税额的计算

应纳税额=应纳税所得额×税率

=（收入总额−财产原值−合理费用）×20%

考查角度 财产转让所得应纳税额的计算。

【例题·单选 2019】某居民个人卖房取得收入 160 万元，该房产买入时的价格为 120 万元，发生合理的税费 0.5 万元。已知财产转让所得个人所得税税率为 20%，以下计算个人所得税算式中，正确的是（　　）。

A.（160−0.5）×20%=31.9 万元

B. 160×（1−20%）×20%=25.6 万元

C.（160−120）×20%=8 万元

D.（160−120−0.5）×20%=7.9 万元

【解析】财产转让个人所得税应纳税额=（收入总额−财产原值−合理费用）×20%=（160−120−0.5）×20%=7.9 万元。

【答案】D

（五）利息、股息、红利所得和偶然所得

1. 应纳税所得额

按次计征，以每次收入额为应纳税所得额。

2. 税率

利息、股息、红利所得和偶然所得适用 20%的比例税率。

3. 应纳税额的计算

应纳税额=应纳税所得额×税率

敲黑板

利息、股息、红利所得和偶然所得，以收入全额为应纳税所得额，不减除任何费用。

考查角度 计税方式、不得扣除费用的个人所得税项目、应纳税额的计算。

【例题 1·判断 2017】偶然所得按次计征个人所得税。（　　）

【答案】√

【例题 2·单选 2016】根据个人所得税法律制度的规定，下列各项中，在计算个人所得税应纳税所得额时不得扣除费用的是（　　）。

A. 偶然所得　　B. 财产租赁所得

C. 财产转让所得　　D. 劳务报酬所得

【解析】选项 A，利息、股息、红利所得和偶然所得，以收入全额为应纳税所得额，不扣除任何费用。选项 B，财产租赁所得，每次收入不超过 4 000 元的，减除费用 800 元；4 000 元以上的，减除 20%的费用，且还可以按规定扣除财产租赁过程中缴纳的税费和由纳税人负担的修缮费。选项 C，财产转让所得，可以减除财产原值和合理费用。选项 D，可以减除 20%的费用。

【答案】A

【例题 3 · 单选 2019】周某购买彩票中奖奖金 30 000 元，周某领奖时支付食宿费 400 元。已知偶然所得个人所得税税率为 20%，计算周某中奖奖金的下列个人所得税的算式中，正确的是（　　）。

A.（30 000−400）×20%=5 920 元

B.（30 000−400）×（1−20%）×20%=4 736 元

C. 30 000×20%=6 000 元

D. 30 000×（1−20%）×20%=4 800 元

【解析】偶然所得以收入全额为应纳税所得额，不减除任何费用。应纳税额=每次收入额×20%=30 000×20%=6 000 元。

【答案】C

易错易混点　各项所得的计征方式（见表 5-2-15）。

表 5-2-15　各项所得的计征方式

所得项目	计征方式	
工资、薪金所得	（1）居民个人：按年计征，按月（次）预缴 （2）非居民个人：工资、薪金所得，按月；劳务报酬所得、稿酬所得、特许权使用费所得，按次	—
劳务报酬所得		属于一次性收入的，以取得该项收入为一次；属于同一项目连续性收入的，以一个月内取得的收入为一次
稿酬所得		
特许权使用费所得		
经营所得	按年	—
财产租赁所得	按次	以一个月内取得的收入为一次
财产转让所得		以一次转让财产取得的收入为一次
利息、股息、红利所得		以支付利息、股息、红利时取得的收入为一次
偶然所得		以每次取得该项收入为一次

考查角度　各项所得的计征方式、每次收入的确定。

【例题 · 多选 2015 改编】下列情形中，按“次”计算缴纳个人所得税的有（　　）。

A. 经营所得

B. 财产租赁所得

C. 偶然所得

D. 利息、股息、红利所得

【答案】BCD

【拓展 · 单选 2019】根据个人所得税法律制度的规定，下列各项中，以一个月内取得的收入为一次的是（　　）。

A. 偶然所得

B. 利息、股息、红利所得

C. 财产租赁所得

D. 财产转让所得

【答案】C

（六）捐赠支出的扣除规定

捐赠支出的税前扣除规定如表 5-2-16 所示。

表 5-2-16　捐赠支出的税前扣除规定

扣除类型	内容
不得扣除	直接捐赠：纳税人 ——→ 受赠人
全额扣除	个人通过非营利性的社会团体和国家机关进行的下列捐赠，准予全额扣除： （1）向红十字事业的捐赠 （2）向教育事业的捐赠 （3）向农村义务教育的捐赠 （4）对公益性青少年活动场所（包括新建）的捐赠 （5）向福利性、非营利性老年服务机构捐赠 （6）国务院规定的其他捐赠
限额扣除	其他公益性捐赠：不得超过应纳税所得额的 30%，超过部分不得扣除

考查角度　全额扣除的捐赠项目、各项所得涉及捐赠的应纳税额计算。

【例题·单选 2015】2014 年 5 月，李某花费 500 元购买体育彩票，一次中奖 30 000 元，将其中 1 000 元直接捐赠给甲小学，已知偶然所得个人所得税税率为 20%，李某彩票中奖收入应缴纳个人所得税税额的下列计算中，正确的是（　　）。

A.（30 000−500）×20%=5 900 元

B. 30 000×20%=6 000 元

C.（30 000−1 000）×20%=5 800 元

D.（30 000−1 000−500）×20%=5 700 元

【解析】偶然所得以“收入全额”为应纳税所得额，不扣除费用，排除选项 A、D；直接向甲小学的捐赠属于直接捐赠，不得税前扣除，排除选项 C。李某彩票中奖收入应缴纳个人所得税=30 000×20%=6 000 元。

【答案】B

【思路拓展】（1）如果把“直接捐赠给甲小学”改为“通过非营利性社会团体捐赠给甲小学”，李某彩票中奖收入应缴纳个人所得税：扣除捐赠前的应纳税所得额为 30 000 元，捐赠扣除限额=30 000×30%=9 000 元，实际捐赠 1 000 元未超过扣除限额，准予扣除。李某彩票中奖收入应缴纳个人所得税=（30 000−1 000）×20%=5 800 元。

（2）如果把“直接捐赠给甲小学”改为“通过非营利性社会团体向农村义务教育捐赠”，捐赠支出可以直接从应纳税所得额中扣除，李某彩票中奖收入应缴纳个人所得税=（30 000−1 000）×20%=5 800 元。

考点 4　个人所得税税收优惠（★★）

免征个人所得税的主要项目如表 5-2-17 所示。

表 5-2-17 免征个人所得税的主要项目

<table>
<tr><th>分类</th><th>具体内容</th></tr>
<tr><td>第一类
（高频考点）</td><td>（1）国债利息
（2）国家发行的金融债券利息（企业债券利息不免税）
（3）军人的转业费、复员费、退役金
（4）保险赔款
（5）退休工资
【敲黑板】不包括退休人员再任职取得的收入和退休人员从原任职单位取得的各类补贴、奖金、实物
（6）个人转让自用达 5 年以上，并且是唯一的家庭生活用房取得的所得</td></tr>
<tr><td>第二类
（次重点）</td><td>（1）储蓄存款利息
（2）个人举报、协查各种违法、犯罪行为而获得的奖金
（3）省级人民政府、国务院部委和中国人民解放军军以上单位，以及外国组织、国际组织颁发的科学、教育、技术、文化、卫生、体育、环境保护等方面的奖金
（4）按照国家统一规定发给的补贴、津贴
（5）个人在上海、深圳证券交易所转让从上市公司公开发行和转让市场取得的股票，取得的股票转让所得
（6）个人从公开发行和转让市场取得的上市公司股票，持股期限超过 1 年的股息、红利所得
【提示】个人从公开发行和转让市场取得的上市公司股票，持股期限在 1 个月以内（含 1 个月）的，其股息、红利所得全额计入应纳税所得额；持股期限在 1 个月以上至 1 年（含 1 年）的，暂减按 50%计入应纳税所得额
（7）个人购买福利彩票、体育彩票，一次中奖收入在 1 万元以下的（含 1 万元）
【提示】中奖收入超过 1 万元的，全额征收个人所得税
（8）房屋赠与
以下情形的房屋产权无偿赠与，对当事双方不征收个人所得税：① 将房屋无偿赠与配偶、父母、子女、祖父母、外祖父母、孙子女、外孙子女、兄弟姐妹（赠与近亲属）；② 无偿赠与对其承担直接抚养或者赡养义务的抚养人或赡养人（抚养或赡养关系）；③ 房屋产权所有人死亡，依法取得房屋产权的法定继承人、遗嘱继承人或者受遗赠人（依法继承）
（9）外籍个人
外籍个人取得的下列所得免征或暂免征收个人所得税：① 以非现金形式或实报实销形式取得的住房补贴、伙食补贴、搬迁费、洗衣费；② 按合理标准取得的境内、境外出差补贴；③ 从外商投资企业取得的股息、红利所得；④ 合理的探亲费、语言训练费、子女教育经费等</td></tr>
</table>

考查角度 辨析免税项目与应税项目。

【例题1·单选2018】根据个人所得税法律制度的规定，个人的下列所得中，不属于个人所得税免税项目的是（　　）。

A. 国债利息　　B. 军人的转业费

C. 出租厂房取得的租金　　D. 国家发行的金融债券利息

【答案】C

【例题2·单选2018】根据个人所得税法律制度的规定，下列所得中，属于免税项目的是（　　）。

A. 提前退休取得的一次性补贴　　B. 退休人员从原任职单位取得的补贴

C. 内部退养取得的一次性收入　　D. 按国家统一规定发放的退休工资

【解析】选项A、B、C，按照"工资、薪金所得"项目缴纳个人所得税。

【答案】D

【例题3·单选2019】根据个人所得税法律制度的规定，下列各项中，应缴纳个人所得税的是（　　）。

A. 退休职工林某取得的按国家统一规定发放的基本养老金

B. 教师李某获得的县人民政府为其颁发的优秀教师奖金

C. 退役士兵张某取得的退役金

D. 公务员王某取得的国债利息

【解析】"省"级人民政府、国务院部委和中国人民解放军军以上单位，以及外国组织、国际组织颁发的科学、教育、技术、文化、卫生、体育、环境保护等方面的奖金，免征个人所得税；县级政府颁发的奖金，不免税。

【答案】B

考点5 个人所得税征收管理（★）

（一）纳税申报

有下列情形之一的，纳税人应当依法办理纳税申报：

（1）取得综合所得需要办理汇算清缴；

（2）取得应税所得没有扣缴义务人；

（3）取得应税所得，扣缴义务人未扣缴税款；

（4）取得境外所得；

（5）因移居境外注销中国户籍；

（6）非居民个人在中国境内从两处以上取得工资、薪金所得；

（7）国务院规定的其他情形。

【提示1】需要办理汇算清缴的情形包括：① 在两处或者两处以上取得综合所得，且综合所得年收入额减去专项扣除的余额超过6万元；② 取得劳务报酬所得、稿酬所得、特许权使用费所得中一项或者多项所得，且综合所得年收入额减去专项扣除的余额超过6万元；③ 纳税年度内预缴税额低于应纳税额的；④ 纳税人申请退税。

【提示2】非居民个人取得工资、薪金所得，劳务报酬所得，稿酬所得和特许权使用费所得，有扣缴义务人的，由扣缴义务人按月或者按次代扣代缴税款，不办理汇算清缴。

（二）纳税期限

（1）居民个人取得综合所得，按年计算个人所得税；有扣缴义务人的，由扣缴义务人按月或者按次预扣预缴税款；需要办理汇算清缴的，应当在取得所得的次年3月1日至6月30日内办理汇算清缴。

（2）纳税人取得经营所得，按年计算个人所得税，由纳税人在月度或者季度终了后15日内向税务机关报送纳税申报表，并预缴税款；在取得所得的次年3月31日前办理汇算清缴。

（3）纳税人取得应税所得没有扣缴义务人的，应当在取得所得的次月15日内向税务机关报送纳税申报表，并缴纳税款。

（4）纳税人取得应税所得，扣缴义务人未扣缴税款的，纳税人应当在取得所得的次年6月30日前，缴纳税款。

（5）居民个人从中国境外取得所得的，应当在取得所得的次年3月1日至6月30日内申报纳税。

（6）非居民个人在中国境内从两处以上取得工资、薪金所得的，应当在取得所得的次月15日内申报纳税。

（7）纳税人因移居境外注销中国户籍的，应当在注销中国户籍前办理税款清算。

考查角度 纳税申报的期限、应当办理纳税申报的情形。

【例题1·单选2019】根据个人所得税法律制度的规定，居民个人从境外取得所得，应在次年（　　）申报纳税。

A. 3月1日—6月30日　　B. 1月1日—2月28日

C. 1月1日—5月31日　　D. 3月1日—5月31日

【答案】A

【例题2·单选2019】根据个人所得税法律制度的规定，纳税人取得经营所得，应在取得所得的次年一定日期前办理汇算清缴。该日期为（　　）。

A. 5月31日　　B. 6月30日　　C. 3月31日　　D. 4月15日

【答案】C

【例题3·多选】根据个人所得税法律制度的规定，下列情形中，纳税人应当按照规定办理个人所得税纳税申报的有（　　）。

A. 因移居境外注销中国户籍的

B. 取得应税所得，扣缴义务人未扣缴税款的

C. 居民个人在中国境内从两处以上取得工资、薪金所得的

D. 非居民个人在中国境内从两处以上取得工资、薪金所得的

【解析】选项C，居民个人取得综合所得需要办理汇算清缴的，应当依法办理纳税申报，与在境内从几处取得工资、薪金所得无关。

【答案】ABD

考点回顾 个人所得税。

- 个人所得税
  - 纳税人
    - 居民个人
    - 非居民个人
  - 纳税义务
    - 全球所得纳税
    - 仅境内所得纳税
  - 所得来源的确定
  - 应税所得项目
    - ① 工资、薪金所得
    - ② 劳务报酬所得
    - ③ 稿酬所得
    - ④ 特许权使用费所得
    - ⑤ 经营所得
    - ⑥ 财产租赁所得
    - ⑦ 财产转让所得
    - ⑧ 利息、股息、红利所得
    - ⑨ 偶然所得
  - 应纳税额的计算
    - 四项所得
      - 居民个人：按年合并计算
      - 非居民个人：分项计算
    - 经营所得
    - 财产租赁所得
    - 财产转让所得
    - 利息、股息、红利所得
    - 偶然所得
    - 捐赠支出的扣除规定
  - 税收优惠
  - 征收管理
    - 纳税申报
    - 纳税期限

文旌财经网校
www.wenjingacc.com

2020年全国会计专业技术资格考试

过关斩将® 系列1

经济法基础

一本通关（下册）

文旌会计考试研究中心 主编

上海交通大学出版社
SHANGHAI JIAO TONG UNIVERSITY PRESS

内容提要

本书共分为五部分，主要包括备考指导、考点精讲、机考题库、专项突破和考场初体验。其中，第一部分主要讲述的是考试情况、考试特点及本书结构；第二部分是本书的核心部分，主要讲述了与会计工作密切相关的一些法律制度，共分为八章，具体为总论，会计法律制度，支付结算法律制度，增值税、消费税法律制度，企业所得税、个人所得税法律制度，其他税收法律制度，税收征收管理法律制度和劳动合同与社会保险法律制度；后三部分为练习题，从不同维度精选好题，可分阶段练习以巩固所学知识。

本书既可作为备考初级会计职称考试的辅导用书，也可作为初级会计考试培训机构的培训用书。

图书在版编目（CIP）数据

经济法基础一本通关 / 文旌会计考试研究中心主编
. -- 上海 : 上海交通大学出版社, 2019
ISBN 978-7-313-22332-6

Ⅰ. ①经… Ⅱ. ①文… Ⅲ. ①经济法－中国－资格考试－自学参考资料 Ⅳ. ①D922.29

中国版本图书馆 CIP 数据核字(2019)第 244662 号

经济法基础一本通关（下册）
JINGJIFA JICHU YIBEN TONGGUAN (XIACE)

主　　编：文旌会计考试研究中心
出版发行：上海交通大学出版社　　地　　址：上海市番禺路 951 号
邮政编码：200030　　电　　话：021-64071208
印　　制：北京同文印刷有限责任公司　　经　　销：全国新华书店
开　　本：787mm×1092mm　1/16　　总 印 张：33.25　　总 字 数：849 千字
版　　次：2019 年 11 月第 1 版　　印　　次：2019 年 12 月第 2 次印刷
书　　号：ISBN　978-7-313-22332-6/D
总 定 价：88.00 元（全二册）

下册目录

第二部分　考点精讲

第六章　其他税收法律制度/249
本章考情分析/249
本章脉络图/249
教材主要变化/249
本章考点精讲/250
第一节　房产税法律制度/250
第二节　契税法律制度/257
第三节　土地增值税法律制度/262
第四节　城镇土地使用税法律制度/269
第五节　车船税法律制度/274
第六节　印花税法律制度/279
第七节　资源税法律制度/285
第八节　其他相关税收法律制度/291
第七章　税收征收管理法律制度/309
本章考情分析/309
本章脉络图/309
教材主要变化/310
本章考点精讲/310
第一节　税收征收管理法概述/310
第二节　税务管理/313
第三节　税款征收与税务检查/319
第四节　税务行政复议/325
第五节　税收法律责任/332
第八章　劳动合同与社会保险法律制度/335
本章考情分析/335
本章脉络图/335
教材主要变化/335
本章考点精讲/336
第一节　劳动合同法律制度/336
第二节　社会保险法律制度/368

第三部分　机考题库

第一章　总论/385
第二章　会计法律制度/389
第三章　支付结算法律制度/393
第四章　增值税、消费税法律制度/400
第五章　企业所得税、个人所得税法律制度/406
第六章　其他税收法律制度/413
第七章　税收征收管理法律制度/426
第八章　劳动合同与社会保险法律制度/431
参考答案及解析/440

第四部分　专项突破

教材变化专项演练/469
教材变化专项演练参考答案及解析/472
易错易混点突破演练/474
易错易混点突破演练参考答案及解析/481
不定项选择题专项演练/483
不定项选择题专项演练参考答案及解析/497

第五部分　考场初体验

全国会计专业技术资格考试 2019 年《经济法基础》真题/507
全国会计专业技术资格考试 2019 年《经济法基础》真题参考答案及解析/515

第六章　其他税收法律制度

本章考情分析

本章地位	预估分值	考试题型	建议学习时长
★★	10 分	单选题、多选题、判断题	15 小时

本章脉络图

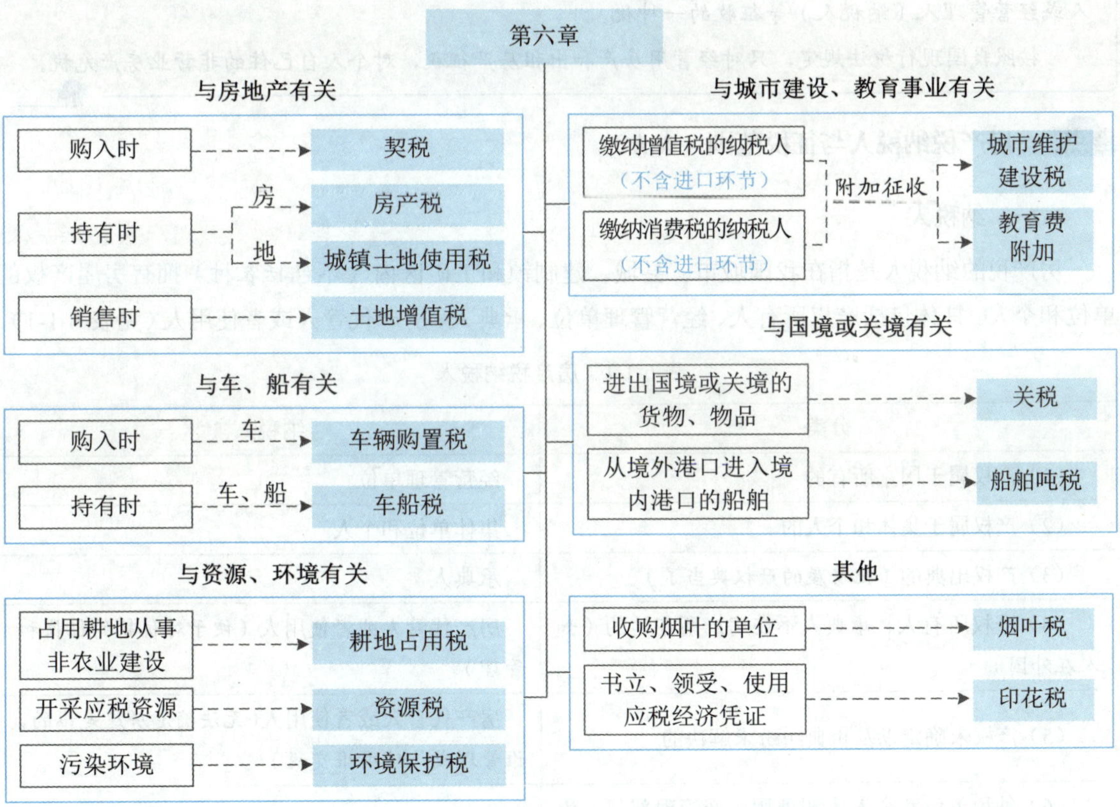

教材主要变化

（1）新增：① 对农产品批发市场、农贸市场（包括自有和承租）专门用于经营农产品的房产，暂免征收房产税；② 对国家级、省级科技企业孵化器、大学科技园和国家备案众创空间自用以及无偿或通过出租等方式提供给在孵对象使用的房产，免征房产税；③ 悬挂应急救援专用号牌的车辆和执行警务的专用船舶，免征车船税。

（2）调整：根据最新政策对车辆购置税和耕地占用税的内容进行了调整。

（3）删除：① 土地增值税中法人和自然人的纳税地点；② 城镇土地使用税中基建项目在建期间用地、邮政部门土地、物流企业承租用于大宗商品仓储设施的土地等税收优惠；③ 印花税缴纳方法。

本章考点精讲

第一节 房产税法律制度

什么是房产税？

房产税是以房产为征税对象，按照房产的计税价值或房产租金收入（计税依据）向房产所有人或经营管理人（纳税人）等征收的一种税。

按照我国现行税法规定，只对经营用房产和出租房产征税，对个人自己住的非营业房产免税。

考点1 房产税纳税人与征税范围（★★）

（一）纳税人

房产税的纳税人是指在我国城市、县城、建制镇和工矿区内（不包括农村）拥有房屋产权的单位和个人。具体包括产权所有人、经营管理单位、承典人、房产代管人或者使用人（见表6-1-1）。

表6-1-1 房产税纳税人

分类	纳税人
（1）产权属于国家所有的	经营管理单位
（2）产权属于集体和个人的	集体单位和个人
（3）产权出典的（把房屋的产权典当了）	承典人
（4）产权所有人、承典人不在房产所在地的（如人在外国）	房产代管人或者使用人（便于对税款的征收和管理）
（5）产权未确定以及租典纠纷未解决的	房产代管人或者使用人（无法确定房屋是谁的，谁管理或谁使用谁交税）
（6）纳税单位和个人无租使用房产管理部门、免税单位及纳税单位的房产	使用人（免费用的，谁用谁交税）
（7）融资租赁房屋	承租人
（8）经营租赁房屋	出租人
（9）居民住宅区内业主共有的经营性房产	实际经营的代管人或使用人

敲黑板

房地产开发企业建造的商品房，在出售前（属于房地产企业的存货）不征收房产税；但对出售前房地产开发企业已使用或出租、出借的商品房应征收房产税。

考查角度 判断是否属于房产税纳税人。

【例题·单选 2012】关于房产税纳税人的下列表述中，不符合法律制度规定的是（ ）。

A. 房屋出租的，承租人为纳税人

B. 房屋产权所有人不在房产所在地的，房产代管人为纳税人

C. 房屋产权属于国家的，其经营管理单位为纳税人

D. 房屋产权未确定的，房产代管人为纳税人

【答案】A

【拓展 1·判断 2008】张某将个人拥有产权的房屋出典给李某，则李某为该房屋房产税的纳税人。（ ）

【解析】张某将房屋出典给李某，李某是承典人，由李某缴纳房产税。

【答案】√

【拓展 2·判断 2016】房地产开发企业建造的商品房，出售前已使用的，不征收房产税。（ ）

【答案】×

（二）征税范围

房产税的征税范围为城市、县城、建制镇和工矿区（不包括农村）的房屋。包括与房屋相连的建筑，如室内游泳池、地下室、地下停车场等，但不包括独立于房屋之外的建筑物，如围墙、烟囱、水塔、菜窖、室外游泳池等。

考查角度 判断是否属于房产税征税范围。

【例题 1·单选 2018】根据房产税法律制度的规定，下列房屋中，不属于房产税征税范围的是（ ）。

A. 建制镇的房屋　　B. 农村的房屋

C. 县城的房屋　　D. 城市的房屋

【答案】B

【例题 2·多选 2018】根据房产税法律制度的规定，下列各项中，不属于房产税征税范围的有（ ）。

A. 室内游泳池　　B. 烟囱　　C. 水塔　　D. 菜窖

【答案】BCD

小旌解题

房产税的征税范围，记住两点：第一必须是房（包括与房屋相连的建筑）；第二不包括农村。

考点 2 房产税税收优惠（★★）

减征或免征房产税的主要项目如图 6-1-1 所示。

（1）国家机关、事业单位等

① 国家机关、人民团体、军队自用的房产，免税
② 由国家财政部门拨付事业经费的单位（学校、托儿所、幼儿园、敬老院等）自用的房产，免税
③ 高校学生公寓，免税
④ 非营利性医疗机构、疾病控制机构和妇幼保健机构等卫生机构自用的房产，免税
⑤ 老年服务机构自用的房产，免税
⑥ 公共租赁住房，免税

【敲黑板】上述单位附属的工厂、商店、招待所，不免税

（2）宗教寺庙、公园、名胜古迹

宗教寺庙、公园、名胜古迹自用的房产（举行宗教仪式等的房屋，宗教人员使用的生活用房屋，公园、名胜古迹内供公共参观游览的房屋及其管理单位的办公用房屋），免税

【敲黑板】宗教寺庙、公园、名胜古迹中附设的营业单位，如影剧院、饮食部、茶社、照相馆等房产及出租房产，不免税

（3）个人住房

个人所有非营业用的房产，免税

【敲黑板】自己住的免税，出租的或营业用的（如小卖部），不免税

看用途
自用：免
出租：不免
营业用：不免

（4）危房、停用房、临时房

① 毁损不堪居住的房屋和危险房屋，经有关部门鉴定，在停止使用后免税（继续使用的不免税）
② 因房屋大修导致连续停用半年以上的，在房屋大修期间免税
③ 在基建工地为基建工地服务的临时性房屋（各种工棚、材料棚、休息棚和办公室、食堂、茶炉房、汽车房等），施工期间免税

看时间
特定期间免

（5）体育用房

① 企业拥有并运营管理的大型体育场馆，其用于体育活动的房产，减半征收房产税
② 国家机关、军队、人民团体、财政补助事业单位、居民委员会、村民委员会（“非企业”）拥有的体育场馆，用于体育活动的房产，免税

看主体
企业减半
“非企业”免

（6）其他房产

① 农产品批发市场、农贸市场（包括自有和承租）专门用于经营农产品的房产，暂免征收房产税

【敲黑板】农产品批发市场、农贸市场的行政办公区、生活区，以及商业餐饮娱乐等非直接为农产品交易提供服务的房产，不免税

② 国家级、省级科技企业孵化器、大学科技园和国家备案众创空间自用以及无偿或通过出租等方式提供给在孵对象使用的房产，免征房产税

看用途
特定用途免

图 6-1-1　房产税税收优惠

小旌笔记

特例：军队空余房产租赁收入，暂免征收房产税。

考查角度 辨析房产税的征税项目与免税项目。

【例题1·单选2018】根据房产税法律制度的规定，下列各项中，免征房产税的是（　　）。

A. 国家机关用于出租的房产　　B. 公立学校附设招待所使用的房产

C. 公立幼儿园自用的房产　　D. 公园附设饮食部使用的房产

【答案】C

【例题2·单选2019】根据房产税法律制度的规定，下列各项中，应缴纳房产税的是（　　）。

A. 老年服务机构自用的房产　　B. 个人拥有的市区经营性用房

C. 名胜古迹自用的办公用房　　D. 国家机关自用的房产

【答案】B

小旌解题

近几年房产税税收优惠的考查，主要集中在“国家机关、事业单位，宗教寺庙、公园、名胜古迹，个人住房”几点上，记住自用的非营业用房免税；出租、营业用房不免税。

考点3　房产税计税依据、税率与应纳税额的计算（★★★）

房产税按年计征，税额的计算分为两种：自用的房产，按房产计税价值（也称房产余值）计算，称为从价计征；出租的房产，按租金收入计算，称为从租计征。

（一）计税依据

1. 房产余值

从价计征的房产税，是以房产余值（注意不是原值）为计税依据。房产余值，也称房产计税价值，是房产的原值减除规定比例后的剩余价值。

房产余值 = 房产原值 ×（1−扣除比例）

扣除比例：10%～30%，具体比例由省、自治区、直辖市人民政府确定

【提示1】房产原值包括与房屋不可分割的各种附属设备或一般不单独计算价值的配套设施。如给排水、采暖、照明、消防、中央空调、智能化楼宇设备、电梯、升降机、过道、晒台等。

【提示2】凡以房屋为载体（与房屋一体），不可随意移动的附属设备和配套设施，无论在会计核算中是否单独记账与核算，都应计入房产原值，计征房产税。

【提示3】纳税人对原有房屋进行改建、扩建的，要相应增加房屋的原值（如100万元的房子，改、扩建后增加50万元，按照150万元计算原值）。对更换房屋附属设备和配套设施的，在将其价值计入房产原值时，可扣减原来相应设备和设施的价值（如更换采暖设备，新设备价值5万元，折掉的旧设备价值1万元，按照4万元计入房产原值）；对附属设备和配套设施中易损坏、需要经常更

换的零配件（如螺丝钉），更新后不再计入房产原值。

2. 租金收入

房产出租的，以房屋出租取得的租金收入（不含增值税）为计税依据。

【提示】对以劳务或其他形式为报酬抵付房租收入的，应根据当地同类房产的租金水平（注意不是劳务价值），确定一个标准租金额从租计征。

考查角度 房产税的计税依据、房产原值的确定。

【例题 1 · 判断 2015】从价计征的房产税，是以房产原值为计税依据。（ ）

【解析】注意"原值"和"余值"是不同的概念，从价计征的房产税，是以房产"余值"为计税依据。

【答案】×

【例题 2 · 多选 2015】根据房产税法律制度的规定，与房屋不可分的下列表述中，应计入房产原值缴纳房产税的有（ ）。

A. 给排水管道　　B. 电梯

C. 暖气设备　　D. 中央空调

【答案】ABCD

【拓展 1 · 多选 2013】下列各项中，应当计入房产原值计征房产税的有（ ）。

A. 独立于房屋之外的烟囱

B. 中央空调

C. 房屋的给排水管道

D. 室外游泳池

【答案】BC

【拓展 2 · 判断 2013】凡以房屋为载体，不可随意移动的附属设备和配套设施，无论在会计核算中是否单独记账与核算，均不征收房产税。（ ）

【答案】×

（二）税率与应纳税额的计算

房产税税率与应纳税额的计算如表 6-1-2 所示。

表 6-1-2　房产税税率与应纳税额的计算

分类	税率	应纳税额的计算
从价计征（自用的）	1.2%	房产税=房产余值×1.2%
从租计征（出租的）	一般：12% 特殊：4%	房产税=租金收入×12%或 4%

【提示】适用 4%税率的有：① 个人出租住房；② 企事业单位及组织按市场价格出租给个人用于居住的住房。

考查角度 房产税应纳税额的计算。

【例题 1 · 单选 2019】2018 年甲公司的房产原值为 1 000 万元，已提折旧 400 万元。已知从价计征房产税税率为 1.2%，当地规定的房产税扣除比例为 30%。甲公司当年应缴纳房产税税额的下列计算中，正确的是（ ）。

A.（1 000−400）×（1−30%）×1.2%=5.04 万元　　B.（1 000−400）×1.2%=7.2 万元

C. 1 000×（1−30%）×1.2%=8.4 万元　　D. 1 000×1.2%=12 万元

【解析】计算房产税时不用考虑折旧，记住公式直接套用即可。应纳房产税=房产原值×（1−扣除比例）×1.2%=1 000×（1−30%）×1.2%=8.4 万元。

【答案】C

【例题 2 • 单选 2018】2017 年甲公司出租办公用房取得含增值税租金 199 500 元。已知增值税征收率为 5%；房产税从租计征的税率为 12%。计算甲公司当年出租办公用房应缴纳房产税税额的下列算式中，正确的是（　　）。

A. 199 500×（1−5%）×12%=22 743 元

B. 199 500÷（1−5%）×12%=25 200 元

C. 199 500×12%=23 940 元

D. 199 500÷（1+5%）×12%=22 800 元

【解析】从租计征房产税时，租金收入不含增值税。题目中给出的租金 199 500 元为含增值税租金，需要先进行增值税价税分离。不含税租金=含税租金÷（1+增值税征收率）=199 500÷（1+5%）。应纳房产税=租金收入×12%=199 500÷（1+5%）×12%=22 800 元。

【答案】D

【例题 3 • 单选 2017】甲企业厂房原值 2 000 万元，2015 年 11 月对该厂房进行扩建，2015 年底扩建完工并办理验收手续，增加房产原值 500 万元。已知房产税的原值扣除比例为 30%，房产税比例税率为 1.2%。计算甲企业 2016 年应缴纳房产税税额的下列算式中，正确的是（　　）。

A. 2 000×（1−30%）×1.2%+500×1.2%=22.8 万元

B.（2 000+500）×（1−30%）×1.2%=21 万元

C. 2 000×1.2%+500×（1−30%）×1.2%=28.2 万元

D. 2 000×（1−30%）×1.2%=16.8 万元

【解析】纳税人对原有房屋进行改建、扩建的，要相应增加房屋的原值。2016 年的房产税按照 2 500 万元的房产原值计算。

【答案】B

小旌解题

房产税应纳税额的计算，分为以下三步：

第一步，看用途。属于“自用”还是“出租”，自用找“原值”，出租找“租金”。

第二步，确定计税依据。原值是否需要自己计算，包括哪些项目；给出的租金是否含增值税，若含，需要除以“1+增值税税率或征收率”换算为不含税租金。

第三步，套公式。

易错易混点　从价计征与从租计征的易混项目（见表 6-1-3）。

表 6-1-3　从价计征与从租计征的易混项目

项目		计征方式	计税依据
以房产投资联营	参与投资利润分红、共担风险的	从价计征	房产余值
	收取固定收入、不承担经营风险的（实质上是以联营名义取得房屋租金）	从租计征	租金收入（即收取的固定收入）
租赁房屋	经营租赁	从租计征	租金收入
	融资租赁（实质上是承租人分期付款购买房屋）	从价计征	房产余值

考查角度 “投资联营房产”和“融资租赁房屋”的计税依据。

【例题 1·判断 2013】以房产投资收取固定收入、不承担经营风险的，应以从被投资方取得的固定收入为计税依据计缴房产税。（ ）

【答案】√

【例题 2·判断 2014】对融资租赁的房屋计征房产税时，应以出租方取得的租金收入为计税依据。（ ）

【答案】×

考点 4 房产税征收管理（★）

（一）纳税义务发生时间

房产税纳税义务发生时间的内容如表 6-1-4 所示。

表 6-1-4 房产税纳税义务发生时间

分类	纳税义务发生时间
（1）将原有房产用于生产经营（如把原来免税的房产用于营业用）	从生产经营之月起计算
（2）自行新建房屋用于生产经营	从建成之次月起计算
（3）委托施工企业建设的房屋	从办理验收手续之次月起计算
（4）购置新建商品房	自房屋交付使用之次月起计算（购买新建商品房，交付使用时间与签发权属证书时间间隔较长，为避免税款漏征，以“交付使用”为标准）
（5）购置存量房（二手房）	自办理房屋权属转移、变更登记手续，房地产权属登记机关签发房屋权属证书之次月起计算
（6）出租、出借房产	自交付出租、出借房产之次月起计算
（7）房地产开发企业自用、出租、出借本企业建造的商品房	自房屋使用或交付之次月起计算
（8）纳税人因房产实物或权利状态发生变化而依法终止房产税纳税义务的（如把房卖了）	其应纳税款的计算应截止到房产的实物或权利状态发生变化的当月末（从次月起不用交）

当月转让人交次月起购买人交税的链条不中断

小旌笔记

除了第 1 条“将原有房产用于生产经营”是从“之月”起计算外，其余都是从“次月”起计算（次月开始征或不征）。

考查角度 纳税义务发生时间的具体规定。

【例题 1·多选 2018】根据房产税法律制度的规定，下列各项中，不符合房产税纳税义务发生时间规定的有（ ）。

A. 纳税人将原有房产用于生产经营，从生产经营之次月起，缴纳房产税

B. 纳税人自行新建房屋用于生产经营，从建成之次月起，缴纳房产税

C. 纳税人委托施工企业建设的房屋，从办理验收手续之月起，缴纳房产税

D. 纳税人购置新建商品房，自房屋交付使用之次月起，缴纳房产税

【答案】AC

【例题 2·单选 2010】甲公司委托某施工企业建造一幢办公楼，工程于 2009 年 12 月完工，2010 年 1 月办妥（竣工）验收手续，4 月付清全部价款。甲公司此幢办公楼房产税的纳税义务发生时间是（ ）。

A. 2009 年 12 月　　B. 2010 年 1 月

C. 2010 年 2 月　　D. 2010 年 4 月

【解析】纳税人委托施工企业建设的房屋，从办理验收手续之次月起缴纳房产税。故 2010 年 1 月办妥验收手续，从 2010 年 2 月开始计算房产税。

【答案】C

【例题 3·多选】根据房产税法律制度的规定，下列各项中，不符合房产税纳税义务发生时间规定的有（ ）。

A. 纳税人购置存量房，自房屋交付使用之次月起，缴纳房产税

B. 纳税人出租房产，自交付出租房产之次月起，缴纳房产税

C. 房地产开发企业自用本企业建造的商品房，自房屋使用之月起，缴纳房产税

D. 纳税人因房产的实物或权利状态发生变化而依法终止房产税纳税义务的，其应纳税款的计算截止到房产的实物或权利状态发生变化的当月末

【答案】AC

（二）纳税地点

房产税在房产所在地缴纳。

（三）纳税期限

房产税实行按年计算、分期缴纳的征收方法，具体纳税期限由省、自治区、直辖市人民政府确定。

第二节 契税法律制度

什么是契税？

契税是指国家在土地、房屋权属转移时，按照当事人双方签订的合同（契约）以及所确定价格的一定比例，向权属承受人征收的一种税。

简单说，就是买房、买地时向购买方征收的一种税（谁买谁交税）。

考点1 契税纳税人与征税范围（★★★）

（一）纳税人

契税的纳税人是指在我国境内承受土地、房屋权属（土地使用权、房屋所有权）转移的单位和个人。（谁取得权属，谁交税，简记为“购买方”）

（二）征税范围

契税以在我国境内转移土地、房屋权属的行为作为征税对象（权属发生转移，才涉及交契税；未发生转移的，不交契税）。契税的征税范围如图 6-2-1 所示。

- 契税征税范围
  - 地
    - 国有土地使用权出让（国家卖地）
    - 土地使用权转让（企业卖地）
  - 房
    - 房屋买卖
    - 房屋赠与
    - 房屋交换
- 包括以投资入股、抵债、获奖等方式取得

图 6-2-1 契税的征税范围

敲黑板

不属于契税征税范围的情形：

（1）农村集体土地承包经营权的转移。（转移的是“承包经营权”）

（2）土地、房屋典当、抵押、出租。（权属未转移）

（3）土地、房屋权属的继承。（如父母去世，子女依法继承房屋）

（4）土地、房屋权属的分拆（分割）。（如夫妻离婚后，两人共有的房子变成一个人的）

考查角度 判断是否属于契税的纳税人与征税范围。

【例题 1·判断 2018】王某转让位于市中心的一套房产，该交易涉及的契税应由王某申报缴纳。（ ）

【解析】契税由“购买方”缴纳，王某属于销售方，不用交契税。

【答案】×

【例题 2·单选 2019、2018】根据契税法律制度的规定，下列各项中，属于契税征收范围的是（ ）。

A. 房屋继承　　B. 房屋出租

C. 房屋交换　　D. 房屋抵押

【答案】C

【拓展 1·单选 2015】下列各项中，属于契税纳税人的是（ ）。

A. 获得住房奖励的个人

B. 转让土地使用权的企业

C. 继承父母汽车的子女

D. 出售房屋的个体工商户

【答案】A

【拓展 2·判断 2019】农村集体土地承包经营权的转移应征收契税。（ ）

【答案】×

考点2 契税税收优惠（★）

（1）国家机关、事业单位（如学校、医院）、社会团体、军事单位承受土地、房屋用于办公、教学、医疗、科研和军事设施的，免征契税。

（2）城镇职工按规定第一次购买公有住房的，免征契税。

（3）因不可抗力灭失住房而重新购买住房的，酌情准予减征或者免征契税。

例 李某的住房在地震中灭失，在他重新购买住房时，税务机关可酌情准予减征或者免征契税。（2018年判断）

（4）纳税人承受荒山、荒沟、荒丘、荒滩土地使用权，用于农、林、牧、渔业生产的，免征契税。

（5）经批准减征、免征契税的纳税人，改变有关土地、房屋的用途，不再属于减征、免征契税范围的，应当补缴已经减征、免征的税款。

考查角度 辨析契税的征税项目与免税项目。

【例题·多选 2015】根据契税法律制度的规定，下列各项中，免征契税的有（　　）。

A. 军事单位承受土地用于军事设施

B. 国家机关承受房屋用于办公

C. 纳税人承受荒山土地使用权用于农业生产

D. 城镇居民购买商品房用于居住

【解析】城镇职工按规定"第一次"购买"公有住房"的，免征契税；购买商品房，不免税。

【答案】ABC

【拓展·单选 2015】下列各项中，不予免征契税的是（　　）。

A. 医院承受划拨土地用于修建门诊楼

B. 农民承受荒沟土地用于林业生产

C. 企业接受捐赠房屋用于办公

D. 学校承受划拨土地用于建造教学楼

【答案】C

考点3 契税计税依据、税率与应纳税额的计算（★★★）

契税应纳税额的计算公式如下：

应纳税额 = 计税依据 × 税率

税率：3%～5%的比例税率，具体税率由各省、自治区、直辖市人民政府确

契税的税率，考试时题目中会直接给出，主要掌握契税计税依据的确定。契税的计税依据如图6-2-2所示。

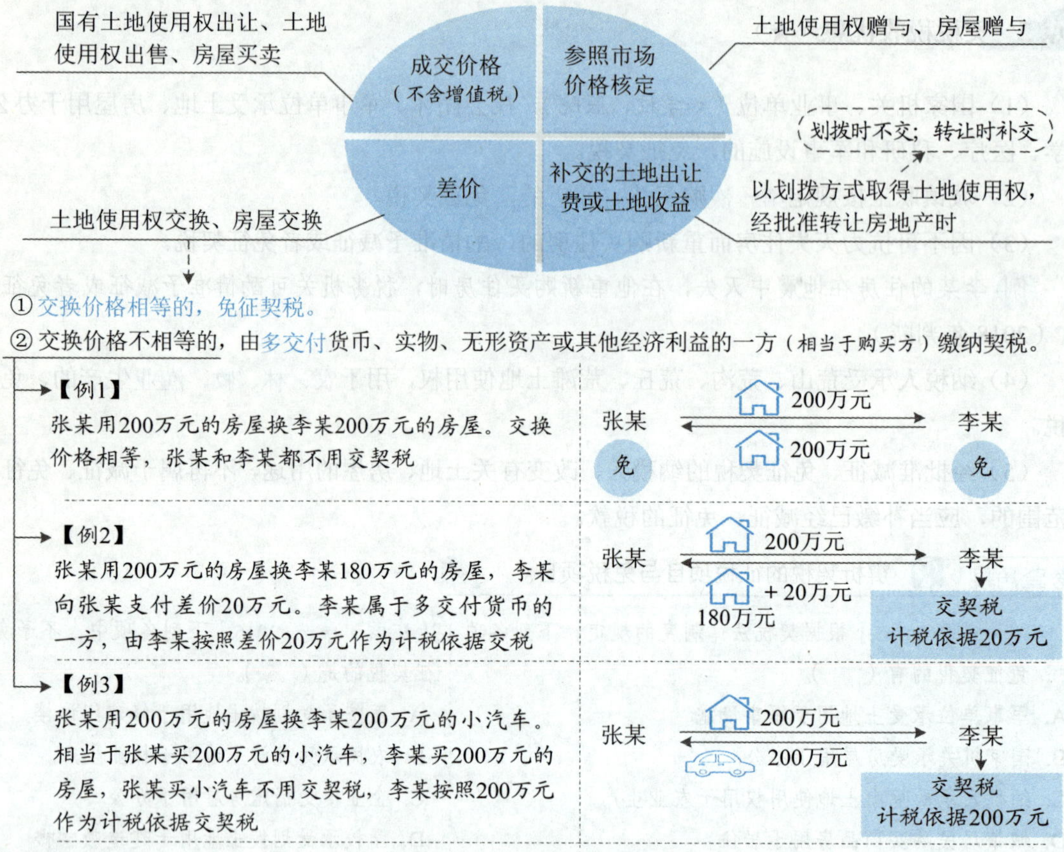

图 6-2-2　契税的计税依据

小旌笔记

契税的计税依据可以简记为：① 有成交价，按成交价；② 没有成交价，按市场价核定；③ 房地交换的，按差价；④ 补税的，按补交的金额。

考查角度　契税的计税依据、应纳税额的计算。

【例题 1 • 多选 2011】下列各项中，以成交价格作为契税计税依据的有（　　）。

A. 房屋买卖　　B. 土地使用权交换　　C. 房屋赠与　　D. 土地使用权转让

【答案】AD

【例题 2 • 单选 2017】2016 年 10 月王某购买一套住房，支付房价 97 万元、增值税税额 10.67 万元。已知契税适用税率为 3%。计算王某应缴纳契税税额的下列算式中，正确的是（　　）。

A.（97+10.67）×3%=3.230 1 万元　　B. 97÷（1−3%）×3%=3 万元

C.（97−10.67）×3%=2.589 9 万元　　D. 97×3%=2.91 万元

【解析】房屋买卖，以不含增值税的成交价格作为计税依据。王某应缴纳契税=不含增值税的成交价 97×税率 3%=2.91 万元。

【答案】D

【例题 3 · 单选 2010】周某原有两套住房，2009 年 8 月，出售其中一套，成交价为 70 万元；将另一套以市场价格 60 万元与谢某的住房进行了等价置换；又以 100 万元价格购置了一套新住房。已知契税的税率为 3%。周某计算应缴纳的契税的下列方法中，正确的是（　　）。

A. 100×3%=3 万元　　B.（100+60）×3%=4.8 万元

C.（100+70）×3%=5.1 万元　　D.（100+70+60）×3%=6.9 万元

【解析】本题中共有三项交易：① 周某出售住房，不用缴纳契税，由购买方缴纳；② 周某与谢某等价交换住房，免税；③ 周某购买住房，需要缴纳契税。周某应缴纳契税=100×3%=3 万元。

【答案】A

小旌解题

契税应纳税额的计算，分为以下三步：

第一步，确定是否要交税。① 权属是否发生转移；② 是否属于权属承受方；③ 是否属于免税。

第二步，确定计税依据。一般找不含增值税的成交价格；房、地互换的，找差价。

第三步，套公式。

考点 4　契税征收管理（★）

契税征收管理的主要内容如表 6-2-1 所示。

表 6-2-1　契税的征收管理

项目	具体规定
纳税义务发生时间	纳税人签订土地、房屋权属转移合同的当天，或者纳税人取得其他具有土地、房屋权属转移合同性质凭证的当天
纳税地点	土地、房屋所在地
纳税期限	纳税义务发生之日起 10 日内，向土地、房屋所在地的税收征收机关办理纳税申报

考查角度　契税的纳税期限。

【例题 · 单选 2014】根据契税法律制度的规定，纳税人应当自契税纳税义务发生之日起（　　）日内，向土地、房屋所在地的税收征收机关办理纳税申报。

A. 5　　B. 7　　C. 10　　D. 15

【答案】C

第三节 土地增值税法律制度

什么是土地增值税？

土地增值税是对转让国有土地使用权、地上建筑物及其附着物并取得收入的单位和个人，就其转让房地产所取得的增值额（计税依据）征收的一种税。

简单说，就是卖房、卖地时向“销售方”征收的一种税。我们前面学过的契税，是谁买房、买地，谁交税，这里是谁卖房、卖地，谁交税。

考点1 土地增值税纳税人与征税范围（★★★）

（一）纳税人

土地增值税的纳税人为转让（不包括出让）国有土地使用权、地上建筑物及其附着物（简称房地产）并取得收入的单位和个人。

（二）征税范围

对于土地增值税的征税范围，主要掌握哪些征税，哪些不征或免征，具体内容如表6-3-1所示。

表6-3-1 土地增值税征税范围

情形		征税、不征或免征
（1）土地使用权	出让国有土地使用权（“一手市场”，销售方是国家，故不用交税）	不征
	转让国有土地使用权（“二手市场”）	征税
（2）无偿赠与房地产	① 赠与直系亲属或承担直接赡养义务人 ② 公益性捐赠	不征
	其他无偿赠与房地产	征税
（3）房地产交换	个人之间互换自有居住用房地产	免征
	其他房地产交换	征税
（4）合作建房	建成后转让	征税
	建成后自用	免征
（5）房地产抵债		征税
（6）出租、抵押、继承房地产		不征
（7）企业整体改制（非公司改建为公司）、企业合并、企业分立，原企业将房地产转移、变更到新企业	原企业或新企业为房地产开发企业	征税
	原企业和新企业均不是房地产开发企业	不征
（8）房地产代建行为（帮别人建房，属于提供劳务）		不征
（9）房地产的重新评估（房子升值，权属未转移）		不征

小旌笔记

一般权属发生变更的，才会涉及缴纳土地增值税（特例单独记）；权属未变更的，不征税。

考查角度　判断是否属于土地增值税的纳税人、是否征收或不征土地增值税。

【例题1·单选2019】根据土地增值税法律制度的规定，下列各项中，属于土地增值税纳税人的是（　　）。

A. 出售房屋的企业　　B. 购买房屋的个人

C. 出租房屋的个人　　D. 购买房屋的企业

【解析】判断是否属于土地增值税纳税人时主要看两点：房地产权属是否发生转移；是否为"转让方"。

【答案】A

【例题2·单选2013】下列各项中，应当征收土地增值税的是（　　）。

A. 个人之间互换自有居住用房地产

B. 合作建房后转让

C. 房地产出租

D. 房地产代建

【答案】B

【拓展1·单选2013】下列行为中，属于土地增值税征税范围的是(　　)。

A. 政府向企业出让国有土地使用权

B. 企业将闲置房产出租

C. 企业之间交换房产

D. 对房地产进行重新评估而产生的评估增值

【答案】C

【拓展2·判断2018】张某因父亲死亡继承其房屋，该行为应缴纳土地增值税。（　　）

【答案】×

考点2　土地增值税税收优惠（★★）

（1）纳税人建造普通标准住宅出售，增值额未超过扣除项目金额20%的，免税；超过20%的，应按全部增值额缴纳土地增值税。

（2）企事业单位、社会团体以及其他组织转让旧房作为公共租赁住房房源且增值额未超过扣除项目金额20%的，免税。

（3）居民个人转让住房，免税。

（4）因城市实施规划、国家建设的需要依法征用、收回的房地产，免税。

（5）因城市实施规划、国家建设的需要而搬迁，由纳税人自行转让原房地产的，免税。

考查角度　判断是否属于土地增值税免税项目、免税项目的具体规定。

【例题1·单选2018】根据土地增值税法律制度的规定，下列各项中，不属于土地增值税免税项目的是（　　）。

A. 居民个人转让住房

B. 因国家建设需要被政府批准收回的土地使用权

C. 企业出售闲置办公用房

D. 因城市规划需要被政府批准征用的房产

【答案】C

【拓展1·单选2017】根据土地增值税法律制度的规定，下列各项中，免征土地增值税的是（　　）。

A. 由一方出地，另一方出资金，企业双方合作建房，建成后转让的房地产

B. 因城市实施规划、国家建设的需要而搬迁，企业自行转让原房地产

C. 企业之间交换房地产

D. 企业以房地产抵债而发生权属转移的房地产

【答案】B

【例题 2·单选 2015】纳税人建造普通标准住宅出售，增值额未超过扣除项目金额一定比例的，免征土地增值税，该比例是（　　）。

A. 5%　　B. 10%　　C. 20%　　D. 30%

【答案】C

【拓展 2·判断 2018、2017、2015】纳税人建造普通标准住宅出售，增值额超过扣除项目金额 20% 的，应按全部增值额计算缴纳土地增值税。（　　）

【答案】√

考点 3　土地增值税计税依据与税率（★★）

（一）计税依据

土地增值税的计税依据是纳税人转让房地产所取得的增值额。其计算公式如下：

增值额=不含增值税收入−扣除项目金额

1. 新开发房地产的扣除项目

新开发房地产的扣除项目如图 6-3-1 所示。

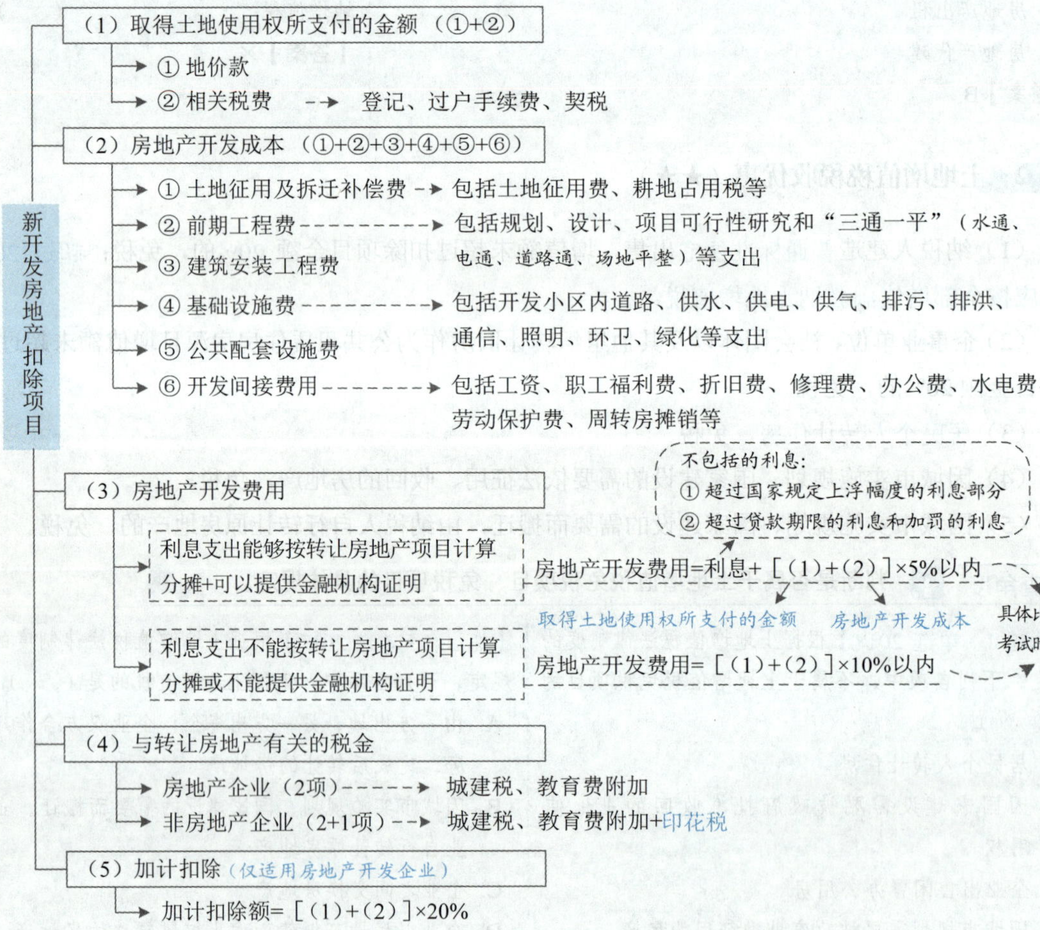

图 6-3-1　新开发房地产的扣除项目

考查角度 新开发房地产扣除项目包括的内容、房地产开发费用的计算。

【例题 1·多选 2019】根据土地增值税法律制度的规定，下列各项中，在计算土地增值税计税依据时，应列入房地产开发成本的有（ ）。

A. 土地出让金 B. 前期工程费 C. 耕地占用税 D. 公共配套设施费

【答案】BCD

【例题 2·单选 2013】甲公司开发一项房地产项目，取得土地使用权支付的金额为 1 000 万元，发生开发成本 6 000 万元，发生开发费用 2 000 万元，其中利息支出 900 万元无法提供金融机构贷款利息证明。已知当地房地产开发费用的计算扣除比例为 10%。甲公司计算缴纳土地增值税时，可以扣除的房地产开发费用的下列计算中，正确的是（ ）。

A. 2 000−900=1 100 万元 B. 6 000×10%=600 万元

C. 2 000×10%=200 万元 D.（1 000+6 000）×10%=700 万元

【解析】注意，房地产开发费用并不是按照实际发生金额扣除，而是按照规定的公式计算扣除。利息支出不能按转让房地产项目计算分摊或不能提供金融机构证明的，允许扣除的房地产开发费用=（取得土地使用权所支付的金额+房地产开发成本）×10%=（1 000+6 000）×10%=700 万元。

【答案】D

【思路拓展】如果例题 2 条件改为“利息支出 900 万元，能够按转让房地产项目计算分摊，且可以提供金融机构证明。已知当地房地产开发费用的计算扣除比例为 5%”。则可以扣除的房地产开发费用=900+（1 000+6 000）×5%=1 250 万元。

【例题 3·单选 2018】根据土地增值税法律制度的规定，下列各项中，在计算土地增值税计税依据时不允许扣除的是（ ）。

A. 在转让房地产时缴纳的城市维护建设税 B. 纳税人为取得土地使用权所支付的地价款

C. 土地征用及拆迁补偿费 D. 超过贷款期限的利息部分

【解析】超过国家规定上浮幅度的利息、超过贷款期限的利息和加罚的利息，不允许扣除。

【答案】D

2. 旧房地产的扣除项目

旧房地产的扣除项目如图 6-3-2 所示。

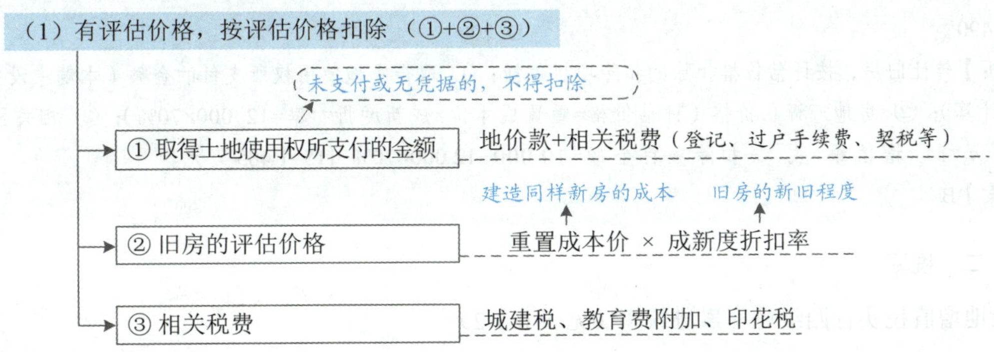

（2）没有评估价格，有购房发票的，按购房发票金额计算扣除（①+②）

- ① 按发票金额每年加计5%：扣除金额＝发票金额＋发票金额×5%×n年（不包括契税；n：从购买到转让的年度数）
- ② 相关税费：城建税、教育费附加、印花税+购房时缴纳的契税（需提供契税完税凭证）

图 6-3-2 旧房地产的扣除项目

考查角度 旧房地产扣除项目包括的内容、评估价格的计算。

【例题 1 · 多选 2016】根据土地增值税法律制度的规定，纳税人转让旧房及建筑物，在计算土地增值税时，准予扣除的项目有（　　）。

A. 转让环节缴纳的税金

B. 取得土地使用权所支付的地价款

C. 评估价格

D. 重置成本

【解析】准予扣除的是“评估价格”，而不是“重置成本”。

【答案】ABC

【例题 2 · 单选 2019】2018 年 5 月甲公司转让一幢办公楼，该办公楼于 2009 年购入，购买价为 1 250 万元。当月由政府批准设立的房地产评估机构评定并经当地税务机关确认，该办公楼的重置成本价为 2 000 万元，成新度折扣率为七成。在计算甲公司该业务土地增值税计税依据时，准予扣除的评估价格是（　　）。

A. 2 000×70%=1 400 万元

B.（2 000−1 250）×70%=525 万元

C. 2 000×（1−70%）=600 万元

D. 1 250×70%=875 万元

【解析】评估价格=重置成本价×成新度折扣率=2 000×70%=1 400 万元。

【答案】A

【例题 3 · 单选 2018】2017 年 5 月，某国有企业转让 2009 年 5 月在市区购置的一栋办公楼，取得收入 10 000 万元，签订产权转移书据，相关税费 115 万元，2009 年购买时支付价款 8 000 万元，办公楼经税务机关认定的重置成本价为 12 000 万元，成新率 70%。该企业在缴纳土地增值税时计算的增值额为（　　）万元。

A. 400

B. 1 485

C. 1 490

D. 200

【解析】转让旧房，按评估价格扣除的扣除项目包括：① 取得土地使用权所支付的金额（本题中没有，不用计算）；② 房地产评估价格（评估价格=重置成本价×成新度折扣率=12 000×70%）；③ 相关税费（115 万元）。增值额=收入−扣除项目金额=10 000−12 000×70%−115=1 485 万元。

【答案】B

（二）税率

土地增值税实行四级超率累进税率（见表 6-3-2）。

表 6-3-2 土地增值税四级超率累进税率表

级数	增值额与扣除项目金额的比率	税率（%）	速算扣除系数（%）
1	不超过 50%的部分	30	0
2	超过 50%至 100%的部分	40	5
3	超过 100%至 200%的部分	50	15
4	超过 200%的部分	60	35

小旌笔记

土地增值税的税率不用记忆，考试时一般会直接给出，只要会运用公式计算即可。

考查角度 土地增值税适用的税率形式。

【例题·判断 2015】土地增值税实行四级超率累进税率。 （ ）

【答案】√

考点 4 土地增值税应纳税额的计算（★★）

土地增值税的应纳税额按图 6-3-3 所示的四个步骤计算。

第一步，计算增值额 → 增值额=房地产转让收入−扣除项目金额

第二步，计算增值率 → 增值率=增值额÷扣除项目金额×100%

第三步，确定税率和速算扣除系数

第四步，计算应纳税额 → 应纳税额=增值额×适用税率−扣除项目金额×速算扣除系数

图 6-3-3 土地增值税应纳税额的计算步骤

考查角度 土地增值税应纳税额的计算。

【例题·单选 2018】2017 年 6 月甲公司销售自行开发的房地产项目，取得不含增值税销售收入 10 000 万元，准予从房地产转让收入中减除的扣除项目金额 6 000 万元。已知增值额超过扣除项目金额 50%、未超过扣除项目金额 100%的部分，税率为 40%，速算扣除系数为 5%。计算甲公司该笔业务应缴纳土地增值税税额的下列算式中，正确的是（ ）。

A.（10 000−6 000）×40%+6 000×5%=1 900 万元

B. 10 000×40%=4 000 万元

C.（10 000−6 000）×40%−6 000×5%=1 300 万元

D. 10 000×40%−6 000×5%=3 700 万元

【解析】见下面“小旌解题”。

【答案】C

小旌解题

如果题目中只给出一个税率和速算扣除系数，土地增值税的计算可简化为两步：

第一步，计算增值额。

增值额=房地产转让收入−扣除项目金额=10 000−6 000=4 000 万元。

第二步，计算应纳税额。

应纳税额=增值额×适用税率−扣除项目金额×速算扣除系数=4 000×40%−6 000×5%=1 300 万元。

考点 5 土地增值税征收管理（★）

（一）纳税申报和纳税地点

纳税人应在转让房地产合同签订后 7 日内，到房地产所在地主管税务机关办理纳税申报。

（二）纳税清算

土地增值税清算，分为纳税人应当清算（必须清算）和税务机关可要求纳税人清算两种。清算条件如表 6-3-3 所示。

表 6-3-3 土地增值税的清算条件

类型	清算条件
纳税人应当进行土地增值税清算的情形	（1）房地产开发项目全部竣工、完成销售的 （2）整体转让未竣工决算房地产开发项目的 （3）直接转让土地使用权的 特点：已全部销售
税务机关可要求纳税人清算的情形	（1）已竣工验收的房地产开发项目，已转让的房地产建筑面积占整个项目可售建筑面积的比例在 85%以上，或虽未超过 85%，但剩余的可售建筑面积已经出租或自用的 （2）取得销售（预售）许可证满 3 年仍未销售完毕的 （3）纳税人申请注销税务登记但未办理土地增值税清算手续的 （4）省级税务机关规定的其他情况 特点：虽未全部销售，但已销售大部分，或时间比较长，或注销等特殊情况

考查角度 辨析纳税人应当进行清算与税务机关可要求清算的情形。

【例题·单选 2014】根据土地增值税法律制度的规定，下列情形中，不属于纳税人应当进行土地增值税清算的是（　　）。

A. 直接转让土地使用权的

B. 房地产开发项目全部竣工并完成销售的

C. 整体转让未竣工决算房地产开发项目的

D. 取得房地产销售（预售）许可证满 3 年尚未销售完毕的

【答案】D

（三）土地增值税的核定征收

房地产开发企业有下列情形之一的，税务机关可以按规定核定征收土地增值税（主要是针对无账可查或账上数据不可信的情况）：

（1）依照法律、行政法规的规定应当设置但未设置账簿的。（无账可查）

（2）擅自销毁账簿或者拒不提供纳税资料的。（无账可查）

（3）虽设置账簿，但账目混乱或者成本资料、收入凭证、费用凭证残缺不全，难以确定转让收入或扣除项目金额的。（账上数据不可信）

（4）符合土地增值税清算条件，未按照规定的期限办理清算手续，经税务机关责令限期清算，逾期仍不清算的。（给过机会，仍不办理清算）

（5）申报的计税依据明显偏低，又无正当理由的。（数据不可信）

考查角度 判断是否属于核定征收土地增值税的情形。

【例题·多选2014】下列各项中，属于土地增值税核定征收的情形有（ ）。

A. 依照法律、行政法规的规定应当设置但未设置账簿的

B. 擅自销毁账簿或者拒不提供纳税资料的

C. 虽设置账簿，但账目混乱或者成本资料、收入凭证、费用凭证残缺不全，难以确定转让收入或扣除项目金额的

D. 申报的计税依据明显偏低，又无正当理由的

【答案】ABCD

第四节 城镇土地使用税法律制度

什么是城镇土地使用税？

城镇土地使用税是国家在城市、县城、建制镇和工矿区（不包括农村）范围内，对使用土地的单位和个人，以其实际占用的土地面积为计税依据，按照规定的税额（定额税率）计算征收的一种税。

学习本节内容时，你会发现很多内容与房产税相同或相似。城镇土地使用税与“房产税”属于“兄弟税”，房产税是对“拥有的房产”征税，城镇土地使用税是对“使用的土地”征税。

考点1 城镇土地使用税纳税人与征税范围（★）

（一）纳税人

城镇土地使用税的纳税人是指在城市、县城、建制镇、工矿区（不包括农村）范围内使用土地的单位和个人。具体内容如表6-4-1所示。

表 6-4-1　城镇土地使用税纳税人

分类	纳税人
（1）一般情况	拥有土地使用权的单位或个人
（2）拥有土地使用权的纳税人不在房产所在地的	代管人或者实际使用人
（3）土地使用权未确定以及权属纠纷未解决的	实际使用人（无法确定是谁的，谁使用谁交税）
（4）土地使用权共有的（比如楼房，多人共有一块土地使用权）	共有各方（按实际使用土地面积占总面积的比例分摊）

小旌笔记

前三项与房产税的规定基本相同，第（4）条不同。共有的房屋，由实际经营的代管人或者使用人缴纳房产税，而共有的土地，由共有各方分别纳税，注意区分。

考查角度　城镇土地使用税纳税人的具体规定。

【例题·多选 2016、2012】根据城镇土地使用税法律制度的规定，下列关于城镇土地使用税纳税人的表述中，正确的有（　　）。

A. 城镇土地使用税由拥有土地使用权的单位和个人缴纳

B. 土地使用权共有的，共有各方均为纳税人，由共有各方分别纳税

C. 土地使用权未确定或权属纠纷未解决的，由实际使用人纳税

D. 拥有土地使用权的纳税人不在土地所在地的，由代管人或实际使用人纳税

【答案】ABCD

（二）征税范围

城镇土地使用税的征税范围是城市、县城、建制镇、工矿区范围内的土地。（与房产税相同，都不包括农村）

考查角度　判断是否属于城镇土地使用税的征税范围。

【例题·多选 2017】根据城镇土地使用税法律制度的规定，下列各项中，属于城镇土地使用税征税范围的有（　　）。

A. 集体所有的位于农村的土地

B. 集体所有的位于建制镇的土地

C. 国家所有的位于工矿区的土地

D. 集体所有的位于城市的土地

【解析】记住关键字“不包括农村”，其他不管是国家所有的土地，还是集体所有的土地，都属于城镇土地使用税的征税范围。

【答案】BCD

考点2 城镇土地使用税税收优惠（★★）

（一）基本优惠

下列用地免征城镇土地使用税：

（1）国家机关、人民团体、军队、事业单位、老年服务机构（老年社会福利院、敬老院、老年服务中心、老年公寓等）自用的土地。

（2）市政街道、广场、绿化地带等公共用地。

（3）直接用于农、林、牧、渔业的生产用地。

（4）宗教寺庙、公园、名胜古迹自用的土地。

敲黑板

公园、名胜古迹内的索道公司经营用地，不免税。

（二）特殊优惠

特殊优惠的内容如表 6-4-2 所示。

表 6-4-2 城镇土地使用税的特殊优惠

分类	具体内容	免税/征税
（1）无偿使用土地（根据使用人的性质判定）	免税单位无偿使用纳税单位的土地（如公安、海关使用铁路、民航等单位的土地）	免税
	纳税单位无偿使用免税单位的土地	征税
（2）企业的铁路专用线、公路等用地	在企业厂区以外、与社会公用地段未加隔离的	免税
	在企业厂区以内的	征税
（3）火电厂	厂区围墙外的灰场、输灰管、输油（气）管道、铁路专用线用地	免税
	厂区围墙外的其他用地和厂区围墙内的用地	征税
（4）民航机场用地	机场飞行区（包括跑道、滑行道、停机坪、安全带、夜航灯光区）用地、场内外通信导航设施用地、飞行区四周排水防洪设施用地、机场道路中的场外道路用地	免税
	机场道路中的场内道路用地、机场工作区用地（包括候机楼、停车场、办公、生产和维修用地）、生活区用地、绿化用地	征税
（5）林业系统用地	育林地、运材道、防火道、防火设施用地，森林公园、自然保护区	免税
	其他生产（如厂房）、办公、生活区用地	征税
（6）盐场、盐矿用地	盐场的盐滩、盐矿的矿井用地	免税
	其他生产（如厂房）、办公、生活区用地	征税

（续表）

分类	具体内容	免税/征税
（7）供电部门、水电站用地	供电部门的输电线路用地、变电站用地	免税
	供电部门、水电站的生产（包括坝内、坝外式厂房）、办公、生活区用地	征税
（8）水利设施用地	水利设施及其管护用地（如水库库区、大坝、堤防、灌渠、泵站等）	免税
	其他生产（如厂房）、办公、生活区用地	征税
（9）交通部门港口用地	港口的码头用地（包括岸边码头、伸入水中的浮码头、堤岸、堤坝、栈桥等）	免税
	其他用地	征税

小旌笔记

一般对各行业生产、办公、生活区用地和厂区内的用地征税；对厂区外、公共的或厂区内特殊的用地，免税。

考查角度　辨析城镇土地使用税的征税项目与免税项目。

【例题·单选 2018、2015】根据城镇土地使用税法律制度的规定，下列城市用地中，不属于城镇土地使用税免税项目的是（　　）。

A. 公园自用的土地

B. 市政街道公共用地

C. 国家机关自用的土地

D. 企业生活区用地

【答案】D

【拓展·单选 2018、2014】根据城镇土地使用税法律制度的规定，下列用地中，免予缴纳城镇土地使用税的是（　　）。

A. 港口的码头用地

B. 邮政部门坐落在县城内的土地

C. 水电站的发电厂房用地

D. 火电厂厂区围墙内的用地

【答案】A

考点3　城镇土地使用税计税依据、税率与应纳税额的计算（★★）

年应纳税额=实际占用应税土地面积（平方米）×适用税额（元/平方米）

实际占用应税土地面积（平方米）→ 计税依据；适用税额（元/平方米）→ 定额税率（考试时会给）

敲黑板

城镇土地使用税的计税依据是纳税人实际占用的土地面积，具体按以下办法确定：

（1）凡由省级人民政府确定的单位组织测定土地面积的，以测定的土地面积为准。

（2）尚未组织测定，但纳税人持有政府部门核发的土地使用证书的，以证书确定的土地面积为准。

（3）尚未核发土地使用证书的，应由纳税人据实申报土地面积进行纳税，待核发土地使用证书后再作调整。

考查角度 城镇土地使用税的计税依据、应纳税额的计算。

【例题1·多选2018】根据城镇土地使用税法律制度的规定，下列各项中，可以作为城镇土地使用税计税依据的有（ ）。

A. 省政府确定的单位测定的面积

B. 土地使用证书确定的面积

C. 由纳税人申报的面积为准，核发土地使用证后作调整

D. 税务部门规定的面积

【答案】ABC

【例题2·单选2018】甲贸易公司位于市区，实际占地面积为5 000平方米，其中办公区占地4 000平方米，生活区占地1 000平方米，甲贸易公司还有一处位于农村的仓库，实际面积为1 500平方米。已知城镇土地使用税适用税率每平方米税额为5元。计算甲贸易公司全年应缴纳城镇土地使用税税额的下列算式中，正确的是（ ）。

A. 4 000×5=20 000元

B.（5 000+1 500）×5=32 500元

C. 5 000×5=25 000元

D.（4 000+1 500）×5=27 500元

【解析】位于“农村”的仓库，不属于城镇土地使用税的征税范围。

【答案】C

【拓展1·单选2017】甲房地产开发企业开发一住宅项目，实际占地面积12 000平方米，建筑面积24 000平方米，容积率为2，甲房地产开发企业缴纳的城镇土地使用税的计税依据为（ ）。

A. 24 000平方米 B. 12 000平方米

C. 36 000平方米 D. 18 000平方米

【解析】城镇土地使用税的计税依据是纳税人实际占用的土地面积。

【答案】B

【拓展2·多选2015】甲、乙两家企业共有一项土地使用权，土地面积为1 500平方米，甲、乙两家企业的实际占用比例为3∶2。已知该土地适用的城镇土地使用税税额为每平方米5元。关于甲、乙企业共有该土地应缴纳的城镇土地使用税，下列处理正确的有（ ）。

A. 甲企业应缴纳的城镇土地使用税=1 500×3/5×5=4 500元

B. 甲企业应缴纳的城镇土地使用税=1 500×5=7 500元

C. 乙企业应缴纳的城镇土地使用税=1 500×2/5×5=3 000元

D. 乙企业应缴纳的城镇土地使用税=1 500×5=7 500元

【解析】土地使用权共有的，由共有各方按实际使用土地面积占总面积的比例分别纳税。

【答案】AC

考点4 城镇土地使用税征收管理（★）

（一）纳税义务发生时间

城镇土地使用税纳税义务发生时间的内容如表6-4-3所示。

表6-4-3 城镇土地使用税纳税义务发生时间

分类	纳税义务发生时间
（1）购置新建商品房	自房屋交付使用之次月起计算
（2）购置存量房	自办理房屋权属转移、变更登记手续，房地产权属登记机关签发房屋权属证书之次月起计算
（3）出租、出借房产	自交付出租、出借房产之次月起计算

（续表）

分类	纳税义务发生时间
（4）以出让或转让方式有偿取得土地使用权	自合同约定交付土地时间之次月起计算；合同未约定交付土地时间的，自合同签订之次月起计算
（5）新征用的耕地	自批准征用之日起满1年时开始计算
（6）新征用的非耕地	自批准征用次月起计算

小旌笔记

纳税人占用耕地从事非农业建设，需要缴纳耕地占用税。为避免对一块土地同时征收耕地占用税和城镇土地使用税，对新征用的耕地，从批准征用之日起满1年后征收城镇土地使用税。

考查角度 纳税义务发生时间的具体规定。

【例题·多选2015】根据城镇土地使用税法律制度的规定，下列关于城镇土地使用税纳税义务发生时间的表述中，正确的有（ ）。

A. 纳税人购置新建商品房，自房屋交付使用之次月起缴纳城镇土地使用税

B. 纳税人以出让方式有偿取得土地使用权，应从合同约定交付土地时间的次月起缴纳城镇土地使用税

C. 纳税人新征用的耕地，自批准征用之日起满1年时开始缴纳城镇土地使用税

D. 纳税人新征用的非耕地，自批准征用次月起缴纳城镇土地使用税

【答案】ABCD

（二）纳税地点

城镇土地使用税在土地所在地缴纳。

（三）纳税期限

城镇土地使用税实行按年计算、分期缴纳的征收方法，具体纳税期限由省、自治区、直辖市人民政府确定。

第五节 车船税法律制度

什么是车船税？

车船税，是对中国境内的某些机动车辆和船舶，向其所有人或者管理人征收的一种税。

简单说，谁拥有这些规定的机动车辆和船舶，谁交车船税。房产税、城镇土地使用税和车船税都属于“财产税”，谁拥有这些财产，谁交税。

考点1 车船税纳税人、征税范围与税目（★）

车船税纳税人、征税范围与税目的内容，如图6-5-1所示。

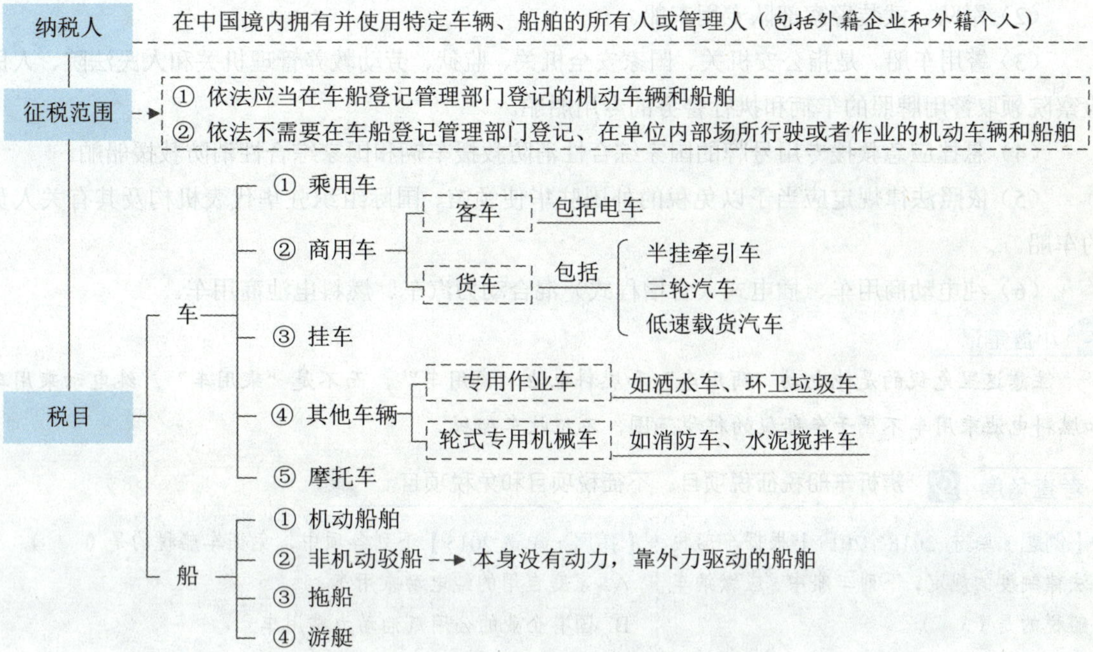

图 6-5-1　车船税纳税人、征税范围与税目

敲黑板

征税范围不包括：① 电动汽车；② 火车；③ 地铁列车；④ 拖拉机；⑤ 电动自行车；⑥ 燃料电池汽车；⑦ 临时入境的外国车船和港、澳、台车船。

考查角度　判断是否属于车船税纳税人、是否属于车船税征税范围。

【例题 1 · 多选 2009】下列纳税主体中，属于车船税纳税人的有（　　）。

A. 在中国境内拥有并使用船舶的国有企业

B. 在中国境内拥有并使用车辆的外籍个人

C. 在中国境内拥有并使用船舶的内地居民

D. 在中国境内拥有并使用车辆的外国企业

【答案】ABCD

【例题 2 · 多选 2019】下列不属于车船税征税范围的有（　　）。

A. 摩托车　　B. 电动小汽车

C. 火车　　D. 拖拉机

【答案】BCD

【拓展 1 · 判断 2016】甲钢铁厂依法不需要在车船登记管理部门登记的在单位内部场所行驶的机动车辆，属于车船税的征税范围。（　　）

【答案】√

【拓展 2 · 多选 2018】根据车船税法律制度的规定，下列各项中，属于车船税征税范围的有（　　）。

A. 地铁列车　　B. 游艇

C. 两轮摩托车　　D. 拖拉机

【答案】BC

考点 2　车船税税收优惠（★★★）

下列车船免征车船税：

（1）捕捞、养殖渔船。

（2）军队、武装警察部队专用车船。

（3）警用车船。是指公安机关、国家安全机关、监狱、劳动教养管理机关和人民法院、人民检察院领取警用牌照的车辆和执行警务的专用船舶。

（4）悬挂应急救援专用号牌的国家综合性消防救援车辆和国家综合性消防救援船舶。

（5）依照法律规定应当予以免税的外国驻华使领馆、国际组织驻华代表机构及其有关人员的车船。

（6）纯电动商用车、插电式（含增程式）混合动力汽车、燃料电池商用车。

小旌笔记

注意这里免税的是纯电动“商用车”和燃料电池“商用车”，而不是“乘用车”。纯电动乘用车和燃料电池乘用车不属于车船税的征税范围，不征收车船税。

考查角度　辨析车船税征税项目、不征税项目和免税项目。

【例题·单选 2018、2017】根据车船税法律制度的规定，下列车船中，应缴纳车船税的是（　　）。

A. 商用客车　　B. 捕捞渔船

C. 警用车船　　D. 养殖渔船

【答案】A

【拓展·单选 2015】下列各项中，免征车船税的是（　　）。

A. 家庭自用的纯电动乘用车

B. 国有企业的公用汽油动力乘用车

C. 外国驻华使领馆的自用商务车

D. 个体工商户自用摩托车

【解析】选项A，纯电动乘用车属于不征税，而非“免税”。

【答案】C

考点3　车船税计税依据、税率与应纳税额的计算（★★★）

车船税采用有幅度的定额税率，即对各类车船分别规定一个最低到最高限度的年税额。故车船税的定额税率也称为“年基准税额”（具体税率考试时会直接给出）。

车船税计税依据、应纳税额的计算如表6-5-1所示。

表6-5-1　车船税计税依据、应纳税额的计算

<table>
<tr><th colspan="3">税目</th><th>计税单位</th><th>应纳税额的计算</th><th>备注</th></tr>
<tr><td rowspan="6">车</td><td colspan="2">乘用车</td><td rowspan="3">每辆</td><td rowspan="3">辆数×适用年基准税额</td><td rowspan="3">—</td></tr>
<tr><td colspan="2">摩托车</td></tr>
<tr><td rowspan="2">商用车</td><td>客车</td></tr>
<tr><td>货车</td><td rowspan="3">整备质量每吨</td><td>整备质量吨位数×适用年基准税额</td><td>—</td></tr>
<tr><td colspan="2">挂车</td><td>整备质量吨位数×适用年基准税额×50%</td><td>挂车按照货车税额的50%计算</td></tr>
<tr><td colspan="2">其他车辆</td><td>整备质量吨位数×适用年基准税额</td><td>—</td></tr>
</table>

（续表）

税目		计税单位	应纳税额的计算	备注
船	拖船	净吨位每吨	净吨位数×适用年基准税额×50%	拖船、非机动驳船分别按照机动船舶税额的50%计算
	非机动驳船			
	其他机动船舶		净吨位数×适用年基准税额	—
	游艇	艇身长度每米	艇身长度×适用年基准税额	

小旌笔记

拉人的车一般以“辆数”为计税依据，拉货及其他用途的车一般以“整备质量吨位数”为计税依据；游艇是以“艇身长度”为计税依据，其他船均是以“净吨位数”为计税依据。

敲黑板

（1）购置的新车船，购置当年的应纳税额自纳税义务发生的当月起按月计算。计算公式为：

应纳税额=年应纳税额÷12×应纳税月份数

（2）在一个纳税年度内，已完税的车船被盗抢、报废、灭失的，可申请退还自被盗抢、报废、灭失月份起至该纳税年度终了期间的税款。（如3月份汽车被盗，可以申请退还3月至12月的税款。）

（3）已办理退税的被盗抢车船失而复得的，纳税人应当从公安机关出具相关证明的当月起计算缴纳车船税。（如3月份汽车被盗，9月份找回，9月至12月需要继续交车船税。）

小旌笔记

无论是新购置，还是丢失，都是从“当月”开始算，当月开始计税或者当月开始算退税。

考查角度 车船税的税率形式、各类车船的计税依据、车船税应纳税额的计算。

【例题1·单选2018】我国车船税的税率形式是（ ）。

A. 地区差别比例税率
B. 有幅度的比例税率
C. 有幅度的定额税率
D. 全国统一的定额税率

【答案】C

【例题2·单选2019】根据车船税法律制度的规定，下列各项中，属于非机动驳船计税依据的是（ ）。

A. 艇身长度
B. 整备质量吨位数
C. 净吨位数
D. 辆数

【答案】C

【拓展1·单选2018】根据车船税法律制度的规定，下列各项中，以“辆数”为计税依据的是（ ）。

A. 货车
B. 轮式专用机械车
C. 乘用车
D. 专用作业车

【答案】C

【例题3·单选2017】甲公司2016年拥有机动船舶10艘，每艘净吨位为150吨，非机动驳船5艘，每艘净吨位为80吨。已知机动船舶适用年基准税额为每吨3元。计算甲公司当年应缴纳车船税税额的下列算式中，正确的是（　　）。

A.（10×150+5×80）×3=5 700元

B. 10×150×3×50%+5×80×3=3 450元

C.（10×150+5×80）×3×50%=2 850元

D. 10×150×3+5×80×3×50%=5 100元

【解析】非机动驳船按机动船舶税额的50%计算。

【答案】D

【拓展2·单选2015】某企业2014年年初拥有小轿车2辆；当年4月，1辆小轿车被盗，已按照规定办理退税。通过公安机关的侦查，9月份被盗车辆失而复得，并取得公安机关的相关证明。已知当地小轿车车船税年税额为500元/辆。该企业2014年实际应缴纳的车船税下列计算中，正确的是（　　）。

A. 500×1=500元　　B. 500+500÷12×3=625元

C. 500+500÷12×7=792元　　D. 500×2=1 000元

【解析】被盗的小轿车，应缴纳车船税的月份为1月至3月，9月至12月，共计7个月，应纳车船税=500÷12×7=292元；未丢失的小轿车，应纳车船税500元。

【答案】C

考点4　车船税征收管理（★）

（一）纳税义务发生时间

车船税纳税义务发生时间为取得车船所有权或者管理权的当月。

考查角度　判断纳税义务发生时间的表述是否正确。

【例题·判断2014】车船税纳税义务发生时间为取得车船所有权或者管理权的当月。（　　）

【答案】√

【拓展·判断2015】购置的新车船，购置当年车船税的应纳税额自纳税义务发生的次月起按月计算。（　　）

【解析】购置的新车船，购置当年车船税的应纳税额自纳税义务发生的"当月"起按月计算。

【答案】×

（二）纳税地点

（1）纳税人自行申报缴纳车船税的，纳税地点为车船登记地。

（2）依法不需要办理登记的车船，纳税地点为车船的所有人或管理人所在地。

（3）扣缴义务人代收代缴车船税的，纳税地点为扣缴义务人所在地。

考查角度　判断车船税的纳税地点是否正确。

【例题·多选2014】下列关于车船税纳税地点的表述中，正确的有（　　）。

A. 依法不需要办理登记的车船，其车船税的纳税地点为车船的所有人或者管理人所在地

B. 纳税人自行申报缴纳车船税的，纳税地点为车船登记地的主管税务机关所在地

C. 要办理登记的车船，纳税地点为车船所在地

D. 扣缴义务人代收代缴车船税的，纳税地点为扣缴义务人所在地

【答案】ABD

（三）纳税申报

（1）车船税按年申报，分月计算，一次性缴纳。

（2）从事机动车第三者责任强制保险业务的保险机构为机动车车船税的扣缴义务人，应当在收取保险费时依法代收车船税，并出具代收税款凭证。

（3）纳税人没有按照规定期限缴纳车船税的，扣缴义务人在代收代缴税款时，可以一并代收代缴欠缴税款的滞纳金。

滞纳金=欠税金额×滞纳天数×0.5‰

（4）扣缴义务人已代收代缴车船税的，纳税人不再向车辆登记地的主管税务机关申报缴纳车船税。

（5）没有扣缴义务人的，纳税人应当向主管税务机关自行申报缴纳车船税。

（6）已缴纳车船税的车船在同一纳税年度内办理转让过户的，不另纳税，也不退税（目的：便于税款的征收和管理）。

例 李某拥有一辆小汽车，2019年1月李某缴纳了全年的车船税，4月李某将小汽车卖给张某。对于该辆小汽车，张某2019年不需要缴纳车船税，李某也不得申请退税。

考查角度 纳税申报的具体规定。

【例题·单选 2015】根据车船税法律制度的规定，下列关于车船税纳税申报的表述中，不正确的是（　　）。

A. 扣缴义务人已代收代缴车船税的，纳税人不再向车辆登记地的主管税务机关申报缴纳车船税

B. 没有扣缴义务人的，纳税人应当向主管税务机关自行申报缴纳车船税

C. 已缴纳车船税的车船在同一纳税年度内办理转让过户的，需要另外纳税

D. 车船税按年申报，分月计算，一次性缴纳

【答案】C

第六节 印花税法律制度

什么是印花税？

印花税是对经济活动和经济交往中书立、领受、使用的应税经济凭证征收的一种税。因纳税人主要是通过在应税凭证上粘贴印花税票来完成纳税义务，故名印花税。

考点1 印花税纳税人（★）

印花税的纳税人是指订立、领受在中国境内具有法律效力的应税凭证（11类合同、7类产权转移书据、营业账簿和4个权利、许可证照），或者在中国境内进行证券交易的单位和个人。具体内容如图6-6-1所示。

纳税人

- 立合同人：是指合同的当事人（交易双方）
- 立账簿人：是指开立并使用营业账簿的单位和个人
- 立据人：是指书立产权转移书据的单位和个人
- 领受人：是指领取并持有权利、许可证照的单位和个人
- 使用人：是指在国外书立、领受，但在国内使用应税凭证的单位和个人
- 证券交易的出让方：只对证券交易的"出让方"征税，对受让方不征税

图 6-6-1　印花税纳税人

敲黑板

印花税的纳税人不包括合同的担保人、证人、鉴定人和证券交易的受让方。

考查角度　判断是否属于印花税纳税人。

【例题·单选 2018】甲公司与乙公司签订购销合同，合同约定丙为担保人，丁为鉴定人。下列关于该合同印花税纳税人的表述中，正确的是（　　）。

A. 甲、乙、丙和丁为纳税人　　B. 甲、乙和丁为纳税人

C. 甲、乙为纳税人　　D. 甲、乙和丙为纳税人

【答案】C

考点 2　印花税征税范围（★★★）

我国现行印花税采取正列举形式，只对法律规定中列举的凭证（包括电子形式）征税，没有列举的凭证不征税。列举的凭证分为五类，即合同类，产权转移书据类，营业账簿类，证券交易类和权利、许可证照类。具体征税范围如图 6-6-2 所示。

征税范围

合同（11类）	产权转移书据（7类）	营业账簿	证券交易	权利、许可证照
①买卖合同 ②借款合同 ③融资租赁合同 ④租赁合同 ⑤承揽合同 ⑥建设工程合同 ⑦运输合同 ⑧技术合同 ⑨保管合同 ⑩仓储合同 ⑪财产保险合同	下列财产的转让书据： ①土地使用权（包括出让、转让） ②房屋等建筑物、构筑物所有权 ③股权（不包括在证券交易所交易的股票） ④商标专用权 ⑤著作权 ⑥专利权 ⑦专有技术使用权	反映"实收资本"和"资本公积"金额增减变化的账簿（也称资金账簿）	是指在依法设立的证券交易所上市交易或在国务院批准的其他证券交易所转让公司股票和以股票为基础发行的存托凭证	3证1照： ①不动产权证书 ②商标注册证 ③专利证书 ④营业执照

图 6-6-2　印花税征税范围

（1）买卖合同包括：① 预购、采购、易货等合同；② 出版单位与发行单位（不包括订阅单位和个人）之间订立的图书、报刊、音像征订凭证；③ 发电厂与电网之间、电网与电网之间（国家电网、南方电网公司系统内部各级电网互供电量除外）签订的购售电合同。

（2）建设工程合同包括勘察、设计、建筑、安装工程合同的总包合同、分包合同和转包合同。

（3）技术合同包括技术开发、转让、咨询和服务合同。技术转让合同包括专利申请权转让、非专利技术转让合同，不包括专利权转让、专利实施许可合同（属于“产权转移书据”）。技术服务合同包括技术培训合同和技术中介合同。

敲黑板

下列合同不缴纳印花税：

① 一般的法律、会计、审计等咨询合同；② 人身保险合同；③ 出版合同；④ 委托代理合同；⑤ 企业与主管部门签订的租赁承包合同。

考查角度 判断是否属于印花税征税范围及具体适用的税目。

【例题1·多选2019】根据印花税法律制度的规定，下列各项中，属于印花税征收范围的有（　　）。

A. 审计咨询合同　　B. 财产保险合同

C. 技术中介合同　　D. 建筑工程分包合同

【答案】BCD

【例题2·判断2016】纳税人签订的商品房销售合同应按照“产权转移书据”税目计缴印花税。（　　）

【答案】√

【拓展·单选】根据印花税法律制度的规定，下列不属于印花税征税范围的是（　　）。

A. 餐饮服务许可证

B. 工商营业执照

C. 商标注册证

D. 不动产权证书

【答案】A

考点3 印花税税收优惠（★★★）

免征印花税的主要项目如图 6-6-3 所示。

政策扶持性的

（1）农民购买农业生产资料或销售自产农产品订立的买卖合同和农业保险合同

（2）军队、武警部队订立、领受的应税凭证

（3）转让、租赁住房订立的应税凭证，免征个人应当缴纳的印花税

（4）将财产赠与政府、学校、社会福利机构订立的产权转移书据

（5）抢险救灾物资运输结算凭证

（6）书、报、刊发行单位之间，发行单位与订阅单位或个人之间书立的凭证

特殊的借款合同

（1）无息或贴息借款合同

（2）金融机构与小型微利企业订立的借款合同

（3）银行、非银行金融机构之间的同业拆借合同

（4）借款展期（延期还款）合同

避免重复征税的

（1）应税凭证的副本或者抄本
（2）对企业兼并的并入资金，凡已按资金总额贴花的，接收单位对并入的资金，不再补贴印花
（3）对运输、仓储、保管、财产保险、银行借款等，办理一项业务，既书立合同，又开立单据的，只就合同贴花。所开立的各类单据，不再贴花
（4）外国运输企业运输进口货物的，外国运输企业所持有的一份结算凭证

不便于征管的

（1）应纳税额不足1角的
（2）对商店、门市部的零星加工修理业务开具的修理单
（3）对铁路、公路、航运、水路承运快件行李、包裹开具的托运单据
（4）使用电话、计算机联网订货，没有开具书面凭证的，暂不贴花

图 6-6-3　免征印花税的主要项目

易错易混点　征收、不征、免征印花税的易混项目（见表 6-6-1）。

表 6-6-1　征收、不征、免征印花税的易混项目

<table>
<tr><th colspan="3">项目</th><th>征收规定</th></tr>
<tr><td rowspan="4">电</td><td colspan="2">发电厂与电网之间</td><td>征收</td></tr>
<tr><td rowspan="2">电网与电网之间</td><td>国家电网、南方电网公司系统内部各级电网互供电量</td><td>不征</td></tr>
<tr><td>其他</td><td>征收</td></tr>
<tr><td colspan="2">电网与用户之间</td><td>不征</td></tr>
<tr><td rowspan="4">图书报刊音像</td><td colspan="2">出版单位与发行单位之间</td><td>征收</td></tr>
<tr><td colspan="2">发行单位与发行单位之间</td><td>免征</td></tr>
<tr><td colspan="2">发行单位与订阅单位或个人之间</td><td>免征</td></tr>
<tr><td colspan="2">订阅单位与个人之间</td><td>不征</td></tr>
<tr><td rowspan="3">保险</td><td colspan="2">人身保险</td><td>不征</td></tr>
<tr><td rowspan="2">财产保险</td><td>农业保险</td><td>免征</td></tr>
<tr><td>其他</td><td>征收</td></tr>
</table>

考查角度　辨析印花税征税项目与免税项目。

【例题 1·多选 2018】根据印花税法律制度的规定，下列各项中，免征印花税的有（　）。

A. 发行单位与订阅单位之间书立的凭证　　B. 无息、贴息贷款合同

C. 已缴纳印花税的凭证的副本　　D. 财产所有人将财产赠给学校所立的书据

【答案】ABCD

【例题 2 · 单选 2019】根据印花税法律制度的规定，下列合同中，应征收印花税的是（ ）。

A. 代理单位与委托单位之间签订的委托代理合同

B. 农民销售自产农产品订立的买卖合同

C. 发电厂与电网之间签订的购售电合同

D. 金融机构与小型微利企业订立的借款合同

【解析】选项 A，委托代理合同不属于印花税列举的凭证，不缴纳印花税。选项 B、D 属于免征印花税项目。

【答案】C

考点 4 印花税计税依据、税率与应纳税额的计算（★★）

印花税计税依据、税率与应纳税额的计算如表 6-6-2 所示。

表 6-6-2 印花税计税依据、税率与应纳税额的计算

<table>
<tr><th>税目</th><th colspan="2">计税依据</th><th>税率</th><th>应纳税额的计算</th></tr>
<tr><td>合同</td><td>合同列明的价款或报酬
包括：价款、报酬、租金、运输费、保管费、仓储费、借款合同中的借款金额、保险费、技术使用费等</td><td rowspan="2">【提示】合同中价款或报酬与增值税税款分开列明的，按照不含增值税的金额计算；未分开列明的，按照含增值税的合计金额确定</td><td rowspan="4">比例税率</td><td rowspan="4">应纳税额=计税依据×比例税率</td></tr>
<tr><td>产权转移书据</td><td>产权转移书据列明的价款</td></tr>
<tr><td>营业账簿</td><td colspan="2">实收资本（股本）、资本公积合计金额</td></tr>
<tr><td>证券交易</td><td colspan="2">（1）成交金额
（2）无成交金额的，按办理过户登记手续前一个交易日收盘价计算
（3）无收盘价的，按证券面值计算</td></tr>
<tr><td>权利、许可证照</td><td colspan="2">件数</td><td>定额税率
每件 5 元</td><td>应纳税额=应税凭证件数×5 元/件</td></tr>
</table>

小旌笔记

印花税的税率有比例税率和定额税率两种形式，具体税率考试时会直接给出。重点掌握适用定额税率按件计征印花税的权利、许可证照：不动产权证书、营业执照、商标注册证和专利证书。

【提示 1】同一应税凭证由两方或者两方以上当事人订立的，应当按照各自涉及的价款或者报酬分别计算应纳税额。（如甲公司与乙公司签订买卖合同，甲公司和乙公司都要按成交价缴纳印花税）

【提示 2】同一应税凭证载有两个或者两个以上经济事项并分别列明价款或者报酬的，按照各自适用税目税率计算应纳税额；未分别列明价款或者报酬的，按税率高的计算应纳税额。

例 甲公司签订两份运输保管合同：第一份合同列明运费30万元、保管费20万元；第二份合同列明运费和保管费的金额合计50万元。已知运输合同适用的印花税税率为0.3‰，保管合同适用的印花税税率为1‰。

（1）第一份合同，分别列明了运费和保管费金额，运费按运输合同计税，保管费按保管合同计税。应缴纳印花税=300 000×0.3‰+200 000×1‰=290元。

（2）第二份合同，运费和保管费金额未分别列明，按税率高的保管合同计税。应缴纳印花税=500 000×1‰=500元。

【提示3】已缴纳印花税的凭证所载价款或者报酬增加的，纳税人应当补缴印花税；已缴纳印花税的凭证所载价款或者报酬减少的，纳税人可以向主管税务机关申请退还印花税税款。

考查角度 各类凭证的印花税计税依据、印花税应纳税额的计算。

【例题1·单选2019】根据印花税法律制度的规定，下列各项中，以件数为印花税计税依据的是（　　）。

A. 营业账簿

B. 著作权转让书据

C. 不动产权证书

D. 财产保险合同

【答案】C

【例题2·单选2019】甲公司向乙公司租赁2台起重机并签订租赁合同，合同注明起重机总价值为80万元，租赁期为2个月，每台每月租金2万元。已知租赁合同适用印花税税率为1‰。根据印花税法律制度的规定，甲公司和乙公司签订该租赁合同共计应缴纳印花税（　　）元。

A. 40　　B. 80

C. 160　　D. 800

【解析】租赁合同以租金为计税依据。甲公司应缴纳印花税=2×2×20 000×1‰=80元，乙公司缴纳的印花税=2×2×20 000×1‰=80元。所以，甲公司和乙公司签订该租赁合同共计应缴纳印花税=80+80=160元。

【答案】C

【拓展1·单选2019】根据印花税法律制度的规定，应税营业账簿的计税依据是（　　）。

A. 营业账簿记载的营业外收入金额

B. 营业账簿记载的营业收入金额

C. 营业账簿记载的银行存款金额

D. 营业账簿记载的实收资本（股本）、资本公积合计金额

【答案】D

【拓展2·单选2014】某企业本月签订两份合同：①承揽合同，合同载明材料金额30万元，加工费10万元；②财产保险合同，合同载明被保险财产价值1 000万元，保险费1万元。已知承揽合同印花税税率0.3‰，财产保险合同印花税税率1‰。该企业应缴纳的印花税为（　　）。

A. 30×0.3‰+1 000×1‰=1.009万元

B. 10×0.3‰+1 000×1‰=1.003万元

C. 30×0.3‰+1×1‰=0.01万元

D. 10×0.3‰+1×1‰=0.004万元

【解析】承揽合同以“报酬（加工费）”为计税依据；财产保险合同以“保险费”为计税依据。

【答案】D

考点5 印花税征收管理（★）

印花税征收管理的主要内容如表6-6-3所示。

表 6-6-3　印花税的征收管理

项目	主要内容		
纳税义务发生时间	纳税人订立、领受应税凭证或者完成证券交易的当日 【提示】证券交易印花税由证券登记结算机构代扣代缴		
纳税地点	转让不动产		不动产所在地
	证券交易		扣缴义务人机构所在地
	其他	单位	机构所在地
		个人	应税凭证订立、领受地或者居住地
纳税期限	证券交易印花税		按周解缴，扣缴义务人应当于每周终了之日起 5 日内申报解缴税款及孳息
	其他印花税		按季、按年或按次计征

第七节　资源税法律制度

什么是资源税？

资源税是对在我国境内从事应税矿产品开采或生产盐的单位和个人征收的一种税。

简单说，就是针对我国境内的一些天然的、不可再生的资源，在其开采或生产环节征收的一种税。

考点 1　资源税纳税人与征税范围（★）

（一）资源税纳税人

资源税的纳税人是指在中华人民共和国领域及管辖海域开采规定的矿产品或者生产盐的单位和个人。

小旌笔记

① 只对“我国”的资源征税，对从国外进口的资源，不征；② 只对“开采”或“生产”的单位和个人征税，对批发、零售的单位和个人，不征。

（二）资源税征税范围

资源税的征税范围如图 6-7-1 所示。

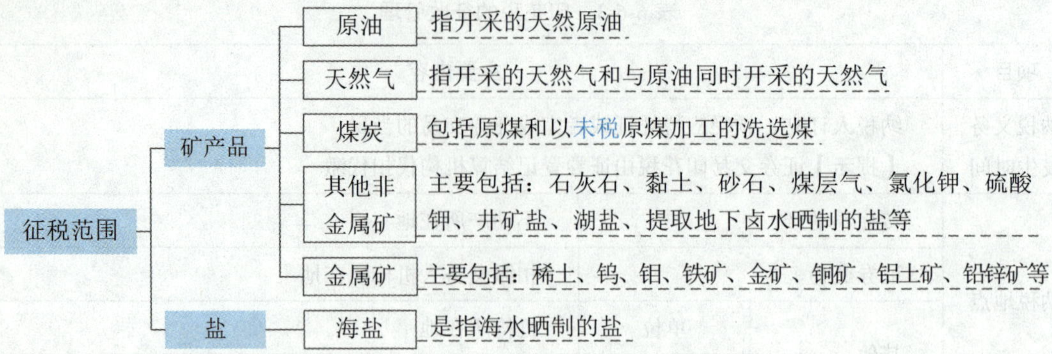

图 6-7-1 资源税征税范围

敲黑板

资源税征税范围不包括：

① 人造石油；② 煤矿生产的天然气；③ 以已税原煤加工的洗选煤（已交过税）。

考查角度 判断是否属于资源税纳税人、征税范围。

【例题 1 • 单选 2018】根据资源税法律制度的规定，下列经营者中，属于资源税纳税人的是（　　）。

A. 销售汽油的加油站　　B. 进口铁矿石的冶炼厂

C. 销售精盐的超市　　D. 开采原煤的煤矿企业

【解析】选项 A、C，汽油、精盐不属于资源税的征税范围；选项 B，进口资源，不征收资源税。

【答案】D

【例题 2 • 多选 2019】下列各项中，属于资源税征税范围的有（　　）。

A. 石灰石　　B. 硫酸钾　　C. 黏土　　D. 砂石

【答案】ABCD

【拓展 • 单选 2018】根据资源税法律制度的规定，下列各项中，不属于资源税征税范围的是（　　）。

A. 井矿盐

B. 海盐

C. 原油

D. 人造石油

【答案】D

考点 2 资源税税收优惠（★）

资源税的主要税收优惠如下：

（1）开采原油过程中用于加热、修井的原油免税（重点记）。

（2）油田范围内运输稠油过程中用于加热的原油、天然气免税。

（3）纳税人开采或者生产应税产品过程中，因意外事故或者自然灾害等原因遭受重大损失的，由省、自治区、直辖市人民政府酌情决定减税或者免税。

【提示】纳税人的减税、免税项目，应当单独核算销售额和销售数量；未单独核算或者不能准确提供销售额和销售数量的，不予减税或者免税。

考查角度　辨析资源税征税项目、不征税项目和免税项目。

【例题·多选 2018】下列各项中，免缴纳资源税的有（　　）。

A. 进口的原油　　B. 出口的原油

C. 开采原油过程中用于加热的原油　　D. 开采原油过程中用于修井的原油

【解析】进口的原油，不征税；出口的原油，正常征税。

【答案】CD

考点 3　资源税纳税环节（★）

资源税纳税环节的内容如表 6-7-1 所示。

表 6-7-1　资源税纳税环节

行为	纳税环节
（1）开采应税产品销售或自用	在应税产品的销售或自用环节计算缴纳资源税
（2）以自采原矿加工精矿产品的	在原矿移送使用时不缴纳资源税，在精矿销售或自用时缴纳资源税
（3）将开采的原煤用于连续生产洗选煤	在原煤移送使用环节不缴纳资源税，在洗选煤销售或自用时缴纳资源税

敲黑板

以自采原矿加工金锭、金精矿、粗金的，在移送使用时不缴纳资源税，在金锭、金精矿、粗金销售或自用时缴纳资源税。

考查角度　判断资源税纳税环节是否正确。

【例题·多选 2017】下列关于资源税纳税环节的表述中，正确的有（　　）。

A. 纳税人自采原矿销售的，在原矿销售环节缴纳资源税

B. 纳税人以自产原矿加工金锭销售的，在金锭销售环节缴纳资源税

C. 纳税人以自产原矿加工金锭自用的，在金锭自用环节缴纳资源税

D. 纳税人自采原矿加工金精矿销售的，在原矿移送环节缴纳资源税

【答案】ABC

考点 4　资源税计税依据、税率与应纳税额的计算（★）

（一）资源税计税依据

资源税以纳税人开采或生产应税产品的销售额或者销售数量为计税依据。

1. 销售数量

以纳税人实际销售数量（非开采或生产数量）或自用数量（自产自用）为销售数量。

【提示】纳税人不能准确提供应税产品销售数量或移送使用数量的，以应税产品的产量或按主管税务机关确定的折算比换算成的数量为计征资源税的销售数量。

考查角度 销售数量的具体含义。

【例题·单选 2011】某矿业公司开采销售应税矿产品，资源税实行从量计征，则该公司计征资源税的课税数量是（　　）。

A. 实际产量　　B. 发货数量　　C. 计划产量　　D. 销售数量

【答案】D

2. 销售额

销售额是指纳税人销售应税产品向购买方收取的全部价款和价外费用，具体内容如图 6-7-2 所示。

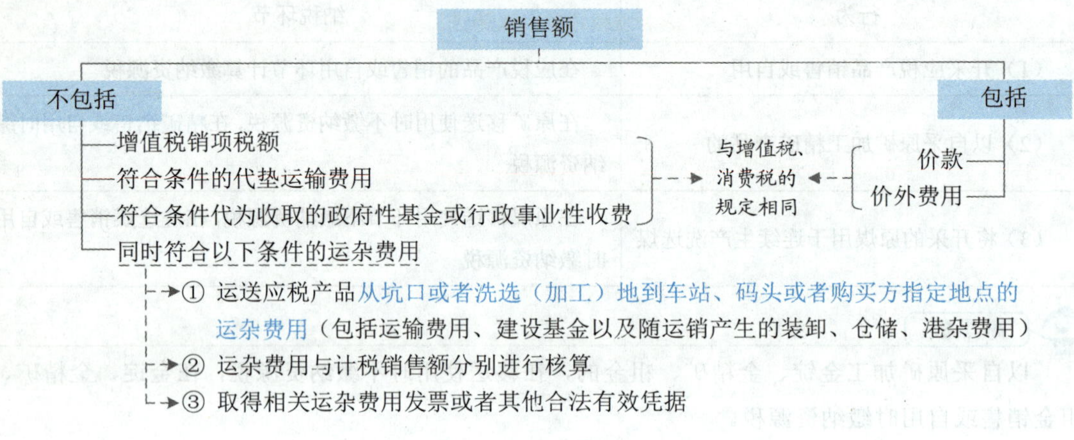

图 6-7-2　资源税销售额

【提示】纳税人有视同销售应税产品行为而无销售价格的，或者申报的应税产品销售价格明显偏低且无正当理由的，税务机关应按下列顺序确定其应税产品计税价格：

（1）按纳税人最近时期同类产品的平均销售价格确定。

（2）按其他纳税人最近时期同类产品的平均销售价格确定。

（3）按应税产品组成计税价格确定。组成计税价格为：

组成计税价格=成本×（1+成本利润率）÷（1−资源税税率）

考查角度 辨析销售额的计算范围。

【例题·多选 2013】根据资源税法律制度的规定，下列各项中，应计入资源税销售额的有（　　）。

A. 收取的价款　　B. 收取的逾期付款违约金

C. 收取的增值税销项税额　　D. 收取的优质费

【答案】ABD

（二）资源税税率（★）

资源税采用比例税率和定额税率两种形式。目前主要针对黏土和砂石采用定额税率。

小旌笔记

具体税率考试时会直接给出，不用记忆。

【提示 1】纳税人开采或者生产不同税目应税产品的，应当分别核算销售额或销售数量；未分别核算或不能准确提供不同税目应税产品的销售额或销售数量的，从高适用税率。

【提示 2】收购未税矿产品的独立矿山、联合企业和其他单位，为资源税的扣缴义务人。独立矿山、联合企业按照本单位应税产品税额标准代扣代缴资源税；其他收购单位按照税务机关核定的应税产品税额标准代扣代缴资源税。

考查角度 适用定额税率的税目。

【例题·单选 2016 改编】根据资源税法律制度的规定，下列各项中，按照固定税额从量征收资源税的是（　　）。

A. 天然气　　B. 砂石

C. 煤炭　　D. 原油

【答案】B

【拓展·判断 2014】纳税人开采或者生产不同税目应税产品的，未分别核算或者不能准确提供不同税目应税产品的销售额或者销售数量的，从高适用税率。（　　）

【答案】√

（三）资源税应纳税额的计算（★）

资源税应纳税额的计算如表 6-7-2 所示。

表 6-7-2　资源税应纳税额的计算

<table>
<tr><th colspan="4">分类</th><th>应纳税额的计算</th></tr>
<tr><td colspan="4">从量定额计税（黏土、砂石）</td><td>应纳税额=销售数量×定额税率</td></tr>
<tr><td rowspan="7">从价定率计税</td><td rowspan="4">金属矿、其他非金属矿</td><td rowspan="2">征税对象为原矿的</td><td>直接销售原矿</td><td>应纳税额=原矿销售额×比例税率</td></tr>
<tr><td>将原矿加工成精矿销售</td><td>应将精矿销售额折算为原矿销售额缴纳资源税：
应纳税额=精矿销售额×换算比或折算率×比例税率</td></tr>
<tr><td rowspan="2">征税对象为精矿的</td><td>销售精矿</td><td>应纳税额=精矿销售额×比例税率</td></tr>
<tr><td>销售原矿</td><td>应将原矿销售额换算为精矿销售额缴纳资源税：
应纳税额=原矿销售额×换算比或折算率×比例税率</td></tr>
<tr><td rowspan="2">煤炭</td><td colspan="2">直接销售原煤的</td><td>应纳税额=原煤销售额×比例税率</td></tr>
<tr><td colspan="2">将原煤加工为洗选煤销售的</td><td>应纳税额=洗选煤销售额×折算率×税率</td></tr>
<tr><td colspan="3">其他资源（原油、天然气、海盐）</td><td>应纳税额=销售额×比例税率</td></tr>
</table>

考查角度 资源税应纳税额的计算。

【例题·单选 2019】2018 年 9 月，甲矿场自采铅锌矿原矿对外销售，取得不含税销售额 600 万元。已知铅锌矿征税对象为精矿，资源税税率 3%，换算比为 1.5。下列关于甲矿场当月应缴纳资源税税额的算式中，正确的是（ ）。

A. 600×3%=18 万元

B. 600÷1.5×3%=12 万元

C. 600×（1−1÷1.5）×3%=6 万元

D. 600×1.5×3%=27 万元

【解析】征税对象为精矿的，纳税人销售原矿时，应将原矿销售额换算为精矿销售额缴纳资源税。应纳税额=原矿销售额×换算比×比例税率=600×1.5×3%=27 万元。

【答案】D

【拓展·单选 2017】甲砂石企业开采砂石 1 000 吨，对外销售 800 吨，移送 50 吨砂石继续精加工并于当月销售。已知砂石的资源税税率为 4 元/吨。甲企业应当缴纳的资源税的下列计算中，正确的是（ ）。

A.（800+50）×4=3 400 元

B. 800×4=3 200 元

C. 1 000×4=4 000 元

D. 50×4=200 元

【答案】A

考点 5 资源税征收管理（★）

（一）纳税义务发生时间

纳税义务发生时间的主要内容如表 6-7-3 所示。

表 6-7-3 资源税纳税义务发生时间

分类	纳税义务发生时间
分期收款	销售合同规定的收款日期的当天
预收货款	发出应税产品的当天
采取其他结算方式	收讫销售款或者取得索取销售款凭据的当天
自产自用	移送使用应税产品的当天
代扣代缴税款	支付首笔货款或者开具应支付货款凭据的当天

（二）纳税地点

纳税人应当向应税产品的开采地或者盐生产所在地主管税务机关缴纳税款；扣缴义务人代扣代缴的资源税，应当向收购地主管税务机关缴纳。

（三）纳税期限

资源税的纳税期限为 1 日、3 日、5 日、10 日、15 日或者 1 个月。以 1 个月为一期纳税的，自期满之日起 10 日内申报纳税。

考查角度 判断资源税的纳税义务发生时间、纳税申报期限。

【例题1·单选 2018】根据资源税法律制度的规定，关于资源税纳税义务发生时间的下列表述中，不正确的是（　　）。

A. 自产自用应税资源品目的，为移送使用应税产品的当天

B. 销售应税资源品目采取预收货款结算方式的，为收讫销售款的当天

C. 扣缴义务人代扣代缴资源税税款的，为支付首笔货款或开具支付货款凭据的当天

D. 销售应税资源品目采取分期收款结算方式的，为销售合同规定的收款日期的当天

【答案】B

【例题2·单选 2018】根据资源税法律制度的规定，纳税人以1个月为一期纳税的，自期满之日起一定期限内申报纳税，该期限为（　　）。

A. 10日　　B. 15日　　C. 20日　　D. 25日

【答案】A

第八节 其他相关税收法律制度

考点1 城市维护建设税和教育费附加（★）

什么是城市维护建设税和教育费附加？

城市维护建设税（以下简称城建税）是以纳税人实际缴纳的增值税、消费税税额为计税依据所征收的一种税，主要目的是筹集城镇设施建设和维护资金。

教育费附加是以纳税人实际缴纳的增值税、消费税税额为计税依据征收的一种费用，其目的是加快发展教育事业，扩大教育经费资金来源。

简单说，城建税和教育费附加属于增值税、消费税的一种附加税、费，两者的纳税人相同、计税依据也相同。

（一）纳税人与计税依据

1. 纳税人

城建税和教育费附加的纳税人是指在中国境内缴纳（不包括进口环节）增值税、消费税的单位和个人。

【提示】负有增值税、消费税扣缴义务的单位和个人为城建税和教育费附加的扣缴义务人。

2. 计税依据

城建税和教育费附加的计税依据为纳税人实际缴纳的增值税、消费税税额，以及出口货物、劳务或跨境销售服务、无形资产增值税免抵税额（即用出口应退的增值税抵免内销应纳的税额）。

小旌笔记

例如：某企业在国内销售货物，当月应缴纳增值税 10 万元；出口货物，符合退税标准，国家应退还企业增值税 3 万元。一交一退太麻烦，为了便于征管，国家规定，先用出口应退税额抵免内销应纳税额，再计算实际应退、应纳的税额。企业当月实际向税务机关缴纳增值税 7 万元。在计算城建税和教育费附加时，应以实际缴纳的 7 万元和免抵的 3 万元（即 10 万元）作为计税依据。

敲黑板

城建税和教育费附加的计税依据包括实际补缴的增值税、消费税税款，但不包括罚款、滞纳金。

考查角度　判断是否属于城建税或教育费附加的纳税人和计税依据。

【例题 1 • 多选 2015 改编】根据城市维护建设税法律制度的规定，下列各项中，属于城市维护建设税纳税人的有（　　）。

A. 实际缴纳增值税的合资企业　　B. 实际缴纳增值税的私营企业

C. 实际缴纳消费税的个体工商户　　D. 实际缴纳消费税的国有银行

【答案】ABCD

【例题 2 • 判断 2015】纳税人以实际缴纳的增值税、消费税税额，以及出口货物、劳务或者跨境销售服务、无形资产增值税免抵税额为计税依据，计缴城市维护建设税。（　　）

【答案】√

【例题 3 • 单选 2018】根据城市维护建设税法律制度的规定，纳税人向税务机关实际缴纳的下列税款中，应作为城市维护建设税计税依据的是（　　）。

A. 城镇土地使用税　　B. 增值税　　C. 房产税　　D. 土地增值税

【答案】B

（二）税率或征收率

城建税税率和教育费附加征收率如图 6-8-1 所示。

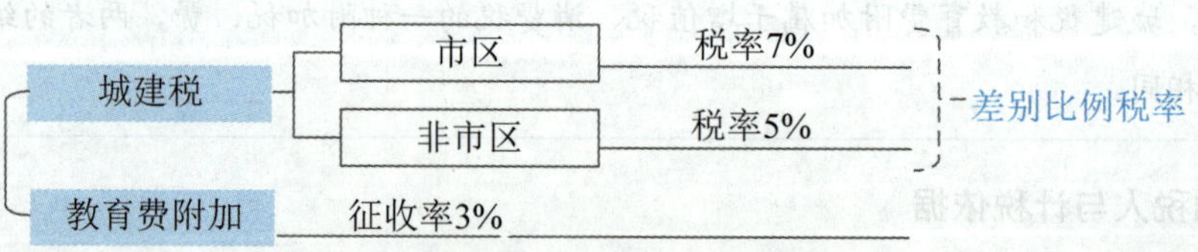

图 6-8-1　城建税税率和教育费附加征收率

【提示 1】由受托方代扣代缴、代收代缴增值税、消费税的单位和个人，其代扣代缴、代收代缴的城市维护建设税按受托方所在地适用税率执行。

【提示 2】流动经营等无固定纳税地点的单位和个人，在经营地缴纳增值税、消费税的，其缴纳的城市维护建设税按经营地适用税率执行。

（三）应纳税额的计算

应纳税额=（实际缴纳的增值税+实际缴纳的消费税+出口免抵税额）×税率或征收率

考查角度 城建税、教育费附加应纳税额的计算。

【例题 1 • 单选 2018】2017 年 10 月甲公司向税务机关应缴纳增值税 15 万元，实际缴纳 12 万元，应缴纳消费税 14 万元，实际缴纳 13 万元。已知城市维护建设税适用税率为 5%。计算甲公司当月应缴纳城市维护建设税税额的下列算式中，正确的是（ ）。

A.（12+13）×5%=1.25 万元　　B.（15+14）×5%=1.45 万元

C. 12×5%=0.6 万元　　D. 14×5%=0.7 万元

【答案】A

【例题 2 • 单选 2019】税务机关认定甲公司存在偷税行为，甲公司按照规定补缴了增值税 100 000 元、消费税 60 000 元，同时缴纳罚款 80 000 元、滞纳金 20 000 元。已知教育费附加征收率为 3%。计算甲公司应补缴教育费附加的下列算式中，正确的是（ ）。

A.（100 000+60 000+80 000）×3%=7 200 元　　B.（100 000+60 000+80 000+20 000）×3%=7 800 元

C.（80 000+20 000）×3%=3 000 元　　D.（100 000+60 000）×3%=4 800 元

【答案】D

【例题 3 • 单选 2019】2018 年 9 月 M 市甲企业接受 N 县乙企业委托加工应税消费品，取得不含增值税加工费 30 万元，代收代缴消费税 12 万元。已知 M 市和 N 县的城市维护建设税税率分别为 7%和 5%。计算甲企业就该笔业务应代收代缴城市维护建设税税额的下列算式中，正确的是（ ）。

A.（30+12）×7%=2.94 万元　　B.（30+12）×5%=2.1 万元

C. 12×7%=0.84 万元　　D. 12×5%=0.6 万元

【解析】甲企业代收代缴乙企业应纳的消费税时，同时代收代缴城建税和教育费附加，按受托方甲企业所在地（M 市）税率执行。

【答案】C

（四）税收优惠

（1）对进口货物或者境外单位和个人向境内销售劳务、服务、无形资产缴纳的增值税、消费税税额，不征收城建税和教育费附加。（进口不征）

（2）对出口货物、劳务和跨境销售服务、无形资产以及因优惠政策退还增值税、消费税的，不退还已缴纳的城建税和教育费附加。（出口不退）

（3）对由于减免增值税、消费税而发生退税的，可同时退还已征收的城建税和教育费附加。

（4）对实行增值税期末留抵退税的纳税人，允许其从城建税和教育费附加的计税（征）依据中扣除退还的增值税税额。

（5）对增值税、消费税实行先征后返、先征后退、即征即退办法的，除另有规定外，对随增值税、消费税附征的城建税和教育费附加，一律不予退（返）还。

小旌笔记

增值税、消费税的优惠政策有直接减免税、先征后返、先征后退、即征即退等类别，对直接减免的增值税、消费税，城建税和教育费附加随增值税、消费税的减免而减免、退税而退税；但对于先征后返、先征后退、即征即退等优惠，不退城建税和教育费附加。

考查角度　税收优惠的具体规定。

【例题 1·多选 2019】根据城市维护建设税法律制度的规定，下列关于城市维护建设税税收优惠的表述中，正确的有（　　）。

A. 对出口货物退还增值税、消费税的，应退还已缴纳的城市维护建设税

B. 对进口货物缴纳的增值税、消费税税额，不征收城市维护建设税

C. 对境外个人向境内销售服务缴纳的增值税税额，不征收城市维护建设税

D. 对境外单位向境内销售无形资产缴纳的增值税税额，不征收城市维护建设税

【答案】BCD

【例题 2·判断 2017】对由于减免增值税、消费税而发生退税的，已征收的城市维护建设税不予退还。（　　）

【答案】×

（五）征收管理

城建税和教育费附加随增值税、消费税的缴纳而缴纳，纳税义务发生时间、纳税地点和纳税期限与增值税、消费税相同，简单了解即可。

考点 2　关税法律制度（★★）

什么是关税？

关税是对进出国境或关境的货物、物品征收的一种税。目前我国关税分为进口关税和出口关税两类。

（一）关税纳税人

关税纳税人的内容如图 6-8-2 所示。

- 关税纳税人
  - 贸易性商品
    - ① 进口货物的收货人
    - ② 出口货物的发货人
  - 物品
    - ① 入境旅客随身携带的行李、物品的持有人
    - ② 各种运输工具上服务人员入境时携带自用物品的持有人
    - ③ 馈赠物品以及其他方式入境个人物品的所有人
    - ④ 个人邮递物品的收件人

图 6-8-2　关税纳税人

（二）关税税率

关税的税率分为进口税率和出口税率两种。其中出口税率的内容教材未作介绍，无需关注；进口税率的分类及适用情形如表 6-8-1 所示。

表 6-8-1　进口关税税率的分类及适用情形

分类	适用情形
最惠国税率	（1）原产于与我国共同适用最惠国条款的世界贸易组织成员国或地区的进口货物 （2）原产于与我国签订含有相互给予最惠国待遇的双边贸易协定的国家或地区的进口货物 （3）原产于我国的进口货物
协定税率	原产于与我国签订含有关税优惠条款的区域性贸易协定的国家或地区的进口货物
特惠税率	原产于与我国签订含有特殊关税优惠条款的贸易协定的国家或地区的进口货物
关税配额税率	对于在配额内进口的货物可以适用较低的关税配额税率，对于配额之外的则适用较高税率（主要是为了限制进口货物的数量）
暂定税率	在最惠国税率的基础上，对于一些国内需要降低进口关税的货物，以及出于国际双边关系的考虑需要个别安排的进口货物，可以实行暂定税率
普通税率	（1）原产于未与我国订立关税优惠条款的国家或地区的进口货物 （2）原产地不明的货物

考查角度　进口税率的分类、不同税率适用的情形。

【例题 1·多选 2016】关税的税率分为进口税率和出口税率两种，其中进口税率又分为（　　）。

A. 普通税率　B. 最惠国税率　C. 协定税率　D. 特惠税率

【答案】ABCD

【例题 2·单选 2019】根据关税法律制度的规定，原产于与我国签订含有特殊关税优惠条款的是（　　）。

A. 协定税率　B. 最惠国税率　C. 特惠税率　D. 普通税率

【答案】C

【拓展·单选 2017、2014】根据关税法律制度的规定，对原产于与我国签订含有关税优惠条款的区域性贸易协定的国家或地区的进口货物征收关税时，适用的税率形式是（　　）。

A. 最惠国税率　B. 普通税率

C. 特惠税率　D. 协定税率

【答案】D

小旌解题

进口货物适用何种关税税率是以进口货物的原产地为标准的。在判断适用某一具体税率时，可采用记忆关键字的方法。关键字如图 6-8-3 所示。

最惠国税率	“最惠国”“我国”
协定税率	“优惠条款””区域性”
特惠税率	“特殊”
关税配额税率	“配额”
暂定税率	“需要降低进口关税”“个别安排”
普通税率	“原产地不明”和其他普通情况

图 6-8-3　判断适用税率的关键字

（三）关税应纳税额的计算

应纳税额的计算公式如表 6-8-2 所示。

表 6-8-2 关税应纳税额的计算

计税方法	适用范围	计算公式
从价税	出口货物和大部分的进口货物	应纳税额=应税进（出）口货物数量×单位完税价格×比例税率
从量税	啤酒、原油等	应纳税额=应税进口货物数量×关税单位税额（定额税率）
复合税	广播用录像机、放像机、摄像机等（三机）	应纳税额=应税进口货物数量×关税单位税额+应税进口货物数量×单位完税价格×比例税率
滑准税	个别货物	应纳税额=应税进（出）口货物数量×单位完税价格×滑准税税率 小旌笔记 滑准税税率属于比例税率，税率与商品进口价格反方向变动，进口商品价格越高，税率越低

考查角度 关税计税方法的种类、从量税和复合税适用的范围、滑准税的含义。

【例题 1 · 多选 2015】下列各项中，属于关税计税方法的有（ ）。

A. 从价税计算法　　B. 从量税计算法

C. 复合税计算法　　D. 滑准税计算法

【答案】ABCD

【例题 2 · 单选 2018】根据关税法律制度的规定，下列应纳税额计算方法中，税率随着进口商品价格的变动而反方向变动的是（ ）。

A. 从价税计算方法　　B. 复合税计算方法

C. 滑准税计算方法　　D. 从量税计算方法

【答案】C

【例题 3 · 多选 2017】根据关税法律制度的规定，下列进口货物中，实行从价加从量复合税率计征进口关税的有（ ）。

A. 摄影机　　B. 啤酒

C. 放像机　　D. 广播用录像机

【答案】ACD

1. 一般进口货物的完税价格。

一般进口货物由海关以该货物的成交价格为基础审查确定的到岸价格作为完税价格。完税价格的范围如图 6-8-4 所示。

关税完税价格（到岸价格）

包括：

① 货价

② 货物运抵我国关境内输入地点起卸前的包装费、运费、保险费和其他劳务费（入境前的费用）

③ 支付给卖方的佣金

④ 为了在境内生产、制造、使用或出版、发行的目的而向境外支付的与该进口货物有关的专利、商标、著作权，以及专有技术、计算机软件和资料等费用

【提示】卖方违反合同规定延期交货的罚款，不得从成交价格中扣除

不包括：

① 向境外采购代理人支付的买方佣金

② 卖方付给进口人的正常回扣

③ 货物运抵我国关境输入地点起卸后的运杂费（入境后的费用）

图 6-8-4 一般进口货物的完税价格

2. 出口货物的完税价格。

出口货物应当以海关审定的货物售予境外的离岸价格，扣除出口关税后作为完税价格。计算公式为：

出口货物完税价格=离岸价格÷（1+出口税率）

考查角度 进口货物完税价格包含的内容、进口货物应纳关税税额的计算、出口货物完税价格的计算公式。

【例题 1·多选 2015】下列各项中，应计入进口货物关税完税价格的有（　　）。

A. 货物运抵我国关境内输入地点起卸前的运费、保险费

B. 货物运抵我国关境内输入地点起卸后的运费、保险费

C. 支付给卖方的佣金

D. 向境外采购代理人支付的买方佣金

【答案】AC

【例题 2·单选 2015】下列关于出口货物关税完税价格的计算公式中，正确的是（　　）。

A. 关税完税价格=离岸价格÷（1-出口税率）

B. 关税完税价格=离岸价格÷（1+出口税率）

C. 关税完税价格=离岸价格×（1-出口税率）

D. 关税完税价格=离岸价格×（1+出口税率）

【答案】B

【拓展 1·单选 2019】2018 年 9 月甲公司进口一批货物，海关审定的成交价格为 1 100 万元，货物运抵我国境内输入地点起卸前的运费 96 万元、保险费 4 万元。已知关税税率为 10%。计算甲公司该笔业务应缴纳的关税税额的下列算式中，正确的是（　　）。

A.（1 100+96+4）×10%=120 万元

B.（1 100+4）×10%=110.4 万元

C. 1 100×10%=110 万元

D.（1 100+96）×10%=119.6 万元

【答案】A

【拓展 2·判断 2016】在进口货物成交的过程中，卖方付给进口人的正常回扣，在计算进口货物完税价格时不得从成交价格中扣除。（　　）

【解析】卖方付给进口人的正常回扣，应从成交价格中扣除。

【答案】×

（四）关税税收优惠

1. 法定减免

《海关法》和《进出口关税条例》明确规定减免税的主要情形有：

（1）一票货物关税税额、进口环节增值税或者消费税税额在人民币 50 元以下的。

（2）无商业价值的广告品及货样。

（3）国际组织、外国政府无偿赠送的物资。

（4）进出境运输工具装载的途中必需的燃料、物料和饮食用品。

（5）因故退还的中国出口货物，可以免征进口关税，但已征收的出口关税不予退还。

（6）因故退还的境外进口货物，可以免征出口关税，但已征收的进口关税不予退还。

2. 酌情减免

有下列情形之一的进口货物，海关可以酌情减免税：

（1）在境外运输途中或者在起卸时，遭受到损坏或者损失的。

（2）起卸后海关放行前，因不可抗力遭受损坏或者损失的。

（3）海关查验时已经破漏、损坏或者腐烂，经证明不是保管不慎造成的。

考查角度 法定减免的具体规定、辨析法定减免与酌情减免。

【例题 1 · 多选 2015】下列各项中，经海关审查无误，可以免征关税的有（　　）。

A. 进出境运输工具装载的途中必需的燃料、物料和饮食用品

B. 外国政府无偿赠送的物资

C. 无商业价值的广告品

D. 无商业价值的货样

【答案】ABCD

【例题 2 · 单选 2014】下列各项中，海关可以酌情减免关税的是（　　）。

A. 进出境运输工具装载的途中必需的燃料、物料和饮食用品

B. 无商业价值的广告品及货样

C. 国际组织无偿赠送的物资

D. 在境外运输途中遭受到损坏的进口货物

【答案】D

（五）关税征收管理

1. 税款的退还

有下列情形之一的，纳税人可以从缴纳税款之日起 1 年内，书面声明理由，连同纳税收据向海关申请退税，逾期不予受理：

（1）由于海关误征，多缴纳税款的。

（2）海关核准免验的进口货物在完税后，发现有短卸情况，经海关审查认可的。

（3）已征出口关税的货物，因故未装运出口申报退关，经海关查验属实的。

2. 税款的补征和追征

进出口货物完税后，如发现少征或漏征税款，海关有权在1年内予以补征；如因收发货人或其代理人违反规定而造成少征或漏征税款的，海关在3年内可以追缴。

考点3 环境保护税（★）

什么是环境保护税？

环境保护税是为了保护和改善环境，减少污染物排放，而对在我国领域及管辖海域直接向环境排放应税污染物的企事业单位和其他生产经营者征收的一种税。

（一）环境保护税纳税人与征税范围

环境保护税的纳税人是指在中国领域和管辖的其他海域，直接向环境排放应税污染物的企事业单位和其他生产经营者。

【提示1】应税污染物是指大气污染物、水污染物、固体废物（煤矸石、尾矿、危险废物、冶炼渣、粉煤灰、炉渣及其他固体废物）和噪声（工业噪声）。

【提示2】是对“企事业单位和其他生产经营者”征税，对居民个人，不征税。

【提示3】是对“直接”向环境排放应税污染物的行为征税，对“间接行为”不征税。间接行为是指：① 向依法设立的污水集中处理、生活垃圾集中处理场所排放应税污染物；② 在符合国家和地方环境保护标准的设施、场所储存或者处置固体废物。

考查角度　应税污染物的范围、“间接行为”的具体规定。

【例题1·多选2019】环境保护税的征税范围包括（　　）。

A. 大气污染　　B. 光污染　　C. 水污染　　D. 噪声污染

【答案】ACD

【例题2·判断2018】事业单位和其他生产经营者向依法设立的污水集中处理、生活垃圾集中处理场所排放应税污染物的，不缴纳相应污染物的环境保护税。（　　）

【答案】√

（二）环境保护税税收优惠

免征环境保护税的主要情形有：

（1）农业生产（不包括规模化养殖）排放应税污染物的。

（2）机动车、铁路机车、非道路移动机械、船舶和航空器等流动污染源排放应税污染物的。

（3）依法设立的城乡污水集中处理、生活垃圾集中处理场所排放相应应税污染物，不超过国家和地方规定的排放标准的。

（4）纳税人综合利用的固体废物，符合国家和地方环境保护标准的。

（三）环境保护税计税依据、税率与应纳税额的计算

环境保护税实行定额税率（具体税率考试时会给出）。计税依据与应纳税额的计算如表6-8-3所示。

表 6-8-3　环境保护税计税依据与应纳税额的计算

税目	计税依据	应纳税额的计算
大气污染物	按照污染物排放量折合的污染当量数确定	应纳税额=污染当量数×定额税率
水污染物		
固体废物	按照固体废物的排放量（吨）确定	应纳税额=固体废物排放量×定额税率
噪声	按照超过国家规定标准的分贝数确定	按超过国家规定标准的分贝数查找对应的适用税额 【提示 1】一个单位边界上有多处噪声超标，根据最高一处超标声级计算应纳税额；当沿边界长度超过 100 米有两个以上噪声超标，按照两个单位计算应纳税额 【提示 2】一个单位有不同地点作业场所的，应当分别计算应纳税额，合并计征 【提示 3】昼、夜均超标的环境噪声，昼、夜分别计算应纳税额，累计计征 【提示 4】声源一个月内超标不足 15 天的，减半计算应纳税额

小旌笔记

"污染当量数"属于一个计量单位，像吨、米一样。

考查角度　各类污染物的计税依据、应纳税额的计算。

【例题 1 • 多选 2019】根据环境保护税法律制度的规定，关于应税污染物计税依据确定的下列表述中，正确的有（　　）。

A. 应税水污染物按照污染物排放量折合的污染当量数确定

B. 应税噪声按照超过国家规定标准的分贝数确定

C. 应税大气污染物按照污染物排放量折合的污染当量数确定

D. 应税固体废物按照固体废物的排放量确定

【答案】ABCD

【例题 2 • 单选 2019】2018 年 12 月甲钢铁厂产生炉渣 200 吨，其中 60 吨贮存在符合国家和地方环境保护标准的设施中，100 吨综合利用且符合国家和地方环境保护标准，其余的直接倒弃于周边空地。已知炉渣环境保护税税率为 25 元/吨。计算甲钢铁厂当月所产生炉渣应缴纳环境保护税税额的下列算式中，正确的是（　　）。

A.（200−60）×25=3 500 元　　B. 200×25=5 000 元

C.（200−60−100）×25=1 000 元　　D.（200−100）×25=2 500 元

【解析】贮存在符合国家和地方环境保护标准设施中的 60 吨和综合利用且符合国家和地方环境保护标准的 100 吨，不缴纳环境保护税，只对直接倒弃于周边空地的部分征税。

【答案】C

（四）环境保护税征收管理

环境保护税征收管理的主要内容如表 6-8-4 所示。

表 6-8-4 环境保护税的征收管理

项目	具体内容
纳税义务发生时间	排放应税污染物的当日
纳税地点	应税污染物排放地
纳税期限	（1）按月计算，按季申报缴纳；不能按固定期限计算缴纳的，可以按次申报缴纳 （2）按季申报缴纳的，应当自季度终了之日起 15 日内，向税务机关办理纳税申报并缴纳税款；按次申报缴纳的，应当自纳税义务发生之日起 15 日内，向税务机关办理纳税申报并缴纳税款

考点 4 车辆购置税（★★）

什么是车辆购置税?

车辆购置税是对在中国境内购置规定车辆的单位和个人征收的一种税。

（一）车辆购置税纳税人与征税范围

在中国境内购置汽车、有轨电车、汽车挂车、排气量超过 150 毫升的摩托车（以下统称应税车辆）的单位和个人，为车辆购置税的纳税人。

【提示 1】这里所说的“购置”包括购买、进口、自产、受赠、获奖或者以其他方式取得并自用应税车辆的行为。

【提示 2】是对购买应税车辆并自用的行为征税，购买应税车辆作为货物对外销售的，不征税。

考查角度 判断是否属于车辆购置税纳税人、应税车辆的具体范围。

【例题 1·多选 2014】下列单位和个人中，属于车辆购置税纳税人的有（　　）。

A. 购买应税货车并自用的某外商投资企业

B. 进口应税小轿车并自用的某外贸公司

C. 获得奖励应税轿车并自用的李某

D. 受赠应税小型客车并自用的某学校

【答案】ABCD

【例题 2·多选 2018 改编】根据车辆购置税法律制度的规定，下列不属于车辆购置税征税范围的有（　　）。

A. 地铁　　B. 电动自行车

C. 有轨电车　　D. 汽车挂车

【答案】AB

【拓展·单选 2013】甲汽车专卖店购入小汽车 12 辆，下列行为中，应当由甲汽车专卖店作为纳税人缴纳车辆购置税的是（　　）。

A. 将其中 6 辆销售给客户

B. 将其中 2 辆作为董事长、总经理的专用轿车

C. 将其中 1 辆赠送给乙企业

D. 库存 2 辆尚未售出

【解析】车辆购置税是针对“购置并自用”的行为征税。选项 A 由客户交税；选项 C 由乙企业交税，选项 D 不交税。

【答案】B

（二）车辆购置税税收优惠

下列车辆免征车辆购置税：

（1）依照法律规定应当予以免税的外国驻华使馆、领事馆和国际组织驻华机构及其有关人员自用的车辆。

（2）中国人民解放军和中国人民武装警察部队列入装备订货计划的车辆。

（3）悬挂应急救援专用号牌的国家综合性消防救援车辆。

（4）设有固定装置的非运输专用作业车辆。

（5）城市公交企业购置的公共汽电车辆。

考查角度 辨析车辆购置税的应税项目与免税项目。

【例题·单选 2019】根据车辆购置税法律制度的规定，下列车辆中，不属于车辆购置税免税项目的是（　　）。

A. 外国驻华使馆的自用小汽车　　B. 设有固定装置的非运输车辆

C. 城市公交企业购置的公共汽电车　　D. 个人购买的经营用小汽车

【答案】D

（三）车辆购置税计税依据、税率与应纳税额的计算

应纳税额=计税价格×税率（10%）

车辆购置税的计税依据为应税车辆的计税价格。计税价格的内容如表 6-8-5 所示。

表 6-8-5　车辆购置税计税价格

情形	计税价格
国内购买自用	计税价格=实际支付给销售者的全部价款和价外费用（不包括增值税）
进口自用	计税价格=关税完税价格+关税+消费税
自产自用	计税价格=纳税人生产的同类应税车辆的销售价格（不包括增值税）
以受赠、获奖或者其他方式取得自用	计税价格=购置应税车辆时相关凭证载明的价格（不包括增值税）

【提示】纳税人申报的应税车辆计税价格明显偏低，又无正当理由的，由税务机关核定其应纳税额。

考查角度 车辆购置税应纳税额的计算。

【例题·单选 2018】进口自用小汽车一辆，海关审定的关税完税价格为 60 万元，缴纳关税 15 万元，消费税 25 万元。已知车辆购置税税率为 10%。车辆购置税税额的下列算式中，正确的是（　　）。

A.（60+15）×10%=7.5 万元　　B.（60+25）×10%=8.5 万元

C.（60+15+25）×10%=10 万元　　D. 60×10%=6 万元

【答案】C

（四）车辆购置税征收管理

车辆购置税征收管理的主要内容如表 6-8-6 所示。

表 6-8-6　车辆购置税的征收管理

<table>
<tr><th colspan="2">项目</th><th>具体内容</th></tr>
<tr><td colspan="2">纳税义务发生时间</td><td>购置应税车辆的当日</td></tr>
<tr><td colspan="2">纳税期限</td><td>自纳税义务发生之日起 60 日内申报缴纳车辆购置税</td></tr>
<tr><td rowspan="2">纳税地点</td><td>需要办理车辆登记的</td><td>车辆登记地</td></tr>
<tr><td>不需要办理车辆登记的</td><td>纳税人所在地</td></tr>
<tr><td colspan="2">征收机关</td><td>税务机关负责征收（包括进口自用的车辆）</td></tr>
</table>

敲黑板

车辆购置税实行一次性征收。购置已缴纳车辆购置税的车辆，不再征收车辆购置税。

考点 5　耕地占用税（★）

什么是耕地占用税？

耕地占用税是为了合理利用土地资源，加强土地管理，保护耕地，对占用耕地建房或者从事非农业建设的单位和个人征收的一种税。

（一）耕地占用税纳税人与征税范围

1. 耕地占用税纳税人

在中华人民共和国境内占用耕地建设建筑物、构筑物或者从事非农业建设（即农转非）的单位和个人，为耕地占用税的纳税人。

经申请批准占用耕地的，纳税人为农用地转用审批文件中标明的建设用地人；农用地转用审批文件中未标明建设用地人的，纳税人为用地申请人。未经批准占用耕地的，纳税人为实际用地人。

2. 耕地占用税征税范围

包括纳税人为建设建筑物、构筑物或者从事其他非农业建设而占用的国家所有和集体所有的耕地。

【提示 1】占用园地、林地、草地、农田水利用地、养殖水面、渔业水域滩涂以及其他农用地建设建筑物、构筑物或者从事非农业建设的，应征收耕地占用税。

【提示 2】占用耕地建设直接为农业生产服务的生产设施的，不缴纳耕地占用税。（取之于农，用之于农的，不纳税）

考查角度　判断是否征收耕地占用税。

【例题·判断 2019】建设直接为农业生产服务的生产设施占用税法规定的农用地的，不征收耕地占用税。（　　）

【答案】√

（二）耕地占用税税收优惠

耕地占用税税收优惠的主要项目如图 6-8-5 所示。

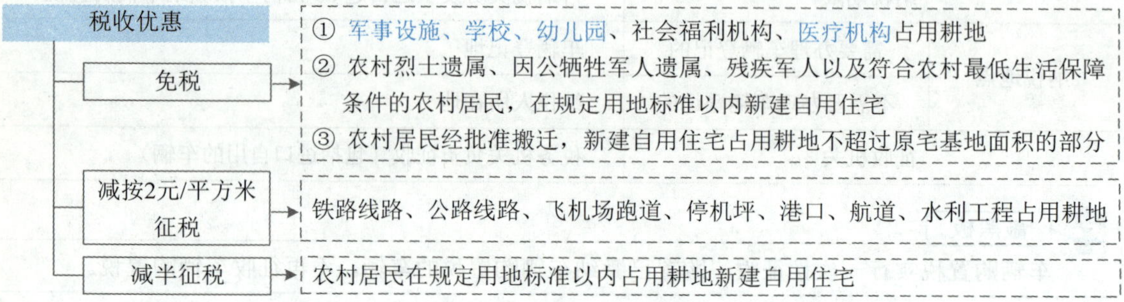

图 6-8-5　耕地占用税税收优惠

【提示】减税的铁路线路，具体范围限于铁路路基、桥梁、涵洞、隧道及其按照规定两侧留地、防火隔离带；减税的公路线路，具体范围限于经批准建设的国道、省道、县道、乡道和属于农村公路的村道的主体工程以及两侧边沟或者截水沟。

敲黑板

不免税项目：

（1）医疗机构内职工住房占用耕地。

（2）专用铁路和铁路专用线占用耕地。

（3）专用公路和城区内机动车道占用耕地。

考查角度　辨析耕地占用税征税项目、免税项目和减税项目。

【例题·多选 2016】根据耕地占用税法律制度的规定，下列各项中，免征耕地占用税的有（　　）。

A. 工厂生产车间占用的耕地　　B. 军用公路专用线占用的耕地

C. 学校教学楼占用的耕地　　D. 医院职工住宅楼占用的耕地

【解析】军用公路专用线占用的耕地属于军事设施占用耕地，免税。

【答案】BC

（三）耕地占用税计税依据、税率与应纳税额的计算

应纳税额=实际占用耕地面积（平方米）×定额税率

【提示 1】占用基本农田的，按当地适用税额的 150%征收。

【提示 2】经济特区、经济技术开发区和经济发达且人均耕地特别少的地区，适用税额可以

适当提高，但是提高的部分最高不得超过国务院规定的当地适用税额的50%。

考查角度 结合税收优惠考查应纳税额的计算。

【例题·单选2017】2016年7月甲公司开发住宅社区经批准共占用耕地150 000平方米，其中800平方米兴建幼儿园，5 000平方米修建学校。已知耕地占用税适用税率为30元/平方米。甲公司应缴纳耕地占用税税额的下列算式中，正确的是（　　）。

A. 150 000×30=4 500 000元

B.（150 000−800−5 000）×30=4 326 000元

C.（150 000−5 000）×30=4 350 000元

D.（150 000−800）×30=4 476 000元

【解析】兴建幼儿园和修建学校占用的耕地，免征耕地占用税。

【答案】B

（四）耕地占用税征收管理

耕地占用税征收管理的主要内容如表6-8-7所示。

表6-8-7 耕地占用税的征收管理

项目	具体内容
纳税义务发生时间	（1）经批准占用耕地的，为收到自然资源主管部门办理占用耕地手续的书面通知的当日 （2）未经批准占用耕地的，为自然资源主管部门认定的纳税人实际占用耕地的当日 （3）因挖损、采矿塌陷、压占、污染等损毁耕地的，为自然资源、农业农村等相关部门认定损毁耕地的当日
纳税期限	自纳税义务发生之日起30日内申报缴纳耕地占用税
纳税地点	耕地或其他农用地所在地
缴纳方式	一次性缴纳

考查角度 耕地占用税的纳税方式。

【例题·单选2013】纳税人缴纳耕地占用税的方式是（　　）。

A. 按年缴纳 B. 按月缴纳 C. 一次性缴纳 D. 按季度缴纳

【答案】C

考点6 烟叶税（★）

什么是烟叶税？

烟叶税是向收购烟叶的单位征收的一种税。

（一）烟叶税纳税人与征税范围

烟叶税的纳税人为在中国境内收购烟叶（包括晾晒烟叶、烤烟叶）的单位（购买方）。

小旌笔记

我国实行烟草专卖制度，烟叶由烟草公司或其委托单位依法统一收购，其他单位和个人无权收购烟叶。所以纳税人的规定中无“个人”。

考查角度 烟叶税的纳税人、烟叶的范围。

【例题1·单选2018】根据烟叶税法律制度的规定，下列属于烟叶税纳税人的是（　　）。

A. 生产烟叶的个人　B. 收购烟叶的单位　C. 销售香烟的单位　D. 消费香烟的个人

【答案】B

【例题2·多选2018】根据烟叶税法律制度的规定，下列各项中属于烟叶税征收范围的有（　　）。

A. 晾晒烟叶　B. 烟丝　C. 卷烟　D. 烤烟叶

【答案】AD

（二）烟叶税计税依据、税率与应纳税额的计算

烟叶税的计税依据是纳税人收购烟叶实际支付的价款总额，包括烟叶收购价款和价外补贴。其中，价外补贴统一按烟叶收购价款的10%计算。

应纳税额=价款总额×税率（20%）

=收购价款×（1+10%）×税率（20%）

（三）烟叶税征收管理

烟叶税征收管理的主要内容如表6-8-8所示。

表6-8-8　烟叶税的征收管理

项目	具体内容
纳税环节	烟叶收购环节
纳税义务发生时间	收购烟叶的当日
纳税地点	烟叶收购地
纳税期限	按月计征，纳税义务发生月终了之日起15日内申报并缴纳税款

考点7　船舶吨税（★★）

什么是船舶吨税？

船舶吨税是对自中国境外港口进入境内港口的船舶（包括中国国籍的船舶）征收的一种税。

（一）船舶吨税纳税人

以应税船舶负责人为纳税人。

（二）船舶吨税计税依据、税率与应纳税额的计算

船舶吨税按照船舶净吨位（计税依据）和吨税执照期限（不同期限对应不同税率）征收。其计算公式为：

应纳税额=应税船舶净吨位×定额税率

按照30日、90日和1年三种期限分类，每类分为普通税率和优惠税率两种

敲黑板

（1）适用优惠税率的船舶有：① 中国国籍的应税船舶；② 船籍国（地区）与中国签订含有相互给予船舶税费最惠国待遇条款的条约或者协定的应税船舶。

（2）拖船和非机动驳船分别按照相同净吨位船舶税率的50%计征。

（三）船舶吨税税收优惠

免征船舶吨税的主要项目有：

（1）应纳税额在人民币50元以下的船舶。

（2）自境外以购买、受赠、继承等方式取得船舶所有权的初次进口到港的空载船舶。

（3）吨税执照期满后24小时内不上下客货的船舶。

（4）避难、防疫隔离、修理、改造、终止运营或者拆解，并不上下客货的船舶。

（5）非机动船舶（不包括非机动驳船）。

（6）捕捞、养殖渔船。

（7）军队、武装警察部队专用或者征用的船舶。

（8）警用船舶。

（9）依照法律规定应当予以免税的外国驻华使领馆、国际组织驻华代表机构及其有关人员的船舶。

小旌笔记

第（5）至（9）条，与车船税的规定相同。

考查角度 辨析船舶吨税的应税项目与免税项目。

【例题·单选2019】根据船舶吨税法律制度的规定，下列船舶中，不予免征船舶吨税的是（　　）。

A. 捕捞渔船　　B. 非机动驳船

C. 养殖渔船　　D. 军队专用船舶

【答案】B

（四）船舶吨税征收管理

船舶吨税征收管理的主要内容如表6-8-9所示。

表 6-8-9　船舶吨税的征收管理

项目	内容
纳税义务发生时间	应税船舶进入港口的当日 【提示】应税船舶在吨税执照期满后尚未离开港口的，应当申领新的吨税执照，自上一次执照期满的次日起续缴吨税
纳税期限	应税船舶负责人应当自海关填发吨税缴款凭证之日起 15 日内缴清税款 【提示】未按期缴清税款的，自滞纳税款之日起至缴清税款之日止，按日加收滞纳税款万分之五的税款滞纳金
征收机关	海关

考查角度　船舶吨税的纳税期限。

【例题·单选 2014】应税船舶负责人应当自海关填发吨税缴款凭证之日起（　　）日内向指定银行缴清船舶吨税税款。

A. 30　　B. 20　　C. 15　　D. 40

【答案】C

第七章　税收征收管理法律制度

本章考情分析

本章地位	预估分值	考试题型	建议学习时长
★	6 分	单选题、多选题、判断题	3 小时

本章脉络图

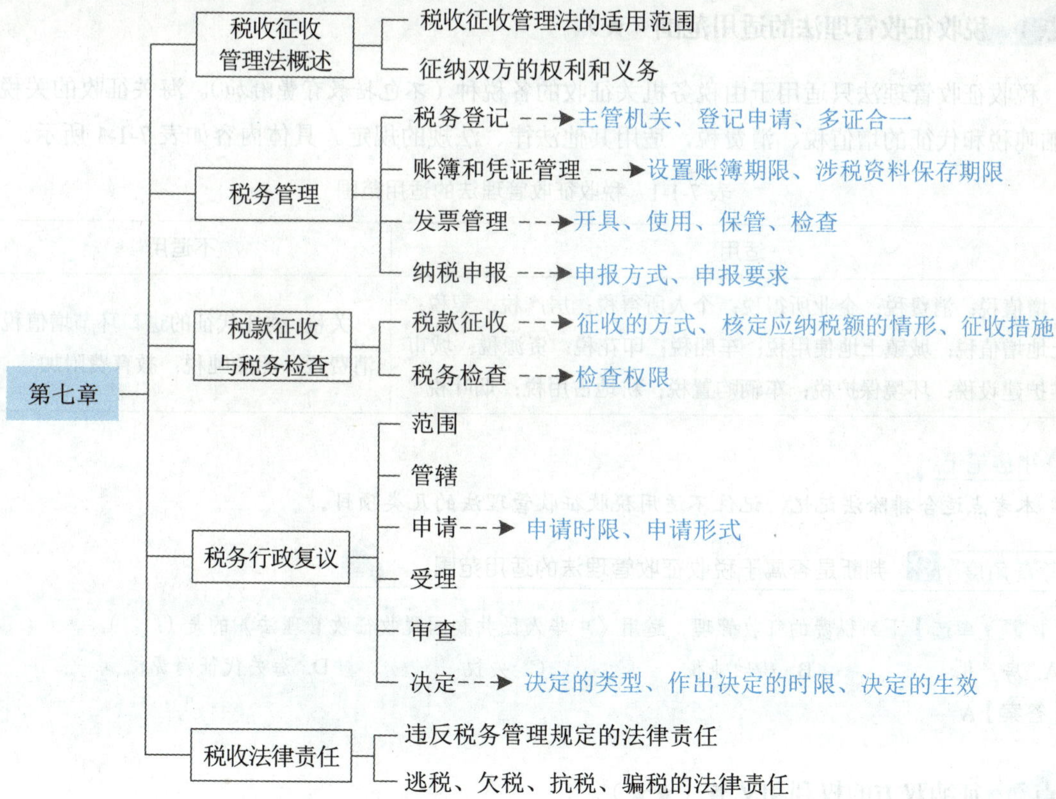

教材主要变化

（1）新增：①“第一节　税收征收管理法概述”（这部分内容2016年考试大纲中存在，2017年删除，2020年又增加了该部分内容）；②重大税收违法失信案件信息公布的内容。

（2）调整：“偷税行为”改为“逃税行为”，“逃避税务机关追缴欠税行为”改为“欠税行为”，补充了具体的法律责任。

（3）删除：“涉税专业服务”的内容。

本章考点精讲

第一节　税收征收管理法概述

考点1　税收征收管理法的适用范围（★）

税收征收管理法只适用于由税务机关征收的各税种（不包括教育费附加）。海关征收的关税、船舶吨税和代征的增值税、消费税，适用其他法律、法规的规定。具体内容如表7-1-1所示。

表7-1-1　税收征收管理法的适用范围

适用	不适用
增值税；消费税；企业所得税；个人所得税；房产税；契税；土地增值税；城镇土地使用税；车船税；印花税；资源税；城市维护建设税；环境保护税；车辆购置税；耕地占用税；烟叶税	关税；委托代征的进口环节增值税、消费税；船舶吨税；教育费附加

小旌笔记

本考点适合排除法记忆，记住不适用税收征收管理法的几类项目。

考查角度　判断是否属于税收征收管理法的适用范围。

【例题·单选】下列税费的征收管理，适用《中华人民共和国税收征收管理法》的是（　　）。

A. 房产税　　B. 船舶吨税　　C. 关税　　D. 海关代征消费税

【答案】A

考点2　征纳双方的权利和义务（★★）

（一）征税主体的权利和义务

征税主体的权利和义务如表7-1-2所示。

表 7-1-2 征税主体的权利和义务

<table>
<tr><th>项目</th><th colspan="2">主要内容</th></tr>
<tr><td rowspan="6">权利</td><td>（1）税收立法权</td><td>包括参与起草税收法律法规草案，提出税收政策建议，在职权范围内制定、发布关于税收征管的部门规章等</td></tr>
<tr><td>（2）税务管理权</td><td>包括对纳税人进行税务登记管理，账簿和凭证管理、发票管理、纳税申报管理等</td></tr>
<tr><td>（3）税款征收权（是最基本、最主要的职权）</td><td>包括依法计征权、核定税款权、税收保全和强制执行权、追征税款权等</td></tr>
<tr><td>（4）税务检查权</td><td>包括查账权、场地检查权、询问权、责成提供资料权、存款账户核查权等</td></tr>
<tr><td>（5）行政处罚权</td><td>如罚款</td></tr>
<tr><td>（6）其他职权</td><td>如在法律、行政法规规定的权限内，对纳税人的减、免、退、延期缴纳的申请予以审批的权利；阻止欠税纳税人离境的权利；委托代征权；估税权；代位权与撤销权；定期对纳税人欠缴税款情况予以公告的权利</td></tr>
<tr><td>义务</td><td colspan="2">（1）宣传税收法律、行政法规，普及纳税知识，无偿为纳税人提供纳税咨询服务
（2）依法为纳税人、扣缴义务人的情况保守秘密，为检举违反税法行为者保密
【提示】纳税人、扣缴义务人的税收违法行为不属于保密范围
（3）加强队伍建设，提高税务人员的政治业务素质
（4）秉公执法、忠于职守、清正廉洁、礼貌待人、文明服务、尊重和保护纳税人、扣缴义务人的权利，依法接受监督
（5）税务人员不得索贿受贿、徇私舞弊、玩忽职守、不征或者少征应征税款；不得滥用职权多征税款或者故意刁难纳税人和扣缴义务人
（6）税务人员在核定应纳税额、调整税收定额、进行税务检查、实施税务行政处罚、办理税务行政复议时，与纳税人、扣缴义务人或者其法定代表人、直接责任人有利害关系，包括夫妻关系、直系血亲关系、三代以内旁系血亲关系、近姻亲关系、可能影响公正执法的其他利害关系的，应当回避
（7）建立、健全内部制约和监督管理制度。上级税务机关应当对下级税务机关的执法活动依法进行监督。各级税务机关应当对其工作人员执行法律、行政法规和廉洁自律准则的情况进行监督检查</td></tr>
</table>

（二）纳税主体的权利和义务

纳税主体的权利和义务如表 7-1-3 所示。

表 7-1-3　纳税主体的权利和义务

项目	具体内容
权利	（1）知情权 （2）要求保密权 （3）依法享受税收优惠权 （4）申请退还多缴税款权 （5）申请延期申报权 （6）纳税申报方式选择权 （7）申请延期缴纳税款权 （8）索取有关税收凭证的权利 （9）委托税务代理权 （10）陈述权、申辩权 （11）对未出示税务检查证和税务检查通知书的拒绝检查权 （12）依法要求听证的权利 （13）税收法律救济权 （14）税收监督权
义务	（1）按期办理税务登记，及时核定应纳税种、税目 （2）依法设置账簿、保管账簿和有关资料以及依法开具、使用、取得和保管发票的义务 （3）财务会计制度和会计核算软件备案的义务 （4）按照规定安装、使用税控装置的义务 （5）按期、如实办理纳税申报的义务 （6）按期缴纳或解缴税款的义务 （7）接受税务检查的义务 （8）代扣、代收税款的义务 （9）及时提供信息的义务，如纳税人有歇业、经营情况变化、遭受各种灾害等特殊情况的，应及时向征税机关说明等 （10）报告其他涉税信息的义务，如企业合并、分立的报告义务等

考查角度　征纳双方的权利和义务。

【例题·单选 2015】根据税收征收管理法律制度的规定，下列各项中，属于纳税人义务的是（　　）。

A. 申请退还多缴税款　　B. 宣传税法

C. 按期办理纳税申报　　D. 税款征收

【答案】C

【拓展·单选 2015】根据税收征收管理法律制度的规定，下列各项中，属于纳税人享有的权利是（　　）。

A. 委托代征权　　B. 税收立法权

C. 税收监督权　　D. 税务管理权

【答案】C

第二节　税务管理

税务管理主要包括税务登记管理、账簿和凭证管理、发票管理、纳税申报管理等。

考点 1　税务登记（★★）

（一）税务登记主管机关与申请人

税务登记主管机关与申请人的内容如图 7-2-1 所示。

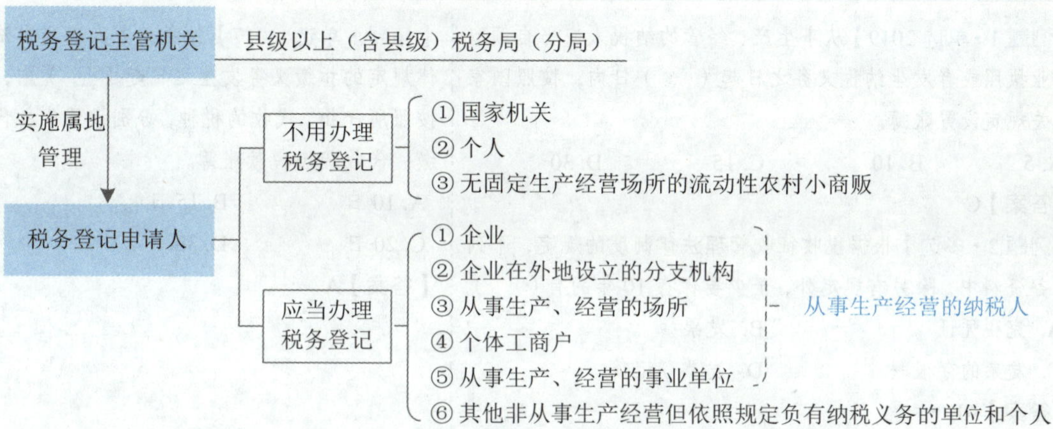

图 7-2-1　税务登记主管机关与申请人

【提示】负有扣缴税款义务的扣缴义务人（国家机关除外），应当办理扣缴税款登记。

（二）“多证合一”登记制度改革

“多证合一”是指在“五证合一”的基础上，将其他登记、备案等有关事项和各类证照进一步整合到营业执照上。使营业执照成为企业唯一的“身份证”，使统一社会信用代码成为企业唯一的身份代码，实现企业“一照一码”走天下。

【提示】“五证合一”中的“五证”是指：① 工商营业执照；② 组织机构代码证；③ 税务登记证；④ 社会保险登记证；⑤ 统计登记证。

考点 2　账簿和凭证管理（★★★）

账簿的设置期限和相关税务资料的保存期限，如图 7-2-2 所示。

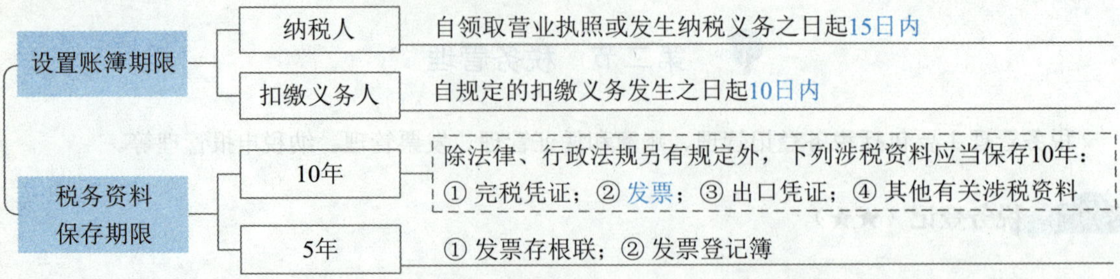

图 7-2-2　账簿设置期限和税务资料的保存期限

考查角度　纳税人和扣缴义务人设置账簿的期限、涉税资料的保存期限。

【例题 1 · 单选 2019】从事生产、经营的纳税人应当自领取营业执照或者发生纳税义务之日起（　　）日内，按照国家有关规定设置账簿。

A. 5　　B. 10　　C. 15　　D. 30

【答案】C

【例题 2 · 多选】根据税收征收管理法律制度的规定，下列财务资料中，除另有规定外，至少要保存 10 年的有（　　）。

A. 完税凭证　　B. 发票

C. 发票的存根联　　D. 发票登记簿

【答案】AB

【拓展 · 单选 2017】扣缴义务人应当自法律规定的扣缴义务发生之日起（　　）内，按照所代扣、代收的税种，分别设置代扣代缴、代收代缴税款账簿。

A. 10 日　　B. 15 日

C. 20 日　　D. 30 日

【答案】A

考点 3　发票管理（★★★）

（一）发票的类型

发票的类型及其内容如表 7-2-1 所示。

表 7-2-1　发票的类型及其内容

发票类型	包括的内容
增值税专用发票	（1）增值税专用发票 （2）机动车销售统一发票
增值税普通发票	（1）增值税普通发票（折叠票） （2）增值税普通发票（卷票） （3）增值税电子普通发票
其他发票	农产品收购发票、农产品销售发票、门票、过路（过桥）费发票、定额发票、客运发票和二手车销售统一发票等

（二）发票的开具、使用和保管

发票的开具、使用和保管的主要内容如表 7-2-2 所示。

表 7-2-2 发票的开具、使用和保管

项目	内容
发票的开具	（1）一般情况下，由收款方向付款方开具发票；特殊情况下，付款方向收款方开具发票（如收购单位和扣缴义务人支付个人款项时） （2）取得发票时，不得要求变更品名和金额 （3）开具发票应当按照规定的时限、顺序、栏目，全部联次一次性如实开具，并加盖发票专用章 （4）任何单位和个人不得有下列虚开发票的行为： ① 为他人、为自己开具与实际经营业务情况不符的发票（作为提供方） ② 让他人为自己开具与实际经营业务情况不符的发票（作为接受方） ③ 介绍他人开具与实际经营业务情况不符的发票（作为中介）
发票的使用	（1）任何单位和个人应当按照发票管理规定使用发票，不得有下列行为： ① 转借、转让、介绍他人转让发票、发票监制章和发票防伪专用品 ② 知道或者应当知道是私自印制、伪造、变造、非法取得或者废止的发票而受让、开具、存放、携带、邮寄、运输 ③ 拆本使用发票 ④ 扩大发票使用范围 ⑤ 以其他凭证代替发票使用 （2）开具发票的单位和个人应当建立发票使用登记制度，设置发票登记簿，并定期向主管税务机关报告发票使用情况 （3）开具发票的单位和个人应当在办理变更或者注销税务登记的同时，办理发票和发票领购簿的变更、缴销手续
发票的保管	开具发票的单位和个人应当按照税务机关的规定存放和保管发票（发票保管 10 年，发票存根联和发票登记簿保管 5 年），不得擅自损毁。保存期满，报经税务机关查验后销毁

考查角度 发票开具、使用和保管的具体要求。

【例题 1·多选 2014】根据发票管理法律制度的规定，下列关于发票开具和保管的表述中，符合法律规定的有（　　）。

A. 不得为他人开具与实际经营业务不符的发票

B. 已经开具的发票存根联和发票登记簿应当保存 3 年

C. 取得发票时，不得要求变更品名和金额

D. 开具发票的单位和个人应当建立发票使用登记制度，设置发票登记簿

【答案】ACD

【例题 2 · 多选 2015、2014】根据税收征收管理法律制度的规定，下列行为中，属于未按照规定使用发票的有（　　）。

A. 扩大发票使用范围　　B. 拆本使用发票

C. 以其他凭证代替发票使用　　D. 转借发票

【答案】ABCD

【例题 3 · 单选 2015】根据税收征收管理法律制度的规定，关于发票开具、使用和保管的下列表述中，正确的是（　　）。

A. 销售货物开具发票时，可按付款方要求变更品名和金额

B. 经单位财务负责人批准后，可拆本使用发票

C. 已经开具的发票存根联保存期满后，开具发票的单位可直接销毁

D. 收购单位向个人支付收购款项时，由付款方向收款方开具发票

【答案】D

（三）发票的检查

税务机关在发票管理中有权进行下列检查：

（1）检查印制、领购、开具、取得、保管和缴销发票的情况。

（2）调出发票查验。

（3）查阅、复制与发票有关的凭证、资料。

（4）向当事各方询问与发票有关的问题和情况。

（5）在查处发票案件时，对与案件有关的情况和资料，可以记录、录音、录像、照相和复制。

【提示 1】税务人员进行检查时，应当出示税务检查证。

【提示 2】税务机关需要将已开具的发票调出查验时，应当向被查验的单位和个人开具"发票换票证"。发票换票证与所调出查验的发票有同等的效力。

【提示 3】税务机关需要将空白发票调出查验时，应当开具"收据"；经查无问题的，应当及时返还。

考查角度　税务机关在发票管理中享有的检查权限。

【例题 · 多选 2018、2014】根据税收征收管理法律制度的规定，下列各项中，属于税务机关发票管理权限的有（　　）。

A. 检查印制、领购、开具、取得、保管和缴销发票的情况

B. 查阅、复制与发票有关的凭证、资料

C. 调出发票查验

D. 向当事各方询问与发票有关的问题和情况

【答案】ABCD

考点 4　纳税申报（★★★）

（一）纳税申报的方式

纳税申报方式是指纳税人和扣缴义务人在纳税申报期内，依照规定到指定税务机关进行申报纳税的形式。目前主要有四种纳税申报方式，具体内容如图 7-2-3 所示。

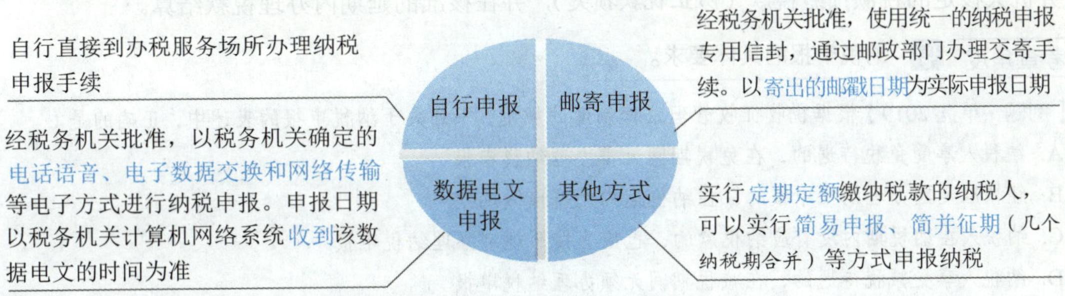

图 7-2-3　纳税申报的方式

考查角度　纳税申报的种类及具体含义、申报日期的确定。

【例题 1 · 多选 2019】根据税收征收管理法律制度的规定，下列各项中，属于纳税申报方式的有（　　）。

A. 简易申报　　B. 数据电文申报

C. 自行申报　　D. 邮寄申报

【答案】ABCD

【例题 2 · 单选 2014】根据税收征收管理法律制度的规定，下列关于纳税申报方式的表述中，不正确的是（　　）。

A. 邮寄申报以税务机关收到的日期为实际申报日期

B. 数据电文方式的申报日期以税务机关计算机网络系统收到该数据电文的时间为准

C. 实行定期定额缴纳税款的纳税人，可以实行简易申报、简并征期等方式申报纳税

D. 自行申报是指纳税人、扣缴义务人按照规定的期限自行直接到主管税务机关办理纳税申报手续

【答案】A

【拓展 · 多选 2018】根据税收征收管理法律制度的规定，下列纳税申报方式中，符合法律规定的有（　　）。

A. 甲企业在规定的申报期限内，自行到主管税务机关指定的办税服务大厅申报

B. 经税务机关批准，乙企业使用统一的纳税申报专用信封，通过邮局交寄

C. 经税务机关批准，丙企业以网络传输方式申报

D. 实行定期定额缴纳税款的丁个体工商户，采用简易申报方式申报

【答案】ABCD

（二）纳税申报的要求

（1）纳税人在纳税期内没有应纳税款的，也应当按照规定办理纳税申报。

（2）纳税人享受减税、免税待遇的，在减税、免税期间应当按照规定办理纳税申报。

小旌笔记

为了堵塞税收漏洞，无论纳税人有没有应纳税款，是否享受减免税待遇，都要进行纳税申报。

（3）纳税人、扣缴义务人按照规定的期限办理纳税申报或者报送代扣代缴、代收代缴税款报

告表确有困难，需要延期的，应当在规定的期限内向税务机关提出书面延期申请，经税务机关核准，在核准的期限内办理。

（4）纳税人、扣缴义务人因不可抗力（如地震），不能按期办理纳税申报或者报送代扣代缴、代收代缴税款报告表的，可以延期办理；但是，应当在不可抗力情形消除后立即向税务机关报告。

（5）经核准延期办理纳税申报、报送事项的，应当在纳税期内按照上期实际缴纳的税额或者税务机关核定的税额预缴税款（防止税款损失），并在核准的延期内办理税款结算。

考查角度　纳税申报的具体要求。

【例题·单选 2019】根据税收征收管理法律制度的规定，下列关于纳税申报的表述中，正确的是（　　）。

A. 纳税人享受免税待遇的，在免税期间无需办理纳税申报

B. 经核准延期办理纳税申报的，在纳税期内无需预缴税款

C. 纳税人在纳税期内没有应纳税款的，也应当按照规定办理纳税申报

D. 纳税人享受减税待遇的，在减税期间无须办理纳税申报

【答案】C

考点回顾　税务管理。

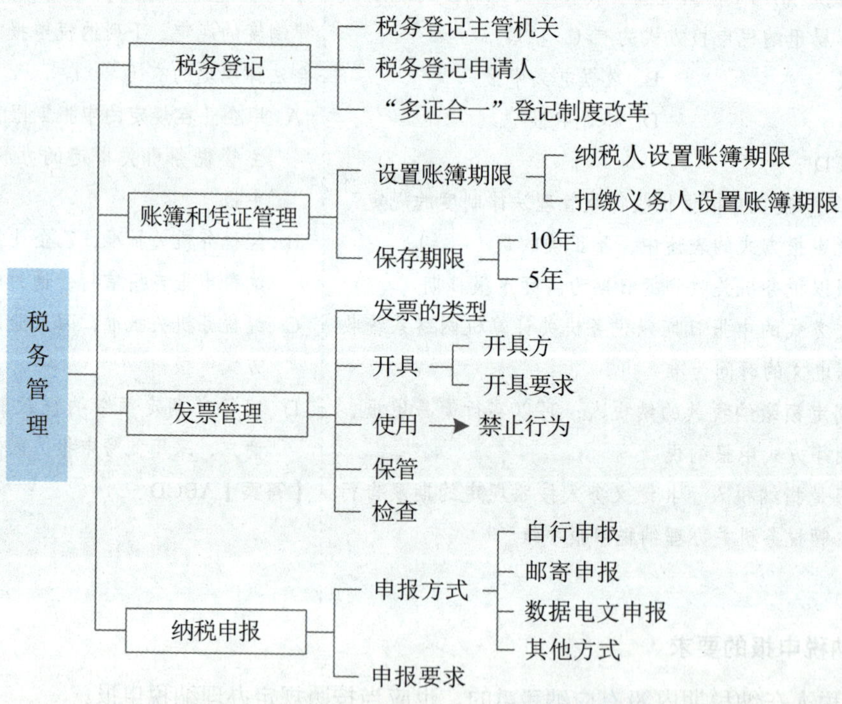

第三节　税款征收与税务检查

考点 1　税款征收（★★★）

（一）税款征收的方式

税款征收的方式及其适用范围如表 7-3-1 所示。

表 7-3-1　税款征收的方式及其适用范围

征收方式	适用范围
查账征收	适用于财务会计制度健全，能够如实核算和提供生产经营情况，并能正确计算应纳税款和如实履行纳税义务的纳税人（简记“账健全”）
查定征收	适用于生产经营规模较小、产品零星、税源分散、会计账册不健全，但能控制原材料或进销货的小型厂矿和作坊（简记“规模小”）
查验征收	适用于纳税人财务制度不健全，生产经营不固定，零星分散、流动性大的税源（简记“不固定”）
定期定额征收	适用于经主管税务机关认定和县以上（含县级）税务机关批准的生产、经营规模小，达不到设置账簿标准，难以查账征收，不能准确计算计税依据的个体工商户（包括个人独资企业）（简记“无账的个体户”）

考查角度　税款征收方式及其适用情形。

【例题·单选 2018、2015】根据税收征收管理法律制度的规定，下列税款征收方式中，适用于纳税人财务制度不健全，生产经营不固定，零星分散，流动性大的税源的是（　　）。

A. 定期定额征收　　B. 查定征收　　C. 查验征收　　D. 查账征收

【答案】C

（二）核定应纳税额的情形

纳税人有下列情形之一的，税务机关有权核定其应纳税额（主要是针对无账可查或账上数据不可信的情况）：

（1）依照法律、行政法规的规定可以不设置账簿的。

（2）依照法律、行政法规的规定应当设置但未设置账簿的。

（3）擅自销毁账簿或者拒不提供纳税资料的。

（4）虽设置账簿，但账目混乱，或者成本资料、收入凭证、费用凭证残缺不全，难以查账的。

（5）发生纳税义务，未按照规定的期限办理纳税申报，经税务机关责令限期申报，逾期仍不申报的。

（6）纳税人申报的计税依据明显偏低，又无正当理由的。

考查角度 判断是否属于核定应纳税额的情形。

【例题·判断 2019】依照法律、行政法规的规定纳税人可以不设置账簿的，税务机关有权核定其应纳税额。（　）

【答案】√

（三）税款征收措施

税款征收的主要措施如图 7-3-1 所示。

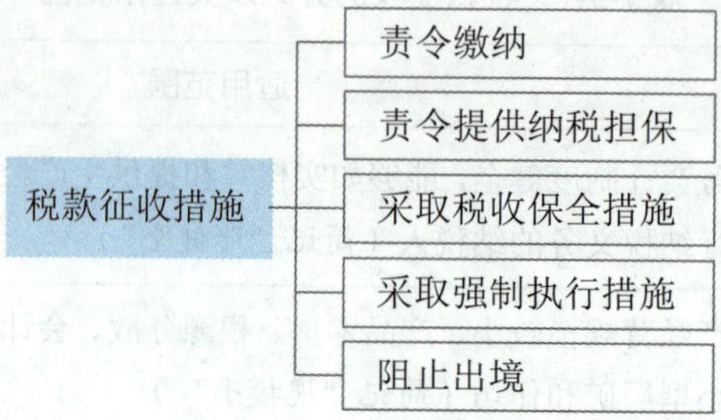

图 7-3-1　税款征收措施

1. 责令缴纳

（1）纳税人未按照规定期限缴纳税款的，扣缴义务人未按照规定期限解缴税款的，税务机关可责令其限期缴纳，并从滞纳税款之日起，按日加收滞纳税款万分之五的滞纳金。

【提示】加收滞纳金的起止时间为税法规定的税款缴纳期限届满次日起至实际缴纳或者解缴税款之日止。

（2）对未按照规定办理税务登记的从事生产、经营的纳税人以及临时从事生产经营的纳税人，由税务机关核定其应纳税额，责令其缴纳应纳税款。

（3）税务机关有根据认为从事生产、经营的纳税人有逃避纳税义务行为的，可以在规定的纳税期之前，责令其限期缴纳应纳税款。

（4）纳税担保人未按照规定的期限缴纳所担保的税款，税务机关可以责令其限期缴纳应纳税款。

考查角度 判断是否属于税款征收措施、加收滞纳金的起止时间和缴纳比例。

【例题 1·单选 2019】根据税收征收管理法律制度的规定，下列各项中，属于税款征收措施的是（　）。

A. 税务行政复议　　B. 税收保全　　C. 自行申报　　D. 查账征收

【答案】B

【例题 2·单选 2017】根据税收征收管理法律制度的规定，纳税人未按照规定期限缴纳税款的，税务机关可责令其限期缴纳，并从滞纳之日起，按日加收滞纳税款一定比例的滞纳金，该比例为（　）。

A. 万分之五　　B. 万分之七　　C. 万分之一　　D. 万分之三

【答案】A

【例题 3 · 单选 2018】按照规定甲公司最晚应于 2017 年 5 月 15 日缴纳应纳税款，甲公司迟迟未缴纳，主管税务机关责令其于当年 6 月 30 日前缴纳，并加收滞纳金，甲公司最终于 7 月 14 日缴纳税款。关于主管税务机关对甲公司加收滞纳金的起止时间的下列表述中，正确的是（　　）。

A. 2017 年 6 月 15 日至 2017 年 7 月 15 日　　B. 2017 年 6 月 30 日至 2017 年 7 月 15 日

C. 2017 年 5 月 16 日至 2017 年 7 月 14 日　　D. 2017 年 7 月 1 日至 2017 年 7 月 14 日

【答案】C

2. 责令提供纳税担保

纳税担保的主要内容如表 7-3-2 所示。

表 7-3-2　纳税担保的主要内容

项目	具体内容
纳税担保的方式	保证、抵押、质押
适用纳税担保的情形	（1）税务机关有根据认为从事生产、经营的纳税人有逃避纳税义务行为，在规定的纳税期之前经责令其限期缴纳应纳税款，在限期内发现纳税人有明显的转移、隐匿其应纳税的商品、货物，以及其他财产或应纳税收入的迹象，责成纳税人提供纳税担保的 （2）欠缴税款、滞纳金的纳税人或者其法定代表人需要出境的 （3）纳税人同税务机关在纳税上发生争议而未缴清税款，需要申请行政复议的 （4）税收法律、行政法规规定可以提供纳税担保的其他情形
纳税担保的范围	税款、滞纳金和实现税款、滞纳金的费用。费用包括抵押、质押登记费用，抵押保管费用，以及保管、拍卖、变卖担保财产等相关费用支出 【敲黑板】不包括罚款

考查角度　纳税担保的方式、适用纳税担保的情形、纳税担保的范围。

【例题 1 · 单选 2017、2014】根据税收征收管理法律制度的规定，下列各项中，不属于纳税担保方式的是（　　）。

A. 保证　　B. 扣押　　C. 质押　　D. 抵押

【答案】B

【例题 2 · 单选 2019】根据税收征收管理法律制度的规定，下列情形中，税务机关可以责令纳税人提供纳税担保的是（　　）。

A. 纳税人按照规定应设置账簿而未设置

B. 纳税人同税务机关在纳税上发生争议而未缴清税款，需要申请行政复议的

C. 纳税人对税务机关作出逾期不缴纳罚款加处罚款的决定不服，需要申请行政复议的

D. 纳税人开具与实际经营业务情况不符的发票

【解析】选项 A，由税务机关核定其应纳税额；选项 C，需要缴纳罚款和加处罚款；选项 D 属于禁止行为。

【答案】B

【例题 3·单选 2019】根据税收征收管理法律制度的规定，下列费用中，不属于纳税担保范围的是（　　）。

A. 罚款　　B. 税款　　C. 实现税款的费用　　D. 税收滞纳金

【答案】A

3. 采取税收保全措施与采取强制执行措施

税收保全措施与强制执行措施的主要内容如表 7-3-3 所示。

表 7-3-3　税收保全措施与强制执行措施

项目	税收保全措施	强制执行措施
适用情形	税务机关责令具有税法规定情形的纳税人提供纳税担保而纳税人拒绝提供纳税担保或无力提供纳税担保的（到期前不放心）	从事生产、经营的纳税人、扣缴义务人未按照规定的期限缴纳或者解缴税款，纳税担保人未按照规定的期限缴纳所担保的税款，由税务机关责令限期缴纳，逾期仍未缴纳的（到期仍不交）
针对主体	纳税人	纳税人、扣缴义务人、纳税担保人
具体措施	（1）书面通知纳税人开户银行或者其他金融机构冻结纳税人的金额相当于应纳税款的存款 （2）扣押、查封纳税人的价值相当于应纳税款的商品、货物或者其他财产 【提示】税务机关采取税收保全措施的期限一般不得超过 6 个月	（1）书面通知其开户银行或者其他金融机构从其存款中扣缴税款（包括滞纳金） （2）扣押、查封、依法拍卖或者变卖其价值相当于应纳税款的商品、货物或者其他财产，以拍卖或者变卖所得抵缴税款（包括滞纳金）
批准机关	经县以上税务局（分局）局长批准	
不适用的财产	（1）个人及其所扶养家属维持生活必需的住房和用品 （2）单价 5 000 元以下的其他生活用品 【提示】上述住房和用品不包括机动车辆、金银饰品、古玩字画、豪华住宅或者一处以外的住房	

考查角度　辨析税收保全措施与强制执行措施、不适用的财产范围、税收保全措施的期限。

【例题 1·多选 2018】根据税收征收管理法律制度的规定，下列各项中，属于税收保全措施的有（　　）。

A. 拍卖纳税人的价值相当于应纳税款的财产

B. 责令纳税人提供纳税担保

C. 书面通知纳税人开户银行冻结纳税人的金额相当于应纳税款的存款

D. 扣押纳税人的价值相当于应纳税款的商品

【解析】根据关键字进行判断。"冻结""扣押、查封"属于税收保全措施；"通知扣缴""依法拍卖""变卖"属于强制执行措施。

【答案】CD

【拓展 1·单选 2016】根据税收征收管理法律制度的规定，税务机关依法采取强制执行措施时，对个人及其所扶养家属维持生活必需的住房和用品，不在强制执行措施的范围之内。对单价在一定金额以下的其他生活用品，不采取强制执行措施。该金额为（　　）。

A. 5 000 元　　B. 10 000 元

C. 20 000 元　　D. 15 000 元

【答案】A

【例题 2·单选 2018】根据税收征收管理法律制度的规定，下列各项中，不适用税收保全的财产是（ ）。

A. 纳税人的古董　B. 纳税人的别墅

C. 纳税人的豪华小汽车　D. 纳税人的家庭唯一普通住房

【答案】D

【例题 3·单选 2013】税务机关采取税收保全措施的期限一般最长不得超过（ ）。

A. 3 个月　B. 6 个月　C. 1 年　D. 3 年

【答案】B

【拓展 2·单选 2018】根据税收征收管理法律制度的规定，下列各项中，属于税务机关可以采取的强制执行措施是（ ）。

A. 责令缴纳

B. 阻止出境

C. 责令提供纳税担保

D. 拍卖变卖

【答案】D

4. 阻止出境

欠缴税款的纳税人或者其法定代表人在出境前未按规定结清应纳税款、滞纳金或者提供纳税担保的，税务机关可以通知出境管理机关阻止其出境。

考查角度　阻止出境的适用情形。

【例题·单选 2017】税务机关在查阅甲公司公开披露的信息时发现，其法定代表人张某有一笔股权转让收入未申报缴纳个人所得税，要求张某补缴税款 80 万元，滞纳金 3.8 万元。张某未结清应纳税款、滞纳金的情况下，拟出国考察，且未提供纳税担保，税务机关知晓后对张某可以采取的税款征收措施是（ ）。

A. 查封住房　B. 查封股票交易账户

C. 通知出境管理机关阻止出境　D. 冻结银行存款

【答案】C

考点 2　税务检查（★★★）

税务机关有权进行下列税务检查：

（1）检查纳税人的账簿、记账凭证、报表和有关资料，检查扣缴义务人代扣代缴、代收代缴税款账簿、记账凭证和有关资料。（查账权）

（2）到纳税人的生产、经营场所和货物存放地（不包括生活场所）检查纳税人应纳税的商品、货物或者其他财产，检查扣缴义务人与代扣代缴、代收代缴税款有关的经营情况。（场地检查权）

（3）责成纳税人、扣缴义务人提供与纳税或者代扣代缴、代收代缴税款有关的文件、证明材料和有关资料。（责成提供资料权）

（4）询问纳税人、扣缴义务人与纳税或者代扣代缴、代收代缴税款有关的问题和情况。（询问权）

（5）到车站、码头、机场、邮政企业及其分支机构检查纳税人托运、邮寄应纳税商品、货物（不包括旅客自带的行李物品）或者其他财产的有关单据、凭证和有关资料。（交通邮政检查权）

（6）经县以上税务局（分局）局长批准，指定专人负责，凭全国统一格式的检查存款账户许可证明，查询从事生产、经营的纳税人、扣缴义务人在银行或者其他金融机构的存款账户；税务机关在调查税收违法案件时，经设区的市、自治州以上税务局（分局）局长批准，可以查询案件涉嫌人员的储蓄存款。（存款账户查询权）

【提示 1】税务机关调查税务违法案件时，对与案件有关的情况和资料，可以记录、录音、录像、照相和复制。（同发票检查）

【提示 2】税务机关派出的人员进行税务检查时，应当出示税务检查证和税务检查通知书，并有责任为被检查人保守秘密；未出示税务检查证和税务检查通知书的，被检查人有权拒绝检查。

考查角度 税务检查的具体内容、税务机关派出人员在税务检查中应履行的职责。

【例题 1·多选 2015】根据税收征收管理法律制度的规定，税务机关在实施税务检查时，可以采取的措施有（　　）。

A. 检查纳税人的会计资料
B. 检查纳税人货物存放地的应纳税商品
C. 检查纳税人托运、邮寄应纳税商品的单据、凭证
D. 到车站检查旅客自带物品

【答案】ABC

【例题 2·多选 2016】根据税收征收管理法律制度的规定，下列各项中，属于税务机关派出人员在税务检查中应履行的职责有（　　）。

A. 出示税务检查通知书
B. 出示税务机关组织机构代码证
C. 为被检查人保守秘密
D. 出示税务检查证

【答案】ACD

考点回顾 税款征收与税务检查。

- 税款征收与税务检查
  - 税款征收
    - 征收的方式
      - 查账征收
      - 查定征收
      - 查验征收
      - 定期定额征收
    - 核定应纳税额的情形
    - 税款征收的措施
      - 责令缴纳
      - 责令提供纳税担保
        - 担保的方式
        - 担保的范围
      - 采取税收保全措施
      - 采取税收强制执行措施
      - 阻止出境
  - 税务检查
    - 查账权
    - 场地检查权
    - 责成提供资料权
    - 询问权
    - 交通邮政检查权
    - 存款账户查询权

第四节　税务行政复议

小旌笔记

税务行政复议属于我国行政复议制度的一个重要组成部分。本节的部分内容与我们第一章所学的“行政复议”内容相同。

考点 1　税务行政复议范围（★★）

纳税人及其他当事人（简称申请人）认为税务机关（简称被申请人）的具体行政行为侵犯其合法权益，可依法向税务行政复议机关申请行政复议，具体范围如表 7-4-1 所示。

表 7-4-1　税务行政复议范围

分类	复议范围
先申请行政复议，不服再向法院起诉（复议前置，先议后诉）	税务机关作出的征税行为： 包括确认纳税主体、征税对象、征税范围、减税、免税、退税、抵扣税款、适用税率、计税依据、纳税环节、纳税期限、纳税地点和税款征收方式等具体行政行为，征收税款、加收滞纳金，扣缴义务人、受税务机关委托的单位和个人作出的代扣代缴、代收代缴、代征行为等（确认税法要素+税款征收方式+滞纳金）
可以申请行政复议，也可以直接向法院起诉（可议可诉）	税务机关作出的“非征税”行为： （1）行政许可、行政审批行为 （2）发票管理行为，包括发售、收缴、代开发票等 （3）税收保全措施、强制执行措施 （4）行政处罚行为：① 罚款；② 没收财物和违法所得；③ 停止出口退税权 （5）不依法履行下列职责的行为：① 开具、出具完税凭证；② 行政赔偿；③ 行政奖励；④ 其他不依法履行职责的行为 （6）资格认定行为 （7）不依法确认纳税担保行为 （8）政府公开信息工作中的具体行政行为 （9）纳税信用等级评定行为 （10）通知出入境管理机关阻止出境行为 （11）其他具体行政行为

考查角度　判断是否属于税务行政复议范围、辨析先复议再诉讼与可复议可诉讼的情形。

【例题 1·多选 2018】根据税收征收管理法律制度的规定，纳税人对税务机关的下列行政行为不服时，可以申请行政复议的有（　　）。

A. 罚款　　B. 确认适用税率

C. 加收滞纳金　　D. 依法制定税收优惠政策

【解析】“依法制定税收优惠政策”属于抽象行政行为，不属于税务行政复议范围。

【答案】ABC

【例题 2 · 多选 2018】根据税收征收管理法律制度的规定，税务机关作出的下列行政行为中，纳税人不服时可以选择申请税务行政复议或者直接提起行政诉讼的有（　　）。

A. 加收滞纳金　　B. 罚款

C. 没收财物和违法所得　　D. 征收税款

【答案】BC

【例题 3 · 单选 2016】税务机关作出下列行为中，纳税人不服时应申请行政复议，不服行政复议再提起行政诉讼的是（　　）。

A. 纳税信用等级评定　　B. 税收强制执行措施

C. 行政审批　　D. 纳税地点确认

【答案】D

考点 2　税务行政复议管辖（★★）

税务行政复议管辖的内容如表 7-4-2 所示。

表 7-4-2　税务行政复议管辖

分类	内容
找上级	（1）对各级税务局的具体行政行为不服的，向其上一级税务局申请行政复议 （2）对计划单列市税务局的具体行政行为不服的，向国家税务总局申请行政复议 （3）对税务所（分局）、各级税务局的稽查局的具体行政行为不服的，向其所属税务局申请行政复议 （4）对两个以上税务机关以共同的名义作出的具体行政行为不服的，向共同上一级税务机关申请行政复议；对税务机关与其他行政机关以共同的名义作出的具体行政行为不服的，向其共同上一级行政机关申请行政复议 （5）对被撤销的税务机关在撤销以前所作出的具体行政行为不服的，向继续行使其职权的税务机关的上一级税务机关申请行政复议
特殊	（1）对国家税务总局的具体行政行为不服的，向国家税务总局申请行政复议。对行政复议决定不服，申请人可以向人民法院提起行政诉讼，也可以向国务院申请裁决。国务院的裁决为最终裁决（先自省，还不服的找上级或诉讼） （2）对税务机关作出逾期不缴纳罚款加处罚款的决定不服的，向作出行政处罚决定的税务机关申请行政复议。但是对已处罚款和加处罚款都不服的，一并向作出行政处罚决定的税务机关的上一级税务机关申请行政复议（只对加处罚款不服的，可“商量”，对罚款和加处罚款都不服的，找上级）

考查角度　税务行政复议管辖的具体内容及应用。

【例题·单选 2019】根据税收征收管理法律制度的规定，下列关于税务行政复议管辖的表述中，不正确的是（　　）。

A. 对税务局的稽查局的具体行政行为不服的，向其所属税务局申请行政复议

B. 对市辖区税务局的具体行政行为不服的，向市税务局申请行政复议

C. 对国家税务总局的具体行政行为不服的，向国家税务总局申请行政复议

D. 对计划单列市税务局的具体行政行为不服的，向其所在省的省税务局申请行政复议

【答案】D

【拓展·单选 2019】甲公司对 M 省 N 市税务局稽查局作出的具体行政行为不服，拟申请行政复议。下列各项中，符合复议管辖规定的是（　　）。

A. 甲公司应向 N 市税务局稽查局申请行政复议

B. 甲公司应向 M 省税务局申请行政复议

C. 甲公司应向 M 省税务局稽查局申请行政复议

D. 甲公司应向 N 市税务局申请行政复议

【答案】D

考点 3　税务行政复议申请与受理（★★）

（一）税务行政复议申请

税务行政复议申请时限与申请形式如图 7-4-1 所示。

- 申请时限 —— 申请人自知道税务机关作出具体行政行为之日起60日内提出
- 申请形式
  - 书面申请 → 可以采取当面递交、邮寄、传真或者电子邮件等方式提出
  - 口头申请 → 复议机关应当当场制作行政复议申请笔录，交申请人核对或者向申请人宣读，并由申请人确认

图 7-4-1　税务行政复议申请时限与申请形式

敲黑板

（1）申请人对税务机关作出的征税行为不服申请行政复议的，必须依照税务机关根据法律、行政法规确定的税额、期限，先行缴纳或者解缴税款及滞纳金，或者提供相应的担保，方可在实际缴清税款和滞纳金后或者提供的担保得到作出具体行政行为的税务机关确认之日起 60 日内提出行政复议申请。

（2）申请人对税务机关作出逾期不缴纳罚款加处罚款的决定不服的，应当先缴纳罚款和加处罚款，再申请行政复议。

考查角度 税务行政复议申请时限、先缴纳罚款和加处罚款再复议的具体规定。

【例题 1 • 单选 2019】根据税收征收管理法律制度的规定，纳税人申请税务行政复议的法定期限是（ ）。

A. 在税务机关作出具体行政行为之日起 60 日内

B. 在税务机关作出具体行政行为之日起 3 个月内

C. 在知道税务机关作出具体行政行为之日起 3 个月内

D. 在知道税务机关作出具体行政行为之日起 60 日内

【答案】D

【例题 2 • 判断 2019、2017】纳税人对税务机关作出逾期不缴纳罚款加处罚款的决定不服，申请行政复议前应先缴纳罚款和加处罚款。（ ）

【答案】√

（二）税务行政复议受理

税务行政复议受理的内容如图 7-4-2 所示。

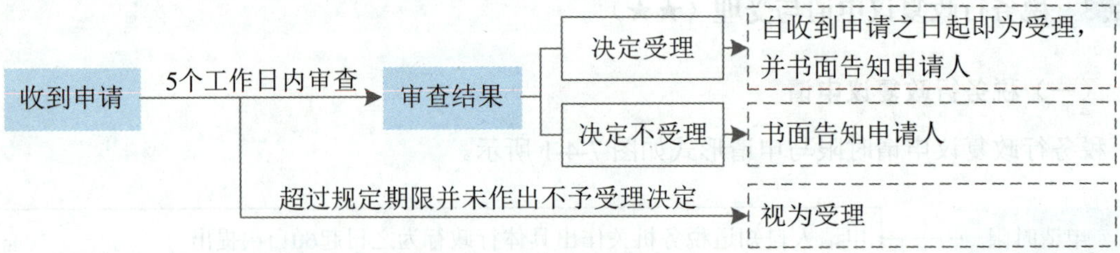

图 7-4-2 税务行政复议受理

【提示 1】对应当先向行政复议机关申请行政复议，对行政复议决定不服再向人民法院提起行政诉讼的具体行政行为，行政复议机关决定不予受理或者受理以后超过行政复议期限不作答复的，申请人可以自收到不予受理决定书之日起或者行政复议期满之日起 15 日内，依法向人民法院提起行政诉讼。

【提示 2】申请人向复议机关申请行政复议，复议机关已经受理的，在法定行政复议期间内申请人不得向人民法院提起行政诉讼；申请人向人民法院提起行政诉讼，人民法院已经依法受理的，不得申请行政复议。

考点 4 税务行政复议审查和决定（★★）

（一）税务行政复议审查

税务行政复议审查（决定受理后的审查）的主要内容如图 7-4-3 所示。

（1）审查

- **人数**：行政复议机构审理行政复议案件，应当由2名以上行政复议工作人员参加
- **形式**：原则上采用书面审查的办法，但是申请人提出要求或者行政复议机构认为必要时，应当听取申请人、被申请人和第三人的意见，并可以向有关组织和人员调查了解情况
- **内容**：审查被申请人的具体行政行为所依据的事实证据、法律程序、法律依据和设定的权利义务内容的合法性、适当性
- **时限**：审查被申请人的具体行政行为时，认为其依据不合法，本机关有权处理的，应当在30日内依法处理；无权处理的，应当在7个工作日内按照法定程序逐级转送有权处理的国家机关依法处理

（2）听证

- **适用情形**：对重大、复杂的案件，申请人提出要求或者行政复议机构认为必要时，可以采取听证的方式审理
- **形式**：应当公开举行，但是涉及国家秘密、商业秘密或者个人隐私的除外
- **人数**：行政复议听证人员不得少于2人，听证主持人由行政复议机构指定
- **结果**：听证应当制作笔录，申请人、被申请人和第三人应当确认听证笔录内容。第三人不参加听证的，不影响听证的举行

（3）撤回申请

① 申请人在行政复议决定作出以前撤回行政复议申请的，经行政复议机构同意，可以撤回
② 申请人撤回行政复议申请的，不得再以同一事实和理由提出行政复议申请。但是，申请人能够证明撤回行政复议申请违背其真实意思表示的除外

图 7-4-3　税务行政复议审查的主要内容

【提示】行政复议期间被申请人改变原具体行政行为的（如原来罚款 10 万元，后来改成 5 万元），不影响行政复议案件的审理。但是，申请人依法撤回行政复议申请的除外。

考查角度　税务行政复议审查的具体内容。

【例题 1 · 单选 2018】根据税收征收管理法律制度的规定，税务行政复议机关审查被申请人的具体行政行为时，认为其依据不合法，本机关有权处理的，应在一定期限内处理，该期限为（　　）。

A. 30 日　　B. 60 日　　C. 90 日　　D. 180 日

【答案】A

【例题 2 · 单选 2017】根据税收征收管理法律制度的规定，下列关于税务行政复议审查的表述中，不正确的是（　　）。

A. 对重大案件，申请人提出要求或者行政复议机构认为必要时，可以采取听证的方式审理

B. 对国家税务总局的具体行政行为不服申请行政复议的案件，由国务院提出书面答复

C. 行政复议机构审理行政复议案件，应当由2名以上行政复议工作人员参加

D. 行政复议原则上采用书面审查的办法

【解析】对国家税务总局的具体行政行为不服的，向国家税务总局申请行政复议。

【答案】B

（二）税务行政复议决定

1. 决定的类型

税务行政复议决定的类型及适用情形如表7-4-3所示。

表7-4-3 税务行政复议决定的类型及适用情形

类型	适用情形
决定维持	认定事实清楚，证据确凿，适用依据正确，程序合法，内容适当的（没错的）
决定在一定期限内履行	被申请人不履行法定职责的（不作为）
决定撤销、变更或者确认该具体行政行为违法	① 主要事实不清、证据不足的；② 适用依据错误的；③ 违反法定程序的；④ 超越职权或者滥用职权的；⑤ 具体行政行为明显不当的（存在问题）

【提示1】决定撤销或者确认该具体行政行为违法的，可以责令被申请人在一定期限内重新作出具体行政行为。

【提示2】行政复议机关责令被申请人重新作出具体行政行为的，被申请人不得以同一事实和理由作出与原具体行政行为相同或者基本相同的具体行政行为；但是行政复议机关以原具体行政行为违反法定程序决定撤销的，被申请人重新作出具体行政行为的除外。

【提示3】行政复议机关责令被申请人重新作出具体行政行为的，被申请人不得作出对申请人更为不利的决定；但是行政复议机关以原具体行政行为主要事实不清、证据不足或适用依据错误决定撤销的，被申请人重新作出具体行政行为的除外。

2. 作出决定的时限

行政复议机关应当自受理申请之日起60日内作出行政复议决定。情况复杂，不能在规定期限内作出行政复议决定的，经行政复议机关负责人批准，可以适当延期，并告知申请人和被申请人；但是延期不得超过30日。

3. 决定的生效

复议机关作出行政复议决定，应当制作行政复议决定书，并加盖印章。行政复议决定书一经送达即发生法律效力。

考查角度 三类决定适用的具体情形、作出决定的时限、决定的生效。

【例题1·判断2017】税务行政复议决定自作出之日起发生法律效力。（ ）

【答案】×

【例题 2·多选 2019】根据税收征收管理法律制度的规定，税务行政复议机构认为被审查的具体行政行为符合法定情形时，可以决定撤销、变更或者确认该具体行政行为违法。该法定情形有（　　）。

A. 滥用职权的　　B. 适用依据错误的　　C. 违反法定程序的　　D. 主要事实不清、证据不足的

【答案】ABCD

【例题 3·单选 2014】根据税收征收管理法律制度的规定，行政复议机关自受理申请之日起 60 日内未作出行政复议决定的，特殊情况下，最多还能延长（　　）。

A. 10 日　　B. 20 日　　C. 30 日　　D. 60 日

【答案】C

考点回顾　税务行政复议。

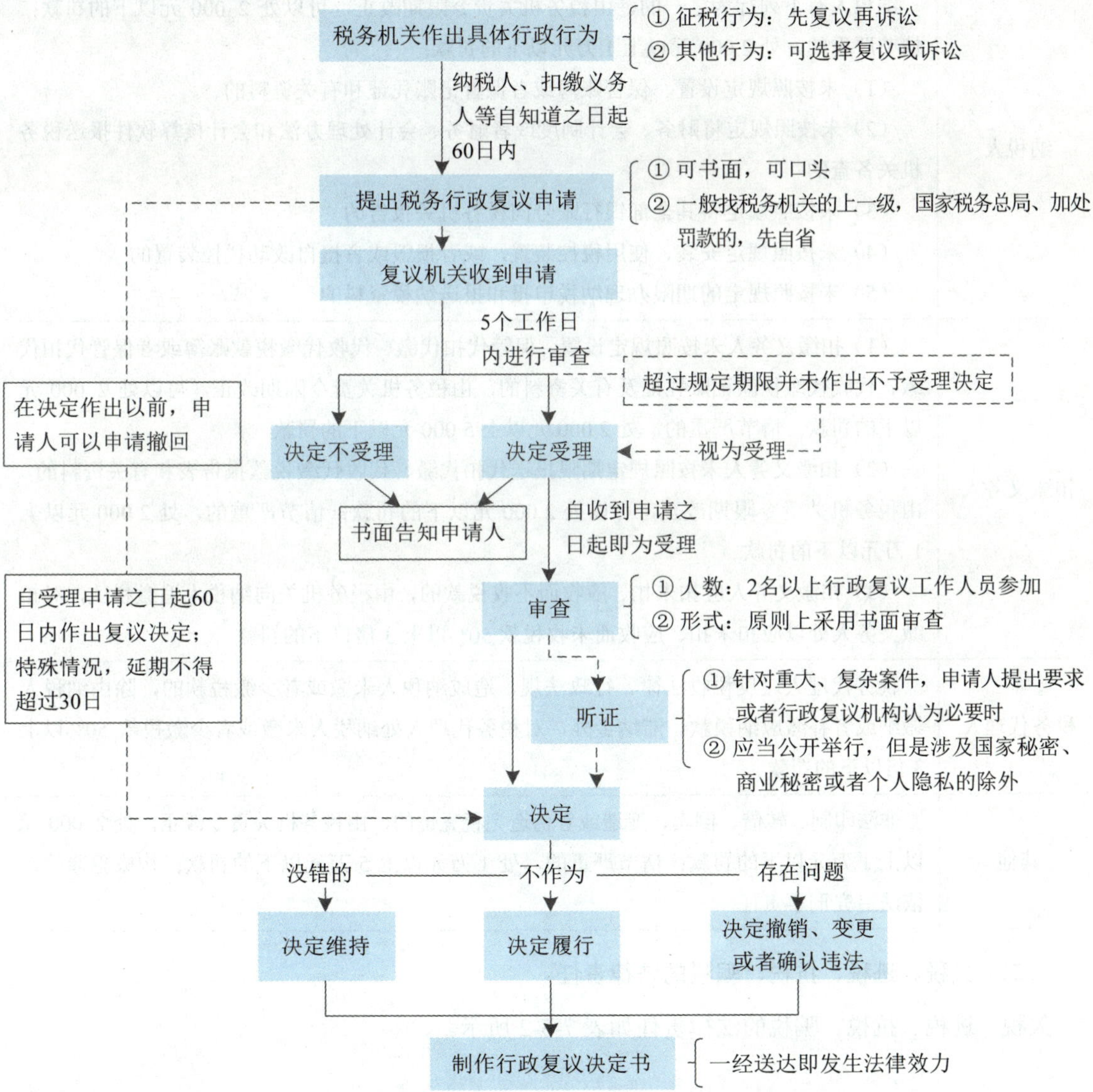

第五节 税收法律责任

考点 税务管理相对人实施税收违法行为的法律责任（★）

（一）违反税务管理规定的法律责任

违反税务管理规定的法律责任如表 7-5-1 所示。

表 7-5-1 违反税务管理规定的法律责任

分类	内容
纳税人	纳税人有下列行为之一的，由税务机关责令限期改正，可以处 2 000 元以下的罚款；情节严重的，处 2 000 元以上 1 万元以下的罚款： （1）未按照规定设置、保管账簿或者保管记账凭证和有关资料的 （2）未按照规定将财务、会计制度或者财务、会计处理办法和会计核算软件报送税务机关备查的 （3）未按照规定将其全部银行账号向税务机关报告的 （4）未按照规定安装、使用税控装置，或者损毁或者擅自改动税控装置的 （5）未按照规定的期限办理纳税申报和报送纳税资料的
扣缴义务人	（1）扣缴义务人未按照规定设置、保管代扣代缴、代收代缴税款账簿或者保管代扣代缴、代收代缴税款记账凭证及有关资料的，由税务机关责令限期改正，可以处 2 000 元以下的罚款；情节严重的，处 2 000 元以上 5 000 元以下的罚款 （2）扣缴义务人未按照规定期限报送代扣代缴、代收代缴税款报告表和有关资料的，由税务机关责令限期改正，可以处 2 000 元以下的罚款；情节严重的，处 2 000 元以上 1 万元以下的罚款 （3）扣缴义务人应扣未扣、应收而不收税款的，由税务机关向纳税人追缴税款，对扣缴义务人处以应扣未扣、应收而未收税款 50%以上 3 倍以下的罚款
税务代理人	税务代理人违反税收法律、行政法规，造成纳税人未缴或者少缴税款的，除由纳税人缴纳或者补缴应纳税款、滞纳金外，对税务代理人处纳税人未缴或者少缴税款 50%以上 3 倍以下的罚款
其他	非法印制、转借、倒卖、变造或者伪造完税凭证的，由税务机关责令改正，处 2 000 元以上 1 万元以下的罚款；情节严重的，处 1 万元以上 5 万元以下的罚款；构成犯罪的，依法追究刑事责任

（二）欠税、逃税、抗税、骗税的法律责任

欠税、逃税、抗税、骗税的法律责任如表 7-5-2 所示。

表 7-5-2 欠税、逃税、抗税、骗税的法律责任

违法行为	表现形式	法律责任
欠税	手段：转移或者隐匿财产	由税务机关追缴欠缴的税款、滞纳金，并处欠缴税款 50%以上 5 倍以下的罚款；构成犯罪的，依法追究刑事责任
	目的：妨碍税务机关追缴欠缴的税款	
逃税（偷税）	手段：① 伪造、变造、隐匿、擅自销毁账簿、记账凭证；② 在账簿上多列支出或者不列、少列收入；③ 经税务机关通知申报而拒不申报或者进行虚假的纳税申报	
	目的：不缴或者少缴应纳税款	
抗税	手段：以暴力、威胁的方法	由税务机关追缴其拒缴的税款、滞纳金，并处拒缴税款 1 倍以上 5 倍以下的罚款；构成犯罪的，依法追究刑事责任
	目的：拒不缴纳税款	
骗税	手段：假报出口或者其他欺骗手段	由税务机关追缴其骗取的退税款，并处骗取税款 1 倍以上 5 倍以下的罚款；构成犯罪的，依法追究刑事责任
	目的：骗取国家出口退税款	

考查角度　偷税的含义、骗税的法律责任。

【例题 1 · 单选 2015】根据税收征收管理法律制度的规定，纳税人发生的下列行为中，属于偷税的是（　　）。

A. 以暴力、威胁方法，拒不缴纳税款的

B. 在账簿上多列支出、少列收入，少缴应纳税款的

C. 未按照规定的期限办理纳税申报和报送纳税资料的

D. 假报出口，骗取国家出口退税款的

【解析】选项 A 属于抗税；选项 C 属于违反税务管理基本规定的行为；选项 D 属于骗税。

【答案】B

【例题 2 · 单选 2016】根据税收征收管理法律制度的规定，纳税人有骗税行为，由税务机关追缴其骗取的退税款，并处骗取税款一定倍数的罚款，该倍数为（　　）。

A. 5 倍以上 10 倍以下　　B. 1 倍以上 5 倍以下

C. 10 倍　　D. 10 倍以上 15 倍以下

【答案】B

【拓展 · 多选 2014】根据税收征收管理法律制度的规定，纳税人的下列行为中，属于偷税的有（　　）。

A. 采取转移或隐匿财产的手段，妨碍税务机关追缴欠缴税款

B. 伪造账簿，不缴应纳税款

C. 进行虚假纳税申报，少缴应纳税款

D. 按照规定应设置账簿而未设置的

【解析】选项 A 属于欠税行为；选项 D 属于由税务机关核定应纳税额的情形。

【答案】BC

（三）重大税收违法失信案件信息公布

“重大税收违法失信案件”是指符合下列标准之一的案件：

（1）纳税人伪造、变造、隐匿、擅自销毁账簿、记账凭证，或者在账簿上多列支出或者不列、

少列收入，或者经税务机关通知申报而拒不申报或者进行虚假的纳税申报，不缴或者少缴应纳税款 100 万元以上，且任一年度不缴或者少缴应纳税款占当年各税种应纳税总额 10%以上的。

（2）纳税人欠缴应纳税款，采取转移或者隐匿财产的手段，妨碍税务机关追缴欠缴的税款，欠缴税款金额 10 万元以上的。

（3）骗取国家出口退税款的。

（4）以暴力、威胁方法拒不缴纳税款的。

（5）虚开增值税专用发票或者虚开用于骗取出口退税、抵扣税款的其他发票的。

（6）虚开普通发票 100 份或者金额 40 万元以上的。

（7）私自印制、伪造、变造发票，非法制造发票防伪专用品，伪造发票监制章的。

（8）具有偷税、逃避追缴欠税、骗取出口退税、抗税、虚开发票等行为，经税务机关检查确认走逃（失联）的。

（9）其他违法情节严重、有较大社会影响的。

【提示】重大税收违法失信案件信息自公布之日起满 3 年的，停止公布并从公告栏中撤出。

第八章　劳动合同与社会保险法律制度

本章考情分析

本章地位	预估分值	考试题型	建议学习时长
★★★	13 分	单选题、多选题、判断题、不定项	12 小时

本章脉络图

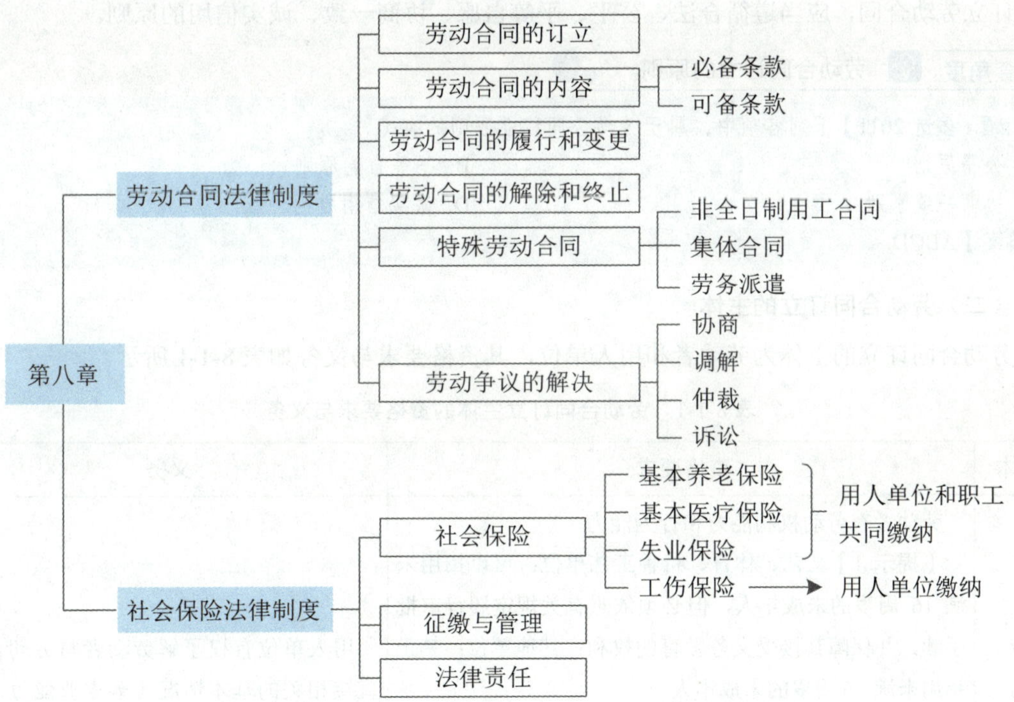

教材主要变化

（1）新增：① 劳动仲裁基本制度新增“先行调解原则”；② 医疗期内可以解除劳动合同的特殊情形；③ 失业保险待遇中“非因本人意愿中断就业”的具体情形；④ 用人单位办理失业人员名单备案的时限；⑤ 失业人员申领失业保险金的时限；⑥ 停止享受失业保险待遇情形中增加“被判刑收监执行的”情形。

（2）调整："劳动合同约定条款"调整为"劳动合同可备条款"。

（3）删除：失业保险金领取期限自办理失业登记之日起计算。

本章考点精讲

第一节　劳动合同法律制度

考点1　劳动合同的订立（★★★）

劳动合同的订立是指劳动者和用人单位经过相互选择与平等协商，就劳动合同的各项条款达成一致意见，并以书面形式明确规定双方权利、义务的内容，从而确立劳动关系的法律行为。

（一）劳动合同订立的原则

订立劳动合同，应当遵循合法、公平、平等自愿、协商一致、诚实信用的原则。

考查角度　劳动合同订立的原则。

【例题·多选 2011】下列各项中，属于劳动合同订立原则的有（　　）。

A. 公平原则　　B. 平等自愿原则

C. 协商一致原则　　D. 诚实信用原则

【答案】ABCD

（二）劳动合同订立的主体

劳动合同订立的主体为劳动者和用人单位，其资格要求与义务如表 8-1-1 所示。

表 8-1-1　劳动合同订立主体的资格要求与义务

主体	资格要求	义务
劳动者	劳动者有劳动权利能力和行为能力 【提示 1】文艺、体育、特种工艺单位：可以招用未满 16 周岁的未成年人，但必须依照有关规定履行审批手续，并保障其接受义务教育的权利；其他单位：禁止招用未满 16 周岁的未成年人 【提示 2】劳动者就业，不因民族、种族、性别、宗教信仰不同而受歧视。妇女享有与男子平等就业的权利，除国家规定的不适合妇女的工种或者岗位外，不得以性别为由拒绝录用妇女或者提高对妇女的录用标准	用人单位有权了解劳动者与劳动合同直接相关的基本情况（如专业能力、学历等），劳动者应当如实说明

（续表）

主体	资格要求	义务
用人单位	用人单位有用人权利能力和行为能力 【提示】用人单位设立的分支机构，依法取得营业执照或者登记证书的，可以作为用人单位与劳动者订立劳动合同；未依法取得营业执照或者登记证书的，受用人单位委托可以与劳动者订立劳动合同	（1）用人单位招用劳动者时，应当如实告知劳动者工作内容、工作条件、工作地点、职业危害、安全生产状况、劳动报酬，以及劳动者要求了解的其他情况 （2）用人单位招用劳动者，不得扣押劳动者的居民身份证和其他证件，不得要求劳动者提供担保或者以其他名义向劳动者收取财物

考查角度 劳动合同订立主体的资格要求与义务。

【例题1·多选2018】根据劳动合同法律制度的规定，用人单位招用未满16周岁的未成年人应按规定履行审批手续并保障其接受义务教育的权利。下列用人单位中，可招用未满16周岁未成年人的有（　　）。

A. 文艺单位　　B. 物流配送单位　　C. 体育单位　　D. 餐饮单位

【答案】AC

【例题2·单选2016】下列情形中，用人单位招用劳动者符合法律规定的有（　　）。

A. 甲公司设立的分公司已领取营业执照，该分公司与张某订立劳动合同

B. 乙公司以只招男性为由拒绝录用应聘者李女士从事会计工作

C. 丙超市与刚满15周岁的初中毕业生赵某签订劳动合同

D. 丁公司要求王某提供2 000元保证金后才与其订立劳动合同

【答案】A

（三）劳动关系建立的时间

用人单位自用工之日起即与劳动者建立劳动关系。用人单位与劳动者在用工前订立劳动合同的，劳动关系自用工之日起建立。

考查角度 判断劳动关系建立的时间。

【例题·单选2016】2015年6月5日，张某到甲公司工作。6月8日甲公司与张某签订劳动合同，约定合同期限自2015年6月9日起至2017年6月8日止，每月20日发放工资。甲公司与张某劳动关系建立的时间为（　　）。

A. 2015年6月5日　　B. 2015年6月8日　　C. 2015年6月9日　　D. 2015年6月20日

【答案】A

（四）劳动合同订立的形式

建立劳动关系，应当以书面形式订立劳动合同。已建立劳动关系，未同时订立书面劳动合同的，应当自用工之日起1个月内订立书面劳动合同；未及时订立书面劳动合同的，按表8-1-2所

示内容处理。

表 8-1-2　未及时订立书面劳动合同的处理

情形	具体处理
(1) 自用工之日起 1 个月内未订立书面劳动合同	经用人单位书面通知后，劳动者不与用人单位订立书面劳动合同的，用人单位应当书面通知劳动者终止劳动关系，无须向劳动者支付经济补偿，但是应当向劳动者支付其实际工作时间的劳动报酬
(2) 自用工之日起超过 1 个月不满 1 年未订立书面劳动合同	① 自用工之日起满 1 个月的次日起至补订书面劳动合同的前一日应当向劳动者每月支付 2 倍的工资，并与劳动者补订书面劳动合同（第 1 个月正常工资，第 2 个月起 2 倍工资） ② 劳动者不与用人单位订立书面劳动合同的，用人单位应当书面通知劳动者终止劳动关系，并支付经济补偿
(3) 自用工之日起满 1 年未订立书面劳动合同	自用工之日起满 1 个月的次日至满 1 年的前一日（共 11 个月）应当向劳动者每月支付 2 倍的工资，并视为自用工之日起满 1 年的当日已经与劳动者订立无固定期限劳动合同，应当立即与劳动者补订书面劳动合同

【提示】非全日制用工（是指以小时计酬为主，劳动者在同一用人单位一般平均每日工作时间不超过 4 小时，每周工作时间累积不超过 24 小时的用工形式）双方当事人可以订立口头协议。

考查角度　订立书面劳动合同的时限、未及时订立书面劳动合同的处理。

【例题 1·单选 2019】根据劳动合同法律制度的规定，用人单位与劳动者已建立劳动关系，但未订立书面劳动合同的，应当自用工之日起一定期限内订立，该期限为（　　）。

A. 6 个月　　B. 3 个月　　C. 2 个月　　D. 1 个月

【答案】D

【例题 2·多选 2013】2012 年 7 月 5 日王某到甲公司上班，但甲公司未与其签订书面合同。对甲公司该行为法律后果的下列表述中，正确的有（　　）。

A. 甲公司与王某之间尚未建立劳动关系

B. 甲公司应在 2012 年 8 月 5 日前与王某签订书面劳动合同

C. 若甲公司在 2012 年 10 月 5 日与王某补订书面劳动合同，王某有权要求甲公司向其支付 2 个月的双倍工资

D. 若甲公司在 2013 年 10 月 5 日与王某补订书面劳动合同，王某有权要求甲公司向其支付 11 个月的双倍工资

【解析】用人单位自用工之日起即与劳动者建立劳动关系，选项 A 错误。

【答案】BCD

【例题 3·判断 2015、2010】用人单位自用工之日起满一年不与劳动者订立书面劳动合同的，视为用人单位自用工之日起满一年的当日已经与劳动者订立无固定期限劳动合同。（　　）

【答案】√

（五）劳动合同的效力

1. 劳动合同的生效

劳动合同由用人单位与劳动者协商一致，并经双方在劳动合同文本上签字或者盖章生效。

【提示】劳动合同是否生效，不影响劳动关系的建立。

2. 无效劳动合同

无效劳动合同是指由用人单位和劳动者签订成立，而国家不予承认其法律效力的劳动合同。劳动合同虽然已经成立，但因违反了平等自愿、协商一致、诚实信用、公平等原则和法律、行政法规的强制性规定，可使其全部或者部分条款归于无效。无效的情形及法律后果如表 8-1-3 所示。

表 8-1-3 劳动合同无效或者部分无效的情形及法律后果

项目	具体内容
无效的情形	下列劳动合同无效或者部分无效： （1）以欺诈、胁迫的手段或乘人之危，使对方在违背真实意思的情况下订立或者变更劳动合同的 （2）用人单位免除自己的法定责任、排除劳动者权利的 （3）违反法律、行政法规的强制性规定的
法律后果	（1）无效劳动合同，从订立时起就没有法律的约束力（自始无效） （2）劳动合同部分无效，不影响其他部分效力的，其他部分仍然有效 （3）劳动合同被确认无效，劳动者已经付出劳动的，用人单位应当向劳动者支付劳动报酬 （4）劳动合同被确认无效，给对方造成损害的，有过错的一方应当承担赔偿责任

【提示】对劳动合同无效或者部分无效有争议的，由劳动争议仲裁机构或者人民法院确认。

考查角度 劳动合同无效或者部分无效的情形及法律后果。

【例题 1·多选 2014】根据劳动合同法律制度的规定，下列各项中，属于无效或者部分无效劳动合同的有（ ）。

A. 用人单位免除自己的法定责任，排除劳动者权利的劳动合同

B. 以欺诈的手段使对方在违背真实意思的情况下订立的劳动合同

C. 以胁迫的手段使对方在违背真实意思的情况下订立的劳动合同

D. 乘人之危使对方在违背真实意思的情况下订立的劳动合同

【答案】ABCD

【例题 2·多选 2019】根据劳动合同法律制度的规定，下列关于无效劳动合同的表述中，正确的有（ ）。

A. 劳动合同部分无效，不影响其他部分效力的，其他部分仍然有效

B. 无效劳动合同，从订立时起就没有法律约束力

C. 劳动合同被确认无效，劳动者已付出劳动的，用人单位应当向劳动者支付劳动报酬

D. 劳动合同被确认无效时，给对方造成损害的，有过错的一方应当承担赔偿责任

【答案】ABCD

考点回顾　劳动合同的订立。

- 劳动合同的订立
  - 订立的原则
  - 订立的主体
    - 劳动者
    - 用人单位
  - 劳动关系的建立时间
  - 订立的形式
    - 形式
    - 时限
    - 未及时订立的处理
      - 1个月之内
      - 超过1个月不满1年
      - 满1年
  - 劳动合同效力
    - 生效条件
    - 无效劳动合同
      - 情形
      - 后果

考点2　劳动合同的主要内容（★★★）

劳动合同的主要内容如表 8-1-4 所示。

表 8-1-4　劳动合同的主要内容

必备条款（必须有）	可备条款（可有可无）
（1）用人单位的名称、住所和法定代表人或主要负责人 （2）劳动者的姓名、住址、身份证号码或其他有效证件号码 （3）劳动合同期限 （4）工作内容和工作地点 （5）工作时间和休息、休假 （6）劳动报酬 （7）社会保险 （8）劳动保护、劳动条件和职业危害防护 （9）法律、法规规定应当纳入劳动合同的其他事项	（1）试用期 （2）培训 （3）服务期 （4）保守商业秘密和竞业限制 （5）补充保险 （6）福利待遇等其他事项

考查角度　辨析劳动合同必备条款与可备条款。

【例题·多选 2017】根据劳动合同法律制度的规定，下列各项中，属于劳动合同必备条款的有（　　）。

A. 社会保险　　B. 劳动报酬

C. 服务期　　D. 劳动合同期限

【答案】ABD

【拓展·单选 2019】根据劳动合同法律制度的规定，下列各项中属于劳动合同可备条款的是（　　）。

A. 休息、休假　　B. 服务期

C. 工作时间　　D. 合同期限

【答案】B

（一）劳动合同期限

劳动合同分为固定期限劳动合同、无固定期限劳动合同和以完成一定工作任务为期限的劳动合同。具体内容如表 8-1-5 所示。

表 8-1-5　劳动合同期限

<table>
<tr><th>类型</th><th>具体内容</th></tr>
<tr><td>固定期限劳动合同</td><td>指明确约定终止时间的劳动合同。合同期限届满，劳动关系即告终止</td></tr>
<tr><td>无固定期限劳动合同</td><td>指无确定终止时间的劳动合同（只要没有出现法定解除情形或者双方协商一致解除的，双方当事人就要继续履行）。下列情形，除劳动者提出订立固定期限劳动合同外，应当订立无固定期限劳动合同：
（1）劳动者在该用人单位连续工作满 10 年
（2）用人单位初次实行劳动合同制度或者国有企业改制重新订立合同时，劳动者在该单位连续工作满 10 年且距法定退休年龄不足 10 年的（在推行劳动合同制度前或是在国有企业改制前，用人单位的有些职工已经在本单位工作了很长时间，推行劳动合同制度后，若签订固定期限劳动合同，合同期限届满后，劳动关系即告终止，需重新找工作，而这些老职工年龄较大竞争力较弱，很难适应这种制度。故为了考虑老职工的利益，作了本条规定）
（3）连续订立 2 次固定期限劳动合同，且劳动者没有下述情形，续订劳动合同的：
① 严重违反用人单位的规章制度的
② 严重失职，营私舞弊，给用人单位造成重大损害的
③ 劳动者同时与其他用人单位建立劳动关系，对完成本单位的工作任务造成严重影响，或者经用人单位提出，拒不改正的
④ 劳动者以欺诈、胁迫的手段或者乘人之危，使用人单位在违背真实意思的情况下订立或者变更劳动合同，致使劳动合同无效的
⑤ 被依法追究刑事责任的
⑥ 劳动者患病或者非因工负伤，在规定的医疗期满后不能从事原工作，也不能从事由用人单位另行安排的工作的
⑦ 劳动者不能胜任工作，经过培训或者调整工作岗位，仍不能胜任工作的</td></tr>
<tr><td>以完成一定工作任务为期限的劳动合同</td><td>一般在以下几种情况下，用人单位与劳动者可以签订以完成一定工作任务为期限的劳动合同：
（1）以完成单项工作任务为期限的劳动合同
（2）以项目承包方式完成承包任务的劳动合同
（3）因季节性用工的劳动合同
（4）其他双方约定的以完成一定工作任务为期限的劳动合同</td></tr>
</table>

考查角度　应当订立无固定期限劳动合同的具体情形。

【例题 1·多选 2013】根据劳动合同法律制度的规定，下列各项中，除劳动者提出订立固定期限劳动合同外，用人单位与劳动者应当订立无固定期限劳动合同的情形有（　　）。

A. 劳动者在该用人单位连续工作满 10 年的

B. 连续订立 2 次固定期限劳动合同，且劳动者无法定不得订立无固定期限劳动合同的情形，继续续订的

C. 国有企业改制重新订立劳动合同，劳动者在该用人单位连续工作满 5 年且距法定退休年龄不足 15 年的

D. 用人单位初次实行劳动合同制度，劳动者在该用人单位连续工作满 10 年且距法定退休年龄不足 10 年的

【答案】ABD

【例题 2 · 多选 2016】2008 年以来，甲公司与下列职工均已连续订立 2 次固定期限劳动合同，再次续订劳动合同时，除职工提出订立固定期限劳动合同外，甲公司应与之订立无固定期限劳动合同的有（　　）。

A. 不能胜任工作，经过培训能够胜任的李某

B. 因交通违章承担行政责任的范某

C. 患病休假，痊愈后能继续从事原工作的王某

D. 同时与乙公司建立劳动关系，经甲公司提出立即改正的张某

【答案】ABCD

（二）工作时间和休息休假

1. 工作时间

目前我国实行的工时制度主要有标准工时制、不定时工作制和综合计算工时制三种类型，具体内容如表 8-1-6 所示。

表 8-1-6　工时制度

分类	具体内容
标准工时制	是指法律统一规定的劳动者从事工作或劳动的时间 （1）法定标准：每日 8 小时，每周 40 小时 （2）特殊标准：因工作性质和生产特点不能实行标准工时制度的，每日不超过 8 小时，每周不超过 40 小时，每周至少休息 1 天 （3）延长标准：需要延长工作时间的，一般每日不得超过 1 小时；因特殊原因需要延长的，每日不得超过 3 小时，每月不得超过 36 小时
不定时工作制	是指没有固定工作时间限制的工作制度，主要适用于一些因工作性质或工作条件不受标准工作时间限制的工作岗位
综合计算工时制	是指以周、月、季、年等为周期，综合计算劳动者工作时间，但其平均日工作时间和平均周工作时间仍与法定标准工作时间基本相同的一种工时形式

2. 休息、休假

休息包括工作日内的间歇时间（如午休）、工作日之间的休息时间（如上 2 天休 1 天）和公休假日（如周六日）。休假包括法定假日（如春节、国庆节）和年休假。

（1）年休假的天数。

① 机关、团体、企业、事业单位、民办非企业单位、有雇工的个体工商户等单位的职工连续工作 1 年以上的，享受带薪年休假。年休假的天数如图 8-1-1 所示。

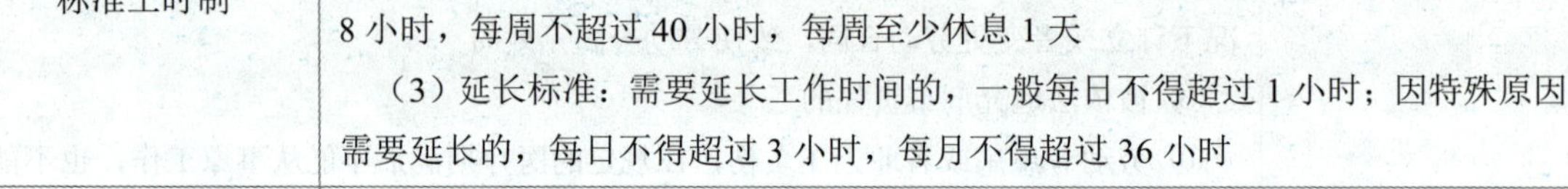

图 8-1-1　年休假的天数

② 职工新进用人单位且符合享受带薪年休假条件的，当年度年休假天数按照在本单位剩余日历天数折算确定，折算后不足 1 整天的部分不享受年休假。

例 小旌累计工作已满 15 年，2019 年 7 月 1 日调到甲公司工作，当年的年休假尚未使用。若小旌提出在甲公司补休年休假，则可以在甲公司享受的年休假天数为：（当年度在本单位剩余日历天数÷365）×应当享受的年休假天数=184÷365×10=5 天。

【提示】年休假在 1 个年度内可以集中安排（一次休完），也可以分段安排（分几次休），一般不跨年安排（今年不休，明年作废）；确有必要跨年安排的，可以跨 1 个年度。

（2）不享受当年年休假的情形（见图 8-1-2）。

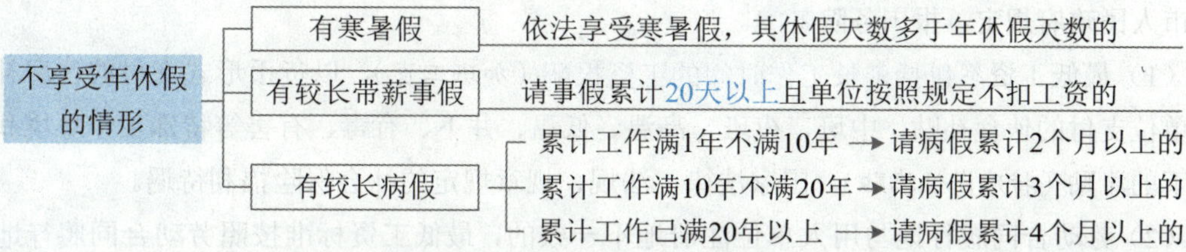

图 8-1-2 不享受年休假的情形

敲黑板

（1）国家法定休假日、休息日不计入年休假的假期。

（2）累计工作年限包含现任职单位工作年限和以前任职单位工作年限。

（3）职工在年休假期间享受与正常工作期间相同的工资收入。

考查角度 年休假的天数、不享受年休假的情形。

【例题 1·多选 2015】根据劳动合同法律制度的规定，下列关于职工带薪年休假制度的表述中，正确的有（ ）。

A. 职工连续工作 1 年以上方可享受年休假

B. 机关、团体、企业、事业单位、民办非企业单位、有雇工的个体工商户等单位的职工均可依法享受年休假

C. 国家法定休假日、休息日不计入年休假的假期

D. 职工在年休假期间享受与正常工作期间相同的工资收入

【答案】ABCD

【例题 2·单选 2018】根据劳动合同法律制度的规定，下列情形中，职工不能享受当年年休假的是（ ）。

A. 已享受 40 天寒暑假的

B. 累计工作满 5 年，当年请病假累计 15 天的

C. 累计工作满 20 年，当年请病假累计 1 个月的

D. 请事假累计 10 天且单位按照规定不扣工资的

【答案】A

（三）劳动报酬（即工资）

1. 工资的支付

（1）工资应当以法定货币支付，不得以实物及有价证券替代货币支付（只能发钱）。

（2）必须在约定日期支付。如遇节假日或休息日，则应提前在最近的工作日支付（如约定日期恰逢周六，应提前到周五支付）。

（3）至少每月支付一次，实行周、日、小时工资制的可按周、日、小时支付。

（4）对完成一次性临时劳动或某项具体工作的劳动者，按有关协议或合同规定在其完成劳动任务后即支付工资。

（5）法定休假日和婚丧假期间以及依法参加社会活动期间，也应支付工资。

2. 最低工资制度

用人单位支付劳动者的工资不得低于当地最低工资标准。最低工资的具体标准由省、自治区、直辖市人民政府规定，报国务院备案。

（1）最低工资不包括延长工作时间的工资报酬（加班工资）、以货币形式支付的住房补贴和用人单位支付的伙食补贴，中班、夜班、高温、低温、井下、有毒、有害等特殊工作环境和劳动条件下的津贴（特殊岗位津贴）、国家法律、法规、规章规定的社会保险福利待遇。

（2）劳动合同履行地与用人单位注册地不一致的，最低工资标准按照劳动合同履行地的有关标准执行。用人单位注册地的有关标准高于劳动合同履行地的有关标准，且用人单位与劳动者约定按照用人单位注册地的有关规定执行的，从其约定。（约定+高于）

（3）因劳动者本人原因给用人单位造成经济损失的，用人单位可按照劳动合同的约定要求其赔偿经济损失。经济损失的赔偿，可从劳动者本人的工资中扣除。但每月扣除的部分不得超过劳动者当月工资的 20%。若扣除后的剩余工资部分低于当地月最低工资标准，则按最低工资标准支付。（① 扣除部分≤工资 20%；② 实际支付金额≥当地月最低工资标准）

考查角度　最低工资制度的具体规定、计算从劳动者工资中可扣除的经济损失。

【例题 1 • 多选 2015】下列关于最低工资制度的说法中，错误的有（　　）。

A. 最低工资包括延长工作时间的工资报酬

B. 最低工资的具体标准由省、自治区、直辖市人民政府规定，报国务院批准

C. 劳动合同履行地与用人单位注册地不一致的，最低工资标准按照劳动合同履行地的有关规定执行

D. 用人单位注册地的最低工资标准高于劳动合同履行地的标准，按照用人单位注册地的有关规定执行

【答案】ABD

【例题 2 • 单选 2019】甲公司职工吴某因违章操作给公司造成了 8 000 元的经济损失，甲公司按照双方劳动合同的约定要求吴某赔偿，并每月从其工资中扣除。已知吴某月工资 2 600 元，当地月最低工资标准 2 200 元。甲公司每月可从吴某工资中扣除的法定最高限额为（　　）元。

A. 520　　B. 440　　C. 400　　D. 2 600

【解析】限额 1：工资的 20%=2 600×20%=520 元；限额 2：月工资−当地月最低工资标准=2 600−2 200=400 元。两个限额，按照小的扣除，即每月可从吴某工资中扣除的法定最高限额为 400 元。

【答案】C

3. 加班工资

用人单位在劳动者完成劳动定额或规定的工作任务后，根据实际需要安排劳动者在法定标准

工作时间以外工作的，应按照图 8-1-3 的标准支付加班工资。

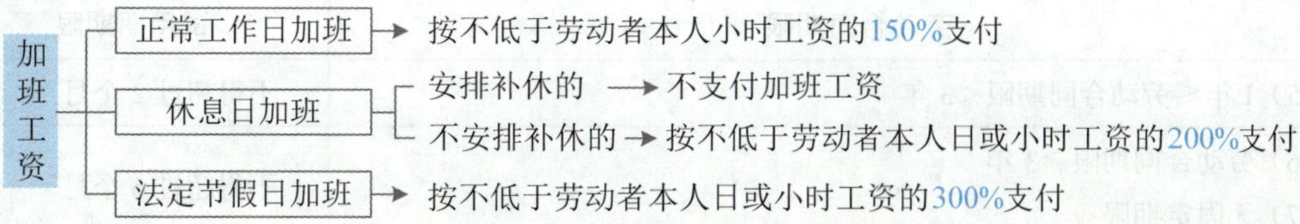

图 8-1-3　加班工资的支付标准

【提示】在部分公民放假的节日期间（如妇女节和青年节），对参加社会活动或单位组织庆祝活动和照常工作的职工，单位应支付工资报酬，但不支付加班工资。如果该节日恰逢周六日，单位安排职工加班工作，则应支付休息日的加班工资。

考查角度　工作日加班工资的计算标准、工资的支付规定。

【例题 1 · 多选 2018】根据劳动合同法律制度的规定，下列关于劳动报酬支付的表述中，正确的有（　　）。

A. 用人单位应当向劳动者支付婚丧假期间的工资

B. 用人单位不得以实物及有价证券代替货币支付工资

C. 用人单位与劳动者约定的支付工资日期遇节假日的，应顺延至最近的工作日支付

D. 在五四青年节（工作日）照常工作的青年职工，用人单位应支付工资报酬但不支付加班工资

【解析】发放工资如遇节假日或休息日，应“提前”在最近的工作日支付，选项 C 错误。

【答案】ABD

【例题 2 · 单选 2017】2016 年 5 月甲公司安排李某于 5 月 1 日（国际劳动节）、5 月 7 日（周六）分别加班 1 天，事后未安排补休。已知甲公司实行标准工时制，李某的日工资为 200 元。计算甲公司应支付李某 5 月最低加班工资的下列算式中，正确的是（　　）。

A. 200×300%+200×200%=1 000 元　　B. 200×200%+200×150%=700 元

C. 200×100%+200×200%=600 元　　D. 200×300%+200×300%=1 200 元

【解析】法定节假日加班工资按不低于日工资的 300%计算，周六日加班工资按不低于日工资的 200%计算。李某 5 月的最低加班工资=200×300%+200×200%=1 000 元。

【答案】A

（四）试用期

1. 试用期期限

试用期期限根据劳动合同期限的不同而不同，具体期限如表 8-1-7 所示。

表 8-1-7　试用期期限

劳动合同期限	试用期期限
（1）劳动合同期限＜3 个月 （2）非全日制用工 （3）以完成一定工作任务为期限	不得约定试用期
（4）3 个月≤劳动合同期限＜1 年	不得超过 1 个月

（续表）

劳动合同期限	试用期期限
（5）1 年≤劳动合同期限＜3 年	不得超过 2 个月
（6）劳动合同期限≥3 年 （7）无固定期限	不得超过 6 个月

敲黑板

（1）同一用人单位与同一劳动者只能约定一次试用期。

（2）试用期包含在劳动合同期限内。

（3）劳动合同仅约定试用期的，试用期不成立，该期限为劳动合同期限。

2. 试用期工资

劳动者在试用期的工资不得低于本单位相同岗位最低档工资或者劳动合同约定工资的 80%，并不得低于用人单位所在地的最低工资标准。（① ≥工资 80%；② ≥最低工资标准）

3. 用人单位违反相关规定的法律责任

（1）用人单位违反规定与劳动者约定试用期的，由劳动行政部门责令改正。

（2）违法约定的试用期已经履行的，由用人单位以劳动者试用期满月工资为标准，按已经履行的超过法定试用期的期间向劳动者支付赔偿金。

考查角度 试用期的具体内容。

【例题 1 • 单选 2019】根据劳动合同法律制度的规定，关于劳动合同试用期的下列表述中，不正确的是（　　）。

A. 劳动合同期限不满 3 个月的，不得约定试用期

B. 以完成一定工作任务为期限的劳动合同，可以约定试用期

C. 同一用人单位与同一劳动者只能约定一次试用期

D. 试用期包含在劳动合同期限内

【答案】B

【例题 2 • 多选 2018】甲公司与其职工对试用期期限的下列约定中，符合法律规定的有（　　）。

A. 夏某的劳动合同期限 4 年，双方约定的试用期为 4 个月

B. 周某的劳动合同期限 1 年，双方约定的试用期为 1 个月

C. 刘某的劳动合同期限 2 年，双方约定的试用期为 3 个月

D. 林某的劳动合同期限 5 个月，双方约定的试用期为 5 日

【答案】ABD

【例题 3 • 单选 2017】林某应聘到 A 公司工作，与 A 公司签订 2 年期劳动合同，试用期 4 个月，试用期工资 3 500 元，试用期满月工资 4 000 元。林某得知自己权益受到损害后可以主张的试用期赔偿金是（　　）。

A. 4 000 元　　B. 8 000 元　　C. 500 元　　D. 1 000 元

【解析】劳动合同期限 1 年以上不满 3 年的，试用期不得超过 2 个月。林某可主张的试用期赔偿金=4 000×（4−2）=8 000 元。

【答案】B

（五）服务期

1. 服务期的适用范围

用人单位为劳动者提供专项培训费用，对其进行专业技术培训的，可以与该劳动者订立协议，约定服务期。（如单位为员工支付培训费，约定至少在本单位工作 5 年）

【提示 1】服务期的约定，不影响按照正常的工资调整机制提高劳动者在服务期期间的劳动报酬。（服务期不影响劳动者加薪）

【提示 2】劳动合同期满，但用人单位与劳动者约定的服务期尚未到期的，劳动合同应当延续至服务期满（既然约定了服务期，就要履行完），双方另有约定的，从其约定。

2. 劳动者违反服务期约定的违约责任

劳动者违反服务期约定的，应当按照约定向用人单位支付违约金。违约金的数额不得超过用人单位提供的培训费用（包括培训期间的差旅费用及其他直接费用）。用人单位要求劳动者支付的违约金不得超过服务期尚未履行部分所应分摊的培训费用。

属于违反服务期约定与不属于违反服务期约定的情形如表 8-1-8 所示。

表 8-1-8　属于违反服务期约定与不属于违反服务期约定的情形

属于违反服务期约定的情形	不属于违反服务期约定的情形
（1）除另有规定外，劳动者在服务期内提出与用人单位解除劳动关系时，用人单位可以要求其支付违约金 （2）劳动者因下列违纪等重大过错行为而被用人单位解除劳动关系的，用人单位有权要求其支付违约金（与前面所学的不得订立无固定期限劳动合同的前五条内容一致）： ① 劳动者严重违反用人单位的规章制度 ② 劳动者严重失职，营私舞弊，给用人单位造成重大损害的 ③ 劳动者同时与其他用人单位建立劳动关系，对完成本单位的工作任务造成严重影响，或者经用人单位提出，拒不改正的 ④ 劳动者以欺诈、胁迫的手段或者乘人之危，使用人单位在违背真实意思的情况下订立或者变更劳动合同的 ⑤ 劳动者被依法追究刑事责任的	劳动者按照下述情形的规定解除劳动合同的，不属于违反服务期的约定，用人单位不得要求劳动者支付违约金： ① 用人单位未按照劳动合同约定提供劳动保护或者劳动条件 ② 用人单位未及时足额支付劳动报酬 ③ 用人单位未依法为劳动者缴纳社会保险费 ④ 用人单位的规章制度违反法律、法规的规定，损害劳动者权益 ⑤ 用人单位以欺诈、胁迫的手段或者乘人之危，使劳动者在违背真实意思的情况下订立或者变更劳动合同 ⑥ 用人单位在劳动合同中免除自己的法定责任、排除劳动者权利 ⑦ 用人单位违反法律、行政法规强制性规定 ⑧ 法律、行政法规规定劳动者可以解除劳动合同的其他情形

考查角度 服务期期限和劳动合同期限的关系、劳动者支付违约金的情形和金额。

【例题 1·判断 2019】劳动合同期满，但用人单位与劳动者约定的服务期尚未到期的，除双方另有约定外，劳动合同应当续延至服务期满。（ ）

【答案】√

【例题 2·单选 2016】吴某受甲公司委派去德国参加技术培训，公司为此支付培训费用 10 万元。培训前双方签订协议，约定吴某自培训结束后 5 年内不得辞职，否则应支付违约金 10 万元。吴某培训完毕后，在甲公司连续工作满 2 年时辞职。甲公司依法要求吴某支付的违约金数额最高为（ ）。

A. 0　B. 10 万元　C. 6 万元　D. 4 万元

【解析】甲公司为吴某支付的培训费为 10 万元，约定的服务期为 5 年，每年分摊的费用为 10÷5=2 万元。因已履行劳动合同 2 年，吴某应支付的违约金数额=10−2×2=6 万元。

【答案】C

【拓展·单选 2019】甲公司通过签订服务期协议，提供 10 万元专项培训费用将尚有 4 年劳动合同期限的职工刘某派出参加 6 个月的专业技术培训。双方约定，刘某培训结束后须在甲公司工作满 5 年，否则应向公司支付违约金。刘某培训结束工作 2 年后因个人原因向公司提出解除劳动合同。下列关于刘某服务期约定及劳动合同解除的表述中，正确的是（ ）。

A. 双方不得在服务期协议中约定违约金

B. 5 年服务期的约定因超过劳动合同剩余期限而无效

C. 刘某可以解除劳动合同，但甲公司有权要求其支付违约金

D. 服务期约定因限制了刘某的自主择业权而无效

【答案】C

（六）竞业限制

对负有保密义务的劳动者，用人单位可以在劳动合同或者保密协议中与劳动者约定竞业限制条款（限制劳动者一定时期的择业权），并约定在解除或者终止劳动合同后，在竞业限制期限内按月给予劳动者经济补偿。竞业限制的主要内容如表 8-1-9 所示。

表 8-1-9　竞业限制的主要内容

项目		具体内容
适用人员		竞业限制的人员限于用人单位的高级管理人员、高级技术人员和其他负有保密义务的人员，而非所有的劳动者
限制期限		不得超过 2 年
经济补偿的金额		有约定的，按约定；未约定的，每月按劳动者在劳动合同解除或者终止前 12 个月平均工资的 30%支付，且不低于劳动合同履行地的最低工资标准
违约责任	劳动者违约	劳动者违反竞业限制约定的，应当按照约定向用人单位支付违约金。支付违约金后，用人单位要求劳动者按照约定继续履行竞业限制义务的，人民法院应予支持
	用人单位违约	因用人单位的原因导致 3 个月未支付经济补偿，劳动者请求解除竞业限制约定的，人民法院应予支持
提前解除		在竞业限制期限内，用人单位请求解除竞业限制协议时，人民法院应予支持。在解除竞业限制协议时，劳动者请求用人单位额外支付劳动者 3 个月的竞业限制经济补偿的，人民法院应予支持（用人单位额外支付 3 个月，可提前解除）

考查角度　竞业限制的具体内容。

【例题1·多选2015】关于用人单位和劳动者对竞业限制约定的下列表述中，正确的有（　　）。

A. 竞业限制约定适用于用人单位与其高级管理人员、高级技术人员和其他负有保密义务的人员之间

B. 用人单位应按照双方约定在竞业限制期限内按月给予劳动者经济补偿

C. 用人单位和劳动者约定的竞业限制期限不得超过2年

D. 劳动者违反竞业限制约定的，应按照约定向用人单位支付违约金

【答案】ABCD

【例题2·多选2016】下列各项中，法院适用竞业限制条款处置劳动争议案件时应予支持的有（　　）。

A. 在竞业限制期限内，用人单位解除竞业限制协议时，劳动者要求用人单位额外支付3个月经济补偿的

B. 劳动者违反竞业限制约定，向用人单位支付违约金后，用人单位要求劳动者按照约定继续履行竞业限制义务的

C. 劳动合同解除后，履行了竞业限制义务的劳动者按照协议约定要求用人单位支付竞业限制经济补偿的

D. 劳动合同解除后，因用人单位的原因导致3个月未支付竞业限制经济补偿，劳动者要求解除竞业限制约定的

【答案】ABCD

考点回顾　劳动合同的主要内容。

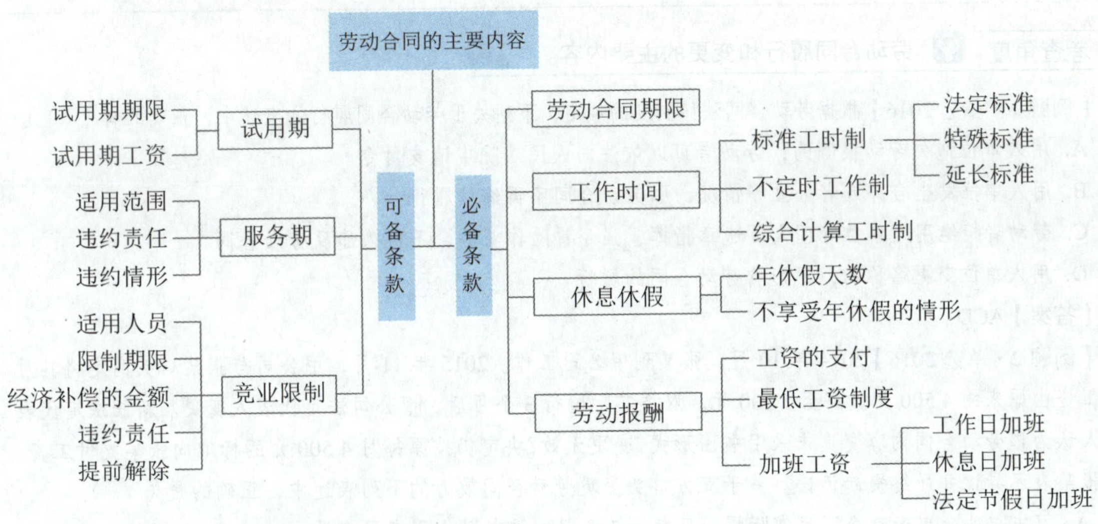

考点3　劳动合同的履行和变更（★★）

劳动合同履行和变更的主要内容如表8-1-10所示。

表 8-1-10　劳动合同的履行和变更

项目	主要内容
劳动合同的履行	（1）用人单位应当按规定向劳动者及时足额支付劳动报酬。用人单位拖欠或者未足额支付劳动者报酬的，劳动者可以依法向当地人民法院申请支付令，人民法院应当依法发出支付令 （2）用人单位应当严格执行劳动定额标准，不得强迫或者变相强迫劳动者加班。用人单位安排加班的，应当按照规定支付加班费 （3）劳动者拒绝用人单位管理人员违章指挥、强令冒险作业的，不视为违反劳动合同 （4）用人单位变更名称、法定代表人、主要负责人或者投资人等事项，不影响劳动合同的履行 （5）用人单位发生合并或者分立等情况，原劳动合同继续有效，劳动合同由承继其权利和义务的用人单位继续履行 （6）用人单位应当将直接涉及劳动者切身利益的规章制度和重大事项决定公示，或者告知劳动者。如果未告知劳动者，该规章制度对劳动者不生效
劳动合同的变更	（1）变更劳动合同，应当采用书面形式 （2）未采用书面形式，但已经实际履行了口头变更的劳动合同超过 1 个月，且变更后的劳动合同内容不违反法律、行政法规、国家政策以及公序良俗，当事人以未采用书面形式为由主张劳动合同变更无效的，人民法院不予支持（口头+实际履行超过 1 个月）

考查角度　劳动合同履行和变更的主要内容。

【例题 1 • 多选 2016】根据劳动合同法律制度的规定，下列关于劳动合同履行的表述中，正确的有（　　）。

A. 用人单位拖欠劳动报酬的，劳动者可以依法向人民法院申请支付令

B. 用人单位发生合并或者分立等情况，原劳动合同不再继续履行

C. 劳动者拒绝用人单位管理人员违章指挥、强令冒险作业的，不视为违反劳动合同

D. 用人单位变更名称的，不影响劳动合同的履行

【答案】ACD

【例题 2 • 单选 2016】2014 年 10 月，张某到甲公司工作。2015 年 11 月，甲公司与张某口头商定将其月工资由原来的 4 500 元提高至 5 500 元。双方实际履行 3 个月后，甲公司法定代表人变更。新任法定代表人认为该劳动合同内容变更未采用书面形式，变更无效，决定仍按原每月 4 500 元的标准向张某支付工资。张某表示异议并最终提起诉讼。关于双方口头变更劳动合同效力的下列表述中，正确的是（　　）。

A. 双方口头变更劳动合同且实际履行已超过 1 个月，该劳动合同变更有效

B. 劳动合同变更在实际履行 3 个月期间有效，此后无效

C. 因双方未采取书面形式，该劳动合同变更无效

D. 双方口头变更劳动合同但实际履行未超过 6 个月，该劳动合同变更无效

【答案】A

考点 4　劳动合同的解除和终止（★★★）

（一）劳动合同的解除

劳动合同解除分为协商解除和法定解除两种情况。

1. 协商解除

用人单位与劳动者协商一致，可以解除劳动合同。

（1）应当支付经济补偿的情形：由用人单位提出解除劳动合同而与劳动者协商一致的，必须依法向劳动者支付经济补偿。（辞退的，补偿）

（2）不支付经济补偿的情形：由劳动者主动辞职而与用人单位协商一致解除劳动合同的，用人单位无需向劳动者支付经济补偿。（辞职的，不补偿）

2. 法定解除

法定解除（不需当事人协商一致，一方当事人即可决定解除劳动合同）可分为劳动者的单方解除和用人单位的单方解除。

（1）劳动者可单方面解除劳动合同的情形如图 8-1-4 所示。

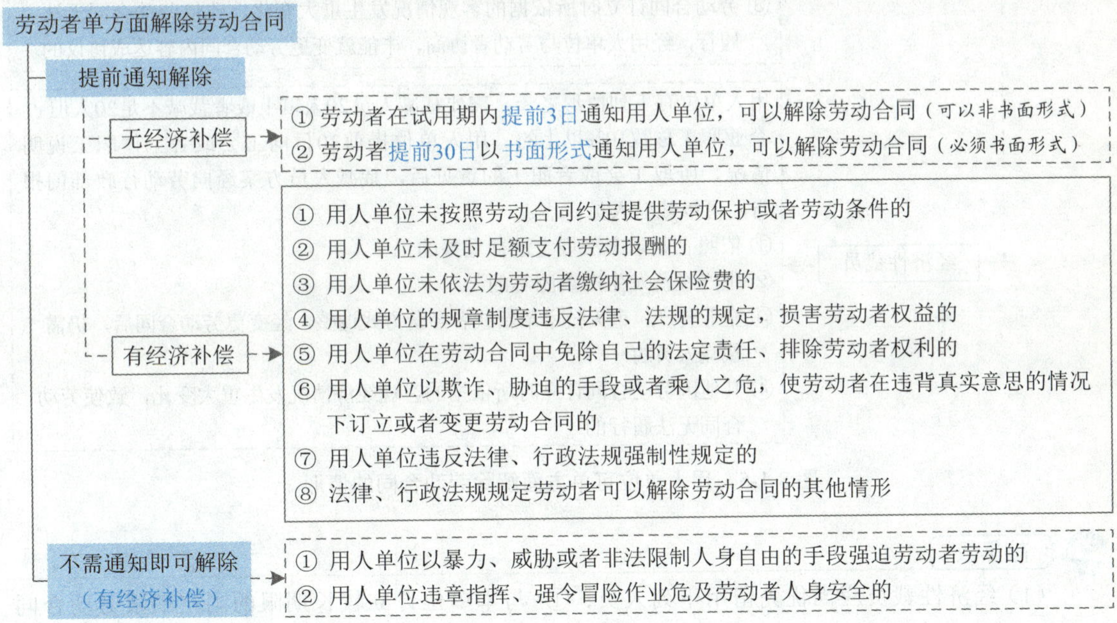

图 8-1-4　劳动者可单方面解除劳动合同的情形

（2）用人单位可单方面解除劳动合同的情形如图 8-1-5 所示。

用人单位单方面解除劳动合同

- **无经济补偿** →

  因劳动者过错解除劳动合同的情形（随时通知解除）：
  ① 劳动者在试用期间被证明不符合录用条件的
  ② 劳动者严重违反用人单位的规章制度的
  ③ 劳动者严重失职，营私舞弊，给用人单位造成重大损害的
  ④ 劳动者同时与其他用人单位建立劳动关系，对完成本单位的工作任务造成严重影响，或者经用人单位提出，拒不改正的
  ⑤ 劳动者以欺诈、胁迫的手段或者乘人之危，使用人单位在违背真实意思的情况下订立或者变更劳动合同的
  ⑥ 劳动者被依法追究刑事责任的

- **有经济补偿**
  - **无过失性辞退** →

    下列情形，用人单位提前30日以书面形式通知劳动者本人或者额外支付劳动者1个月工资后，可以解除劳动合同，但应向劳动者支付经济补偿：
    ① 劳动者患病或者非因工负伤，在规定的医疗期满后不能从事原工作，也不能从事由用人单位另行安排的工作的
    ② 劳动者不能胜任工作，经过培训或者调整工作岗位，仍不能胜任工作的
    ③ 劳动合同订立时所依据的客观情况发生重大变化，致使劳动合同无法履行，经用人单位与劳动者协商，未能就变更劳动合同内容达成协议的
  - **经济性裁员** →

    用人单位有下列情形之一，需要裁减人员20人以上或者裁减不足20人但占企业职工总数10%以上的，用人单位提前30日向工会或者全体职工说明情况，听取工会或者职工的意见后，裁减人员方案经向劳动行政部门报告，可以裁减人员：
    ① 依照企业破产法规定进行重整的
    ② 生产经营发生严重困难的
    ③ 企业转产、重大技术革新或者经营方式调整，经变更劳动合同后，仍需裁减人员的
    ④ 其他因劳动合同订立时所依据的客观经济情况发生重大变化，致使劳动合同无法履行的

图 8-1-5　用人单位可单方面解除劳动合同的情形

敲黑板

（1）经济性裁员应当优先留用下列人员：① 与本单位订立较长期限的固定期限劳动合同的；② 与本单位订立无固定期限劳动合同的；③ 家庭无其他就业人员，有需要扶养的老人或未成年人的。

（2）用人单位裁减人员后，在 6 个月内重新招用人员的，应当通知被裁减的人员，并在同等条件下优先招用被裁减的人员。

考查角度　法定解除劳动合同的情形及具体内容。

【例题1·多选2016】下列劳动者中，可以随时通知用人单位解除劳动合同的有（　　）。

A. 所在单位规章制度违法，损害其利益的王某

B. 所在单位未依法为其缴纳社会保险费的李某

C. 所在单位未及时足额向其支付劳动报酬的张某

D. 所在单位未按照劳动合同约定为其提供劳动保护的赵某

【答案】ABCD

【例题2·多选2019】根据劳动合同法律制度的规定，下列职工中属于用人单位经济性裁员应优先留用的有（　　）。

A. 与本单位订立较长期限的固定期限劳动合同的

B. 与本单位订立无固定期限劳动合同的

C. 与本单位订立较短期限的固定期限劳动合同的

D. 家庭无其他就业人员，有需要扶养的老人或者未成年人的

【答案】ABD

【拓展1·多选2019】根据劳动合同法律制度的规定，下列情况中用人单位可以随时解除劳动合同的有（　　）。

A. 劳动者严重违反用人单位规章制度

B. 劳动者被依法追究刑事责任的

C. 劳动者在试用期间被证明不符合录用条件的

D. 劳动者严重失职，营私舞弊，给用人单位造成重大损害的

【答案】ABCD

【拓展2·单选2018】甲公司职工周某不能胜任工作，公司为其调整工作岗位后，仍不能胜任。甲公司拟解除与周某的劳动合同的下列表述中，不正确的是（　　）。

A. 甲公司无须通知周某即可解除劳动合同

B. 甲公司解除劳动合同应向周某支付经济补偿

C. 甲公司额外支付周某1个月工资后可解除劳动合同

D. 甲公司可提前30日以书面形式通知周某而解除劳动合同

【解析】不能胜任工作，调整工作岗位后仍不能胜任的，属于无过失性辞退，用人单位提前30日以书面形式通知劳动者本人或者额外支付劳动者1个月工资后，可以解除劳动合同，选项A错误。

【答案】A

（二）劳动合同的终止

劳动合同终止的情形主要有：

（1）劳动合同期满的。

（2）劳动者开始依法享受基本养老保险待遇的。

（3）劳动者达到法定退休年龄的。

（4）劳动者死亡，或者被人民法院宣告死亡或者宣告失踪的。

（5）用人单位被依法宣告破产的。

（6）用人单位被吊销营业执照、责令关闭、撤销或者用人单位决定提前解散的。

（7）法律、行政法规规定的其他情形。

小旌笔记

劳动合同的解除是一方或者双方“主动”“人为”地提前结束合同；劳动合同的终止是出现法定事实后，“被动”地提前或如期结束合同。

考查角度 劳动合同终止的情形。

【例题·多选2012】根据劳动合同法律制度的规定，下列情形中，可导致劳动合同关系终止的有（　　）。

A. 劳动合同期满　B. 劳动者达到法定退休年龄　C. 用人单位被依法宣告破产　D. 女职工在哺乳期

【答案】ABC

（三）对劳动合同解除和终止的限制性规定

劳动者有下列情形之一的，用人单位既不得解除劳动合同，也不得终止劳动合同，劳动合同应当延续至相应的情形消失时终止：

（1）从事接触职业病危害作业的劳动者未进行离岗前职业健康检查，或者疑似职业病病人在诊断或者医学观察期间的。

（2）在本单位患职业病或者因工负伤并被确认丧失或者部分丧失劳动能力的。

（3）患病或者非因工负伤，在规定的医疗期内的。

（4）女职工在孕期、产期、哺乳期的。

（5）在本单位连续工作满15年，且距法定退休年龄不足5年的。

（6）法律、行政法规规定的其他情形。

【提示】若符合因劳动者过错解除劳动合同的情形，则不受上述限制性规定的影响。

考查角度 劳动合同不能终止的情形。

【例题·单选2018】根据劳动合同法律制度的规定，下列情形中，不能导致劳动合同终止的是（　　）。

A. 劳动者被人民法院宣告死亡的

B. 劳动者医疗期内遇劳动合同期满的

C. 劳动者开始依法享受基本养老保险待遇的

D. 劳动者达到法定退休年龄的

【答案】B

（四）劳动合同解除和终止的经济补偿

1. 经济补偿金、违约金、赔偿金

经济补偿金、违约金、赔偿金的主要内容如表8-1-11所示。

表8-1-11　经济补偿金、违约金、赔偿金的主要内容

项目	经济补偿金	违约金	赔偿金
含义	主要是针对劳动关系的解除和终止，在劳动者无过错的情况下，用人单位给予劳动者一定数额的经济上的补偿	是指劳动者违反了服务期和竞业限制的约定而向用人单位支付的违约补偿	是指用人单位和劳动者由于自己的过错给对方造成损害时，所承担的不利的法律后果
产生原因	法定的	约定的	法定的
适用情形	解除和终止劳动关系时	（1）劳动者违反服务期约定 （2）劳动者违反竞业限制约定	由于自己的过错给对方造成损害时
支付主体	用人单位	劳动者	用人单位或劳动者

敲黑板

禁止用人单位对劳动合同服务期和竞业限制之外的其他事项与劳动者约定由劳动者承担违约金。(仅限两种情形)

考查角度　辨析经济补偿金与违约金。

【例题·单选 2016】根据劳动合同法律制度的规定，下列关于经济补偿金和违约金的表述中，不正确的是(　　)。

A. 违约金的支付主体只能是劳动者

B. 经济补偿金只能由用人单位和劳动者在劳动合同中约定

C. 违约金只能在服务期和竞业限制条款中约定

D. 经济补偿金的支付主体只能是用人单位

【答案】B

2. 用人单位应当向劳动者支付经济补偿的情形

(1) 劳动者符合随时通知解除和不需事先通知即可解除劳动合同规定情形而解除劳动合同的。

(2) 由用人单位提出解除劳动合同并与劳动者协商一致而解除劳动合同的。

(3) 用人单位符合提前 30 日以书面形式通知劳动者本人或者额外支付劳动者 1 个月工资后，可以解除劳动合同规定情形而解除劳动合同的。

(4) 用人单位符合可裁减人员规定而解除劳动合同的。

(5) 除用人单位维持或者提高劳动合同约定条件续订劳动合同，劳动者不同意续订的情形外，劳动合同期满终止固定期限劳动合同的。

(6) 用人单位被依法宣告破产或者被吊销营业执照、责令关闭、撤销或者用人单位决定提前解散而终止劳动合同的。

(7) 以完成一定工作任务为期限的劳动合同因任务完成而终止的。

(8) 法律、行政法规规定的其他情形。

考查角度　用人单位应当向劳动者支付经济补偿的情形。

【例题·多选 2017】劳动合同解除或者终止的下列情形中，用人单位应向劳动者支付经济补偿的有(　　)。

A. 劳动者提前 30 日以书面形式通知无过错用人单位而解除劳动合同的

B. 劳动者提出并与无过错用人单位协商一致解除劳动合同的

C. 劳动者符合不需事先告知用人单位即可解除劳动合同的情形解除劳动合同的

D. 以完成一定工作任务为期限的劳动合同因任务完成而终止的

【答案】CD

3. 经济补偿金的计算

经济补偿按劳动者在本单位工作的年限，每满 1 年支付 1 个月工资的标准向劳动者支付。具体计算标准如图 8-1-6 所示。

① 6个月以上不满1年的，按1年计算
② 不满6个月的，按0.5年计算
③ 支付经济补偿的年限最高不超过12年

经济补偿金 = 工作年限 × 月工资

最低不低于当地最低工资标准，最高不超过当地上年度职工月平均工资的3倍。具体如下：
① 一般工资：月工资按劳动者在劳动合同解除或者终止前12个月的平均工资计算；劳动者工作不满12个月的，按照实际工作的月数计算平均工资
② 较低工资：劳动者在劳动合同解除或者终止前12个月的平均工资低于当地最低工资标准的，按照当地最低工资标准计算
③ 超高工资：劳动者月工资高于本地区上年度职工月平均工资3倍的，按上年度职工月平均工资3倍的数额计算

图 8-1-6 经济补偿金的计算

【提示】劳动者非因本人原因从原用人单位被安排到新用人单位工作的，劳动者在原用人单位的工作年限合并计入新用人单位的工作年限。原用人单位已经向劳动者支付经济补偿的，新用人单位在依法解除、终止劳动合同计算支付经济补偿的工作年限时，不再计算劳动者在原用人单位的工作年限。

考查角度 经济补偿金的计算。

【例题·单选 2018】2016 年 11 月 1 日，郑某到甲公司工作。2018 年 1 月 30 日，郑某因公司未及时足额向其支付劳动报酬而解除劳动合同。已知郑某离职时月平均工资为 11 000 元，当地上年度职工平均工资为 3 200 元。计算劳动合同解除时甲公司应向郑某支付经济补偿数额的下列算式中，正确的是（　）。

A. 11 000×1.5=16 500 元

B. 11 000×2=22 000 元

C. 3 200×3×1.5=14 400 元

D. 3 200×3×2=19 200 元

【解析】见下面“小旌解题”。

【答案】C

【拓展·单选 2018】2018 年 12 月 31 日，甲公司与孙某的劳动合同期满，甲公司不再与其续订。已知孙某在甲公司工作年限为 5 年，劳动合同终止前 12 个月的平均工资为 13 000 元。甲公司所在地上年度职工月平均工资为 4 000 元，当地月最低工资标准为 2 000 元。劳动合同终止时，甲公司依法应向孙某支付的经济补偿数额为（　）。

A. 20 000 元　B. 10 000 元　C. 65 000 元　D. 60 000 元

【解析】孙某的月工资 13 000 元超过了当地上年度职工月平均工资的 3 倍（4 000×3=12 000 元），按照上年度职工月平均工资的 3 倍计算。甲公司依法应向孙某支付的经济补偿数额=4 000×3×5=60 000 元。

【答案】D

小旌解题

在计算经济补偿金额时，可以按照以下步骤计算：

第一步，确定工作年限。2016 年 11 月 1 日至 2018 年 1 月 30 日，共 15 个月，工作年限为 1.5 年（不满 6 个月的，按照 0.5 年计算）。

第二步，确定支付补偿的月工资。月工资最低不低于当地最低工资标准，最高不高于当地上年度职工月平均工资的 3 倍。11 000 元＞3 200×3=9 600 元，故按照 3 200×3 作为标准计算。

第三步，套公式计算答案。经济补偿金=工作年限×月工资=1.5×3 200×3=14 400 元。

（五）劳动合同解除和终止的法律后果及双方义务

劳动合同解除或终止的，用人单位应当在解除或者终止劳动合同时出具解除或终止劳动合同的证明（离职证明），并在 15 日内为劳动者办理档案和社会保险关系转移手续。用人单位对已经解除或终止的劳动合同文本，至少保存 2 年备查。

用人单位违反规定解除或者终止劳动合同，劳动者要求继续履行劳动合同的，用人单位应当继续履行；劳动者不要求继续履行劳动合同或者劳动者已经不能继续履行的，用人单位应当按照规定的经济补偿标准的 2 倍向劳动者支付赔偿金。用人单位支付了赔偿金的，不再支付经济补偿。赔偿金的计算年限自用工之日起计算。

小旌笔记

用人单位“合法”解除或者终止劳动合同的，向劳动者支付的是经济补偿金；“违法”解除或者终止劳动合同的，按照经济补偿金的 2 倍支付赔偿金（1 倍是正常的经济补偿金，多出的 1 倍是给劳动者额外的赔偿，相当于是对用人单位的一种惩罚措施）。

考查角度 用人单位违反规定解除劳动合同的法律责任。

【例题 1 • 判断 2013】用人单位和劳动者解除或者终止劳动合同的，用人单位应当在解除或者终止劳动合同时出具解除或终止劳动合同的证明。（　）

【答案】√

【例题 2 • 多选 2019】根据劳动合同法律制度的规定，下列关于用人单位违法解除劳动合同法律后果的表述中，正确的有（　）。

A. 劳动者要求继续履行且劳动合同可以继续履行的，用人单位应当继续履行

B. 违法解除劳动合同赔偿金的计算年限自用工之日起计算

C. 用人单位支付了赔偿金的，不再支付经济补偿

D. 劳动者不要求继续履行劳动合同的，用人单位应按经济补偿标准的 2 倍向劳动者支付赔偿金

【答案】ABCD

考点回顾 劳动合同的解除和终止。

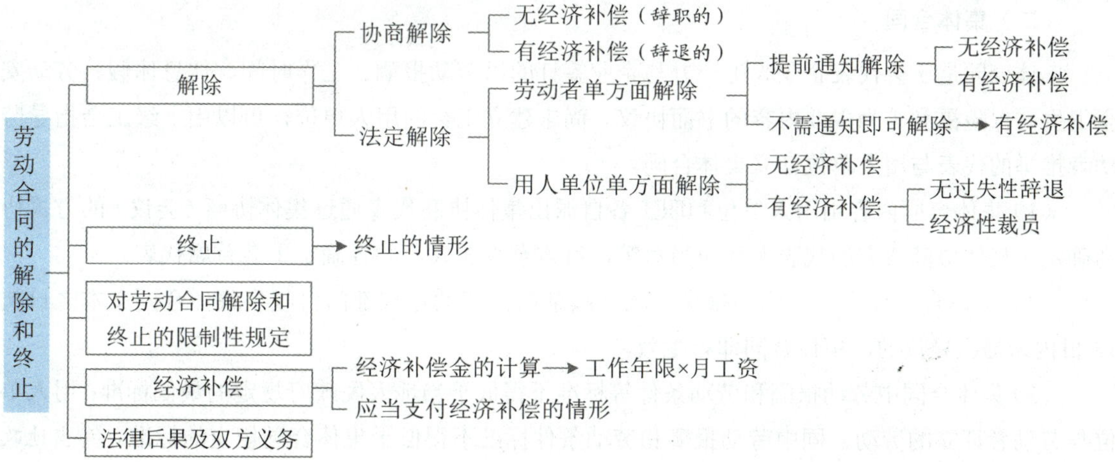

考点 5 特殊劳动合同（★★）

（一）非全日制用工合同

非全日制用工合同的主要内容如表 8-1-12 所示。

表 8-1-12 非全日制用工合同

项目	具体内容
订立形式	可以书面，可以口头
合同数量	劳动者可以与一个或者一个以上用人单位订立非全日制用工合同
工作时间	一般平均每日工作时间不超过 4 小时，每周工作时间累计不超过 24 小时
试用期	不得约定试用期
劳动报酬	（1）以小时计酬为主，标准不得低于用人单位所在地人民政府规定的最低小时工资标准 （2）用人单位可以按小时、日或周为单位计算工资，但结算支付周期最长不得超过 15 日
合同的终止	双方当事人任何一方都可以随时通知对方终止用工
补偿金	无经济补偿金

考查角度 非全日制用工的相关规定。

【例题·单选 2019】根据劳动合同法律制度的规定，下列关于非全日制用工的表述中，不正确的是（　　）。

A. 非全日制用工劳动报酬结算支付周期最长不得超过 15 日

B. 非全日制用工双方当事人不得约定试用期

C. 用人单位终止非全日制用工，应向劳动者支付经济补偿

D. 非全日制用工小时计酬标准不得低于用人单位所在地最低小时工资标准

【答案】C

（二）集体合同

集体合同是工会代表企业职工一方与企业签订的以劳动报酬、工作时间、休息休假、劳动安全卫生、保险福利等为主要内容的书面协议。尚未建立工会的用人单位，可以由上级工会指导劳动者推举的代表与用人单位订立集体合同。

（1）集体合同内容由用人单位和职工各自派出集体协商代表通过集体协商（会议）的方式协商确定。集体协商双方的代表人数应当对等，每方至少 3 人，并各确定 1 名首席代表。

（2）集体合同订立后，应当报送劳动行政部门；劳动行政部门自收到集体合同文本之日起 15 日内未提出异议的，集体合同即行生效。

（3）集体合同中劳动报酬和劳动条件等标准不得低于当地人民政府规定的最低标准；用人单位与劳动者订立的劳动合同中劳动报酬和劳动条件标准不得低于集体合同规定的标准。（当地政

府规定的最低标准≤集体合同的标准≤单个合同标准）

考查角度　集体合同中劳动报酬的标准。

【例题·判断 2019、2017】集体合同中劳动报酬和劳动条件等标准不得低于当地人民政府规定的最低标准。（　　）

【答案】√

（三）劳务派遣

1. 劳务派遣的概念和特征

劳务派遣是指由劳务派遣单位与劳动者订立劳动合同，与用工单位订立劳务派遣协议，将被派遣劳动者派往用工单位给付劳务。派遣单位、用工单位与劳动者的关系如图 8-1-7 所示。

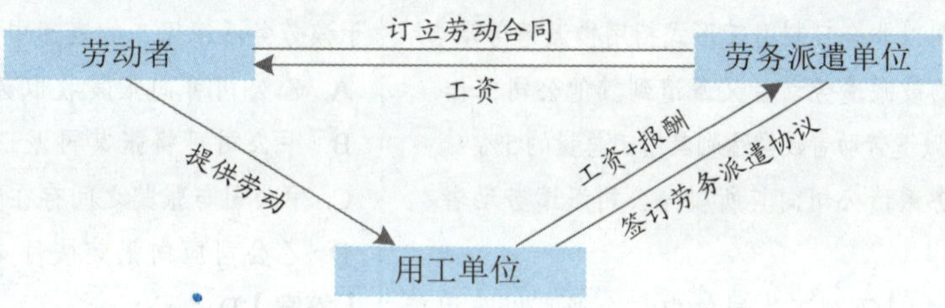

图 8-1-7　派遣单位、用工单位与劳动者的关系

【提示】劳动力的雇佣和劳动力使用分离，这是劳务派遣最显著的特征。

2. 劳务派遣的适用范围

（1）劳动合同用工是我国的企业基本用工形式，劳务派遣用工是补充形式。劳务派遣用工只能在临时性（存续时间不超过 6 个月）、辅助性或者替代性的工作岗位上实施。

（2）用工单位使用的被派遣劳动者数量不得超过其用工总量的 10%。

（3）用人单位不得设立劳务派遣单位向本单位或者所属单位派遣劳动者。

（4）用工单位不得将被派遣劳动者再派遣到其他用人单位。

（5）劳务派遣单位不得以非全日制用工形式招用被派遣劳动者。

3. 劳务派遣单位、用工单位与劳动者的权利和义务

劳务派遣单位、用工单位与劳动者的权利和义务的主要内容如表 8-1-13 所示。

表 8-1-13　劳务派遣单位、用工单位与劳动者的权利和义务

项目	具体内容
劳务派遣单位	（1）劳务派遣单位是用“人”单位，应当履行用人单位对劳动者的义务 （2）与被派遣劳动者订立的劳动合同，除应当载明劳动合同必备的条款外，还应当载明被派遣劳动者的用工单位以及派遣期限、工作岗位等情况 （3）应当与被派遣劳动者订立 2 年以上的固定期限劳动合同，按月支付劳动报酬；被派遣劳动者在无工作期间，劳务派遣单位应当按照所在地人民政府规定的最低工资标准，向其按月支付报酬 （4）不得向被派遣劳动者收取费用

（续表）

项目	具体内容
用“工”单位	（1）应当根据工作岗位的实际需要与劳务派遣单位确定派遣期限，不得将连续用工期限分割订立数个短期劳务派遣协议 （2）不得向被派遣劳动者收取费用
劳动者	（1）享有与用工单位的劳动者同工同酬的权利 （2）有权在劳务派遣单位或者用工单位依法参加或者组织工会，维护自身的合法权益

考查角度 劳务派遣的适用范围、劳务派遣公司的义务、劳务派遣中劳动合同的签订。

【例题1·多选2017】下列劳务派遣用工形式中，不符合法律规定的有（　　）。

A. 丙劳务派遣公司以非全日制用工形式招用被派遣劳动者

B. 乙公司将使用的被派遣劳动者又派遣到其他公司工作

C. 丁公司使用的被派遣劳动者数量达到其用工总量的5%

D. 甲公司设立劳务派遣公司向其所属分公司派遣劳动者

【答案】ABD

【例题2·多选2014】下列工作岗位中，企业可以采用劳务派遣用工形式的有（　　）。

A. 主营业务岗位　　B. 替代性岗位

C. 临时性岗位　　D. 辅助性岗位

【答案】BCD

【拓展1·单选2018】乙劳务派遣公司应甲公司要求，将张某派遣到甲公司工作。下列关于该劳务派遣用工的表述中，正确的是（　　）。

A. 乙公司可向张某收取劳务中介费

B. 甲公司可将张某再派遣到其他用人单位

C. 甲公司与张某之间存在劳动合同关系

D. 乙公司应向张某按月支付劳动报酬

【答案】D

【拓展2·判断2018】劳务派遣用工形式中，用工单位应当与被派遣劳动者签订劳动合同。（　　）

【答案】×

考点6　劳动争议的解决（★★）

（一）劳动争议解决的基本方法

劳动争议解决的方法有协商、调解、仲裁和诉讼。具体流程如图8-1-8所示。

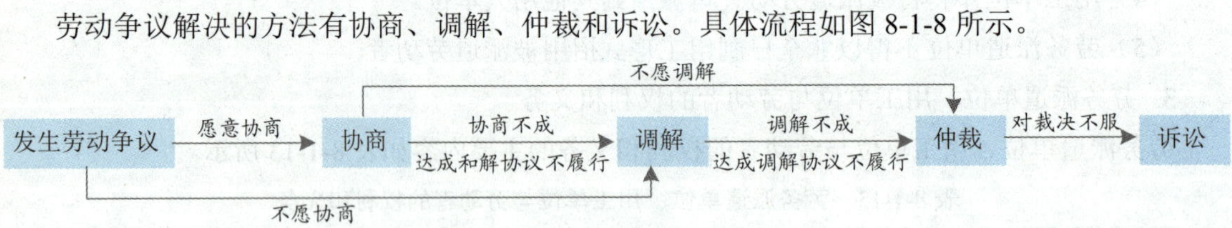

图8-1-8　劳动争议的解决方法及流程

【提示】发生劳动争议，劳动者可以与用人单位协商，也可以请工会或者第三方共同与用人单位协商，达成和解协议。

小旌笔记

发生劳动争议后，双方可以不经协商直接申请调解；或不经协商、调解直接申请仲裁，但劳动仲裁是提起劳动诉讼的必经前置程序，即必须“先仲裁、再诉讼”。

考查角度 协商的具体规定、劳动仲裁与劳动诉讼的关系。

【例题 1·判断 2013】用人单位与劳动者发生劳动争议，劳动者可以与用人单位协商，也可以请工会或是第三方共同与用人单位协商，达成和解协议。（ ）

【答案】√

【例题 2·判断 2013】劳动者与用人单位发生劳动争议无需经过劳动仲裁，可直接向人民法院提起诉讼。（ ）

【答案】×

（二）劳动调解

劳动调解的主要内容如表 8-1-14 所示。

表 8-1-14 劳动调解

项目	具体内容
申请方式	可以书面，可以口头
调解组织	（1）企业劳动争议调解委员会（由职工代表和企业代表组成，委员会主任由工会成员或者双方推举的人员担任） （2）依法设立的基层人民调解组织 （3）在乡镇、街道设立的具有劳动争议调解职能的组织
调解协议的生效	经调解达成协议的，应当制作调解协议书。调解协议书由双方当事人签名或盖章，经调解员签名并加盖调解组织印章后生效
达成调解协议后不履行的处理	（1）一方当事人在协议约定期限内不履行的，另一方当事人可依法申请仲裁 （2）因支付拖欠劳动报酬、工伤医疗费、经济补偿或者赔偿金事项达成调解协议，用人单位在协议约定期限内不履行的，劳动者可以持调解协议书依法向人民法院申请支付令
未及时达成调解协议的处理	自劳动争议调解组织收到调解申请之日起 15 日内未达成调解协议的，当事人可依法申请仲裁

考查角度 未及时达成调解协议可申请仲裁的期限。

【例题·单选 2018】根据劳动争议调解仲裁法律制度的规定，自劳动争议调解组织收到调解申请之日起一定期间内未达成调解协议的，当事人可依法申请仲裁，该期间为（ ）。

A. 7 日　　B. 10 日　　C. 5 日　　D. 15 日

【答案】D

（三）劳动仲裁

1. 劳动仲裁机构、当事人和劳动仲裁案件的管辖

劳动仲裁机构、当事人和劳动仲裁案件管辖的主要内容如表 8-1-15 所示。

表 8-1-15　劳动仲裁机构、当事人和劳动仲裁案件的管辖

项目	具体内容
劳动仲裁机构	劳动人事争议仲裁委员会（简称仲裁委员会）
当事人	（1）发生劳动争议的劳动者和用人单位为劳动争议仲裁案件的双方当事人 （2）劳务派遣单位或者用工单位与劳动者发生劳动争议的，劳务派遣单位和用工单位为共同当事人 （3）劳动者与个人承包经营者发生争议的，发包的组织和个人承包经营者为共同当事人 （4）发生争议的用人单位未办理营业执照、被吊销营业执照、营业执照到期继续经营、被责令关闭、被撤销以及用人单位解散、歇业，不能承担相关责任的，应当将用人单位和其出资人、开办单位或者主管部门作为共同当事人 （5）发生争议的劳动者一方在 10 人以上，并有共同请求的，劳动者可以推举 3～5 名代表人参加仲裁活动。代表人参加仲裁的行为对其所代表的当事人发生效力，但代表人变更、放弃仲裁请求或者承认对方当事人的仲裁请求，进行和解，必须经被代表的当事人同意
劳动仲裁案件的管辖	（1）劳动争议由劳动合同履行地或者用人单位所在地的仲裁委员会管辖 （2）双方当事人分别向劳动合同履行地和用人单位所在地的仲裁委员会申请仲裁的，由劳动合同履行地的劳动争议仲裁委员会管辖 （3）有多个劳动合同履行地的，由最先受理的仲裁委员会管辖 （4）劳动合同履行地不明确的，由用人单位所在地的仲裁委员会管辖

【提示】劳动争议仲裁不收费。仲裁委员会的经费由财政予以保障。

考查角度　劳动仲裁当事人的具体规定。

【例题·判断 2012】劳动者与用人单位发生劳动争议申请仲裁时，用人单位被吊销营业执照或者决定提前解散、歇业，不能承担相关责任的，其出资人、开办单位或者主管部门应作为共同当事人。（　）

【答案】√

2. 劳动仲裁的申请和受理

劳动仲裁申请和受理的主要内容如图 8-1-9 所示。

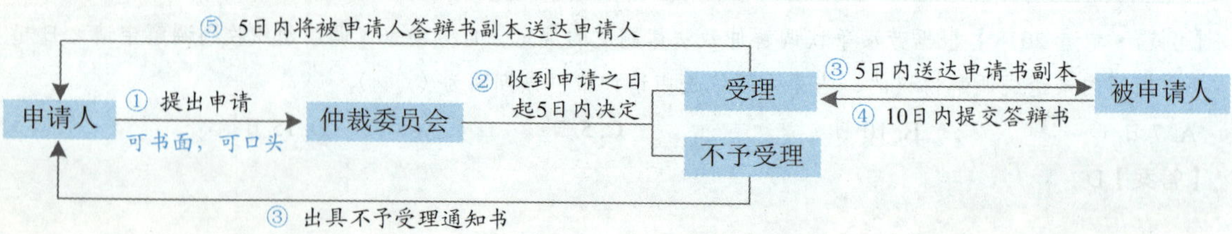

图 8-1-9　劳动仲裁申请和受理的主要内容

敲黑板

（1）劳动争议申请仲裁的时效期间为 1 年。仲裁时效期间从当事人知道或者应当知道其权利被侵害之日起计算。

（2）劳动关系存续期间因拖欠劳动报酬发生争议的，劳动者申请仲裁不受 1 年仲裁时效期间的限制；但是，劳动关系终止的，应当自劳动关系终止之日起 1 年内提出。

考查角度 劳动仲裁的时效期间、仲裁的申请方式。

【例题·多选 2012】劳动者因用人单位拖欠劳动报酬发生劳动争议申请仲裁的，应当在仲裁时效期间内提出。关于该仲裁时效期间的下列表述中，正确的有（ ）。

A. 从用人单位拖欠劳动报酬之日起 1 年

B. 从用人单位拖欠劳动报酬之日起 2 年

C. 劳动关系存续期间无仲裁时效期间限制

D. 劳动关系终止的，自劳动关系终止之日起 1 年

【答案】CD

【拓展·单选 2018】根据劳动争议调解仲裁法律制度的规定，下列关于劳动仲裁申请的表述中，正确的是（ ）。

A. 申请人申请劳动仲裁，不得以口头形式提出

B. 申请仲裁的时效期间为 3 年

C. 申请人应预交仲裁申请费用

D. 申请人应向劳动合同履行地或者用人单位所在地的劳动仲裁机构申请仲裁

【答案】D

3. 劳动仲裁的基本制度

（1）先行调解原则。仲裁庭在作出裁决前，应当先行调解。调解达成协议的，仲裁庭应当制作调解书。调解书经双方当事人签收后，发生法律效力。

（2）仲裁公开原则及例外。劳动争议仲裁公开进行，但当事人协议不公开或者涉及商业秘密和个人隐私的，经相关当事人书面申请，仲裁委员会应当不公开审理。

（3）仲裁庭制。

（4）回避制度。

小旌笔记

仲裁庭制和回避制度的内容与第一章所学的经济仲裁内容相同，按照第一章内容掌握即可。

4. 劳动仲裁的裁决

劳动仲裁裁决的主要内容如表 8-1-16 所示。

表 8-1-16 劳动仲裁的裁决

项目	主要内容
作出裁决的时限	（1）仲裁庭裁决劳动争议案件，应当自仲裁委员会受理仲裁申请之日起 45 日内结束 （2）案情复杂需要延期的，经仲裁委员会主任批准，可以延期并书面通知当事人，但是延长期限不得超过 15 日 （3）逾期未作出仲裁裁决的，当事人可以就该劳动争议事项向人民法院提起诉讼

（续表）

项目	主要内容
一裁终局的案件	劳动争议的裁决一般不是终局的，但下列劳动争议，除另有规定外，仲裁裁决为终局裁决： （1）追索劳动报酬、工伤医疗费、经济补偿金或者赔偿金，不超过当地月最低工资标准12个月金额的争议 （2）因执行国家的劳动标准在工作时间、休息休假、社会保险等方面发生的争议 【提示】仲裁庭裁决案件时，裁决内容同时涉及终局裁决和非终局裁决的，应当分别制作裁决书，并告知当事人相应的救济权利
仲裁裁决的撤销	用人单位有证据证明终局裁决有下列情形之一的，可以自收到裁决书之日起30日内向仲裁委员会所在地的中级法院申请撤销裁决： （1）适用法律、法规确有错误的 （2）劳动争议仲裁委员会无管辖权的 （3）违反法定程序的 （4）裁决所根据的证据是伪造的 （5）对方当事人隐瞒了足以影响公正裁决的证据的 （6）仲裁员在仲裁该案件时有索贿受贿、徇私舞弊、枉法裁决行为的

5. 仲裁裁决的执行

（1）当事人对发生法律效力的调解书、裁决书，应当依照规定的期限履行。一方当事人逾期不履行的，另一方当事人可以向人民法院申请执行。

（2）仲裁庭对追索劳动报酬、工伤医疗费、经济补偿或者赔偿金的案件，根据当事人的申请，可以裁决先予执行，移送人民法院执行。

【提示1】仲裁庭裁决先予执行的，应当符合下列条件：① 当事人之间权利义务关系明确；② 不先予执行将严重影响申请人的生活。

【提示2】劳动者申请先予执行的，可以不提供担保。

易错易混点 经济仲裁与劳动仲裁（见表8-1-17）。

表8-1-17 经济仲裁与劳动仲裁

分类		经济仲裁	劳动仲裁
不同点	诉讼时效	一般为3年	一般为1年
	申请程序	必须在事前或事后达成书面的仲裁协议，才能据此向仲裁机构提出仲裁申请	不要求当事人达成仲裁协议
	仲裁案件的管辖	不实行级别管辖和地域管辖，仲裁委员会应当由当事人协议选定	实行地域管辖。仲裁委员会负责管辖本区域内发生的劳动争议。劳动争议由劳动合同履行地或者用人单位所在地的仲裁委员会管辖

（续表）

<table>
<tr><th colspan="2">分类</th><th>经济仲裁</th><th>劳动仲裁</th></tr>
<tr><td rowspan="3">不同点</td><td>收费规则</td><td>收费</td><td>不收费</td></tr>
<tr><td>是否公开</td><td>原则上不公开进行，除涉及国家秘密外，当事人可以协议公开</td><td>原则上公开进行，但当事人协议不公开或者涉及商业秘密和个人隐私的，经相关当事人书面申请，可以不公开</td></tr>
<tr><td>裁决效力</td><td>实行一裁终局制度，当事人不能向人民法院起诉</td><td>一般不是终局的，当事人可以向人民法院起诉；特殊情况下，才实行一裁终局（劳动者可以起诉，用人单位不可以）</td></tr>
<tr><td colspan="2">相同点</td><td colspan="2">（1）仲裁委员会不按行政区划层层设立
（2）均适用回避制度
（3）裁决的原则相同：少数服从多数，形不成多数意见的，按首席仲裁员的意见作出
（4）一方当事人逾期不履行的，另一方当事人均可以向人民法院申请执行</td></tr>
</table>

考查角度 经济仲裁与劳动仲裁的对比。

【例题·多选 2017】关于一般经济纠纷仲裁和劳动仲裁共同点的下列表述中，正确的有（　）。

A. 仲裁庭仲裁案件均适用回避制度

B. 当事人均须在事先或事后达成仲裁协议，仲裁委员会方可受理

C. 仲裁委员会均不按行政区划层层设立

D. 当事人对仲裁裁决不服，均可向人民法院起诉

【答案】AC

（四）劳动诉讼

（1）对仲裁委员会不予受理或逾期未作出决定的，申请人可以就该劳动争议事项提起诉讼。

（2）劳动者对劳动争议终局裁决不服的，可以自收到仲裁裁决书之日起 15 日内提起诉讼。

小旌笔记

劳动仲裁终局裁决并非完全不能向人民法院起诉，劳动者不服的，可以起诉，用人单位一般不可以。在满足特定条件时用人单位可以向中级人民法院申请撤销。

（3）当事人对终局裁决情形之外的其他劳动争议案件的仲裁裁决不服的，可以自收到仲裁裁决书之日起 15 日内提起诉讼。

（4）终局裁决被人民法院裁定撤销的，当事人可以自收到裁定书之日起 15 日内就该劳动争议事项提起诉讼。

考查角度 劳动诉讼的具体内容。

【例题·单选 2018】下列关于劳动争议终局裁决效力的表述正确的是（　　）。

A. 一方当事人逾期不履行终局裁决的，另一方当事人可以向劳动仲裁委员会申请强制执行

B. 终局裁决被法院裁定撤销的，当事人可以自收到裁定书之日起 15 日内向法院提起诉讼

C. 劳动者对终局裁决不服的，不得向法院提起诉讼

D. 用人单位对终局裁决不服的，应向基层法院申请撤销

【解析】选项 A，只能向法院申请强制执行；选项 C，对劳动争议终局裁决不服的，劳动者可以向法院提起诉讼；选项 D，满足特定条件时，用人单位可以向“中级法院”申请撤销。

【答案】B

考点回顾 劳动争议的解决。

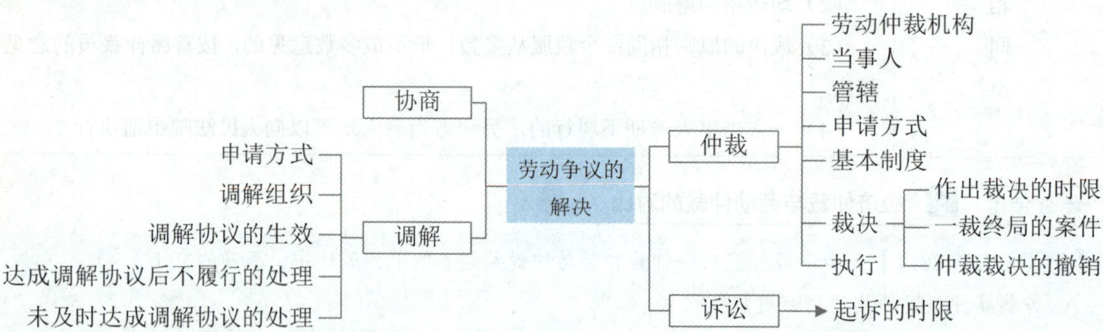

考点 7 违反劳动合同法律制度的法律责任（★）

用人单位和劳动者违反劳动合同法律制度的法律责任如表 8-1-18 所示。

表 8-1-18　用人单位和劳动者违反劳动合同法律制度的法律责任

分类		具体法律责任
用人单位	订立劳动合同	（1）用人单位自用工之日起超过 1 个月未与劳动者订立书面劳动合同的，从第 2 个月起每月支付 2 倍的工资，最多不超过 11 个月 （2）用人单位违反规定与劳动者约定试用期的，由劳动行政部门责令改正；违法约定的试用期已经履行的，由用人单位以劳动者试用期满月工资为标准，按已经履行的超过法定试用期的期间向劳动者支付赔偿金 （3）用人单位违反规定扣押劳动者身份证等证件的，由劳动行政部门责令期限退还劳动者本人，并依照有关法律规定给予处罚 （4）用人单位以担保或者其他名义向劳动者收取财物的，由劳动行政部门责令期限退还劳动者本人，并以每人 500 元以上 2 000 元以下的标准处以罚款；给劳动者造成损害的，应当承担赔偿责任 （5）劳动合同依照规定被确认无效，给劳动者造成损害的，用人单位应当承担赔偿责任

（续表）

<table>
<tr><th colspan="2">分类</th><th>具体法律责任</th></tr>
<tr><td rowspan="2">用人单位</td><td>履行劳动合同</td><td>用人单位有下列情形之一的，由劳动行政部门责令限期支付劳动报酬、加班费；劳动报酬低于当地最低工资标准的，应当支付其差额部分；逾期不支付的，责令用人单位按应付金额50%以上100%以下的标准向劳动者加付赔偿金：
（1）未按照劳动合同的约定或者国家规定及时足额支付劳动者劳动报酬的
（2）低于当地最低工资标准支付劳动者工资的
（3）安排加班不支付加班费的</td></tr>
<tr><td>解除和终止劳动合同</td><td>（1）用人单位解除或者终止劳动合同，未依照规定向劳动者支付经济补偿的，由劳动行政部门责令限期支付经济补偿；逾期不支付的，责令用人单位按应付金额 50%以上100%以下的标准向劳动者加付赔偿金
（2）用人单位违反规定解除或者终止劳动合同，按经济补偿金的2倍向劳动者支付赔偿金（不再支付经济补偿金）
（3）劳动者依法解除或者终止劳动合同，用人单位扣押劳动者档案或者其他物品的，由劳动行政部门责令限期退还劳动者本人，并以每人500元以上2 000元以下的标准处以罚款；给劳动者造成损害的，应当承担赔偿责任</td></tr>
<tr><td colspan="2">劳动者</td><td>（1）劳动合同被确认无效，给用人单位造成损失的，有过错的劳动者应当承担赔偿责任
（2）劳动者违反规定解除劳动合同，给用人单位造成损失的，应当承担赔偿责任
（3）劳动者违反劳动合同中约定的保密义务或者竞业限制，劳动者应当按照劳动合同的约定，向用人单位支付违约金。给用人单位造成损失的，应当承担赔偿责任
（4）劳动者违反培训协议，未满服务期解除或者终止劳动合同的，或者因劳动者严重违纪，用人单位与劳动者解除约定服务期的劳动合同的，劳动者应当按照劳动合同的约定向用人单位支付违约金（用人单位要求劳动者支付的违约金不得超过服务期尚未履行部分所应分摊的费用）</td></tr>
</table>

考查角度　违反劳动合同法律制度的法律责任。

【例题·多选2018】根据劳动合同法律制度的规定，下列关于劳动者法律责任承担的表述中，正确的有（　　）。

A. 劳动合同被确认无效，给用人单位造成损失的，有过错的劳动者应当承担赔偿责任

B. 劳动者违法解除劳动合同，给用人单位造成损失的，应当承担赔偿责任

C. 劳动者违反培训协议，未满服务期解除或者终止劳动合同的，应当按照劳动合同的约定向用人单位支付违约金

D. 劳动者违反劳动合同中约定的保密义务或者竞业限制，应按照劳动合同的约定向用人单位支付违约金

【答案】ABCD

第二节 社会保险法律制度

什么是社会保险？

社会保险是指国家依法建立的，由国家、用人单位和个人共同筹集资金、建立基金，使个人在年老（退休）、患病、工伤（因工伤残或者患职业病）、失业、生育等情况下获得物质帮助和补偿的一种社会保障制度。目前我国的社会保险项目如下：

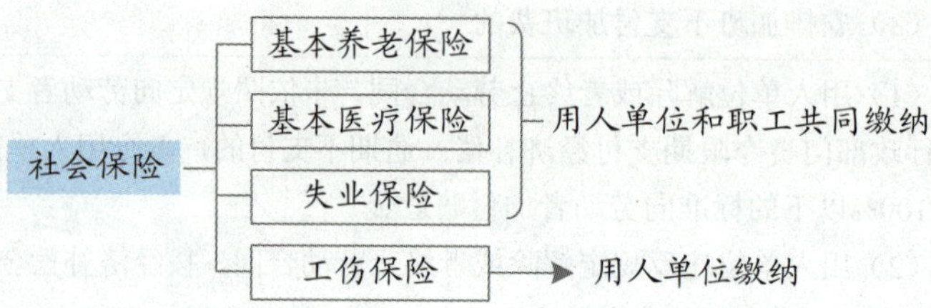

【提示】生育保险已并入基本医疗保险。

考点1 基本养老保险（★★★）

（一）基本养老保险覆盖范围

基本养老保险包括城乡居民基本养老保险和职工基本养老保险。本考点主要介绍职工基本养老保险。

（1）基本养老保险费由用人单位和职工共同缴纳。

（2）未满16周岁的未成年人和年满16周岁的在校学生不需要缴纳基本养老保险。

（3）无雇工的个体工商户、未在用人单位参加基本养老保险的非全日制从业人员以及其他灵活就业人员可以参加基本养老保险，由个人缴纳基本养老保险费。（可自愿选择参加，费用全部由自己承担）

考查角度 基本养老保险费全部由个人缴纳的情形。

【例题·多选2015】参加职工基本养老保险的下列人员中，基本养老保险费全部由个人缴纳的有（　　）。

A. 城镇私营企业的职工

B. 无雇工的个体工商户

C. 未在用人单位参加基本养老保险的非全日制从业人员

D. 实行企业化管理的事业单位职工

【答案】BC

（二）职工基本养老保险基金的组成和来源

基本养老保险基金由用人单位和个人缴费以及政府补贴等组成。基本养老保险实行社会统筹与个人账户相结合。基本养老金由统筹养老金和个人账户养老金组成。具体内容如图8-2-1所示。

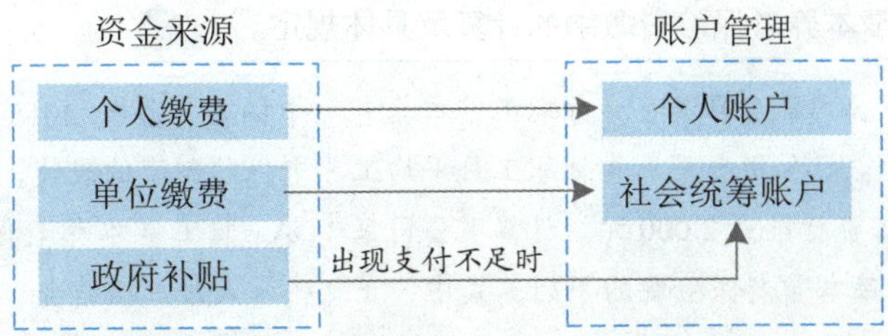

图 8-2-1 职工基本养老保险的组成和来源

【提示 1】个人账户不得提前支取，记账利率不得低于银行定期存款利率，免征利息税。

【提示 2】参加职工基本养老保险的个人死亡后，其个人账户中的余额可以全部依法继承。

【提示 3】个人跨统筹地区就业的，其基本养老保险关系随本人转移，缴费年限累计计算。个人达到法定退休年龄时，基本养老金分段计算、统一支付。

考查角度 职工基本养老保险个人账户的具体规定。

【例题·单选 2019】根据社会保险法律制度的规定，下列关于职工基本养老保险个人账户的表述中，不正确的是（ ）。

A. 个人账户记账利息计征利息税

B. 参保职工死亡后，其个人账户中的余额可以全部依法继承

C. 个人账户不得提前支取

D. 职工按照国家规定缴纳的基本养老保险费记入个人账户

【答案】A

（三）职工基本养老保险费的缴纳

职工基本养老保险费的缴纳标准如图 8-2-2 所示。

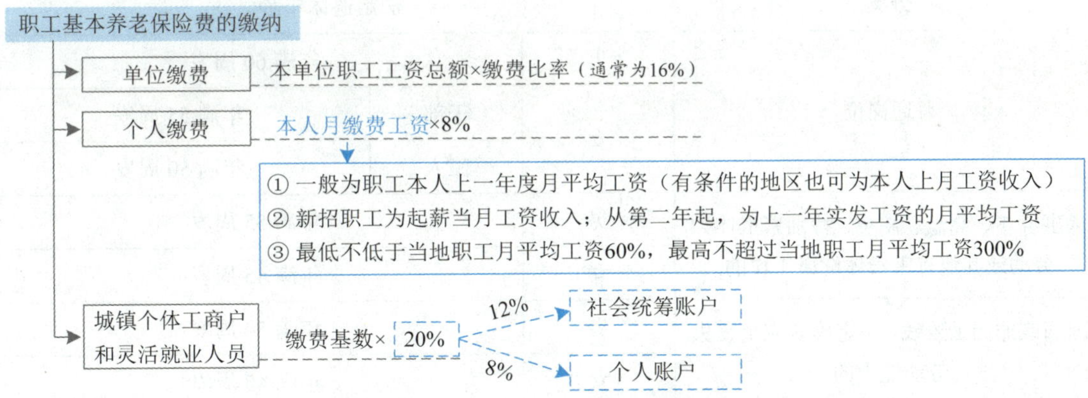

图 8-2-2 职工基本养老保险费的缴纳标准

【提示 1】职工月平均工资包括工资、奖金、津贴、补贴等收入；不包括用人单位承担或支付给员工的社会保险费、劳动保护费、福利费、用人单位与员工解除劳动关系时支付的一次性补偿计划以及生育费用等其他不属于工资的费用。

【提示 2】个人缴费不计征个人所得税，在计算个人所得税应税收入时，应当扣除个人缴纳的养老保险费。

考查角度 职工基本养老保险费缴纳的计算及具体规定。

【例题·单选 2017】甲公司职工孙某已参加职工基本养老保险，月工资 15 000 元。已知甲公司所在地职工月平均工资为 4 000 元，月最低工资标准为 2 000 元。计算甲公司每月应从孙某工资中扣缴基本养老保险费的下列算式中，正确的是（　　）。

A. 15 000×8%=1 200 元　　B. 4 000×3×8%=960 元

C. 2 000×3×8%=480 元　　D. 4 000×8%=320 元

【解析】对于个人缴费，本人月缴费工资最低不低于当地职工月平均工资的 60%，最高不超过当地职工月平均工资的 300%。本题中，孙某的工资 15 000 元超过了当地职工月平均工资的 300%（4 000×300%=12 000 元），按照当地职工月平均工资的 300%计算。

【答案】B

【拓展·多选 2015】下列关于职工基本养老保险制度的表述，正确的有（　　）。

A. 职工基本养老保险实行社会统筹与个人账户相结合

B. 城镇个体工商户和灵活就业人员的缴费基数为当地上年度在岗职工月平均工资

C. 职工基本养老保险基金由用人单位和个人缴费以及政府补贴等组成

D. 个人缴纳的基本养老保险费应计征个人所得税

【答案】ABC

（四）职工基本养老保险享受条件和待遇

1. 职工基本养老保险享受条件

职工达到法定退休年龄时累计缴费满 15 年可享受基本养老保险（须同时具备两个条件），按月领取基本养老金。法定退休年龄如表 8-2-1 所示。

表 8-2-1　法定退休年龄

<table>
<tr><th>分类</th><th colspan="3">法定退休年龄</th></tr>
<tr><td rowspan="3">普通岗位</td><td>男</td><td colspan="2">年满 60 周岁</td></tr>
<tr><td rowspan="2">女</td><td>干部</td><td>年满 55 周岁</td></tr>
<tr><td>工人</td><td>年满 50 周岁</td></tr>
<tr><td rowspan="2">从事井下、高温、高空、特别繁重体力劳动或其他有害身体健康工作的</td><td>男</td><td colspan="2">年满 55 周岁</td></tr>
<tr><td>女</td><td colspan="2">年满 45 周岁</td></tr>
<tr><td rowspan="2">因病或非因工致残，鉴定确认完全丧失劳动能力的</td><td>男</td><td colspan="2">年满 50 周岁</td></tr>
<tr><td>女</td><td colspan="2">年满 45 周岁</td></tr>
</table>

考查角度 职工基本养老保险的享受条件。

【例题 1·单选 2019、2018】根据社会保险法律制度的规定，参加职工基本养老保险的个人，达到法定退休年龄时累计缴费满一定年限的，可按月领取基本养老金。该年限为（　　）。

A. 12 年　　B. 15 年　　C. 5 年　　D. 10 年

【答案】B

【例题 2 • 单选 2013】根据社会保险法律制度的规定，正常岗位上男性职工法定退休年龄为（ ）周岁。

A. 60 B. 55 C. 50 D. 45

【答案】A

2. 职工基本养老保险待遇

（1）职工基本养老金。符合基本养老保险享受条件的人员，国家按月支付养老金。

（2）丧葬补助金和遗属抚恤金。参加基本养老保险的个人，因病或者非因工死亡的，其遗属可以领取丧葬补助金和抚恤金，所需资金从基本养老保险基金中支付。

【提示】如果个人死亡同时符合领取基本养老保险丧葬补助金、工伤保险丧葬补助金和失业保险丧葬补助金条件的，其遗属只能选择领取其中的一项。

（3）病残津贴。参加基本养老保险的个人，在未达到法定退休年龄时因病或者非因工致残完全丧失劳动能力的，可以领取病残津贴，所需资金从基本养老保险基金中支付。

考查角度 基本养老保险待遇的具体规定。

【例题 • 多选 2017】根据社会保险法律制度的规定，下列关于职工基本养老保险待遇的表述中，正确的有（ ）。

A. 参保职工未达到法定退休年龄时因病完全丧失劳动能力的，可以领取病残津贴

B. 参保职工死亡后，其个人账户中的余额可以全部依法继承

C. 参保职工达到法定退休年龄时累计缴费满 15 年，按月领取基本养老金

D. 参保职工死亡同时符合领取基本养老保险丧葬补助金、工伤保险丧葬补助金和失业保险丧葬补助金条件的，其遗属可以同时领取

【答案】ABC

【拓展 • 多选 2014】根据社会保险法律制度的规定，参加基本养老保险的个人，因病或者非因公死亡，下列各项中，其遗属可以领取的有（ ）。

A. 一次性工亡补助金

B. 抚恤金

C. 伤残津贴

D. 丧葬补助金

【答案】BD

考点 2 基本医疗保险（★★★）

（一）基本医疗保险的覆盖范围

基本医疗保险包括城乡居民基本医疗保险和职工基本医疗保险。本考点主要介绍职工基本医疗保险。

（1）职工应当参加职工基本医疗保险，由用人单位和职工按照国家规定共同缴纳基本医疗保险费。

（2）无雇工的个体工商户、未在用人单位参加基本医疗保险的非全日制从业人员以及其他灵活就业人员可以参加职工基本医疗保险，由个人按照国家规定缴纳医疗保险费。

小旌笔记

基本医疗保险对年龄没有限制，对于未满 16 周岁的未成年人、年满 16 周岁的大学生也可以参加医疗保险。

考查角度 基本医疗保险的覆盖范围。

【例题·多选 2016】下列人员中，属于基本医疗保险覆盖范围的有（　　）。

A. 大学生

B. 国有企业职工

C. 城镇私营企业职工

D. 灵活就业人员

【答案】ABCD

（二）职工基本医疗保险的缴纳

基本医疗保险与基本养老保险一样，分别设立社会统筹基金和个人账户基金。保险费由用人单位和职工按照国家规定共同缴纳，具体内容如图 8-2-3 所示。

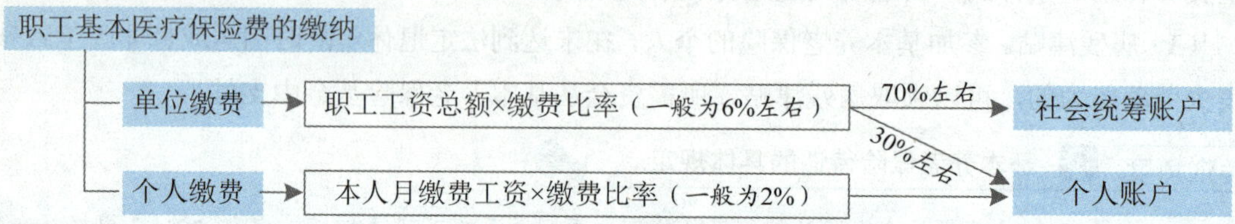

图 8-2-3　职工基本医疗保险的缴纳

【提示】个人跨区就业的，其基本医疗保险关系随本人转移，缴费年限累计计算。

考查角度 计入基本医疗保险个人账户的金额。

【例题·单选 2015】甲公司职工周某的月工资为 6 800 元。已知当地职工基本医疗保险的单位缴费率为 6%，职工个人缴费率为 2%，用人单位所缴医疗保险费划入个人医疗账户的比例为 30%。关于周某个人医疗保险账户每月存储额的下列计算中，正确的是（　　）。

A. 6 800×2%=136 元

B. 6 800×2%+6 800×6%×30%=258.4 元

C. 6 800×2%+6 800×6%=544 元

D. 6 800×6%×30%=122.4 元

【答案】B

（三）职工基本医疗费用的结算

1. 享受基本医疗保险待遇的条件

（1）参保人员必须到定点医疗机构就医、购药或到定点零售药店购买药品。

（2）参保人员在看病就医过程中所发生的医疗费用必须符合基本医疗保险药品目录、诊疗项目、医疗服务设施标准的范围和给付标准。

【提示】不符合条件的，费用由个人自己负担。

2. 符合基本医疗保险支付范围的医疗费用的结算

参保人员符合基本医疗保险支付范围的医疗费用，按图 8-2-4 所示的标准进行结算。

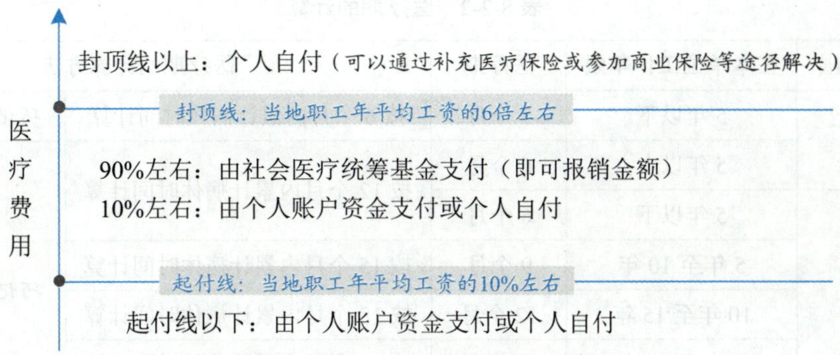

图 8-2-4　职工基本医疗费用的结算

例 吴某在定点医院做外科手术，共发生医疗费用 25 万元，其中在规定医疗目录内的费用为 22 万元，目录以外费用为 3 万元。已知：当地职工平均工资为 3 000 元/月，起付标准为当地职工年平均工资的 10%，最高支付限额为当地职工年平均工资的 6 倍，报销比例为 90%。分析如下：

（1）目录以外的 3 万元由吴某自理，不符合报销标准。

（2）起付标准=3 000 元/月×12 个月×10%=3 600 元。即 3 600 元以下的部分，由吴某自理。

（3）最高支付限额=3 000 元/月×12 个月×6 倍=216 000 元。超过限额的部分 220 000−216 000=4 000 元，由吴某自理。

（4）可以从统筹账户中报销的金额=（216 000−3 600）×90%=191 160 元。剩余由吴某自理的金额=（216 000−3 600）×10%=21 240 元。

（四）基本医疗保险基金不支付的医疗费用

下列医疗费用不纳入基本医疗保险基金支付范围：

（1）应当从工伤保险基金中支付的。

（2）应当由第三人负担的。

（3）应当由公共卫生负担的。

（4）在境外就医的。

【提示】医疗费应当由第三人负担，第三人不支付或者无法确定第三人的，由基本医疗保险基金先行支付。基本医疗保险基金先行支付后，有权向第三人追偿。

（五）医疗期

医疗期是指职工因患病或非因工负伤停止工作，治病休息，但不得解除劳动合同的期限。

1. 医疗期的计算

医疗期的计算如表 8-2-2 所示。

表 8-2-2　医疗期的计算

<table>
<tr><th>实际工作年限</th><th>在本单位工作年限</th><th>医疗期</th><th colspan="2">医疗期的计算方法</th></tr>
<tr><td rowspan="2">10 年以下</td><td>5 年以下</td><td>3 个月</td><td>按 6 个月内累计病休时间计算</td><td>巧记：医疗期×2</td></tr>
<tr><td>5 年以上</td><td>6 个月</td><td rowspan="2">按 12 个月内累计病休时间计算</td><td rowspan="6">巧记：医疗期+6</td></tr>
<tr><td rowspan="5">10 年以上</td><td>5 年以下</td><td>6 个月</td></tr>
<tr><td>5 年至 10 年</td><td>9 个月</td><td>按 15 个月内累计病休时间计算</td></tr>
<tr><td>10 年至 15 年</td><td>12 个月</td><td>按 18 个月内累计病休时间计算</td></tr>
<tr><td>15 年至 20 年</td><td>18 个月</td><td>按 24 个月内累计病休时间计算</td></tr>
<tr><td>20 年以上</td><td>24 个月</td><td>按 30 个月内累计病休时间计算</td></tr>
</table>

敲黑板

计算医疗期时，病休期间，公休、假日和法定节日包括在内。

小旌笔记

医疗期的计算从病休第一天开始，累计计算。例如，1 名应享受 3 个月医疗期的职工，如果从 3 月 1 日起第一次病休，累计计算期间为 3 月 1 日至 9 月 30 日，即该职工在这一期间可累计享受 3 个月的医疗期。假设到 7 月 15 日，该职工已累计病休 3 个月，即视为医疗期满。若该职工在 7 月 16 日至 9 月 30 日之间再次病休，就无法享受医疗期待遇。

考查角度　医疗期的计算。

【例题·单选 2019】甲公司职工赵某实际工作年限为 6 年，在甲公司工作年限为 2 年。赵某因患病住院治疗，其依法可享受的医疗期限为（　　）。

A. 3 个月　　B. 6 个月

C. 9 个月　　D. 12 个月

【答案】A

【拓展·单选 2018】卢某于 2015 年 1 月到甲公司工作，2018 年 3 月患病住院接受治疗。已知卢某实际工作年限为 12 年，卢某 2018 年可享受的医疗期期间为（　　）。

A. 6 个月　　B. 9 个月

C. 12 个月　　D. 3 个月

【答案】A

2. 医疗期内的待遇

（1）医疗期内工资标准可以低于当地最低工资标准，但最低不能低于最低工资标准的 80%。

（2）医疗期内，除劳动者有以下情形外，用人单位不得解除或终止劳动合同：

① 在试用期间被证明不符合录用条件的；

② 严重违反用人单位的规章制度的；

③ 严重失职，营私舞弊，给用人单位造成重大损害的；

④ 劳动者同时与其他用人单位建立劳动关系，对完成本单位的工作任务造成严重影响，或经用人单位提出，拒不改正的；

⑤ 以欺诈、胁迫的手段或者乘人之危，使用人单位在违背真实意思的情况下订立或者变更劳动合同致使劳动合同无效的；

⑥ 被依法追究刑事责任的。

（3）如医疗期内遇合同期满，合同必须延续至医疗期满，职工在此期间仍然享受医疗期内待遇。

（4）对医疗期满尚未痊愈者，或者医疗期满后不能从事原工作，也不能从事用人单位另行安排的工作，被解除劳动合同的，用人单位需按经济补偿规定给予其经济补偿。

考查角度 医疗期内的待遇。

【例题·多选 2018】根据劳动合同法律制度的规定，下列关于企业职工医疗期期限及待遇的表述中，正确的有（　　）。

A. 病假工资不得低于当地最低工资标准

B. 公休、假日和法定节日包括在病休期间内

C. 医疗期内遇劳动合同期满，则合同应延续至医疗期满

D. 实际工作年限 10 年以下，在本单位工作年限 5 年以下的，可享受 3 个月的医疗期

【答案】BCD

考点 3 工伤保险（★★）

（一）工伤保险的覆盖范围和工伤保险基金

1. 工伤保险的覆盖范围

中华人民共和国境内的企业、事业单位、社会团体、民办非企业单位、基金会、律师事务所、会计师事务所等组织和有雇工的个体工商户应当依照规定参加工伤保险，为本单位全部职工或者雇工缴纳工伤保险费。

职工应当参加工伤保险，由用人单位缴纳工伤保险费，职工不缴纳工伤保险费。

2. 工伤保险基金

工伤保险基金由用人单位缴纳的工伤保险费、工伤保险基金的利息和依法纳入工伤保险基金的其他资金构成。

工伤保险基金存入社会保障基金财政专户，用于规定的工伤保险待遇，劳动能力鉴定，工伤预防的宣传、培训等费用，以及法律、法规规定的用于工伤保险的其他费用的支付。

任何单位或者个人不得将工伤保险基金用于投资运营、兴建或者改建办公场所、发放奖金，或者挪作其他用途。

考查角度 工伤保险的覆盖范围。

【例题·多选 2018】根据社会保险法律制度的规定，下列人员中，属于工伤保险覆盖范围的有（　　）。

A. 个体工商户的雇工　　B. 国有企业职工

C. 事业单位职工　　D. 民办非企业职工

【答案】ABCD

【拓展·单选 2018】根据社会保险法律制度的规定，下列社会保险项目中，只需用人单位缴纳社保费的是（　　）。

A. 工伤保险　　B. 职工基本养老保险

C. 职工基本医疗保险　　D. 失业保险

【答案】A

（二）工伤认定与劳动能力鉴定

1. 工伤认定

工伤认定的主要内容如表 8-2-3 所示。

表 8-2-3　工伤认定

分类	具体内容
应当认定工伤的情形	（1）在工作时间和工作场所内，因工作原因受到事故伤害的 （2）工作时间前后在工作场所内，从事与工作有关的预备性或收尾性工作受到事故伤害的 （3）在工作时间和工作场所内，因履行工作职责受到暴力等意外伤害的 （4）患职业病的 （5）因工外出期间，由于工作原因受到伤害或者发生事故下落不明的 （6）在上下班途中，受到非本人主要责任的交通事故或者城市轨道交通、客运轮渡、火车事故伤害的 （7）法律、行政法规规定应当认定为工伤的其他情形
视同工伤的情形	（1）在工作时间和工作岗位，突发疾病死亡或者在 48 小时内经抢救无效死亡的 （2）在抢险救灾等维护国家利益、公共利益活动中受到伤害的 （3）原在军队服役，因战、因公负伤致残，已取得革命伤残军人证，到用人单位后旧伤复发的
不认定为工伤的情形	（1）故意犯罪 （2）醉酒或者吸毒 （3）自残或者自杀

2. 劳动能力鉴定

（1）职工发生工伤，经治疗伤情相对稳定后存在残疾、影响劳动能力的，应当进行劳动能力鉴定。劳动能力鉴定是指劳动功能障碍程度和生活自理障碍程度的等级鉴定。

（2）劳动功能障碍分为十个伤残等级，最重的为一级，最轻的为十级。生活自理障碍分为三个等级，即生活完全不能自理、生活大部分不能自理和生活部分不能自理。

（3）自劳动能力鉴定结论作出之日起 1 年后，工伤职工或者其近亲属、所在单位或者经办机构认为伤残情况发生变化的，可以申请劳动能力复查鉴定。

考查角度　辨析应当认定为工伤、视同工伤和不认定为工伤的情形。

【例题 1·多选 2018】劳动者发生伤亡的下列情形中，应当认定为工伤的有（　　）。

A. 吴某在车间工作期间因醉酒导致自身受伤

B. 保安万某在工作期间因履行工作职责被打伤

C. 陈某在上班途中，受到非本人主要责任交通事故伤害的

D. 赵某在外地出差期间登山游玩时摔伤

【解析】选项A，由于醉酒导致受伤不认定为工伤；选项D，与工作无直接联系，不认定为工伤。

【答案】BC

【例题2·多选2019】根据社会保险法律制度的规定，职工出现伤亡的下列情形中，视同工伤的有（　　）。

A. 在工作时间和工作岗位，突发疾病在48小时内经抢救无效死亡的

B. 在抢险救灾等维护国家利益，公共利益活动中受到伤害的

C. 在工作时间和工作场所内，因履行工作职责受到暴力伤害的

D. 在工作时间和工作岗位，突发疾病死亡

【答案】ABD

（三）工伤保险待遇

工伤保险待遇的主要内容如图8-2-5所示。

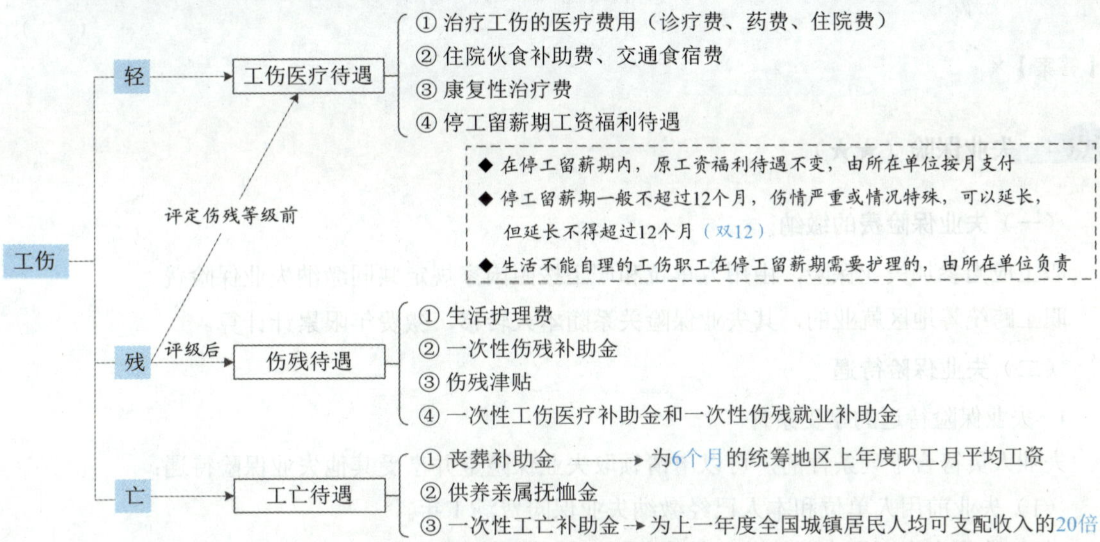

图8-2-5　工伤保险待遇

【提示】工伤职工治疗非因工伤引发的疾病，不享受工伤医疗待遇，按照基本医疗保险办法处理。

考查角度　工伤保险待遇的具体内容。

【例题1·单选2019、2018、2017】根据社会保险制度的规定，职工因工死亡，其近亲属可按照上一年度全国城镇居民人均可支配收入的一定倍数领取一次性工亡补助金，该倍数为（　　）。

A. 20倍　　B. 10倍　　C. 15倍　　D. 5倍

【答案】A

【例题2·多选2014】根据社会保险法律制度的规定，职工因工死亡的，其近亲属可享受遗属待遇。下列各项中属于该待遇的有（　　）。

A. 一次性工亡补助金　　B. 供养亲属抚恤金　　C. 遗属慰问金　　D. 丧葬补助金

【答案】ABD

（四）特殊规定

（1）工伤职工符合领取基本养老金条件的，停发伤残津贴，享受基本养老保险待遇。基本养老保险待遇低于伤残津贴的，由工伤保险基金补足差额。

（2）职工所在用人单位未依法缴纳工伤保险费，发生工伤事故的，由用人单位支付工伤保险待遇。

（3）职工（包括非全日制从业人员）在两个或者两个以上用人单位同时就业的，各用人单位应当分别为职工缴纳工伤保险费。职工发生工伤，由职工受到伤害时工作的单位依法承担工伤保险责任。

考查角度 用人单位未依法缴纳工伤保险费时的处理。

【例题·判断 2015】职工发生工伤事故，但所在用人单位未依法缴纳工伤保险费的，不享受工伤保险。（ ）

【答案】×

考点 4 失业保险（★★）

（一）失业保险费的缴纳

职工应当参加失业保险，由用人单位和职工按照国家规定共同缴纳失业保险费。

职工跨统筹地区就业的，其失业保险关系随本人转移，缴费年限累计计算。

（二）失业保险待遇

1. 失业保险待遇的享受条件

失业人员符合下列条件的，可以申请领取失业保险金并享受其他失业保险待遇：

（1）失业前用人单位和本人已经缴纳失业保险费满 1 年。

（2）非因本人意愿中断就业。具体包括以下情形：

① 终止劳动合同的；

② 被用人单位解除劳动合同的；

③ 被用人单位开除、除名和辞退的；

④ 用人单位以暴力、威胁或者非法限制人身自由的手段强迫劳动，劳动者解除劳动合同的；

⑤ 用人单位未按照劳动合同约定支付劳动报酬或者提供劳动条件，劳动者解除劳动合同的；

⑥ 法律、行政法规另有规定的。

（3）已经进行失业登记，并有求职要求。

2. 失业保险金的领取期限

用人单位应当及时为失业人员出具终止或者解除劳动关系的证明，并将失业人员的名单自终止或者解除劳动关系之日起 7 日内报受理其失业保险业务的经办机构备案。失业人员应在终止或者解除劳动合同之日起 60 日内到受理其单位失业保险业务的经办机构申领失业保险金。失业保险金最长领取期限如表 8-2-4 所示。

表 8-2-4 失业保险金最长领取期限

累计缴费年限	领取失业保险金的最长期限
满1年不足5年	12个月
满5年不足10年	18个月
10年以上	24个月

【提示】重新就业后，再次失业的，缴费时间重新计算，领取失业保险金的期限与前次失业应当领取而尚未领取的失业保险金的期限合并计算，最长不超过24个月。

3. 失业保险金的发放标准

失业保险金的标准，不得低于城市居民最低生活保障标准，一般也不高于当地最低工资标准。

4. 其他失业保险待遇

（1）领取失业保险金期间享受基本医疗保险待遇。失业人员在领取失业保险金期间，参加职工基本医疗保险，享受基本医疗保险待遇。失业人员应当缴纳的基本医疗保险费从失业保险基金中支付，个人不缴纳基本医疗保险费。

（2）领取失业保险金期间的死亡补助。失业人员领取失业保险金期间死亡的，按规定向其遗属发放一次性丧葬补助金和抚恤金。所需资金从失业保险基金中支付。

【相关链接】如果个人死亡同时符合领取基本养老保险丧葬补助金、工伤保险丧葬补助金和失业保险丧葬补助金条件的，其遗属只能选择领取其中的一项。

（3）职业介绍与职业培训补贴。

（4）国务院规定或者批准的与失业保险有关的其他费用。

考查角度 失业保险待遇的具体规定。

【例题1·多选2016】下列属于失业保险待遇的有（　　）。

A. 失业保险金

B. 死亡补助

C. 基本医疗保险待遇

D. 生育医疗费用

【答案】ABC

【拓展·多选】甲公司职工曾某因公司解散而失业。已知曾某系首次就业，失业前甲公司与其已累计缴纳失业保险费5年。则下列关于曾某享受失业保险待遇的表述中，正确的有（　　）。

A. 曾某在领取失业保险金期间，参加职工基本医疗保险，享受基本医疗保险待遇

B. 曾某领取失业保险金的期限最长为12个月

C. 曾某领取失业保险金的标准可以低于城市居民最低生活保障标准

D. 曾某应在终止劳动合同之日起60日内到有关经办机构申领失业保险金

【答案】AD

（三）停止享受失业保险待遇的情形

失业人员在领取失业保险金期间有下列情形之一的，停止领取失业保险金，并同时停止享受其他失业保险待遇：

（1）重新就业的。

（2）应征服兵役的。

（3）移居境外的。

（4）享受基本养老保险待遇的。

（5）被判刑收监执行的。

（6）无正当理由，拒不接受当地人民政府指定部门或者机构介绍的适当工作或者提供的培训的。

（7）有法律、行政法规规定的其他情形的。

考查角度 停止领取失业保险的情形。

【例题·多选 2019、2017】根据社会保险法律制度的规定，失业人员在领取失业保险金期间，出现法定情形时，应停止领取失业保险金，并同时停止享受其他失业保险待遇。下列各项中，属于该法定情形的有（　　）。

A. 应征服兵役的　　B. 移居境外的　　C. 重新就业的　　D. 享受基本养老保险待遇的

【答案】ABCD

考点 5 社会保险征缴与管理（★）

社会保险征缴与管理的主要内容如表 8-2-5 所示。

表 8-2-5 社会保险征缴与管理

项目		具体内容
社会保险登记	用人单位的社会保险登记	企业在办理登记注册时，同步办理社会保险登记；企业以外的缴费单位应当自成立之日起 30 日内，向当地社会保险经办机构申请办理社会保险登记
	个人的社会保险登记	（1）用人单位应当自用工之日起 30 日内为其职工向社会保险经办机构申请办理社保登记 （2）自愿参加社会保险的无雇工的个体工商户、未在用人单位参加社会保险的非全日制从业人员以及其他灵活就业人员，应当向社会保险经办机构申请办理社保登记
社会保险费缴纳		（1）用人单位应当自行申报、按时足额缴纳社会保险费，非因不可抗力等法定事由不得缓缴、减免 （2）职工应当缴纳的社会保险费由用人单位代扣代缴，用人单位应当按月将缴纳社会保险费的明细情况告知本人 （3）无雇工的个体工商户、未在用人单位参加社会保险的非全日制从业人员以及其他灵活就业人员，可以直接向社会保险费征收机构缴纳社会保险费 【提示】自 2019 年 1 月 1 日起，由税务部门统一征收各项社会保险费
社会保险基金管理		（1）社会保险基金按照社会保险险种分别建账，分账核算，执行国家统一的会计制度 （2）社会保险基金专款专用，任何组织和个人不得侵占或者挪用 （3）社会保险基金存入财政专户，按照统筹层次设立预算，通过预算实现收支平衡 （4）社会保险基金不得违规投资运营，不得用于平衡其他政府预算，不得用于兴建、改建办公场所和支付人员经费、运行费用、管理费用或者违规挪作其他用途

【提示】基本养老保险基金逐步实行全国统筹，其他社会保险基金逐步实行省级统筹，具体时间、步骤由国务院规定。

考查角度　社会保险登记期限和缴纳、社会保险基金管理的要求。

【例题1·单选2016、2015】用人单位应当自用工之日起（　　）内为其职工向社会保险经办机构申请办理社会保险登记。

A. 60日　　B. 30日　　C. 45日　　D. 90日

【答案】B

【例题2·多选2016】根据社会保险法律制度的规定，下列关于社会保险费缴纳的表述中，正确的有（　　）。

A. 用人单位未按时足额缴纳的，由社会保险费征收机构责令其限期缴纳或者补足

B. 职工应当缴纳的社会保险费由用人单位代扣代缴

C. 发生不可抗力等法定事由，用人单位可以申请缓缴或者减免缴纳

D. 用人单位应当自行申报、按时足额缴纳

【答案】ABCD

【例题3·多选2019改编】根据社会保险法律制度的规定，关于社会保险基金管理运营的下列表述中，正确的有（　　）。

A. 社会保险基金专款专用

B. 按照社会保险险种分别建账、分账核算

C. 基本养老保险基金逐步实行省级统筹，其他社会保险基金逐步实行市级统筹

D. 社会保险基金存入财政专户，通过预算实现收支平衡

【答案】ABD

考点6　违反社会保险法律制度的法律责任（★）

用人单位违反社会保险法律制度及骗保行为的法律责任如表8-2-6所示。

表8-2-6　用人单位违反社会保险法律制度及骗保行为的法律责任

违法行为	法律责任
用人单位不办理社会保险登记	（1）由社会保险行政部门责令限期改正 （2）逾期不改正的，对用人单位处应缴社会保险费数额1倍以上3倍以下的罚款，对其直接负责的主管人员和其他直接责任人员处500元以上3 000元以下的罚款
用人单位未按时足额缴纳社会保险费	（1）由社会保险费征收机构责令限期缴纳或者补足，并自欠缴之日起，按日加收万分之五的滞纳金 （2）逾期仍不缴纳的，由有关行政部门处欠缴数额1倍以上3倍以下的罚款
骗保行为	以欺诈、伪造证明材料或者其他手段骗取社会保险待遇的，由社会保险行政部门责令退回骗取的社会保险金，处骗取金额2倍以上5倍以下的罚款

考查角度 用人单位未按时足额缴纳社会保险费的法律责任。

【例题·判断 2017】用人单位未按时足额缴纳社会保险费的，由社会保险费征收机构责令限期缴纳或者补足，并自欠缴之日起按日加收滞纳金。（ ）

【答案】√

考点回顾 社会保险法律制度。

- 社会保险法律制度
  - 基本养老保险
    - 覆盖范围
    - 职工基本养老保险基金的组成和来源
      - 资金来源
      - 账户管理
    - 职工基本养老保险的缴纳
      - 单位缴费
      - 个人缴费
      - 城镇个体工商户和灵活就业人员的缴费
    - 职工基本养老保险享受条件和待遇
      - 条件
        - 累计缴费满15年
        - 达到法定退休年龄
      - 待遇
  - 基本医疗保险
    - 覆盖范围
    - 职工基本医疗保险的缴纳
      - 单位缴费
      - 个人缴费
    - 职工基本医疗费用的结算
      - 享受基本医疗保险待遇的条件
      - 职工基本医疗费用的结算
    - 基本医疗保险基金不支付的医疗费用
    - 医疗期
      - 医疗期的计算
      - 医疗期内的待遇
  - 工伤保险
    - 覆盖范围
    - 工伤保险基金
    - 工伤认定与劳动能力鉴定
    - 工伤保险待遇
    - 特殊规定
  - 失业保险
    - 失业保险费的缴纳
    - 失业保险待遇
      - 享受条件
      - 领取期限
      - 发放标准
      - 其他待遇
    - 停止享受失业保险待遇的情形
  - 征缴与管理
  - 法律责任

第三部分 机考题库

做好题，练就斩题术！

第一章　总　论

考点　法的本质与特征

1.（单选）下列关于法的本质与特征的表述中，不正确的是（　　）。

A. 法是由国家制定或认可的行为规范

B. 法是全社会成员共同意志的体现

C. 法由统治阶级的物质生活条件所决定

D. 法凭借国家强制力的保证获得普遍遵行的效力

考点　法的形式和分类

2.（2014 多选）下列规范性文件中，属于规章的有（　　）。

A. 国务院发布的《企业财务会计报告条例》

B. 财政部发布的《金融企业国有资产转让管理办法》

C. 上海市人民政府发布的《上海市旅馆业管理办法》

D. 北京市人大常委会发布的《北京市城乡规划条例》

3.（2018 判断）国务院制定和发布的规范性文件都是法律。（　　）

4.（2016 判断）部门规章之间、部门规章与地方政府规章之间对同一事项的规定不一致时，由国务院裁决。（　　）

5.（2011 单选）下列对法所作的分类中，以法的创制方式和发布形式为依据进行分类的是（　　）。

A. 成文法和不成文法　　B. 根本法和普通法

C. 实体法和程序法　　D. 一般法和特别法

考点　法律关系

6.（2018 单选）下列各项中，不属于法律关系主体的是（　　）。

A. 中国公民　　B. 社会团体

C. 机器人　　D. 机关法人

7.（2012 多选）根据我国法律制度的规定，下列各项中，能够成为法律关系主体的有（　　）。

A. 自然人　　B. 商品　　C. 法人　　D. 行为

8.（2016 多选）下列可成为法律关系的客体的有（　　）。

A. 土地　　B. 商标　　C. 人民币　　D. 天然气

9.（2018 多选）下列关于自然人行为能力的表述中，正确的有（　　）。

A. 14 周岁的李某，以自己的劳动收入为主要生活来源，视为完全民事行为能力人

B. 7 周岁的王某，不能完全辨认自己的行为，是限制民事行为能力人

C. 18 周岁的周某，能够完全辨认自己的行为，是完全民事行为能力人

D. 20 周岁的赵某，完全不能辨认自己的行为，是无民事行为能力人

考点　法律事实

10.（2015 单选）下列法律事实中，属于法律事件的是（　）。

A. 订立遗嘱　B. 台风登陆　C. 租赁设备　D. 买卖房屋

11.（2011 多选）下列各项中，能够引起法律关系发生、变更和消灭的事实有（　）。

A. 自然灾害　B. 公民死亡　C. 签订合同　D. 提起诉讼

12.（2015 判断）法律事实是法律关系发生、变更、消灭的直接原因。（　）

考点　仲裁

13.（2015 多选）两个公司因拖欠货款而发生纠纷，可以选择的纠纷解决方式有（　）。

A. 行政复议　B. 行政诉讼　C. 仲裁　D. 民事诉讼

14.（2013 判断）平等主体发生争议时只能选择民事诉讼方式解决。（　）

15.（2010 单选）甲、乙发生合同纠纷，继而对双方事先签订的仲裁协议效力发生争议。甲提请丙仲裁委员会确认仲裁协议有效，乙提请丁法院确认仲裁协议无效。关于确定该仲裁协议效力的下列表述中，符合法律规定的是（　）。

A. 应由丙仲裁委员会对仲裁协议的效力作出决定

B. 应由丁法院对仲裁协议的效力作出裁定

C. 应根据甲、乙提请确认仲裁协议效力的时间先后来确定由丙仲裁委员会决定或丁法院裁定

D. 该仲裁协议自然失效

16.（2015 单选）根据《仲裁法》的规定，下列关于仲裁协议的表述中，正确的是（　）。

A. 仲裁协议可以书面形式订立，也可以口头形式订立

B. 仲裁协议对仲裁委员会没有约定，当事人又达不成补充协议的，仲裁协议无效

C. 当事人对仲裁协议的效力有异议的，只能请求仲裁委员会作出决定

D. 没有仲裁协议，一方申请仲裁的，仲裁委员会应当受理

17.（2018 多选）下列纠纷中，当事人可以提请仲裁的有（　）。

A. 王某和赵某的继承纠纷　B. 张某与丙公司的商品房买卖纠纷

C. 甲公司与乙公司的货物保管纠纷　D. 孙某和李某的离婚纠纷

18.（2013 多选）根据《仲裁法》的规定，以下纠纷不能提请仲裁的有（　）。

A. 租赁合同纠纷　B. 继承纠纷

C. 监护权归属纠纷　D. 离婚纠纷

19.（2015 多选）根据《仲裁法》的规定，下列关于一裁终局原则的表述中，正确的有（　）。

A. 仲裁裁决作出后，当事人就同一纠纷向人民法院起诉的，人民法院不予受理

B. 仲裁裁决作出后，当事人可就同一纠纷向原仲裁委员会申请复议

C. 仲裁裁决作出后，当事人可就同一纠纷向司法行政机关申请复议

D. 仲裁裁决作出后，当事人就同一纠纷再申请仲裁的，仲裁委员会不予受理

20.（2015 多选）根据《仲裁法》规定，下列选项中，符合法律规定的有（　）。

A. 仲裁实行级别管辖和地域管辖　B. 仲裁实行一裁终局制度

C. 仲裁采用自愿原则　D. 仲裁机构独立仲裁

21.（2009 多选）下列关于我国仲裁制度的表述中，符合《仲裁法》规定的有（ ）。

A. 仲裁庭作出的仲裁裁决为终局裁决

B. 当事人不服仲裁裁决可以向法院起诉

C. 当事人协议不开庭的，仲裁可以不开庭进行

D. 仲裁的进行以双方当事人自愿达成的书面仲裁协议为条件

22.（2013 判断）经济仲裁不公开进行，当事人协议公开的，可以公开进行，但涉及国家秘密的除外。（ ）

考点 民事诉讼

23.（多选）下列案件中，适用《民事诉讼法》的有（ ）。

A. 离婚案件　　B. 海商案件

C. 选民资格案件　　D. 劳动合同纠纷案件

24.（2015 单选）根据民事诉讼法律制度的规定，对票据拥有纠纷的管辖权是（ ）人民法院。

A. 出票人所在地　　B. 持票人所在地

C. 票据支付地　　D. 出票银行所在地

25.（2016 单选）根据《民法总则》的规定，在诉讼时效期间的一定期间内，因不可抗力或者其他障碍致使权利人不能行使请求权的，诉讼时效期间暂停计算。该期间为（ ）。

A. 最初 1 个月　　B. 最初 3 个月

C. 最后 6 个月　　D. 最后 9 个月

26.（2012 单选）根据民事法律制度的规定，对始终不知道自己权利受侵害的当事人，其最长诉讼时效期间是（ ）。

A. 2 年　　B. 20 年　　C. 5 年　　D. 30 年

27.（2012 多选）关于民事诉讼与仲裁法律制度相关内容的下列表述中，正确的有（ ）。

A. 民事经济纠纷实行或裁或审制度

B. 民事诉讼与仲裁均实行回避制度

C. 民事诉讼实行两审终审制度，仲裁实行一裁终局制度

D. 民事诉讼实行公开审判制度，仲裁不公开进行

28.（2015 多选）根据《民法总则》的规定，关于诉讼时效期间中止和中断的下列表述中，正确的有（ ）。

A. 权利人提起诉讼是引起诉讼时效期间中断的原因之一

B. 义务人同意履行义务是引起诉讼时效期间中止的原因之一

C. 自中止时效的原因消除之日起满 6 个月，诉讼时效期间届满

D. 诉讼时效中断，从中断、有关程序终结时起，诉讼时效期间重新计算

考点 行政复议

29.（2015 多选）以下行政人员对行政机关作出的下列决定不予行政复议的有（ ）。

A. 降级　　B. 撤职　　C. 记过　　D. 开除

30.（2013 多选）根据《行政复议法》的规定，下列各项中，属于行政复议范围的有（　）。

A. 市民认为行政法规侵犯了他们的合法权益

B. 李某对行政机关关于自身职务的任免决定不服

C. 李某认为某公安局对其罚款的处罚决定违法

D. 李某对行政机关作出的限制自己人身自由的决定不服

31.（2019 判断）对行政机关人员作出的行政处分不服的，向人民法院提起诉讼的，人民法院不予受理。（　）

32.（2018 单选）根据行政复议法律制度的规定，下列关于行政复议的表述中，正确的是（　）。

A. 对省人民政府作出的具体行政行为不服的，向该省级人民政府申请行政复议

B. 政复议决定书一经作出，即发生法律效力

C. 行政复议只能书面申请

D. 不服行政机关作出的行政处分的，可申请行政复议

33.（2017 判断）对县级以上地方各级人民政府工作部门的具体行政行为不服的，可以向该部门的本级人民政府申请行政复议，也可以向上一级主管部门申请行政复议。（　）

34.（2014 判断）甲公司因进口一批货物被海关查封，可向海关所在地的人民政府提出行政复议申请。（　）

35.（2019 多选）行政复议期间具体行政行为不停止执行，但是有（　）的情形可以停止执行。

A. 复议机关认为需要停止执行的　　B. 申请人要求停止执行的

C. 被申请人认为需要停止执行的　　D. 法律规定停止执行的

36.（2015 判断）行政复议机关受理复议申请收取行政复议费，由申请人先行预交。（　）

37.（2019 判断）行政复议决定书一经送达即发生法律效力。（　）

考点　行政诉讼

38.（2014 单选）根据《行政诉讼法》的规定，公民对下列事项提起的行政诉讼中，人民法院不予受理的是（　）。

A. 赵某对卫生行政主管部门吊销其卫生许可证的行政处罚不服的

B. 钱某对税务机关要求其履行纳税义务的决定不服的

C. 孙某对公安机关作出的罚款处罚不服的

D. 李某对所任职的财政部门对其作出的任免决定不服的

39.（2015 多选）行政机关工作人员对行政机关作出的下列决定不服提起的行政诉讼，法院不予受理的有（　）。

A. 任命决定　　B. 免职决定　　C. 记过决定　　D. 奖励决定

40.（2016 判断）行政赔偿、补偿以及行政机关行使法律、法规规定的自由裁量权的行政诉讼案件可以调解。（　）

考点　法律责任的种类

41.（2019 单选）下列法律责任形式属于民事责任的是（　）。

A. 暂扣许可证　　B. 拘役　　C. 继续履行　　D. 没收非法财物

42.（2019 单选）下列各项中，属于民事责任形式的是（ ）。

A. 消除危险　　B. 剥夺政治权利
C. 驱逐出境　　D. 没收非法财物

43.（2010 单选）下列各项中，不属于行政处罚的是（ ）。

A. 罚金　　B. 吊销许可证　　C. 警告　　D. 没收违法所得

44.（2017 多选）下列行政责任形式中，属于行政处罚的有（ ）。

A. 撤职　　B. 行政拘留
C. 没收非法财物　　D. 开除

45.（2019 多选）下列责任形式中，属于刑事责任的有（ ）。

A. 记过　　B. 赔礼道歉　　C. 拘役　　D. 罚金

46.（2015 多选）下列刑罚中，属于附加刑的有（ ）。

A. 罚金　　B. 剥夺政治权利
C. 驱逐出境　　D. 没收财产

47.（2012 单选）根据刑事法律制度的规定，下列各项中，属于拘役法定量刑期的是（ ）。

A. 15 天以下　　B. 1 个月以上 6 个月以下
C. 3 个月以上 2 年以下　　D. 6 个月以上 15 年以下

48.（2014 多选）剥夺政治权利的范围有（ ）。

A. 选举权和被选举权　　B. 担任国家机关职务
C. 担任国有公司、企业的领导职务　　D. 担任事业单位、人民团体的领导职务

第二章 会计法律制度

考点 会计核算

1.（判断）会计资料的真实性和完整性是会计资料最基本的质量要求，是会计工作的生命。（ ）

2.（单选）某单位会计人员采用涂改手段，将金额为 10 000 元的购货发票改为 70 000 元。根据有关规定，该行为属于（ ）。

A. 伪造原始凭证　　B. 变造原始凭证
C. 伪造记账凭证　　D. 变造记账凭证

3.（判断）会计记录的文字应当使用中文，但在中国境内的外商投资企业可以不使用中文，使用外国文字。（ ）

4.（2018 单选）根据会计法律制度的规定，下列各项中，不属于会计核算内容的是（ ）。

A. 固定资产盘盈　　B. 合同的审核和签订
C. 无形资产的购入　　D. 货币资金的收入

5.（2018 多选）根据会计法律制度的规定，下列各项中，属于会计核算内容的有（ ）。

A. 财物的减值　　B. 有价证券的购入
C. 债务的偿还　　D. 资本公积的形成

6.（2018 单选）甲公司出纳刘某在为员工孙某办理业务时，发现采购发票上所注单价、数量与总金额不符，经查是销货单位填写单价错误，刘某采取的下列措施符合会计法律制度规定的是（　）。

A. 由孙某写出说明，并加盖公司公章后入账

B. 将发票退给孙某，由销货单位重新开具发票后入账

C. 按总金额入账

D. 将单价更正后入账

7.（2019 单选）根据会计法律制度的规定，下列各项中，不属于企业财务会计报告组成部分的是（　）。

A. 年度财务预算　　B. 会计报表

C. 财务情况说明书　　D. 会计报表附注

8.（多选）下列关于记账本位币的规定，正确的有（　）。

A. 我国会计核算以人民币为记账本位币

B. 业务收支以人民币以外的货币为主的单位，可以选定其中一种货币作为记账本位币

C. 以人民币以外的货币作为记账本位币的，编报的财务会计报告应当与记账本位币保持一致

D. 以人民币以外的货币作为记账本位币的，编报的财务会计报告应当折算为人民币

9.（多选）下列关于会计账簿的说法中正确的有（　）。

A. 任何单位不得在法定会计账簿之外私设会计账簿

B. 会计账簿必须依据经过审核的会计凭证登记

C. 会计账簿应当按照连续编号的页码顺序登记

D. 现金日记账和银行存款日记账必须逐日结出余额

10.（多选）根据会计法律制度的规定，国有企业应当至少每年一次向本企业的职工代表大会公布财务会计报告。下列各项中，应当在其公布的财务会计报告中重点说明的事项有（　）。

A. 内部审计发现的问题及纠正情况　　B. 重大的投资、融资情况

C. 注册会计师审计的情况　　D. 管理费用的构成情况

11.（2018 判断）会计核算必须根据实际发生的经济业务事项进行。（　）

12.（判断）各单位采用的会计处理方法，前后各期应当一致，不得随意变更。（　）

13.（2019 判断）我国会计年度为每年公历 1 月 1 日至 12 月 31 日。（　）

14.（2018 判断）会计凭证按其来源和用途，分为原始凭证和记账凭证。（　）

15.（2019 判断）国有企业应当至少每年一次向本企业的职工代表大会公布财务会计报告。（　）

16.（判断）财产清查是会计核算工作的一项重要程序，在年度财务会计报告对外提供之前，必须进行财产清查。（　）

考点　会计监督

17.（多选）下列各项中，属于企业内部控制应当遵循的原则的有（　）。

A. 全面性原则　　B. 可比性原则

C. 重要性原则　　D. 制衡性原则

18.（2018单选）根据会计法律制度的规定，下列行为中，属于会计工作政府监督的是（ ）。

A. 个人检举会计违法行为

B. 会计师事务所对单位经济活动进行审计

C. 单位内部审计机构审核本单位会计账簿

D. 财政部门对各单位的会计工作进行监督检查

19.（多选）下列各项中，属于不相容职务的有（ ）。

A. 授权批准与业务经办　　B. 业务经办与会计记录

C. 会计记录与财产保管　　D. 业务经办与稽核检查

20.（多选）下列各项中，属于会计工作的政府监督范畴的有（ ）。

A. 财政部门对各单位会计工作的监督

B. 税务部门对有关单位相关会计账簿的检查

C. 证券监管部门对证券公司有关会计资料实施检查

D. 审计部门对有关单位记账凭证的检查

21.（判断）根据获取的审计证据，得出财务报表整体存在重大错报的结论，注册会计师应当在审计报告中发表无保留意见。（ ）

考点　会计档案管理

22.（2018单选）根据会计法律制度的规定，企业下列会计档案中，需要永久保管的是（ ）。

A. 记账凭证　　B. 原始凭证　　C. 总账　　D. 年度财务报告

23.（2018单选）根据会计法律制度的规定，记账凭证的保管时间应达到法定最低期限。该期限为（ ）。

A. 5年　　B. 20年　　C. 10年　　D. 30年

24.（2018多选）根据会计法律制度的规定，单位下列资料中，应当按照会计档案归档的有（ ）。

A. 固定资产卡片　　B. 纳税申报表

C. 年度预算方案　　D. 年度财务工作计划

25.（多选）根据会计法律制度的规定，下列各项中，属于会计档案的有（ ）。

A. 固定资产卡片　　B. 银行对账单　　C. 日记账　　D. 年度预算

26.（多选）下列已保管期满的档案中不得销毁的有（ ）。

A. 未结清的债权债务原始凭证　　B. 涉及其他未了事项的会计凭证

C. 单位预算计划、文书等档案资料　　D. 会计档案移交清册和保管清册

27.（2018判断）会计档案的保管期限是从会计年度终了后的第一天算起。（ ）

28.（2018判断）会计档案销毁之后，监销人应该在销毁清册上签名和盖章。（ ）

考点　会计岗位的设置和会计人员

29.（单选）担任单位会计机构负责人（会计主管人员）的，应当具备会计师以上专业技术职务资格或者从事会计工作（ ）年以上经历。

A. 1　　B. 2　　C. 3　　D. 5

30.（多选）下列各项中，属于出纳人员不得兼任的工作有（　）。

A. 稽核　　B. 会计档案保管

C. 固定资产账目登记　　D. 登记收入总账

31.（多选）下列关于会计人员回避制度的表述中，正确的有（　）。

A. 国家机关、国有企业、事业单位任用会计人员应当实行回避制度

B. 会计机构负责人、会计主管人员的直系亲属不得在本单位会计机构中担任出纳工作

C. 单位领导人的直系亲属不得担任本单位的会计机构负责人、会计主管人员

D. 需要回避的直系亲属包括夫妻关系、直系血亲关系、三代以内旁系血亲以及配偶亲关系

32.（2019 判断）因故意销毁会计凭证被依法追究刑事责任的会计人员，不得再从事会计工作。（　）

33.（2018 判断）大型国有控股公司应当设置总会计师。（　）

34.（2018 判断）国有资产占主导地位的中型企业应当设置总会计师。（　）

35.（单选）根据会计法律制度的规定，下列各项中，不属于会计专业职务的是（　）。

A. 高级会计师　B. 助理会计师　C. 会计员　D. 总会计师

考点　会计工作交接

36.（多选）根据会计法律制度的规定，下列不符合会计交接规定的有（　）。

A. 会计人员因病暂时不能工作应与接管人员办清交接手续

B. 一般会计人员办理交接手续，由单位负责人负责监交

C. 交接完毕后，交接双方和监交人要在移交清册上签名或者盖章

D. 接替人员应当另立新账，不得继续使用移交的会计账簿

37.（判断）移交人员对所移交的会计凭证、会计账簿、会计报表和其他有关资料的合法性、真实性承担法律责任。（　）

考点　代理记账

38.（多选）下列各项中，属于代理记账机构可以接受委托，代表委托人办理的业务事项有（　）。

A. 审核原始凭证　　B. 登记会计账簿

C. 向税务机关提供税务资料　　D. 对外提供财务会计报告

39.（判断）会计师事务所从事代理记账业务，应当经县级以上人民政府财政部门批准，领取代理记账许可证书。（　）

40.（判断）代理记账机构为委托人编制的财务会计报告，经代理记账机构负责人签名并盖章后，即可对外提供。（　）

考点　会计职业道德

41.（多选）根据会计法律制度的规定，下列各项中，属于会计职业道德内容的有（　）。

A. 爱岗敬业　　B. 诚实守信

C. 客观公正　　D. 坚持准则

考点 违反会计法律制度的法律责任

42.（2018 单选）对于变造、伪造会计凭证，下列说法正确的是（　）。

A. 对单位罚款 3 000 元以上 5 万元以下　B. 对个人罚款 3 000 元以上 5 万元以下
C. 对单位罚款 5 000 元以上 5 万元以下　D. 对个人罚款 5 000 元以上 10 万元以下

43.（2018 单选）根据会计法律制度的规定，会计人员故意隐匿会计账簿，尚不构成犯罪的，一定期限内不得从事会计工作。该期限为（　）。

A. 5 年　B. 2 年　C. 3 年　D. 1 年

44.（2018 判断）会计人员伪造、变造会计凭证、会计账簿，编制虚假财务会计报告，尚不构成犯罪的，5 年内不得从事会计相关工作。（　）

第三章　支付结算法律制度

考点 支付结算的工具和原则

1.（2015、2014 多选）根据支付结算法律制度的规定，下列各项中，属于非现金支付工具的有（　）。

A. 银行卡　B. 汇票　C. 本票　D. 支票

2.（2018 判断）支付结算遵循银行不垫款的原则。（　）

考点 支付结算的基本要求

3.（2012 单选）根据支付结算法律制度的规定，下列票据欺诈行为中，属于伪造票据的是（　）。

A. 假冒出票人在票据上签章　B. 涂改票据号码
C. 对票据金额进行挖补篡改　D. 修改票据密押

4.（2014 单选）某票据的出票日期为“2013 年 7 月 11 日”，其规范写法是（　）。

A. 贰零壹叁年零柒月壹拾壹日　B. 贰零壹叁年柒月壹拾壹日
C. 贰零壹叁年零柒月拾壹日　D. 贰零壹叁年柒月拾壹日

5.（2018 多选）根据支付结算法律制度的规定，下列关于办理支付结算基本要求的表述中，正确的有（　）。

A. 票据上的签章为签名、盖章或者签名加盖章
B. 结算凭证的金额以中文大写和阿拉伯数码同时记载，二者必须一致
C. 票据上出票金额、收款人名称不得更改
D. 票据的出票日期可以使用阿拉伯数码记载

6.（2018 判断）票据金额应以中文大写和阿拉伯小写数字同时记载，二者必须一致，二者不一致的，以中文大写金额数字为准。（　）

考点 银行结算账户开立、变更和撤销

7.（2015 单选）根据支付结算法律制度的规定，存款人更改名称，但不改变开户银行及账号的，应于一定期限向其开户银行提出银行结算账户的变更申请，该期限是（　）。

A. 3 个工作日内　B. 5 个工作日内　C. 10 个工作日内　D. 30 个工作日内

8.（判断）注册地和经营地均在异地的企业申请开户，法定代表人可授权他人代理签订银行结算账户管理协议。（　）

9.（2012 判断）撤销银行结算账户时，应先撤销基本存款账户，然后再撤销一般存款账户、专用存款账户和临时存款账户。（　）

考点　各类银行结算账户的开立和使用

10.（2014 单选）根据支付结算法律制度的规定，开立一般存款账户之前，必须开立的账户是（　）。

A. 异地存款账户　B. 基本存款账户　C. 临时存款账户　D. 专用存款账户

11.（2010 单选）甲公司成立后在某银行申请开立了一个用于办理日常转账结算和现金收付的账户，该账户的性质属于（　）。

A. 基本存款账户　B. 一般存款账户　C. 专用存款账户　D. 临时存款账户

12.（2018 单选）甲地为完成棚户区改造工程，成立了 W 片区拆迁工程指挥部。为发放拆迁户安置资金，该指挥部向银行申请开立的存款账户的种类是（　）。

A. 基本存款账户　B. 临时存款账户　C. 一般存款账户　D. 专用存款账户

13.（2014 单选）根据支付结算法律制度的规定，下列关于预算单位零余额账户的使用，说法正确的是（　）。

A. 不得支取现金

B. 可以向所属下级单位账户划拨资金

C. 可以向上级主管单位账户划拨资金

D. 可以向本单位按账户管理规定保留的相应账户划拨工会经费

14.（2013 多选）根据支付结算法律制度的规定，下列关于银行结算账户的管理及使用说法正确的有（　）。

A. 注册验资的临时存款账户，在验资期间只收不付

B. Ⅰ类个人银行结算账户，可以用于办理个人转账收付和现金存取

C. 一般存款账户可以用于支取现金

D. 撤销银行结算账户时，应当先撤销一般存款账户、专用存款账户、临时存款账户，将账户资金转入基本存款账户后，方可办理基本存款账户的撤销

15.（2012 多选）下列银行结算账户中，不能支取现金的有（　）。

A. 党、团、工会经费专用存款账户　B. Ⅲ类个人银行结算账户

C. 预算单位零余额账户　D. 单位银行卡账户

16.（判断）一般存款账户既可办理现金缴存，也可办理现金支取。（　）

17.（2014 多选）根据支付结算法律制度的规定，下列选项中，可以转入个人银行结算账户的有（　）。

A. 稿费　B. 保险理赔

C. 个人产权转让收益　D. 个人贷款转存

18.（2018 判断）通过手机银行受理个人银行账户开户申请的，银行可为申请人开立Ⅱ类和Ⅲ类账户。（　）

19.（判断）个人开立Ⅱ类和Ⅲ类银行结算账户，可以绑定信用卡账户进行身份验证。（　）

考点　银行结算账户的管理

20.（2015 判断）银行结算账户的存款人收到对账单或对账信息后，应及时核对账务并在规定期限内向银行发出对账回单或确认信息。（　）

21.（2016 多选）甲公司法定代表人为李某，其授权的代理人为张某。下列关于甲公司到开户银行办理银行手续的表述中，正确的有（　）。

A. 申请临时存款账户展期，张某不能办理
B. 变更银行结算账户事项，可由张某办理
C. 申请补发开户许可证，可由张某办理
D. 撤销单位银行结算账户，张某不能办理

考点　票据的概述

22.（多选）下列各项中，不属于票据基本当事人的有（　）。

A. 收款人　B. 承兑人　C. 背书人　D. 保证人

23.（多选）根据支付结算法律制度的规定，下列选项中，属于票据特征的有（　）。

A. 设权证券　B. 交付证券　C. 流通证券　D. 金钱债权证券

24.（多选）根据支付结算法律制度的规定，下列各项中属于票据功能的有（　）。

A. 支付功能　B. 汇兑功能　C. 融资功能　D. 结算功能

考点　票据权利与责任

25.（2007 单选）下列票据中，不属于《票据法》调整范围的是（　）。

A. 汇票　B. 本票　C. 支票　D. 发票

26.（2014 多选）根据支付结算法律制度的规定，下列票据中，在丧失后可以挂失止付的有（　）。

A. 未填明“现金”字样的银行汇票　B. 已承兑的商业汇票
C. 支票　D. 填明“现金”字样的银行本票

27.（2018 多选）根据支付结算法律制度的规定，关于票据权利时效的下列表述中，不正确的有（　）。

A. 持票人在票据权利时效期间内不行使票据权利的，该权利丧失
B. 持票人对前手的追索权，自被拒绝承兑或者被拒绝付款之日起3个月内不行使的，该权利丧失
C. 持票人对支票出票人的权利自出票日起3个月内不行使的，该权利丧失
D. 持票人对票据承兑人的权利自票据到期日起6个月内不行使的，该权利丧失

28.（2018 判断）以胁迫手段取得票据的，不享有票据权利。（　）

考点　票据行为

29.（2016 单选）下列属于背书任意记载事项的是（　）。

A. “不得转让”字样　B. 背书日期
C. 被背书人名称　D. 背书人签章

30.（2016 单选）根据支付结算法律制度的规定，下列各项中，属于汇票任意记载事项的是（　）。

A. 保证人在汇票上表明“保证”字样　　B. 背书人在汇票上记载被背书人名称

C. 出票人在汇票上记载“不得转让”字样　　D. 承兑人在汇票上签章

31.（2017、2014 多选）根据支付结算法律制度的规定，下列各项中，属于票据行为的有（　）。

A. 出票　　B. 背书　　C. 承兑　　D. 付款

32.（多选）根据支付结算法律制度的规定，下列各项中，属于不得进行的背书的有（　）。

A. 将票据金额分别转让给两人以上的背书

B. 将票据金额转让给一个人的背书

C. 出票人记载“不得转让”的，其后手再背书转让

D. 期后背书

33.（2009 判断）甲公司收到乙公司一张支票，该支票记载了“不得转让”字样，该记载事项不影响甲公司将该支票背书转让。（　）

考点　票据追索

34.（2018 多选）甲公司签发并承兑了一张汇票给乙公司。乙公司将汇票背书转让给丙公司，并在汇票背面记载“不得转让”字样。丙公司又将汇票背书转让给丁公司。丁公司在向甲公司提示付款时遭到拒绝。下列关于该汇票的表述中，正确的有（　）。

A. 甲公司不承担票据责任　　B. 丁公司可以向丙公司行使追索权

C. 丁公司享有票据权利　　D. 丁公司可以向乙公司行使追索权

考点　商业汇票

35.（2013 单选）乙公司为支付甲公司货款，向其签发一张到期日为 10 月 31 日的商业承兑汇票，由同城的丙公司承兑。10 月 10 日，甲公司持该汇票到 A 银行办理贴现，下列有关贴现利息的计算中，正确的是（　）。

A. 票面金额×年利率×汇票到期前 1 日至贴现日天数=贴现利息

B. 票面金额×日利率×汇票到期前 1 日至贴现日天数=贴现利息

C. 票面金额×日利率×（汇票到期前 1 日至贴现日天数+3）=贴现利息

D. 票面金额×年利率×（汇票到期前 1 日至贴现日天数+3）=贴现利息

36.（2018 多选）甲公司持有一张出票人为乙公司，金额为 100 万元，到期日为 2017 年 12 月 12 日，承兑人为 P 银行的银行承兑汇票。甲公司于 12 月 12 日去 P 银行提示付款，P 银行发现乙公司账户只有存款 20 万元。P 银行拟采取的下列做法中，正确的有（　）。

A. 于 2017 年 12 月 12 日拒绝付款并出具拒绝付款证明

B. 于 2017 年 12 月 12 日向甲公司付款 20 万元

C. 于 2017 年 12 月 12 日向甲公司付款 100 万元

D. 于 2017 年 12 月 12 日起对乙公司欠款 80 万元开始计收利息

37.（2013 判断）银行承兑汇票的出票人于汇票到期日未能足额缴存票款的，承兑银行可以向持票人拒绝付款。（　）

38.（2017 判断）商业汇票的持票人提示付款的，付款人可以分期付款。（ ）

39.（2016 多选）下列各项中，属于商业汇票持票人甲公司向 P 银行办理贴现必须具备的条件有（ ）。

A. 该票据未到期

B. 甲公司与出票人或者直接前手之间具有真实的商品交易关系

C. 甲公司在 P 银行开立有存款账户

D. 该票据未记载“不得转让”字样

40.（2018 多选）根据支付结算法律制度的规定，下列关于商业汇票付款期限记载形式的表述中，正确的有（ ）。

A. 见票后定期付款　B. 定日付款　C. 出票后定期付款　D. 见票即付

41.（2014 单选）根据支付结算法律制度的规定，对于出票后定期付款的商业汇票，提示付款期限是（ ）。

A. 出票日起 10 日内　B. 出票日起 1 个月内

C. 到期日起 10 日内　D. 到期日起 2 年内

考点 银行汇票

42.（2014 判断）未填明实际结算金额和多余金额或者实际结算金额超过出票金额的银行汇票，银行不予受理。（ ）

43.（判断）签发现金银行汇票，申请人和收款人必须均为个人。（ ）

考点 银行本票

44.（2015 单选）甲公司为支付货款，于 6 月 7 日向开户银行 A 银行申请签发了一张银行本票，并交付给乙公司，8 月 9 日，乙公司持该本票委托自己的开户银行 B 银行收款，被拒绝，则下列说法中正确的是（ ）。

A. 乙公司可以向甲公司追索

B. 乙公司可以向 B 银行追索

C. 乙公司可以向 A 银行追索

D. 乙公司未在规定期限内提示付款，票据权利消灭

45.（2015 判断）银行本票由银行出票，持票人向出票银行提示付款。（ ）

考点 支票

46.（判断）单位或个人签发空头支票的，由其开户银行处以罚款。（ ）

47.（2015 多选）2014 年 2 月 18 日，甲公司签发一张转账支票交付乙公司，乙公司于 2 月 20 日将该支票背书转让给丙公司，丙公司于 3 月 3 日向甲公司开户银行 P 银行提示付款，P 银行拒绝付款，关于丙公司行使票据权利的下列表述中，正确的有（ ）。

A. 丙公司有权向乙公司行使追索权　B. 丙公司有权向 P 银行行使追索权

C. P 银行有权拒绝付款　D. 丙公司有权向甲公司行使追索权

48.（2011 多选）根据支付结算法律制度的规定，关于支票的下列表述中，正确的有（　）。

A. 支票的基本当事人包括出票人、付款人、收款人

B. 支票的金额和收款人名称可以由出票人授权补记

C. 出票人不得在支票上记载自己为收款人

D. 支票的付款人是出票人的开户银行

考点　银行卡的分类

49.（2018 单选）根据支付结算法律制度的规定，下列支付工具中，可以透支的是（　）。

A. 储蓄卡　　B. 信用卡　　C. 预付卡　　D. 储值卡

考点　银行卡账户和交易

50.（2010 单选）关于银行卡账户及交易管理要求的下列表述中，不正确的是（　）。

A. 单位人民币卡账户的资金一律从其基本存款账户转账存入

B. 单位外币卡账户的资金应从其单位的外汇账户转账存入

C. 单位人民币卡账户不得存取现金

D. 单位人民币卡账户可以存入销货收入

考点　银行卡计息与收费

51.（2018 判断）银行卡的发卡机构对向持卡人收取的年费不得计收利息。（　）

考点　银行卡收单

52.（2017 多选）根据支付结算法律制度的规定，关于银行卡收单业务的下列表述中，正确的有（　）。

A. 特约商户为个体工商户或自然人的，可以使用其同名个人结算账户作为收单银行结算账户

B. 特约商户使用单位银行结算账户作为收单银行结算账户的，收单机构应当审核其合法拥有该账户的证明文件

C. 收单机构向特约商户收取服务费由收单机构与特约商户协商确定具体费率

D. 收单机构应当对实体特约商户收单业务进行本地化经营和管理，不得跨省域开展收单业务

考点　网上银行和第三方支付

53.（单选）根据支付结算法律制度的规定，下列关于网上支付的表述中，错误的是（　）。

A. 在第三方支付模式下，支付者必须在第三方支付机构平台上开立账户

B. 狭义的线上支付仅指通过第三方支付平台实现的互联网在线支付

C. 客户开通网上银行只能前往银行柜台办理

D. 个人可以通过网上银行子系统进行账户信息查询

考点　汇兑

54.（2018 单选）根据支付结算法律制度的规定，下列关于汇兑业务办理的表述中，正确的是（　）。

A. 汇兑凭证记载的汇款人、收款人在银行开立存款账户的，必须记载其账号

B. 汇入银行向收款人发出的收账通知不能作为银行将款项转入收款人账户的凭证

C. 汇出银行签发的汇款回单，不能作为汇出银行受理汇款的依据

D. 汇出银行签发的汇款回单，可以作为该笔汇款已转入收款人账户的证明

55.（2014 单选）根据支付结算法律制度的规定，下列以汇兑方式结算的款项中，汇款人可以申请撤销的是（　）。

A. 汇出银行已经汇出的款项　　B. 汇入银行已经发出收账通知的款项

C. 收款人拒绝接受的款项　　D. 汇出银行尚未汇出的款项

考点　委托收款

56.（2013 判断）委托收款以银行为付款人的，银行应于当日将款项主动支付给收款人。（　）

57.（2014 多选）根据支付结算法律制度的规定，下列各项中，属于当事人签发委托收款凭证时必须记载的事项的有（　）。

A. 收款日期　　B. 委托日期

C. 收款人名称和收款人签章　　D. 付款人名称

考点　国内信用证

58.（2018 判断）国内信用证可以支取现金。（　）

考点　预付卡

59.（2017、2015 单选）根据支付结算法律制度的规定，关于预付卡使用的下列表述中，正确的是（　）。

A. 可在发卡机构签约的特约商户中使用　　B. 可向银行账户转移卡内资金

C. 可用于提取现金　　D. 可用于购买非本发卡机构发行的预付卡

60.（2017 单选）根据支付结算法律制度的规定，下列关于预付卡的表述中，正确的是（　）。

A. 记名预付卡的有效期限最长为 3 年　　B. 单张记名预付卡的资金限额不得超过 1 000 元

C. 购卡人可以使用信用卡购买预付卡　　D. 预付卡以人民币计价，不具有透支功能

61.（2015 多选）王某到发卡机构一次性购买 6 万元不记名预付卡，发卡机构办理该业务正确的有（　）。

A. 要求王某使用现金购买　　B. 登记王某的购卡总金额

C. 要求王某实名购买　　D. 留存王某有效身份证件的复印件或影印件

62.（2014 多选）根据支付结算法律制度的规定，下列关于预付卡使用规定的表述中，正确的有（　）。

A. 记名预付卡单张限额为 5 000 元　　B. 不记名预付卡单张限额为 1 000 元

C. 预付卡不可以透支　　D. 购买预付卡可以使用外币

63.（2018 判断）多用途预付卡可以使用信用卡进行充值。（　）

考点　违反支付结算法律制度的法律责任

64.（2014 单选）根据支付结算法律制度的规定，下列关于经营性存款人违反账户结算的行为中，适用给予警告并处以 5 000 元以上 3 万元以下罚款的是（　）。

A. 出租、出借银行结算账户　　B. 违反规定不及时撤销银行结算账户

C. 伪造、变造开户许可证　　D. 伪造、变造证明文件欺骗银行开立结算账户

65.（2018 多选）下列信用卡诈骗活动中，数额较大的，当事人应负刑事责任的有（　）。

A. 郑某冒用他人信用卡　　B. 王某恶意透支信用卡

C. 吴某使用作废的信用卡　　D. 周某使用伪造的信用卡

第四章　增值税、消费税法律制度

考点　税收法律关系

1.（单选）税收法律关系中最实质的东西，也是税法灵魂的是（　）。

A. 税务机关　　B. 征税对象

C. 税收法律关系的内容　　D. 税收法律关系的主体

2.（2016 多选）下列各项中，属于税收法律关系主体的有（　）。

A. 税务机关　　B. 纳税人　　C. 海关　　D. 人民法院

3.（判断）税收与其他财政收入形式相比，具有强制性、无偿性和固定性的特征。（　）

考点　现行税种与征收机关

4.（2013 单选）船舶吨税应当由（　）负责征收。

A. 海关　　B. 地方人民政府

C. 税务局　　D. 海事局

5.（2019 多选）下列税种中，由海关负责征收和管理的有（　）。

A. 资源税　　B. 关税

C. 进口环节增值税　　D. 船舶吨税

考点　税法要素

6.（2018 单选）下列税法要素中，可以作为区别不同税种的重要标志的是（　）。

A. 税收优惠　　B. 纳税期限　　C. 征税对象　　D. 税率

7.（单选）计算税额的尺度是（　）。

A. 税目　　B. 税率　　C. 征税对象　　D. 计税依据

8.（判断）征税对象的数额达到或超过起征点的，只就减除后的剩余部分计征税款。（　）

考点　增值税纳税人和扣缴义务人

9.（2018 判断）中国境外单位或者个人在境内发生应税行为，在境内未设有经营机构的，以境内代理人为增值税扣缴义务人。（　）

考点　增值税征税范围

10.（2019 单选）根据增值税法律制度的规定，下列各项中，应按照“现代服务”税目计缴增值税的是（　）。

A. 经营租赁服务　　B. 融资性售后回租

C. 保险服务　　D. 文化体育服务

11.（2019 单选）下列项目应按照“租赁服务”缴纳增值税的是（　　）。

A. 远洋运输中的程租服务　　B. 远洋运输中的期租服务

C. 融资性售后回租　　D. 公交车广告位出租

12.（2017 单选）下列各项中，应按照“销售服务——建筑服务”税目计缴增值税的是（　　）。

A. 平整土地　　B. 出售住宅

C. 出租办公楼　　D. 转让土地使用权

13.（2017 单选）下列行为中，应按照“销售不动产”税目计缴增值税的是（　　）。

A. 将建筑物广告位出租给其他单位用于发布广告

B. 销售底商

C. 转让高速公路经营权

D. 转让国有土地使用权

14.（2014 单选）下列各项中，应按照“生活服务”缴纳增值税的是（　　）。

A. 家政服务　　B. 铁路运输　　C. 房屋租赁　　D. 房屋销售

15.（2018 单选）根据增值税法律制度的规定，下列服务中，应按照“金融服务——贷款服务”税目计缴增值税的是（　　）。

A. 资金结算　　B. 金融商品转让

C. 信用卡透支利息收入　　D. 货币兑换

16.（2018 单选）根据增值税法律制度的规定，下列各项中，应按照“提供应税劳务”税目计缴增值税的是（　　）。

A. 制衣厂员工为本厂提供的加工服装服务　　B. 有偿提供安装空调服务

C. 有偿修理机器设备服务　　D. 有偿提供出租车服务

17.（2018 多选）根据增值税法律制度的规定，下列情形中，属于在境内销售服务的有（　　）。

A. 境外会计师事务所向境内单位销售完全在境内发生的会计咨询服务

B. 境内语言培训机构向境外单位销售完全在境外发生的培训服务

C. 境内广告公司向境外单位销售完全在境内发生的广告服务

D. 境外律师事务所向境内单位销售完全在境外发生的法律咨询服务

18.（判断）卫星电视信号落地转接服务，按照“增值电信服务”计算缴纳增值税。（　　）

考点　视同销售、混合销售与兼营

19.（2015 单选）根据增值税法律制度的规定，下列行为中，应视同销售货物行为征收增值税的是（　　）。

A. 购进货物用于非增值税应税项目　　B. 购进货物用于免税项目

C. 购进货物用于无偿赠送其他单位　　D. 购进货物用于集体福利

20.（2018 单选）根据增值税法律制度的规定，企业发生的下列行为中，不属于视同销售货物行为的是（　　）。

A. 将购进的货物作为投资提供给其他单位　　B. 将购进的货物用于集体福利

C. 将委托加工的货物分配给股东　　D. 将自产的货物用于个人消费

21.（2018 多选）根据增值税法律制度的规定，企业发生的下列行为中，属于视同销售货物行为的有（　　）。

A. 将外购的货物用于个人消费

B. 将自产的货物交付代销商代销

C. 将委托加工收回的货物作为投资提供给其他单位

D. 将自产的货物用于集体福利

考点　增值税应纳税额的计算

22.（2016 单选改编）根据增值税法律制度的规定，一般纳税人销售的下列货物中，不适用 13% 增值税税率的是（　　）。

A. 洗衣液　　B. 文具盒　　C. 杂粮　　D. 蔬菜罐头

23.（2016 多选改编）根据增值税法律制度的规定，一般纳税人销售的下列货物中，适用 9%的税率的有（　　）。

A. 洗衣液　　B. 文具盒　　C. 挂面　　D. 玉米胚芽

24.（2015 多选）根据增值税法律制度的规定，一般纳税人价外收取且未单独核算的下列款项中，应并入销售额计算销项税额的有（　　）。

A. 包装物租金　　B. 手续费

C. 违约金　　D. 受托加工应税消费品代收代缴的消费税

25.（2016 单选改编）甲手机专卖店为增值税一般纳税人，2019 年 10 月采取以旧换新方式销售某型号手机 100 部，该型号新手机的同期含税销售单价为 3 276 元，旧手机的收购单价为 234 元。已知增值税税率为 13%。甲手机专卖店当月该业务增值税销项税额的下列计算列式中，正确的是（　　）。

A.（3 276−234）×100×13%=39 546 元

B.（3 276−234）×100÷（1+13%）×13%=34 996.46 元

C. 3 276×100×13%=42 588 元

D. 3 276×100÷（1+13%）×13%=37 688.50 元

26.（2018 单选改编）甲公司为增值税一般纳税人，2018 年 10 月采取折扣方式销售货物一批，该批货物不含税销售额 166 000 元，因购买数量大，给予购买方 10%的价格优惠，销售额和折扣额在同一张发票上分别注明。已知增值税税率为 13%。计算甲公司当月该笔业务增值税销项税额的下列算式中，正确的是（　　）。

A. 166 000×（1−10%）÷（1−13%）×13%=22 324.14 元

B. 166 000×（1−10%）×13%=19 422 元

C. 166 000×13%=21 580 元

D. 166 000÷（1−13%）×13%=24 804.60 元

27.（2017 多选）根据增值税法律制度的规定，一般纳税人购进的下列服务中，准予抵扣进项税额的有（　　）。

A. 贷款服务　　B. 住宿服务　　C. 餐饮服务　　D. 广告服务

28.（2019 单选）根据增值税法律制度的规定，下列关于金融商品转让税务处理的表述中，正确的是（　　）。

A. 金融商品转让，可以开具增值税专用发票

B. 转让金融商品年末出现负差时，可以转入下一个会计年度

C. 金融商品转让，按照卖出价扣除买入价后的余额为销售额

D. 金融商品的买入价按照先进先出法进行核算

29.（2017 多选）一般纳税人发生的下列应税行为中，可以选择适用简易计税方法计缴增值税的有（　　）。

A. 电影放映服务　　B. 文化体育服务　　C. 收派服务　　D. 公交客运服务

30.（2016 单选）一般纳税人销售自产的特殊货物，可选择按照简易办法计税，选择简易办法计算缴纳增值税后一定期限内不得变更，该期限是（　　）。

A. 24 个月　　B. 12 个月　　C. 36 个月　　D. 18 个月

31.（单选）甲企业为增值税小规模纳税人，2019 年 10 月销售自己使用过 3 年的小汽车一辆，取得含税销售额 20 600 元。已知增值税小规模纳税人销售自己使用过的固定资产，按照简易办法依照 3%征收率减按 2%征收增值税。计算甲企业当月该笔业务增值税的下列算式中，正确的是（　　）。

A. 20 600÷（1+3%）×2%=400 元　　B. 20 600÷（1+2%）×2%=403.92 元

C. 20 600÷（1+2%）×3%=605.88 元　　D. 20 600÷（1+3%）×3%=600 元

32.（2017 单选）根据增值税法律制度的规定，下列关于小规模纳税人征税规定的表述中，不正确的是（　　）。

A. 实行简易征税办法　　B. 一律不使用增值税专用发票

C. 不允许抵扣增值税进项税额　　D. 可以请税务机关代开增值税专用发票

考点　增值税税收优惠

33.（2018 多选改编）根据增值税法律制度的规定，下列服务中，免征增值税的有（　　）。

A. 学生勤工俭学提供的服务　　B. 火葬场提供的殡葬服务

C. 残疾人福利机构提供的育养服务　　D. 提供社区家政服务

34.（2019 多选）根据增值税法律制度的规定，下列各项中，免征增值税的有（　　）。

A. 电信公司提供语音通话服务　　B. 科研机构进口直接用于科学研究的仪器

C. 医疗机构提供医疗服务　　D. 婚姻介绍所提供的婚姻介绍服务

考点　增值税专用发票使用规定

35.（2018 单选）根据增值税法律制度的规定，一般纳税人发生的下列业务中，允许开具增值税专用发票的是（　　）。

A. 房地产开发企业向消费者个人销售房屋

B. 百货公司向小规模纳税人零售食品

C. 超市向消费者个人销售红酒

D. 住宿业小规模纳税人向一般纳税人提供住宿服务

36.（2018 多选）根据增值税法律制度的规定，商业企业一般纳税人销售下列货物中，不能开具增值税专用发票的有（　）。

A. 白酒　　B. 卷烟　　C. 劳保鞋　　D. 食品

考点　增值税征收管理

37.（2017 单选）根据营业税改征增值税试点相关规定，下列关于增值税纳税义务发生时间的表述中，不正确的是（　）。

A. 纳税人发生应税行为先开具发票的，为开具发票的当天

B. 纳税人发生视同销售不动产的，为不动产权属变更的当天

C. 纳税人提供建筑服务采取预收款方式的，为建筑工程完工的当天

D. 纳税人从事金融商品转让的，为金融商品所有权转移的当天

考点　消费税的纳税人、税目与纳税环节

38.（2019 单选）根据消费税法律制度的规定，下列商品中，不属于消费税征税范围的是（　）。

A. 金银首饰　　B. 调味料酒

C. 汽油　　D. 烟丝

39.（多选）根据消费税法律制度的规定，下列各项中，属于消费税征税范围的有（　）。

A. 电动自行车　　B. 铅蓄电池

C. 高尔夫球包　　D. 汽油

40.（2016 单选）根据消费税法律制度的规定，下列各项中，不属于消费税纳税人的是（　）。

A. 金首饰零售商　　B. 化妆品进口商

C. 涂料生产商　　D. 鞭炮批发商

41.（2018 单选）根据消费税法律制度的规定，下列行为中，不缴纳消费税的是（　）。

A. 外贸公司进口高档手表

B. 首饰店零售金银首饰

B. 小汽车生产企业将自产小汽车奖励给优秀员工

D. 烟草批发企业将卷烟销售给其他烟草批发企业

42.（2015 多选）根据消费税法律制度的规定，下列经营行为中，应缴纳消费税的有（　）。

A. 外贸公司进口化妆品　　B. 日化厂销售自产化妆品

C. 商贸城批发化妆品　　D. 超市零售化妆品

43.（2016 多选）根据消费税法律制度的规定，下列业务中，应征收消费税的有（　）。

A. 烟草批发企业将卷烟销售给零售单位　　B. 地板经销商提供实木地板保养服务

C. 外贸公司进口高档手表　　D. 金店零售金银首饰

44.（2015 判断）购进中轻型商用客车整车改装生产的汽车，不征收消费税。（　）

考点　消费税应纳税额的计算

45.（2018 多选）根据消费税法律制度的规定，下列应税消费品中，采用从量计征办法计缴消费税的有（　）。

A. 黄酒　　B. 葡萄酒　　C. 啤酒　　D. 药酒

46.（2018 多选）根据消费税法律制度的规定，下列消费品中，实行从量定额与从价定率相结合的复合计征办法征收消费税的有（ ）。

A. 雪茄烟 B. 黄酒 C. 白酒 D. 卷烟

47.（判断）对酒类生产企业销售酒类产品而收取的包装物押金，无论押金是否返还及会计上如何核算，均应并入酒类产品销售额，征收消费税。（ ）

48.（2016 单选改编）甲地板厂为增值税一般纳税人，2019 年 11 月销售自产实木地板取得含增值税销售额 111.15 万元。已知实木地板增值税税率为 13%，消费税税率为 5%，甲地板厂当月该业务应缴纳消费税税额的下列计算列式中，正确的是（ ）。

A. 111.15÷（1+13%）×5%=4.92 万元

B. 111.15÷（1−5%）×5%=5.85 万元

C. 111.15×5%=5.557 5 万元

D. 111.15÷（1+13%）÷（1−5%）×5%=5.18 万元

49.（2019 单选）甲公司为增值税小规模纳税人，2018 年 10 月销售自产葡萄酒，取得含增值税销售额 150 174 元。已知增值税征收率为 3%，葡萄酒消费税税率为 10%。计算甲公司当月该笔业务应缴纳消费税税额的下列算式中，正确的是（ ）。

A. 150 174×（1−10%）×10%=13 515.66 元

B. 150 174÷（1−10%）×10%=16 686 元

C. 150 174÷（1+3%）×10%=14 580 元

D. 150 174×10%=15 017.4 元

50.（2016 单选）2015 年 10 月，甲烟草批发企业向乙卷烟零售店销售卷烟 200 标准条，取得不含增值税销售额 20 000 元；向丙烟草批发企业销售卷烟 300 标准条，取得不含增值税销售额为 30 000 元。已知卷烟批发环节消费税比例税率为 11%，定额税率为 0.005 元/支；每标准条 200 支卷烟。甲烟草批发企业上述业务应缴纳消费税税额的下列计算列式中，正确的是（ ）。

A. 20 000×11%+200×200×0.005=2 400 元

B. 20 000×11%+200×200×0.005+30 000×11%+300×200×0.005=6 000 元

C. 20 000×11%+30 000×11%=5 500 元

D. 30 000×11%+300×200×0.005=3 600 元

51.（2015 单选）2014 年 3 月甲公司进口一批高档手表，海关审定的关税完税价格为 100 万元，缴纳关税 30 万元。已知高档手表消费税税率为 20%。甲公司当月进口高档手表应缴纳消费税税额的下列计算中，正确的是（ ）。

A.（100+30）×20%=26 万元 B.（100+30）÷（1−20%）×20%=32.5 万元

C. 100×20%=20 万元 D. 100÷（1−20%）×20%=25 万元

52.（2015 单选）根据消费税法律制度的规定，企业发生的下列经营行为中，外购应税消费品已纳消费税税额不准从应纳消费税税额中扣除的是（ ）。

A. 以外购已税白酒生产白酒 B. 以外购已税烟丝生产卷烟

C. 以外购已税化妆品为原料生产化妆品 D. 以外购已税实木地板为原料生产实木地板

考点 消费税征收管理

53.（2018 单选）根据消费税法律制度的规定，下列关于消费税纳税义务发生时间的表述中，不正确的是（　）。

A. 委托加工应税消费品的，为纳税人提货的当天

B. 采取托收承付方式销售应税消费品的，为收到货款的当天

C. 进口应税消费品的，为报关进口的当天

D. 自产自用应税消费品的，为移送使用的当天

第五章　企业所得税、个人所得税法律制度

考点　企业所得税纳税人

1.（2014 单选）下列各项中，不属于企业所得税纳税人的是（　）。

A. 社会团体　　B. 合伙企业

C. 事业单位　　D. 民办非企业单位

2.（2018 多选）根据企业所得税法律制度的规定，下列各项中，属于企业所得税纳税人的有（　）。

A. 外国公司在中国境内的分公司　　B. 在中国境内注册成立的社会团体

C. 在中国境内注册成立的一人有限责任公司　　D. 在中国境内注册成立的个人独资企业

考点　企业所得税征税对象

3.（2015 多选）根据企业所得税法律制度的规定，下列关于所得来源地的确定，表述正确的有（　）。

A. 销售货物所得，按照交易活动发生地确定

B. 不动产转让所得，按照转让不动产的企业或者机构、场所所在地确定

C. 股息、红利等权益性投资所得，按照分配所得的企业所在地确定

D. 权益性投资资产转让所得，按照投资企业所在地确定

4.（多选）根据企业所得税法律制度的规定，下列各项中，属于来源于中国境内所得的有（　）。

A. 甲国企业在中国境内销售货物取得的收入

B. 乙国企业在中国境外向中国公司提供运输服务取得的收入

C. 丙国企业向中国公司出租设备取得的收入

D. 丁国企业转让中国境内公司股权取得的收入

5.（2016、2009 判断）非居民企业在中国境内设立机构、场所的，应当就其所设机构、场所所得的来源于中国境内的所得，以及发生在中国境外但与其所设机构、场所有实际联系的所得缴纳企业所得税。（　）

考点　企业所得税应纳税所得额的计算

6.（单选）根据企业所得税法律制度的规定，下列关于收入确认条件的说法中，不正确的是（　）。

A. 销售商品采用分期收款方式的，按照合同约定的收款日期确认收入的实现

B. 销售商品采用预收款方式的，在发出商品时确认收入

C. 销售商品需要安装检验的，在发出商品时确认收入

D. 采取产品分成方式取得收入的，按照企业分得产品的日期确认收入的实现

7.（2018 单选）根据企业所得税法律制度的规定，下列各项中，属于不征税收入的是（　）。

A. 债务重组收入

B. 逾期未退包装物押金收入

C. 依法收取并纳入财政管理的行政事业性收费

D. 特许权使用费收入

8.（单选）根据企业所得税法律制度的规定，下列各项中，属于免税收入的是（　）。

A. 非营利组织从事营利性活动取得的收入　　B. 全国社会保障基金取得的直接股权投资收益

C. 企业购买国债取得的利息收入　　D. 企业持有铁路债券取得的利息收入

9.（2015 多选）根据企业所得税法律制度的规定，下列各项中，属于转让财产收入的有（　）。

A. 转让股权收入　　B. 转让固定资产收入

C. 转让土地使用权收入　　D. 转让债权收入

10.（2015 多选）下列收入中，在计算企业所得税应纳税所得额时，应计入收入总额的有（　）。

A. 转让专利权收入　　B. 债务重组收入

C. 接受捐赠收入　　D. 确实无法偿付的应付款项

11.（2019 多选）根据企业所得税法律制度的规定，下列各项中，属于转让财产收入的有（　）。

A. 销售原材料取得的收入　　B. 转让无形资产取得的收入

C. 转让股权取得的收入　　D. 提供专利权的使用权取得的收入

12.（判断）企业以非货币形式取得的收入，应当按照公允价值确定收入额。（　）

13.（2018 判断）企业接受捐赠收入，按照实际收到捐赠资产的日期确认企业所得税收入的实现。（　）

14.（2016 单选）根据企业所得税法律制度的规定，下列关于企业所得税税前扣除的表述中，不正确的是（　）。

A. 企业发生的合理的工资薪金的支出，准予扣除

B. 企业发生的职工福利费支出超过工资薪金总额的 14%的部分，准予在以后纳税年度结转扣除

C. 企业发生的合理的劳动保护支出，准予扣除

D. 企业参加财产保险，按照规定缴纳的保险费，准予扣除

15.（单选）甲企业 2019 年实发工资总额为 100 万元，发生职工福利费 12 万元，工会经费 1.5 万元，职工教育经费 15 万元。已知，职工福利费支出不超过实发工资总额 14%的部分、工会经费不超过实发工资总额 2%的部分、职工教育经费不超过实发工资总额 8%的部分，准予在计算企业所得税应纳税所得额时扣除。甲企业计算 2019 年企业所得税应纳税所得额时，准予扣除的职工福利费、工会经费和职工教育经费合计金额的下列计算中，正确的是（　）。

A. 100×14%+1.5+100×8%=23.5 万元　　B. 100×14%+100×2%+100×8%=24 万元

C. 12+1.5+15=28.5 万元　　D. 12+1.5+100×8%=21.5 万元

16.（2014、2013 单选）根据企业所得税法律制度的规定，下列各项中，在计算所得税应纳税所得额时准予扣除的是（　）。

A. 向投资者支付的股息　　B. 税收滞纳金

C. 违法经营的行政罚款　　D. 合同违约金

17.（2018 多选）根据企业所得税法律制度的规定，企业缴纳的下列税金中，准予在计算企业所得税应纳税所得额时扣除的有（　）。

A. 印花税　　B. 消费税

C. 土地增值税　　D. 资源税

18.（2018 单选）根据企业所得税法律制度的规定，下列各项中，在计算企业所得税应纳税所得额时，不得扣除的是（　）。

A. 企业发生的合理的劳动保护支出

B. 企业发生的非广告性质赞助支出

C. 企业参加财产保险按照规定缴纳的保险费

D. 企业转让固定资产发生的费用

19.（2018 判断）企业职工因公出差乘坐交通工具发生的人身意外保险费支出，不得在计算企业所得税的应纳税所得额时扣除。（　）

考点　资产的税务处理

20.（2013 单选）下列固定资产中，在计算企业所得税应纳税所得额时准予扣除折旧费的是（　）。

A. 未投入使用的房屋　　B. 以经营租赁方式租入的固定资产

C. 未投入使用的机器设备　　D. 以融资租赁方式租出的固定资产

21.（2017 单选）根据企业所得税法律制度的规定，下列各项中，应以同类固定资产的重置完全价值为计税基础的是（　）。

A. 盘盈的固定资产　　B. 自行建造的固定资产

C. 外购的固定资产　　D. 通过捐赠取得的固定资产

22.（判断）企业投资期间，投资资产的成本在计算企业所得税应纳税所得额时不得扣除。（　）

考点　企业所得税应纳税额的计算

23.（单选）甲公司 2019 年实现会计利润总额 300 万元，预缴企业所得税税额 60 万元，在“营业外支出”账目中列支了税收滞纳金 5 万元，赞助支出 30 万元，被没收财物的损失 10 万元，环保罚款 50 万元。计算甲公司当年应补缴企业所得税税额的下列算式中，正确的是（　）。

A.（300+5）×25%−60=16.25 万元　　B.（300+5+30）×25%−60=23.75 万元

C.（300+5+50）×25%−60=28.75 万元　　D.（300+5+30+10+50）×25%−60=38.75 万元

24.（单选）境外某公司在中国境内未设立机构、场所，2019 年取得境内甲公司支付的设备转让收入 300 万元。已知该设备净值 180 万元，该境外公司适用的企业所得税税率为 10%。2019 年度该境外公司在我国应缴纳企业所得税（　）万元。

A. 12　　B. 18　　C. 30　　D. 48

25.（2017 单选）根据企业所得税法律制度的规定，关于在中国境内未设立机构、场所的非居民企业取得的来源于中国境内的所得，其应纳税所得额确定的下列表述中，不正确的是（ ）。

A. 股息所得以收入全额为应纳税所得额

B. 转让财产所得以收入全额为应纳税所得额

C. 特许权使用费所得以收入全额为应纳税所得额

D. 租金所得以收入全额为应纳税所得额

26.（单选）境外某公司在中国境内未设立机构、场所，2019 年取得境内甲公司支付的租金 50 万元，发生相关支出 1 万元，取得境内乙公司支付的设备转让收入 350 万元，已知该设备净值 200 万元。2019 年度该境外公司在我国的应纳税所得额是（ ）万元。

A. 199 B. 200 C. 399 D. 400

考点 企业所得税税收优惠

27.（判断）符合条件的企业可以采取缩短折旧年限的方式计提固定资产折旧，但最低折旧年限不得低于税法规定折旧年限的 50%。（ ）

28.（多选）企业从事下列项目的所得，减半征收企业所得税的有（ ）。

A. 中药材的种植 B. 茶的种植 C. 远洋捕捞 D. 海水养殖

29.（2014 多选）企业从事下列项目的所得，免征企业所得税的有（ ）。

A. 中药材的种植 B. 林木种植 C. 花卉种植 D. 香料作物的种植

30.（多选）根据企业所得税法律制度的规定，下列行业中，不适用税前加计扣除政策的有（ ）。

A. 餐饮业 B. 娱乐业 C. 房地产业 D. 批发和零售业

31.（2015 判断）企业以《资源综合利用企业所得税优惠目录》规定的资源作为主要原材料，生产国家非限制和禁止并符合国家和行业相关标准的产品取得的收入，免征企业所得税。（ ）

考点 企业所得税征收管理

32.（判断）企业在年度中间终止经营活动的，应当自实际经营终止之日起 5 个月内，向税务机关办理当期企业所得税汇算清缴。（ ）

33.（判断）企业按月或按季预缴企业所得税的，应当自月份或者季度终了之日起 15 日内，向税务机关报送预缴企业所得税申报表，预缴税款。（ ）

34.（2015 判断）企业在一个纳税年度中间开业或者终止营业活动的，使该纳税年度的实际经营期不足 12 个月的，应当以实际经营期为 1 个纳税年度。（ ）

考点 个人所得税纳税人和所得来源的确定

35.（多选）根据个人所得税法律制度的规定，下列个人所得中，属于来源于中国境内的所得的有（ ）。

A. 将财产出租给境内企业在境外使用而取得的所得

B. 从中国境内企业取得的股息所得

C. 许可专利权在中国境内使用而取得的所得

D. 向境内个人转让境外房产取得的所得

36.（2018 判断改编）我国个人所得税的居民个人是指在中国境内有住所，或者无住所而一个纳税年度内在中国境内居住满 1 年的个人。（　）

37.（2016 判断改编）某外籍个人 2019 年 6 月 1 日入境，2020 年 2 月 10 日离境，期间离境 20 天，则该外籍个人 2019 年度为我国个人所得税非居民个人。（　）

考点　个人所得税应税所得项目

38.（2016 单选）根据个人所得税法律制度的规定，下列各项中，应征收个人所得税的是（　）。

A. 托儿补助费　　B. 独生子女补贴

C. 离退休人员从原任职单位取得的补贴　　D. 差旅费津贴

39.（2016 单选）下列应按"工资、薪金所得"税目，征收个人所得税的是（　）。

A. 单位全勤奖　　B. 参加商场活动中奖

C. 出租闲置房屋取得的所得　　D. 国债利息收入

40.（2015 单选）根据个人所得税法律制度的规定，下列各项中，不属于特许权使用费所得的是（　）。

A. 提供著作权的使用权取得的所得　　B. 提供专利权的使用权取得的所得

C. 提供房屋使用权取得的所得　　D. 提供商标权的使用权取得的所得

41.（2018 多选改编）根据个人所得税法律制度的规定，下列各项中，应按照"劳务报酬所得"税目计缴个人所得税的有（　）。

A. 个人取得特许权的经济赔偿收入　　B. 证券经纪人从证券公司取得的佣金收入

C. 个人为他人提供担保获得的收入　　D. 个人兼职取得的收入

42.（2019 单选）根据个人所得税法律制度的规定，个体工商户发生的下列支出中，在计算个人所得税应纳税所得额时不得扣除的是（　）。

A. 非广告性的赞助支出　　B. 合理的劳务保护支出

C. 实际支付给从业人员的合理的工资薪金支出　　D. 按规定缴纳的财产保险费

43.（多选）根据个人所得税法律制度的规定，下列各项中，应按照"偶然所得"项目计算缴纳个人所得税的有（　）。

A. 个人为他人提供担保获得的收入

B. 个人无偿受赠房屋取得的受赠收入

C. 个人参加商场庆典活动，无偿取得的礼品收入

D. 个人取得商场免费赠送的代金券收入

44.（2018 多选改编）根据个人所得税法律制度的规定，下列各项中，应按照"特许权使用费所得"税目计缴个人所得税的有（　）。

A. 作家公开拍卖自己的小说手稿原件取得的收入

B. 个人取得专利赔偿收入

C. 专利权人许可他人使用自己的专利取得的收入

D. 商标权人许可他人使用商标取得的收入

45.（2019 多选）根据个人所得税法律制度的规定，下列各项中，属于劳务报酬所得的有（　　）。

A. 证券经纪人从证券公司取得的佣金收入

B. 个人因其作品以图书形式出版而取得的所得

C. 个人因任职受雇从上市公司取得的股票增值权所得

D. 学生假期兼职取得的收入

⌛ 考点　个人所得税应纳税所得额的确定和应纳税额的计算

46.（2015 单选改编）2019 年 10 月高校教师张某取得一次性技术服务收入 4 200 元，支付交通费 300 元。已知预扣预缴劳务报酬所得个人所得税时，预扣率为 20%；每次收入不超过 4 000 元的，减除费用 800 元；每次收入 4 000 元以上的，减除 20%的费用。张某当月该笔收入应预缴个人所得税税额的下列计算中正确的是（　　）。

A. [（4 200−300）−800] ×20%=620 元　　B. 4 200×（1−20%）×20%−300=372 元

C. [4 200×（1−20%）−300] ×20%=612 元　　D. 4 200×（1−20%）×20%=672 元

47.（2015 多选改编）关于劳务报酬所得“每次收入”的下列表述中，正确的有（　　）。

A. 孙某用 3 个月时间为某网站提供设计服务，服务完成后一次取得报酬 18 000 元，孙某应将 18 000 元平均分配到 3 个月，以每月分配的金额 6 000 元作为一次收入预缴个人所得税

B. 张某兼职为某企业授课，每月 4 次，每次报酬 1 000 元，张某应以 1 000 元作为一次收入预缴个人所得税

C. 陈某用 2 个月时间为某公司翻译外国专著，翻译完成后一次取得报酬 5 000 元，陈某应将 5 000 元作为一次收入预缴个人所得税

D. 王某为某卡拉 OK 厅演唱，每月 8 次，每次报酬 800 元，王某应以当月报酬合计 6 400 元作为一次收入预缴个人所得税

48.（2018 单选改编）2019 年 4 月非居民个人约翰受邀到中国境内讲学，取得收入 5 000 元。已知每月（次）应纳税所得额超过 3 000 元至 12 000 元的部分，适用税率为 10%，速算扣除数为 210 元。约翰当月讲学收入应在我国缴纳个人所得税税额的下列算式中，正确的是（　　）。

A. 5 000÷（1−20%）×10%−210=415 元　　B. 5 000×10%−210=290 元

C. 5 000×（1+20%）×10%−210=390 元　　D. 5 000×（1−20%）×10%−210=190 元

49.（2018 单选）根据个人所得税法律制度的规定，个人购买符合规定的商业健康保险产品的支出，允许在当年计算工资、薪金所得应纳税所得额时在一定限额内予以税前扣除，该限额为（　　）。

A. 3 600 元/年　　B. 2 400 元/年

C. 3 200 元/年　　D. 2 800 元/年

50.（2016 单选）2015 年 7 月，王某出租住房取得租金收入 3 000 元，房屋租赁过程中缴纳的相关税费 120 元，支付出租住房维修费 1 000 元。已知个人出租住房取得的所得按 10%的税率征收个人所得税；每次收入不超过 4 000 元的，减除费用 800 元。王某当月出租住房应缴纳个人所得税税额的下列计算列式中，正确的是（　　）。

A.（3 000−120−800−800）×10%=128 元　　B.（3 000−120−800）×10%=208 元

C.（3 000−120−1 000）×10%=188 元　　D.（3 000−120−1 000−800）×10%=108 元

51.（2018 单选）2018 年 1 月周某在商场举办的有奖销售活动中获得奖金 4 000 元，周某领奖时支付交通费 30 元、餐费 70 元。已知偶然所得个人所得税税率为 20%。计算周某中奖奖金的所得税税额的下列算式中，正确的是（　）。

A.（4 000−70）×20%=786 元　　B.（4 000−30−70）×20%=780 元

C.（4 000−30）×20%=794 元　　D. 4 000×20%=800 元

52.（2019 单选）2019 年 3 月张某购买福利彩票取得一次中奖收入 20 000 元，将其中 5 000 元通过国家机关向农村义务教育捐赠。已知偶然所得个人所得税税率为 20%。下列关于张某缴纳个人所得税税额的下列算式中，正确的是（　）。

A.（20 000−5 000）×20%=3 000 元　　B.（20 000−5 000）÷（1−20%）×20%=3 750 元

C. 20 000×20%=4 000 元　　D. 20 000÷（1−20%）×20%=5 000 元

53.（2016 单选）根据个人所得税法律制度的规定，下列各项中，在计算个人所得税应纳税所得额时不得扣除费用的是（　）。

A. 偶然所得　　B. 财产租赁所得

C. 财产转让所得　　D. 劳务报酬所得

54.（2018 单选）根据个人所得税法律制度的规定，关于每次收入确定的下列表述中，不正确的是（　）。

A. 偶然所得，以一个月内取得的收入为一次

B. 劳务报酬所得只有一次性收入的，以取得该项收入为一次

C. 利息所得，以支付利息时取得的收入为一次

D. 稿酬所得只有一次性收入的，以取得该项收入为一次

55.（2016 单选）根据个人所得税法律制度的规定，下列关于“每次收入”确定的表述中，不正确的是（　）。

A. 特许权使用费所得，以一个月内取得的收入为一次

B. 财产租赁所得，以一个月内取得的收入为一次

C. 劳务报酬所得属于同一事项连续取得收入的，以一个月内取得的收入为一次

D. 股息所得，以支付股息时取得的收入为一次

56.（判断）对个人出租住房取得的所得暂减按 10%的税率征收个人所得税。（　）

考点　个人所得税税收优惠

57.（2014 单选）2013 年 9 月，退休职工刘某取得的下列收入中，免予缴纳个人所得税的是（　）。

A. 退休工资 5 000 元　　B. 商场有奖销售中奖 210 元

C. 其任职单位重阳节发放补贴 800 元　　D. 报刊上发布文章取得报酬 1 000 元

58.（2015 单选）根据个人所得税法律制度的规定，下列各项中，免征个人所得税的是（　）。

A. 李某取得的保险赔款

B. 张某取得的加班补贴

C. 陈某取得特许权的经济赔偿收入

D. 王某获得的县级人民政府颁发的教育方面的奖金

59.（2014 单选）对个人转让自用一定期限并且是家庭唯一生活用房取得的所得，暂免征收个人所得税。该期限是（ ）。

A. 1 年以上 B. 2 年以上 C. 3 年以上 D. 5 年以上

60.（2014 多选）下列各项中，免予缴纳个人所得税的有（ ）。

A. 编剧的剧本使用费 B. 职工的保险赔款

C. 模特的时装表演费 D. 军人的转业费

61.（2018 多选）根据个人所得税法律制度的规定，下列各项中，暂免征收个人所得税的有（ ）。

A. 赵某转让自用满 10 年，并且是唯一的家庭生活用房取得的所得 500 000 元

B. 在校学生李某因参加勤工俭学活动取得的 1 个月劳务所得 1 000 元

C. 王某取得的储蓄存款利息 1 500 元

D. 张某因举报某公司违法行为获得的奖金 20 000 元

考点 个人所得税征收管理

62.（2016 多选改编）居民纳税人发生的下列情形中，应当按照规定向主管税务机关办理个人所得税纳税申报的有（ ）。

A. 王某从英国取得所得 B. 林某从出版社取得稿酬所得 1 万元

C. 李某从境内两家公司取得工资、薪金所得 D. 张某因移居境外注销中国户籍

63.（判断）非居民个人取得工资、薪金所得，劳务报酬所得，稿酬所得和特许权使用费所得，有扣缴义务人的，由扣缴义务人按月或者按次代扣代缴税款，不办理汇算清缴。（ ）

第六章 其他税收法律制度

考点 房产税纳税人与征税范围

1.（2018 单选）根据房产税法律制度的规定，下列房屋中，不属于房产税征税范围的是（ ）。

A. 建制镇的房屋 B. 农村的房屋

C. 县城的房屋 D. 城市的房屋

2.（单选）根据房产税法律制度的规定，下列各项中，不属于房产税征税范围的是（ ）。

A. 农村村民的住宅 B. 县城工业企业的办公楼

C. 建制镇工业企业的厂房 D. 市区商场的地下停车场

3.（2018 判断）产权未确定以及租典纠纷未解决的，暂不征收房产税。（ ）

4.（2014 判断）产权所有人、承典人均不在房产所在地的，房产税的纳税人为房产代管人或者使用人。（ ）

5.（2015 判断）房地产开发企业建造的商品房在出售前已经使用或者出租、出借的，不缴纳房产税。（ ）

6.（判断）纳税单位无租使用免税单位的房产，免征房产税。（ ）

考点 房产税税收优惠

7.（单选）根据房产税法律制度的规定，下列各项中，应征收房产税的是（　）。

A. 公共租赁住房　　B. 高校学生公寓

C. 军队出租的空余房产　　D. 正在使用的危险房屋

8.（2013 单选）下列各项中，不予免征房产税的是（　）。

A. 名胜古迹中附设的经营性茶社　　B. 公园自用的办公用房

C. 个人所有的唯一普通居住用房　　D. 国家机关的职工食堂

9.（多选）根据房产税法律制度的规定，下列各项中，免征房产税的有（　）。

A. 宗教寺庙内宗教人员的生活用房　　B. 停用的毁损不堪居住的房屋

C. 学校附设商店所使用的房产　　D. 公园附设影剧院使用的房产

10.（2018 判断）名胜古迹自用的房产免征房产税。（　）

11.（判断）纳税人因房屋大修导致连续停用 3 个月以上的，在房屋大修期间免征房产税。（　）

考点 房产税计税依据、税率与应纳税额的计算

12.（2019 单选）2018 年甲公司房产原值 8 000 万元，已提折旧 5 000 万元。已知房产税从价计征税率为 1.2%，当地规定的房产原值的减除比例为 30%。计算甲公司应缴纳房产税税额的下列算式中，正确的是（　）。

A.（8 000−5 000）×1.2%=36 万元　　B.（8 000−5 000）×（1−30%）×1.2%=25.2 万元

C. 8 000×（1−30%）×1.2%=67.2 万元　　D. 8 000×1.2%=96 万元

13.（2018 单选）甲公司一处自用房产，原值 800 000 元。已知房产的原值减除比例为 30%，房产税从价计征税率为 1.2%。计算甲公司该房产全年应缴纳房产税税额的下列算式中，正确的是（　）。

A. 800 000×1.2%×30%=2 880 元　　B. 800 000×1.2%=9 600 元

C. 800 000×（1+30%）×1.2%=12 480 元　　D. 800 000×（1−30%）×1.2%=6 720 元

14.（2017 单选）2016 年 7 月 1 日，甲公司出租商铺，租期半年，一次性收取含增值税租金 126 000 元。已知增值税征收率为 5%，房产税从租计征的税率为 12%。计算甲公司出租商铺应缴纳房产税税额的下列算式中，正确的是（　）。

A. 126 000÷（1+5%）×（1−30%）×12%=10 080 元

B. 126 000÷（1+5%）×12%=14 400 元

C. 126 000×（1−30%）×12%=10 584 元

D. 126 000×12%=15 120 元

15.（2015 单选）张某 2014 年年初拥有一栋自有住房，房产原值 200 万元，3 月 31 日将其对外出租，租期 1 年，每月按照市场价格收取不含税租金 1 万元。已知房产税税率从价计征的为 1.2%，个人出租住房从租计征的为 4%，当地省政府规定计算房产余值的减除比例为 30%。2014 年张某上述房产应缴纳房产税税额的下列计算中，正确的是（　）。

A. 1×9×4%=0.36 万元

B. 200×（1−30%）×1.2%÷12×3+1×9×4%=0.78 万元

C. 200×（1−30%）×1.2%÷12×4+1×8×4%=0.88 万元

D. 200×（1−30%）×1.2%=1.68 万元

16.（单选）甲公司 2018 年底将原值 500 万元的办公楼用于投资联营，每年收取固定收入，不承担联营风险，投资期 10 年，2019 年甲公司取得固定收入 50 万元（不含增值税）。已知房产税税率从价计征的为 1.2%，从租计征的为 12%；当地省政府规定计算房产余值的减除比例为 30%。2019 年甲公司上述房产应缴纳房产税税额的下列计算中，正确的是（　　）。

A. 500×（1−30%）×1.2%=4.2 万元

B. 50×12%=6 万元

C.（500−50）×（1−30%）×1.2%=3.78 万元

D. 500×（1−30%）×1.2%+50×12%=10.2 万元

17.（2013 单选）甲企业 2012 年全年将原值 500 万元的仓库出租给乙企业，换回价值 30 万元的原材料。已知当地规定的房产税扣除比例为 30%，从租计征房产税税率为 12%。甲企业当年应缴纳房产税税额的下列计算中，正确的是（　　）。

A. 500×（1−30%）×12%+30×12%=45.6 万元

B. 500×（1−30%）×12%=42 万元

C. 500×12%=60 万元

D. 30×12%=3.6 万元

18.（2015 判断）房产税从价计征是指以房产原值为计税依据。（　　）

19.（多选）根据房产税法律制度的规定，下列各项中，应计入房产原值计征房产税的有（　　）。

A. 电梯　　B. 电冰箱　　C. 消防设备　　D. 中央空调

20.（判断）以房屋为载体，不可随意移动的附属设备和配套设施，单独记账与核算的，不计入房产原值，不征收房产税；未单独记账与核算的，应计入房产原值，计征房产税。（　　）

考点　房产税征收管理

21.（多选）根据房产税法律制度的规定，下列各项中，符合房产税纳税义务发生时间规定的有（　　）。

A. 纳税人将原有房产用于生产经营，自生产经营之次月起缴纳房产税

B. 纳税人出借房产，自交付出借房产之次月起缴纳房产税

C. 纳税人购置新建商品房，自房屋交付使用之次月起缴纳房产税

D. 纳税人购置存量房，自办理房屋权属转移、变更登记手续，房地产权属登记机关签发房屋权属证书之次月起，缴纳房产税

22.（判断）纳税人因房产的实物或权利状态发生变化而依法终止房产税纳税义务的，其应纳税款的计算截止到房产的实物或权利状态发生变化的次月末。（　　）

23.（判断）房产税在纳税人所在地缴纳。（　　）

考点　契税纳税人与征税范围

24.（判断）农村集体土地承包经营权的转移，不征收契税。（　　）

25.（2016 单选）根据契税法律制度的规定，下列各项中属于契税纳税人的是（　　）。

A. 向养老院捐赠房产的李某　　B. 承租住房的刘某

C. 购买商品房的张某　　D. 出售商铺的林某

26.（判断）契税的纳税人是在我国境内转让土地、房屋权属的单位和个人。（　）

27.（2018 单选）根据契税法律制度的规定，下列行为中，应征收契税的是（　）。

A. 甲商场出租摊位　　B. 乙公司受让国有土地使用权

C. 王某继承商铺　　D. 李某将商铺抵押

28.（2017 单选）根据契税法律制度的规定，下列各项中，不征收契税的是（　）。

A. 张某受赠房屋

B. 王某与李某互换房屋并向李某补偿差价款 10 万元

C. 赵某抵押房屋

D. 夏某购置商品房

29.（2016 多选）下列行为中，属于契税征税范围的有（　）。

A. 房屋交换　　B. 房屋赠与　　C. 房屋买卖　　D. 房屋租赁

30.（判断）王某欠李某 100 万元，到期无力偿还，用自己的一套住房抵债，该事项涉及的契税应由王某申报缴纳。（　）

31.（判断）企业破产清算期间，对非债权人承受破产企业土地、房屋权属的，免征契税。（　）

考点　契税税收优惠

32.（2018 判断）国家机关承受房屋用于办公，免征契税。（　）

33.（判断）李某承受荒山用于林业生产，李某应缴纳契税。（　）

考点　契税计税依据、税率与应纳税额的计算

34.（2019 单选）2018 年 6 月李某和王某将各自拥有的一套房屋互换，经房地产评估机构评估，李某的房屋价值 80 万元，王某的房屋价值 100 万元，李某向王某支付差价 20 万元。已知契税税率为 3%。计算李某交换房屋应缴纳契税税额的下列算式中，正确的是（　）。

A. 20×3%=0.6 万元　　B. 80×3%=2.4 万元

C.（80+100）×3%=5.4 万元　　D. 100×3%=3 万元

35.（2017 单选）2016 年 2 月周某以 150 万元价格出售自有住房一套，购进价格 200 万元住房一套。已知契税适用税率为 5%。计算周某上述行为应缴纳契税税额的下列算式中，正确的是（　）。

A. 150×5%=7.5 万元　　B. 200×5%=10 万元

C. 150×5%+200×5%=17.5 万元　　D. 200×5%−150×5%=2.5 万元

36.（2011 单选）周某向谢某借款 80 万元，后因谢某急需资金，周某以一套价值 90 万元的房产抵偿所欠谢某债务，谢某取得该房产产权的同时支付周某差价款 10 万元。已知契税税率为 3%。关于此次房屋交易缴纳契税的下列表述中，正确的是（　）。

A. 周某应缴纳契税 0.3 万元　　B. 周某应缴纳契税 2.7 万元

C. 谢某应缴纳契税 2.7 万元　　D. 谢某应缴纳契税 0.3 万元

37.（2012 多选）关于契税计税依据的下列表述中，符合法律制度规定的有（　）。

A. 受让国有土地使用权的，以成交价格为计税依据

B. 受赠房屋的，由征收机关参照房屋买卖的市场价格核定计税依据

C. 购入土地使用权的，以评估价格为计税依据

D. 交换土地使用权的，以交换土地使用权的价格差额为计税依据

考点 契税征收管理

38.（判断）契税纳税人应当自纳税义务发生之日起 30 日内，向土地、房屋所在地税务征收机关办理纳税申报。（ ）

39.（判断）纳税人发生契税纳税义务时，应向纳税人所在地的税务征收机关申报纳税。（ ）

40.（判断）契税的纳税义务发生时间是房地产权属登记机关签发房屋权属证书的当天。（ ）

考点 土地增值税纳税人与征税范围

41.（2018、2015 单选）下列各项中，属于土地增值税纳税人的是（ ）。

A. 承租商铺的个体工商户　　B. 出让国有土地使用权的市人民政府

C. 受赠房屋的学校　　D. 出售厂房的工厂

42.（2013 单选）下列行为中，应缴纳土地增值税的是（ ）。

A. 甲企业将自有厂房出租给乙企业

B. 丙企业转让国有土地使用权给戊企业

C. 某市政府出让国有土地使用权给丁房地产开发商

D. 戊软件开发公司将闲置房屋通过民政局捐赠给养老院

43.（2015 单选）下列各项中，属于土地增值税征税范围的是（ ）。

A. 出租房屋　　B. 企业之间交换房屋

C. 代建房屋　　D. 评估房屋

44.（2015 多选）甲房地产公司将开发的商业楼对外投资，该商业楼开发成本 4 800 万元，评估作价 5 240 万元，协议约定，甲公司参与接受投资方利润分配，共同承担投资风险。甲企业将开发的商业楼对外投资，应缴纳的税有（ ）。

A. 增值税　　B. 土地增值税　　C. 契税　　D. 企业所得税

45.（2013 判断）房产所有人将房屋产权赠与承担直接赡养义务人的行为，不征收土地增值税。（ ）

考点 土地增值税税收优惠

46.（2016 多选改编）根据土地增值税法律制度的规定，下列情形中，应缴纳土地增值税的有（ ）。

A. 纳税人进行其他房地产开发的同时建造普通标准住宅，不能准确核算增值额的

B. 企事业单位转让旧房作为经济适用房公共租赁住房房源且增值额未超过扣除项目金额 20%的

C. 纳税人建造高级公寓出售，增值额未超过扣除项目金额 20%的

D. 因国家建设需要依法征用、收回的房地产

47.（多选）根据土地增值税法律制度的规定，下列各项中，不需要缴纳土地增值税的有（ ）。

A. 国家机关转让自用房产

B. 工业企业在改制重组时以不动产作价入股投资非房地产企业

C. 房地产公司以不动产作价入股进行投资

D. 某商场因城市实施规划、国家建设的需要而自行转让原房产

考点　土地增值税计税依据与税率

48.（判断）某工业企业利用一块闲置的土地使用权换取某房地产公司的新建商品房，作为本单位职工的居住用房，由于没有取得收入，所以，该企业不需要缴纳土地增值税。（　）

考点　土地增值税应纳税额的计算

49.（2015 单选）2015 年 2 月，甲企业转让自建厂房，取得不含增值税的销售额 5 000 万元，准予扣除项目金额共计 3 000 万元。已知土地增值税税率为 40%，速算扣除系数为 5%。甲企业该笔业务应缴纳土地增值税税额的下列计算列式中，正确的是（　）。

A.（5 000−3 000）×40%−5 000×5%=550 万元

B.（5 000−3 000）×40%−3 000×5%=650 万元

C. 5 000×40%−3 000×5%=1 850 万元

D. 5 000×40%−（5 000−3 000）×5%=1 900 万元

考点　土地增值税征收管理

50.（2010 多选）根据土地增值税法律制度的规定，下列情形中，纳税人应当进行土地增值税清算的有（　）。

A. 直接转让土地使用权的

B. 整体转让未竣工决算房地产开发项目的

C. 房地产开发项目全部竣工并完成销售的

D. 取得房地产销售（预售）许可证满 2 年尚未销售完毕的

51.（2015 判断）房地产开发企业取得房地产销售许可证满 3 年仍未销售完毕的，主管税务机关可要求纳税人进行土地增值税清算。（　）

考点　城镇土地使用税纳税人与征税范围

52.（2013 多选）根据城镇土地使用税法律制度的规定，以下属于城镇土地使用税的纳税人的有（　）。

A. 出租土地使用权的单位　　B. 拥有土地使用权的个人

C. 土地使用权共有方　　D. 承租土地使用权的单位

53.（2015 多选）下列土地中，属于城镇土地使用税的征税对象的有（　）。

A. 镇政府所在地所辖行政村的集体土地　　B. 县政府所在地的国有土地

C. 位于市区由私营企业占用的国有土地　　D. 位于工矿区内的国有土地

54.（2016 判断）拥有土地使用权的纳税人不在土地所在地的，由代管人或实际使用人缴纳城镇土地使用税。（　）

考点　城镇土地使用税税收优惠

55.（2018 单选）根据城镇土地使用税法律制度的规定，下列各项用地中不属于免税项目的是（　）。

A. 水库管理部门的办公用地　　B. 大坝用地

C. 堤防用地　　D. 水库库区用地

56.（2013 单选）下列城市土地中，应缴纳城镇土地使用税的是（　）。

A. 人民法院办公楼用地　　B. 公园绿化广场用地

C. 农业生产用地　　D. 盐场生产厂房用地

57.（2019 单选）根据城镇土地使用税法律制度的规定，下列土地中，免征城镇土地使用税的是（　）。

A. 盐场的生产厂房用地　　B. 市区公园内附设照相馆使用的土地

C. 县城水电站的发电厂房用地　　D. 市政街道的公共用地

58.（2018、2017 多选）根据城镇土地使用税法律制度的规定，下列城市用地中，应缴纳城镇土地使用税的有（　）。

A. 民航机场场内道路用地　　B. 商业企业经营用地

C. 火电厂厂区围墙内的用地　　D. 市政街道公共用地

59.（2014 判断）对公安部门无偿使用铁路、民航等单位的土地，免征城镇土地使用税。（　）

考点　城镇土地使用税计税依据、税率与应纳税额的计算

60.（2008 单选）根据我国税收法律制度的规定，下列税种中，实行从量计征的是（　）。

A. 契税　　B. 土地增值税

C. 房产税　　D. 城镇土地使用税

61.（2014 多选）下列关于城镇土地使用税的计税依据，说法正确的有（　）。

A. 尚未组织测定，但纳税人持有政府部门核发的土地使用证书的，以证书确定的土地面积为准

B. 尚未核发土地使用证书的，应由纳税人据实申报土地面积，并据以纳税，待核发土地使用证书后再作调整

C. 凡由省级人民政府确定的单位组织测定土地面积的，以测定的土地面积为准

D. 城镇土地使用税以实际占用的应税土地面积核算

62.（2012 判断）城镇土地使用税以纳税人实际占用的土地面积为计税依据。（　）

63.（2015 单选）2014 年甲服装公司（位于某县城）实际占地面积 30 000 平方米，其中办公楼占地面积 500 平方米，厂房仓库占地面积 22 000 平方米，厂区内铁路专用线、公路等用地 7 500 平方米。已知当地规定的城镇土地使用税每平方米年税额为 5 元。甲服装公司当年应缴纳城镇土地使用税税额的下列计算中，正确的是（　）。

A. 30 000×5=150 000 元　　B.（30 000−7 500）×5=112 500 元

C.（30 000−500）×5=147 500 元　　D.（30 000−22 000）×5=40 000 元

64.（2010 单选）某火电厂总共占地面积 80 万平方米，其中围墙内占地面积 40 万平方米，围墙外灰场占地面积 3 万平方米，厂区及办公楼占地面积 37 万平方米。已知该火电厂所在地适用的城镇土地使用税为每平方米年税额 1.5 元。该火电厂 2009 年应缴纳的城镇土地使用税为（　）万元。

A. 55.5　　B. 60　　C. 115.5　　D. 120

65.（2015 单选）某林场占地面积 100 万平方米，其中森林公园占地 58 万平方米，防火设施占地 17 万平方米，办公用地占地 10 万平方米，生活区用地占地 15 万平方米。该林场需要缴纳城

镇土地使用税的面积是（　）万平方米。

A. 58　B. 100　C. 42　D. 25

66.（2015 单选）2014 年甲盐场占地面积为 300 000 平方米，其中办公用地 35 000 平方米，生活区用地 15 000 平方米，盐滩用地 250 000 平方米。已知当地规定的城镇土地使用税每平方米年税额为 0.8 元。甲盐场当年应缴纳城镇土地使用税税额的下列计算中，正确的是（　）。

A.（35 000+250 000）×0.8=228 000 元　B. 300 000×0.8=240 000 元

C.（15 000+250 000）×0.8=212 000 元　D.（35 000+15 000）×0.8=40 000 元

考点　车船税纳税人、征收范围与税目

67.（2015 多选）下列各项中，属于车船税征税范围的有（　）。

A. 用于耕地的拖拉机　B. 用于接送员工的客车

C. 用于休闲娱乐的游艇　D. 供企业经理使用的小汽车

68.（2014 多选改编）下列各项中，属于车船税征税范围的有（　）。

A. 乘用车　B. 摩托车　C. 电动自行车　D. 挂车

考点　车船税税收优惠

69.（2016 单选）根据车船税法律制度的规定，下列车船中，应征收车船税的是（　）。

A. 捕捞渔船　B. 符合国家有关标准的纯电动商用车

C. 军队专用车船　D. 观光游艇

70.（2013 单选）下列各项中，免予缴纳车船税的是（　）。

A. 救护车　B. 人民法院警车

C. 市政公务车　D. 公共汽车

71.（2012 单选）下列各项中，免予缴纳车船税的是（　）。

A. 载客汽车　B. 银行运钞车

C. 机关公务车　D. 养殖渔船

考点　车船税计税依据、税率与应纳税额的计算

72.（2013 单选）根据车船税法律制度的规定，下列车辆计算车船税时，按照货车税额的 50%计算的是（　）。

A. 半挂牵引车　B. 挂车

C. 客货两用汽车　D. 低速载货汽车

73.（2017 多选）根据车船税法律制度的规定，下列车船中，以“辆数”为计税依据的有（　）。

A. 商用货车　B. 机动船舶　C. 摩托车　D. 商用客车

74.（2018 单选）根据车船税法律制度的规定，下列车船中，以“净吨位数”作为计税依据的是（　）。

A. 商用货车　B. 非机动驳船　C. 游艇　D. 专用作业车

75.（2013 多选）根据车船税法律制度的规定，下列各项中，属于车船税计税单位的有（　）。

A. 整备质量每吨　B. 艇身长度每米　C. 每辆　D. 净吨位每吨

76.（2013 单选）某货运公司 2013 年年初拥有载货汽车 10 辆、挂车 5 辆，整备质量均为 20 吨/辆；拥有乘用车 5 辆。该公司所在省规定载货汽车年基准税额每吨 40 元，乘用车年基准税额为每辆 360 元。根据车船税法律制度的规定，该公司 2013 年应缴纳车船税（　　）元。

A. 9 400　　B. 10 200　　C. 11 800　　D. 12 000

77.（2015 单选）2014 年 6 月 15 日，甲公司购买 2 辆乘用车。已知乘用车发动机汽缸容量排气量为 1.6 升，当地规定的车船税年基准税额为 480 元/辆。甲公司 2014 年应纳车船税税额的下列计算中，正确的是（　　）。

A. 2×480÷12×7=560 元　　B. 2×480÷12×（6+15÷30）=520 元
C. 2×480÷12×6=480 元　　D. 2×480=960 元

考点　印花税纳税人

78.（2017 多选）根据印花税法律制度的规定，下列各项中，属于印花税纳税人的有（　　）。

A. 立据人　　B. 各类电子应税凭证的签订人
C. 立合同人　　D. 立账簿人

79.（多选）根据印花税法律制度的规定，关于印花税纳税人的下列表述中，正确的有（　　）。

A. 会计账簿以立账簿人为纳税人　　B. 产权转移书据以立据人为纳税人
C. 建设工程合同以合同当事人为纳税人　　D. 营业执照以领受人为纳税人

考点　印花税征税范围

80.（单选）根据印花税法律制度的规定，下列合同中，不征收印花税的是（　　）。

A. 运输合同　　B. 承揽合同
C. 审计咨询合同　　D. 财产保险合同

81.（2018 单选改编）根据印花税法律制度的规定，下列各项中，不征收印花税的是（　　）。

A. 发电厂与电网之间签订的购售电合同　　B. 以电子形式签订的购销合同
C. 建设工程勘察设计合同的分包合同　　D. 企业与主管部门签订的租赁承包合同

82.（2013 多选）根据印花税法律制度的规定，下列合同中，属于印花税征税范围的有（　　）。

A. 会计师事务所与客户之间签订的审计咨询合同
B. 电网与用户之间签订的供用电合同
C. 软件公司与用户之间签订的技术培训合同
D. 研究所与企业之间签订的技术转让合同

83.（2016 多选）根据印花税法律制度的规定，下列合同中，属于印花税征税范围的有（　　）。

A. 仓储保管合同　　B. 借款合同　　C. 购销合同　　D. 加工承揽合同

84.（2014 多选）下列各项中，属于印花税征税范围的有（　　）。

A. 土地使用权出让合同　　B. 土地使用权转让合同
C. 商品房销售合同　　D. 不动产权证书

85.（2013 多选）根据印花税法律制度的规定，下列合同中，属于印花税征税范围的有（　　）。

A. 人身保险合同　　B. 财产保险合同
C. 买卖合同　　D. 委托代理合同

86.（2011 单选改编）下列各项中，不征收印花税的是（　　）。

A. 营业执照　　B. 不动产权证书

C. 专利证书　　D. 基本存款账户开户许可证

87.（2013 多选）下列各项中，应征收印花税的有（　　）。

A. 企业与政府签订的土地使用权出让合同

B. 企业与律师事务所签订的法律咨询合同

C. 企业与企业签订的土地使用权转让合同

D. 企业签订的运输合同

88.（2015 多选改编）根据印花税法律制度的规定，下列关于印花税的表述中，正确的有（　　）。

A. 同一业务中既书立合同，又开立单据，只就合同征收印花税

B. 对在供需经济活动中使用电话、计算机联网订货，即使没有开具书面凭证，也应征收印花税

C. 具有合同性质的凭证应视同合同征收印花税

D. 对纳税人以电子形式签订的各类应税凭证按规定征收印花税

考点　印花税税收优惠

89.（2019 单选）下列应计算缴纳印花税的是（　　）。

A. 委托代理合同　　B. 出版合同　　C. 农业保险合同　　D. 专利证书

90.（2018 多选改编）根据印花税法律制度的规定，下列各项中，免征印花税的有（　　）。

A. 发行单位与订阅单位之间书立的凭证　　B. 借款展期合同

C. 应税凭证的副本　　D. 财产所有人将财产赠与学校所立的书据

91.（2018 多选）根据印花税法律制度的规定，下列各项中，免征印花税的有（　　）。

A. 无息或者贴息借款合同

B. 抢险救灾物资运输结算凭证

C. 应税凭证的副本

D. 财产所有人将财产赠与学校订立的产权转移书据

92.（2007 多选改编）张某于 2005 年以每套 80 万元的价格购入两套高档公寓作为投资。2006 年将其中一套公寓以 100 万元的价格转让给谢某，从中获利 20 万元。根据我国税收法律制度的规定，张某出售公寓的行为应缴纳的税种有（　　）。

A. 个人所得税　　B. 印花税　　C. 契税　　D. 土地增值税

考点　印花税计税依据、税率与应纳税额的计算

93.（2013 单选改编）甲公司开业后，领受了营业执照、卫生许可证、不动产权证书各一件。已知权利、许可证照印花税单位税额为每件 5 元。甲公司应缴纳的印花税额下列计算中正确的是（　　）。

A. 1×5=5 元　　B. 2×5=10 元　　C. 3×5=15 元　　D. 4×5=20 元

94.（2008 多选）下列各项中，以所载金额作为计税依据缴纳印花税的有（　　）。

A. 产权转移书据　　B. 借款合同　　C. 财产租赁合同　　D. 营业执照

95.（2015 判断）根据印花税法律制度的规定，权利、许可证照实行按件贴花缴纳印花税。（　　）

考点 资源税纳税人与征税范围

96.（2015 单选）根据资源税法律制度的规定，下列各项中，属于资源税纳税人的是（ ）。

A. 进口金属矿石的冶炼企业
B. 销售精盐的商场
C. 开采原煤的公司
D. 销售石油制品的加油站

97.（2018 单选）根据资源税法律制度的规定，下列各项中，不属于资源税征税范围的是（ ）。

A. 开采的原煤
B. 以未税原煤加工的洗选煤
C. 以空气加工生产的液氧
D. 开采的天然气

98.（2016 单选）根据资源税法律制度的规定，下列资源税产品中，应征收资源税的是（ ）。

A. 与原油同时开采的天然气
B. 人造石油
C. 原木
D. 煤矿生产的天然气

99.（2015 单选）下列各项中，不属于资源税征税范围的是（ ）。

A. 井矿盐
B. 石灰石原矿
C. 金锭
D. 柴油

100.（2015 单选）下列行为，应同时征收增值税和资源税的是（ ）。

A. 生产销售人造石油
B. 销售煤矿生产过程中生产的天然气
C. 自产液体盐连续生产固体盐
D. 开采的天然气用于职工食堂

考点 资源税税收优惠

101.（2017 多选）根据资源税法律制度的规定，下列各项中，免征资源税的有（ ）。

A. 开采原油过程中用于修井的原油
B. 开采原油过程中用于加热的原油
C. 开采后出口的原油
D. 开采后销售的原油

考点 资源税纳税环节

102.（2017 判断）纳税人将开采的原煤，自用于连续生产洗选煤的，在原煤移送使用环节缴纳资源税。 （ ）

考点 资源税计税依据、税率与应纳税额的计算

103.（2015 单选）根据资源税法律制度的规定，下列关于资源税适用税率的表述中，不正确的是（ ）。

A. 纳税人开采或者生产不同税目应税产品的，应当分别核算不同税目应税产品的销售额或者销售数量，分别计算缴纳资源税

B. 独立矿山、联合企业以外的其他收购单位收购未税矿产品的，按照税务机关核定的应税产品税额标准、依据收购的数量代扣代缴资源税

C. 独立矿山收购未税矿产品的，按照本单位应税产品税额标准，依据收购的数量代扣代缴资源税

D. 纳税人开采或者生产不同税目应税产品的，未分别核算不同税目应税产品的销售额或销售数量，从低适用税率

104.（2013 多选改编）下列各项中，应计入到资源税销售额的有（　　）。

A. 收取的价款

B. 收取的包装费

C. 收取的增值税销项税额

D. 收取的应税产品从坑口到购买方指定地点的运输装卸费

考点　资源税征收管理

105.（2012 判断）资源税纳税人销售应税产品采用分期收款结算方式的，其纳税义务发生时间为发出应税产品的当天。（　　）

考点　城市维护建设税和教育费附加

106.（2019 单选）2017 年 7 月甲公司向税务机关实际缴纳增值税 30 万元；向税务机关应缴纳消费税 28 万元，实际缴纳 20 万元。已知教育费附加征收比率为 3%。计算甲企业当月应缴纳教育费附加的下列算式中，正确的是（　　）。

A. 20×3%=0.6 万元　　B. 30×3%=0.9 万元

C.（30+28）×3%=1.74 万元　　D.（30+20）×3%=1.5 万元

107.（2018 单选）甲企业位于 A 市，本月应缴纳的增值税为 7 000 元，实际缴纳的增值税为 6 000 元；本月应缴纳的消费税为 5 000 元，实际缴纳的消费税为 4 000 元。该企业本月应该缴纳的城市维护建设税是（　　）。

A.（7 000+5 000）×7%=840 元　　B.（6 000+4 000）×7%=700 元

C.（7 000+5 000）×5%=600 元　　D.（6 000+4 000）×5%=500 元

108.（2016 单选）根据城市维护建设税法律制度的规定，下列关于城市维护建设税税收优惠的表述中，不正确的是（　　）。

A. 对出口产品退还增值税的，可同时退还已缴纳的城市维护建设税

B. 海关对进口产品代征的增值税，不征收城市维护建设税

C. 对增值税实行先征后退办法的，除另有规定外，不予退还增值税附征的城市维护建设税

D. 对增值税实行即征即退办法的，除另有规定外，不予退还增值税附征的城市维护建设税

109.（2015 单选改编）2019 年 10 月，甲企业进口一辆小汽车自用，支付买价 17 万元，货物运抵我国关境内输入地点起卸前的运费和保险费共计 3 万元，货物运抵我国关境内输入地点起卸后的运费和保险费共计 2 万元，另支付买方佣金 1 万元。已知关税税率为 20%，增值税税率为 13%，消费税税率为 25%，城建税税率为 7%，教育费附加征收率为 3%。假设无其他纳税事项，则下列关于甲企业相关税金的计算，正确的是（　　）。

A. 应纳进口关税 4.2 万元　　B. 应纳进口环节消费税 8 万元

C. 应纳进口环节增值税 3.12 万元　　D. 应纳城建税和教育费附加 1.34 万元

考点　关税法律制度

110.（2018 单选）根据关税法律制度的规定，对原产于与我国签订含有特殊关税优惠条款的贸易协定的国家或地区的进口货物，适用特定的关税税率。该税率为（　　）。

A. 普通税率　　B. 协定税率　　C. 特惠税率　　D. 最惠国税率

111.（2016 多选）根据关税法律制度的规定，下列进口货物中，实行从量计征进口关税的有（　　）。

A. 啤酒　　B. 汽车　　C. 高档手表　　D. 原油

112.（2013 多选）下列各项中，应计入进口货物关税完税价格的有（　　）。

A. 货物运抵我国关境内输入地点起卸前的包装费

B. 货物运抵我国关境内输入地点起卸前的运费

C. 货物运抵我国关境内输入地点起卸前的保险费

D. 向境外支付的与该进口货物有关的专利权费用

113.（2016 判断）对从境外采购进口的原产于中国境内的货物，不征收进口关税。（　　）

114.（2019 判断）到岸价格是指包括货价以及货物运抵我国关境内输入地点起卸后的包装费、运费、保险费和其他劳务费等费用构成的一种价格。（　　）

115.（2013 判断）对于因故退还的中国出口货物，已经征收的出口关税，海关予以退还。（　　）

考点　环境保护税

116.（2018 单选）2018 年 3 月甲企业产生炉渣 150 吨，其中 30 吨在符合国家和地方环境保护标准的设施中贮存，100 吨综合利用且符合国家和地方环境保护标准，其余的直接倒弃于空地。已知炉渣环境保护税税率为 25 元/吨。计算甲企业当月所产生炉渣应缴纳环境保护税税额的下列算式中，正确的是（　　）。

A.（150 30）×25=3 000 元　　B. 150×25=3 750 元

C.（150−100）×25=1 250 元　　D.（150−100−30）×25=500 元

考点　车辆购置税

117.（2018、2017 单选）根据车辆购置税法律制度的规定，下列不属于车辆购置税征税范围的是（　　）。

A. 汽车　　B. 电动自行车

C. 有轨电车　　D. 汽车挂车

考点　耕地占用税

118.（2017 多选）根据耕地占用税法律制度的规定，下列各项中，免征耕地占用税的有（　　）。

A. 公立学校教学楼占用耕地　　B. 厂区内机动车道占用耕地

C. 军事设施占用耕地　　D. 医院内职工住房占用耕地

考点　烟叶税

119.（2016 判断）烟叶税的纳税人为种植烟叶的单位和个人。（　　）

考点　船舶吨税

120.（2013 单选）根据船舶吨税法律制度的规定，下列船舶中，不予免征船舶吨税的是（　　）。

A. 捕捞渔船　　B. 非机动驳船

C. 养殖渔船　　D. 军队专用船舶

第七章　税收征收管理法律制度

考点　税收征收管理法的适用范围

1.（多选）下列税费的征收管理，适用《中华人民共和国税收征收管理法》的有（　　）。

A. 耕地占用税　　B. 船舶吨税

C. 契税　　D. 城镇土地使用税

考点　征纳双方的权利和义务

2.（2016 单选）根据税收征收管理法律制度的规定，下列各项中，不属于征税主体职权的是（　　）。

A. 依法享受税收优惠权　　B. 委托代征权

C. 税务检查权　　D. 税务管理权

3.（2016 单选）根据税收征收管理法律制度的规定，下列各项中，不属于纳税主体权利的是（　　）。

A. 税收立法权　　B. 要求保密权

C. 纳税申报方式选择权　　D. 知情权

4.（2016 多选）根据税收征收管理法律制度的规定，下列各项中，属于税务机关税款征收权的有（　　）。

A. 追征税款权　　B. 税务检查权　　C. 依法计征权　　D. 核定税款权

考点　税务登记

5.（2017 多选）根据企业登记制度改革相关规定，下列执照和证件中，属于“五证合一，一照一码”登记制度改革范围的有（　　）。

A. 安全生产许可证　　B. 组织机构代码证

C. 税务登记证　　D. 工商营业执照

6.（多选）根据税收征收管理法律制度的规定，下列各项中，不需要办理税务登记的有（　　）。

A. 国家机关　　B. 居民个人

C. 无固定生产经营场所的流动性农村小商贩　　D. 企业设在外地的分支机构

7.（判断）实现“多证合一、一照一码”后，税务登记证成为企业唯一的“身份证”，统一社会信用代码成为企业唯一的身份代码。（　　）

考点　账簿和凭证管理

8.（2016 单选）从事生产、经营的纳税人应当自领取营业执照或者发生纳税义务之日起（　　）日内，按照国家有关规定设置账簿。

A. 30　　B. 15　　C. 60　　D. 10

9.（2017 单选改编）根据税收征收管理法律制度的规定，除另有规定外，从事生产、经营的纳税人的账簿、记账凭证、报表、完税凭证、发票、出口凭证以及其他有关涉税资料应当保存一定期限，该期限为（　　）。

A. 30 年　　B. 10 年　　C. 15 年　　D. 20 年

10.（2018、2015、2014 单选）根据税收征收管理法律制度的规定，开具发票的单位和个人应当依照税务机关的规定存放和保管发票，已经开具的发票存根联和发票登记簿应当至少保存一定期限。该期限为（　）。

A. 20 年　　B. 15 年　　C. 10 年　　D. 5 年

考点　发票管理

11.（2018 多选）根据税收征收管理法律制度的规定，增值税一般纳税人使用增值税发票管理新系统，可开具增值税发票的种类有（　）。

A. 增值税普通发票　　B. 增值税专用发票

C. 机动车销售统一发票　　D. 增值税电子普通发票

12.（多选）根据税收征收管理法律制度的规定，下列各项中，属于虚开发票行为的有（　）。

A. 为自己开具与实际经营业务情况不符的发票

B. 为他人开具与实际经营业务情况不符的发票

C. 介绍他人开具与实际经营业务情况不符的发票

D. 让他人为自己开具与实际经营业务情况不符的发票

13.（2014 多选）根据税收征收管理法律制度的规定，税务机关在对纳税人进行发票检查中有权采取的措施有（　）。

A. 调出发票查验

B. 查阅、复制与发票有关的凭证、资料

C. 向当事人各方询问与发票有关的问题和情况

D. 检查领购、开具和保管发票的情况

14.（多选）根据税收征收管理法律制度的规定，下列各项中，由付款方向收款方开具发票的有（　）。

A. 收购单位向个人支付款项　　B. 个体工商户销售货物

C. 境外企业为境内企业提供劳务　　D. 扣缴义务人支付个人款项

15.（2010 判断）任何单位和个人不得转借、转让、代开发票。（　）

16.（2018 判断）任何单位和个人不得为他人开具与实际经营业务不符的发票。（　）

考点　纳税申报

17.（多选）下列各项中，属于纳税申报方式的有（　）。

A. 自行申报　　B. 邮寄申报

C. 简易申报　　D. 简并征期

18.（判断）个体工商户在纳税期内没有应纳税款的，无需办理纳税申报。（　）

19.（2016 判断）甲企业按照国家规定享受 3 年内免缴企业所得税的优惠待遇，甲企业在这 3 年内不需办理企业所得税的纳税申报。（　）

20.（2018 判断）纳税人在纳税期内没有应纳税款，可以不办理纳税申报。（　）

21.（2014 判断）经核准延期办理纳税申报、报送事项的，应当在纳税期内按照上期实际缴纳的税额或者税务机关核定的税额预缴税款，并在核准的延期内办理税款结算。（　）

考点 税款征收

22.（2015 单选）甲公司为大型国有企业，财务会计制度健全，能够如实核算和提供生产经营情况，并能正确计算应纳税款和如实履行纳税义务，其适用的税款征收方式是（　）。

A. 定期定额征收　B. 查账征收　C. 查定征收　D. 查验征收

23.（2008 单选）某酒店 2007 年 12 月份取得餐饮收入 5 万元，客房出租收入 10 万元，该酒店未在规定期限内进行纳税申报，经税务机关责令限期申报，逾期仍不申报。根据税收征收管理法律制度的规定，税务机关有权对该酒店采取的税款征收措施是（　）。

A. 采取税收保全措施　B. 责令提供纳税担保

C. 税务人员到酒店直接征收税款　D. 核定其应纳税额

24.（2016 单选）根据税收征收管理法律制度的规定，下列各项中，不属于纳税担保范围的是（　）。

A. 罚款　B. 滞纳金

C. 税款　D. 实现税款、滞纳金的费用

25.（2018、2015 多选）根据税收征收管理法律制度的规定，纳税人发生的下列情形中，税务机关有权核定其应纳税额的有（　）。

A. 纳税人申报的计税依据明显偏低，又无正当理由的

B. 依照法律、行政法规的规定可以不设置账簿的

C. 拒不提供纳税资料的

D. 虽设置账簿、但账目混乱、难以查账的

26.（2010 多选）根据税收征收管理法律制度的规定，税务机关在税款征收中可以根据不同情况采取相应的税款征收措施，下列各项中，属于税款征收措施的有（　）。

A. 罚款　B. 责令缴纳

C. 阻止出境　D. 由税务机关核定、调整应纳税额

27.（2017、2014 多选）根据税收征收管理法律制度的规定，下列各项中，适用纳税担保的情形有（　）。

A. 纳税人同税务机关在纳税上发生争议而未缴清税款，需要申请行政复议的

B. 纳税人在税务机关责令缴纳应纳税款限期内，有明显转移、隐匿其应纳税的商品、货物以及应纳税收入的迹象的

C. 欠缴税款、滞纳金的纳税人或者其法定代表人需要出境的

D. 从事生产、经营的纳税人未按规定期限缴纳税款，税务机关责令限期缴纳，逾期仍未缴纳的

28.（2018 多选）根据税收征收管理法律制度的规定，下列各项中，可以适用税收保全的财产有（　）。

A. 金银首饰　B. 古玩字画　C. 豪华住宅　D. 小汽车

29.（2014 多选）根据税收征收管理法律制度的规定，下列各项中，属于税收保全措施的有（　）。

A. 要求纳税人以抵押的方式为其应当缴纳的税款及滞纳金提供担保

B. 书面通知纳税人开户银行或者其他金融机构冻结纳税人的金额相当于应纳税款的存款

C. 扣押、查封纳税人的价值相当于应纳税款的商品、货物或者其他财产

D. 依法拍卖纳税人的价值相当于应纳税款的商品，以拍卖所得抵缴税款

30.（2017 判断）纳税人发生纳税义务，未按照规定的期限办理纳税申报，经税务机关责令限期申报，逾期仍不申报，税务机关有权核定其应纳税额。（ ）

31.（判断）企业未按规定缴纳税款的，税务机关可以从纳税义务发生之日起按日加收滞纳金。（ ）

考点 税务检查

32.（2016 多选）根据税收征收管理法律制度的规定，下列各项中，属于税务机关纳税检查职权的有（ ）。

A. 检查扣缴义务人代扣代缴、代收代缴税款账簿、记账凭证和有关资料

B. 检查纳税人托运、邮寄应税商品、货物或者其他财产的有关单据

C. 检查纳税人存放在生产、经营场所的应纳税的货物

D. 检查纳税人的账簿、记账凭证、报表和有关资料

33.（2017 判断）纳税人对税务检查人员未出示税务检查证和税务检查通知书的，有权拒绝检查。（ ）

考点 税务行政复议范围

34.（2017 单选）根据税收征收管理法律制度的规定，税务机关作出的下列具体行政行为中，申请人不服，应当先向复议机关申请行政复议，对行政复议决定不服的，可以再向人民法院提起行政诉讼的是（ ）。

A. 征收税款行为　　B. 税收保全行为

C. 发票管理行为　　D. 行政处罚行为

35.（2017 单选）根据税收征收管理法律制度的规定，税务机关作出的下列具体行政行为中，纳税人不服时可以选择申请税务行政复议或者直接提起行政诉讼的是（ ）。

A. 征收税款　　B. 加收滞纳金

C. 确认纳税主体　　D. 没收财物和违法所得

36.（2017 多选）根据税收征收管理法律制度的规定，纳税人对税务机关的下列行政行为不服时，可以申请行政复议的有（ ）。

A. 罚款　　B. 确认适用税率

C. 加收滞纳金　　D. 制定具体贯彻落实税收法规的规定

37.（2016 多选）根据税收征收管理法律制度的规定，纳税人对税务机关作出的下列具体行政行为不服，可以提出行政复议申请的有（ ）。

A. 确认计税依据　　B. 加收滞纳金　　C. 征收税款　　D. 确认纳税主体

考点 税务行政复议管辖

38.（2017 单选）设立于 M 省 Y 市（计划单列市）的甲公司对 Y 市税务局作出的行政处罚不服申请行政复议。下列机关中，受理该申请的是（ ）。

A. 国家税务总局　　B. M 省人民政府

C. M 省税务局　　D. Y 市人民政府

39.（多选）根据税收征收管理法律制度的规定，下列关于税务行政复议管辖的表述中，正确的有（　　）。

A. 对各级税务局的具体行政行为不服的，向其上一级税务局申请行政复议

B. 对各级税务局的稽查局的具体行政行为不服的，向其所属税务局申请行政复议

C. 对国家税务总局的具体行政行为不服的，向国家税务总局申请行政复议

D. 对被撤销的税务机关在撤销以前所作出的具体行政行为不服的，向继续行使其职权的税务机关申请行政复议

40.（2018 判断）对国家税务总局的具体行政行为不服的，向国务院申请行政复议。（　　）

考点　税务行政复议申请与受理

41.（单选）根据税收征收管理法律制度的规定，申请人可以在知道税务机关作出具体行政行为之日起（　　）内提出行政复议申请。

A. 30 日　　B. 45 日　　C. 60 日　　D. 90 日

42.（2019 多选）行政复议期间具体行政行为不停止执行，但是有（　　）的情形可以停止执行。

A. 复议机关认为需要停止执行的　　B. 申请人要求停止执行的

C. 被申请人认为需要停止执行的　　D. 法律规定停止执行的

43.（判断）申请人申请行政复议，可以书面申请，也可以口头申请。（　　）

考点　税务行政复议审查和决定

44.（2016 单选）根据税收征收管理法律制度的规定，下列关于税务行政复议决定的表述中，不正确的是（　　）。

A. 复议机关应当自受理申请之日起 180 日内作出行政复议决定

B. 具体行政行为认定事实清楚，证据确凿，适用依据正确，程序合法，内容适当的，行政复议机构作出维持的复议决定

C. 具体行政行为适用依据错误的，行政复议机构作出撤销、变更该具体行政行为的复议决定

D. 被申请人不履行法定职责的，行政复议机构作出要求被申请人在一定期限内履行的复议决定

45.（2017 多选）根据税收征收管理法律制度的规定，行政复议机构决定撤销、变更或者确认被申请人具体行政行为违法的情形有（　　）。

A. 被申请人的具体行政行为明显不当的　　B. 被申请人的具体行政行为证据不足的

C. 被申请人的具体行政行为超越职权的　　D. 被申请人的具体行政行为适用依据错误的

考点　税收法律责任

46.（2016 多选改编）下列属于税法规定的逃税手段的有（　　）。

A. 伪造、变造账簿和记账凭证　　B. 以暴力拒不缴纳税款

C. 隐匿、擅自销毁账簿和记账凭证　　D. 转移或者隐匿财产

47.（2017 判断）纳税人有骗税行为，由税务机关追缴其骗取的退税款并按照规定处以罚款，构成犯罪的依法追究刑事责任。（　　）

第八章 劳动合同与社会保险法律制度

考点 劳动合同的订立

1.（2014 单选）2013 年 4 月，赵某应聘到甲公司工作，双方口头约定了一个月试用期，但未订立书面劳动合同。关于双方劳动关系建立的下列表述中，正确的是（ ）。

A. 甲公司应当与赵某补签劳动合同，双方之间的劳动关系自合同补签之日起建立

B. 赵某与甲公司未订立劳动合同，双方之间未建立劳动关系

C. 赵某与甲公司之间的劳动关系自赵某进入公司开始工作时建立

D. 赵某与甲公司之间的劳动关系自试用期满时建立

2.（2015 单选）2013 年 3 月 12 日，吴某应聘到甲公司工作，每月领取工资 2 000 元，直至 2014 年 2 月 12 日甲公司方与其订立书面劳动合同。未及时订立书面劳动合同的工资补偿为（ ）。

A. 18 000 元　　B. 20 000 元　　C. 22 000 元　　D. 44 000 元

3.（2015 多选）根据劳动合同法律制度的规定，用人单位需承担的义务有（ ）。

A. 告知劳动者工作内容、工作条件、工作地点、职业危害、安全生产状况、劳动报酬等

B. 不得扣押劳动者相关证件

C. 不得向劳动者索取财物

D. 不得要求劳动者提供担保

4.（2011 多选）张某 2010 年 8 月进入甲公司工作，甲公司按月支付工资。至年底甲公司尚未与张某签订劳动合同。关于甲公司与张某之间劳动关系的下列表述中，正确的有（ ）。

A. 甲公司与张某之间可视为不存在劳动关系

B. 甲公司与张某之间可视为已订立无固定期限劳动合同

C. 甲公司应与张某补订书面劳动合同，并支付工资补偿

D. 张某可与甲公司终止劳动关系，公司应支付经济补偿

5.（2018 判断）用人单位与劳动者自签订书面劳动合同之日起建立劳动关系。（ ）

6.（判断）劳动合同经双方协商一致，在合同文本上签字或盖章后生效，劳动合同文本由用人单位保存。（ ）

7.（判断）对劳动合同的无效或者部分无效有争议的，由劳动争议仲裁机构或人民法院确认。（ ）

考点 劳动合同的主要内容

8.（2018 单选）刘某在甲公司工作 3 年。已知刘某累计工作 18 年且符合享受年休假条件。根据劳动合同法律制度的规定，刘某可享受的当年年休假天数为（ ）。

A. 5 天　　B. 10 天　　C. 15 天　　D. 20 天

9.（2010 单选）工人李某在加工一批零件时因疏忽致使所加工产品全部报废，给工厂造成经济损失 6 000 元，工厂要求李某赔偿经济损失，从其每月工资中扣除。已知李某每月工资收入 1 100 元，当地月最低工资标准 900 元。该工厂可从李某每月工资中扣除的最高限额为（ ）元。

A. 500　　B. 220　　C. 200　　D. 110

10.（2017 单选）2016 年 5 月甲公司安排职工刘某在日标准工作时间以外延长工作时间累计 12 小时。已知甲公司实行标准工时制度，刘某日工资为 160 元。甲公司应支付刘某 5 月最低加班工资的下列算式中，正确的是（　）。

A. 160÷8×12×100%=240 元　　B. 160÷8×12×150%=360 元

C. 160÷8×12×200%=480 元　　D. 160÷8×12×300%=720 元

11.（2019 单选）甲公司依法安排职工吴某于 2018 年 11 月 9 日（周五）延长工作 2 小时，11 月 10 日（周六）加班 1 天，事后未安排吴某休息。已知甲公司实行标准工时制，吴某日工资为 200 元。计算甲公司依法应支付吴某 11 月最低加班工资的下列算式中，正确的是（　）。

A. 200÷8×150%×2+200×200%×1=475 元　　B. 200÷8×200%×2+200×200%×1=500 元

C. 200÷8×150%×2+200×150%×1=375 元　　D. 200÷8×200%×2+200×300%×1=700 元

12.（2018 单选）甲公司职工罗某今年已享受带薪年休假 3 天，同年 10 月，罗某又向公司提出补休当年剩余年休假的申请。已知，罗某首次就业即到甲公司工作，工作已满 12 年，且不存在不能享受当年年休假的情形。根据劳动合同法律制度的规定，罗某可享受剩余年休假的天数为（　）。

A. 2 天　　B. 5 天　　C. 7 天　　D. 12 天

13.（2015 单选）根据劳动合同法律制度的规定，劳动者违反服务期的约定，应当向用人单位支付（　）。

A. 违约金　　B. 补偿金　　C. 赔偿金　　D. 培训费用

14.（2013 单选）甲公司为员工张某支付培训费用 3 万元，约定服务期 3 年。2 年后，张某以甲公司自其入职之日起从未按照合同约定提供劳动保护为由，向甲公司提出解除劳动合同。根据劳动合同法律制度的规定，下列表述中，正确的是（　）。

A. 张某违反了服务期的约定

B. 甲公司可以要求张某支付 3 万元的违约金

C. 甲公司可以要求张某支付 1 万元的违约金

D. 张某无需支付违约金

15.（2016 多选）根据劳动合同法律制度的规定，下列各项中，属于劳动合同可备条款的有（　）。

A. 劳动报酬　　B. 试用期　　C. 社会保险　　D. 服务期

16.（多选）下列各项中应订立无固定期限劳动合同的有（　）。

A. 在单位连续工作满 10 年

B. 自用工之日起满 1 年不与劳动者订立书面合同的

C. 国有企业改制重新订立合同时在该单位连续工作满 10 年且距法定退休年龄不足 10 年的

D. 连续订立 2 次固定期限劳动合同，且劳动者不存在不合规定的情形的

17.（2012 多选）根据劳动合同法律制度的规定，下列情形中，职工不能享受当年年休假的有（　）。

A. 依法享受寒暑假，其休假天数多于年休假天数的

B. 请事假累计 20 天以上，且单位按照规定不扣工资的

C. 累计工作满 1 年不满 10 年，请病假累计 2 个月以上的

D. 累计工作满 20 年以上，请病假累计满 3 个月的

18.（2018 多选）根据劳动合同法律制度的规定，下列劳动合同中，可以约定试用期的有（　）。

A. 无固定期限劳动合同　　B. 劳动合同期限不满 3 个月的

C. 1 年期劳动合同　　D. 以完成一定工作任务为期限的劳动合同

19.（2015 多选）根据劳动合同法律制度的规定，下列各项中，用人单位不能和劳动者约定由劳动者承担违约金的有（　）。

A. 竞业限制　　B. 工作时间

C. 休息休假　　D. 试用期

20.（判断）用人单位与劳动者约定的支付工资日期，如遇节假日或休息日，则应该推迟到节假日后的第一个工作日。（　）

21.（2018 判断）劳动合同仅约定试用期没有约定劳动合同期限的，劳动合同无效。（　）

22.（2016 判断）在试用期内解除劳动合同后，用人单位再次招用该劳动者时，不得再约定试用期。（　）

23.（判断）试用期包含在劳动合同期限内，仅约定试用期，试用期不成立，该期限为劳动合同期限。（　）

24.（2014 判断）从事同类业务的竞业限制期限不得超过 1 年。（　）

考点　劳动合同的履行和变更

25.（2015 多选）根据劳动合同法律制度的规定，下列关于劳动合同履行的表述中，正确的有（　）。

A. 用人单位发生合并或者分立等情况，原劳动合同继续有效

B. 用人单位变更名称、法定代表人、主要负责人或者投资人等事项，不影响劳动合同的履行

C. 劳动者对危害生命安全和身体健康的劳动条件，有权对用人单位提出批评、检举和控告

D. 劳动者拒绝用人单位管理人员违章指挥、强令冒险作业的，不视为违反劳动合同

26.（2015 判断）用人单位应当将直接涉及劳动者切身利益的规章制度和重大事项决定公示，或者告知劳动者。（　）

考点　劳动合同的解除和终止

27.（2018 单选）王某和公司签订了合同期限为 2 年的劳动合同，劳动合同满 1 年时，王某因为出国留学需要解除劳动合同。根据劳动合同法律制度的规定，下列表述中，正确的是（　）。

A. 王某不得解除劳动合同

B. 王某应当提前 3 日以书面形式通知用人单位解除劳动合同

C. 王某应当提前 30 日以书面形式通知用人单位解除劳动合同

D. 用人单位应当向王某支付 1 个月的经济补偿金

28.（2014 单选）甲公司现有职工 100 人，因生产经营发生严重困难需裁员。根据劳动合同法律制度的规定，该公司裁减人员达到一定人数或者一定比例以上，甲公司应当向工会或者全体职工说明情况，听取工会或者职工的意见，并将裁减人员方案向劳动行政部门报告。甲公司可不执行该程序的裁减人员的最多数量是（　）。

A. 11 人　　B. 8 人　　C. 9 人　　D. 10 人

29.（2014 单选）根据劳动合同法律制度的规定，下列各项中，不属于劳动合同终止情形的是（　）。

A. 劳动者达到法定退休年龄的　　B. 用人单位被吊销营业执照的

C. 劳动者开始依法享受基本养老保险待遇的　　D. 劳动者不能胜任工作的

30.（2016 单选）根据劳动合同法律制度的规定，关于劳动合同解除或者终止时经济补偿金支付的下列表述中，不正确的是（　）。

A. 用人单位因被依法宣告破产而终止劳动合同，应向劳动者支付经济补偿金

B. 劳动者主动辞职并与用人单位协商一致而解除劳动合同，用人单位无须向劳动者支付经济补偿金

C. 经济补偿金的支付主体只能是用人单位

D. 经济补偿金数额由用人单位和劳动者在劳动合同中约定

31.（2017 单选）2010 年 4 月 1 日，张某到甲公司工作，2016 年 8 月 1 日，双方的劳动合同期满，甲公司不再与张某续签。已知劳动合同终止前 12 个月，张某月平均工资 5 000 元，甲公司所在地职工月平均工资 4 500 元。计算劳动合同终止后甲公司应向张某支付经济补偿的下列算式中，正确的是（　）。

A. 4 500×6=27 000 元　　B. 4 500×7=31 500 元

C. 5 000×5.5=27 500 元　　D. 5 000×6.5=32 500 元

32.（2017、2014 多选）根据劳动合同法律制度的规定，因下列情形解除劳动合同的，用人单位应向劳动者支付经济补偿的有（　）。

A. 劳动者不能胜任工作，经过培训或者调整工作岗位，仍不能胜任工作的

B. 用人单位未按照劳动合同约定提供劳动保护或者劳动条件的

C. 劳动者同时与其他用人单位建立劳动关系，经用人单位提出，拒不改正的

D. 用人单位未及时足额支付劳动报酬的

33.（2016 多选）根据劳动合同法律制度的规定，下列各项中，属于用人单位可依据法定程序进行经济性裁员的情形有（　）。

A. 企业转产，经变更劳动合同后，仍需裁减人员的

B. 依照企业破产法规定进行重整的

C. 企业重大技术革新，经变更劳动合同后，仍需裁减人员的

D. 生产经营发生严重困难的

34.（多选）下列情形中，用人单位不得与劳动者解除劳动合同的有（　）。

A. 从事农药的灌装工作的张某，其未进行离岗前职业健康检查

B. 在工作期间生病的李某，医疗期满后不能从事原工作，经调岗后仍然无法胜任的

C. 处于哺乳期的王某

D. 在本单位连续工作满 10 年，且距法定退休年龄不足 10 年的赵某

35.（2018 多选）根据劳动合同法律制度的规定，下列情形中，用人单位应当向劳动者支付经济补偿的有（　）。

A. 用人单位被依法宣告破产而终止劳动合同的

B. 由用人单位提出并与劳动者协商一致而解除劳动合同的

C. 固定期限劳动合同期满，用人单位维持或者提高劳动合同约定条件续订劳动合同，劳动者不同意续订的

D. 以完成一定工作任务为期限的劳动合同因任务完成而终止的

考点 特殊劳动合同

36.（2011 单选）根据劳动合同法律制度的规定，下列情形中，用人单位与劳动者可以不签订书面劳动合同的是（　　）。

A. 试用期用工　　B. 非全日制用工　　C. 固定期限用工　　D. 无固定期限用工

37.（2018 单选）根据劳动合同法律制度的规定，下列关于非全日制用工的表述中，不正确的是（　　）。

A. 双方当事人任何一方可以随时通知对方终止用工

B. 双方当事人不得约定试用期

C. 双方当事人可以订立口头协议

D. 用人单位可以按月结算劳动报酬

38.（2014 单选）根据劳动合同法律制度的规定，劳务派遣临时性岗位最长期限为（　　）。

A. 3 个月　　B. 6 个月　　C. 9 个月　　D. 12 个月

39.（2017 单选）根据劳动合同法律制度的规定，下列关于劳务派遣用工形式的表述中，不正确的是（　　）。

A. 被派遣劳动者在无工作期间，劳务派遣单位应当按照所在地人民政府规定的最低工资标准，向其按月支付报酬

B. 劳务派遣单位可与被派遣劳动者订立 1 年期劳动合同

C. 用人单位不得设立劳务派遣单位向本单位或者所属单位派遣劳动者

D. 被派遣劳动者享有与用工单位的劳动者同工同酬的权利

40.（2017 多选）根据劳动合同法律制度的规定，关于非全日制用工的下列表述中，正确的有（　　）。

A. 非全日制用工小时计酬标准不得低于用人单位所在地人民政府规定的最低小时工资标准

B. 非全日制用工劳动报酬结算支付周期最长不得超过 15 日

C. 非全日制用工双方当事人可以约定试用期

D. 非全日制用工双方当事人可以订立口头协议

41.（2013 多选）根据劳动合同法律制度的规定，关于劳务派遣的下列表述中，正确的有（　　）。

A. 劳动合同关系存在于劳务派遣单位与被派遣劳动者之间

B. 劳务派遣单位是用人单位，接受以劳务派遣形式用工的单位是用工单位

C. 被派遣劳动者的劳动报酬可低于用工单位同类岗位劳动者的劳动报酬

D. 被派遣劳动者不能参加用工单位的工会

42.（2015、2014 判断）劳务派遣单位应当与被派遣劳动者订立 2 年以上的固定期限劳动合同。（　　）

考点 劳动争议的解决

43.（2018 单选）根据劳动争议调解仲裁法律制度的规定，关于因用人单位在劳动关系存续期间拖欠劳动报酬发生争议的仲裁时效期间的下列表述中，正确的是（　　）。

A. 自用人单位拖欠劳动报酬之日起 1 年

B. 自用人单位拖欠劳动报酬之日起 3 年

C. 劳动关系终止的，自劳动关系终止之日起 1 年

D. 劳动关系终止的，自劳动关系终止之日起 3 年

44.（2018 单选）2016 年 7 月 10 日，刘某到甲公司上班，公司自 9 月 10 日起一直拖欠其劳动报酬，直至 2017 年 1 月 10 日双方劳动关系终止。根据劳动争议调解仲裁法律制度的规定，下列关于刘某申请劳动仲裁的期间的表述中，正确的是（　）。

A. 应自 2016 年 9 月 10 日起 1 年内提出申请

B. 应自 2016 年 9 月 10 日起 3 年内提出申请

C. 应自 2017 年 1 月 10 日起 1 年内提出申请

D. 应自 2016 年 7 月 10 日起 3 年内提出申请

45.（2018 单选）根据劳动争议调解仲裁法律制度的规定，下列关于劳动争议终局裁决效力的表述中，正确的是（　）。

A. 一方当事人逾期不履行终局裁决的，另一方当事人可以向劳动仲裁委员会申请强制执行

B. 终局裁决被人民法院裁定撤销的，当事人可以自收到裁定书之日起 15 日内向人民法院提起诉讼

C. 劳动者对终局裁决不服的，不得向人民法院提起诉讼

D. 用人单位对终局裁决不服的，应向基层人民法院申请撤销

46.（2017 多选）关于一般经济纠纷仲裁和劳动仲裁共同点的下列表述中，正确的有（　）。

A. 仲裁庭仲裁案件均适用回避制度

B. 当事人均须在事前或者事后达成仲裁协议，仲裁委员会方可受理

C. 仲裁委员会均不按行政区划层层设立

D. 当事人对仲裁裁决不服，均可向人民法院起诉

⌛ 考点　违反劳动合同法律制度的法律责任

47.（2017 多选）根据劳动合同法律制度的规定，关于用人单位未按照劳动合同约定或者国家规定支付劳动者劳动报酬应承担法律责任的下列表述中，正确的有（　）。

A. 由用人单位向劳动者支付违约金

B. 劳动报酬低于当地最低工资标准的，用人单位应当支付其差额的部分

C. 用人单位按照应付劳动报酬金额 200%的标准向劳动者加付赔偿金

D. 由劳动行政部门责令用人单位限期支付劳动报酬

⌛ 考点　基本养老保险

48.（2018、2013 单选）根据社会保险法律制度的规定，参加基本养老保险的个人，达到法定退休年龄并且累计缴费满（　）年的，按月领取基本养老金。

A. 10　　B. 15　　C. 20　　D. 25

49.（2014 单选改编）根据社会保险法律制度的规定，城镇个体工商户和灵活就业人员参加职工基本养老保险的，按照本地全口径城镇单位就业人员平均工资核定社保个人缴费基数上下限，允许缴费人在 60%至 300%之间选择适当的缴费基数，按一定比例缴纳职工基本养老保险费，该比例为（　）。

A. 8%　　B. 20%　　C. 28%　　D. 30%

50.（2015 多选）根据社会保险法律制度的规定，参加职工基本养老保险的下列人员中，基本养老保险费全部由个人缴纳的有（　）。

A. 城镇私营企业的职工

B. 无雇工的个体工商户

C. 未在用人单位参加基本养老保险的非全日制从业人员

D. 实行企业化管理的事业单位职工

51.（2015 多选）根据社会保险法律制度的规定，下列表述中，不正确的有（　）。

A. 无雇工的个体工商户参加基本养老保险的，缴纳的养老保险金全部划入其个人账户

B. 未在用人单位参加基本养老保险的非全日制从业人员参加基本养老保险的，缴纳的养老保险金全部划入其个人账户

C. 养老保险个人账户中的存款免征利息税

D. 养老保险个人账户不得提前支取

52.（2017 多选）根据社会保险法律制度的规定，下列关于职工基本养老保险待遇的表述中，正确的有（　）。

A. 对符合基本养老保险享受条件的人员，国家按月支付基本养老金

B. 参保职工因病死亡的，其遗属可以领取丧葬补助金

C. 参保职工非因工死亡的，其遗属可以领取抚恤金

D. 参保职工在未达到法定退休年龄时因病致残而完全丧失劳动能力的，可以领取病残津贴

53.（2017 多选）根据社会保险法律制度的规定，下列关于职工基本养老保险待遇的表述中，正确的有（　）。

A. 参保职工未达到法定退休年龄时因病致残完全丧失劳动能力的，可以领取病残津贴

B. 参保职工死亡后，其个人账户中的余额可以全部依法继承

C. 参保职工达到法定退休年龄时累计缴费满 15 年，按月领取基本养老金

D. 参保职工死亡同时符合领取基本养老保险丧葬补助金、工伤保险丧葬补助金和失业保险丧葬补助金条件的，其遗属可以同时领取

考点　基本医疗保险

54.（2016 多选）2008 年张某初次就业到甲公司工作。2015 年初，张某患重病向公司申请病休。关于张某享受医疗期待遇的下列表述中，正确的有（　）。

A. 医疗期内，甲公司应按照张某病休前的工资待遇向其支付病假工资

B. 张某可享受不超过 6 个月的医疗期

C. 公休、假日和法定节日不包括在医疗期内

D. 医疗期内，甲公司不得单方面解除劳动合同

55.（2015 多选）甲公司职工汪某非因工负伤住院治疗。已知汪某月工资 3 800 元，当地最低月工资标准为 2 000 元。汪某医疗期内工资待遇的下列方案中，甲公司可以依法采用的有（　）。

A. 3 040 元/月　　B. 1 900 元/月

C. 1 500 元/月　　D. 2 000 元/月

56.（2015 判断）医疗期是指企业职工因工负伤停止工作，治病休息的期限。（　）

57.（多选）根据社会保险法律制度的规定，下列情形中，用人单位可以在医疗期内解除或者终止劳动合同的有（　）。

A. 劳动者在试用期间被证明不符合录用条件的

B. 劳动者非因工负伤，无法正常工作的

C. 劳动者同时与其他用人单位建立劳动关系，经用人单位提出，拒不改正的

D. 劳动者被依法追究刑事责任的

考点　工伤保险

58.（2015 多选）根据社会保险法律制度的规定，职工出现的下列伤亡中，视同工伤的有（　）。

A. 在上班途中，受到非本人主要责任的交通事故伤害

B. 在抢险救灾等维护国家利益、公共利益活动中受到伤害

C. 在因工外出期间，由于工作原因受到伤害

D. 在工作时间和工作岗位，突发疾病死亡

59.（2016、2014 判断）职工参加工伤保险，由用人单位和职工本人共同缴纳工伤保险费。（　）

考点　失业保险

60.（2017 单选）根据社会保险法律制度的规定，下列关于失业保险待遇的表述中，正确的是（　）。

A. 失业人员领取失业保险金期间不享受基本医疗保险待遇

B. 失业人员领取失业保险金期间重新就业的，停止领取失业保险金并同时停止享受其他失业保险待遇

C. 失业保险金的标准可以低于城市居民最低生活保障标准

D. 失业时用人单位和本人已经累计缴纳失业保险费满 6 个月的，失业人员可以申请领取失业保险金

61.（多选）根据社会保险法律制度的规定，下列关于失业保险待遇的表述中，正确的有（　）。

A. 参加职工基本医疗保险的失业人员在领取失业保险金期间，享受基本医疗保险待遇

B. 失业保险金的标准一般不高于当地最低工资标准

C. 失业保险金的领取期限最长为 24 个月

D. 失业人员在领取失业保险金期间死亡的，其遗属可以领取一次性丧葬补助金和抚恤金

62.（2016 单选）吴某因劳动合同终止而失业。已知吴某工作年限已满 6 年，缴纳失业保险费的时间已满 4 年，且符合失业保险待遇享受条件。根据社会保险法律制度的规定，吴某领取失业保险金的最长期限为（　）。

A. 12 个月　　B. 24 个月

C. 6 个月　　D. 18 个月

63.（2014 多选）根据社会保险法律制度的规定，无雇工的个体工商户可按国家规定由个人缴费参加社会保险，其可以参加的社会保险项目有（　）。

A. 基本养老保险　　B. 基本医疗保险

C. 失业保险　　D. 工伤保险

64.（多选）根据社会保险法律制度的规定，失业人员在领取失业保险金期间，出现法定情形时，应停止领取失业保险金，并同时停止享受其他失业保险待遇。下列各项中，属于该法定情形的有（　　）。

A. 接受职业培训的　　B. 移居境外的

C. 被判刑收监执行的　　D. 享受基本医疗保险待遇的

65.（多选）下列关于社会保险费缴纳的表述中，正确的有（　　）。

A. 用人单位应当自行申报、按时足额缴纳社会保险费

B. 职工应当缴纳的社会保险费由用人单位代扣代缴

C. 无雇工的个体工商户可以直接向社会保险费征收机构缴纳社会保险费

D. 用人单位应当按季度将缴纳社会保险费的明细情况告知职工本人

66.（单选）根据社会保险法律制度的规定，用人单位应当及时为失业人员出具终止或者解除劳动关系的证明，并将失业人员的名单自终止或者解除劳动关系之日起一定期限内报受理其失业保险业务的经办机构备案。该期限为（　　）。

A. 7 日　　B. 15 日　　C. 30 日　　D. 60 日

67.（单选）根据社会保险法律制度的规定，失业人员应在终止或者解除劳动合同之日起一定期限内到受理其单位失业保险业务的经办机构申领失业保险金。该期限为（　　）。

A. 7 日　　B. 15 日　　C. 30 日　　D. 60 日

参考答案及解析

第一章

1.【答案】B

【解析】法是统治阶级国家意志的体现。

2.【答案】BC

【解析】选项A属于行政法规。选项D属于地方性法规。

3.【答案】×

【解析】法律由全国人民代表大会及其常务委员会制定和修改。国务院制定和发布的规范性文件属于行政法规。

4.【答案】√

5.【答案】A

6.【答案】C

【解析】选项C属于人造物，属于法律关系客体。

7.【答案】AC

【解析】选项B、D属于法律关系的客体。法律关系的客体主要包括物、人身人格、精神产品和行为四大类。

8.【答案】ABCD

9.【答案】CD

【解析】判断自然人的行为能力：一看年龄、二看精神状况。选项A，16周岁以上不满18周岁的公民，以自己的劳动收入为主要生活来源的，视为完全民事行为能力人。选项B，不满8周岁的未成年人属于无民事行为能力人。选项C，18周岁以上且精神状况正常的属于完全民事行为能力人。选项D，完全不能辨认自己行为的成年人属于无民事行为能力人。

10.【答案】B

【解析】法律事件属于一种客观情况，不以当事人的主观意志为转移，如自然灾害、生老病死、意外事故或社会革命、战争、重大政策的改变等。法律行为是人们有意识的活动，以法律关系主体的意志为转移。选项A、C、D属于法律行为。

11.【答案】ABCD

【解析】法律事实是法律关系发生、变更、消灭的直接原因。法律事实包括法律事件和法律行为。选项A、B属于法律事件；选项C、D属于法律行为。

12.【答案】√

13.【答案】CD

【解析】仲裁和民事诉讼适用于平等民事主体（"民与民"）的当事人之间发生的经济纠纷；行政复议和行政诉讼适用于不平等主体之间，即行政管理相对人和行政机关之间发生的经济纠纷。

14.【答案】×

【解析】平等主体（横向关系）之间的经济纠纷解决途径主要有仲裁和民事诉讼两种。

15.【答案】B

【解析】当事人对仲裁协议的效力有异议，一方请求仲裁委员会作出决定，另一方请求人民法院作出裁定的，由人民法院裁定。

16.【答案】B

【解析】选项A，仲裁协议应当以书面形式订立，口头达成仲裁的意思表示无效。选项C，当事人对仲裁协议的效力有异议的，可以请求仲裁委员会作出决定或请求人民法院作出裁定。选项D，没有仲裁协议，一方申请仲裁的，仲裁委员会不予受理。

17.【答案】BC

【解析】不能提请仲裁的纠纷：①婚姻、收养、监护、扶养、继承纠纷；②依法应当由行政机关处理的行政争议。

18.【答案】BCD

【解析】婚姻、收养、监护、扶养、继承纠纷不能提请仲裁。

19.【答案】AD

【解析】仲裁庭作出的仲裁裁决为终局裁决，仲裁裁决作出后，当事人就同一纠纷再申请仲裁或者向人民法院起诉的，仲裁委员会或者人民法院不予受理。

20.【答案】BCD

【解析】选项A，仲裁不实行级别管辖和地域管辖，仲裁委员会由当事人协议选定。选项B、C、D，仲裁的基本原则：自愿原则；依据事实和法律，公平合理地解决纠纷的原则；独立仲裁原则；一裁终局原则。

21.【答案】ACD

【解析】选项B，仲裁实行一裁终局的制度，即仲裁庭作出的仲裁裁决为终局裁决。裁决作出后，当事人就同一纠纷再申请仲裁或向人民法院起诉的，仲裁委员会或人民法院不予受理。

22.【答案】√

23.【答案】ABCD

24.【答案】C

【解析】因票据纠纷提起的诉讼，由票据支付地或者被告住所地人民法院管辖。

25.【答案】C

26.【答案】B

【解析】诉讼时效期间自权利人知道或者应当知道权利受到损害以及义务人之日起计算。但是自权利受到损害之日起超过20年的，人民法院不予保护。

27.【答案】ABCD

28.【答案】ACD

【解析】选项B，义务人同意履行义务属于主观原因，是引起诉讼时效期间"中断"的原因之一。

29.【答案】ABCD

【解析】所有选项均属于内部行政行为，不能申请行政复议，也不能提起行政诉讼，可通过申诉解决。

30.【答案】CD

【解析】行政复议的受案范围限于"具体行政行为"。选项A属于"抽象行政行为"，不可复议；选项B属于内部行政行为，不能申请行政复议，也不能提起行政诉讼，可通过申诉解决。

31.【答案】√

32.【答案】A

【解析】选项B，行政复议决定书一经"送达"，即发生法律效力，而非"作出"。选项C，申请人申请行政复议，可以书面申请，也可以口头申请。选项D属于内部行政行为，不能申请行政复议，也不能提起行政诉讼，可通过申诉解决。

33.【答案】√

34.【答案】×

【解析】对海关、金融、国税、外汇管理等实行垂直领导的行政机关和国家安全机关的具体行政行为不服的，向上一级主管部门申请行政复议。

35.【答案】ACD

【解析】选项B，申请人申请停止执行，行政复议机关认为其要求合理决定停止执行的，可以停止执行。

36.【答案】×

【解析】行政复议机关受理行政复议申请，不得向申请人收取任何费用。

37.【答案】√

38.【答案】D

【解析】选项D属于内部行政行为，不能申请行政复议，也不能提起行政诉讼。

39.【答案】ABCD

【解析】法院不受理下列事项的诉讼：①国防、外交等国家行为；②行政法规、规章或者行政机关制定、发布的具有普遍约束力的决定、命令；③行政机关对行政机关工作人员的奖惩、任免等决定；④法律规定由行政机关最终裁决的具体行政行为。

40.【答案】√

41.【答案】C

【解析】选项A、D属于行政处罚；选项B属于刑事责任。

42.【答案】A

【解析】民事责任的主要目的是救济（补偿）受害者，而行政责任和刑事责任主要是惩罚违法者。选项B、C属于刑事责任；选项D属于行政处罚。

43.【答案】A

【解析】选项A属于刑事责任。

44.【答案】BC

【解析】选项A、D属于行政责任中的行政处分。

45.【答案】CD

【解析】选项A属于行政责任；选项B属于民事责任。

46.【答案】ABCD

47.【答案】B

48.【答案】ABCD

【解析】剥夺的具体政治权利是指：①选举权和被选举权；②言论、出版、集会、结社、游行、示威自由的权利；③担任国家机关职务的权利；④担任国有公司、企业、事业单位和人民团体领导职务的权利。

第二章

1.【答案】√

2.【答案】B

【解析】购货发票属于外来原始凭证；用涂改、挖补等手段来改变会计凭证、会计账簿的真实内容，属于变造。

3.【答案】×

【解析】在中国境内的外商投资企业、外国企业和其他外国组织的会计记录，可以"同时"使用一种外国文字，即"中文+外文"。

4.【答案】B

5.【答案】ABCD

6.【答案】B

【解析】原始凭证金额有错误的，应当由出具单位重开，不得在原始凭证上更正。

7.【答案】A

【解析】年度财务预算属于企业内部文书，不属于企业财务会计报告组成部分。企业财务会计报告的组成部分包括会计报表、会计报表附注、财务情况说明书等。

8.【答案】ABD

【解析】我国境内各单位的会计核算以人民币为记账本位币。业务收支以人民币以外的货币为主的单位，可以选定其中一种货币作为记账本位币，编报的财务会计报告应当折算为人民币。

9.【答案】ABCD

10.【答案】ABCD

【解析】国有企业、国有控股的或者占主导地位的企业，应当至少每年一次向本企业的职工代表大会公布财务会计报告，并重点说明下列事项：①反映与职工利益密切相关的信息（如工资、福利政策、利润分配等）；②内部审计发现的问题及纠正情况；③注册会计师审计的情况；④国家审计机关发现的问题及纠正情况；⑤重大的投资、融资和资产处置决策及其原因的说明；⑥需要说明的其他重要事项。

11.【答案】√

12.【答案】√

13.【答案】√

14.【答案】√

15.【答案】√

16.【答案】×

【解析】在"编制"年度财务会计报告之前，必须进行财产清查，以保证财务会计报告反映的会计信息真实、完整。

17.【答案】ACD

【解析】企业建立与实施内部控制，应当遵循下列原则：①全面性原则；②重要性原则；③制衡性原则；④适应性原则；⑤成本效益原则。

18.【答案】D

【解析】会计监督可分为单位内部监督、政府监督和社会监督三类。选项A、B属于社会监督；选项C属于单位内部的非会计监督。

19.【答案】ABCD

【解析】不相容职务主要包括：① 授权批准与业务经办；② 业务经办与会计记录；③ 会计记录与财产保管；④ 业务经办与稽核检查；⑤ 授权批准与监督检查等。

20.【答案】ABCD

21.【答案】×

【解析】应当发表“非无保留意见”。

22.【答案】D

【解析】选项A、B、C应当保存30年。

23.【答案】D

【解析】巧记关键字“账、证、移交”30年。“证”包括原始凭证和记账凭证。

24.【答案】AB

【解析】选项C、D，各单位的预算、计划、制度等文件材料属于文书档案，不属于会计档案。

25.【答案】ABC

26.【答案】AB

【解析】保管期满但未结清的债权债务原始凭证和涉及其他未了事项的会计凭证不得销毁，纸质会计档案应当单独抽出立卷，电子会计档案单独转存，保管到未了事项完结时为止。

27.【答案】√

28.【答案】×

【解析】监销人在会计档案销毁“前”应当按照会计档案销毁清册所列内容进行清点核对；在会计档案销毁“后”，应当在会计档案销毁清册上签名“或”盖章。

29.【答案】C

【解析】担任单位会计机构负责人（会计主管人员）的，应当具备会计师以上专业技术职务资格或者从事会计工作3年以上经历。

30.【答案】ABD

【解析】出纳人员不得兼任稽核、会计档案保管和收入、支出、费用、债权债务账目的登记工作。

31.【答案】ABCD

32.【答案】√

33.【答案】√

34.【答案】√

35.【答案】D

【解析】会计人员职称层级分为初级、中级、副高级和正高级，对应的职务名称依次为助理会计师、会计师、高级会计师和正高级会计师。

36.【答案】BD

【解析】选项B，一般会计人员办理交接手续，由会计机构负责人（会计主管人员）监交；会计机构负责人（会计主管人员）办理交接手续，由单位负责人负责监交，必要时主管单位可以派人会同监交。选项D，接替人员应当继续使用移交的会计账簿，不得自行另立新账，以保持会计记录的连续性。

37.【答案】√

38.【答案】ABCD

39.【答案】×

【解析】会计师事务所及其分所可以依法从事代理记账业务。除会计师事务所以外的机构从事代理记账业务，应当经县级以上人民政府财政部门批准，领取代理记账许可证书。

40.【答案】×

【解析】代理记账机构为委托人编制的财务会计报告，经代理记账机构负责人和委托人负责人签名并盖章后，按照有关法律、法规和国家统一的会计制度的规定对外提供。

41.【答案】ABCD

【解析】会计职业道德主要包括爱岗敬业、诚实守信、廉洁自律、客观公正、坚持准则、提高技能、参与管理、强化服务等内容。

42.【答案】B

【解析】“变造、伪造”会计凭证、会计账簿，虚假财务会计报告，尚不构成犯罪的，可以对“单位”并处5 000元以上10万元以下的罚款；对其“直接责任人员”，可以处3 000元以上5万元以下的罚款。

43.【答案】A

【解析】隐匿或者故意销毁依法应当保存的会计凭证、会计账簿、财务会计报告，其中的会计人员，5年内不得从事会计工作。

44.【答案】√

第三章

1.【答案】ABCD

【解析】传统的人民币非现金支付工具主要包括“三票一卡”和结算方式。“三票一卡”是指汇票、本票、支票和银行卡；结算方式是指汇兑、托收承付和委托收款。

2.【答案】√

3.【答案】A

【解析】票据的伪造是指无权限人假冒他人或者虚构他人名义签章的行为，记住关键字“签章”。

4.【答案】B

【解析】选项A、C，对于月份，容易被篡改的1、2、10月前需要加“零”，其余月份什么也不加；对于日期，1至9日前加“零”；11至19日前加“壹”，10日、20日、30日前加“零”，其余日期什么也不加。

5.【答案】ABC

【解析】选项D，票据的出票日期必须使用中文大写。

6.【答案】×

【解析】票据和结算凭证金额以中文大写和阿拉伯数码同时记载。二者必须一致，二者不一致的票据无效；二者不一致的结算凭证银行不予受理。

7.【答案】B

8.【答案】×

【解析】注册地和经营地均在异地的，银行应当与其法定代表人或者负责人面签银行结算账户管理协议。

9.【答案】×

【解析】撤销银行结算账户时，应先撤销一般存款账户、专用存款账户、临时存款账户，将账户资金转入基本存款账户后，方可办理基本存款账户的撤销。

10.【答案】B

【解析】基本存款账户属于企业的主办账户，相当于是企业在银行系统的“身份证”，申请“一般户”前，先办理“基本户”。

11.【答案】A

【解析】基本存款账户是存款人因办理日常转账结算和现金收付需要开立的银行结算账户。

12.【答案】D

【解析】该账户是专门用于发放拆迁户安置资金，属于对其特定资金进行专项管理和使用而开立的银行结算账户，属于专用存款账户。

13.【答案】D

【解析】预算单位零余额账户用于财政授权支付，可以办理转账、提取现金等结算业务，选项A错误；可以向本单位按账户管理规定保留的相应账户划拨工会经费、住房公积金及提租补贴，以及财政部门批准的特殊款项，选项D正确；不得违反规定向本单位其他账户和上级主管单位及所属下级单位账户划拨资金，选项B、C错误。

14.【答案】ABD

【解析】一般存款账户可以办理现金缴存，但不得办理现金支取。

15.【答案】BD

【解析】选项A，党、团、工会经费等专用存款账户可以按照规定支取现金；选项C，预算单位零余额账户用于财政授权支付，可以办理转账、提取现金等结算业务。

16.【答案】×

【解析】一般存款账户只存不取。

17.【答案】ABCD

18.【答案】√

【解析】通过网上银行和手机银行等电子渠道受理银行账户开户申请的，银行可为开户申请人开立Ⅱ类或Ⅲ类账户。

19.【答案】√

【解析】个人开立Ⅱ类或Ⅲ类银行结算账户，可以绑定Ⅰ类银行结算账户或者信用卡账户进行身份验证，不得绑定非银行支付机构开立的支付账户进行身份验证。

20.【答案】√

21.【答案】BC

【解析】存款人申请临时存款账户展期，变更、撤销单位银行结算账户以及补（换）发开户许可证时，可由法定代表人或单位负责人直接办理，也可授权他人办理。

22.【答案】BCD

【解析】票据基本当事人是指在票据作成和交付时就已经存在的当事人，包括出票人、付款人和收款人三种；非基本当事人是指在票据作成并交付后，通过一定的票据行为加入票据关系而享有一定权利、承担一定义务的当事人，包括承兑人、背书人、被背书人、保证人等。

23.【答案】ABCD

【解析】票据是完全有价证券（设权证券、提示证券、交付证券、缴回证券）、文义证券、无因证券、金钱债权证券、要式证券、流通证券。

24.【答案】ABCD

【解析】票据有支付功能、汇兑功能、融资功能、结算功能、信用功能。

25.【答案】D

【解析】发票属于广义的票据，是一种会计凭证，不具有支付、融资、汇兑等功能。

26.【答案】BCD

【解析】选项A，填明“现金”字样和代理付款人的银行汇票才可进行挂失止付。

27.【答案】BCD

【解析】选项B，持票人对前手的追索权，自被拒绝承兑或者被拒绝付款之日起6个月。选项C，持票人对支票出票人的权利，自出票日起6个月。选项D，持票人对票据承兑人的权利，自票据到期日起2年；见票即付的汇票、本票，自出票日起2年。

28.【答案】√

【解析】取得票据不享有票据权利的情形：① 以欺诈、偷盗或者胁迫等手段取得票据的，或者明知有上述情形，出于恶意取得票据的；② 持票人因重大过失取得不符合《票据法》规定的票据的。

29.【答案】A

【解析】选项B属于相对记载事项；选项C、D属于必须记载事项。

30.【答案】C

【解析】选项A、B、D属于必须记载事项。

31.【答案】ABC

【解析】票据行为包括出票、背书、承兑和保证。

32.【答案】ACD

【解析】不得进行的背书包括条件背书、部分背书、限制背书和期后背书。

33.【答案】×

【解析】“不得转让”字样，属于任意记载事项，不记载时不影响票据效力，记载时则产生票据效力。

34.【答案】BC

【解析】选项A，甲公司为出票人（承兑人）应当承担票据责任；选项B，持票人（丁公司）可以向其前手（丙公司）行使追索权；选项C，背书连续，丁公司享有票据权利；选项D，背书人在票据上记载“不得转让”字样，其后手再背书转让的，原背书人（乙公司）对其后手的被背书人不再承担保证责任，故丁公司不得向乙公司行使追索权。

35.【答案】B

36.【答案】CD

【解析】选项C，银行承兑汇票的承兑人为银行，一经承兑即视为同意付款，在汇票到期日应付款给持票人；选项D，银行承兑汇票的出票人于汇票到期日未能足额缴存票款时，承兑银行付款后，对出票人尚未支付的汇票金额按照每天万分之五计收利息。

37.【答案】×

38.【答案】×

【解析】付款人必须在当日足额付款。

39.【答案】ABCD

【解析】商业汇票的持票人向银行办理贴现必须具备下列条件：① 票据未到期；② 票据未记载“不得转让”事项；③ 在银行开立存款账户的企业法人以及其他组织；④ 与出票人或者直接前手之间具有真实的商品交易关系。

40.【答案】ABC

【解析】商业汇票付款期限记载有三种形式：定日付款、出票后定期付款、见票后定期付款。

41.【答案】C

42.【答案】√

43.【答案】√

44.【答案】C

【解析】选项 A，银行本票的票据当事人只有出票银行和收款人，不具备向甲公司追索的权利；选项 B，本票的出票人和付款人均为 A 银行，B 银行只是接受乙公司委托代为收款，不能向 B 银行追索，只能向 A 银行追索；选项 D，银行本票持票人超过提示付款期限不获付款的，在票据权利时效内向出票银行作出说明，并提供本人身份证件或单位证明，可持银行本票向出票银行请求付款。

45.【答案】√

【解析】在我国，本票仅限于银行本票，即银行出票、银行付款。

46.【答案】×

【解析】中国人民银行是空头支票的处罚主体。

47.【答案】CD

【解析】支票的提示付款期限自出票日起10日；支票的持票人超过提示付款期限提示付款的，丧失对前手的追索权，但出票人仍应当承担付款责任，选项 A 错误，选项 D 正确。支票持票人超过提示付款期限提示付款的，付款人可以不予付款，选项 C 正确，选项 B 错误。

48.【答案】ABD

【解析】出票人可以在支票上记载自己为收款人。

49.【答案】B

【解析】按照是否具有透支功能银行卡可以分为信用卡和借记卡，其中信用卡可以透支。

50.【答案】D

【解析】单位人民币卡账户的资金一律从其基本存款账户转账存入，不得存取现金，不得将销货收入存入单位卡账户；单位外币卡账户的资金应从其单位的外汇账户转账存入，不得在境内存取外币现钞。

51.【答案】√

【解析】发卡机构对向持卡人收取的违约金和年费、取现手续费、货币兑换费等服务费用不得计收利息。

52.【答案】ABCD

53.【答案】C

【解析】开通网上银行有两种方式，一是客户前往银行柜台办理；二是客户先网上自助申请，后到柜台签约。

54.【答案】A

【解析】选项 B，汇入银行向收款人发出的收账通知是银行将款项确已收入收款人账户的凭据；选项 C、D，汇出银行签发的汇款回单只能作为汇出银行受理汇款的依据，不能作为该笔汇款已转入收款人账户的证明。

55.【答案】D

【解析】汇款人对汇出银行尚未汇出的款项可以申请撤销。

56.【答案】√

57.【答案】BCD

【解析】签发委托收款凭证必须记载下列事

项：① 表明“委托收款”的字样；② 确定的金额；③ 付款人名称；④ 收款人名称；⑤ 委托收款凭据名称及附寄单证张数；⑥ 委托日期；⑦ 收款人签章。

58.【答案】×

【解析】信用证只限于转账结算，不得支取现金。

59.【答案】A

【解析】预付卡在发卡机构拓展、签约的特约商户中使用，不得用于或变相用于提取现金，不得用于购买、交换非本发卡机构发行的预付卡、单一行业卡及其他商业预付卡或向其充值；卡内资金不得向银行账户或向非本发卡机构开立的网络支付账户转移。

60.【答案】D

【解析】选项A，记名预付卡不得设置有效期，不记名预付卡有效期不得低于3年；选项B，单张记名预付卡的资金限额不得超过5 000元，单张不记名预付卡的资金限额不得超过1 000元；选项C，购卡人不得使用信用卡购买预付卡。

61.【答案】BCD

【解析】选项A，单位一次性购买预付卡5 000元以上，个人一次性购买预付卡5万元以上的，应当通过银行转账等非现金结算方式购买，不得使用现金。

62.【答案】ABC

【解析】预付卡以人民币计价。

63.【答案】×

【解析】预付卡只能通过现金或银行转账方式进行充值，不得使用信用卡进行充值。

64.【答案】A

【解析】选项B、D，对经营性存款人给予警告并处以1万元以上3万元以下的罚款；选项C，对经营性存款人处以1万元以上3万元以下的罚款。

65.【答案】ABCD

【解析】行为人从事下列信用卡诈骗活动，达到一定金额的，需要承担刑事责任：① 使用伪造的信用卡，或者使用以虚假的身份证明骗领的信用卡的；② 使用作废的信用卡的；③ 冒用他人信用卡的；④ 恶意透支信用卡的。

第四章

1.【答案】C

【解析】税收法律关系的内容是税收法律关系中最实质的东西，也是税法的灵魂。

2.【答案】ABC

【解析】税收法律关系主体分为征税主体（各级税务机关、海关）和纳税主体（履行纳税义务的人）。

3.【答案】√

4.【答案】A

【解析】关税、进口环节的增值税和消费税、船舶吨税由海关负责征收管理，其余税种由税务机关负责征收管理。

5.【答案】BCD

【解析】选项A，资源税由税务机关负责征收管理。

6.【答案】C

【解析】征税对象是区别不同税种的重要标志。

7.【答案】B

8.【答案】×

【解析】征税对象的数额达到或超过起征点的，就其全部数额征税。

9.【答案】√

10.【答案】A

【解析】选项A，现代服务包括研发和技术服务、信息技术服务、文化创意服务、物流辅助服务、租赁服务、鉴证咨询服务、广播影视服务、商务辅助服务和其他现代服务；选项B、C属于“金融服务”；选项D属于“生活服务”。

11.【答案】D

【解析】选项A、B属于“交通运输服务”；选项C属于“金融服务”。

12.【答案】A

【解析】选项B属于“销售不动产”；选项

C 属于“现代服务——租赁服务”；选项 D 属于“销售无形资产”。

13.【答案】B

【解析】选项 A 属于“现代服务——租赁服务”；选项 C、D 属于“销售无形资产”。

14.【答案】A

【解析】选项 B 属于“交通运输服务”；选项 C 属于“现代服务——租赁服务”；选项 D 属于“销售不动产”。

15.【答案】C

【解析】选项 A、D 属于“金融服务——直接收费金融服务”；选项 B 属于“金融服务——金融商品转让”。

16.【答案】C

【解析】提供应税劳务是指提供加工、修理修配劳务。选项 A，单位或者个体工商户聘用的员工为本单位或者雇主提供加工、修理修配劳务，不征收增值税。选项 B、D，按照销售服务缴纳增值税。

17.【答案】ABC

【解析】在境内销售服务是指服务（租赁不动产除外）的销售方或者购买方在境内。但“境外”单位或者个人向境内单位或者个人销售“完全在境外发生”的服务，不属于在境内销售服务。

18.【答案】√

19.【答案】C

【解析】选项 C，购进货物用于“投资、分配、赠送”视同销售货物处理；选项 A、B、D，购进货物用于“非增值税应税项目、免税项目、集体福利和个人消费”不视同销售货物，其对应的进项税额不得抵扣。

20.【答案】B

【解析】将自产、委托加工的货物用于（对内）集体福利、个人消费和（对外）投资、分配、赠送的，视同销售。将外购的货物用于（对外）投资、分配和赠送的，视同销售；用于（对内）集体福利和个人消费的，不视同销售，其进项税额不得抵扣。

21.【答案】BCD

【解析】将外购的货物用于个人消费，不视同销售，其进项税额不得抵扣。

22.【答案】C

【解析】选项 A、B、D 都适用 13%的基本税率；选项 C 适用 9%的低税率。

23.【答案】CD

【解析】选项 A、B 适用 13%的税率；选项 C、D 属于初级农产品，适用 9%的税率。

24.【答案】ABC

【解析】选项 A、B、C 属于价外费用，不管会计上如何核算，均应计入销售额计算销项税额。价外费用包括价外向购买方收取的手续费、违约金、延期付款利息、赔偿金、包装费、优质费、包装物租金等，但不包括受托加工业务所代收代缴的消费税。

25.【答案】D

【解析】采取以旧换新方式销售货物，金银首饰按差价计税，其他货物按“新货物”的价格计税。注意题目中给出的单价 3 276 元为含税单价，需要除以（1+增值税税率）进行换算。

26.【答案】B

【解析】折扣方式销售货物，如果销售额和折扣额在同一张发票上分别注明，可以按折扣后的销售额征收增值税；如果将折扣额另开发票，不论其在财务上如何处理，均不得从销售额中减除折扣额。本题中，销售额和折扣额在同一张发票上分别注明，按折扣后的销售额征税。注意题目中给出的166 000元为不含税销售额。

27.【答案】BD

【解析】纳税人购进贷款服务、餐饮服务、居民日常服务和娱乐服务，不得抵扣进项税额。

28.【答案】C

【解析】选项 A，金融商品转让，不得开具增值税专用发票。选项 B，转让金融商品出现的正负差，按盈亏相抵后的余额为销售额。若相抵后出现负差，可结转下一纳税期与下期转让金融商品销售额相抵，但年末时仍出现负差的，不得转入下一个会计年度。选项 D，金融商品的买入价，可以选择按照加权平均法或者移动加权平均法进行核算。

29.【答案】ABCD

【解析】一般纳税人发生下列行为，可以选择适用简易计税方法计缴增值税：①公共交通运输服务，包括轮客渡、公交客运、地铁、城市轻轨、出租车、长途客运、班车；②电影放映服务、仓储服务、装卸搬运服务、收派服务和文化体育服务；③财政部和国家税务总局规定的其他应税行为。

30.【答案】C

【解析】一般纳税人选择简易计税方法计算缴纳增值税后，36 个月内不得变更。

31.【答案】A

【解析】应纳税额=含税销售额÷（1+3%）×2%=20 600÷（1+3%）×2%=400 元。

32.【答案】B

33.【答案】ABCD

34.【答案】BCD

【解析】电信公司提供语音通话服务，按照“基础电信服务”征收增值税。

35.【答案】D

【解析】选项 A、C，应税销售行为的购买方为消费者个人的，不得开具增值税专用发票；选项 B，商业企业一般纳税人零售烟、酒、食品、服装、鞋帽（不包括劳保专用部分）、化妆品等消费品的，不得开具增值税专用发票。

36.【答案】ABD

【解析】商业企业一般纳税人零售的烟、酒、食品、服装、鞋帽（不含劳保专用部分）、化妆品等消费品不得开具增值税专用发票。

37.【答案】C

38.【答案】B

【解析】选项 B，调味料酒不属于消费税的征税范围。

39.【答案】BCD

【解析】电动汽车、沙滩车、雪地车、卡丁车、高尔夫车，以及企业购进货车或厢式货车改装生产的商务车、卫星通讯车等专用汽车，不征收消费税。

40.【答案】D

【解析】只有卷烟在批发环节加征一道消费税，鞭炮不在批发环节纳税。

41.【答案】D

【解析】烟草批发企业将卷烟销售给其他烟草批发企业的，不缴纳消费税。

42.【答案】AB

【解析】化妆品仅在生产销售环节、进口环节和委托加工环节缴纳消费税，在批发环节和零售环节不缴纳消费税。在批发环节缴纳消费税的，目前只有“卷烟”；在商业零售环节缴纳消费税的，目前只有“金银铂钻首饰”和“超豪华小汽车”。

43.【答案】ACD

【解析】选项 B，实木地板在生产、委托加工、进口环节缴纳消费税。实木地板的保养服务不属于消费税的征税范围。

44.【答案】×

【解析】对于购进乘用车和中轻型商用客车整车改装生产的汽车，应按规定征收消费税。

45.【答案】AC

【解析】采用从量计征办法计缴消费税的是啤酒、黄酒、成品油。选项 B、D 属于其他酒，采用从价定率办法计征消费税。

46.【答案】CD

【解析】实行从量定额与从价定率相结合的复合计征办法征收消费税的只有卷烟和白酒。选项 A，雪茄烟实行从价定率办法计征消费税；选项 B，黄酒实行从量定额办法计征消费税。

47.【答案】√

48.【答案】A

【解析】应纳消费税=含增值税销售额÷（1+增值税税率）×消费税税率。

49.【答案】C

【解析】应纳消费税=含增值税销售额÷（1+增值税征收率）×消费税税率。

50.【答案】A

【解析】烟草批发企业将卷烟销售给其他烟草批发企业的，不缴纳消费税。本题中只对甲烟草批发企业向乙卷烟零售店销售的200标准条卷烟征收消费税。应纳消费税=销售额×比例税率+销售数量×定额税率。

51.【答案】B

【解析】应纳消费税=（关税完税价格+关税）÷（1−消费税税率）×消费税税率。

52.【答案】A

【解析】允许抵扣的项目不包括酒、摩托车、小汽车、高档手表、游艇、电池、涂料。

53.【答案】B

【解析】选项B，纳税人采取托收承付和委托银行收款方式销售的应税消费品，纳税义务发生时间为发出应税消费品并办妥托收手续的当天。

第五章

1.【答案】B

【解析】企业所得税纳税人不包括“个人独资企业”和“合伙企业”。

2.【答案】ABC

【解析】企业所得税纳税人不包括“个人独资企业”和“合伙企业”。

3.【答案】AC

【解析】选项B，不动产转让所得按照“不动产所在地”确定；选项D，权益性投资资产转让所得按照“被投资企业所在地”确定。

4.【答案】ACD

【解析】选项A，销售货物按照交易活动“发生地”确定所得来源地；选项B，提供劳务按照劳务“发生地”确定所得来源地；选项C，租金所得按照负担、支付所得的企业所在地确定所得来源地；选项D，转让股权属于权益性投资资产转让所得，按照被投资企业所在地确定所得来源地。

5.【答案】√

6.【答案】C

【解析】销售商品需要安装检验的，在购买方接受商品以及安装和检验完毕时确认收入。

7.【答案】C

【解析】选项A、B、D属于应税收入。

8.【答案】C

【解析】选项A，非营利组织从事非营利性活动取得的收入免税；从事营利性活动取得的收入征税。选项B属于不征税收入。选项D，对企业投资者持有2019年至2023年发行的铁路债券取得的利息收入，减半征收企业所得税。

9.【答案】ABCD

【解析】土地所有权属于国家，企业之间只能转让“使用权”，转让土地使用权，属于财产转让收入。

10.【答案】ABCD

11.【答案】BC

【解析】选项A属于销售货物收入；选项D属于特许权使用费收入。

12.【答案】√

13.【答案】√

14.【答案】B

【解析】企业发生的职工福利费支出超过工资薪金总额的14%的部分，“不得”在以后纳税年度结转扣除。

15.【答案】D

【解析】① 职工福利费扣除限额=工资薪金总额×14%=100×14%=14万元，实际发生额12万元未超过扣除限额，可以直接扣除；② 工会经费扣除限额=工资薪金总额×2%=100×2%=2万元，实际发生额1.5万元未超过扣除限额，可以直接扣除；③ 职工教育经费扣除限额=工资薪金总额×8%=100×8%=8万元，实际发生额15万元超过扣除限额，只能扣除8万元。准予扣除的职工福利费、工会经费和职工教育经费合计金额=12+1.5+8=21.5 万元。

16.【答案】D

【解析】经济性质的损失（如违约金、银行罚息），可以在税前扣除。国家给予的惩罚性质的损失（如税收滞纳金、罚金、罚款和被没收财物的损失），不得在税前扣除。

17.【答案】ABCD

【解析】采用排除法记忆，企业缴纳的增值税和企业所得税不得在税前扣除。

18.【答案】B

【解析】企业发生的广告性质赞助支出可视为广告宣传费，在税前扣除；发生的非广告性质赞助支出不得在税前扣除（避免纳税人以赞助的名义逃避纳税责任）。

19.【答案】×

【解析】企业职工因公出差乘坐交通工具发生的人身意外保险费支出，准予企业在计算应纳税所得额时扣除。

20.【答案】A

【解析】选项 A、C，未投入使用的房屋、建筑物，可以计算折旧扣除；未投入使用的其他固定资产，不得计算折旧扣除。选项 B，以经营租赁方式“租入”的固定资产，不得计算折旧扣除；以经营租赁方式“租出”的固定资产，可以计算折旧扣除。选项 D，以融资租赁方式“租出”的固定资产，不得计算折旧扣除，以融资租赁方式“租入”的固定资产，可以计算折旧扣除。

21.【答案】A

【解析】选项 B，自行建造的固定资产，以竣工结算前发生的支出为计税基础。选项 C，外购的固定资产，以购买价款和支付的相关税费以及直接归属于使该资产达到预定用途发生的其他支出为计税基础。选项 D，通过捐赠取得的固定资产，以该资产的公允价值和支付的相关税费为计税基础。

22.【答案】√

23.【答案】D

【解析】税收滞纳金、赞助支出、被没收财物的损失、罚款，不得在税前扣除。应缴纳的企业所得税=（300+5+30+10+50）×25%=98.75 万元，之前预缴了企业所得税 60 万元，还需要补缴企业所得税=98.75−60=38.75 万元。

24.【答案】A

【解析】财产转让所得，以收入全额减除被转让财产净值后的余额为应纳税所得额。2019 年度该境外公司在我国应缴纳企业所得税=（300−180）×10%=12 万元。

25.【答案】B

【解析】财产转让所得，以收入全额减除被转让财产净值后的余额为应纳税所得额。

26.【答案】B

【解析】租金所得，以收入全额 50 万元为应纳税所得额；财产转让所得，以收入全额 350 万元减除财产净值 200 万元后的余额为应纳税所得额。所以，应纳税所得额=50+（350−200）=200 万元。

27.【答案】×

【解析】采取缩短折旧年限方法的，最低折旧年限不得低于税法规定折旧年限的 60%。

28.【答案】BD

【解析】维持基本生活的“农、林、牧、渔、药等”，免税；提高生活品质的“花卉、茶、饮料、香料”减半征收。野生的“远洋捕捞”免税；自己养的“海水养殖”“内陆养殖”减半征收。

29.【答案】AB

【解析】选项 C、D 减半征收企业所得税。

30.【答案】ABCD

【解析】不适用税前加计扣除的行业：① 烟草制造业；② 住宿和餐饮业；③ 批发和零售业；④ 房地产业；⑤ 租赁和商务服务业；⑥ 娱乐业；⑦ 财政部和国家税务总局规定的其他行业。

31.【答案】×

【解析】企业以《资源综合利用企业所得税

优惠目录》规定的资源作为主要原材料，生产国家非限制和禁止并符合国家和行业相关标准的产品取得的收入，减按90%计入收入总额。

32.【答案】×

【解析】企业在年度中间终止经营活动的，应当自实际经营终止之日起 60 日内，向税务机关办理当期企业所得税汇算清缴。

33.【答案】√

34.【答案】√

35.【答案】BC

【解析】选项 A，将财产出租给承租人在中国“境内”使用而取得的所得，为来源于中国境内的所得；在中国“境外”使用的，不属于来源于中国境内的所得。选项 D，转让“中国境内”的不动产，属于来源于中国境内的所得；转让“境外”的不动产，不属于来源于中国境内的所得。

36.【答案】×

【解析】我国个人所得税的居民个人是指在中国境内有住所，或者无住所而一个纳税年度内在中国境内居住满 183 天的个人。

37.【答案】×

【解析】该外籍个人 2019 年度在中国境内居住累计满 183 天，2019 年度属于居民个人。

38.【答案】C

【解析】独生子女补贴、托儿补助费、差旅费津贴、误餐补助，不属于工资、薪金性质的补贴、津贴，不征收个人所得税。

39.【答案】A

【解析】选项 B 属于“偶然所得”项目；选项 C 属于“财产租赁所得”项目；选项 D 属于“利息、股息、红利所得”项目，但免征个人所得税。

40.【答案】C

【解析】选项 C 属于“财产租赁所得”项目。

41.【答案】BD

【解析】选项 A 属于“特许权使用费所得”项目；选项 C 属于“偶然所得”项目征税。

42.【答案】A

【解析】不得扣除非广告性的赞助支出，是避免纳税人采取赞助等手段逃避纳税责任。

43.【答案】ABC

【解析】选项 D，企业赠送的具有价格折扣或折让性质的消费券、代金券、抵用券、优惠券等礼品，不征收个人所得税。

44.【答案】ABCD

45.【答案】AD

【解析】选项 B，“出版”属于“稿酬所得”；选项 C，“任职受雇”属于“工资、薪金所得”。

46.【答案】D

【解析】预扣预缴税款时，劳务报酬所得每次收入不超过 4 000 元的，减除费用按 800 元计算；每次收入 4 000 元以上的，减除费用按收入的 20%计算，不扣减其他费用。预扣预缴应纳税所得额=4 200×（1-20%）=3 360 元；预扣预缴税额=3 360×20%=672 元。

47.【答案】CD

【解析】选项 A、C 属于只有一次性收入的情况，以取得该项收入为一次；选项 B、D，属于同一事项连续取得收入的情况，以 1 个月内取得的收入为一次。

48.【答案】D

【解析】劳务报酬所得以收入减除 20%的费用后的余额为应纳税所得额。应纳税额=5 000×（1-20%）×10%-210=190 元。

49.【答案】B

【解析】对个人购买符合规定的商业健康保险产品的支出，允许在当年（月）计算应纳税所得额时予以税前扣除，扣除限额为 2 400 元/年（200 元/月）。

50.【答案】A

【解析】房屋租赁过程中缴纳的税费，可以扣除；支付的房屋修缮费，每月扣除额不得超过 800 元，超过的部分准予结转以后扣除。应纳税额=［每次（月）收入额-财产租赁过程中缴纳的税费-由纳税人负担的租赁财产实际开支的修缮费用（800元为限）−800元］×10%=（3 000−120−800−800）×10%=128元。

51.【答案】D

【解析】偶然所得个人所得税应纳税额=每次收入额×20%，不扣除任何费用。

52.【答案】A

【解析】个人通过非营利的社会团体和国家机关向农村义务教育的捐赠，在计算缴纳个人所得税时，准予在税前的所得额中全额扣除。张某应缴纳个人所得税=（20 000−5 000）×20%=3 000元。

53.【答案】A

【解析】利息、股息、红利所得和偶然所得，以每次收入全额为应纳税所得额，不得扣除费用。

54.【答案】A

【解析】选项A，偶然所得以每次取得该项收入为一次。

55.【答案】A

【解析】劳务报酬所得、稿酬所得、特许权使用费所得，属于一次性收入的，以取得该项收入为一次；属于同一项目连续性收入的，以一个月内取得的收入为一次。

56.【答案】√

57.【答案】A

【解析】选项B按照"偶然所得"项目缴纳个人所得税；选项C按照"工资、薪金所得"项目缴纳个人所得税；选项D按照"稿酬所得"项目缴纳个人所得税。

58.【答案】A

【解析】选项B按照"工资、薪金所得"项目缴纳个人所得税；选项C按照"特许权使用费所得"项目缴纳个人所得税；选项D，"省级"人民政府、国务院部委和中国人民解放军军以上单位，以及外国组织、国际组织颁发的科学、教育、技术、文化、卫生、体育、环境保护等方面的奖金，免征个人所得税；"县级"人民政府颁发的奖金，不免税。

59.【答案】D

【解析】个人转让自用达5年以上，并且是唯一的家庭生活用房取得的所得，暂免征收个人所得税。

60.【答案】BD

【解析】选项A按照"特许权使用费所得"项目缴纳个人所得税；选项C按照"劳务报酬所得"项目缴纳个人所得税。

61.【答案】ACD

【解析】选项A，个人转让自用达5年以上，并且是唯一的家庭生活用房取得的所得，暂免征收个人所得税。选项B按照"劳务报酬所得"项目缴纳个人所得税，不免税。选项C，储蓄存款利息所得暂免征收个人所得税。选项D，个人举报、协查各种违法、犯罪行为而获得的奖金，暂免征收个人所得税。

62.【答案】AD

【解析】纳税人应当依法办理纳税申报的情形有：①取得综合所得需要办理汇算清缴的；②取得应税所得没有扣缴义务人的；③取得应税所得，扣缴义务人未扣缴税款的；④取得境外所得的；⑤因移居境外注销中国户籍的；⑥"非居民个人"在中国境内从两处以上取得工资、薪金所得的；⑦国务院规定的其他情形。

63.【答案】√

第六章

1.【答案】B

【解析】房产税的征税范围为城市、县城、建制镇和工矿区的房屋，不包括农村。

2.【答案】A

【解析】房产税的征税范围，记住两点，第一必须是房，包括与房屋相连的地下室、地下停车场等；第二不包括农村。

3.【答案】×

【解析】产权未确定以及租典纠纷未解决的，房产代管人或者使用人为房产税纳税人，不会因为产权未确定就不征税。

4.【答案】√

【解析】为便于国家对税款的征收和管理，产权所有人、承典人不在房产所在地的，房产代管人或者使用人为纳税人。

5.【答案】×

【解析】房地产开发企业建造的商品房，在出售前（属于房地产企业的存货），不征收房产税；但对出售前已经使用或者出租、出借的商品房，应按规定征收房产税。

6.【答案】×

【解析】纳税单位和个人无租使用房产管理部门、免税单位及纳税单位的房产，由使用人代为缴纳房产税。

7.【答案】D

【解析】选项 A、B、C 免征房产税。军队出租的空余房产，虽然属于营业性用房，但比较特殊，目前是暂免征收房产税的。选项 D，毁损不堪居住的房屋和危险房屋，经有关部门鉴定，在停止使用后可免征房产税，正在使用的不免税。

8.【答案】A

【解析】选项 A，经营性茶社属于营业用房，不免税；选项 B，办公用房属于自用房，免税；选项 C，个人的普通居住用房，免税；选项 D，职工食堂属于国家机关的自用房，免税。

9.【答案】AB

【解析】选项 A，宗教寺庙自用的房产是指举行宗教仪式等的房屋和宗教人员使用的生活用房屋，免税；选项 B，毁损不堪居住的房屋和危险房屋，经有关部门鉴定，在停止使用后免税；选项 C，国家机关、事业单位等附属工厂、商店、招待所等，不属于单位公务、业务的用房，不免税；选项 D，宗教寺庙、公园、名胜古迹中附设的营业单位，如影剧院、饮食部、茶社、照相馆等所使用的房产及出租的房产，不免税。

10.【答案】√

11.【答案】×

【解析】纳税人因房屋大修导致连续停用“半年”以上的，在房屋大修期间免征房产税。

12.【答案】C

【解析】计算房产税时不用考虑折旧。甲公司应纳房产税=房产原值×（1−扣除比例）×1.2%=8 000×（1−30%）×1.2%=67.2 万元。

13.【答案】D

【解析】应纳房产税=房产原值×（1−扣除比例）×1.2%=800 000×（1−30%）×1.2%=6 720 元。

14.【答案】B

【解析】解题注意三点：① 计算房产税时，租金收入不含增值税，需要先对含增值税的租金 126 000 元除以（1+增值税征收率）进行价税分离；② 题目中未给出商铺的房产原值，不用考虑自用期间房产税应纳税额的计算。应纳房产税=租金收入×12%=126 000÷（1+5%）×12%=14 400 元。

15.【答案】A

【解析】个人所有非营业用的房产免征房产税。1 至 3 月，自用期间免税；4 至 9 月，出租期间从租计征房产税，应纳房产税=月租金×出租月数×4%=1×9×4%=0.36 万元（个人出租住房，按 4%的税率征收房产税，所以题目中给出的税率是 4%，而不是 12%）。

16.【答案】B

【解析】对于以房产投资，收取固定收入，不承担经营风险的，实际上是以联营名义取得房产租金，应根据有关规定由出租方按租金收入计算缴纳房产税，从被投资方取得的固定收入即为租金收入。2019 年甲公司应缴纳房产税=50×12%=6 万元。

17.【答案】D

【解析】房产的租金收入包括货币收入和实物收入。本题中，换回的 30 万元原材料属于“实物收入”，即出租仓库的租金为 30 万元。应纳房产税=租金收入×12%=30×12%=3.6 万元。

18.【答案】×

【解析】房产税从价计征是指以房产“余值”为计税依据。

19.【答案】ACD

【解析】电冰箱可以与房屋分割，不以房屋为载体，可以随意移动，不计入房产原值计征房产税。

20.【答案】×

【解析】凡以房屋为载体，不可随意移动的附属设备和配套设施，如给排水、采暖、消防、中央空调、电气及智能化楼宇设备等，无论在会计核算中是否单独记账与核算，都应计入房产原值，计征房产税。

21.【答案】BCD

【解析】纳税人将原有房产用于生产经营，自生产经营“之月”起缴纳房产税。只有这一个是“之月”，需要特殊记忆。

22.【答案】×

【解析】计算截止到“当月末”，从次月开始不用计算。

23.【答案】×

【解析】房产税在房产所在地缴纳。

24.【答案】√

25.【答案】C

【解析】契税的纳税人，是在我国境内“承受”（购买方）土地、房屋权属转移的单位和个人。选项 A、D，捐赠和出售房产的，由承受方缴纳契税；选项 B，承租房屋，房屋权属未发生转移，不征收契税。

26.【答案】×

【解析】契税的纳税人是指在我国境内“承受”土地、房屋权属转移的单位和个人。

27.【答案】B

【解析】选项 A、D，出租、抵押行为，权属未发生转移，不征收契税；选项 B，乙公司受让国有土地使用权，权属发生了转移，乙公司取得了权属，应缴纳契税；选项 C，继承房产，不征收契税。

28.【答案】C

【解析】抵押房屋，权属未发生转移，不征收契税。选项 A、B、D，房屋赠与、交换、买卖，属于契税的征税范围。

29.【答案】ABC

【解析】房屋租赁，权属未发生转移，不属于契税征税范围。

30.【答案】×

【解析】王某是转让方，李某是承受方，应由李某缴纳契税。

31.【答案】×

【解析】企业破产清算期间，对非债权人承受破产企业土地、房屋权属的，应征收契税；债权人承受土地、房屋权属的，免税。

32.【答案】√

【解析】国家机关、事业单位、社会团体、军事单位承受土地、房屋用于办公、教学、医疗、科研和军事设施的，免征契税。

33.【答案】×

【解析】纳税人承受荒山、荒沟、荒丘、荒滩土地使用权，用于农、林、牧、渔业生产的，免征契税。

34.【答案】A

【解析】房屋、土地使用权的交换，由补差价的一方按差额缴纳契税。应纳契税=20×3%=0.6 万元。

35.【答案】B

【解析】契税由购买方缴纳。周某只缴纳购进住房的契税，应纳契税=200×5%=10 万元。

36.【答案】C

【解析】本题可以看作周某把 90 万元的房产卖给谢某，用卖房款偿还谢某借款 80 万元，剩余 10 万元。在这项业务中，谢某购买了 90 万元的房屋，所以由谢某缴纳契税。谢某应缴纳契税=90×3%=2.7 万元。

37.【答案】ABD

【解析】选项 A、C，国有土地使用权出让、土地使用权出售、房屋买卖，以成交价格（不含增值税）作为计税依据；选项 B，土地使用权赠与、房屋赠与，由征税机关参照市场价格核定；选项 D，土地使用权交换、房屋交换，以差价作为计税依据。

38.【答案】×

【解析】契税纳税人应当自纳税义务发生之日起“10 日内”，向土地、房屋所在地税务征收机关办理纳税申报。

39.【答案】×

【答案】纳税人发生契税纳税义务时，应向“土地、房屋所在地”的税务征收机关申报纳税。

40.【答案】×

【解析】契税的纳税义务发生时间是纳税人签订土地、房屋权属转移合同的当天，或者纳税人取得其他具有土地、房屋权属转移合同性质凭证的当天。

41.【答案】D

【解析】选项 A，出租房地产，权属未发生转移，不属于土地增值税的征税范围；选项 B，土地增值税只对“转让”国有土地使用权的行为征税，对“出让”国有土地的行为不征税；选项 C，土地增值税是对“转让方”征税，“承受方”不征税。

42.【答案】B

【解析】选项 A，出租厂房，权属未发生转移，不属于土地增值税的征税范围；选项 C，土地增值税只对“转让”国有土地使用权的行为征税，对“出让”国有土地的行为不征税；选项 D 属于公益性捐赠，不征税。

43.【答案】B

【解析】选项 A，出租房屋，权属未发生转移，不属于土地增值税的征税范围；选项 C，代建房屋，属于提供劳务，不属于土地增值税的征税范围；选项 D，评估房屋，房屋升值，但权属未发生转移，不属于土地增值税的征税范围。

44.【答案】ABD

【解析】选项 A、B、D，以房地产进行对外投资，视同销售房地产，要缴纳增值税、土地增值税、企业所得税；选项 C，契税由“承受方”缴纳。

45.【答案】√

46.【答案】AC

【解析】选项 A，纳税人既建普通标准住宅又进行其他房地产开发的，应分别核算增值额；不分别核算增值额或不能准确核算增值额的，其建造的普通标准住宅不能适用免税规定。选项 C，高级公寓、别墅、度假村等不属于普通标准住宅，不适用免税规定。

47.【答案】BD

【解析】选项 A，国家机关转让自用房产，不免税。选项 B、C，单位、个人在改制重组时以房地产作价入股进行投资，对其将房地产转移、变更到被投资的企业，投资方与被投资方均不是房地产开发企业的，暂不征收土地增值税；投资方或被投资方属于房地产开发企业的，征收土地增值税。

48.【答案】×

【解析】该企业以地换房，虽然没有取得货币收入，但取得了实物收入并且发生了土地使用权转移，所以，该企业应该缴纳土地增值税。

49.【答案】B

【解析】题目中直接给出了税率和速算扣除系数，土地增值税的计算可简化为两步：第一步，计算增值额，增值额=房地产转让收入−扣除项目金额=5 000−3 000=2 000 万元；第二步，计算应纳税额，应纳税额=增值额×适用税率−扣除项目金额×速算扣除系数=（5 000−3 000）×40%−3 000×5%=650 万元。

50.【答案】ABC

【解析】纳税人应当进行土地增值税清算的情形有（特点：已全部销售）：① 房地产开发项目全部竣工、完成销售的；② 整体转让未竣工决算房地产开发项目的；③ 直接转让土地使用权的。

51.【答案】√

52.【答案】ABC

【解析】选项A、D，对于出租的土地，出租方拥有土地使用权，由出租方纳税。选项B，城镇土地使用税由拥有土地使用权的单位或个人缴纳。选项C，土地使用权共有的，由共有各方分别缴纳。

53.【答案】BCD

【解析】"镇政府所在地所辖行政村"属于农村，不属于城镇土地使用税的征税范围。

54.【答案】√

55.【答案】A

【解析】水利设施及其管护用地（如水库库区、大坝、堤防、灌溉、泵站等用地）免征城镇土地使用税；其他用地，如生产、办公、生活用地，不免税。

56.【答案】D

【解析】选项A，国家机关、人民团体、军队自用的土地，免征城镇土地使用税；选项B，宗教寺庙、公园、名胜古迹自用的土地，免征城镇土地使用税；选项C，直接用于农、林、牧、渔业的生产用地，免征城镇土地使用税；选项D，盐场、盐矿的生产厂房、办公、生活区用地，不免税。

57.【答案】D

【解析】选项A，盐场的盐滩、盐矿的矿井用地，暂免征收城镇土地使用税；盐场、盐矿的生产厂房、办公、生活区用地，照章征收城镇土地使用税。选项B，公园自用的土地免税，公园内附设照相馆使用的土地不免税。选项C，水电站的发电厂房用地，生产、办公、生活用地，应征收城镇土地使用税；其他用地免税。

58.【答案】ABC

【解析】选项A，民航机场场内道路用地征税；场外道路用地免税。选项B，商业企业经营用地不免税。选项C，厂区围墙外的灰场、输灰管、输油（气）管道、铁路专用线用地免税；厂区围墙外的其他用地和厂区围墙内的用地征税。

59.【答案】√

【解析】免税单位无偿使用纳税单位的土地，免征城镇土地使用税；纳税单位无偿使用免税单位的土地，不免税。

60.【答案】D

【解析】城镇土地使用税采用"定额"税率，按大、中、小城市和县城、建制镇、工矿区分别规定每平方米城镇土地使用税年应纳税额，属于从量计征。契税和房产税适用比例税率，实行从价计征。土地增值税采用四级超率累进税率。

61.【答案】ABCD

62.【答案】√

63.【答案】A

【解析】对企业的铁路专用线、公路等用地，在企业厂区（包括生产、办公及生活区）以内的，征税；在厂区以外、与社会公用地段未加隔离的，免税。甲服装公司占用的土地均应征税。应纳税额=实际占用应税土地面积×适用税额。

64.【答案】C

【解析】对火电厂厂区围墙外的灰场、输灰管、输油（气）管道、铁路专用线用地，免税；厂区围墙外的其他用地和厂区围墙内的用地，征税。应纳税额=实际占用应税土地面积×适用税额=（80−3）×1.5=115.5万元。

65.【答案】D

【解析】森林公园和防火设施用地免征城镇土地使用税，只对办公用地和生活区用地征税。

66.【答案】D

【解析】盐场的盐滩用地免税，只对办公用地和生活区用地征税。

67.【答案】BCD

【解析】车船税的征税范围不包括：① 电动汽车；② 火车；③ 地铁列车；④ 拖拉机；⑤ 电动自行车；⑥ 燃料电池汽车；⑦ 临时入境的外国车船和港、澳、台车船。

68.【答案】ABD

69.【答案】D

【解析】选项 A、B、C 免征车船税。

70.【答案】B

71.【答案】D

72.【答案】B

【解析】① 挂车的车船税税额按照货车税额的 50%计算；② 拖船、非机动驳船的车船税税额分别按照机动船舶税额的50%计算。

73.【答案】CD

【解析】选项 A，商用货车以“整备质量吨位数”为计税依据；选项 B，机动船舶以“净吨位数”为计税依据。

74.【答案】B

【解析】选项 A、D 以“整备质量吨位数”作为计税依据；选项 C 以“艇身长度”作为计税依据。

75.【答案】ABCD

76.【答案】C

【解析】挂车按照货车税额的 50%计算车船税。10 辆载货汽车应纳车船税=10×20×40=8 000 元，5 辆挂车应纳车船税=5×20×40×50%=2 000 元，5 辆乘用车应纳车船税=5×360=1 800 元。故该公司 2013 年应缴纳车船税=8 000+2 000+1 800=11 800 元。

77.【答案】A

【解析】购置的新车船，自购置的当月起计算应纳的车船税。应纳税额=年应纳税额÷12×应纳税月份数=2×480÷12×7=560 元。

78.【答案】ABCD

【解析】印花税的征税范围包括以电子形式签订的各类应税凭证，所以各类电子应税凭证的签订人，也是印花税的纳税人。

79.【答案】ABCD

80.【答案】C

【解析】一般的法律、会计、审计等方面的咨询合同，不征收印花税。

81.【答案】D

【解析】企业与主管部门签订的租赁承包合同，不征收印花税。

82.【答案】CD

【解析】选项 A，一般的法律、会计、审计等方面的咨询不属于技术咨询，所立合同不贴花。选项 B，电网与电网之间签订的购售电合同，按购销合同征收印花税；电网与用户之间签订的供用电合同不征印花税。选项 C 按照技术服务合同缴纳印花税。选项 D 按照技术转让合同缴纳印花税。

83.【答案】ABCD

84.【答案】ABCD

85.【答案】BC

【解析】下列合同不缴纳印花税：① 一般的法律、会计、审计等咨询合同；② 人身保险合同；③ 出版合同；④ 委托代理合同；⑤ 企业与主管部门签订的租赁承包合同。

86.【答案】D

【解析】印花税征税范围中的权利、许可证照包括不动产权证书、营业执照、商标注册证、专利证书。

87.【答案】ACD

【解析】选项 B，一般的法律、会计、审计等咨询合同，不征收印花税。

88.【答案】ACD

【解析】对在供需经济活动中使用电话、计算机联网订货，没有开具书面凭证的，暂不贴花。

89.【答案】D

【解析】专利证书按照“权利、许可证照”缴纳印花税。

90.【答案】ABCD

91.【答案】ABCD

92.【答案】ABD

【解析】选项 A，按“财产转让所得”缴纳个人所得税；选项 B，按“产权转移书据”缴纳印花税；选项 C，张某为“销售方”不缴纳契税，契税由房屋承受方（谢某）缴纳；选项 D，应当缴纳土地增值税。

93.【答案】B

【解析】营业执照和不动产权证征收印花税，卫生许可证不征税。

94.【答案】ABC

【解析】选项D，以件数为计税依据。

95.【答案】√

【解析】权利、许可证照按件贴花，每件5元。

96.【答案】C

【解析】选项A，资源税“进口不征、出口不退”；选项B、D，应征资源税的矿产品和盐为初级产品，精盐、石油制品等深加工产品，不属于资源税征税范围。

97.【答案】C

【解析】空气与液氧不属于资源税的征税范围，不缴纳资源税。

98.【答案】A

【解析】选项B、C、D均不征收资源税。

99.【答案】D

【解析】柴油属于石油深加工产品，不属于原油，不征收资源税。

100.【答案】D

【解析】选项A，人造石油不征收资源税。选项B，煤矿生产过程中生产的天然气不征收资源税。选项C，液体盐和固体盐均属于资源税应税产品，也均属于增值税应税产品。将自产应税产品用于连续生产应税产品，增值税和资源税均不视同销售。选项D，将开采的天然气用于职工食堂，增值税和资源税均视同销售。

101.【答案】AB

【解析】选项A、B，开采原油过程中用于加热、修井的原油，免税。

102.【答案】×

【解析】纳税人将开采的原煤自用于连续生产洗选煤的，在原煤移送使用环节不缴纳资源税；将开采的原煤加工为洗选煤销售的，应当计算缴纳资源税。

103.【答案】D

【解析】选项 A、D，纳税人开采或者生产不同税目应税产品的，应当分别核算不同税目应税产品的销售额或者销售数量；未分别核算或者不能准确提供不同税目应税产品的销售额或者销售数量的，“从高”适用税率。选项 B、C，独立矿山、联合企业收购未税矿产品的单位，按照“本单位”应税产品税额标准，依据收购的数量代扣代缴资源税；其他收购单位收购的未税矿产品，按“税务机关核定”的应税产品税额标准，依据收购的数量代扣代缴资源税。

104.【答案】AB

【解析】销售额是指纳税人销售应税矿产品向购买方收取的全部价款和价外费用，但不包括收取的增值税销项税额和符合条件的运杂费用（具体是指运送应税产品从坑口或者洗选、加工地到车站、码头或者购买方指定地点的运杂费用）。

105.【答案】×

【解析】采取分期收款结算方式的，资源税纳税义务发生时间为销售合同规定的收款日期的当天。

106.【答案】D

【解析】教育费附加以纳税人“实际缴纳”的增值税、消费税为计征依据。

107.【答案】B

【解析】城市维护建设税的计税依据是纳税人实际缴纳的增值税、消费税税额；纳税人所在地为市区的，城建税税率为7%。

108.【答案】A

【解析】选项A，对出口产品退还增值税的，不退还已缴纳的城市维护建设税。

109.【答案】B

【解析】① 关税完税价格不包括买方佣金和货物运抵我国关境输入地点起卸后的运杂费。关税完税价格=17+3=20 万元，进口关税=20×20%=4 万元。② 消费税组成计税价格=（关税完税价格+关税）÷（1−消费税税率）=（20+4）÷（1−25%）=32 万元；进口环节消费税=组成计税价格×消费税税率=32×25%=8 万元。③ 进口环节增值税=组成计税价格×增值税税率=32×13%=4.16 万元。④ 城建税和教育费附加，进口不征，出口不退。

110.【答案】C

【解析】对原产于与我国签订含有特殊关税优惠条款的贸易协定的国家或者地区的进口货物，适用特惠税率。

111.【答案】AD

【解析】选项 B、C 实行从价计征进口关税。

112.【答案】ABCD

【解析】一般进口货物，由海关以该货物的成交价格为基础审查确定的到岸价格作为完税价格。具体包括：① 货价；② 货物运抵我国关境内输入地点起卸前的包装费、运费、保险费和其他劳务费；③ 支付给卖方的佣金；④ 为了在境内生产、制造、使用或出版、发行的目的而向境外支付的与该进口货物有关的专利、商标、著作权，以及专有技术、计算机软件和资料等费用。

113.【答案】×

【解析】对从境外采购进口的原产于中国境内的货物，按照最惠国税率征税。

114.【答案】×

【解析】到岸价格是指包括货价以及货物运抵我国关境内输入地点起卸前的包装费、运费、保险费和其他劳务费等费用构成的一种价格，其中还应包括为了在境内生产、制造、使用或出版、发行的目的而向境外支付的与该进口货物有关的专利、商标、著作权，以及专有技术、计算机软件和资料等费用。

115.【答案】×

【解析】对于因故退还的中国出口货物，可以免征进口关税，但已经征收的出口关税不予退还。

116.【答案】D

【解析】贮存在符合国家和地方环境保护标准设施中的 30 吨和综合利用且符合国家和地方环境保护标准的 100 吨，不缴纳环境保护税，只对直接倒弃于周边空地的部分征税。

117.【答案】B

【解析】车辆购置税的应税车辆包括：汽车、有轨电车、汽车挂车、排气量超过 150 毫升的摩托车，不包括电动自行车。

118.【答案】AC

【解析】选项 B、D 照章征收耕地占用税。

119.【答案】×

【解析】烟叶税的纳税人为在我国境内"收购"烟叶的单位。

120.【答案】B

【解析】拖船和非机动驳船按相同净吨位船舶税率的 50%计征船舶吨税。

第七章

1.【答案】ACD

【解析】不适用税收征收管理法的有：① 关税；② 委托代征的进口环节增值税、消费税；③ 船舶吨税；④ 教育费附加。

2.【答案】A

【解析】选项 A 属于纳税主体的权利。

3.【答案】A

【解析】选项 A 属于征税主体的权利。

4.【答案】ACD

【解析】税款征收权包括依法计征权、核定税款权、税收保全和强制执行权、追征税款权等。

5.【答案】BCD

【解析】"五证"是指：① 工商营业执照；② 组织机构代码证；③ 税务登记证；④ 社会保险登记证；⑤ 统计登记证。"一照"是指营业执照；"一码"是指统一社会信用代码。

6.【答案】ABC

【解析】不用办理税务登记的有：① 国家机关；② 个人；③ 无固定生产经营场所的流动性农村小商贩。

7.【答案】×

【解析】“营业执照”为企业唯一的“身份证”。

8.【答案】B

9.【答案】B

10.【答案】D

【解析】发票存根联和发票登记簿，应当保存5年。

11.【答案】ABCD

【解析】增值税一般纳税人发生应税销售行为，使用增值税发票管理新系统开具增值税专用发票、增值税普通发票、机动车销售统一发票、增值税电子普通发票。

12.【答案】ABCD

【解析】任何单位和个人不得有下列虚开发票的行为：① 为他人、为自己开具与实际经营业务情况不符的发票；② 让他人为自己开具与实际经营业务情况不符的发票；③ 介绍他人开具与实际经营业务情况不符的发票。

13.【答案】ABCD

14.【答案】AD

【解析】由付款方向收款方开具发票的情形：① 收购单位和扣缴义务人支付个人款项时；② 国家税务总局认为其他需要由付款方向收款方开具发票的。

15.【答案】√

16.【答案】√

17.【答案】ABCD

18.【答案】×

【解析】纳税人在纳税期内没有应纳税款的，也应当按照规定办理纳税申报。

19.【答案】×

【解析】纳税人享受减税、免税待遇的，在减税、免税期间应当按照规定办理纳税申报。

20.【答案】×

【解析】纳税人在纳税期内没有应纳税款的，也应当按照规定办理纳税申报。

21.【答案】√

22.【答案】B

【解析】查账征收适用于财务会计制度健全，能够如实核算和提供生产经营情况，并能正确计算应纳税款和如实履行纳税义务的纳税人。

23.【答案】D

【解析】纳税人发生纳税义务，未按照规定的期限办理纳税申报，经税务机关责令限期申报，逾期仍不申报的，税务机关有权核定其应纳税额。

24.【答案】A

【解析】纳税担保的范围包括税款、滞纳金和实现税款、滞纳金的费用。费用包括抵押、质押登记费用，抵押保管费用，以及保管、拍卖、变卖担保财产等相关费用支出。

25.【答案】ABCD

26.【答案】BC

【解析】税款征收措施的种类有：① 责令缴纳；② 责令提供纳税担保；③ 采取税收保全措施；④ 采取强制执行措施；⑤ 阻止出境。

27.【答案】ABC

【解析】选项D适用于采取强制执行措施。

28.【答案】ABCD

29.【答案】BC

【解析】选项 A 属于责令纳税人提供纳税担保；选项D属于采取强制执行措施。

30.【答案】√

31.【答案】×

【解析】企业未按规定缴纳税款的，税务机关可以从滞纳税款之日起，按日加收滞纳税款万分之五的滞纳金。

32.【答案】ABCD

33.【答案】√

34.【答案】A

【解析】选项A，申请人对税务机关作出的征税行为不服的，应当先申请行政复议，对行政复议决定不服的，可以再向人民法院提起行政诉讼。选项 B、C、D 不属于征税行为，纳税人不服的，可以申请行政复议，也可以直接向人民法院提起行政诉讼。

35.【答案】D

【解析】选项 A、B、C 属于征税行为，纳税人不服的，应当先申请行政复议，对行政复议决定不服的，再向人民法院提起行政诉讼。

36.【答案】ABC

【解析】选项 D 不属于具体行政行为，不得申请行政复议。

37.【答案】ABCD

38.【答案】A

【解析】对计划单列市税务局的具体行政行为不服的，向国家税务总局申请行政复议。

39.【答案】ABC

【解析】对被撤销的税务机关在撤销以前所作出的具体行政行为不服的，向继续行使其职权的税务机关的“上一级税务机关”申请行政复议。

40.【答案】×

【解析】对国家税务总局作出的具体行政行为不服的，向国家税务总局申请行政复议；对行政复议决定不服，申请人可以向人民法院提起行政诉讼，也可以向国务院申请裁决；国务院的裁决为终局裁决。

41.【答案】C

42.【答案】ACD

【解析】选项 B，申请人申请停止执行，行政复议机关认为其要求合理决定停止执行的，可以停止执行。

43.【答案】√

44.【答案】A

【解析】选项 A，复议机关应当自受理申请之日起 60 日内作出行政复议决定。

45.【答案】ABCD

【解析】具体行政行为有下列情形之一的，行政复议机关应决定予以撤销、变更或者确认其违法：① 主要事实不清、证据不足的；② 适用依据错误的；③ 违反法定程序的；④ 超越或者滥用职权的；⑤ 具体行政行为明显不当的。

46.【答案】AC

【解析】逃税是指纳税人采取伪造、变造、隐匿、擅自销毁账簿、记账凭证，或者在账簿上多列支出或者不列、少列收入，或者经税务机关通知申报而拒不申报或者进行虚假的纳税申报的手段，不缴或者少缴应纳税款的行为。

47.【答案】√

第八章

1.【答案】C

【解析】劳动关系的建立由用工时间决定，从用工之日起，用人单位即与劳动者建立劳动关系。

2.【答案】B

【解析】甲公司于 2014 年 2 月 12 日与吴某签订劳动合同，用工时间 11 个月，应支付 10 个月（2013 年 4 月 12 日至 2014 年 2 月 11 日）的 2 倍工资，即 2 000×10=20 000 元。

3.【答案】ABCD

4.【答案】CD

【解析】选项 A，用人单位自用工之日起即与劳动者建立劳动关系；选项 B，用人单位自用工之日起满一年未与劳动者订立书面劳动合同的，视为自用工之日起满一年的当日已经与劳动者订立无固定期限劳动合同，在本题中，张某于 2010 年 8 月进入甲公司工作，至年底尚不足一年。

5.【答案】×

【解析】用人单位与劳动者自用工之日起建立劳动关系。

6.【答案】×

【解析】劳动合同经双方协商一致，在合同文本上签字或盖章后生效。劳动合同文本由用人单位和劳动者各执一份。

7.【答案】√

8.【答案】B

【解析】在确定年休假的天数时，依据的是劳动者的累计工作年限，并非现单位的工作年限。累计工作满 10 年不满 20 年的，可享受年休假 10 天。

9.【答案】C

【解析】扣除限额有两个。限额 1：工资的 20%=1 100×20%=220 元；限额 2：月工资−当地最低工资标准=1 100−900=200 元。两个限额选小的，即该工厂可从李某每月工资中扣除的最高限额为 200 元。

10.【答案】B

【解析】加班工资的计算标准：① 日标准工作时间以外加班的，按不低于劳动者本人小时工资标准的 150%支付劳动者工资；② 休息日加班又不能补休的，按不低于劳动者本人小时工资标准的 200%支付劳动者工资；③ 法定节假日加班的，应按照不低于劳动者本人小时工资标准的 300%支付劳动者工资。本题属于第一类，按照 150%计算加班工资。

11.【答案】A

【解析】正常工作日加班，加班工资按不低于劳动者本人小时工资标准的 150%计算；周六日加班，加班工资按不低于劳动者日或小时工资标准的 200%计算。甲公司依法应支付吴某 11 月最低加班工资=200÷8×150%×2+200×200%×1=475 元。

12.【答案】C

【解析】职工累计工作已满 10 年不满 20 年的，年休假 10 天。罗某已休假 3 天，还可享受剩余年休假 7 天。

13.【答案】A

【解析】劳动者违反服务期和竞业限制的约定，应向用人单位支付违约金。

14.【答案】D

【解析】用人单位与劳动者约定了服务期，但用人单位未按照劳动合同的约定提供劳动保护或者劳动条件，劳动者有权随时通知用人单位解除劳动合同，不属于违反服务期的约定，用人单位不得要求劳动者支付违约金。

15.【答案】BD

【解析】选项 A、C 属于劳动合同的必备条款。

16.【答案】ABCD

17.【答案】ABC

【解析】累计工作满 20 年以上，病假累计天数 4 个月以上的，不享受年休假，选项 D 错误。

18.【答案】AC

【解析】劳动合同期限不满 3 个月的、非全日制用工和以完成一定工作任务为期限的劳动合同，不得约定试用期。

19.【答案】BCD

【解析】法律禁止用人单位对劳动合同服务期和竞业限制之外的其他事项与劳动者约定由劳动者承担违约金。

20.【答案】×

【解析】工资必须在用人单位与劳动者约定的日期支付。如遇节假日或休息日，则应“提前”在最近的工作日支付。

21.【答案】×

【解析】劳动合同仅约定试用期的，试用期不成立，该期限为劳动合同期限。

22.【答案】√

【解析】同一用人单位与同一劳动者只能约定一次试用期。

23.【答案】√

24.【答案】×

【解析】从事同类业务的竞业限制期限不得超过 2 年。

25.【答案】ABCD

26.【答案】√

27.【答案】C

【解析】固定期限劳动合同的履行期限内，劳动者可以提前 30 日以书面形式通知用人单位解除劳动合同。

28.【答案】C

【解析】用人单位裁减人员 20 人以上或者裁减不足 20 人但占企业职工总数 10%以上的，用人单位提前 30 日向工会或者全体职工说明情况听取职工意见后，裁减人员方案经向劳动行政部门报告，可以裁减人员。在本题中，20人大于职工人数的10%(10人)，以10人为标准，10人以上（含10人）需执行该程序，小于10人的，不需要执行该程序。所以最多裁减数量为9人。

29.【答案】D

【解析】劳动合同终止的情形主要有：① 劳动合同期满的；② 劳动者开始依法享受基本养老保险待遇的；③ 劳动者达到法定退休年龄的；④ 劳动者死亡，或者被人民法院宣告死亡或者宣告失踪的；⑤ 用人单位被依法宣告破产的；⑥ 用人单位被吊销营业执照、责令关闭、撤销或者用人单位决定提前解散的；⑦ 法律、行政法规规定的其他情形。

30.【答案】D

【解析】选项D，经济补偿金的支付标准是法定的，不能由用人单位和劳动者在劳动合同中约定。

31.【答案】D

【解析】张某在甲公司工作6年零4个月，应补偿6.5个月的工资；甲公司应当向张某支付经济补偿金=5 000×6.5=32 500元。

32.【答案】ABD

【解析】劳动者同时与其他用人单位建立劳动关系，经用人单位提出，拒不改正的，用人单位随时通知劳动者解除劳动合同且不需要支付经济补偿。

33.【答案】ABCD

【解析】用人单位有下列情形之一，需要裁减人员20人以上或者裁减不足20人但占企业职工总数10%以上的，用人单位提前30日向工会或者全体职工说明情况，听取工会或者职工的意见后，裁减人员方案经向劳动行政部门报告，可以裁减人员：① 依照企业破产法规定进行重整的；② 生产经营发生严重困难的；③ 企业转产、重大技术革新或者经营方式调整，经变更劳动合同后，仍需裁减人员的；④ 其他因劳动合同订立时所依据的客观经济情况发生重大变化，致使劳动合同无法履行的。

34.【答案】AC

【解析】劳动者有下列情形之一的，用人单位既不得解除劳动合同，也不得终止劳动合同，劳动合同应当延续至相应的情形消失时终止：① 从事接触职业病危害作业的劳动者未进行离岗前职业健康检查，或者疑似职业病病人在诊断或者医学观察期间的；② 在本单位患职业病或者因工负伤并被确认丧失或者部分丧失劳动能力的；③ 患病或者非因工负伤，在规定的医疗期内的；④ 女职工在孕期、产期、哺乳期的；⑤ 在本单位连续工作满15年，且距法定退休年龄不足5年的；⑥ 法律、行政法规规定的其他情形。

35.【答案】ABD

【解析】选项C，劳动合同期满，如果用人单位维持或者提高劳动合同约定条件续订劳动合同而劳动者不同意续订，用人单位不需支付经济补偿金。

36.【答案】B

【解析】非全日制用工双方当事人可以订立口头协议。

37.【答案】D

【解析】选项D，非全日制用工的，用人单位可以按小时、日或周为单位结算工资，但结算支付周期最长不得超过15日。

38.【答案】B

39.【答案】B

【解析】选项B，劳务派遣单位应当与被派遣劳动者订立2年以上的固定期限劳动合同。

40.【答案】ABD

【解析】选项C，非全日制用工双方当事人不得约定试用期。

41.【答案】AB

【解析】选项C，被派遣劳动者享有与用工单位的劳动者同工同酬的权利；选项D，被派遣劳动者有权在劳务派遣单位或者用工单位依法参加或者组织工会，维护自身的合法权益。

42.【答案】√

43.【答案】C

【解析】劳动争议申请仲裁的时效期间为1年，从当事人知道或者应当知道其权利被侵害之日起计算。劳动关系存续期间因拖欠劳动报酬发生争议的，劳动者申请仲裁不受1年仲裁时效期间的限制；但是，劳动关系终止的，应当自劳动关系终止之日起1年内提出。

44.【答案】C

【解析】劳动争议申请仲裁的时效期间为1年，从当事人知道或者应当知道其权利被侵害之日起计算。劳动关系存续期间，因拖欠劳动报酬发生争议的，申请仲裁不受1年的限制；但劳动关系终止的，应当自劳动关系终止之日（2017年1月10日）起1年内提出。

45.【答案】B

【解析】选项A，一方当事人逾期不履行终局裁决的，另一方当事人可以向人民法院申请执行；选项C，对终局裁决不服，用人单位不能提起劳动诉讼，但劳动者可以自收到仲裁裁决书之日起15日内向人民法院提起劳动诉讼；选项D，应向仲裁委员会所在地的中级人民法院申请撤销仲裁裁决。

46.【答案】AC

【解析】选项B，一般经济纠纷的仲裁，当事人必须在事先或事后达成仲裁协议，才能据此向仲裁机构提出仲裁申请；而劳动争议的仲裁，则不要求当事人达成仲裁协议，只要一方当事人提出申请，有关仲裁机构即可受理。选项D，一般经济纠纷的仲裁实行一裁终局制度；而劳动争议仲裁，当事人对裁决不服的，除法律规定的几类特殊劳动争议外，可以向人民法院起诉。

47.【答案】BD

【解析】选项A，违约金的支付主体只能是劳动者；选项C，用人单位按照应付金额50%以上100%以下的标准向劳动者加付赔偿金。

48.【答案】B

49.【答案】B

【解析】城镇个体工商户和灵活就业人员参加职工基本养老保险的，缴费比例为20%，其中12%计入基本养老保险统筹基金，8%计入个人账户。

50.【答案】BC

【解析】无雇工的个体工商户、未在用人单位参加基本养老保险的非全日制从业人员以及其他灵活就业人员参加基本养老保险的，应当按照国家规定缴纳基本养老保险费，分别计入基本养老保险统筹基金和个人账户。

51.【答案】AB

【解析】选项A、B，缴纳的养老保险金应分别记入基本养老保险统筹基金和个人账户，不能全部划入其个人账户；选项C、D，基本养老保险的个人账户不得提前支取，免征利息税。

52.【答案】ABCD

53.【答案】ABC

【解析】选项D，参保职工死亡同时符合领取基本养老保险丧葬补助金、工伤保险丧葬补助金和失业保险丧葬补助金条件的，其遗属只能选择领取其中的一项。

54.【答案】BD

【解析】选项A，医疗期内的病假工资或疾病救济费可以低于当地最低工资标准，但最低不得低于最低工资标准的80%；选项B，实际工作年限10年以下，在本单位工作5年以上的，可享受医疗期6个月；选项C，病休期间，公休、假日和法定节日包括在内；选项D，医疗期内用人单位不得与劳动者解除劳动合同。

55.【答案】ABD

【解析】医疗期内的病假工资或疾病救济费可以低于当地最低工资标准支付，但最低不得低于最低工资标准的80%。

56.【答案】×

【解析】医疗期是指企业职工因患病或非因工负伤停止工作，治病休息，但不得解除劳动合同的期限。

57.【答案】ACD

【解析】医疗期内，除劳动者有以下情形外，用人单位不得解除或终止劳动合同：①在试用期间被证明不符合录用条件的；②严重违反用人单位的规章制度的；③严重失职，营私舞弊，给用人单位造成重大损害的；④劳动者同时与其他用人单位建立劳动关系，对完成本单位的工作任务造成严重影响，或经用人单位提出，拒不改正的；⑤以欺诈、胁迫的手段或者乘人之危，使用人单位在违背真实意思的情况下订立或者变更劳动合同致使劳动合同无效的；⑥被依法追究刑事责任的。

58.【答案】BD

【解析】选项A、C属于应当认定工伤的情形。

59.【答案】×

【解析】职工参加工伤保险，由用人单位缴纳工伤保险费，职工不缴纳工伤保险费。

60.【答案】B

【解析】选项A，失业人员在领取失业保险金期间，参加职工基本医疗保险，享受基本医疗保险待遇；选项C，失业保险金的标准，不得低于城市居民最低生活保障标准，一般也不高于当地最低工资标准；选项D，失业前用人单位和本人已经缴纳失业保险费满1年的，失业人员可以申请领取失业保险金并享受其他失业保险待遇。

61.【答案】ABCD

62.【答案】A

【解析】失业保险金的领取期限取决于用人单位和本人的累计缴费年限，与本人工作年限无关。累计缴费满1年不足5年的，领取失业保险金的期限最长为12个月。

63.【答案】AB

64.【答案】BC

【解析】失业人员在领取失业保险金期间有下列情形之一的，停止领取失业保险金，并同时停止享受其他失业保险待遇：①重新就业的；②应征服兵役的；③移居境外的；④享受基本养老保险待遇的；⑤被判刑收监执行的；⑥无正当理由，拒不接受当地人民政府指定部门或者机构介绍的适当工作或者提供的培训的；⑦有法律、行政法规规定的其他情形的。

65.【答案】ABC

【解析】用人单位应当按月将缴纳社会保险费的明细情况告知本人。

66.【答案】A

【解析】用人单位应当及时为失业人员出具终止或者解除劳动关系的证明，并将失业人员的名单自终止或者解除劳动关系之日起7日内报受理其失业保险业务的经办机构备案。

67.【答案】D

【解析】失业人员应在终止或者解除劳动合同之日起60日内到受理其单位失业保险业务的经办机构申领失业保险金。

第四部分 专项突破

文旌

难点逐攻，摸清套路！

教材变化专项演练

教材变化 1　会计凭证和会计账簿

1.（多选）下列各项中，属于原始凭证应当具备的基本内容的有（　　）。

A. 记账符号　　B. 经济业务内容

C. 经办人员签名或盖章　　D. 填制凭证的日期

2.（单选）下列各项中，对于金额有错误的原始凭证，处理方法正确的是（　　）。

A. 由出具单位在凭证上更正并加盖出具单位公章

B. 由出具单位在凭证上更正并由经办人员签名

C. 由出具单位在凭证上更正并由单位负责人签名

D. 由出具单位重新开具凭证

3.（多选）下列各项中，属于记账凭证填制要求的内容有（　　）。

A. 所有记账凭证都必须附有原始凭证

B. 记账凭证应连续编号

C. 记账凭证要内容完整，书写清楚和规范

D. 填制记账凭证时若发现错误，应当重新填制

4.（判断）账簿记录发生错误时，会计人员应用刮擦、挖补的方式更改错误记录。（　　）

教材变化 2　购进国内旅客运输服务的进项税额抵扣

5.（多选）根据增值税法律制度的规定，增值税一般纳税人购进的下列服务，不得抵扣进项税额的有（　　）。

A. 旅客运输服务　　B. 广告服务

C. 餐饮服务　　D. 贷款服务

6.（单选）甲公司为增值税一般纳税人，2019 年 8 月员工出差，取得注明旅客身份信息的航空运输电子客票行程单上注明的票价 2 490 元、民航发展基金 200 元、燃油附加费 260 元。计算甲公司当月可抵扣进项税额的下列算式中，正确的是（　　）。

A. 2 490÷（1+9%）×9%=205.60 元

B.（2 490+200）÷（1+9%）×9%=222.11 元

C.（2 490+260）÷（1+9%）×9%=227.06 元

D.（2 490+200+260）÷（1+9%）×9%=243.58 元

教材变化 2　购进不动产的进项税额抵扣

7.（单选）甲酒店为增值税一般纳税人，2019 年 10 月提供住宿服务，取得含增值税销售额 1 312 704 元；购进一处房产用作办公场所，取得增值税专用发票注明税额 68 000 元。已知生活服务增值税税率为 6%。计算甲酒店当月应缴纳增值税税额的下列算式中，正确的是（　　）。

A. 1 312 704×6%−68 000×60%=37 962.24 元

B. 1 312 704÷（1+6%）×6%−68 000×60%=33 504 元

C. 1 312 704×6%−68 000=10 762.24 元

D. 1 312 704÷（1+6%）×6%−68 000=6 304 元

教材变化 4　扶贫捐赠支出的税前扣除

8.（单选）甲公司 2019 年实现利润总额 100 万元，通过县级人民政府向目标脱贫地区扶贫捐款 15 万元，直接向某小学捐款 5 万元。甲公司在计算 2019 年度企业所得税应纳税所得额时，准予扣除的捐赠额为（　　）。

A. 5 万元　　B. 12 万元

C. 15 万元　　D. 20 万元

教材变化 5　小型微利企业的企业所得税税收优惠

9.（判断）甲企业为符合条件的小型微利企业，2019 年甲企业的应纳税所得额为 25 万元，甲企业 2019 年免纳企业所得税。（　　）

10.（单选）甲企业为符合条件的小型微利企业，2019 年甲企业的应纳税所得额为 300 万元。下列关于甲企业 2019 年度应缴纳企业所得税的计算中，正确的是（　　）。

A. 300×20%=60 万元

B. 300×50%×20%=30 万元

C. 300×25%×20%=15 万元

D. ［100×25%+（300−100）×50%］×20%=25 万元

教材变化 5　居民个人综合所得各项目预缴个人所得税的计算

11.（单选）钱某在一次演出中取得收入 28 000 元。已知预扣预缴劳务报酬所得个人所得税时，预扣率为 30%，速算扣除数 2 000 元；每次收入 4 000 元以上的，减除 20%的费用。计算钱某取得演出收入应预缴个人所得税税额的下列算式中，正确的是（　　）。

A. ［28 000×（1−20%）−2 000］×30%=6 120 元

B. 28 000×30%−2 000=6 400 元

C. 28 000×（1−20%）×30%−2 000=4 720 元

D. （28 000−2 000）×30%=7 800 元

12.（2016 单选改编）2015 年 8 月，张某在杂志上发表一篇文章，取得稿酬 5 000 元。已知预扣预缴稿酬所得个人所得税时，预扣率为 20%；每次收入 4 000 元以上的，减除 20%的费用。张某发表文章应预缴个人所得税税额的下列计算列式中，正确的是（　　）。

A. 5 000×20%=1 000 元

B. 5 000×（1−20%）×20%=800 元

C. 5 000×（1−20%）×70%×20%=560 元

D. 5 000×70%×20%=700 元

教材变化 6　税收征收管理法的适用范围

13.（多选）下列税费的征收管理，适用《中华人民共和国税收征收管理法》的有（　　）。

A. 城市维护建设税　　B. 车辆购置税

C. 关税　　D. 房产税

14.（单选）下列税费的征收管理，不适用《中华人民共和国税收征收管理法》的是（　　）。

A. 环境保护税　　B. 车船税

C. 烟叶税　　D. 船舶吨税

教材变化 7　征纳双方的权利和义务

15.（2015 单选）根据税收征收管理法律制度的规定，下列各项中，不属于征税主体权利的是（　　）。

A. 保守纳税人商业秘密　　B. 纳税申报管理

C. 税款核定　　D. 参与起草税收法律法规草案

16.（多选）根据税收征收管理法律制度的规定，下列各项中，属于征税主体权利的有（　　）。

A. 行政处罚权　　B. 估税权

C. 代位权与撤销权　　D. 纳税申报方式选择权

17.（单选）根据税收征收管理法律制度的规定，下列各项中，不属于纳税主体权利的是（　　）。

A. 税收监督　　B. 申请延期缴纳税款

C. 接受税务检查　　D. 索取有关税收凭证

18.（多选）根据税收征收管理法律制度的规定，下列各项中，属于征税主体义务的有（　　）。

A. 无偿为纳税人提供纳税咨询服务

B. 对纳税人、扣缴义务人的税收违法行为保密

C. 依法接受监督

D. 加强队伍建设，提高税务人员的政治业务素质

19.（判断）税款征收权是征税主体享有的最基本、最主要的职权。（　）

教材变化 6　医疗期内用人单位可以解除或终止劳动合同的情形

20.（多选）根据社会保险法律制度的规定，下列情形中，用人单位可以在医疗期内解除或者终止劳动合同的有（　　）。

A. 劳动者严重违反用人单位的规章制度的

B. 劳动者患病住院，无法继续工作的

C. 劳动者严重失职，给用人单位造成重大损害的

D. 劳动者以欺诈、胁迫的手段或者乘人之危，使用人单位在违背真实意思的情况下订立劳动合同致使劳动合同无效的

教材变化专项演练参考答案及解析

1.【答案】BCD

【解析】选项 A 属于记账凭证应当具备的基本内容。

2.【答案】D

【解析】原始凭证金额有错误，应当由出具单位重新开具，不得在原始凭证上更正。

3.【答案】BCD

【解析】选项 A，除结账和更正错账可以不附原始凭证外，其他记账凭证必须附原始凭证。

4.【答案】×

【解析】账簿记录发生错误，不准涂改、挖补、刮擦或者用药水消除字迹，不准重新抄写，必须按照规定的方法进行更正。

5.【答案】CD

【解析】购进的贷款服务、餐饮服务、居民日常服务和娱乐服务，不得抵扣进项税额。自 2019 年 4 月 1 日起，购进国内旅客运输服务可以抵扣进项税额。

6.【答案】C

【解析】自 2019 年 4 月 1 日起，购进国内旅客运输服务可以抵扣进项税额。航空旅客运输进项税额=（票价+燃油附加费）÷（1+9%）×9%=（2 490+260）÷（1+9%）×9%=227.06 元。

7.【答案】D

【解析】自 2019 年 4 月 1 日起，购进不动产或不动产在建工程的进项税额不再分 2 年抵扣。应纳增值税=含增值税销售额÷（1+增值税税率）×增值税税率–进项税额=1 312 704÷（1+6%）×6%–68 000=6 304 元。

8.【答案】C

【解析】“向目标脱贫地区扶贫捐款 15 万元”可在税前据实扣除；“直接向某小学捐款 5 万元”不得扣除；准予扣除的捐赠额为 15 万元。

9.【答案】×

【解析】自 2019 年 1 月 1 日至 2021 年 12 月 31 日，对小型微利企业年应纳税所得额不超过 100 万元的部分，减按 25%计入应纳税所得额，按 20%的税率缴纳企业所得税；对年应纳税所得额超过 100 万元但不超过 300 万元的部分，减按 50%计入应纳税所得额，按 20%的税率缴纳企业所得税。

10.【答案】D

【解析】自 2019 年 1 月 1 日至 2021 年 12 月 31 日，对小型微利企业年应纳税所得额不超过 100 万元的部分，减按 25%计入应纳税所得额，按 20%的税率缴纳企业所得税；对年应纳税所得额超过 100 万元但不超过 300 万元的部分，减按 50%计入应纳税所得额，按 20%的税率缴纳企业所得税。应缴纳企业所得税=［100×25%+（300–100）×50%］×20%=25 万元。

11.【答案】C

【解析】预扣预缴应纳税所得额=28 000×（1–20%）=22 400 元；预扣预缴税额=22 400×30%–2 000=4 720 元。

12.【答案】C

【解析】预扣预缴应纳税所得额=每次收入额×（1−20%）×70%=5 000×（1−20%）×70%=2 800元；预扣预缴税额=预扣预缴应纳税所得额×20%=2 800×20%=560元。

13.【答案】ABD

【解析】不适用税收征收管理法的有：① 关税；② 委托代征的进口环节增值税、消费税；③ 船舶吨税；④ 教育费附加。

14.【答案】D

【解析】不适用税收征收管理法的有：① 关税；② 委托代征的进口环节增值税、消费税；③ 船舶吨税；④ 教育费附加。

15.【答案】A

【解析】选项A属于征税主体的义务。

16.【答案】ABC

【解析】选项D属于纳税主体的权利。

17.【答案】C

【解析】选项C属于纳税主体的义务。

18.【答案】ACD

【解析】纳税人、扣缴义务人的税收违法行为不属于征税主体的保密范围。

19.【答案】√

20.【答案】ACD

【解析】医疗期内，除劳动者有以下情形外，用人单位不得解除或终止劳动合同：① 在试用期间被证明不符合录用条件的；② 严重违反用人单位的规章制度的；③ 严重失职，营私舞弊，给用人单位造成重大损害的；④ 劳动者同时与其他用人单位建立劳动关系，对完成本单位的工作任务造成严重影响，或经用人单位提出，拒不改正的；⑤ 以欺诈、胁迫的手段或者乘人之危，使用人单位在违背真实意思的情况下订立或者变更劳动合同致使劳动合同无效的；⑥ 被依法追究刑事责任的。

易错易混点突破演练

易错易混点1　法律事件与法律行为

要点提示

法律事件不以当事人的意志为转移，如地震、台风等自然灾害，当事人的思想不能左右它的发生和变化；法律行为是一种可选择行为，以法律关系主体的意志为转移，如签订合同，当事人可选择签，也可选择不签。

1.（2016单选）下列各项中，属于法律行为的是（　　）。

A. 火山爆发　　B. 流星陨落

C. 台风登陆　　D. 签发支票

2.（2018单选）下列各项中，属于法律行为的是（　　）。

A. 爆发战争　　B. 发生地震

C. 签订合同　　D. 瓜熟蒂落

3.（2016多选）根据民事法律制度的规定，下列各项中，属于法律行为的有（　　）。

A. 订立合同　　B. 销售货物

C. 发生海啸　　D. 签发支票

4.（2017判断）甲公司向乙公司签发银行承兑汇票的行为属于法律事件。（　　）

易错易混点2　诉讼时效的中止与诉讼时效的中断

要点提示

诉讼时效的中止，相当于"暂停键"，是指在诉讼时效期间的最后6个月内因特定情形而暂停计算诉讼时效期间，待中止的原因消除后继续计算；适用情形主要为因客观原因权利人暂时无法行使权利的情形。诉讼时效的中断，相当于"归零键"，是指发生特定情形后，原来计算的诉讼时效期间归零，重新计算；适用情形主要为权利人行使了权利或者义务人认可了义务的情形。

5.（2019单选）根据民事法律制度的规定，下列情形中，能够引起诉讼时效中止的是（　　）。

A. 不可抗力

B. 义务人同意履行义务的

C. 权利人申请仲裁的

D. 权利人向义务人提出履行请求的

6.（2016单选）下列各项中，不属于诉讼时效中断事由的是（　　）。

A. 法定代理人死亡

B. 权利人提起诉讼

C. 权利人向义务人提出履行请求

D. 义务人同意履行义务

易错易混点 3　罚金与罚款

要点提示

罚金是强制犯罪分子或者犯罪的单位向国家缴纳一定数额金钱的刑罚方法，属于刑事责任里的附加刑。罚款是指行政主体强制违法相对方承担金钱给付义务的处罚形式，属于行政处罚。

7.（2018 多选）下列法律责任形式中，属于民事责任形式的有（　　）。

A. 支付违约金　　B. 罚金　　C. 恢复原状　　D. 罚款

8.（多选）下列法律责任形式中，属于刑事责任形式的有（　　）。

A. 管制　　B. 拘役　　C. 没收财产　　D. 罚款

易错易混点 4　伪造会计凭证与变造会计凭证

要点提示

伪造会计凭证是指以“虚假的经济业务”为前提编制会计凭证和会计账簿，旨在以假充真。变造会计凭证是指用“涂改、挖补”等手段来改变会计凭证和会计账簿的真实内容，以歪曲事实真相。

9.（多选）下列各项中，属于变造会计凭证行为的有（　　）。

A. 某公司为一客户虚开假发票一张，并按票面金额的 15%收取好处费

B. 某会计人员将购货发票上的金额 60 万元涂改为 80 万元入账

C. 某现金出纳将一张报销凭证上的金额 10 000 元涂改为 40 000 元

D. 购货部门转来一张购货发票，原金额计算有误，出票单位已作更正并加盖出票单位公章

10.（单选）某单位会计人员采用涂改手段，将金额为 10 000 元的购货发票改为 100 000 元。根据有关规定，该行为属于（　　）。

A. 伪造原始凭证　　B. 变造原始凭证

C. 更改原始凭证　　D. 变造记账凭证

易错易混点 5　伪造票据与变造票据

要点提示

伪造票据的关键字是“签章”，签章是票据作成的重要条件，只要签章是假的就属于伪造票据；变造票据是指更改签章之外的票据信息。

11.（2013 单选）根据支付结算法律制度的规定，下列行为中，属于伪造票据的是（　　）。

A. 挖补票据金额　　B. 覆盖票据到期日

C. 涂改票据收款人名称　　D. 假冒票据签章

12.（2014 多选）根据支付结算法律制度的规定，下列各项中，属于变造票据行为的有（　　）。

A. 涂改出票金额

B. 假冒他人在票据上签章

C. 原记载人更改付款人名称并在更改处签章证明

D. 剪接票据非法改变票据记载事项

易错易混点 6　各类账户可否支取现金的规定

要点提示

各类账户可否支取现金的规定如表Ⅰ所示。

表Ⅰ　各类账户可否支取现金的规定

账户名称		可否支取现金
基本存款账户		√
一般存款账户		×
专用存款账户	证券交易结算资金、期货交易保证金和信托基金专用存款账户，收入汇缴账户	×
	业务支出账户	√
	单位银行卡账户	×
临时存款账户		√ 【特殊】注册验资的临时存款账户在验资期间只收不付
预算单位零余额账户		√
个人银行结算账户	Ⅰ类户、Ⅱ类户	√
	Ⅲ类户	×

13.（2015 多选）根据支付结算法律制度的规定，下列账户中，可以支取现金的有（　　）。

A. 基本存款账户　　B. 一般存款账户

C. 临时存款账户　　D. 单位人民币卡

14.（2015 多选）下列银行结算账户中，可以支取现金的有（　　）。

A. 因设立临时机构而开立的临时存款账户

B. 收入汇缴专用存款账户

C. 一般存款账户

D. Ⅱ类个人银行结算账户

15.（2016 判断）单位人民币银行卡可支取现金。　　（　　）

易错易混点 7　商业汇票、银行汇票、银行本票和支票

要点提示

商业汇票、银行汇票、银行本票和支票主要内容的对比如表Ⅱ所示。

表Ⅱ 商业汇票、银行汇票、银行本票和支票主要内容的对比				
对比项目	商业汇票	银行汇票	银行本票	支票
性质	在指定日期付款	见票即付	见票即付	见票即付
适用范围	不适用个人	单位和个人均可使用		
背书	√	√	√	√
贴现	√	×	×	×
承兑	√ ① 定日付款或出票后定期付款的汇票：到期日前提示承兑 ② 见票后定期付款的汇票：自出票日起1个月内提示承兑	×	×	×
出票人	① 商业承兑汇票：在银行开立存款账户的法人以及其他组织 ② 银行承兑汇票：在承兑银行开立存款账户的法人以及其他组织	银行	银行	存款人
付款人	承兑人	出票银行	出票银行	出票人的开户银行
提示付款期限	汇票到期日起10日	自出票日起1个月	自出票日起最长不得超过2个月	自出票日起10日
票据权利时效	自票据到期日起2年	自出票日起2年	自出票日起2年	自出票日起6个月
必须记载事项	① 表明“(电子)商业承兑汇票”或“(电子)银行承兑汇票”的字样 ② 无条件支付的委托 ③ 确定的金额 ④ 出票日期 ⑤ 出票人签章 ⑥ 付款人名称 ⑦ 收款人名称 ⑧ 出票人名称 ⑨ 票据到期日 【提示】⑧和⑨仅针对电子票	① 表明“银行汇票”的字样 ② 无条件支付的承诺 ③ 出票金额 ④ 出票日期 ⑤ 出票人签章 ⑥ 付款人名称 ⑦ 收款人名称	① 表明“银行本票”的字样 ② 无条件支付的承诺 ③ 确定的金额 ④ 出票日期 ⑤ 出票人签章 ⑥ 收款人名称	① 表明“支票”的字样 ② 无条件支付的“委托” ③ 确定的金额 ④ 出票日期 ⑤ 出票人签章 ⑥ 付款人名称

【提示1】见票即付的票据不需要承兑和贴现。

【提示2】必须记载事项中①至⑤的事项相同。银行本票是银行出票、银行付款，不存在代理付款银行的问题，所以必须记载事项中无“付款人名称”。支票在出票时，很多时候不能确定收款人是谁，所以必须记载事项中无“收款人名称”。

【提示3】支票的金额、收款人名称，可以由出票人授权补记。

16.（2011 多选）根据支付结算法律制度的规定，下列票据中，属于见票即付的有（　　）。

A. 转账支票　　B. 银行汇票　　C. 银行承兑汇票　　D. 商业承兑汇票

17.（2019、2018 多选）根据票据法律制度的规定，下列各项中，关于票据提示付款期限说法正确的有（　　）。

A. 银行本票的提示付款期限自出票日起最长 10 日

B. 银行汇票的提示付款期限自出票日起 10 日

C. 商业汇票的提示付款期限自到期日起 10 日

D. 支票的提示付款期限自出票日起 10 日

18.（2013 不定项节选）签发银行汇票时必须记载的事项包括（　　）。

A. 出票日期　　B. 出票银行签章　　C. 收款人名称　　D. 出票金额

19.（多选）根据支付结算法律制度的规定，下列票据中，可以办理贴现的有（　　）。

A. 银行承兑汇票　　B. 商业承兑汇票　　C. 银行汇票　　D. 银行本票

20.（2018 单选）根据支付结算法律制度的规定，下列关于票据付款人的表述中正确的是（　　）。

A. 支票的付款人是出票人　　B. 商业承兑汇票的付款人是承兑人

C. 银行汇票的付款人是申请人　　D. 银行承兑汇票的付款人是出票人

21.（2010 多选）根据支付结算法律制度的规定，下列票据中，允许个人使用的有（　　）。

A. 支票　　B. 银行承兑汇票　　C. 银行本票　　D. 银行汇票

22.（2018 多选）根据支付结算法律制度的规定，下列票据中，出票人为银行的有（　　）。

A. 银行汇票　　B. 现金支票　　C. 商业汇票　　D. 银行本票

易错易混点 8　增值税的视同销售

要点提示

对于增值税的视同销售，重点记忆常见的不属于视同销售的情形。主要有：① 将“外购”的货物用于免税项目；② 将“外购”的货物用于非应税项目；③ 将“外购”的货物用于集体福利或者个人消费。

23.（2016、2014 多选）根据增值税法律制度的规定，企业发生的下列行为中，属于视同销售货物行为的有（　　）。

A. 将购进的货物无偿赠送给其他单位　　B. 将购进的货物分配给股东

C. 将购进的货物投资给其他单位　　D. 将购进的货物用于本单位集体福利

24.（2018 多选）根据增值税法律制度的规定，企业发生的下列行为中，属于视同销售货物行为的有（　　）。

A. 将外购的货物用于个人消费

B. 将自产的货物交付代销商代销

C. 将委托加工收回的货物作为投资提供给其他单位

D. 将自产的货物用于集体福利

25.（2018 单选）根据增值税法律制度的规定，企业发生的下列行为中，不属于视同销售货物行为的是（　　）。

A. 将购进的货物作为投资提供给其他单位

B. 将购进的货物用于集体福利

C. 将委托加工的货物分配给股东

D. 将自产的货物用于个人消费

易错易混点 9　劳动合同的解除及经济补偿

要点提示

是否属于劳动者或者用人单位单方面解除劳动合同的情形以及是否需要支付经济补偿，按图 I 进行判断。

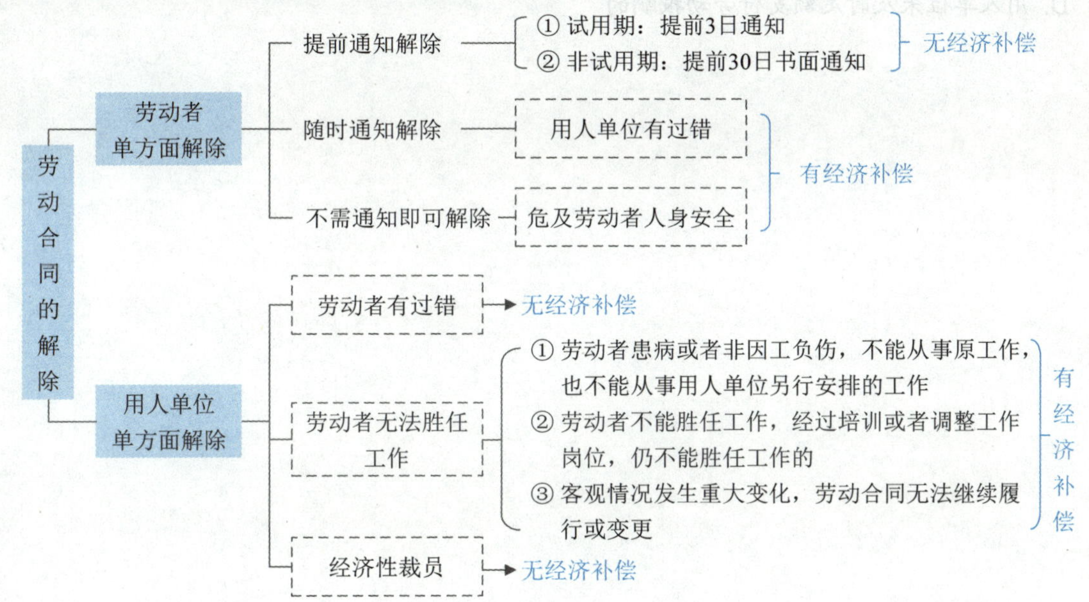

图 I　劳动合同的解除

26.（单选）根据劳动合同法律制度的规定，下列情形中，劳动者不需事先告知用人单位即可解除劳动合同的是（　　）。

A. 用人单位未按照劳动合同约定提供劳动保护的

B. 用人单位违章指挥、强令冒险作业危及劳动者人身安全的

C. 用人单位以欺诈手段使劳动者在违背真实意思的情况下签订劳动合同的

D. 用人单位未依法为劳动者缴纳社会保险费的

27.（多选）下列劳动者中，可以随时通知用人单位解除劳动合同的有（　　）。

A. 所在单位以欺诈手段使劳动者在违背真实意思的情况下签订劳动合同的王某

B. 所在单位未依法为其缴纳社会保险费的李某

C. 所在单位未及时足额向其支付劳动报酬的张某

D. 所在单位未按照劳动合同约定为其提供劳动保护的赵某

28.（多选）根据劳动合同法律制度的规定，下列情况中用人单位可以随时解除合同的有（　　）。

A. 劳动者被依法追究刑事责任的

B. 劳动者严重失职，营私舞弊，给用人单位造成重大损害的

C. 劳动者同时与其他用人单位建立劳动关系，经用人单位提出，拒不改正的

D. 劳动者不能胜任工作，经过培训或者调整工作岗位，仍不能胜任工作的

29.（2017、2014 多选）根据劳动合同法律制度的规定，因下列情形解除劳动合同的，用人单位应向劳动者支付经济补偿的有（　　）。

A. 劳动者不能胜任工作，经过培训或者调整工作岗位，仍不能胜任工作的

B. 用人单位未按照劳动合同约定提供劳动保护或者劳动条件的

C. 劳动者同时与其他用人单位建立劳动关系，经用人单位提出，拒不改正的

D. 用人单位未及时足额支付劳动报酬的

易错易混点突破演练参考答案及解析

1.【答案】D

【解析】选项A、B、C属于法律事件。

2.【答案】C

【解析】选项A、B、D属于法律事件。

3.【答案】ABD

【解析】选项C属于法律事件。

4.【答案】×

【解析】甲公司向乙公司签发银行承兑汇票的行为属于法律行为。

5.【答案】A

【解析】选项B、C、D属于诉讼时效中断事由。

6.【答案】A

【解析】选项A，权利被侵害的无民事行为能力人、限制民事行为能力人的法定代理人死亡的，属于诉讼时效中止事由。

7.【答案】AC

【解析】选项B属于刑事责任形式；选项D属于行政责任形式。

8.【答案】ABC

【解析】刑事责任形式主要有：① 管制、拘役、有期徒刑、无期徒刑、死刑；② 罚金、剥夺政治权利、没收财产、驱逐出境。

9.【答案】BC

【解析】变造会计凭证的行为是指采取涂改、挖补以及其他方法改变会计凭证和会计账簿真实内容的行为。选项B、C属于变造会计凭证的行为；选项A属于伪造会计凭证的行为；选项D属于没有按照规定更改原始凭证的行为。

10.【答案】B

【解析】① 购货发票属于外来原始凭证；② 变造会计凭证、会计账簿及其他会计资料，是指用涂改、挖补等手段来改变会计凭证、会计账簿的真实内容，歪曲事实真相的行为。

11.【答案】D

【解析】选项A、B、C属于票据的变造。

12.【答案】AD

【解析】选项B属于票据的伪造；选项C属于正常更改。

13.【答案】AC

14.【答案】AD

15.【答案】×

【解析】单位人民币卡账户的资金一律从其基本存款账户转账存入，不得存取现金，不得将销货收入存入单位卡账户。

16.【答案】AB
17.【答案】CD
18.【答案】ABCD
19.【答案】AB
20.【答案】B

【解析】选项 A，支票的付款人是出票人的开户银行；选项 C，银行汇票的付款人是出票银行；选项 D，银行承兑汇票的付款人是承兑银行。

21.【答案】ACD

【解析】选项 B，个人不能使用商业汇票（包括商业承兑汇票和银行承兑汇票）。

22.【答案】AD

【解析】选项 B，支票由在银行开立支票存款账户的单位或者个人签发；选项 C，商业汇票的出票人为在银行开立存款账户的法人及其他组织。

23.【答案】ABC

【解析】将外购的货物用于企业外部（投资、分配、赠送），视同销售；用于企业内部（免税项目、非应税项目、集体福利、个人消费），不视同销售。

24.【答案】BCD
25.【答案】B
26.【答案】B

【解析】劳动者不需事先告知用人单位即可解除劳动合同的情形：① 用人单位以暴力、威胁或者非法限制人身自由的手段强迫劳动者劳动的；② 用人单位违章指挥、强令冒险作业危及劳动者人身安全的。

27.【答案】ABCD

【解析】劳动者可以随时通知用人单位解除劳动合同的情形：① 用人单位未按照劳动合同约定提供劳动保护或者劳动条件的；② 用人单位未及时足额支付劳动报酬的；③ 用人单位未依法为劳动者缴纳社会保险费的；④ 用人单位的规章制度违反法律、法规的规定，损害劳动者权益的；⑤ 用人单位在劳动合同中免除自己的法定责任、排除劳动者权利的；⑥ 用人单位以欺诈、胁迫的手段或者乘人之危，使劳动者在违背真实意思的情况下订立或者变更劳动合同的；⑦ 用人单位违反法律、行政法规强制性规定的；⑧ 法律、行政法规规定劳动者可以解除劳动合同的其他情形。

28.【答案】ABCD
29.【答案】ABD

【解析】劳动者同时与其他用人单位建立劳动关系，经用人单位提出，拒不改正的，用人单位随时通知劳动者解除劳动合同且不需要支付经济补偿。

不定项选择题专项演练

经济法基础考试的试卷中共3道不定项选择题，其中1道来源于第4章（增值税或增值税与消费税结合），1道来源于第5章（企业所得税或个人所得税），另外1道来源于第2章或第3章或第8章（来源于第3章的可能性最大，来源于第2章的可能性最小）。根据对历年考题的分析，不定项选择题的考查角度主要如表Ⅰ所示。

表Ⅰ　不定项选择题的考查角度

专题模块	考点名称	具体考查角度	主要涉及章节	对应专题
不定项1	增值税 消费税	增值税征税范围、视同销售、销项税额的计算、进项税额的抵扣、进口环节增值税的计算、消费税的纳税环节、消费税应纳税额的计算	第4章第2、3节	【专题7】 【专题8】 【专题9】
不定项2	企业所得税	收入总额、免税收入、广告费的税前扣除、业务招待费的税前扣除、利息费用的扣除、捐赠的税前扣除、不得扣除的项目、税收优惠、应纳税额的计算	第5章第1节	【专题10】 【专题11】
	个人所得税	“工资、薪金所得”征税范围，各项所得应纳税额的计算，免征个人所得税的情形，综合所得专项附加的扣除，全年一次性奖金应纳税额的计算，居民个人劳务报酬所得、稿酬所得预缴个人所得税税额的计算	第5章第2节	【专题12】 【专题13】 【专题14】
不定项3	票据	票据的填写要求、票据的签章、必须记载事项、授权补记事项、票据当事人、票据行为（背书、保证）、提示付款、银行承兑汇票、支票	第3章第3节	【专题3】 【专题4】 【专题5】
	银行存款账户	银行存款账户开立、预留银行签章、各类存款账户的使用规范、银行存款账户的注销	第3章第2节	【专题6】
	劳动合同 社会保险	（1）劳动合同部分：试用期、服务期、劳务派遣、解除劳动合同的几种情形、经济补偿、劳务合同纠纷的解决方式、劳动仲裁（申请、终局裁决） （2）社会保险部分：工伤认定、工伤保险待遇、停工留薪期待遇	第8章第1、2节	【专题15】 【专题16】 【专题17】
	会计档案	会计岗位设置，会计工作的交接，原始凭证的记载要求，会计档案的归档、移交、鉴定、销毁	第2章第2、3节	【专题1】 【专题2】

专题1　会计档案

（2018）2017年2月甲公司会计机构负责人组织会计人员对纸质及电子会计资料进行整理，移交给甲公司档案管理机构。

2018年2月甲公司档案管理机构负责人组织相关机构对已到保管期限的会计档案进行鉴定。对确无保存价值可以销毁的会计档案，由档案管理员编制会计档案销毁清册，经相关人员签署意见后销毁。

要求：根据上述资料，不考虑其他因素，分析回答下列小题。

1. 甲公司下列会计资料中，应当按照会计档案归档的是（　）。

A. 纳税申报表　B. 财务会计报告　C. 年度财务预算　D. 银行对账单

2. 关于甲公司移交会计档案的下列表述中，正确的是（　）。

A. 纸质会计档案移交时应当拆封整理重新封装

B. 接收电子会计档案时，应当对其准确性、完整性、可用性、安全性进行检验

C. 电子会计档案移交时应当将电子会计档案及其元数据一并移交

D. 应当编制会计档案移交清册

3. 关于甲公司对会计档案鉴定的下列表述中，正确的是（　）。

A. 会计档案鉴定工作应当由单位会计机构牵头

B. 会计档案鉴定工作由会计、审计、纪检监察、档案等机构或人员共同进行

C. 应当定期对已到保管期限的会计档案进行鉴定

D. 鉴定后认为仍需继续保存的会计档案，应当重新划定保管期限

4. 除档案管理机构经办人外，还应当在会计档案销毁清册上签署意见的是（　）。

A. 法定代表人　B. 档案管理机构负责人

C. 会计机构经办人　D. 会计机构负责人

专题2　会计岗位的设置、会计档案

（2018）2017年2月某国有企业甲公司聘任赵某、钱某担任公司出纳。分别兼任固定资产卡片登记、会计档案保管。钱某为会计机构负责人吴某的儿媳。

2017年9月钱某休产假，按程序将出纳工作交予赵某，将会计档案保管交予负责稽核工作的会计人员孙某并分别办理工作交接手续。

2017年10月赵某审核原始凭证时发现所收乙公司开具的两张发票有问题。W发票金额的大小写不一致，Y发票商品名称出现错误。

2018年2月，孙某将会计凭证等会计资料整理归档立卷，编制会计报告清册，请示吴某将档案移交档案管理部门。

要求：根据上述资料，不考虑其他因素，分析回答下列小题。

1. 甲公司的下列会计工作岗位设置中，不符合法律规定的是（　）。

A. 聘用赵某担任公司出纳　B. 钱某兼任会计档案保管工作

C. 赵某兼任固定资产卡片管理工作　D. 聘用钱某担任公司出纳

2. 关于会计人员钱某和赵某、孙某办理工作交接的下列表述中，正确的是（　　）。

A. 移交后赵某应另立新账进行会计记录

B. 每项工作的移交清册一式三份，交接双方各执一份，存档一份

C. 移交由交接双方和监交人签名或盖章

D. 由吴某进行监交

3. 赵某拟对 W、Y 发票的下列处理方式中，符合法律制度规定的是（　　）。

A. 要求乙公司重开 W 发票

B. 要求乙公司就 Y 发票商品名称填写错误出具书面说明并由乙公司加盖公章

C. 在 Y 发票上对记载的商品名称直接更正

D. 要求乙公司重新开具 Y 发票

4. 关于会计档案保管和移交的下列表述中正确的是（　　）。

A. 会计档案可由甲公司会计管理机构临时保管 1 年，再移交其档案管理机构保存

B. 会计档案的保管期是从会计年度终了后的第一天算起

C. 甲公司会计管理机构临时保管会计档案最长不超过 3 年

D. 会计档案因工作需要确需推迟移交的，应当经甲公司档案管理机构同意

专题 3　银行承兑汇票

（2016）2015 年 5 月 10 日，甲公司向乙公司签发一张金额为 50 万元，出票后 1 个月付款的银行承兑汇票，经其开户银行 P 银行承兑后交付乙公司。5 月 15 日，乙公司将该票据背书转让给丙公司。5 月 20 日，丙公司将该票据背书转让给丁公司，并在票据上记载“不得转让”字样。5 月 25 日，丁公司在票据上记载“只有戊公司交货后，该背书转让方发生效力”的字样，将该票据背书转让给戊公司。6 月 12 日，戊公司向 P 银行提示付款时，P 银行以甲公司存款不足为由拒绝付款。

要求：根据上述资料，不考虑其他因素，分析回答下列小题。

1. 关于该票据当事人的下列表述中，正确的是（　　）。

A. 甲公司为出票人　　B. 乙公司为收款人

C. 戊公司为最后一手背书的被背书人　　D. P 银行为承兑人

2. 下列票据当事人中，丙公司应对其承担保证付款责任的是（　　）。

A. 丁公司　　B. 甲公司　　C. P 银行　　D. 戊公司

3. 关于丁公司附条件背书在票据上效力的下列表述中，正确的是（　　）。

A. 所附条件无效，该票据无效　　B. 所附条件有效，该背书有效

C. 所附条件无效，该背书有效　　D. 所附条件有效，该票据有效

4. 关于该汇票付款的下列表述中，正确的是（　　）。

A. P 银行应于 6 月 12 日足额支付

B. P 银行对甲公司尚未支付的汇票金额按照日万分之五计收利息

C. P 银行有权以甲公司存款不足为由拒绝付款

D. 甲公司应于 6 月 10 日前将票据款足额交付 P 银行

专题 4　银行承兑汇票

（2016、2014）2016 年 4 月 9 日，甲公司签发一张出票后定期付款的银行承兑汇票，付款期限为 2 个月，收款人为乙公司，金额为 40 万元。甲公司开户银行 P 银行承兑了该汇票。5 月 10 日，丙公司作为保证人在票据上记载有关事项并签章，但未记载"被保证人名称"。6 月 12 日，乙公司通过其开户银行 Q 银行委托收款。

要求：根据上述资料，不考虑其他因素，分析回答下列小题。

1. 下列各项中，属于该汇票出票行为必须记载的事项是（　　）。

A. 乙公司名称　　B. 金额 40 万元　　C. P 银行名称　　D. 甲公司签章

2. 该汇票被保证人是（　　）。

A. 乙公司　　B. P 银行　　C. Q 银行　　D. 甲公司

3. 下列关于 P 银行收取该汇票承兑手续费的表述中，正确的是（　　）。

A. 应向乙公司收取 200 元手续费　　B. 应向甲公司收取 200 元手续费

C. 应向丙公司收取 200 元手续费　　D. 免收承兑手续费

4. 下列关于该汇票付款的表述中，正确的是（　　）。

A. 甲公司应于 6 月 9 日前将票款足额交存 P 银行

B. 丙公司应于 5 月 10 日将票款足额交存 P 银行

C. P 银行应于见票当日足额付款

D. 乙公司应最迟于 6 月 9 日前通过 Q 银行向 P 银行提示付款

专题 5　支票

（2018）甲公司法定代表人为赵某，公司在 P 银行开立支票存款账户，预留签章为公司单位公章加会计机构负责人刘某的个人名章。

2017 年 1 月 11 日，赵某派业务员李某采购原料，刘某签发一张转账支票交给李某，但支票上未填写金额和收款人名称。

李某与乙公司签订合同后，将支票交付乙公司会计人员张某，张某在支票上填写合同金额 10 万元，并在收款人栏填写乙公司。

1 月 12 日张某持支票到本公司的开户银行 Q 银行，拟通过委托收款方式向 P 银行提示付款。

要求：根据上述资料，不考虑其他因素，分析回答下列小题。

1. 刘某填写支票时，出票日期 2017 年 1 月 11 日正确的填写形式是（　　）。

A. 贰零壹柒年零壹月零拾壹日　　B. 贰零壹柒年零壹月壹拾壹日

C. 贰零壹柒年壹月零拾壹日　　D. 贰零壹柒年壹月壹拾壹日

2. 刘某签发支票时，下列关于在支票上的签章中，正确的是（　　）。

A. 甲公司财务专用章加赵某的个人名章　　B. 甲公司单位公章加赵某的个人名章

C. 甲公司财务专用章加刘某的个人名章　　D. 甲公司单位公章加刘某的个人名章

3. 下列关于该支票出票补记行为的表述中，正确的是（　　）。

A. 刘某未填写支票金额，支票无效　　B. 张某可以补记收款人为乙公司

C. 刘某未填写收款人名称，支票无效　　D. 张某可以补记支票金额 10 万元

4. 张某委托Q银行收取支票款项，应当办理的手续是（ ）。

A. 在支票被背书人栏记载Q银行

B. 在支票背书人签章栏记载“委托收款”字样

C. 填制进账单

D. 在支票上记载背书日期

专题6 银行存款账户

（2014）甲公司于2013年1月7日成立，王某为法定代表人。2013年1月10日，甲公司因办理日常结算需要，在P银行开立了基本存款账户。2015年2月10日，甲公司因资金需求，在Q银行借款300万元，开立了一般存款账户。2016年5月19日，甲公司因被吊销营业执照而撤销其基本存款账户。

已知：甲公司只有上述两个银行结算账户。

要求：根据上述资料，不考虑其他因素，分别回答下列小题。

1. 甲公司在P银行申请开立基本存款账户应出具的证明文件是（ ）。

A. 企业法人营业执照正本　　B. 财政部门同意其开户的证明

C. 甲公司章程　　D. 政府主管部门的批文

2. 甲公司在P银行预留的签章可以是（ ）。

A. 甲公司发票专用章加王某的签名　　B. 甲公司财务专用章加王某的个人名章

C. 甲公司合同专用章加王某的个人名章　　D. 甲公司单位公章加王某的签名

3. 甲公司在Q银行开立的一般存款账户可以办理的业务是（ ）。

A. 缴存现金5万元　　B. 归还借款100万元

C. 转存借款300万元　　D. 支取现金10万元

4. 关于甲公司撤销其基本存款账户的下列表述中，符合法律规定的是（ ）。

A. 应清偿在Q银行的债务，并将在Q银行的账户资金转入基本存款账户

B. 应与P银行核对该基本存款账户存款余额

C. 应先撤销在Q银行开立的一般存款账户

D. 应将各种重要空白票据、结算凭证和开户许可证文件交回银行

专题7 增值税

（2018改编）甲公司为增值税一般纳税人，主要提供餐饮、住宿服务。2019年8月有关经营情况如下：

（1）提供餐饮、住宿服务取得含增值税收入1 431万元。

（2）出租餐饮设备取得含增值税收入29.25万元，出租房屋取得含增值税收入5.55万元。

（3）提供车辆停放服务取得含增值税收入11.1万元。

（4）发生员工出差火车票、飞机票支出合计10万元，取得注明旅客身份信息的铁路车票和航空运输电子客票行程单。

（5）支付技术咨询服务费，取得增值税专用发票注明税额1.2万元。

（6）购进卫生用具一批，取得增值税专用发票注明税额 1.7 万元。

（7）从农业合作社购进蔬菜，取得农产品销售发票注明买价 100 万元。

已知：有形动产租赁服务增值税税率为 13%；不动产租赁服务增值税税率为 9%；生活服务、现代服务（除有形动产租赁服务和不动产租赁服务外）增值税税率为 6%；交通运输服务增值税税率为 9%；农产品扣除率为 9%；取得的扣税凭证均已通过税务机关认证。

要求：根据上述资料，不考虑其他因素，分析回答下列小题。

1. 甲公司下列经营业务中，应按照“现代服务”税目计缴增值税的是（　　）。

A. 房屋租赁服务　　B. 住宿服务

C. 餐饮服务　　D. 餐饮设备租赁服务

2. 下列关于甲公司增值税进项税额抵扣的表述中，正确的是（　　）。

A. 购进蔬菜的进项税额准予抵扣　　B. 购进卫生用具的进项税额准予抵扣

C. 火车票、飞机票的进项税额准予抵扣　　D. 支付技术咨询服务费的进项税额准予抵扣

3. 计算甲公司当月增值税销项税额的下列算式中，正确的是（　　）。

A. 餐饮设备出租收入的销项税额=29.25÷（1+13%）×13%=3.37 万元

B. 餐饮、住宿收入的销项税额=1 431÷（1+6%）×6%=81 万元

C. 车辆停放收入的销项税额=11.1÷（1+9%）×9%=0.92 万元

D. 房屋出租收入的销项税额=5.55÷（1+9%）×9%=0.46 万元

4. 计算甲公司当月准予抵扣增值税进项税额的下列算式中，正确的是（　　）。

A. 10×9%+1.2=2.1 万元

B. 1.2+1.7=2.9 万元

C. 10×9%+1.7+100×9%=11.6 万元

D. 1.2+1.7+100×9%+10÷（1+9%）×9%=12.73 万元

专题 8　增值税、消费税、关税

（2018 改编）甲公司为增值税一般纳税人，主要从事化妆品生产和销售业务，2019 年 9 月有关经营情况如下：

（1）进口一批高档护肤类化妆品，海关核定的关税完税价格 85 万元，已缴纳关税 4.25 万元。

（2）购进生产用化妆包，取得增值税专用发票注明税额 17 万元，支付其运输费，取得增值税专用发票注明税额 0.44 万元。因管理不善该批化妆包全部丢失。

（3）委托加工高档美容类化妆品，支付加工费取得增值税专用发票注明税额 68 万元。

（4）购进生产用酒精，取得增值税专用发票注明税额 13.6 万元。

（5）销售自产成套化妆品，取得含增值税价款 702 万元，另收取包装物押金 3.51 万元。

已知：增值税税率为 13%；高档化妆品消费税税率为 15%；取得的扣税凭证已通过税务机关认证。

要求：根据上述资料，不考虑其他因素，分析回答下列小题。

1. 计算甲公司进口高档护肤类化妆品应缴纳增值税税额的下列算式中，正确的是（ ）。

A.（85+4.25）×13%=11.602 5 万元

B. 85÷（1−15%）×13%=13 万元

C.（85+4.25）÷（1−15%）×13%=13.65 万元

D. 85×13%=11.05 万元

2. 甲公司的下列进项税额中，准予从销项税额中抵扣的是（ ）。

A. 支付加工费的进项税额 68 万元　　B. 支付运输费的进项税额 0.44 万元

C. 购进生产用酒精的进项税额 13.6 万元　　D. 购进生产用化妆包的进项税额 17 万元

3. 甲公司的下列业务中，应缴纳消费税的是（ ）。

A. 委托加工高档美容类化妆品　　B. 购进生产用酒精

C. 购进生产用化妆包　　D. 进口高档护肤类化妆品

4. 计算甲公司销售自产成套化妆品消费税税额的下列算式中，正确的是（ ）。

A. 702÷（1+13%）×15%=93.19 万元

B. 702×15%=105.3 万元

C. [702÷（1+13%）+3.51] ×15%=93.71 万元

D.（702+3.51）÷（1+13%）×15%=93.65 万元

专题 9　增值税、房产税

（2018）甲企业为增值税一般纳税人，主要从事房地产开发与销售业务。2015 年 6 月取得 M 住宅项目的开发权并于 2015 年 11 月开工建设，2017 年 8 月项目竣工销售。甲企业 2017 年 9 月该项目有关业务情况如下：

（1）销售住宅一万平方米，不含增值税售价 7 350 元/平方米，另代收住宅专项维修资金 136 500 元。

（2）将 600 平方米底商用于出租，将 500 平方米底商用于抵偿工程款，将 200 平方米底商无偿赠送给关联企业，将 100 平方米底商转为办公自用。

（3）购进 M 住宅项目用装修材料，取得增值税专用发票注明税额 85 000 元。

已知：M 住宅项目属于老项目，甲企业选择简易计税方法缴纳增值税，增值税征收率为 5%。

要求：根据上述资料，不考虑其他因素，分析回答下列小题。

1. 计算甲企业当月销售住宅应缴纳增值税税额的下列算式中，正确的是（ ）。

A. [10 000×7 350+136 500÷（1+5%）] ×5%=3 681 500 元

B. 10 000×7 350×5%=3 675 000 元

C. 10 000×7 350÷（1+5%）×5%=3 500 000 元

D.（10 000×7 350+136 500）×5%=3 681 825 元

2. 甲企业下列业务中，应缴纳增值税的是（ ）。

A. 将 500 平方米底商用于抵偿工程款　　B. 将 200 平方米底商无偿赠送给关联企业

C. 将 600 平方米底商用于出租　　D. 将 100 平方米底商转为办公自用

3. 关于甲企业购进 M 项目用装修材料进项税额 85 000 元处理的下列表述中，正确的是（　）。

A. 当月允许抵扣 60%　　B. 当月允许全部抵扣

C. 不允许抵扣　　D. 当月允许抵扣 40%

4. 下列房产中，应由甲企业缴纳房产税的是（　）。

A. 出租的底商　　B. 自用的底商

C. 抵偿工程款的底商　　D. 赠送的底商

专题 10　企业所得税

（2018）甲公司为居民企业，主要从事工艺品生产和销售业务。2017 年有关经营情况如下：

（1）销售产品收入 2 000 万元，出租设备租金收入 20 万元，接受捐赠收入 10 万元，国债利息收入 2 万元，转让商标权收入 60 万元。

（2）将价值 50 万元的产品用于换取乙公司生产的货物，将价值 34 万元的产品用于抵信用公司欠款，将价值 3.5 万元的产品用于馈赠客户，将价值 10 万元的产品用于奖励优秀职工。

（3）捐赠支出 27 万元，其中直接向丁中学捐赠 3 万元，通过市民政部门用于教育事业的捐赠 24 万元。

（4）违反规定被工商行政管理局罚款 2.5 万元；缴纳税收滞纳金 1 万元；非广告性赞助支出 3 万元。

（5）预缴企业所得税税款 33 万元。

（6）全年利润总额为 190 万元。

已知：公益性捐赠支出，在年度利润总额 12%以内的部分，准予在计算应纳税所得额时扣除；超过年度利润总额 12%的部分，准予结转以后 3 年内在计算应纳税所得额时扣除。

要求：根据上述资料，不考虑其他因素，分析回答下列小题。

1. 甲公司的下列收入中，属于免税收入的是（　）。

A. 接受捐赠收入 10 万元　　B. 国债利息收入 2 万元

C. 转让商标权收入 60 万元　　D. 出租设备租金收入 20 万元

2. 甲公司的下列业务中，在计算 2017 年度企业所得税应纳税所得额时，应视同销售计算所得税的是（　）。

A. 将价值 34 万元的产品用于抵信用公司欠款

B. 将价值 50 万元的产品用于换取乙公司生产的货物

C. 将价值 3.5 万元的产品用于馈赠客户

D. 将价值 10 万元的产品用于奖励优秀职工

3. 甲公司在计算 2017 年度企业所得税应纳所得税额时，准予扣除的公益性捐赠支出金额是（　）。

A. 22.8 万元　　B. 24 万元　　C. 27 万元　　D. 25 万元

4. 甲公司在计算 2017 年度企业所得税应纳税所得额时，下列各项中，不得扣除的是（　）。

A. 违反规定被工商行政管理局罚款 2.5 万元　　B. 预缴企业所得税税款 33 万元

C. 缴纳税收滞纳金 1 万元　　D. 非广告性赞助支出 3 万元

专题 11 企业所得税

（2019）甲公司为居民企业，主要从事电冰箱的生产和销售业务。2017 年有关经营情况如下：

（1）销售电冰箱收入 8 000 万元；出租闲置设备收入 500 万元；国债利息收入 50 万元，理财产品收益 30 万元。

（2）符合条件的广告费支出 1 500 万元。

（3）向银行借入流动资金支付利息支出 55 万元。非广告性赞助支出 80 万元，向客户支付违约金 3 万元，计提坏账准备 8 万元。

（4）全年利润总额 900 万元。

已知：广告费和业务宣传费支出，不超过当年销售（营业）收入 15%的部分，准予扣除。

要求：根据上述资料，不考虑其他因素，分析下列小题。

1. 甲公司下列收入中，应计入 2017 年度企业所得税收入总额的是（ ）。

A. 出租闲置设备收入 500 万元　　B. 国债利息收入 50 万元

C. 销售电冰箱收入 8 000 万元　　D. 理财产品收益 30 万元

2. 甲公司在计算 2017 年度企业所得税应纳税所得额时，准予扣除的广告费用支出是（ ）。

A. 1 275 万元　B. 1 500 万元　C. 1 287 万元　D. 1 200 万元

3. 甲公司在计算 2017 年度企业所得税应纳税所得额时，下列支出中不能扣除的是（ ）。

A. 向银行借入流动资金支付利息支出 55 万元

B. 向客户支付违约金 3 万元

C. 计提坏账准备 8 万元

D. 非广告性赞助支出 80 万元

4. 计算甲公司 2017 年度企业所得税应纳税所得额的下列算式中，正确的是（ ）。

A. 900+（1 500−1 287）+80+3+8=1 204 万元

B. 900−50+（1 500−1 275）+80+8=1 163 万元

C. 900−500+55+8=463 万元

D. 900−30+（1 500−1 200）=1 170 万元

专题 12 个人所得税

（2019）中国公民杨某 2019 年的有关收支情况如下：

（1）1 月购买体育彩票，取得中奖收入 20 000 元，购买体育彩票支出 700 元。

（2）2 月获赠父母名下的住房一套。

（3）3 月取得储蓄存款利息 1 500 元；在乙商场购买空调，获赠价值 280 元的电饭锅一个；在丙公司累积消费达到规定额度，取得按消费积分反馈的价值 100 元的礼品。

（4）4 月将一套商铺出租，取得当月租金 6 000 元，缴纳相关税费 720 元。

（5）其他相关情况如下：

2019 年总计取得工资收入 105 600 元，专项扣除 20 250 元。杨某夫妇有个在上小学的孩子，子女教育专项附加扣除由杨某夫妇分别按扣除标准的 50%扣除。

已知：财产租赁所得个人所得税税率为20%，财产租赁所得每次（月）收入在4 000元以上的，减除20%的费用。综合所得，每一纳税年度减除费用60 000元；子女教育专项附加扣除，按照每个子女每年12 000元的标准定额扣除。

个人所得税税率表（节选）（综合所得适用）

级数	全年应纳税所得额	税率（%）	速算扣除数（元）
1	不超过36 000元的	3	0
2	超过36 000元至144 000元的部分	10	2 520

要求：根据上述资料，不考虑其他因素，分析回答下列小题。

1. 计算杨某1月体育彩票中奖收入应缴纳个人所得税额的下列算式中，正确的是（　　）。
A.（20 000−700）×20%=3 860元
B. 20 000÷（1−20%）×20%=5 000元
C.（20 000−700）÷（1−20%）×20%=4 825元
D. 20 000×20%=4 000元

2. 杨某的下列所得中，不缴纳个人所得税的是（　　）。
A. 获赠父母名下住房一套　　B. 取得储蓄存款利息1 500元
C. 获赠乙商场价值280元的电饭锅　　D. 获赠丙公司价值100元的礼品

3. 计算杨某4月出租商铺应缴纳个人所得税税额的下列算式中，正确的是（　　）。
A.（6 000−720）×20%=1 056元
B.（6 000−720）×（1−20%）×20%=844.8元
C. 6 000×（1−20%）×20%=960元
D. 6 000×20%=1 200元

4. 计算杨某2019年综合所得应缴纳个人所得税税额的下列算式中，正确的是（　　）。
A.（105 600−60 000−12 000×2）×3%=648元
B.（105 600−60 000−20 250−12 000）×3%=400.5元
C.（105 600−60 000−20 250−12 000×50%）×3%=580.5元
D.（105 600−60 000−12 000）×3%=1 008元

专题13　个人所得税

（2019）中国公民陈某为国内某大学教授。2019年1至4月有关收支情况如下：

（1）1月转让一套住房，取得含增值税的销售收入945 000元。该套住房原值840 000元，系陈某2018年8月购入，本次转让过程中，发生合理费用5 000元。

（2）2月获得当地教育部门颁发的区（县）级教育方面的奖金10 000元。

（3）3月转让从公开发行市场购入的上市公司股票6 000股，取得股票转让所得120 000元。

（4）4月在甲电信公司购话费获赠价值390元的手机一部，获得乙保险公司给付的保险赔款30 000元。

假设陈某2019年其他收入及相关情况如下：

（1）工资、薪金所得190 000元，专项扣除40 000元。

（2）劳务报酬所得8 000元，稿酬所得5 000元。

已知：财产转让所得个人所得税税率为20%；个人将购买不足2年的住房对外销售的，按照5%的征收率全额缴纳增值税。综合所得，每一纳税年度减除费用60 000元；劳务报酬所得、稿酬所得以收入减除20%的费用后的余额为收入额；稿酬所得的收入额减按70%计算。

个人所得税税率表（节选）（综合所得适用）

级数	全年应纳税所得额	税率（%）	速算扣除数
1	不超过36 000元的	3	0
2	超过36 000元至144 000元的部分	10	2 520

要求：根据上述资料，不考虑其他因素，分析回答下列小题。

1. 计算陈某1月转让住房应缴纳个人所得税税额的下列算式中，正确的是（　　）。

A.［945 000÷（1+5%）−840 000−5 000］×20%=11 000元

B.［945 000÷（1+5%）−840 000］×20%=12 000元

C.（945 000−840 000−5 000）×20%=20 000元

D.（945 000−840 000）×20%=21 000元

2. 计算陈某1月转让住房应缴纳增值税税额的下列算式中，正确的是（　　）。

A.（945 000−840 000）×5%=5 250元

B. 945 000×5%=47 250元

C.（945 000−840 000÷（1+5%）×5%=5 000元

D. 945 000÷（1+5%）×5%=45 000元

3. 陈某的下列所得中，不缴纳个人所得税的是（　　）。

A. 股票转让所得120 000元　　B. 区（县）级教育方面的奖金10 000元

C. 获得的保险赔款30 000元　　D. 获赠价值390元的手机

4. 计算陈某2019年综合所得应缴纳个人所得税税额的下列算式中，正确的是（　　）。

A.［(190 000+8 000×（1−20%）+5 000×（1−20%）×70%−60 000−40 000］×10%−2 520=7 400元

B.（190 000−60 000−40 000）×10%−2 520+8 000×（1−20%）×3%+5 000×70%×3%=6 777元

C.（190 000−60 000−40 000）×10%−2 520+8 000×（1−20%）×3%+5 000×（1−20%）×70%×3%=6 756元

D.（190 000+8 000+5 000×70%−60 000−40 000）×10%−2 520=7 630元

专题14　个人所得税

（2018改编）中国公民李某为境内甲公司设计部经理，2019年12月有关收支情况如下：

（1）基本工资8 000元，全年一次性奖金30 000元。

（2）提供维修服务，取得劳务报酬所得1 500元，购买修理用工具支出200元。

（3）发表专业文章，取得稿酬所得 5 000 元，将其中 2 000 元直接捐赠给灾区灾民。

（4）取得境内 A 上市公司非限售股股息 6 000 元，该股票于当月转让，持有期限为 5 个月。

已知：劳务报酬所得、稿酬所得以收入减除费用后的余额为收入额；其中，稿酬所得的收入额减按 70%计算。每次收入 4 000 元以上的，减除 20%的费用；每次收入不超过 4 000 元的，减除费用 800 元。预缴劳务报酬所得、稿酬所得的个人所得税预扣率为 20%。利息、股息、红利所得个人所得税税率为 20%。全年一次性奖金选择不并入当年综合所得，单独纳税。

按月换算后的综合所得税率表（节选）

级数	每月（次）应纳税所得额	税率（%）	速算扣除数（元）
1	不超过 3 000 元的	3	0
2	超过 3 000 元至 12 000 元的部分	10	210
3	超过 12 000 元至 25 000 元的部分	20	1 410
4	超过 25 000 元至 35 000 元的部分	25	2 660
5	超过 35 000 元至 55 000 元的部分	30	4 410

要求：根据上述资料，不考虑其他因素，分析回答下列小题。

1. 计算王某当月取得全年一次性奖金应缴纳个人所得税税额的下列算式中，正确的是（　）。

A. 30 000÷12×3%=75 元　　B. 30 000×3%=900 元

C. 30 000×25%−2 660=4 840 元　　D.（30 000+8 000）×30%−4 410=6 990 元

2. 计算王某当月提供维修服务劳务报酬所得应预缴个人所得税税额的下列算式中，正确的是（　）。

A. 1 500×20%=300 元　　B.（1 500−800−200）×20%=100 元

C.（1 500−800）×20%=140 元　　D.（1 500−200）×20%=260 元

3. 计算王某当月发表专业文章稿酬所得应预缴个人所得税税额的下列算式中，正确的是（　）。

A. 5 000×（1−20%）×70%×20%=560 元

B.（5 000−2 000）×（1−20%）×70%×20%=336 元

C.（5 000−2 000）×70%×20%=420 元

D. ［5 000×（1−20%）−2 000］×70%×20%=280 元

4. 计算王某当月非限售股股息所得应缴纳个人所得税税额的下列算式中，正确的是（　）。

A. 6 000×50%×（1−20%）×20%=480 元　　B. 6 000×（1−20%）×20%=960 元

C. 6 000×20%=1 200 元　　D. 6 000×50%×20%=600 元

专题 15　劳动合同内容

（2018）2017 年 7 月 31 日，甲公司录用周某担任出纳，双方口头约定了 2 年期劳动合同，约定周某试用期 2 个月，月工资 3 500 元，公司在试用期间可随时解除合同；试用期满考核合格，月工资提高至 4 000 元，如考核不合格，再延长试用期 1 个月。2017 年 9 月 15 日，双方签订了书面劳动合同。2017 年 9 月 30 日，因未通过公司考核，周某试用期延长 1 个月。因甲公司连续 2 个月无故拖欠劳动报酬，2018 年 6 月 1 日，周某单方面解除了劳动合同并向当地劳动争议仲裁机构申请仲裁，该机构作出终局裁决。

已知：甲公司实行标准工时制，当地月最低工资标准为 2 000 元。

要求：根据上述资料，不考虑其他因素，分析回答下列小题。

1. 甲公司与周某对试用期的下列约定中，符合法律规定的有（　）。

A. 试用期满周某考核不合格，再延长 1 个月试用期

B. 试用期 2 个月

C. 试用期内甲公司可随时解除劳动合同

D. 试用期月工资 3 500 元

2. 因甲公司无故拖欠劳动报酬，周某单方面解除劳动合同采取的方式是（　）。

A. 应提前 30 日书面通知甲公司而解除　　B. 可随时通知甲公司而解除

C. 不需通知甲公司即可解除　　D. 应提前 3 日通知甲公司而解出

3. 周某申请劳动仲裁要求甲公司支付的下列各项中，符合法律规定的有（　）。

A. 拖欠的劳动报酬　　B. 解除劳动合同的经济补偿金

C. 试用期后违约金　　D. 未及时签订书面劳动合同的 2 倍工资

4. 对劳动争议终局裁决的下列表述中，正确的是（　）。

A. 对该终局裁决不服，周某有权提起诉讼

B. 对该终局裁决不服，甲公司和周某均不得提起诉讼

C. 对该终局裁决自作出之日起生效

D. 对该终局裁决不服，甲公司有权提起诉讼

专题 16　劳务派遣

（2016）2015 年 1 月，甲公司与乙公司签订劳务派遣协议，派遣刘某到乙公司从事临时性工作。2015 年 5 月，临时性工作结束，两公司未再给刘某安排工作，也未再向其支付任何报酬。2015 年 7 月，刘某得知自 2015 年 1 月被派遣以来，两公司均未为其缴纳社会保险费，遂提出解除劳动合同。

要求：根据上述资料，不考虑其他因素，分析回答下列小题。

1. 关于刘某建立劳动关系的下列表述中，正确的是（　）。

A. 刘某与乙公司建立劳动关系　　B. 刘某与甲公司建立劳动关系

C. 刘某与甲公司、乙公司均未建立劳动关系　　D. 刘某与甲公司、乙公司均建立劳动关系

2. 刘某无工作期间享受报酬的下列表述中，正确的是（　）。

A. 刘某不享受报酬

B. 乙公司应按月向其支付报酬

C. 刘某享受报酬的标准为支付单位所在地的最低工资标准

D. 甲公司应按月向其支付报酬

3. 刘某解除劳动合同应采取的方式是（　　）。

A. 无须事先告知公司即可解除　　B. 应提前 30 日通知公司解除

C. 可随时通知公司解除　　D. 应提前 3 日通知公司解除

4. 该劳动合同解除时经济补偿金支付的下列表述中，说法正确的是（　　）。

A. 甲、乙两个公司均无须向刘某支付经济补偿金

B. 乙公司应向刘某支付经济补偿金

C. 甲公司应向刘某支付经济补偿金

D. 甲、乙两个公司应共同向刘某支付经济补偿金

专题 17　工伤保险

（2018）甲公司职工刘某在工作中因机器故障导致其腿部受伤，被送往医院治疗 2 个月，治疗期间甲公司按月向其支付各项待遇。出院后，刘某回公司上班，因其腿部受伤导致丧失劳动能力，刘某已经不能从事原工作。甲公司拟单方解除与刘某之间尚未到期的劳动合同，刘某拒绝，双方由此发生争议。

已知：刘某月工资 4 000 元，实际工作年限 5 年，在甲公司工作 2 年，甲公司所在地月最低工资标准为 2 500 元。

要求：根据上述资料，不考虑其他因素，分析回答下列小题。

1. 下列关于刘某腿部受伤法律后果的表述中，正确的是（　　）。

A. 刘某可享受 3 个月的医疗期待遇

B. 刘某可享受的医疗期应按 6 个月内累计病休时间计算

C. 刘某的伤情应认定为工伤

D. 刘某可享受停工留薪待遇

2. 刘某治疗期间，甲公司每月向其支付的工资待遇不得低于（　　）。

A. 4 000 元　　B. 3 200 元　　C. 2 000 元　　D. 2 500 元

3. 下列关于甲公司单方解除刘某劳动合同的表述中，正确的是（　　）。

A. 刘某不能从事甲公司为其另行安排的工作，甲公司方可解除劳动合同

B. 甲公司不得单方解除劳动合同

C. 甲公司可额外支付刘某 1 个月工资后解除劳动合同

D. 甲公司可提前 30 日书面通知刘某解除劳动合同

4. 刘某解决该劳动争议拟采取的下列方式中，符合法律规定的是（　　）。

A. 可直接向人民法院提起诉讼　　B. 可与甲公司协商解决

C. 可向劳动争议仲裁机构申请仲裁　　D. 可向劳动争议调解组织申请调解

不定项选择题专项演练参考答案及解析

专题 1

1.【答案】ABD

【解析】选项 C，各单位的预算、计划、制度等文件材料属于文书档案，不属于会计档案。

2.【答案】BCD

【解析】选项 A，纸质会计档案移交时应当保持原卷的封装。

3.【答案】BCD

【解析】选项 A，会计档案鉴定工作应当由“单位档案管理机构”牵头，组织单位会计、审计、纪检监察等机构或人员共同进行。

4.【答案】ABCD

【解析】单位负责人、档案管理机构负责人、会计管理机构负责人、档案管理机构经办人、会计管理机构经办人需要在会计档案销毁清册上签署意见（三个负责人、两个经办人）。

专题 2

1.【答案】BD

【解析】选项 B，出纳人员不得兼任稽核、会计档案保管和收入、支出、费用、债权债务账目的登记工作。选项 D，国有企业的会计机构负责人、会计主管人员的直系亲属不得在本单位会计机构中担任出纳工作。需要回避的直系亲属为：夫妻关系、直系血亲关系、三代以内旁系血亲关系、配偶亲关系。

2.【答案】BCD

【解析】选项 A，接替人员应当继续使用移交的会计账簿，不得自行另立新账，以保持会计记录的连续性。选项 D，出纳属于“一般”会计人员。一般会计人员办理交接手续，由会计机构负责人（会计主管人员）监交。

3.【答案】AD

【解析】W 发票属于金额错误，Y 发票属于金额以外的错误。原始凭证记载的各项内容均不得涂改。原始凭证金额有错误的，应当由出具单位重开，不得在原始凭证上更正；其他内容错误的，应当由出具单位重开或者更正，更正处应当加盖出具单位印章。

4.【答案】ABCD

专题 3

1.【答案】ABCD

2.【答案】A

【解析】背书人在汇票上记载“不得转让”字样，其后手再背书转让的，原背书人（丙公司）对后手（丁公司）的被背书人（戊公司）不承担保证责任。

3.【答案】C

【解析】背书时附有条件的，所附条件不具有票据上的效力。本题中，背书有效，所附条件无效，选项 C 正确。

4.【答案】ABD

【解析】本题中，该汇票为出票后 1 个月付款，到期日为 2015 年 6 月 10 日，戊公司在提示付款期限（到期日起 10 日）内依法提示付款，承兑人 P 银行应于当日（提示付款日）足额付款。银行承兑汇票的出票人应于汇票到期前将票款足额交存其开户银行；未能足额交存的，承兑银行向持票人无条件付款后，对出票人尚未支付的汇票金额按照每天万分之五计收利息。

专题 4

1.【答案】ABCD

【解析】签发纸质商业汇票时必须记载的事项：① 表明“商业承兑汇票”或“银行承兑汇票”的字样；② 无条件支付的委托；③ 确定的金额（选项 B）；④ 付款人名称（选项 C）；⑤ 收款人名称（选项 A）；⑥ 出票日期；⑦ 出票人签章（选项 D）。

2.【答案】B

【解析】保证人在票据或者粘单上未记载“被保证人名称”的，已承兑的票据，承兑人为被保证人；未承兑的票据，出票人为被保证人。本题中，P 银行已承兑了该汇票，所以被保证人是 P 银行。

3.【答案】B

【解析】银行承兑汇票的承兑银行，应按票面金额向“出票人”收取万分之五的手续费。

4.【答案】AC

【解析】银行承兑汇票的出票人应于汇票到期日（2016 年 6 月 9 日）前将票款足额交存其开户银行；出票人如未能在汇票到期日前足额交存票款，承兑银行仍应于提示付款日向持票人足额支付票款，对出票人尚未支付的汇票金额按每天万分之五计收利息。银行承兑汇票的提示付款期限，自汇票到期日起 10 日，即在 2016 年 6 月 19 日前提示付款即可。

专题 5

1.【答案】B

【解析】① 关于月的填写：月为“壹”（1 月）、“贰”（2 月）、“壹拾”（10 月），应当在前面加“零”。② 关于日的填写：壹至玖（1 日至 9 日）、壹拾（10 日）、贰拾（20 日）、叁拾（30 日），前面加“零”；拾壹至拾玖（11 日至 19 日），前面加“壹”。

2.【答案】D

【解析】支票上的出票人的签章，出票人为单位的，为与该单位在银行预留签章一致的财务专用章或者公章加其法定代表人或者其授权的代理人的签名或盖章。甲公司在 P 银行预留签章为公司单位公章加会计机构负责人刘某的个人名章。

3.【答案】BD

【解析】选项 B、D，支票的金额、收款人名称，可以由出票人授权补记。

4.【答案】ABCD

【解析】持票人委托开户银行收款时，应作委托收款背书，在支票背面背书人签章栏签章、记载“委托收款”字样、背书日期，在被背书人栏记载开户银行名称，并将支票和填制的进账单送交开户银行。

专题 6

1.【答案】A

【解析】企业法人申请开立基本存款账户的，至少需要提供工商部门颁发的营业执照正本、法定代表人的授权书、法定代表人和经办人员的身份证件。

2.【答案】BD

【解析】存款人为单位的，其预留签章为该单位的公章或财务专用章加其法定代表人（单位负责人）或其授权的代理人的签名或者盖章。

3.【答案】ABC

【解析】一般存款账户用于办理存款人借款转存、借款归还和其他结算的资金收付；一般存款账户可以办理现金缴存，但不得办理现金支取（只存不取）。

4.【答案】ABCD

【解析】撤销银行结算账户时，应先撤销一般存款账户、专用存款账户、临时存款账户，将账户资金转入基本存款账户后，方可办理基本存款账户的撤销。存款人撤销银行结算账户，必须与开户银行核对银行结算账户存款余额，交回各种重要空白票据及结算凭证和开户许可证，银行核对无误后方可办理销户手续。

专题 7

1.【答案】AD

【解析】房屋租赁服务和设备租赁服务，属于"现代服务——租赁服务"，而住宿服务和餐饮服务属于"生活服务"。

2.【答案】ABCD

【解析】自 2019 年 4 月 1 日起，购进国内旅客运输服务可以抵扣进项税额。

3.【答案】ABCD

【解析】增值税销项税额=含增值税销售额÷（1+税率）×税率。

4.【答案】D

【解析】① 自 2019 年 4 月 1 日起，购进国内旅客运输服务可以抵扣进项税额。员工出差火车票、飞机票的进项税额=10÷（1+9%）×9%。② 支付技术咨询服务费和购进卫生用具，取得增值税专用发票，可以抵扣进项税额。③ 购进农产品取得农产品收购发票或者销售发票的，可按农产品买价和 9%的扣除率计算进项税额。农产品的进项税额=100×9%。

专题 8

1.【答案】C

【解析】进口应纳的增值税=（关税完税价格+关税）÷（1−消费税税率）×增值税税率=（85+4.25）÷（1−15%）×13%=13.65 万元。

2.【答案】AC

【解析】因管理不善导致丢失的化妆包，进项税额不得抵扣，运输该批化妆包的运输费用的进项税额也不得抵扣。

3.【答案】AD

【解析】选项 A、D，高档化妆品在生产、进口和委托加工环节缴纳消费税；选项 B、C，酒精和化妆包不属于消费税征税范围。

4.【答案】A

【解析】① 本题销售价格为含增值税的金额，应除以（1+增值税税率）进行价税分离，排除选项 B；② 对于酒类以外的其他货物，收取包装物押金时不交消费税，待逾期或者收取时间超过12 个月时缴纳消费税。

专题 9

1.【答案】B

【解析】选项 A、D，房地产主管部门或者其指定机构、公积金管理中心、开发企业以及物业管理单位代收的住宅专项维修资金，不征收增值税；选项 C，题中明确售价不含增值税，无需价税分离。

2.【答案】ABC

【解析】选项 A、B，将底商用于抵债、无偿赠送，视同销售底商，应计算缴纳增值税；选项 C，将底商用于出租，应按照租赁服务缴纳增值税。

3.【答案】C

【解析】外购货物用于简易计税方法计税项目，其进项税额不得抵扣。

4.【答案】AB

【解析】房产税的纳税义务人是在我国城市、县城、建制镇和工矿区内拥有房屋产权的单位和个人。房地产开发企业建造的商品房，在出售前，不征收房产税，但对出售前房地产开发企业已使用或出租、出借的商品房应按规定征收房产税。

专题 10

1.【答案】B

【解析】国债利息收入免税；选项 A、C、D 属于应税收入。

2.【答案】ABCD

【解析】企业发生非货币性资产交换，以及将货物、财产、劳务用于捐赠、偿债、赞助、集资、广告、样品、职工福利或者利润分配等用途的，应当视同销售货物、转让财产或提供劳务，但另有规定的除外。

3.【答案】A

【解析】直接向丁中学捐赠 3 万元，不得在税前扣除；通过市民政部门用于教育事业的捐赠24 万元，限额扣除，扣除限额=190×12%=22.8 万元，实际捐赠 24 万元超过了扣除限额，当年只能扣除 22.8 万元。

4.【答案】ABCD

专题 11

1.【答案】ABCD

2.【答案】A

【解析】销售（营业）收入不包括国债利息收入和理财产品收益。广告费用的扣除限额=（8 000+500）×15%=1 275 万元，符合条件的广告费支出 1 500 万元超过了扣除限额，按照限额1 275 万元在税前扣除。

3.【答案】CD

【解析】选项 A，非金融企业向金融企业借款的利息支出可据实扣除；选项 B，支付的违约金可以在税前扣除。

4.【答案】B

【解析】① 国债利息收入免税，应纳税调减 50 万元；② 发生广告费支出 1 500 万元，税前只能扣除 1 275 万元，应纳税调增 225（1 500−1 275）万元；③ 计提的坏账准备和非广告性赞助支出不得在税前扣除，应纳税调增。应纳税所得额=900−50+（1 500−1 275）+80+8=1 163 万元。

专题 12

1.【答案】D

【解析】① 对个人购买福利彩票、赈灾彩票、体育彩票，一次中奖收入在 1 万元以下的（含 1 万元）暂免征收个人所得税；超过 1 万元的，全额征收个人所得税。② 体育彩票中奖收入属于偶然所得，以每次收入额为应纳税所得额。应纳个人所得税=20 000×20%=4 000 元。

2.【答案】ABCD

【解析】选项 A，房屋产权所有人将房屋产权无偿赠与配偶、父母、子女、祖父母、外祖父母、孙子女、外孙子女、兄弟姐妹，对当事双方不征收个人所得税；选项 B，储蓄存款利息所得暂免征收个人所得税；选项 C，企业在向个人销售商品（产品）和提供服务的同时给予赠品，不征收个人所得税；选项 D，企业对累积消费达到一定额度的个人按消费积分反馈礼品，不征收个人所得税。

3.【答案】B

【解析】财产租赁过程中缴纳的相关税费可以扣除。6 000−720=5 280 元，超过 4 000 元，减除 20%的费用。杨某 4 月出租商铺应纳个人所得税=（6 000−720）×（1−20%）×20%=844.8 元。

4.【答案】C

【解析】应纳税额=（每一纳税年度收入额−6 万元−专项扣除−专项附加扣除−依法确定的其他扣除）×适用税率−速算扣除数=（105 600−60 000−20 250−12 000×50%）×3%=580.5 元。

专题 13

1.【答案】A

【解析】① 个人转让房屋的个人所得税应税收入不含增值税；② 计算转让所得时可扣除的税费不包括本次转让缴纳的增值税；③ 转让住房应缴纳个人所得税=(收入总额−财产原值−合理费用)×20%=[945 000÷（1+5%）−840 000−5 000] ×20%=11 000 元。

2.【答案】D

【解析】陈某 1 月转让住房应缴纳增值税=含增值税收入÷（1+征收率）×征收率=945 000÷（1+5%）×5%=45 000 元。

3.【答案】ACD

【解析】选项 A，个人转让境内上市公司股票，暂不征收个人所得税。选项 B，个人取得省级人民政府、国务院部委和中国人民解放军军以上单位，以及外国组织、国际组织颁发的科学、教育、技术、文化、卫生、体育、环境保护等方面的奖金，免征个人所得税；取得区（县）级教育方面的奖金，照章缴纳个人所得税。选项 C，个人取得的保险赔款，免征个人所得税。选项 D，企业在向个人销售商品（产品）和提供服务的同时给予赠品，不征收个人所得税。

4.【答案】A

【解析】应纳税额=（每一纳税年度收入额-费用 6 万元-专项扣除-专项附加扣除-依法确定的其他扣除）×适用税率-速算扣除数=［190 000+8 000×（1-20%）+5 000×（1-20%）×70%-60 000-40 000］×10%-2 520=7 400 元。

专题 14

1.【答案】B

【解析】① 确定税率和速算扣除数。30 000÷12=2 500 元，适用税率 3%。② 计算应纳税额。应纳税额=30 000×3%=900 元。

2.【答案】C

【解析】预扣预缴应纳税所得额=1 500-800=700 元；预扣预缴个人所得税=700×20%=140 元。

3.【答案】A

【解析】直接捐赠支出不属于公益性捐赠，不能扣除。预扣预缴应纳税所得额=每次收入额×（1-20%）×70%=5 000×（1-20%）×70%=2 800 元；预扣预缴税额=预扣预缴应纳税所得额×20%=2 800×20%=560 元。

4.【答案】D

【解析】股息、红利所得以收入全额为应纳税所得额，不减除任何费用。上市公司非限售股股息，持股时间大于 1 个月小于 1 年的，减按 50%征收个人所得税。

专题 15

1.【答案】BCD

【解析】选项 A，劳动合同期限 1 年以上不满 3 年的，试用期不得超过 2 个月。

2.【答案】B

【解析】用人单位未及时足额支付劳动报酬的，劳动者可随时通知解除劳动合同。

3.【答案】ABCD

【解析】选项 B，劳动者符合随时通知解除和不需事先通知即可解除劳动合同规定情形而解除劳动合同的，用人单位应当向劳动者支付经济补偿。选项 C，用人单位违反规定与劳动者约定试用期的，由劳动行政部门责令改正；违法约定的试用期已经履行的，由用人单位以劳动者试用期满月工资为标准，按已经履行的超过法定试用期的期间向劳动者支付赔偿金。选项 D，用人单位自用工之日起超过 1 个月不满 1 年未与劳动者订立书面劳动合同的，自用工之日起满 1 个月的次日起至补订书面劳动合同的前一日应当向劳动者每月支付 2 倍的工资。

4.【答案】AC

【解析】劳动者对劳动争议终局裁决不服的，可以自收到仲裁裁决书之日起 15 日内提起诉讼；用人单位对劳动争议终局裁决不服的，不能提起诉讼。

专题 16

1.【答案】B

【解析】劳务派遣单位与劳动者订立劳动合同，建立劳动关系。本题中甲公司为劳务派遣单位，乙公司为用工单位。

2.【答案】CD

【解析】被派遣劳动者在无工作期间，劳务派遣单位应当按照所在地政府规定的最低工资标准，向其按月支付报酬。

3.【答案】C

【解析】用人单位未依法为劳动者缴纳社会保险费的，劳动者可随时通知用人单位解除劳动合同。

4.【答案】C

【解析】劳动者符合随时通知解除和不需事先通知即可解除劳动合同规定情形而解除劳动合同的，用人单位（甲公司）应当向劳动者支付经济补偿。

专题 17

1.【答案】CD

【解析】因工负伤，不属于医疗期待遇范围。刘某在工作期间因工负伤，应认定为工伤，享受停工留薪待遇。

2.【答案】A

【解析】在停工留薪期内，原工资福利待遇不变，由所在单位按月支付。

3.【答案】B

【解析】在本单位患职业病或者因工负伤并被确认丧失或者部分丧失劳动能力的，用人单位不得单方解除劳动合同。

4.【答案】BCD

【解析】劳动仲裁是提起劳动诉讼的必经前置程序，即必须先仲裁，再诉讼。

第五部分

考场初体验

实战考场，学以致用，分分拿下！

全国会计专业技术资格考试

2019 年《经济法基础》真题

（考试时间 90 分钟　　满分 100 分）

说明：本试卷主要来源于 2019 年考生回忆版，部分题目已按照 2020 年新教材作了修订。

一、单项选择题（本类题共 24 小题，每小题 1.5 分，共 36 分。每小题备选答案中，只有一个符合题意的正确答案。多选、错选、不选均不得分）

1. 根据税收征收管理法律制度的规定，纳税人申请税务行政复议的法定期限是（　　）。

A. 在税务机关作出具体行政行为之日起 30 日内

B. 在知道税务机关作出具体行政行为之日起 60 日内

C. 在知道税务机关作出具体行政行为之日起 3 个月内

D. 在税务机关作出具体行政行为之日起 3 个月内

2. 2018 年 12 月甲企业向税务机关应缴纳增值税 30 万元，实际缴纳 20 万元；向税务机关应缴纳消费税 28 万元，实际缴纳 12 万元。已知教育费附加征收比率为 3%。计算甲企业当月应缴纳教育费附加的下列算式中，正确的是（　　）。

A.（30+28）×3%=1.74 万元　　B.（20+12）×3%=0.96 万元

C. 30×3%=0.9 万元　　D. 28×3%=0.84 万元

3. 甲餐饮公司为增值税小规模纳税人，2018 年第四季度提供餐饮服务取得含增值税销售额 103 万元，购进材料取得增值税普通发票注明税额 1.6 万元。已知小规模纳税人增值税征收率 3%。计算甲餐饮公司第四季度应缴纳增值税税额的下列算式中，正确的是（　　）。

A. 103×3%=3.09 万元　　B. 103÷（1+3%）×3%=3 万元

C. 103×3%−1.6=1.49 万元　　D. 103÷（1+3%）×3%−1.6=1.4 万元

4. 李某使用现金购买了 30 000 元的记名预付卡，现金充值 6 000 元的不记名预付卡，下列说法正确的是（　　）。

A. 可以使用信用卡购买预付卡　　B. 可以使用信用卡充值预付卡

C. 可以现金购买 30 000 元的记名预付卡　　D. 可以现金充值 6 000 元的不记名预付卡

5. 根据车船税法律制度的规定，下列各项中，属于车船税征税范围的是（　　）。

A. 摩托车　　B. 火车

C. 电动自行车　　D. 拖拉机

6. 根据消费税法律制度的规定，下列应税消费品中，应当以纳税人同类应税消费品的最高销售价格作为计税依据计缴消费税的是（　　）。

A. 用于职工福利的自产高档化妆品　　B. 用于广告宣传的自产白酒

C. 用于运输车队的自产柴油　　D. 用于抵偿债务的自产小汽车

7. 公司职工甲因工作疏忽给公司造成经济损失 10 000 元。已知甲每月工资收入为 2 500 元，当地月最低工资标准为 1 800 元。根据劳动合同法律制度的规定，该公司可从甲每月工资中扣除的最高限额为（　　）元。

A. 500　　B. 700　　C. 800　　D. 1 000

8. 王某在甲公司工作 2 年 8 个月，甲公司提出并与王某协商解除了劳动合同。已知王某在合同解除前 12 个月的平均工资为 13 000 元，当地上年度职工月平均工资为 4 000 元，当地月最低工资标准为 2 000 元。劳动合同解除时，甲公司依法应向王某支付的经济补偿数额为（　　）。

A. 36 000 元　　B. 6 000 元　　C. 12 000 元　　D. 39 000 元

9. 根据企业所得税法律制度的规定，符合条件的企业可以采取缩短折旧年限的方式计提固定资产折旧，但最低折旧年限不得低于税法规定折旧年限的一定比例，该比例为（　　）。

A. 30%　　B. 40%　　C. 50%　　D. 60%

10. A 洗衣机生产企业是增值税一般纳税人，2019 年 1 月向某商场销售 1 000 台 A 型洗衣机，出厂不含增值税单价为 3 500 元/台，由于商场采购量大，给予其 9%的折扣，并将销售额和折扣额在同一张发票的金额栏分别注明。已知增值税税率为 13%。A 洗衣机生产企业当月该笔业务增值税销项税额的下列计算列式中，正确的是（　　）。

A. 3 500×1 000×13%÷10 000=45.5 万元

B. 3 500×1 000×（1−9%）×13%÷10 000=41.405 万元

C. 3 500×1 000×（1−9%）÷（1+13%）×13%÷10 000=36.64 万元

D. 3 500×1 000÷（1+13%）×13%÷10 000=40.265 万元

11. 根据印花税法律制度的规定，下列各项中应计算缴纳印花税的是（　　）。

A. 无息或贴息借款合同

B. 出版合同

C. 农业保险合同

D. 建筑施工单位分包给其他施工单位的分包合同

12. 根据企业所得税法律制度的规定，下列固定资产中，在计算企业所得税应纳税所得额时，准予计算折旧扣除的是（　　）。

A. 未投入使用的机器设备　　B. 以经营租赁方式租入的机器设备

C. 已足额提取折旧仍继续使用的机器设备　　D. 以融资租赁方式租入的机器设备

13. 2018 年甲企业实现利润总额 600 万元，发生公益性捐赠支出 62 万元。上年度未在税前扣除完的符合条件的公益性捐赠支出 12 万元。已知公益性捐赠支出在年度利润总额 12%以内的部分，准予扣除。计算甲企业 2018 年度企业所得税应纳税所得额时，准予扣除的公益性捐赠支出是（　　）。

A. 74 万元　　B. 60 万元　　C. 84 万元　　D. 72 万元

14. 根据支付结算法律制度的规定，下列关于票据权利时效的表述中，正确的是（　　）。

A. 持票人对银行汇票出票人的权利自出票日起 2 年

B. 持票人对前手的追索权自被拒绝承兑或拒绝付款之日起 2 年

C. 持票人对商业汇票承兑人的权利自到期日起 1 年

D. 持票人对支票出票人的权利，自出票日起 1 年

15. 2018 年甲公司房产原值 8 000 万元，已提折旧 5 000 万元。已知房产税从价计征税率为 1.2%；房产原值的减除比例为 30%。计算甲公司 2018 年应缴纳房产税税额的下列算式中，正确的是（　）。

A. 8 000×1.2%=96 万元

B.（8 000−5 000）×（1−30%）×1.2%=25.2 万元

C. 8 000×（1−30%）×1.2%=67.2 万元

D.（8 000−5 000）×1.2%=36 万元

16. 根据支付结算法律制度的规定，下列关于票据背书效力的表述中，正确的是（　）。

A. 背书人可以将票据金额部分背书转让给被背书人

B. 出票人记载“不得转让”字样的，票据不得背书转让

C. 背书人可以将票据金额转让给两个被背书人

D. 背书附有条件的，所附条件具有票据上的效力

17. 根据我国企业所得税法的规定，下列关于收入确认条件的说法中，不正确的是（　）。

A. 销售商品采用托收承付方式的，在办妥托收手续时确认收入

B. 销售商品采用预收款方式的，在发出商品时确认收入

C. 销售商品需要安装检验的，在发出商品时确认收入

D. 销售商品采用支付手续费方式委托代销的，在收到代销清单时确认收入

18. 下列法律责任形式中，属于民事责任的是（　）。

A. 支付违约金　　B. 责令停产停业　　C. 没收违法所得　　D. 罚款

19. 根据会计法律制度的规定，下列企业会计档案中，最低保管期限为 10 年的是（　）。

A. 原始凭证　　B. 日记账　　C. 总账　　D. 银行对账单

20. 未在银行开立账户的 W 市退役军人事务局经批准在 P 银行开立了预算单位零余额账户。下列账户种类中，该零余额账户应按（　）管理。

A. 基本存款账户　　B. 一般存款账户

C. 临时存款账户　　D. 专用存款账户

21. 根据会计法律制度的规定，注册会计师已经获取被审计单位充分、适当的审计证据作为形成审计意见的基础，如果认为错报单独或汇总起来对财务报表可能产生的影响重大且具有广泛性时，应发表的审计意见是（　）。

A. 保留意见　　B. 无法表示意见　　C. 否定意见　　D. 无保留意见

22. 根据税收征收管理法律制度的规定，下列情形中，税务机关可以责令纳税人提供纳税担保的是（　）。

A. 欠缴税款、滞纳金的纳税人或者其法定代表人需要出境的

B. 纳税人按照规定应设置账簿而未设置

C. 纳税人开具与实际经营业务情况不符的发票

D. 纳税人对税务机关作出逾期不缴纳罚款加处罚款的决定不服，需要申请行政复议的

23. 根据契税法律制度的规定，下列各项中，属于契税纳税人的是（　　）。

A. 受让土地使用权的单位　　B. 出租房屋的个人

C. 转让土地使用权的单位　　D. 承租房屋的个人

24. 甲酒厂为增值税一般纳税人，2018 年 8 月销售自产白酒 10 吨，取得含增值税销售额 232 000 元。已知白酒增值税税率为 13%；消费税比例税率为 20%，定额税率为 0.5 元/500 克。计算甲酒厂当月应缴纳消费税税额的下列算式中，正确的是（　　）。

A. 232 000×20%=46 400 元

B. 232 000÷（1+13%）×20%=41 061.95 元

C. 232 000×20%+10×2 000×0.5=56 400 元

D. 232 000÷（1+13%）×20%+10×2 000×0.5=51 061.95 元

二、多项选择题（本类题共 15 小题，每小题 2 分，共 30 分。每小题备选答案中，有两个或两个以上符合题意的正确答案。多选、少选、错选、不选均不得分）

1. 根据支付结算法律制度的规定，下列关于支票出票的表述中，正确的有（　　）。

A. 出票人不得在支票上记载自己为收款人

B. 出票人不得签发与其预留银行签章不符的支票

C. 支票上未记载付款行名称的，支票无效

D. 出票人签发的支票金额不得超过其付款时在付款人处实有的存款金额

2. 根据税收征收管理法律制度的规定，下列各项中，属于纳税申报方式的有（　　）。

A. 简易申报　　B. 数据电文申报　　C. 自行申报　　D. 邮寄申报

3. 根据企业所得税法律制度的规定，下列行业中，不适用研究开发费用税前加计扣除政策的有（　　）。

A. 房地产业　　B. 烟草制造业

C. 租赁和商务服务业　　D. 娱乐业

4. 根据会计法律制度的规定，下列各项中，属于会计职业道德内容的有（　　）。

A. 坚持准则　　B. 客观公正　　C. 参与管理　　D. 廉洁自律

5. 根据土地增值税法律制度的规定，下列行为中，应征收土地增值税的有（　　）。

A. 企业出售不动产　　B. 政府出让国有土地使用权

C. 个人出租不动产　　D. 企业转让国有土地使用权

6. 根据支付结算法律制度的规定，关于开立企业银行结算账户办理事项的下列表述中，正确的有（　　）。

A. 银行为企业开通非柜面转账业务，应当约定通过非柜面渠道向非本企业账户转账的日累计限额

B. 注册地和经营地均在异地的企业申请开户，法定代表人可授权他人代理签订银行结算账户管理协议

C. 企业预留银行的签章可以为其财务专用章加其法定代表人的签名

D. 银企双方应当签订银行结算账户管理协议，明确双方的权利与义务

7. 根据个人所得税法律制度的规定，下列各项中，属于专项附加扣除的有（　　）。

A. 住房租金　　B. 子女抚养　　C. 大病医疗　　D. 子女教育

8. 根据增值税法律制度的规定，下列各项中，不征收增值税的有（　　）。

A. 物业管理单位代收的住宅专项维修资金　　B. 被保险人获得的医疗保险赔付

C. 保险人取得的财产保险费收入　　D. 物业管理单位收取的物业费

9. 根据增值税法律制度的规定，下列各项中，应按照“交通运输服务”税目计缴增值税的有（　　）。

A. 道路通行服务　　B. 湿租业务　　C. 程租业务　　D. 干租业务

10. 根据会计法律制度的规定，下列各项中，属于会计档案的有（　　）。

A. 原始凭证　　B. 记账凭证　　C. 会计账簿　　D. 年度预算

11. 下列选项中，可以作为法律关系主体的有（　　）。

A. 个人独资企业　　B. 股份有限公司　　C. 自然人　　D. 个体工商户

12. 根据劳动合同法律制度的规定，劳动者出现的下列情形中，用人单位可随时通知劳动者解除劳动合同的有（　　）。

A. 被依法追究刑事责任的

B. 在试用期间被证明不符合录用条件的

C. 同时与其他用人单位建立劳动关系，经用人单位提出，拒不改正的

D. 严重违反用人单位规章制度的

13. 根据支付结算法律制度的规定，下列关于办理汇兑业务的表述中，正确的有（　　）。

A. 汇款回单可以作为该笔汇款已转入收款人账户的证明

B. 汇兑凭证记载的汇款人、收款人在银行开立存款账户的，必须记载其账号

C. 汇款回单是汇出银行受理汇款的依据

D. 收款通知是银行将款项确已转入收款人账户的凭据

14. 根据企业所得税法律制度的规定，下列各项中，在计算企业所得税应纳税所得额时，不得扣除的有（　　）。

A. 诉讼费用　　B. 非广告性的赞助支出

C. 税收滞纳金　　D. 罚款

15. 根据消费税法律制度的规定，下列各项中，属于消费税征税范围的有（　　）。

A. 电动自行车　　B. 铅蓄电池　　C. 实木地板　　D. 燃料油

三、判断题（本类题共 10 小题，每小题 1 分，共 10 分。请判断每小题的表述是否正确。每小题答题正确的得 1 分，答题错误的扣 0.5 分，不答题的不得分也不扣分。本类题最低得分为零分）

1. 没有字号的个体工商户开立银行结算账户，其预留银行签章中公章或财务专用章应是“个体户”字样加营业执照上载明的经营者的签字或盖章。（　　）

2. 单位外币卡账户可以在境内存取外币现钞。（　　）

3. 纳税人购置新建商品房，应当自房屋交付使用当月起缴纳城镇土地使用税。（　　）

4. 从事会计工作 2 年且具有助理会计师专业技术资格人员，可担任单位会计机构负责人。（　　）

5. 根据国家指令无偿提供用于公益事业的铁路运输服务，应征收增值税。（　　）

6. 附加刑可以同主刑一起使用，也可以单独使用。（　）

7. 个体工商户享受减税、免税待遇的，在减税、免税期间应当按照规定办理纳税申报。（　）

8. 参加基本养老保险的个人，在未达到法定退休年龄时因病或非因工致残完全丧失劳动能力的，可以领取病残津贴。（　）

9. 在计算企业所得税应纳税所得额时，利息收入按照债务人实际支付利息的日期确认收入的实现。（　）

10. 因故意销毁会计凭证被依法追究刑事责任的会计人员，5 年内不得再从事会计工作。（　）

四、不定项选择题（本类题共 12 小题，每小题 2 分，共 24 分。每小题备选答案中，有一个或一个以上符合题意的正确答案，每小题全部选对得满分，少选得相应分值，多选、错选、不选均不得分）

（一）

甲商业银行为增值税一般纳税人，2018 年第二季度经营情况如下：

（1）提供贷款服务取得含增值税利息收入 6 360 万元，支付存款利息 2 862 万元，提供直接收费金融服务取得含增值税销售额 1 272 万元。

（2）发生金融商品转让业务，金融商品卖出价 2 289.6 万元，相关金融商品买入价 2 120 万元。第一季度金融商品转让出现负差 58.3 万元。

（3）购进各分支行经营用设备一批，取得增值税专用发票注明税额 80 万元；购进办公用品，取得增值税专用发票注明税额 16 万元；购进办公用小汽车一辆，取得增值税专用发票注明税额 3.52 万元；购进用于职工福利的货物一批，取得增值税专用发票注明税额 0.32 万元。

（4）销售自己使用过的一批办公设备，取得含增值税销售额 10.506 万元。该批办公设备 2013 年购入，按固定资产核算。

已知：金融服务增值税税率为 6%；销售自己使用过的固定资产，按照简易办法依照 3%征收率减按 2%征收增值税；取得的扣税凭证已通过税务机关认证。

要求：根据上述资料，不考虑其他因素，分析回答下列小题。

1. 计算甲商业银行第二季度贷款服务和直接收费金融服务增值税销项税额的下列算式中，正确的是（　）。

A.（6 360+1 272）×6%=457.92 万元

B.（6 360+1 272）÷（1+6%）×6%=432 万元

C.（6 360−2 862+1 272）÷（1+6%）×6%=270 万元

D.（6 360−2 862）÷（1+6%）×6%+1 272×6%=274.32 万元

2. 计算甲商业银行第二季度金融商品转让增值税销项税额的下列算式中，正确的是（　）。

A.（2 289.6−58.3）÷（1+6%）×6%=126.3 万元

B.（2 289.6−2 120−58.3）÷（1+6%）×6%=6.3 万元

C.（2 289.6−2 120）×6%=10.176 万元

D. 2 289.6÷（1+6%）×6%=129.6 万元

3. 甲商业银行的下列进项税额中，准予从销项税额中抵扣的是（　　）。

A. 购进各分支行经营用设备的进项税额 80 万元

B. 购进办公用品的进项税额 16 万元

C. 购进办公用小汽车的进项税额 3.52 万元

D. 购进用于职工福利的货物的进项税额 0.32 万元

4. 计算甲商业银行销售自己使用过的办公设备应缴纳增值税税额的下列算式中，正确的是（　　）。

A. 10.506÷（1+2%）×2%=0.206 万元

B. 10.506×2%=0.210 12 万元

C. 10.506÷（1+3%）×2%=0.204 万元

D. 10.506÷（1+2%）×3%=0.309 万元

（二）

甲公司为居民企业，登记注册地在 W 市，企业所得税按季预缴。主要从事建筑材料生产和销售业务。2018 年有关经营情况如下：

（1）建筑材料销售收入 5 000 万元，生产设备出租收入 60 万元，国债利息收入 1.5 万元，存款利息收入 0.8 万元，存货盘盈 0.2 万元。

（2）发生的合理的劳动保护费支出 2 万元，因生产经营需要向金融企业借款利息支出 3 万元，直接向某大学捐赠 1 万元，缴纳诉讼费用 1.7 万元。

（3）购置符合规定的安全生产专用设备一台，该设备投资额 45 万元，当年即投入使用。

（4）全年利润总额为 280 万元。

已知：企业所得税税率为 25%。符合规定的安全生产专用设备的投资额的 10%可以从企业当年的应纳税额中抵免。

要求：根据上述资料，不考虑其他因素，分析回答下列小题。

1. 甲公司的下列收入中，在计算 2018 年度企业所得税应纳税所得额时，应计入收入总额的是（　　）。

A. 存货盘盈 0.2 万元　　B. 生产设备出租收入 60 万元

C. 国债利息收入 1.5 万元　　D. 存款利息收入 0.8 万元

2. 甲公司的下列支出中，在计算 2018 年度企业所得税应纳税所得额时，不得扣除的是（　　）。

A. 直接向某大学捐赠 1 万元　　B. 合理的劳动保护费支出 2 万元

C. 向金融企业借款利息支出 3 万元　　D. 诉讼费用 1.7 万元

3. 计算甲公司 2018 年度企业所得税应纳税额的下列算式中，正确的是（　　）。

A.（280−60−0.8+2+3−45）×25%×（1−10%）=40.32 万元

B.（280−1.5−0.2+1+1.7−45×10%）×25%=69.125 万元

C.（280−1.5+1）×25%−45×10%=65.375 万元

D.（280−1.5−0.8−0.2+3+1.7）×25%−45÷（1−10%）×10%=65.55 万元

4. 下列关于甲公司 2018 年度企业所得税征收管理的表述中，正确的是（　　）。

A. 甲公司应向 W 市税务机关办理企业所得税纳税申报

B. 甲公司企业所得税 2018 纳税年度自 2018 年 6 月 1 日起至 2019 年 5 月 31 日止

C. 甲公司应当自2018年度终了之日起5个月内，向税务机关报送年度企业所得税纳税申报表，并汇算清缴，结清应缴应退税款

D. 甲公司按季预缴企业所得税，应当在每季度最后15日内办理纳税申报，预缴税款

（三）

2018年10月甲公司法定代表人王某在P银行为本公司开立了基本存款账户，同时本人在P银行申领一张借记卡。2018年11月甲公司在Q银行开立单位人民币卡账户并转入资金。2018年12月甲公司发生4笔业务：收到现金货款2万元，支付原材料采购款6万元，支付劳务费4万元，提取周转现金1万元。

已知：各账户存款余额充足。

要求：根据上述资料，不考虑其他因素，分析回答下列小题。

1. 王某在P银行申请开立甲公司存款账户的下列事项中，正确的是（　　）。

A. 代表甲公司与P银行签订银行结算账户管理协议

B. 填写开户申请书

C. 在开户申请书上加盖甲公司公章

D. 向P银行出具甲公司营业执照正本

2. 甲公司通过P银行存款账户可以办理的业务是（　　）。

A. 提取现金1万元　　B. 支付原材料采购款6万元

C. 存入现金货款2万元　　D. 支付劳务费4万元

3. 王某使用其个人借记卡可以办理的业务是（　　）。

A. 在ATM机上一次性提取现金5万元　　B. 购买P银行理财产品10万元

C. 存入甲公司的现金货款2万元　　D. 在商场刷卡消费1万元

4. 下列关于甲公司Q银行账户的表述中，正确的是（　　）。

A. 可以从甲公司P银行存款账户转入资金10万元

B. 可以存入现金货款2万元

C. 可以支付劳务费4万元

D. 可以提取周转现金1万元

全国会计专业技术资格考试

2019年《经济法基础》真题参考答案及解析

一、单项选择题

1.【答案】B

【解析】申请人可以在知道税务机关作出具体行政行为之日起60日内提出行政复议申请。

2.【答案】B

【解析】教育费附加以纳税人实际缴纳的增值税、消费税税额之和为计征依据。甲企业当月应缴纳教育费附加=（20+12）×3%=0.96万元。

3.【答案】B

【解析】增值税小规模纳税人采用简易计税方法，不抵扣进项税额。应纳税额=销售额×征收率。

4.【答案】C

【解析】选项A、B，购卡人不得使用信用卡购买预付卡，不得使用信用卡为预付卡充值；选项C，个人一次性购买预付卡5万元以上的，不得使用现金；选项D，一次性充值金额5 000元以上的，不得使用现金。

5.【答案】A

【解析】车船税的征税范围不包括：① 电动汽车；② 火车；③ 地铁列车；④ 拖拉机；⑤ 电动自行车；⑥ 燃料电池汽车；⑦ 临时入境的外国车船和港、澳、台车船。

6.【答案】D

【解析】纳税人用于换取生产资料和消费资料、抵偿债务和投资入股等方面（“换、抵、投”）的应税消费品，应当以纳税人同类应税消费品的最高销售价格作为计税依据计算消费税。

7.【答案】A

【解析】限额1：工资的20%=2 500×20%=500元；限额2：月工资−当地最低工资标准=2 500−1 800=700元。两个限额选小的，即该公司可从甲每月工资中扣除的最高限额为500元。

8.【答案】A

【解析】① 计算经济补偿金的年限标准：6个月以上不满1年的，按1年计算；不满6个月的，按0.5年计算。王某工作2年8个月，应按3年计算。② 计算经济补偿的月工资标准：最低不低于当地最低工资标准，最高不超过当地上年度职工月平均工资的3倍。王某的月平均工资已经高于当地上一年度职工月平均工资3倍，因此，经济补偿金=当地上一年度职工月平均工资3倍×工作年限=4 000×3×3=36 000元。

9.【答案】D

【解析】采取缩短折旧年限方法计提固定资产折旧的，最低折旧年限不得低于税法规定折旧年限的60%。

10.【答案】B

【解析】采取折扣方式销售货物，销售额和折扣额在同一张发票的金额栏分别注明的，按折扣后的不含税价格计算增值税销项税额。

11.【答案】D

【解析】下列合同不缴纳印花税：① 一般的法律、会计、审计等咨询合同；② 人身保险合同；③ 出版合同；④ 委托代理合同；⑤ 企业与主管部门签订的租赁承包合同。

12.【答案】D

【解析】下列固定资产不得计算折旧扣除：① 房屋、建筑物以外未投入使用的固定资产；② 以经营租赁方式租入的固定资产；③ 以融资租赁方式租出的固定资产；④ 已足额提取折旧仍继续使用的固定资产；⑤ 与经营活动无关的固定资产；⑥ 单独估价作为固定资产入账的土地；⑦ 其他不得计算折旧扣除的固定资产。以融资租赁方式租入的机器设备视为自有资产，可计算折旧扣除。

13.【答案】D

【解析】公益性捐赠支出税前扣除限额=600×12%=72 万元；待扣除捐赠=实际捐赠支出 62 万元+上年度结转的捐赠支出 12 万元=74 万元，超过扣除限额 2 万元，所以只能按照限额 72 万元扣除。

14.【答案】A

【解析】选项 B，持票人对前手的追索权，自被拒绝承兑或者被拒绝付款之日起 6 个月；选项 C，持票人对票据承兑人的权利自票据到期日起 2 年；选项 D，持票人对支票出票人的权利，自出票日起 6 个月。

15.【答案】C

【解析】从价计征的房产税在计算应纳税额时，不考虑房屋的折旧。甲公司该房产应纳房产税=应税房产原值×（1−扣除比例）×1.2%=8 000×（1−30%）×1.2%=67.2 万元。

16.【答案】B

【解析】选项 A、C，转让一部分票据金额的背书或者将票据金额分别转让给两人以上的背书属于部分背书，部分背书属于无效背书；选项 D，背书时附有条件的，所附条件不具有票据上的效力（背书有效而所附条件无效）。

17.【答案】C

【解析】销售商品需要安装和检验的，在购买方接受商品以及安装和检验完毕时确认收入。如果安装程序比较简单，可在发出商品时确认收入。

18.【答案】A

【解析】选项 B、C、D 属于行政责任。

19.【答案】D

【解析】选项 A、B、C，原始凭证、日记账、总账等最低保管期限为 30 年，记忆关键字："证、账" 30 年。

20.【答案】A

【解析】财政部门为实行财政国库集中支付的预算单位在商业银行开设的零余额账户按基本存款账户或专用存款账户管理。预算单位未开立基本存款账户，或者原基本存款账户在国库集中支付改革后已按照财政部门的要求撤销的，经同级财政部门批准，预算单位零余额账户作为基本存款账户管理。除上述情况外，预算单位零余额账户作为专用存款账户管理。

21.【答案】C

【解析】已经获取充分、适当的审计证据以作为形成审计意见的基础，如果认为错报单独或汇总起来对财务报表可能产生的影响重大且具有广泛性时，注册会计师应当发表否定意见。

22.【答案】A

【解析】适用纳税担保的情形：① 税务机关有根据认为从事生产、经营的纳税人有逃避纳税义务行为，在规定的纳税期之前经责令其限期缴纳应纳税款，在限期内发现纳税人有明显的转移、隐匿其应纳税的商品、货物，以及其他财产或者应纳税收入的迹象，责成纳税人提供纳税担保的；② 欠缴税款、滞纳金的纳税人或者其法定代表人需要出境的；③ 纳税人同税务机关在纳税上发生争议而未缴清税款，需要申请行政复议的；④ 税收法律、行政法规规定可以提供纳税担保的其他情形。

23.【答案】A

【解析】选项 B、D，房屋租赁不涉及房屋产权转移，不属于契税征税范围；选项 C，契税纳税人为承受方，转让方不缴纳契税。

24.【答案】D

【解析】白酒采用复合计征方法计算消费税。1 吨=1 000 千克=2 000×500 克。从量计征的消费税=销售数量×消费税定额税率=10×2 000×0.5=10 000 元。从价计征的消费税=含增值税销售额÷（1+增值税税率）×消费税比例税率=232 000÷（1+13%）×20%=41 061.95 元。甲酒厂应纳消费税=从价计征的消费税+从量计征的消费税=41 061.95+10 000=51 061.95 元。

二、多项选择题

1.【答案】BCD

【解析】出票人可以在支票上记载自己为收款人。

2.【答案】ABCD

【解析】纳税申报方式主要有：① 自行申报；② 邮寄申报；③ 数据电文申报；④ 其他方式（实行定期定额缴纳税款的纳税人，可以实行简易申报、简并征期等方式申报纳税）。

3.【答案】ABCD

【解析】下列行业不适用税前加计扣除政策：① 烟草制造业；② 住宿和餐饮业；③ 批发和零售业；④ 房地产业；⑤ 租赁和商务服务业；⑥ 娱乐业；⑦ 财政部和国家税务总局规定的其他行业。

4.【答案】ABCD

5.【答案】AD

【解析】土地增值税的纳税人为“转让”国有土地使用权、地上建筑物及其附着物并取得收入的单位和个人。选项 B，政府出让国有土地使用权，不征收土地增值税；选项 C，个人出租不动产，不征收土地增值税。

6.【答案】ACD

【解析】选项 B，注册地和经营地均在异地的，银行应当与其法定代表人或者负责人“面签”银行结算账户管理协议。

7.【答案】ACD

【解析】专项附加扣除是指个人所得税法规定的子女教育、继续教育、大病医疗、住房贷款利息、住房租金和赡养老人 6 项专项附加扣除。

8.【答案】AB

9.【答案】BC

【解析】选项 A、D，道路通行服务（包括过路费、过桥费、过闸费等）、航空运输的干租业务（只租飞机不租机组人员）、水路运输的光租业务（只租船不租船员），按照“不动产经营租赁服务”缴纳增值税；选项 B、C，水路运输的程租（按航程租）、期租（按期限租）业务，航空运输的湿租（飞机和机组一起租）业务，均按照“交通运输服务”缴纳增值税。

10.【答案】ABC

【解析】选项 D，各单位的预算、计划、制度等文件材料属于文书档案，不属于会计档案。

11.【答案】ABCD

12.【答案】ABCD

【解析】用人单位可以随时通知劳动者解除劳动合同的情形包括：① 劳动者在试用期间被证明不符合录用条件的；② 劳动者严重违反用人单位的规章制度的；③ 劳动者严重失职，营私舞弊，给用人单位造成重大损害的；④ 劳动者同时与其他用人单位建立劳动关系，对完成本单位的工作任务造成严重影响，或者经用人单位提出，拒不改正的；⑤ 劳动者以欺诈、胁迫的手段或者乘人之危，使用人单位在违背真实意思的情况下，订立或者变更劳动合同的；⑥ 劳动者被依法追究刑事责任的。

13.【答案】BCD

【解析】选项 A，汇款回单是汇出银行受理汇款的依据，不能作为该笔款项已转入收款人账户的证明。

14.【答案】BCD

【解析】选项 A，法院判决由企业承担的诉讼费属于民事性质的款项，可以据实税前扣除；选项 B、C、D，非广告性的赞助支出、税收滞纳金和罚款不得税前扣除。不得税前扣除项目还应重点关注“向投资者支付的股息和红利、企业之间支付的管理费、企业内营业机构之间支付的租金和特许权使用费”。

15.【答案】BCD

【解析】电动汽车、电动自行车、沙滩车、雪地车、卡丁车、高尔夫车，以及企业购进货车或厢式货车改装生产的商务车、卫星通讯车等专用汽车不属于消费税的征税范围。

三、判断题

1.【答案】√

2.【答案】×

【解析】单位外币卡账户的资金应从其单位的外汇账户转账存入，不得在境内存取现钞。

3.【答案】×

【解析】纳税人购置新建商品房，自房屋交付使用之次月起缴纳城镇土地使用税。

4.【答案】×

【解析】会计机构负责人的任职条件为会计师以上专业技术职务资格或者具有从事会计工作3年以上的经历，二者满足其一即可。

5.【答案】×

【解析】根据国家指令无偿提供的铁路运输服务、航空运输服务，属于规定的用于公益事业的服务，不征收增值税。

6.【答案】√

7.【答案】√

【解析】纳税人享受减税、免税待遇的，在减税、免税期间应当按照规定办理纳税申报。

8.【答案】√

9.【答案】×

【解析】利息收入，按照合同约定的债务人应付利息的日期确认收入的实现。

10.【答案】×

【解析】因故意销毁会计凭证被依法追究刑事责任的会计人员，终身不得再从事会计工作；尚未构成犯罪的会计人员，5年内不得再从事会计工作。

四、不定项选择题

（一）

1.【答案】B

【解析】① 贷款服务，以提供贷款服务取得的全部利息及利息性质的收入为销售额，不得扣除存款利息。② 题目中给出的销售额均为含增值税销售额，增值税销项税额=含增值税销售额÷（1+增值税税率）×增值税税率。

2.【答案】B

【解析】① 金融商品转让，按照卖出价扣除买入价后的余额为销售额。② 转让金融商品出现的正负差，按盈亏相抵后的余额为销售额。

3.【答案】ABC

【解析】外购货物用于职工福利的，其货物对应的进项税额不得抵扣。

4.【答案】C

【解析】销售自己使用过的办公设备按简易办法依3%征收率减按2%征收。甲商业银行该业务应缴纳的增值税=含增值税销售额÷（1+3%）×2%=10.506÷（1+3%）×2%=0.204万元。

（二）

1.【答案】ABCD

【解析】收入总额是指以货币形式和非货币形式从各种来源取得的收入，包括不征税收入和免税收入。

2.【答案】A

【解析】直接捐赠不属于公益性捐赠，不得在计算企业所得税应纳税所得额时扣除。

3.【答案】C

【解析】① 国债利息收入免征企业所得税，纳税调减 1.5 万元；② 直接向某大学进行捐赠，不得税前扣除，纳税调增 1 万元；③ 应纳税所得额=280−1.5+1=279.5 万元；④ 可抵免税额=45×10%=4.5 万元；⑤ 应缴纳企业所得税=应纳税所得额×税率−抵免税额=（280−1.5+1）×25%−45×10%=65.375 万元。

4.【答案】AC

【解析】选项 B，纳税年度自公历 1 月 1 日起至 12 月 31 日止，所以甲公司企业所得税

2018纳税年度自2018年1月1日起至2018年12月31日止；选项D，企业按月或按季预缴的，应当自月份或者季度终了之日起15日内，向税务机关报送预缴企业所得税纳税申报表，预缴税款。

（三）

1.【答案】ABCD

【解析】选项A，开立银行结算账户时，银行应与存款人签订银行结算账户管理协议，明确双方的权利与义务；选项B、C，开立单位银行结算账户时，应填写“开立单位银行结算账户申请书”，并加盖单位公章和法定代表人（单位负责人）或其授权代理人的签名或者盖章；选项D，企业法人申请开立基本存款账户，应出具企业法人营业执照正本。

2.【答案】ABCD

【解析】存款人日常经营活动的资金收付及其工资、奖金和现金的支取，应通过基本存款账户办理。

3.【答案】BD

【解析】选项A，发卡银行应当对借记卡持卡人在ATM机等自助机具取款设定交易上限，每卡每日累计提款不得超过2万元人民币。选项C，单位的销货收入不得存入个人借记卡账户。

4.【答案】AC

【解析】选项B、D，单位人民币卡账户的资金一律从其基本存款账户转账存入，不得存取现金，不得将销货收入存入单位卡账户。